# 관세 · 통관

한낙현 저

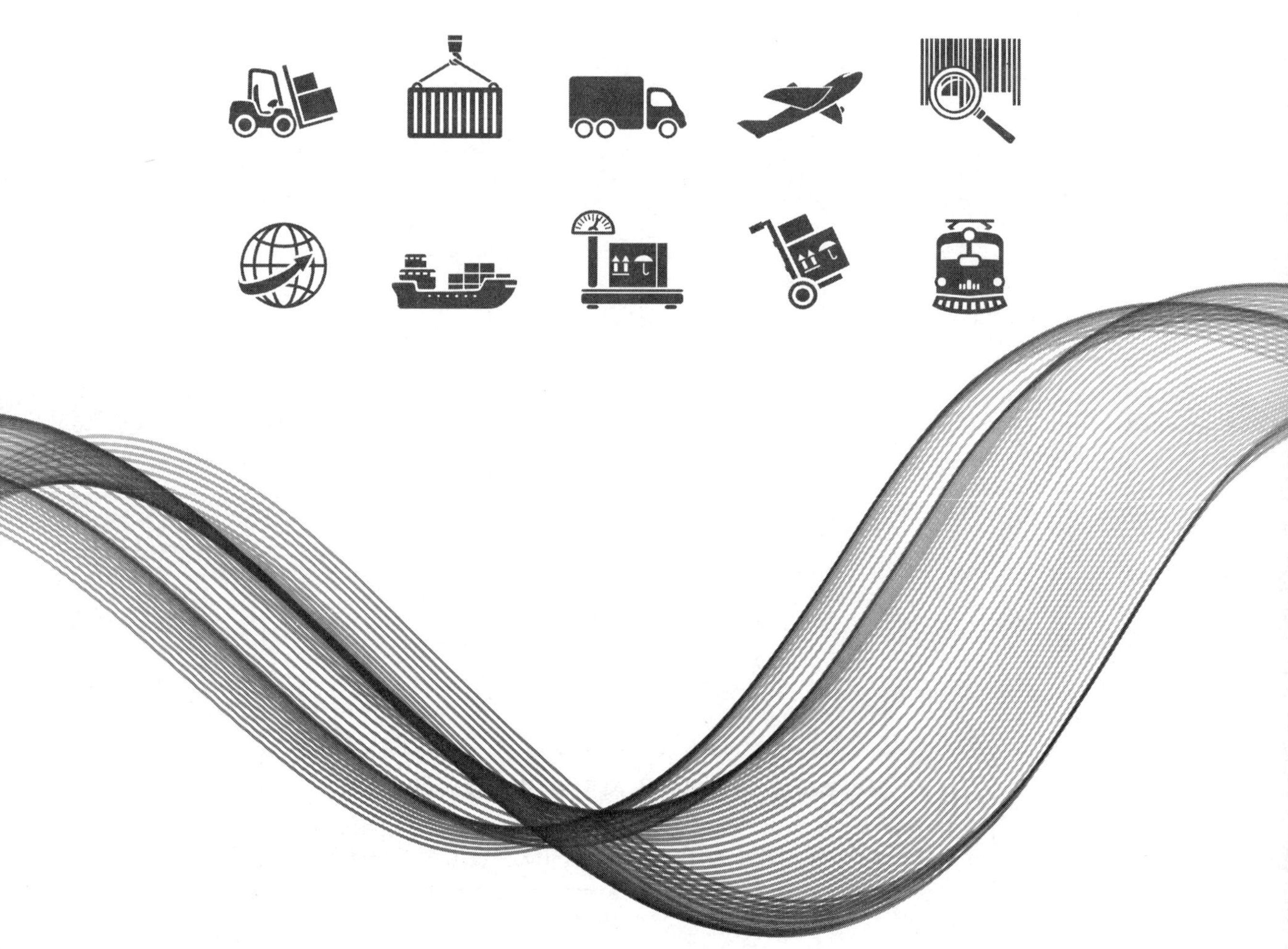

도서출판 두남

관세는 국내산업의 보호를 목적으로 또는 재정상의 이유에서 수입물품에 대하여 부과되는 세금으로 간접소비세로 분류된다. 관세는 어느 상품에나 부과할 수 있지만 실제로는 상품의 검색과 분류를 비롯해 도량이나 가치측정을 쉽게 할 수 있는 품목에 주로 적용한다.

우리나라의 대외의존도(2015년 기준 88.1%)는 30% 수준인 일본, 미국 등 주요 선진국들에 비해 상대적으로 높아 구조적으로 세계경제의 경기에 민감하게 반응할 수밖에 없다. 2015년 우리나라의 대외교역은 세계경기 부진, 국제유가 하락, 해외생산 확대, 글로벌 공급과잉에 따른 수출단가 급락, 중국의 성장세 둔화 및 무역구조변화의 영향 등에 따라 수출입이 모두 크게 감소하였다. 수출은 2014년 대비 8.0% 감소하였는데, 품목별로는 석유화학, 석유제품, 철강제품, 자동차, 선박 등 주력 품목 대부분이 부진하였고, 지역별로는 EU, 일본, 중국, 중남미, 중동 등으로의 수출이 감소하였다. 수입은 2014년 대비 16.9% 감소하였는데, 내수와 밀접한 소비재 및 자본재는 소폭의 증가세를 보였으나, 원유 등 주요 원자재 가격의 지속적인 하락으로 원자재 수입 감소세가 심화되었기 때문이다. 이에 따라 우리나라의 대외 교역수준을 나타내는 통관수출입액도 모두 큰 폭으로 감소하였다.

2015년 관세수입은 8조 4,954억원으로 2014년 8조 7,210억원 대비 2,256억원(−2.6%) 감소하였고, 예산 8조 5,526억원 대비 572억원(−0.7%) 과소 징수되었다. 또한 2015년 관세환급액은 4조 6,755억원으로 2014년 5조 9,889억원 대비 1조 3,134억원 감소함으로써 실효관세율 상승에 기여하였는데, 이 중 91% 수준인 1조 1,940억원이 환급특례법상 환급액에서 감소하였다. 2015년 수출 환급인 환급특례법상 환급은 통관수출액 대비 0.66%이며, 수입 환급인 관세법상 환급은 통관수입액 대비 0.15%이다. 이 같이 통관수입액 대비 환급의 비중 감소는 실효관세율을 높이는 효과가 있는데, 2015년은 통관수입액 대비 환급액 비중이 0.14%p 감소(2014년 1.09% → 2015년 0.95%)하였다. 즉, 환급의 감소로 2015년 실효관세율이 0.14%p 증가한 것이다.

한편 자유무역주의 기조로 인해 수입이 자유화되었지만 국민에게 불건전한 영향을 끼칠 수 있는 품목에 대해서는 국가에서 규제를 하게 된다. 국가의 입장에서도 관세는 중요한 세원이기 때문에 무분별한 관세가 아닌 정당한 관세를 부과하기 위해서는 수출물품, 수입물품을 통제할 필요가 있다. 통관제도 없이 수출과 수입을 하게 된다면 불건전한 무역거래에 대한 단속이 이루어지지 못할 것이며 공정한 관세를 부과하기도 쉽지 않다.

수출에 관련된 통관절차는 세관에 수출신고를 하고 신고수리를 받은 후 물품을 우리나라와 외국을 왕래하는 운송수단에 적재하기까지의 절차를 말한다. 수출통관을 의무화하는 것은 대외무역법, 관세법, 외국환거래법 등 각종 수출관련 법규의 이행사항을 최종적으로 확인하여 불법수출이나 위장수출 등을 방지하기 위한 것이다. 관세법에서 의미하는 수출은 내국물품을 외국으로 반출하는 것을 의미하기 때문에 내국물품은 반드시 수출통관절차를 마쳐야 외국물품으로 간주되고 비로소 선적이 가능하게 된다. 따라서 선적하기 전에 먼저 수출통관절차를 거쳐야 하며 이러한 절차를 거치지 않고 선적하는 물품은 밀수품에 해당한다. 한편 수입통관은 수입신고를 받은 세관장이 신고사항을 확인하여 일정한 요건을 갖추었을 때 신고인에게 수입을 허용하는 것으로, 수입신고 사항과 현품이 부합한지 여부와 수입과 관련하여 제반 법규정을 충족하였는지 여부를 확인한 후 외국물품을 내국물품화하는 행정행위이다.

우리나라는 IMF 관리체제 이후 국내산업을 보호하기 위한 각종 제도가 대폭 폐지 또는 완화됨에 따라 대폭적으로 관세법령이 개정되었다. 본서도 그간 대폭 개정된 내용을 반영하여 출간하게 되었으며, 그 주요 특징은 다음과 같다.

첫째, 본서는 실무와 이론을 겸비한 내용으로 저술되었다는 점이며, 또한 관세법 중에 규정되어 있는 수출입통관관련 분야를 별도로 구분하여 관세(법)와 통관으로 나누어 설명하고 있다는 점이다.

둘째, 21세기에 들어서면서 인터넷을 통한 국제거래인 전자상거래가 증가하고 있는데 이에 보조를 맞추기 위하여 전자자료교환(EDI), UNI-PASS 방식 등의 통관절차에 대해서도 설명하고 있다.

셋째, 관세와 통관 관련 용어를 쉽게 알아 볼 수 있도록 이들 용어에 대해서는 본문에 고딕체로 표시하고 또한 이들 용어에 대해서는 색인에서도 게재해 두었다.

그런데 본서는 무역업에 종사하는 자, 무역을 공부하는 학생, 관세사·원산관리사·국제무역사, FTA 관련 각종 시험 등에 대비하고 있는 분에게 조금이라도 도움이 되었으면 하는 일념으로 출간했지만 아직 미비한 점이 많을 것으로 보인다. 이 점에 대해서는 여러분의 아낌없는 질타·조언·충고 등을 바탕으로 향후 지속적인 수정·보완작업을 하려고 한다. 끝으로 여러 가지 어려운 출판여건에도 불구하고 본서의 출판을 흔쾌히 허락해 주신 도서출판 두남 사장님 이하 편집부 관계자 여러분에게 충심으로 감사를 드린다.

2016년 10월

저자

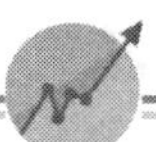

## 1 제1편 관세의 일반적 내용 / 9

## 2 제2편 관세법/ 69

## 4 제4편 보칙 / 549

# 제 1 편

# 관세의 일반적 내용

# 관세의 개요

## 1. 의의

1) **관세**(customs, customs duties, tariff)란 한 나라의 **관세선**(customs line)을 통과하는 물품에 대하여 부과되는 **세금**(**조세**)을 말한다. 관세의 시초는 고대시대에 도로, 교량, 항만시설 및 창고 등의 사용수수료 및 운송물품과 통과여객에 대한 보호, 경비 등에 대한 **관습적 지불**(customary payment)**이**었다.

2) **관세**의 어원과 관련하여 **스미스**(A. Smith)의 「**국부론**」(The Wealth of Nations)에서는 "**관세**는 **내국소비세**보다 훨씬 오래된 것으로서 관세로 불리게 된 것은 옛날부터 행하여진 관습적 지불(customary payments)을 뜻하는 것이다."고 설명하고 있다. 하지만 **관습**에서 시작한 것은 관세에 한정되는 것만은 아니다. **관세**와 **관습관계**가 특히 강조되는 이유는 영어 "customs"란 어원에서 찾을 수 있다. 한편 **길버트**(G. B. Gilbert)는 **관세**(customs)라는 말은 **관습**에서 유래한 것이 아니라, 그 옛날 영국에서 "custodian"이라 불리던 **보관료**에서 기원한 것으로 보았다.

3) 이탈리아인은 당시의 관세를 "portorium"으로 불렀지만, 이 말은 어원적으로 "transport"의 세금, 즉 **물품이동**에 따라 과세되는 것으로 역시 관습과는 관계가 없다. 당초에 **관세**는 단지 상인의 이윤에 대한 **조세**로 간주하고 그것이 **가격메커니즘**(price mechanism)에 의하여 최종적으로는 소비자의 부담으로 되돌아온다는 것이 이해되지 못했다는 점이다.

4) 현대적 의미의 **관세**란 상품 수출입에 따라 거기에 부과되는 일종의 **조세**라는 일반

적 정의에 따른다면 **관세**의 필요조건은, 첫째, 공권력이 존재할 것, 둘째, 해당 국가 또는 도시영역을 넘어서 교역이 이루어질 것, 즉 **대외무역**이 존재해야 한다.

## 2. 관세의 역사

**관세**는 역사적으로 고대도시국에서 **수수료**에 시작하여 **내국관세**, **국경관세** 등의 변천을 거쳐 왔지만, 오늘날 일반적으로 **수입물품**에 부과되는 **세금**이라고 할 수 있다.

### (1) 수수료시대

**고대도시국가** 중 특히 인도의 서해안 도시국가에서는 무역에 수반한 **수수료**로서 각종의 헌납품이 있었다고 전해지고 있다. **수수료시대**에서는 **교통세** 내지 **통과세**의 의미로 사용되었으며, 시설물사용에 대한 **반대급부**의 성격이 있었다.

### (2) 내국관세시대

1) 16-18세기의 절대왕정 시대에서는 영국의 동인도회사로 대표되는 것과 같이 국가가 **무역**에 깊이 관연하고 있었다. 이 시대의 정책체계는 **중상주의**로 불리고 있었으며, 부(富)의 원천이 수출과 수입의 **무역차액**에 있다고 보고 국가에 의한 산업보호와 수출장려가 이루어고 수입은 제한되었다.

2) **중세기 국가**들은 도시의 도로, 하천 등 이용자로부터 요금, 즉 통행세, 교량세, 차세, 하천세 등 **화물운송조세**를 비롯하여 **시장판매세**, **항만세** 등을 **세관**에서 부과·징수하였으며, 특히 '베니스'와 같은 도시국가는 외래자에 대하여 시장세, 토지사용세 등을 징수하였는데 이는 **통행세**와 **관세**의 **복합체**라고 볼 수 있다. 즉, **내국관세시대**의 특징은 일방적인 부과로서 **조세**의 성격이 있었다.

### (3) 국경관세시대

1) **스미스**(A. Smith)는 **중상주의**의 정책체계에 근본적 비판을 하였으며 그는 **자유무역**(**교역**)에 의한 분업이 경제발전의 원천이 된다고 하여「**국부론**」에서 **자유무역**을 주장하였다(**절대우위론**(absolute advantage theory). **리카도**(D. Ricardo)는 **스미스**의 **자유무역론**을 체계적으로 정비하였는데, **리카도**는 「**비교우위론**」(Comparative Advantage Theory)에 의해 **자유무역**의 장점을 제시하고 당시의 **곡물법**(수입화물에 대한 고관세)을 비판하였다. 1846년에 곡물법이 폐지된 후 영국은 자유무역을 선택하게 되었다. 한편 **맬서스**(T.

R. Malthus)는 「인구론」(An Essay on the Principle of Population)에서 식량의 안정 공급이라는 관점에서 **곡물법**을 옹호하여 리카도와 대립하였다. 또한 독일의 경제학자 **리스트**(F. List)는 산업발전이 지연된 단계에서 **자유무역**을 채택하면 산업의 발전이 저해된다고 하여 관세에 의한 **보호무역**을 주장하였다.

2) **국경관세시대**의 특징은 종래 관세가 **재정수입**의 목적에서 **국내산업보호**의 목적으로 바뀌게 되었다는 사실이다.

### (4) 무역자유화시대

1) 1930년대 **세계대공황**에 의해 경제상황이 악화되자 **자유무역**을 채택하고 있던 영국도 **자국산업보호**를 위해 경제블록(**영연방 특혜관세제도**)을 형성하여 영연방 이외의 국가 · 지역에서의 무역을 제한하였다. 이것을 계기로 세계경제의 블록화가 진행되고 또한 세계대전 상황에 대한 반성으로 탄생한 것이 **국제연합**(United Nations : UN)과 **관세 및 무역에 관한 일반협정**(General Agreement of Tariffs and Trade : GATT), **국제통화기금**(International Monetary Funds : IMF), **국제부흥개발은행**(**세계은행**)(International Bank for Reconstruction and Development : IBRD)(World Bank : WB)으로서, 미국을 중심으로 한 세계대전 후의 Bretton Woods **체제**가 구축되었다.

2) 그 후 GATT의 회원국 수가 증대함과 동시에 세계의 **관세율**이 점차로 인하되게 되어 GATT는 경제의 블록화를 추진하는 원동력이 되었다. 게다가 1995년에는 **세계무역기구**(World Trade Organization : WTO)가 성립하여 사회주의 노선에서 GATT를 비판해 왔던 중국도 2001년에 WTO에 가입하고, 더욱이 2012년 러시아도 WTO에 가입하게 되어 WTO는 세계 무역질서를 협의하는 중요한 기구가 되고 있다. 이러한 **국제협력기구체제**에 의하여 **관세장벽**이 허물어지는 추세이다.

## 3. 우리나라의 관세 역사

### (1) 개국 이전의 대외무역

**개국 이전**의 대외무역에 관한 기록은 삼국시대 이후의 역사에 나타나 있다.

1) 고대 **3국시대** : 주로 대중국(진, 송, 당), 대일무역이었으며 조공형식의 무역으로서 국가간에 이루어지는 **공무역**이었다.

2) **통일신라시대** : 신라는 당나라와의 공무역(중국의 산동반도에 신라관 등)을 실시했다.

3) **고려시대** : 송나라와 주로 교역하였으며, 고려사절단과 상인이 통과하는 곳에 고려관을 설치하는 등 친선정책을 펼쳤으나 몽고의 침입시에는 세공으로 금, 은, 모피 등을

받치기도 하였다.

4) **조선시대** : 쇄국주의 정책으로 대외무역은 소극적이고 퇴보적이었다.

① **명나라** : 성절사(명제의 탄일), 정조사(원단), 천추사(명후탄일), 동지사(동지에 보내는 사신), 진하사(명황실에 경사) 등 **조공**이 중심이었다.

② **청나라** : **병자호란** 등의 사대의 예를 갖추어 각종 사절을 보내 공물을 바쳤다. 임진왜란 중에 명나라 원군의 뒤에 수많은 상인이 뒤따라 와서 식량과 금, 은을 교환하는 등 압록강변·의주대안에서 이루어졌던 **사무역**이 왕성하여 매년 50-60만 량의 은이 청국으로 유출되자 정부에서 자국상인들의 물품에 대하여 일종의 **세금**을 부과하여 국고수입을 늘리다가 마침내 영조 30년(1754년)에는 책문후시를 공인함으로써 **사무역**을 묵인하였다(관세의 성질을 가진 과징으로 추측된다).

③ **대일무역**으로 **부산포, 내이포(창원), 울산**의 감포 등 3포를 개방하여 일본인의 왕래를 허용하였다.

④ **삼포왜란**(대마도주인 송의성이 일으킴)으로 교역이 부진하다가 임진왜란이 발생한 1592년 이후에는 단절되었다. 그 후 광해군(1609년)과 대마도주 간에 을유조약을 체결하여 왜관도 부산포에서 재개되었으나 부진하였다.

⑤ **조선시대**의 대일사무역은 엄격한 관리·감독하에서 객관인 왜관내에서 이루어졌는데, 대일사무역에 수세관이 파견되었다는 사실은 **관세부과**의 효시라고 할 수 있다.

### (2) 근대적 무역과 관세제도의 생성발전

#### 1) 강화도조약

**개국**은 1876년 **강화도조약(병자수호조약)**부터라고 말할 수 있다. 일본은 대륙침략을 꿈꾸고 우선 한반도를 확보하기 위하여 고종 13년(1876년)에 군함 6척, 병력 800명을 이끌고 강화도에서 무력시위를 벌여 **강화도조약**을 체결하게 되었으며, 이 조약에 의해 부산항이 개항되고 이어 원산항, 인천항이 개항되었다. 또한 1882년에는 **한·미수호통상조약**으로 미국과의 통상조약이 성립되고 이어 청국, 영국, 독일, 러시아, 이탈리아, 프랑스 등과 차례로 수호통상조약을 맺었지만 전반적으로 대외무역은 일본상인, 일본선박, 일본자본의 지배하에 있었다.

#### 2) 근대적 관세제도

① **근대적 관세제도**는 1876년 개항이후 대외통상으로부터 성립되어 갔다. 그러나 강화도조약 6개월 후에 조인된 **한·일 무역규칙**과 함께 '조인희·미야모토(宮本小一)간의 의정서'에 의거 **관세문제**가 제외되었다. 이후 7년간 **무관세**가 지속되었는데, 이는 조선정

부의 무지에서 비롯되었던 것이다. 그 후 청국과 일본 관세제도 및 징세에 관한 일반적인 예를 알았지만, 일본인에게는 징세할 수 없었으므로 조선인으로부터 **수입세**를 징수하기 위하여 **관세규정**과 **세율**을 제정하게 되었다. 우선 부산·두모진에 세관을 설치함으로써 1878년 8월 10일부터 소정률의 관세징수를 징수하기 시작하였다. 이는 우리나라의 근대적 관세제도상 **세관설치**의 효시가 되었다.

② **일본**이 이 조치에 항의하여 군대를 이끌고 두모진세관 일대에서 시위를 하게 되자 세관관리가 모두 도망하였고 이들이 함포로 위협하자 **두모진세관**을 폐쇄(1878년 12월 4일)하기에 이르렀다.

③ 1882년 5월 22일 **한·미수호통상조약**을 체결하여 **수입세 10%**, **수출세 5%**를 부과하도록 하고 영국, 독일과도 통상조약을 맺어 **관세자주권**을 대외적으로 인정받게 되었다. 그런데 일본의 사주를 받은 조선정부의 재정고문 묄렌도르프(P. G. Von Möllendorf)는 회담을 일본에 유리한 조건으로 이끌어 1883년 7월 25일 전문 제42개조의 **통상장정**(일본상인에게 **최혜국대우무역** 등) 및 **해관세칙**에 조인하였다. 그 후 6년간이나 **무관세시대**와 다름없는 결과를 가져오게 하였다.

④ 그러나 1889년 10월 2일 영국인 존슨이 **인천세무사**에 취임하여 세관업무를 정상화하기도 하였지만 묄렌도르프와 일본공사 타케조에(竹添進一郎)와의 비밀협상에 의해 인천, 원산, 부산 3항의 해관징수 업무를 일본 제일은행 부산지점 주임에게 **위탁계약형식**으로 넘겨주었다.

⑤ 그 후 1904년 제1차 한·일협약이 성립되면서 일본의 고문정치가 시작되었고 메가타(目賀田種太郎)가 재정고문으로 들어와 전국의 **세관행정**을 좌지우지하면서 세관행정기구를 정비하였는바, 1908년 1월부터 **세관관제**가 시행되었다.

#### 3) 강점기시대

1910년 이후 10년간 구한국관세제도가 그대로 답습되었는데 이를 **'구관세 거치기간'**이라고 할 수 있다. 그 후 1920년 **한·일통일관세제도**가 실시되었는데 식민지관세정책(그 당시 일본의 법규를 한국에서 시행하는 등)으로서 이후 **원료** 및 **반제품**을 **수출**하고 **완제품**인 **소비재**를 **수입**하는 전형적인 **후진적 수직무역**을 행하였다.

#### 4) 군정과정시대의 관세제도

**해방이후 밀수**가 성행하였는데 **밀수출품**은 주로 **미곡**이었고 **밀수입품**은 화장품, 의류품, 의약품, 학용품, 양복 등이었다. 1946년 2월 미군정당국이 중앙기구인 교통부 해사부아래 **해관과**와, 지방기구인 **부두국**을 **항무청**으로 개칭하여 세관행정을 계속 담당하게 하였으나, 1946년 4월 해관과의 직무를 재무부로 이관하면서 해관과를 세관과로, 항무청을 '**세관**'이라 호칭하게 되었다.

#### 5) 정부수립 후 관세제도

① 1949년 8월 제헌국회를 통과(유럽·미국·일본 등의 관세제도를 참고하여 **신관세법**과 동법 **부속세율표**의 초안을 작성한 것임)하여 **관세제도**가 확립되었으며, 6. 25 동란기 중 1950년 12월에 **관세임시증징법**(일부품목 임시관세부과)이 제정되어 **임시관세**를 부과하였다. 1951년 4월에는 과세가격 산출에 **시가역산제**를 실시하였다. 그 후 1961년 7월 국제수지 역조현상 대책으로 제1차 **임시특별관세법**(임시특별관세부과)을 제정·시행하였으나 1963년 12월 폐지되었다.

② 1964년 6월 **외환제도**를 관리하기 위해 제2차 임시특별관세법을 시행하여 임시특별관세를 부과하였으나 1973년 3월 폐지되었으며, 이는 **국내소매가격**에서 관세, 물품세, 정상비용을 공제한 부분을 **특별관세**로 흡수하기 위한 조치였다.

③ 1967년 3월 **한·미행정협정**(1966년 7월 주둔군 지위협정을 맺고 1967년 2월 시행)에 관한 **임시특례법**을 시행하여 미합중국 군인구성원, 군속가족이 반입하는 물품은 검사생략과 면세의 특권을 부여하게 되었다.

## 제 2 절 관세의 성격

**관세**란 국가가 **재정수입**을 얻기 위하여 **관세영역**을 출입하는 물품에 대하여 법률이나 조약에 따라 징수하는 **금전적 급부**를 말한다. 관세의 성격은 **조세적 성격**, **소비세적 성격**, **특수한 성격**으로 나눌 수 있다.

〈표-1〉 관세의 성격

| 구분 | 내용 |
| --- | --- |
| 조세적 성격 | - **관세징수**의 **주체**는 **국가**<br>- **관세**의 **부과목적** : **재정수입**과 **국내산업보호** 등<br>- **관세**의 **부과·징수** : 법률이나 조약에 규정함<br>- **반대급부** 없이 **강제적**으로 징수 |
| 소비세적 성격 | - **관세**의 궁극적인 대상은 **소비**임<br>- **생활필수품**보다는 **사치품**에 **중과**하는 것이 원칙임<br>- **관세**의 **전가** : **전전** 또는 **후전** |
| 특수한 성격 | - **무역장벽**이 됨<br>- **수입물품**에 부과함(대개의 국가의 경우)<br>- **관세영역**을 출입하는 **물품**에 대하여 부과함<br>- 대물세·수시세임 |

## 1. 관세징수의 주체

**중세**는 봉건영주가 징수하였으나 근대국가의 성립과 더불어 **관세징수권**을 국가가 가지게 되었으며, 민주주의 국가에서는 **과세권**은 국가 또는 지방자치단체도 가지나 **관세**는 **국**세로서 국가만 징수가능한 것이다.

## 2. 재정수입의 목적

**관세**는 연혁적으로 **재정수입**을 목적으로 하고 있다. 근대에 있어서 **산업보호**, **무역정책** 등의 기능이 많이 있지만 **재정수입**의 의의를 잃고 있는 것은 아닌 것이다.

## 3. 법률·조(협)약에 의하여 부과·징수

**관세**는 **조세**의 일종이며 조세는 **재산권 침해행위**로도 볼 수 있으므로 법률에서 규정해야만 징수가 가능한 것이다. 우리나라 헌법 제59조에 "조세의 종목과 세율은 법률로서 정한다."고 규정하여 **조세법률주의**를 채택하고 있다. 그러나 **탄력관세제도**는 **조세법률주의**에 대한 하나의 **예외조치**이고, **조(협)약**은 **국내법**의 법률과 동일한 효력을 갖고 있는 것이며, **행정협정**은 다른 정부와 체결되고 법률의 위임범위 내에서만 가능하다.

## 4. 대물세·수시세

**물품**에 대해 부과하는 **대물세**로서 **소득세**나 **재산세**와 같은 **대인세**와 구분되고 있다. **대물세**는 **납세의무자**와 **담세자**가 일치하지 않기 때문에 **간접세**라고 할 수 있다. **대물세**는 담세능력을 고려하지 않기 때문에 **대인세**보다 공평성이 없는 것은 사실이다. 또한 소득세, 법인세와 같이 정기적으로 징수하지 않고 물품이 수입될 때마다 수시로 징수하기 때문에 **수시세**이기도 하다.

## 5. 관세영역을 출입하는 물품에 대해 부과

**근대적 의미**의 **관세**란 **관세선**을 통과하는 상품에 대해 부과하는 **조세**를 말하며, **관세선**은 일국의 경제적 경계로서 관세가 부과되는 **경계선**으로 반드시 **국경선**과 동일한 개념이 아니다. **관세영역**은 흔히 국가와의 영역을 말하는 것이나, **자유무역지역**(Free Trade Zone : FTZ)과 같은 특수한 구역에서는 관세를 부과하지 않고 있으므로 **관세영역**은 반드시 **국가영역**을 의미하지 않는다. **관세영역**은 **국가영역**과 일치하지 않는 경우도 있으며, 관세의 **과세권**이 미치지 않는 지역을 제외한 것이 **관세영역**이라 할 수 있다.

## 6. 관세의 전가

(1) **관세**는 **간접세**로서 **납세의무자**와 **담세자**가 서로 다르다. **납세의무자**가 부담한 금액을 **담세자**에게 떠넘기는 것을 **관세전가**라 하는데 수입자 → 도매업자 → 소매업자 → 소비자의 순서를 '**전전**'이라고 하고, 반면 수입자 → 외국수출자 → 외국제조업자의 순서를 '**후전**'이라 한다.

(2) **가격 변동**에 따른 **수요변동**의 크기를 '**수요의 가격탄력성**'이라고 하는데 **생필품**은 탄력성이 작아 '**전전**'하고, **사치품**은 전전은 적게 되고 '**후전**'이 크게 되거나 **수입자**에게 부담하게 하는 것이다.

## 7. 자유무역의 장벽

**자유무역**의 3대 장벽은 **수량통제**, **외환관리** 및 **관세**를 들 수 있는데 수량통제는 **쿼터제**, 외환관리는 **외환사용규제**, 관세는 **관세율**을 조작하는 것이다.

## 8. 비관세장벽

**관세**를 제외한 모든 무역규제는 **비관세장벽**(Non-Tariff Barriers : NTB)이라 한다. NTB란 수입상품에 대하여 **비용증가**나 **수입수량제한** 또는 **수출자**에게 **보조금**이나 특혜금융 등을 실시함으로써 수출을 촉진하고 수입을 **억제**하는 **관세 이외**의 모든 **무역장벽**이라 볼 수 있다.

### (1) 의의

1) NTB는 그 성격이 매우다양하고 적용이나 운용이 매우 복잡하다. NTB는 법률에 의해 제정되는 것이 있는 반면에 체계적인 조정 없이 여러 **행정기관**의 정책에서 파생되는 경우도 많다. 따라서 종합적인 관리조직 없이 개별부처나 기관에서 운영하는 사례가 많다.

2) 불확실성을 들 수 있다. WTO 설립이후 각국이 새로이 제정하는 **기술장벽**의 경우 WTO·**무역기술장벽**(Technical Barriers to Trade : TBT) 위원회에 통보하도록 되어 있어 어느 정도 투명성이 개선되었으나 여타 NTB의 경우 통보의 강제성이 없다. 따라서 항상 상대방에 대해 **정보비대칭**이 발생할 수밖에 없고 수출자는 수시로 변하는 수입국의 무역정책 불확실성으로 인해 상당한 부담을 느끼는 것이 현실이다.

3) **완화** 또는 **철폐**의 어려움을 들 수 있다. WTO는 불가피한 사유로 인한 규제를 허용하고 있다. **국민**의 **건강**과 **안전**, **동식물보호**, **천연자원보호**, **국가안보** 등을 목적으로 한 조치를 합리적 규제로 인정하고 있다. 따라서 이러한 근거에 기반을 둔 NTB는 철폐가 어려운 것이 현실이다.

4) NTB는 그 효과와 영향을 **계량화**하는 것이 어렵다. 구체적인 수치로 표현되지 않을 뿐 아니라 그 효과도 광범위하게 미치기 때문에 이를 **수치화**하는 것이 어렵다.

5) NTB는 **차별적 무역정책수단**으로 사용되기도 한다. 특히 선진국이 개발도상국의 **시장진입**을 목적으로 운용되는 사례가 많은데 기술적 우위에 있는 **선진국**이 환경보호 등의 목적으로 **인증기준**을 높인다면 기술수준이 미치지 못하는 **개발도상국**들은 대부분 그 나라로의 시장진입이 어려워지는 것이다. 이 때 인증기준이 일종의 NTB가 되는 것이다[1].

### (2) 비관세장벽의 유형

NTB는 여러 유형이 있지만, WTO I-TIP에서는 다음과 같이 분류하고 있다[2]. 아래

---

1) Kakao Corp.(2015), "관세란", http://blog.daum.net/_blog/BlogTypeView.do?blogid=08urr&articleno=12106378&categoryId=0®dt=20150315220145

에서는 **수입할당제**, **수출자율규제**, **수입과징금**, **수입예치금**, **생산보조금**, **수출보조금**, SPS, TBT, Safeguards 등에 대해 설명한다.

> 1) **기술적 조치** : **위생** 및 **식물위생조치**(SPS), **무역기술장벽**(TBT), 2) **무역방어조치**(**무역구제조치**라고도 불림) : **덤핑방지**, **상계관세**, **세이프가드**, 3) **농업협정**에서 파생된 **비관세조치** : **특별수입제한**, **관세할당**, **수출보조금**, 4) 기타 : **수량제한**, **수입허가**, **국영기업**

### 1) 수입할당제

**수입할당제**(Import Quota)란 일정기간 동안 특정제품의 **수입규모**(수량 및 금액)를 일정한도를 정하여 할당하여 주는 조치를 의미한다. 정해진 **수입할당량**(한도)까지는 **자유무역상태**에서 교역이 이루어지고 그 **할당량**이 완전히 채워지면 그 때부터는 수입이 **전면 금지**된다. 이 제도는 **국내유치산업**의 **육성**, **기존산업**의 **보호**, **국제수지**의 **균형유지** 또는 상대국에 대한 **차별대우**나 **보복**의 수단으로서 목적을 가지고 있다. **수입가능규모 자체**를 정부가 개입하여 통제하기 때문에 **수입억제효과**가 직접적이고 매우 강력하다.

### 2) 수출자율규제

① **수출자율규제**(Voluntary Export Restraint : VER)란 **자율규제협정**(Voluntary Restraint Arrangement : VRA)(**특정국가**가 일정기간 동안 상대국가에 대해 특정상품의수출을 일정수준까지 제한하기로 합의해 준 협정)과 유사한 개념으로 **수입국**이 **수입제한조치**를 취하지 않고 **수출국** 스스로 수출물량을 제한하는 조치이다. 즉, VER은 **수출할당**의 일종으로, 상대국으로부터 미리 예상되는 수입할당 적용을 피하기 위하여 수출국과 수입국업계의 **자율규제**를 통해서 수출량을 제한하는 제도이다.

② 이는 수출입 당사국의 업계 또는 정부의 자율적 협정에 의하여 실시되어 GATT 규정의 적용이 배제되기 때문에 세계 각국에서 VER에 대한 활용도가 점점 증가하고 있다. 이와 유사한 NTB로 **시장질서유지협정**(Orderly Marketing Arrangement : OMA)과 함께 **회색수입규제조치**(Grey Measure)라고도 불린다.

### 3) 수입과징금

**수입과징금**(Import surtax)이란 **국내산업 보호**, **국제수지 개선** 등을 위해 수입물품의 일부 또는 전부에 대해 부과하는 관세 이외에 추가 징수하는 **부과금**을 말한다. 즉, **수입**

---

2) 최보영·방호경·이보람·유새별(2015), "한·중·일의 비관세장벽 완화를 위한 3국 협력방안: 규제적 조치를 중심으로", 「연구보고서 15-12」, 대외경제정책연구원, p.21.

**과징금**은 일종의 조세(tax)적 성격을 갖는 NTB를 의미한다. **수입과징금제**는 세금이라는 점에서 관세와 성격이 비슷하나 일시적으로 사용되는 수단이며 관세는 개별상품별로 부과되나 **수입과징금**은 전상품에 대해 부과될 수 있는 차이점도 있다.

#### 4) 수입예치금

**수입예치금**(Advance Deposit for Import)란 수입자에게 외국상품 수입에 앞서 수입대금의 일부 또는 전액을 자국 금융기관에 예치하도록 하는 제도를 말한다. 현금자산을 **담보**로 하여 수입을 시도한다는 의미에서 **수입담보금제·수입적립금제**라고도 한다. 이 제도도 수입을 억제하여 국제수지 악화를 방어하려는 목적으로 도입되기도 하며 통화를 환수하여 **물가**를 안정시키기 위한 목적으로 사용된다.

#### 5) 생산보조금

**생산보조금**(Production Subsidy)이란 수입물품에 대한 국내산 상품의 경쟁력을 강화하기 위해 정부가 국내생산자에게 부여하는 **금융** 및 **재정적 지원**을 말한다. 이 제도는 국내생산자에게 **보조금**을 지원함으로써 국내생산자의 국내시장 점유율 하락을 방어하고 수입물품의 경쟁력을 약화시켜 **수입억제효과**를 강화하려는 목적에서 실시되는 것으로, 보조금 지급을 통하여 수입억제 효과가 간접적으로 나타나는 NTB라 할 수 있다.

#### 6) 수출보조금

① **수출보조금**(Export Subsidy)이란 특정상품을 저렴한 가격으로 수출할 수 있게 하거나 수출을 장려하기 위해 직간접적으로 수출자에게 주어지는 여러 가지 종류의 **지원금**을 말한다. **수출보조금**은 국내시장을 확보하고 **국외시장**을 **개척**할 목적으로 수행되는 **보호주의정책**의 일환으로 오래 전부터 사용되어 왔으나 제1차 세계대전 이후 선진국을 중심으로 과잉생산품의 처리와 수출경쟁력 제고 등을 위해 많이 채택한 제도이다.

② 이와 같이 **수출보조금제도**는 수출증대, 수입억제, 국내생산증가 등의 효과를 겨냥하고 실시되기 때문에 아주 강력한 **수출장려정책수단**으로 많은 국가들이 도입하고 있다. 그러나 수출국이 특정상품에 대한 수출증진 목적으로 **보조금**을 지급하여 수출물품 가격을 낮게 책정할 경우 자유무역 질서를 저해할 수 있다는 이유로 WTO에서는 **수출보조금 지급**을 금지하고 있다.

#### 7) 위생 및 식물위생조치

① 위생 및 식물위생조치(Sanitary and Phytosanitory Measures : SPS)에서

'Sanitary'는 위생의 뜻으로 주로 동물검역 및 식품위생을 의미하며 'Phytosanitary'는 식물을 의미하는 접두어 'Phyto-'에서 볼 수 있듯이 **식물검역**에 관한 **조치**를 말한다. 즉, 동식물의 해충 또는 질병, 식품·음료·사료의 첨가제, 독소, 질병원인체 등에 대해 시행되는 조치이다.

② **국민**의 생명과 건강의 보호라는 **공공정책목표**를 달성하기 위한 모든 관련 법률, 법령, 규정, 요건 및 절차를 포함하며, GATT 체제하에서도 일정한 조건하에 허용되고 있다. 그러나 이러한 조치들이 타당한 기준에 근거하지 않고 각국이 임의적으로 제정·운영될 경우에는 부당하게 무역을 제한하는 **보호주의수단**으로 남용될 소지가 있다.

③ 실제로 GATT의 **예외조항**을 원용하여 위생 및 검역조치를 **농산물 수입**에 대해 제한하는 수단으로 사용하는 사례가 증가해 왔으며, 이를 방지하기 위하여 **우루과이라운드**(Uruguay Round : UR) 협상을 통해 WTO·SPS **협정**이 체결되었다[3].

### 8) 무역기술장벽

① **무역기술장벽**(TBT)은 다음과 같이 국가간 서로 다른 **표준**, **기술규정**, **적합성평가절차** 등을 채택, 적용함으로써 **무역**에 불필요한 **장애**를 형성하는 것을 의미한다.

> ㉮ **기술규정**(Technical regulation) : **적용가능**한 **행정규정**을 포함하여 상품특성· 관련 공정, 생산방법이 규정되어 있으며, 그 준수가 **강제적인 문서**, ㉯ **표준**(Standard) : **규칙**, **지침·상품특성** 또는 **관련공정** 및 **생산방법**을 공통적이고 반복적인 사용을 위하여 규정하는 문서로 인정된 기관에 의하여 **승인**되고, 그 준수가 **강제적이 아닌 문서**, ㉰ **적합성평가절차**(Conformity Assessment Procedures) : **기술규정·표준**의 관련요건이 충족되었는지를 결정하기 위하여 **직간접적으로 사용**되는 **모든 절차**

② **무역자유화** 및 **세계화**를 지향하는 WTO 체계에 따라 전통적인 **무역장벽**인 **관세**나 **수입수량제한** 등은 감축 또는 철폐되어 가고 있지만, 기술규정, 표준 및 적합성평가절차 등과 같은 **기술관련 무역장벽**은 점점 높아가고 있기 때문이다.

③ 이러한 TBT는 자국의 **기술적 우위성**을 이용하여 **자국 산업**을 보호하는데 사용되고 있으며, ㉮ 국가 경제규모나 발전정도와 관계없이 모든 국가에서 활용되고 있으며, ㉯ 대부분의 교역대상제품에 적용되고, ㉰ 기술발전에 따라 역동적으로 빠르게 변화한다는 특징을 가지고 있다.

④ 따라서 **무역중심**의 산업구조를 가지고 있는 우리나라의 경우, 우리 **기업**의 **해외시장진출**을 촉진시키고 다른 국가와의 **무역원활화**를 통해 **국가경쟁력**을 강화시키기 위해서

---

3) 김병준, "Topic : 상품무역자유화와 무역장벽", http://elearning.kocw.net/contents4/document/lec/2012/KonKuk/ShinByeongJu1/6.pdf

는 점차 강화되고 있는 **무역관련 기술규제**에 대한 적극적인 대응이 필요하다4).

### 9) 긴급수입제한조치

① WTO **회원국**들은 1994년 GATT에 기초한 **국제무역체제**를 개선하고 강화하는 회원국의 전반적인 목적을 유념하고, 1994년 GATT의 규율, 특히 제19조(특정상품의 수입에 관한 긴급조치)의 규율을 명확히 하고 강화할 필요성과 **긴급수입제한조치**(Safeguards)에 대한 **다자간 통제**를 재확립하고 이러한 통제로부터 벗어나는 조치를 폐지할 필요성을 인정한다. 또한 구조조정의 중요성과 국제시장에서의 경쟁을 제한하기 보다는 제고할 필요성을 인정하며, 게다가 이러한 목적을 위하여 모든 회원국에게 적용가능하며 1994년 GATT의 **기본원칙**에 근거하는 **포괄적**인 **협정**이 요구된다는 것을 인정하고 있다.

② **긴급수입제한조치**란 **공정무역관행**에 따른 수입일지라도 해당 **수입증가**로 수입국의 국내산업이 심각한 피해를 입거나 입을 우려가 있을 경우 취하는 **긴급수입제한권**으로 현재 WTO에서도 회원국들에게 이 조치를 취할 권리를 인정하고 있다. 즉, **수입물품**에 대해 해당 수입을 일시적으로 제한해 국내 경쟁산업의 구조조정 기회를 갖도록 하는 조치를 말하며, 이 조치에는 **관세**를 **조정**하거나 **수량**을 **제한**하는 조치가 있다. 그러나 WTO·**긴급수입제한조치협정**은 제한적으로 취해져야 하고 이 조치를 취하는 **수입국**은 해당 물품의 수출국에게 적절한 보상을 해줄 것을 권고하고 있다.

③ **정부**는 우리나라를 **원산지**로 하는 특정 물품에 대해 체약상대국 정부가 **긴급관세조치** 등을 하는 경우 **체약상대국** 정부와 해당 조치에 대한 적절한 **보상방법** 등에 관해 협의를 할 수 있고 협의가 이루어지지 않는 경우 협정에 따라 **체약상대국**의 조치에 상응하는 수준의 대항조치를 할 수 있다5).

④ **긴급관세 조치**가 끝난 때에는 **협정관세**(**자유무역협정의 이행을 위한 관세법의 특례에 관한 법률**(**자유무역협정(FTA) 관세법**) 제4조 및 **세율적용**의 **우선순위**(자유무역협정(FTA) 관세법 제5조)에 따라 **세율**을 적용한다(자유무역협정(FTA) 관세법 시행령 제8조 제1항).

---

4) 한국표준협회, "무역기술장벽(TBT : Technical Barriers to Trade)", https://www.ksa.or.kr/download. ddo?type=b&att_seq_n=2950

5) 법제처, "무역구제", http://oneclick.law.go.kr/CSP/CnpClsMain.laf?csmSeq=591&ccfNo=2&cciNo=3&cnpClsNo=6

## 제 3 절 관세의 기능

### 1. 재정수입의 확보

**관세법(이하, 법이라 한다)** 제1조(목적)에서 "이 법은 관세의 부과·징수 및 수출입물품의 통관을 적정하게 하여 국민경제의 발전에 기여하고 관세수입의 확보를 기함에 있다."고 규정함으로써 관세가 **재정수입**의 원천임을 알 수 있다.

### 2. 국내산업의 보호

**관세부과**는 수입을 억제하여 **국내산업**을 보호하는 기능이 있다. 19세기 중엽 영국은 **자유무역정책**, 미국·독일은 **해밀턴**(A. Hamilton)·**리스트**(F. List)의 **보호무역론**이 대두된 바 있지만, 지나친 **보호정책**은 세관무역의 장애를 초래하여 경제발전을 저해하게 된다. 그러나 저개발국은 국제경쟁력이 약한 산업의 육성·보호를 위해 **보호무역정책**은 필요불가결한 것이다.

### 3. 소비의 억제

**수입물품**에 **관세**를 부과하면 가격이 상승하여 수요는 줄고 **소비**가 **억제**된다. 수요의 **가격탄력성**이 적은 품목은 **소비억제효과**는 작고 **사치품**과 같은 것은 **소비억제효과**가 크다.

### 4. 수입대체 및 국제수지개선

어떤 상품은 **국내생산**이 가능한데도 가격이 저렴하여 수입되는 경우가 있는데 **관세**를 부과하는 경우 수입은 억제되고 국내생산이 증가되어 **수입대체효과**를 창출한다. 또한 **수입**이 억제되어 외화사용이 감소하는 이른바 **국제수지 개선**기능도 있다.

# 제 4 절 관세의 종류

**관세**의 종류에 대한 **분류방법**은 여러 가지가 있을 수 있는데 대개는 다음과 같이 분류되고 있다.

〈표-2〉 관세의 종류

| 구분 | 내용 |
|---|---|
| 과세의 기회 | 수출관세(수출세), 수입관세(수입세), 통과관세(통과세) |
| 과세의 방법 | 종가관세(종가세), 종량관세(종량세), 복합세와 선택세 |
| 과세의 목적 | 재정관세, 보호관세 |
| 관세율 수 | 단일세, 다수세 |
| 과세부과의 형평성 | 공통관세, 차별관세 |
| 과세의 성격 | 일반관세(국정관세, 협정관세), 특수관세(특혜관세, 덤핑방지관세, 상계관세, 긴급관세, 보복관세, 조정관세, 편익관세, 물가평형관세, 계절관세, 할당관세) |

## 1. 과세의 기회

### (1) 수입세

보편적인 관세형태로서 오늘날 관세의 지배적 유형은 **수입세**(import duties)이고, **관세**라고 하면 일반적으로 **수입세**를 의미한다.

### (2) 수출세

**수출세**(export duties)는 **수출물품**에 부과하는 관세이며 브라질의 커피, 태국의 쌀, 쿠바의 담배 등 독점상품이며 판로에 지장이 없는 물품에 부과된다.

### (3) 통과세

**통과세**(transit duties)는 한 나라 또는 관세구역을 통과하여 다른 나라로 송부하는 화물에 부과(**중상주의시대**에 부과)하는 형태이나 오늘날에는 부과하지 않고 있다.

## 2. 과세의 방법

### (1) 종가세

**종가세**(ad valorem duties)의 장점으로는 관세 부담이 **종량세**에 비해 균등·공평하고 시장가격의 등락에도 과세부담균형이 유지(인플레이션 하에서 효과)된다. 반면 단점으로는 **과세가격**의 산출(평가)이 어렵고 수출국에 따라 관세부과의 차이가 있다.

### (2) 종량세

**종량세**(specific duties)의 장점으로는 **과세방법**이 간단하고 행정상 편리하다. 반면 단점으로는 **물가변동**에 따른 **세율적용**이 불가능하다는 것을 들 수 있는데, 예를 들어 중량 산정·계량단위의 통일이 어렵고, **관세부담**의 공평성이 상실되고, 인플레이션 하에서 **재정수입**의 확보가 곤란하다는 등이다.

### (3) 복합세와 선택세

**복합세**는 **종가세**와 **종량세**를 동시에 산출한 세액을 말하며, **선택세**는 종량세와 종가세를 정해놓고 그 중 세액이 **높은** 쪽(경우에 따라서는 **낮은** 쪽)에 관세를 부과하여 수입을 억제하는 것을 말하는데, 즉 **가격하락**시 **종량세**를, **상승**시에는 **종가세**를 부과하는 것이 효과적이다.

## 3. 과세의 목적

### (1) 재정관세

**재정관세**(revenue duties)는 **세입관세·수입관세**라고도 하며 재정수입증대에 그 목적이 있다. 주로 습관성 소비재, 커피, 차, 담배, 향료 등에 부과하고 있다.

### (2) 보호관세

**보호관세**(protective duties)는 국내의 유치산업을 보호·육성하고 **기존산업**을 유지·발전시키기 위함이며 **높은 관세율**이 보통이다.

1) **육성관세** : 유치산업의 보호·육성, 2) **유지관세** : 사양·쇠퇴산업 보호, 3) **공황관세** : 공황의 악영향 방지, 4) **금지관세** : 외국제품을 완전히 몰아내기 위함, 5) **방위관세** : 외국시장의 압박을 방지

## 4. 관세율 수

**단일세**는 **동일 상품**에 일정 세율을 부과하는 것을 말하며, **다수세**는 **두 가지** 이상의 **관세율**을 적용하여 자국 상품의 불리·유리한 경우 적정하게 대비하기 위해서다.

## 5. 관세부과의 형평성

### (1) 공통관세

**관세동맹**을 결성한 국가들이 회원국 이외의 국가로부터의 **수입물품**에 대하여 공통적으로 부과되는 **관세**를 말한다.

### (2) 차별관세

대개는 모든 국가의 상품에 대하여 동등한 관세를 부과하는 것이 원칙이지만, **차별관세**(differential duties)는 **특정국가·특정상품**에 대해 다른 상품보다 **세율**을 달리 부과하는 것을 말하며, **할인세율**, **할증세율**이 있다. **보호관세주의**적 색채는 WTO **협정세율**에 의해 거의 없어지고 있다.

## 6. 과세의 성격

**과세**의 성격에 따른 **관세 종류**로는 **일반관세**(**국정관세**, **협정관세**)와 **특수관세**(**특혜관세**, **덤핑방지관세**, **상계관세**, **보복관세**, **긴급관세**, **조정관세**, **할당관세**, **편익관세**, **계절관세**, **물가평형관세** 등)로 나눌 수 있다.

### (1) 일반관세

#### 1) 국정관세

**국정관세**(national duties)란 한 나라의 주권에 의하여 자주적으로 정한 **관세**를 말하고, 그 **관세율**이 국내법에 의하여 정해지므로 이를 **국정세율**이라 한다. **국정관세율**에 의하여 부과하는 관세를 **국정관세**라 한다. 그리고 관세를 그 나라가 자주적으로 정하는 것은 국가주권의 하나이며 이것을 **관세자주권**이라 한다.

#### 2) 협정관세

**협정관세**(conventional duties)는 외국과의 **통상조약** 또는 **관세조약** 등에 의하여 부과하는 **관세**를 말한다. **협정관세**는 **상호주의원칙**에 의하여 서로의 교역량을 증진하기 위하여 기존 국정 **관세율**을 인하하거나 더 인상하지 않을 것을 양허하는 협정이기 때문에 **국정관세율**보다 일반적으로 **저율**이다. 또한 **협정관세**는 **2개국간**의 협정에 의하여 설정되는 경우도 있고, **다수국간**의 협정에 의하여 설정되는 경우도 있다.

### (2) 특수관세

#### 1) 특혜관세

**특혜관세**(preferential tariffs)는 어떤 나라(특히 저개발국)로부터의 **수입물품**에 대하여 타국에서의 수입물품에 부과하는 것보다도 특별히 **낮은** 세율(또는 **무관세**)로 부과하는 **관세제도**를 말한다. **기존특혜**(**지역특혜**)는 구식민지와 종주국간 거래물품에 대하여 타국보다 **낮은 관세율**(영연방)을 말한다. 또한 EU의 아프리카, 카리브 및 태평양 연안국(Africa, Caribbean and Pacific : ACP)[6]이나 지중해 연안국가에 대한 특혜나 미국의 카리브해 연안국가에 대한 **특혜관세제도** 등이 있다.

#### 2) 덤핑방지관세

**덤핑방지관세**(anti dumping duties)는 **국내산업**에 이해관계가 있는 자 또는 주무부장관의 부과요청이 있는 경우로서 외국물품의 **덤핑수입**으로 인한 동종상품을 생산하는

---

6) 1975년 2월에 유럽공동체(EC) 9개국은 과거 식민지이었던 46개국의 ACP 국가와 **로메협정**을 체결하여, 이들 국가로부터 수입하는 광물 등 원자재에 대해 **특혜관세**를 부여해왔다. 1993년 7월 이전까지 EC의 각 회원국은 독자적으로 바나나 수입체제를 운영하고 있었으며 1993년 7월에 EC는 유럽연합(EU)의 출범을 앞두고 개별적으로 운영되던 바나나 수입정책을 EC 공동정책으로 개편하여 지역별로 차별적인 **할당관세제도**를 적용하였다. 이로 인해 주요 바나나수출국이며 ACP에 속하지 않는 라틴아메리카 국가들, 에콰도르, 과테말라, 온두라스, 멕시코 및 미국이 EC를 상대로 WTO에 제소하게 된다. 제소국은 관세혜택이 GATT 제1조(**최혜국대우원칙**), 제3조(**내국민대우원칙**), 제11조(**수량제한금지원칙**) 및 개발도상국에 대한 특별대우원칙을 선언한 GATT 제4부 등에 위반된다고 주장하며 GATT에 제소하였다. 피제소국은 위 조치가 오래전부터 유지해 왔고 잠정적용의정서(PPA)에 의해 정당화되며, 제소국들이 이를 오랫동안 묵인하였기 때문에 국제법상 금반언원칙 등에 반하며, 로메협정은 EU와 ACP 국가간에 체결된 **자유무역지역협정**이라 할 것이므로 ACP 국가들에 대해 특혜조치를 부여하는 것은 문제가 없다고 반박하였지만 패소하였다. 패널은 특혜관세대우방식이 GATT 제1조의 **최혜국대우원칙**에 반한다는 결정을 내렸다.

국내산업에 **실질적 피해** 등이 있음이 판명되고, 국내산업을 보호할 필요성이 있는 경우에 그 물품과 공급자·공급국을 지정하여 해당 물품의 **정상가격**과 **덤핑가격**과의 차액에 상당하는 **금액 이하**의 관세를 추가하여 부과하는 **관세**를 말한다.

### 3) 상계관세

**상계관세**(countervailing duties ; anti-subsidy duties)는 외국의 공급자가 공급국 정부로부터 **보조금·장려금**을 지급받아 수출경쟁력이 높아진 물품이 수입됨으로 인하여 **국내산업**이 실질적 피해를 입거나 입을 우려가 있는 등의 사유가 발생한 경우, 보조금 범위 내에서 **상계관세**를 부과함으로써 국내산업이 공정경쟁을 도모하고 관련 국내산업을 보호하는 제도이다[7].

GATT에서는 수출국에서 지원한 **보조금**을 상쇄하도록 **상계관세** 부과를 인정하고 있다. **상계관세**는 **기본관세** 외에 해당 상품에 지급되는 **장려금·보조금**만큼 더해져 산정되며, **부과요건**은 생산 및 수출에 직간접적으로 장려금·보조금을 받는 수입물품, 이러한 수입물품에 의해 **국내산업**이 저해되거나 저해될 우려가 있는 경우 등이다.

### 4) 보복관세

**보복관세**(retaliatory duties)는 어느 나라가 **긴급관세**를 발동한 결과 국내산업이 그 영향을 받아 피해를 입었을 경우 이 **긴급관세**에 대항하기 위하여, **긴급관세**를 발동한 국가로부터의 주요 수입물품에 대하여 부과하는 **할증관세**를 말한다.

### 5) 긴급관세

**긴급관세**(emergency duties)는 특정물품의 수입증가로 인하여 동종물품 또는 직접적인 경쟁관계에 있는 물품을 생산하는 국내산업이 심각한 피해를 받거나 받을 우려가 있음이 조사를 통하여 확인되고 해당 **국내산업**을 보호할 필요가 있다고 인정될 때에는 해당 물품에 대한 심각한 피해 등을 방지하거나 치유하고 조정을 촉진하기 위하여 필요한 범위 안에서 **관세**를 추가하여 부과하는 관세를 말한다. 즉, **긴급관세**는 교역상대국의 부당한 가격조작에 의한 **덤핑방지관세** 및 **상계관세**와는 달리 시장상황에 의하여 가격이 하락하여 수입된 경우, 피해의 구제범위 내에서 부과하는 제도인 것이다.

### 6) 조정관세

**조정관세**(adjustment duties)는 **국내산업**을 저해하거나 국민소비생활의 질서문란을

---

7) 김대식 외(2007), 「현대경제학원론」, 박영사, p. 834.

방지하기 위하여 **관세율**을 높여 부과함으로써 **국내산업**을 **보호**하려는 데 목적이 있다. 현행법에서, 일시적으로 일정 기간 동안 **세율**을 조정하여 부과하는 관세로서 산업구조의 변동 등으로 물품간의 세율이 현저히 불균형하여 이를 **시정**할 필요가 있는 경우, 국민건강·환경보전·소비자보호 등을 위하여 필요한 경우, **농림축수산물** 등 국제경쟁력이 취약한 물품의 **수입증가**로 국내시장이 교란되거나 산업기반을 붕괴시킬 우려가 있어 이를 **시정** 또는 **방지**할 필요가 있는 경우에 부과할 수 있다.

#### 7) 할당관세

**할당관세**(autonomous duties)란 **관세율**의 조작에 의하여 **수입수량**을 규제하는 제도로서 **특정물품**의 수입에 대하여 일정한 수량의 쿼터를 설정하여 놓고 그 수량 또는 금액만큼 수입되는 분량에 대하여는 **무세** 내지 **저세율**을 적용하고 그 이상 수입되는 분량에 대하여는 **고세율**을 적용하는 관세로서 일종의 **이중관세율제도**이다.

#### 8) 계절관세

**계절관세**(seasonal duties)란 1년 중 어떤 특정한 계절에만 부과하는 **관세**를 말한다. 이는 계절에 따라 가격변동이 **민감 품목**의 경우 **수입물품**으로 인한 심한 **가격변동**을 방지하기 위하여 부과된다. 일반적으로 **공산품**의 경우 계절에 따라 가격변동이 **민감 품목**은 거의 없으므로 대부분 **농산물**에 한정되는데, 농산물의 **수확기**에는 보통보다 **높은 수입관세**를 부과하여 가격이 하락하는 것을 방지하고, **비수확기**에는 수입관세를 **면제**하여 가격이 상승하는 것을 막아 자국의 생산자를 보호하기 위한 수단으로 이용된다. **계절관세**는 계절에 따른 가격 차이가 클 경우에 임의적인 기준에 의해 부과할 수 있다는 점에서 일정한 피해를 입고 있다는 정당한 근거에 기초하여 부과하는 **조정관세**나 **긴급관세**와는 구별된다.

#### 9) 편익관세

우리나라가 WTO에 가입함으로써 WTO 회원국으로부터 물품이 수입되는 경우에는 WTO 회원국에게 가장 혜택이 되는 **관세율**을 적용한다는 의미에서 **최혜국대우**(most favoured nation : MFN) **원칙**이라고 할 수 있다. 반면에 WTO 회원국이 아닌 국가로부터 물품이 수입될 때에는 MFN **원칙**을 적용할 조약상의 의무가 없으므로 **기본세율** 등 **높은** 관세율을 적용하게 되는 것이며 이는 우리나라의 자유에 속하는 것이다. 이와 같이 MFN을 부여할 조약상의 의무가 없는 국가에 대하여 우리나라가 일방적으로 MFN를 부여하는 것을 **편익관세**(beneficial duties)라고 한다.

### 10) 물가평형관세

**물가평형관세**(price stabilization tariff ; parity price duties)란 국내물가의 안정을 도모하기 위하여 부과되는 관세를 말한다. 즉, 국가간 교역물품의 가격이 급락하거나 급등할 때 가격을 안정시키기 위해 부과하는 관세이다. 물가평형관세에는 **차액관세**(balance duties), **활척관세**(sliding duties), **계절관세**가 있다.

# 제 5 절 관세의 효과

**무역**에 대한 정부의 간섭은 무역량, 가격, 생산, 소비를 변화시키며 **자원재분배**, **요소부존변경**, **소득재분배**, **고용변화**, **국제수지변화**에도 영향을 미치게 된다. 일반적으로 관세의 **경제적 효과**를 부분균형으로 분석할 때 관세를 부과하는 나라가 소국이라는 가정을 들고 있는데 이는 소국이 독점력이 없어 국제시장가격을 변동시키지 못하기 때문이다[8].

## 1. 국내산업보호효과

일반적으로 국내 **유치산업**을 보호하기 위하여 부과된다. 어느 **특정산업**을 보호하기 위하여 그 제품의 관세율을 인상하게 되면 **동종물품**의 수입을 억제하게 되어 궁극적으로는 해당 국내산업을 보호하게 되는데, 이처럼 국내산업보호를 목적으로 하는 관세를 **보호관세**라고 한다. 이와 같은 관세 부과로 인한 국내 생산의 증대하게 되어 **생산증가효과**라고 있다.

## 2. 재정수입증가효과

**관세부과**의 목적은 **국고수입**의 확보와 국내산업의 **보호**에 두고 있다. 따라서 재정수입을 목적으로 하는 관세를 **재정관세**라 한다.

## 3. 수요억제효과

**관세**의 부과는 일차적으로 **수입물품**의 가격을 등귀시키고 가격등귀는 소비를 억제하

---

8) 부산광역시, "무역실무가이드", http://busan-hcmc.org/cyber_trade/Lectures/Lesson38/Lesson38_02.html

는 효과가 있다. 관세가 부과되면 결국 그 관세는 **소비자**에게 **전가**되어 그 물품의 가격을 인상시킨다. 특히 수요의 **가격탄력성**이 큰 사치품 등의 경우에는 관세의 부과로 소비를 규제하는 효과가 크다. 이러한 관세의 **수요억제효과**를 **가격효과**라고도 한다.

## 4. 국제수지 개선효과

**관세**의 부과는 수입물품의 소비를 억제하여 수입제한효과를 가져옴으로써 **국제수지**의 **개선기능**을 한다. 다만, 원료품에 대한 **고율관세**는 생산비의 인상을 통하여 제품의 가격을 등귀시킴으로써 수출을 저해할 우려가 있다. 이와 같이 관세는 **국제수지**에 대하여 **이중적 역할**을 하므로 국제수지의 역조를 개선하기 위하여 관세는 적정수준을 찾아야 한다.

## 5. 수출촉진효과

**수출물품제조**에 소요되는 원자재 및 시설재를 수입에 의존할 경우 이러한 원자재나 시설재의 수입에 관세를 **인하**하거나 **면제**하여 주면 **수출촉진효과**를 가져올 수 있다. 또한 **국내산업**을 보호하고 **수입대체산업**을 육성하기 위하여 **관세율**을 인상하는 경우에는 보호된 **유치산업**이 육성되어 수출이 특화하게 되므로 수출에 간접적인 영향을 미치게 된다.

## 6. 교역조건 개선효과

**수입물품**에 관세가 부과되면 그 만큼 수입물품의 가격이 상승되기 때문에 **국내소비자**는 국내생산품으로 **대체사용**하거나 **소비**를 억제하게 된다. 그러므로 수출국의 수출자는 수출물품의 가격을 하락시켜야만 **수입국시장**에의 진출이 가능하게 되므로 수출국의 **교역조건**이 개선된다.

## 7. 소득재분배효과

**관세부과**에 따라 **소비자**는 전보다 **비싼 가격**으로 물품을 구입해야 하는데 이는 곧 **생산자**가 높은 가격으로 물품을 공급하는 결과가 된다. 따라서 **관세부과**는 소비자로부터 생산자에게 소득이 **재분배**되는 효과를 가져온다.

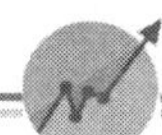

## 8. 고용효과

**고용효과**는 관세부과로 인한 **생산량 증가**로 실업이 발생하는 경우에는 이러한 노동, 자본 등의 **생산요소**를 추가로 투입하여야 하기 때문에 고용효과가 발생하게 된다.

## 9. 사회후생의 손실

**소비자**의 입장에서 보면 관세부과는 같은 제품을 보다 **비싼 가격**에 구입하는 것이 되고 이는 **소비자후생 손실**이 된다.

# 관세정책

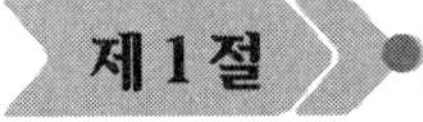


## 관세정책의 개요

넓은 의미의 **관세정책**은 **재정수입확보**, 합리적인 **국내산업보호**, **물가안정**, **수출진흥** 등 국가경제상의 목표를 달성하기 위한 관세관련 제반정책을 말한다. 한편, 좁은 의미의 **관세정책**은 수입되는 상품에 **품목별 관세수준**을 결정하고, 정책과 법률로 정해진 관세수준을 경우에 따라서 **경감**하는 **관세감면**, **관세환급** 그리고 **탄력관세** 등의 적용기준과 범위 등을 정하는 일련의 **정책**을 말한다.

## 제 2 절 관세율 정책

**관세율 정책**은 **국내산업보호**, **재정수입확보**, **소비억제**, **고용증대**, **소득재분배**, **국제수지개선**, **교역조건개선** 등의 목적을 위해 적당한 **관세율**을 책정하고 또한 책정된 **관세율**을 인상·인하하는 정책을 말한다.

## 1. 차등관세제도와 균등관세제도

### (1) 차등관세제도

**원료품**은 **관세율**을 **무세** 또는 **저세율**로 하고 가공도가 높을수록 **고세율**로 하여 **최종제품**의 관세율을 높게 하는 관세의 경사구조를 **차등관세제도**(tariff escalation system)라고 한다.

### (2) 균등관세제도

**장기적으로 무세**를 지향하면서 부가가치에 대해 **동일세율**을 적용하는 것으로 가공단계에 관계없이 **동일세율**을 적용하는 관세구조를 **균등관세제도**(uniform tariff system)라고 한다(자연적 배분).

## 2. 관세의 실효보호율과 명목보호율

(1) **수입물품**에 대한 관세의 부과는 동종의 **국내산업**을 보호할 뿐만 아니라, 나아가 **보조금**의 역할을 한다. **수입원자재**에 대하여 관세를 부과하게 되면 이를 투입하는 국내산업에서는 보호효과가 약화되고, 오히려 **반보호**(anti-protection)**효과**의 발생가능성이 있다. 대부분의 물품은 본원적 **생산요소**에서 직접 생산되는 것이 아니고, 중간생산물의 투입에 의하여 생산된다.

(2) **수입관세**에 의하여 커다란 보호를 받을 경우 그 산업의 **실효보호율**(effective rate of tariff ; effective rate of protection)은 크고, 반대로 보호를 제대로 받지 못할 경우에는 **실효보호율**은 낮다.

(3) **관세**의 **실효보호율**은 **완제품**에 부과되는 관세만을 고려한 **명목보호율**(nominal rate of protection)과 대비되는 개념으로 관세의 **보호정책**에 의해 창출되는 실질적인 **국내부가가치**의 증가율을 말하는데 **관세율**과 국내부가가치 상승률과의 관계로서 관세에 의한 국내산업보호의 실질적 효과를 **실효보호율**이라 한다.

(4) **실효보호율**은 한 나라의 **관세구조**를 정확하게 파악하는 데 상당히 중요할 뿐만 아니라, 그 구조나 또는 **수입관세**에 의한 산업의 보호과정을 평가하는데 결정적 역할을 한다.

〈그림-1〉 관세의 실효보호율

$$\text{관세의 실효보호율} = \frac{\text{관세 후의 부가가치} - \text{관세 전의 부가가치}}{\text{관세 전의 부가가치}}$$

$$= \frac{\text{명목관세율} - \text{원자재의 가중평균관세율}}{\text{상품 1달러당 부가가치}}$$

자료 : '한국방송통신대학교, "3. 관세의 실효보호율-무역학연습", http://faculty.knou.ac.kr/~kim_cs/courseware/d25417/08/08_03_01.htm

(5) 한편 **명목보호율**이란 **최종재**에 대한 **관세보호효과**를 측정하는 것으로 이는 관세부과에 의해 특정산업이 받고 있는 **보호**의 정도를 알아보는 방법이다[1].

〈그림-2〉 관세의 명목보호율

$$\text{명목보호율} = \frac{\text{국내가격} - \text{국제가격}}{\text{국제가격}}$$

주: 국내가격은 관세부과 후 가격이며, 국제가격은 자유무역 하의 가격

(6) 예를 들어 **자유무역** 하에서 노트북의 가격은 **200만원**이다. 노트북 1대의 **국내생산**을 위한 **수입부품가격**은 **100만원**이다. 한편 **수입관세**는 **완제품**은 **30%**이고 부품에는 **10%**를 부과한다. 이 예에서 **명목보호율**은 **30%**가 되는데 이는 관세의 **명목보호율**이 실제적으로 그 나라의 **완제품 관세율**과 동일함을 보여준다.

(7) **완제품**에 대한 **관세율**이 투입재의 **관세율**보다 **높은** 경우에 국내산업의 실질적인 보호효과를 가져올 수 있다. 따라서 관세부가에 따른 **국내부가가치 상승률**인 **실효보호율**을 높이기 위해서는 **최종재(완제품)**에 대한 관세율은 높이고 **중간재(부품, 원자재)**에 대한 **관세율**은 낮추는 것이 효과적임을 알 수 있다.

## 3. 최적관세율과 최대수입관세율

(1) **관세**의 부과는 관세부과국의 교역조건을 개선시키는 반면 **수입량**을 감소시킨다. 이때 일정한 관세율을 적용하면 **교역조건개선**의 이익이 수입감소의 불이익을 상계한 후 **관세부과국**의 이익을 최대로 하는 경우 이와 같이 **후생**을 최대로 하는 관세를 **'최적관세'**라고 하며 그 **관세율**을 **'최적관세율**(optimum tariff rate)'이라 한다.

---

1) 한성대학교, "관세정책", www.hansung.ac.kr/web/.../4?p_p_id...

(2) 또한 **최적관세율**이란 **최대수입관세율**과는 다른 개념이다. **최대수입관세율**이란 **관세수입**을 최대로 하는 **관세율**로서 그 나라의 **후생**이라든가 **국내산업보호** 등을 무시하고 국가재정수입면만을 고려한 개념이다. **최대수입관세율**은 수입수요의 탄력성에 따라 상품별로 그 크기가 달라진다.

(3) 예를 들어 **생필품**과 같이 **수요탄력성**이 적은 품목은 **관세율**이 높아짐에 따라 **관세수입**도 커지므로 **최대수입관세율**은 높은 편이며, **사치품**과 같이 **수요탄력성**이 큰 품목은 반대로 **최대수입관세율**은 낮은 편이 될 것이다. **최대수입관세율**과 **최적관세율**은 반드시 일치하는 것이 아니라 통상 전자가 후자보다 크다는 것을 알 수 있다.

## 4. 관세율의 결정

### (1) 의의

**과세표준**에 대하여 적용하는 세율을 말하고 **관세율표**는 수입물품에 대하여 부과할 관세율을 규정한 표를 말한다. **관세율표**는 간단히 말하면 법에서 특정 수입물품에 관세를 부과하기 위하여 **세율**을 정한 것이다. 우리나라 헌법 제59조는 "조세의 종목과 세율은 법률로 정한다."고 규정하고 있기 때문에 **관세율표**는 엄격한 **조세법률주의**를 요구한다. 이에 따라 **관세법**(이하, **법**이라 한다)에 **관세율표**의 법적 근거를 마련하고 있다.

### (2) 부과원칙

관세의 부과원칙은 다음과 같다.

> **1) 생필품 경과·사치품 중과 원칙 → 국민생활안정, 사치풍조 억제**
> **2) 원료품 경과·완제품 중과 원칙 → 국내가공, 제조업 육성, 고용증대, 국제수지개선**

### (3) 재정관세율

**관세율**이 지나치게 **높으면** 수입량이 줄게 되어 **재정수입**은 오히려 감소하게 되며, 관세율이 과도히 **낮으면 수입량**은 증대하나 **재정수입**은 오히려 축소되므로 적정한 **관세율**을 책정하여야 하는 일반적으로 **낮은 세율**을 적용하고 있다.

## (4) HS 코드

### 1) 의의

① **우리나라**는 1987년까지는 **관세협력이사회품목분류표**(Customs Cooperation Council Nomenclature : CCCN)를 적용하다가 1988년 1월 1일 HS **협약**(**통일상품명 및 부호체계에 관한 국제협약**(International Convention on the Harmonized Commodity Description and Coding System))의 발효로 종전의 CCCNK 대신에 **관세·통계통합품목분류표**(HSK(HS of Korea))를 제정·시행하였다[2].

② **주요 특징**은 CCCN이 순수하게 관세부과 목적인데 반해 HS는 관세, 무역, 통계, 운송, 보험 등 전분야에 사용될 수 있도록 CCCN을 보완한 다국적 상품분류표이다. HS는 Harmonized System의 약자로서, **국제통일상품분류체계**(HS **코드**)에 따라 대외무역거래 상품을 총괄적으로 분류한 품목분류 코드이다. 전 세계에서 거래되는 각종 물품을 **세계관세기구**(World Customs Organization : WCO)가 정한 HS **코드**에 의거 하나의 품목번호(Heading)에 분류하는 것으로서 HS **협약**에 의해 체약국은 HS 체계에서 정한 원칙에 따라 품목분류업무를 수행한다.

③ 예를 들어 HS **코드**의 구조 : 0102.90-1000(HSK **10단위**)의 경우는 다음과 같이 된다. 01 : **류**(Chapter)→산동물이 분류되는 **류**로서 앞 2자리를 말하며, 0102 : **호**(Heading)→소(牛)가 분류되는 **호**로서 앞 4자리를 말하며, 0102.90 : 소호(Subheading)→기타의 소가 분류되는 **소호**로서 앞 5,6자리를 말한다. 그리고 0102.90-1000 : 젖소가 분류되는 **10자리 코드**이다[3].

④ **국제협약**에 따라 HS **코드**는 **10자리**까지 사용할 수 있으며, **6자리**까지는 **국제공통**으로 사용하는 코드이며 **7자리**부터는 각 나라에서 **세분화**하여 부여하는 숫자이다.

---

2) ① **표준국제무역분류표**(Standard International Trade Classification : SITC)는 무역통계의 국제적 비교를 위해 1950년 7월 **유엔경제사회이사회**(United Nations Economic and Social Council : ECOSOC)에서 제정한 무역상품분류표이다. SITC는 1974년에 개정되었는데, 여기서는 무역상품을 1914개 기본항목(basic item)별로 구분하고 있다. 우리나라는 1971까지 이 방식을 채택하였다.
② **브뤼셀품목분류표**(Brussels Tariff Nomenclature : BTN)는 1952년 벨기에의 수도 브뤼셀에서 설립된 것으로 관세협력이사회가 제정한 것이다. 그런데 이 분류표는 브뤼셀이라는 특정 지역을 명칭을 사용하고 있었기 때문에 계속 사용되지 못했다. 그 후 1977년 1월 1일부터 **관세협력이사회**(CCC)의 명칭을 따서 CCCN으로 개칭하였다. 우리나라는 1968년 7월 2일 CCC에 가입하였고 1979년 1월부터 CCCN을 개정관세율표로 적용하였다.
③ HS 코드는 SITC, CCCN, **미국관세율표**(Tariff Schedule of the United States Annotated : TSUSA) 등을 국제적으로 통일하기 위하여 1981년 초에 HS 초안이 작성되어 1983년 6월 CCC총회에서 채택되었으며 1988년 1월 1일부터 발효된 것이다.

3) hscode.co.kr(2016), "HS코드 품목분류", http://hscode.co.kr/bbs/board.php?bo_table=22&wr_id=5&page=2

〈그림-3〉 HS 코드의 기본구조

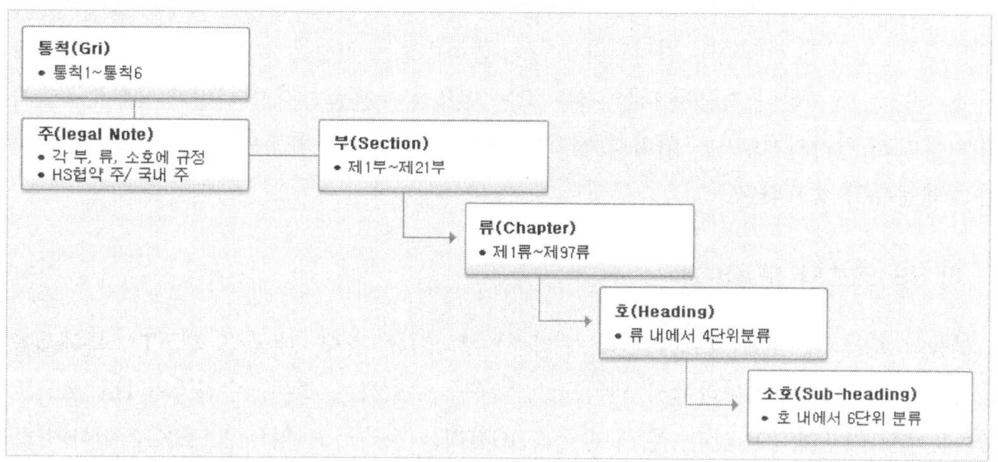


자료 : 한국무역협회, "HS 및 관세개요", http://www.kita.net/trade/marketing/rate02.jsp?cmd_id=rate1002

예를 들어 번식용(Pure-bred breeding) 말의 품목분류 : 제0101.21호의 경우 다음과 같이 된다.

〈그림-4〉 HS 품목분류 예시

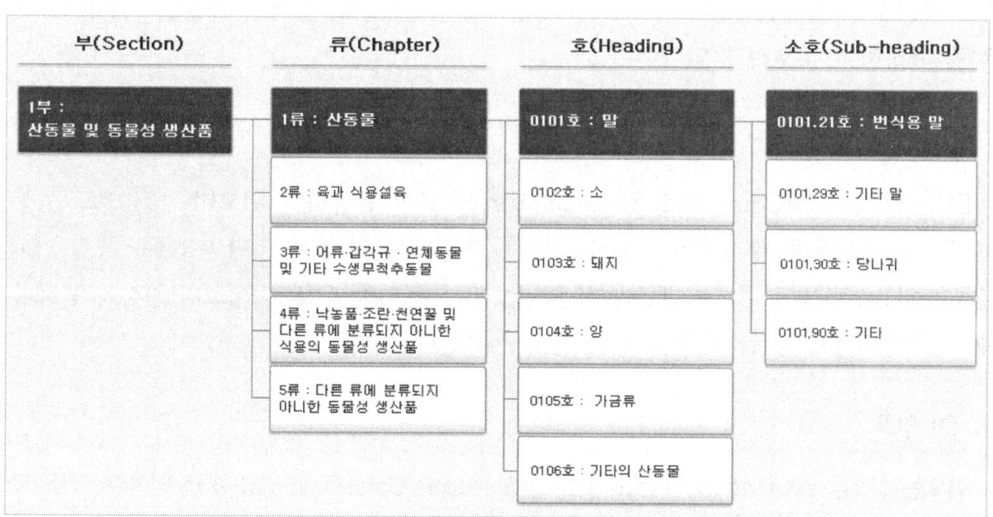


자료 : 한국무역협회, "HS 및 관세개요", http://www.kita.net/trade/marketing/rate02.jsp?cmd_id=rate1002

### 2) HS 코드의 중요성

HS 코드는 **관세**, **무역통계**, **운송**, **보험** 등과 같은 다양한 목적에 사용될 수 있도록 만든 다목적 **상품분류제도**로서 이러한 HS **제정**의 목적은 **상품분류체계**의 **통일**을 기하여 국제무역을 원활히 하고 관세율 적용의 일관성을 유지하기 위한 것이다. **수입물품**에 대한 관세는 해당 **품목번호**마다 적용되는 **관세율**이 미리 정해져 있으므로, 정확한 **품목분류**가 선행되어야 납부할 **관세액**이 결정된다. 특히, **품목번호**는 기능은 유사하지만 형태가 다르거나, 형태는 유사하나 기능이 다른 경우 또는 범용성 부분품인지 아니면 전용부분품인지 여부에 따라 달라지게 된다. 따라서 정확한 관세를 납부하기 위해서는 수입신고 시 올바른 품목분류가 중요하다.

### 3) HS 코드의 운용비교

**물품**이 분류되는 HS **코드**에 따라 수입 시 부과되는 **관세**, **내국세** 및 FTA **특혜세율** 등이 결정되므로, 우리나라에서 외국으로 물품을 수출하는 경우, 수입국의 HS **코드**로 품목분류가 이루어져야 한다. 현재 한국은 **10자리**를 사용하고 있으며 HSK에 의하여 해당 물품의 관세율 및 수출입통관시 이행하여야 할 요건을 확인할 수 있다[4].

#### ① 미국

**미국**은 HS를 HTSUS(The Harmonized Tariff Schedule of the United States)로써 운용하고 있으며, HS **코드** 공통 **6단위** 하에 2단위를 추가한 **8단위** 코드를 사용하고 있다. HS **협약**에서는 제1류부터 제97류로 공통적으로 분류하고 있으나, 미국은 자체적으로 제98류(관세감면대상), 제99류(한시적으로 기본세율보다 낮은 세율을 적용하는 물품)를 규정하여 운용하고 있다.

#### ② EU

EU는 HS를 CN(Combined Nomenclature)으로써 운용하고 있으며, HS **코드** 공통 6단위 하에 2단위를 추가하여 사용하고 있다. 또한, **8단위** 또는 **10단위**에 EU 통합 관세분류번호(Taric)을 부여하여 EU에 적용되는 모든 무역정책 및 관세조치(**일시적 관세유예**, **덤핑방지관세** 등)를 적용할 수 있도록 사용한다.

#### ③ 인도

**인도**는 HS를 ITC(Indian Trade Classification) Code로서 운용하고 있으며, HS 코드 공통 **6단위** 하에 2단위를 추가하여 **8단위**를 사용하고 있다.

---

4) 한국무역협회, "HS 및 관세개요",
http://www.kita.net/trade/marketing/rate02.jsp?cmd_id=rate1002

#### ④ ASEAN

ASEAN은 HS 협약에서의 공통 **6단위**를 기초로 하여, **8단위**로 제정한 AHTN(Asean Harmonized Tariff Nomenclature) Code를 사용하고 있다. 다만, ASEAN 국가들은 대외적으로 AHTN 뿐 아니라 **HS 코드** 등의 용어를 혼용하여 사용하고 있으며, AHTN **8단위** 코드가 아닌 각국에서 제정한 HS **코드**를 사용하고 있다(말레이시아 **9단위**, 인도네시아 10**단위**).

#### ⑤ 일본

**일본**의 경우 세계공통부분의 **6단위**에 **3단위**를 추가하여 합계 **9단위**의 번호를 HS **코드**(**세번**)로 사용하고 있다. 일반적으로 **6단위**까지로 문제가 없지만 상대국가의 세관에서 통관을 할 때 품목에 따라 규정된 **관세**를 지불할 때 이 품목별 관세율 **6단위**뿐만 아니라 더욱이 세분하여 설정되는 경우는 상대국 측의 HS **코드**와 그것에 대응한 관세율을 파악할 필요가 있다.

## 제 3 절 경제통합제도와 경제자유구역

### 1. 경제통합제도

**경제통합**이란 경제적으로 **공동이해관계**를 갖고 있는 2개국 이상의 국가가 동맹을 맺고 가입국 상호간에 **상품·생산요소**의 자유이동을 보장하고, 또한 **단일통화**를 제정하여 거대시장의 경제적·기술적 이익을 향유하며, 나아가 정치적·사회적 측면에서도 협력을 추진하는 것을 의미한다. **발라사**(B. Balassa)는 그의 저서 **경제통합론**(Theory of Economic Integration)에서 **경제통합**의 형태를 발전단계에 따라 다음과 같이 구분하였다[5].

#### (1) 자유무역지역 (자유무역협정)

**자유무역지역**(**자유무역협정**)(Free Trade Zone : FTZ)(Free Trade Agreement : FTA)은 통합에 참가한 각 회원국 상호간에는 상품이동에 대한 모든 **무역제한조치**를 철폐하여 역내에서는 **자유무역**을 보장하는 한편, 역외의 비회원국에 대해서는 각국이 독자적(개별적)

5) Balassa, B.(1961), *The Theory of Economic Integration*, London, pp. 2-3.

인 관세정책 및 무역제한조치를 취하는 형태의 **경제통합**을 말한다. 즉, 역내의 회원국은 역외의 비회원국에 대하여 개별적 **관세정책**을 유지하는 것이다.

### (2) 관세동맹

**관세동맹**(customs union)은 **자유무역지역**에서 더욱 발전시킨 **역외공동관세**를 부과하는 형태의 **경제통합**이다. 즉, 회원국 상호간에는 상품의 자유이동이 보장될 뿐만 아니라 역외 비회원국으로부터의 수입에 대해서는 **공동수입관세**를 부과한다.

### (3) 공동시장

**공동시장**(common market)은 **관세동맹**에서 더욱 발전시킨 역내국가간 생산요소의 자유이동이 보장되고 있는 형태의 **경제통합**이다. 즉, 회원국 상호간에는 재화뿐만 아니라 노동, 자본과 같은 생산요소의 자유이동이 보장되며 역외 비회원국에 대해서는 각국이 **공동관세 부과제도**를 채택한다.

### (4) 경제동맹

**경제동맹**(economic union)은 공동시장을 더욱 발전시킨 형태로서 역내 상품 및 생산요소의 자유이동과 **역외공동관세**를 부과하는 외에도 각 회원국간 경제정책의 조정과 협력을 강화하기 위해 공동경제정책을 실시하는 형태의 통합이다. 그 주요내용은 역내 회원국간에 **재정(조세)**, **금융**, **사회복지정책** 등의 모든 경제정책을 상호 조정하는 **경제통합**의 형태이다.

### (5) 완전경제통합

**완전경제통합**(complete economic integration)은 가입국 상호간에 초국가적 기구를 설치하여 그 기구로 하여금 각 회원국의 모든 사회·경제정책을 조정, 통합, 관리하는 형태의 통합이다. **유럽경제공동체**(European Economic Community : EEC)가 1992년까지 목표로 하고 있던 유럽단일시장 통합계획이 여기에 해당된다. EEC가 추구하였던 유럽의 경제통합정신은 **유럽공동체**(European Community : EC)를 거쳐 현재의 **유럽연합**(European Union : EU)까지 이어졌다.

## 2. 자유무역지역과 경제자유구역

### (1) 자유무역지역

#### 1) 의의

① **자유무역지역**(FTZ)이란 한 나라가 **국제무역**과 상업을 촉진시키기 위하여 일정 조건하에 **외국화물**에 대하여 각종 규제에서 완화된 지역을 말한다. 따라서 **관세** 및 제세공과금이 면제되며, 지역내에서 상품의 반입, 반출, 가공처리, 저장 등이 자유로운 특정한 지역으로 된다. 지역내에서는 **통관절차**, **관세징수**가 배제되며 외국산 화물이 반입되어 청소, 개장, 상표부착, 혼합, 가공, 조립, 제조, 재포장·상품전시, 재수출, 화물의 반출입 및 중계 등을 자유롭게 수행할 수 있는 법적·지리적 **경제활동특구**를 의미한다[6].

② 이러한 지역의 설치는 과거에는 국가가 **통과무역**에서 발생하는 노무, 그 밖의 용역에 대한 보수, **중계무역**에 따른 중계수수료, **가공무역**에 따른 외화가득액의 수취에 목적을 두었으나, 오늘날에는 **관세·비관세 장벽** 등 국제무역을 저해하는 제요소를 제거함으로써 원활한 국제교역을 활성화시키고 국내경제를 발전시키는데 목적을 두는 것이 일반적이다.

③ 이와 같이 FTZ에 관한 보편적 의의는 개발도상국들이 **수출증대**를 달성할 수 있는 근본적인 방법으로서 자국의 항구시설과 FTZ의 설비를 개선해야 한다는 것에서 찾아볼 수 있다. 실제 FTZ을 설립·운영하는 각 국가의 지리, 인구, 정치, 경제, 사회, 문화환경 등 개발여건은 다양하지만 국가의 주요 목표는 경제개발인 점에서 공통점을 지니게 되었다. 따라서 FTZ은 경제개발 정책 및 전략의 불가결한 일부로서, 특히 수출의 증대와 시장의 다양화와 직결되고 있다[7].

④ 한편 국제교역면에서 FTZ가 수행하는 기능은 다음과 같다.

첫째, **관세**의 **면제**나 **수입절차**의 불필요 또는 무역업자에 대한 막대한 편익의 부여, 그리고 지역내에서 상품에 대한 여러 가지 작업의 허용으로 시장경기에 적응할 수 있어 유리하게 상품을 공급할 수 있다는 점은 **중계무역** 및 **재수출**을 촉진하는 시설로서 **국제무역 촉진**의 의의를 높이고 있다.

둘째, **무역물품**의 집산은 지리적 조건이 가장 중요하다. FTZ가 자유항의 형태를 취하는 경우에는 입항선박에 대한 **항만세 면제**, **입출항절차 간소화**, **하역**, **창고시설**을 완비함으로써 다른 항구보다 **외국선박**의 더 많은 유치가 가능하다. **관세면제** 이외에 **상품전시**까지 허용되는 곳은 상품의 **집산지**로서의 기능을 충분히 발휘할 수 있게 되어 **상품집**

---

6) 김학소(1998), "21세기 동북아 물류중심기지화를 위한 자유무역지역 도입 방안에 관한 연구," 제1회 광양항 국제 Forum 및 제13차 한국항만경제학회 국제학술발표대회,pp. 262-263.

7) 김홍섭(1997), "유항의 역할과 선결조건," 「항만연구」, 제144호, 한국항만연구회, p. 34.

**산지**로서의 의의가 있다.

셋째, FTZ에서는 복잡한 **수입절차**나 **관세**가 면제될 뿐만 아니라, 세관원의 간섭도 배제되는 이점이 있다. 따라서 FTZ에서는 가공·제조공업이 크게 발달할 수 있는 것이다.

넷째, **국제경제**의 **완충지역**으로서의 의의이다. 무역은 **국제상거래**이므로 각국의 정치적 불안이나 당사국의 경제적 여건에 따라 많은 위험이 항상 따른다. 이러한 상황에 대비하여 국제적인 **완충지역**으로서의 의의를 가진다. 이러한 관점에서 볼 때 어느 나라 상품이든지 자유롭게 반출입할 수 있는 FTZ의 기능은 선적화물의 **거대기지**로서도 중요한 의의를 가지게 된다.

〈그림-5〉 자유무역지역의 개념도

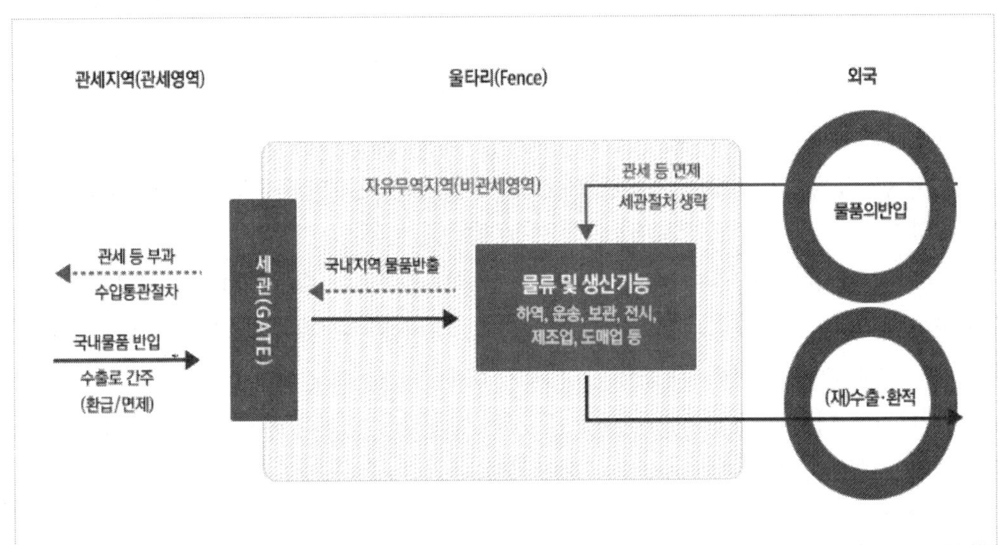


자료 : 인천공항, "자유무역지역", http://www.airport.kr/co/ko/6/1/2/3/index.jsp

### 2) 유형

#### ① 자유항 도시

**자유항 도시**는 중세 지중해 자유항 도시처럼 정치, 경제적으로 독립된 하나의 도시국가 형태로 **항만전체**를 **자유지역**으로 하여 선박과 상품에 대하여 자유로운 출입, 저장, 제조가공, 포장, 재포장, 상표부착 등을 허용함은 물론 고용인의 지역내 거주도 허용되는 완전한 **자유항**이다.

그러나 **자유항 도시**는 전체가 **비관세지역**이고 거주가 허용되므로 면세, 밀수 등의 감시가 어렵다는 단점이 있다. 오늘날은 본래의 **자유항 도시**와 그 기원과 연혁을 달리하지만 **홍콩항**이 전체 도시를 **자유항**으로 설정하고 있다고 볼 수 있다.

② **자유항구형**

**자유항구형**은 항구 전체가 아닌 항구에 인접한 지역의 일부를 자유항으로 설정한 곳으로 상품에 대하여 **비관세구역**이며 **자유항**과 마찬가지로 상품의 반출입, 저장, 제조가공, 포장, 재포장, 상표부착 등이 허용되나 고용인의 거주가 일반적으로 허용되지 않는다.

3) 자유무역지역의 지정

① **의의**

㉮ **자유무역지역의 지정 및 운영에 관한 법률(자유무역지역법)** 제4조(자유무역지역의 지정 등)는 중앙행정기관의 장이나 특별시장·광역시장·특별자치시장·도지사 또는 특별자치도지사(이하, 시·도지사라 한다)는 관계 중앙행정기관의 장 및 관계 시·도지사와의 협의를 거쳐 **산업통상자원부장관**에게 FTZ의 지정을 요청할 수 있다. 이 경우 시·도지사는 **자유무역지역관리권자**에게 그 시·도지사를 대신하여 관계 중앙행정기관의 장 및 관계 시·도지사와 협의하여 줄 것을 요청할 수 있으며, 요청을 받은 **자유무역지역관리권자**는 특별한 사유가 없으면 그 요청에 따라야 한다.

㉯ **중앙행정기관**의 장 또는 시·도지사는 FTZ의 지정을 요청하려면 FTZ 기본계획을 작성하여 **산업통상자원부장관**에게 제출하여야 한다.

㉰ **산업통상자원부장관**은 지정이 요청된 지역의 실정과 지정의 필요성 및 지정요건을 검토한 후 기획재정부장관, 국토교통부장관 등 관계 중앙행정기관의 장(관계 중앙행정기관의 장)과 협의하여 **FTZ를** 지정한다. 다만, **자유무역지역 예정지역**으로 지정된 지역의 전부 또는 일부를 FTZ로 지정하려는 경우에는 관계 중앙행정기관의 장과 협의를 거치지 아니할 수 있다.

㉱ **산업통상자원부장관**은 **FTZ를** 지정하였을 때에는 그 지역의 위치·경계·면적과 그 밖에 대통령령으로 정하는 사항을 고시하고, 그 내용을 지체 없이 관계 중앙행정기관의 장 및 시·도지사에게 **통지**하여야 한다.

㉲ **통지**를 받은 시·도지사는 그 내용을 **14일** 이상 일반인이 열람할 수 있게 하여야 한다.

② **자유무역지역의 지정요건**

**FTZ는** 다음 요건을 모두 갖춘 **지역**에 대하여 **지정**한다.

㉮ 다음에 해당하는 지역으로서 **화물처리능력** 등에 적합한 **지역**을 말한다.

㉠ **산업입지 및 개발에 관한 법률**에 따른 **산업단지**, ㉡ **공항시설법**에 따른 **공항 및 배후지**, ㉢ **물류시설의 개발 및 운영에 관한 법률**에 따른 **물류터미널 및 물류단지**, ㉣ **항만법**에 따른 **항만 및 배후지**

㉯ **도로** 등 사회간접자본시설이 충분히 확보되어 있거나 확보될 수 있어야 한다.

㉰ **물품**의 반입·반출을 효율적으로 관리하기 위하여 필요한 시설로서 **통제시설**이 설치되어 있거나 통제시설의 설치계획이 확정되어 있어야 한다.

### ③ 자유무역지역의 변경

㉮ FTZ의 지정을 요청한 중앙행정기관의 장 또는 시·도지사는 FTZ의 운영을 위하여 필요한 경우에는 **산업통상자원부장관**에게 그 FTZ의 위치·경계 또는 면적의 변경을 요청할 수 있다.

㉯ **산업통상자원부장관**은 FTZ의 지정 사유가 없어졌다고 인정하거나 관계 중앙행정기관의 장 또는 시·도지사로부터 지정해제 요청을 받은 경우에는 FTZ의 지정을 해제할 수 있다.

㉰ FTZ의 변경 또는 지정해제에 관하여는 위의 ①-㉰의 본문 및 ①-㉲를 준용한다. 다만, FTZ를 변경하는 경우로서 면적의 일부 변경 등 **경미**한 **사항**의 변경에 관하여는 ①-㉰의 본문을 준용하지 아니한다.

### ④ 자유무역지역 예정지역의 지정

㉮ **산업통상자원부장관**은 중앙행정기관의 장 또는 시·도지사의 요청에 따라 위의 ②-㉮의 어느 하나에 해당하는 지역(그 예정지를 포함한다)을 **자유무역지역 예정지역**(이하, 예정지역이라 한다)으로 지정할 수 있다.

㉯ **예정지역**의 지정을 요청한 중앙행정기관의 장 또는 시·도지사는 필요한 경우 **산업통상자원부장관**에게 그 예정지역의 **위치·경계** 또는 **면적**의 **변경**을 요청할 수 있다.

㉰ **예정지역**의 **지정기간**은 **3년** 이내로 한다. 다만, **산업통상자원부장관**은 해당 예정지역에 대한 개발계획의 변경 등으로 지정기간의 연장이 불가피하다고 인정하는 경우에는 3년의 범위에서 지정기간을 **연장**할 수 있다.

㉱ **산업통상자원부장관**은 예정지역의 지정기간이 만료되기 전에 FTZ로 지정할 것인지 여부를 **결정**하여야 한다.

㉲ **산업통상자원부장관**은 FTZ로 지정하지 아니하기로 결정한 경우에는 그 예정지역의 지정을 즉시 **해제**하여야 한다.

㉳ **예정지역**의 지정·변경 또는 지정해제에 관하여는 위의 ①을 준용한다. 다만, **예정지역**을 변경하는 경우로서 면적의 일부 변경 등 **경미한 사항**의 변경에 관하여는 위의 ①-㉰의 본문을 준용하지 아니한다.

### ⑤ 경제적 효과

㉮ **중계무역**이란 무역화물이 수출국에서 제3국에 양륙된 다음 다소 가공되거나 원형대로 수입국에 **재수출**되는 무역을 의미한다. 이때 양륙되는 외국산 상품에 대하여 FTZ에서는 **관세**도 부과하지 않고 **관세절차**가 간단하므로 업자에게는 막대한 편익을 주게 되며 또한 FTZ에 진출한 기업의 경우에도 원래 목표했던 수출대상국이 경기변동 등으로 시황이 불리해진 경우에는 좀 더 유리한 제3국의 시장으로 **재수출**을 할 수 있으므로 이 지역은 **중계무역**과 **재수출**을 촉진하여 설치국에 교역증대의 효과를 가져다준다.

㉯ FTZ 내에서 상품을 조립, 가공, 제조, 포장, 재포장, 상표부착 등의 활동을 하거나 화물을 하역, 환적, 운송하는 데에는 **인력**이 필요하게 된다. 이러한 인력은 FTZ 주변의 유휴노동력이나 직업훈련소에서 공급된다. 따라서 FTZ 내에 입주하는 업체가 많을수록 **고용증대효과**는 커지며, 지역내의 입주기업체들은 수많은 근로자들을 흡수함으로써 고용기회를 창출해 준다.

㉰ FTZ 내의 **진출기업체**는 기술자를 FTZ 내의 훈련기관에 파견하여 기술훈련이나 기술보급을 할 수 있으며, 또한 현지인을 모기업에 파견하여 기술연수를 받게 하거나, **로열티**를 제공하고 노하우를 쉽게 도입할 수 있다. 따라서 새롭게 도입된 외국의 선진기술은 종업원의 기술수준을 제고시키게 되며, FTZ 설치국은 이들 선진기술습득종업원의 기술보급을 통한 설치국내 기술향상의 효과를 도모할 수 있다.

㉱ FTZ로의 개발은 이 지역내의 지역기업과 주변역외기업과의 **하청계열화**를 확대시켜 지역경제발전에 도움을 줄 수 있다. 즉, 이 지역내 기업들은 원자재 및 부품의 대부분 또는 일부는 모기업에서 수입하고, 일부 부품과 포장, 원료 등은 하청기업으로부터 구매하므로 **하청기업**의 전문계열화가 이루어져 지역경제는 발전하게 된다.

㉲ FTZ를 설치·운영하는 국가는 고용에 의한 임금, 토지 및 건물임대료, 용수 및 동력 등 제간접자본사용료, 제조세 및 각종 **공과금**의 혜택으로 **외화획득증대**의 효과를 볼 수 있다.

㉳ FTZ는 어떤 형태의 제조활동에 대하여 이상적인 입지를 제공한다. 이 지역으로 반입되는 부품이나 원자재에 대하여는 **관세**가 **면제**된다. 또한 임대료나 노임 등이 투자국보다 상대적으로 저렴하기 때문에 많은 **외국기업체**들이 지역내에 **직접투자**를 하게 된다. 이러한 효과는 이 지역이 외자도입을 유도하는 역할을 충분히 하기 때문이다[8].

---

8) Frankel, E. G.(1985), "The Concept of Free Ports and Their Contribution", *IAPH*, p. 117.

### (2) 경제자유구역

#### 1) 의의

① 1997년의 **외환위기**는 이러한 한국경제의 고질적인 문제점이 노출되는 계기로 작용하였으며, 이후 정부는 과감한 **경제구조조정**과 체질개선에 나서게 된다. 그런 측면에서 **외국인투자유치**는 단기적으로 당시 시급한 외환확보와 함께 대외 신인도를 높여 경제위기를 극복하는 수단이었으며, 장기적으로는 우리 경제의 투명성을 높이기 위한 주요 국정과제 중 하나였다.

② **외국인투자유치**를 위해 규제를 완화하고 인센티브를 강화하는 일반적인 전략과 함께 공간적인 개념을 확대한 정책이 바로 **경제자유구역**(Free Economic Zone : FEZ)의 지정과 개발 정책이라고 할 수 있다. FEZ는 외국투자기업의 경영환경과 외국인 생활여건 등 개선을 통해 **국가경쟁력 강화** 및 **외국인투자촉진**을 도모하고자 도입한 제도로서, 세계화의 진전에 따라 요구되고 있는 기업의 국제경영 활동에 최적의 환경을 제공하고자 조성된 **특별경제구역(경제특구)**을 말한다. 또한, 다양한 세제혜택, 자유로운 경제활동을 위한 규제완화, 편리한 생활환경과 간편한 행정서비스 제공으로 자유롭고 폭넓은 기업활동을 보장한다.

③ FEZ의 의의는 크게 다섯 가지 측면으로 구분해 볼 수 있다. 첫째, 전국적으로 규제를 완화하기 어려운 상황에서 **규제완화**의 시험장으로 기능한다는 것이고, 둘째, 첨단산업과 서비스산업 중심으로 우리의 산업구조를 고도화해 가는 **견인차 역할**을 할 수 있으며, 셋째, **미래 성장동력 육성**을 들 수 있으며, 넷째, **외국인투자유치**를 가속화하는 정책수단으로서의 역할이라 할 수 있다. 마지막으로는 지역균형발전과 경제활성화 제고를 들 수 있다[9].

④ 우리나라가 FEZ 제도를 도입한 목적은 **외국인투자기업**의 경영환경과 외국인의 생활 여건을 개선함으로써 **외국인투자**를 촉진하고 나아가 국가경쟁력의 강화를 도모하기 위한 것이다. 그러나 FEZ의 외국인투자 유치실적은 기대에 미치지 못하고 있으며, 이에 따라 경영 및 생활환경 등 FEZ의 정주여건도 빠르게 개선되지 못하고 있는 실정이다.

⑤ FEZ 지정과 맞물려 추진될 예정이었던 각종 **규제완화**도 여러 이해관계자의 반발과 형평성 문제 등으로 지체되고 있다. 이러한 가운데 FEZ가 지정되지 못한 지방자치단체는 추가적 지정을 요구하고 있다. 또한 중국 등 경쟁국의 FEZ 간 경쟁이 치열할 분만 아니라 개방에 대한 국내의 부정적 시각이 아직도 강해 우리나라 FEZ가 본궤도에 오르기 위해서는 보다 많은 노력이 필요할 것으로 평가되고 있다[10].

---

9) 김보현·이동근(2011), "경제자유구역 정책이 외국인 투자 결정에 미치는 영향에 관한 연구", 「지방행정연구」, 제25권 제1호, pp.246-247.
10) 상게논문, pp.243-244.

〈그림-6〉 경제자유구역의 개념도

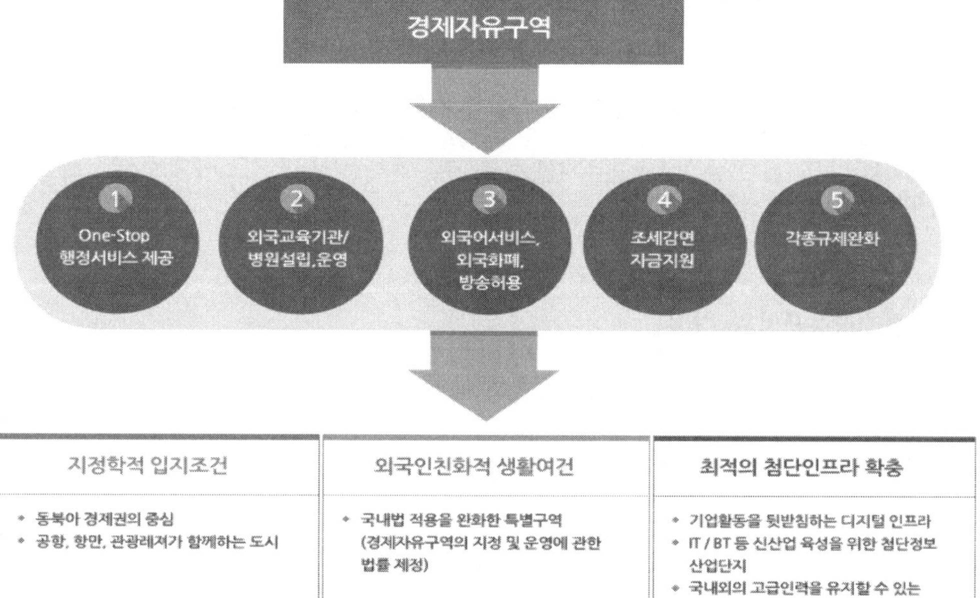


자료 : 광양만권경제자유구역(2016), "경제자유구역이란?", http://www.gfez.go.kr/menu.es?mid=a10101010000

### 2) 경제자유구역의 지정

#### ① 경제자유구역기본계획의 수립

㉮ **경제자유구역의 지정 및 운영에 관한 특별법(경제자유구역법)** 제3조의2는 **산업통상자원부장관**은 FEZ의 체계적인 발전을 위하여 계획기간을 **10년 이상**으로 하는 **경제자유구역기본계획**을 5년마다 수립하여야 한다.

㉯ **산업통상자원부장관**은 **경제자유구역기본계획**을 수립하려는 경우에는 다음 절차를 거쳐야 한다. **산업통상자원부장관**은 **경제자유구역기본계획**을 수립한 때에는 그 내용을 관보에 고시하고 시·도지사와 행정기구의 장에게 **통보**하여야 한다.

> ㉠ **특별시장·광역시장·특별자치시장·도지사** 또는 **특별자치도지사**(이하, 시·도지사라 한다) 및 행정기구의 장의 **의견 청취**, ㉡ 관계 중앙행정기관의 장과의 **협의**, ㉢ **경제자유구역위원회**의 **심의·의결**

### ② 경제자유구역기본계획의 내용

**경제자유구역기본계획**에는 다음 사항이 포함되어야 한다.

㉮ FEZ의 **기본목표**와 **중장기 발전방향**에 관한 사항, ㉯ FEZ의 **개발**에 관한 사항, ㉰ FEZ의 **외국인투자유치**에 관한 사항, ㉱ FEZ별 차별화된 **발전전략**에 관한 사항, ㉲ FEZ에서 실시되는 **개발사업**과 **입주기업 지원** 등에 관한 사항, ㉳ 그 밖에 FEZ의 **발전**을 위하여 필요한 사항

### ③ 경제자유구역의 지정

㉮ **시·도지사**는 **산업통상자원부장관**에게 FEZ의 지정을 요청할 수 있다. 다만, 대상구역이 **둘 이상**의 특별시·광역시·특별자치시·도 또는 특별자치도(이하, 시·도라 한다)에 걸쳐 있는 경우에는 해당 시·도지사가 공동으로 지정을 요청하여야 한다.

㉯ **시·도지사**는 FEZ의 지정을 요청하려는 경우에는 **경제자유구역개발계획**을 작성하여 이를 제출하여야 한다. 이 경우 주민의 의견을 미리 들어야 한다.

㉰ **시·도지사**는 **경제자유구역개발계획**에 산업입지 및 개발에 관한 법률에 따른 산업단지에 관한 사항이 포함되어 있으면 FEZ의 지정을 요청하기 전에 **국토교통부장관**과 협의를 하여야 한다. 이 경우 **국토교통부장관**은 산업입지 및 개발에 관한 법률에 따른 **산업입지정책심의회**의 심의를 거쳐야 한다.

㉱ FEZ의 지정을 요청받은 **산업통상자원부장관**은 관계 행정기관의 장과의 협의와 **경제자유구역위원회**의 심의·의결을 거쳐 **경제자유구역개발계획**을 확정하고 FEZ를 지정한다. 이 경우 FEZ의 지정을 요청한 시·도지사의 의견을 들어야 한다.

㉲ **산업통상자원부장관**은 FEZ의 개발이 필요하다고 인정하면 관할 시·도지사의 동의를 받은 후 **경제자유구역위원회**의 심의·의결을 거쳐 **경제자유구역개발계획**을 수립하고 FEZ를 지정할 수 있다.

㉳ **산업통상자원부장관**은 FEZ를 지정할 때 필요한 경우에는 **FEZ를 둘 이상**의 개발사업지구로 분할하여 개발하도록 할 수 있다. **산업통상자원부장관**은 FEZ의 개발에 필요한 토지가 확보되어 있는 등 요건에 해당하는 경우에는 단계적으로 개발하도록 할 수 있다.

㉴ **산업통상자원부장관**은 FEZ를 지정한 경우에는 대통령령으로 정하는 바에 따라 그 내용을 관보에 고시하고, 지체 없이 이를 관할 시·도지사에게 통지하여야 한다. 이 경우 지형도면의 고시에 관하여는 **토지이용규제기본법**에 따른다.

㉵ 위의 ㉴에 따른 **통지**를 받은 시·도지사는 그 내용을 **14일 이상** 일반인이 열람할 수 있게 하여야 한다.

### ④ 경제자유구역의 지정요건

FEZ는 다음 요건을 갖춘 지역에 대하여 지정한다.

> ㉮ **경제자유구역기본계획**에 부합할 것, ㉯ 충분한 **국내외 기업**의 **입주수요 확보**가 가능할 것, ㉰ **외국인 정주환경**의 확보 또는 연계가 가능할 것, ㉱ FEZ의 개발에 필요한 부지와 광역교통망·정보통신망·용수·전력 등 **기반시설**의 **확보**가 가능할 것, ㉲ FEZ의 개발에 **경제성**이 있을 것, ㉳ **지방자치단체**의 재정부담, 민간자본 유치방안 등 **자금조달계획**이 **실현 가능**할 것, ㉴ 그 밖에 **전문인력 확보**와 **지속발전 가능성** 등에 관하여 **요건**을 갖출 것

### ⑤ 경제자유구역개발계획의 개요

㉮ **경제자유구역개발계획**에는 다음 사항이 포함되어야 한다.

> ㉠ FEZ의 명칭·위치 및 면적, ㉡ FEZ 지정의 필요성, ㉢ 개발사업의 **시행예정자**, ㉣ FEZ를 **둘 이상**의 **개발사업지구**로 분할하여 FEZ의 개발을 시행하는 경우에는 분할된 개발사업지구(**단위개발사업지구**라 한다)의 명칭·위치·면적, ㉤ 개발사업의 **시행방법**(단계적으로 개발하는 경우에는 단계적 시행시기를 포함한다), ㉥ **재원조달방법**, ㉦ **토지이용계획** 및 **주요 기반시설계획**, ㉧ **인구수용계획** 및 **주거시설 조성계획**, ㉨ **교통처리계획**, ㉩ **산업유치계획**, ㉪ **보건의료·교육·복지시설 설치계획**, ㉫ **환경보전계획**, ㉬ **외국인**의 투자유치 및 정주를 위한 **환경조성계획**, ㉭ **외국인투자기업**에 대한 **전용용지의 공급**에 관한 사항, ㊀ **개발이익**의 **재투자**에 관한 사항, ㊁ **수용·사용**할 토지·건축물 또는 물건이나 권리가 있는 경우에는 그 **세부목록**, ㊂ **토지소유자**에게 환지할 **토지**가 있는 경우 **환지**에 관한 계획, ㊃ 그 밖에 대통령령으로 정하는 사항

㉯ **산업통상자원부장관**은 **경제자유구역개발계획**의 수립에 필요한 사항을 정하여 고시할 수 있다.

### ⑥ 경제자유구역개발계획의 변경

㉮ **산업통상자원부장관**은 **경제자유구역개발계획**을 변경할 수 있다. 시·도지사가 요청하는 경우에도 또한 같다.

㉯ **산업통상자원부장관**은 **개발사업시행자**가 관할 시·도지사를 경유하여 **경제자유구역개발계획의** 변경을 요청하는 경우에는 그 **경제자유구역개발계획**을 변경할 수 있다. 이 경우 **개발사업시행자**는 개발사업의 구역이 **둘 이상**의 시·도에 걸쳐 있는 때에는 해당 시·도지사를 각각 경유하여야 한다.

㉰ 다만, 다음 **구분**에 따른 경우에만 준용한다.

㉠ 대통령령으로 정하는 **중요 사항**을 **변경**하려는 경우, ㉡ **산업단지면적**의 10/100 이상을 **증감**하거나 산업단지 내 **산업시설용지 면적**의 10/100 이상을 **증감**하는 경우, ㉢ **경제자유구역개발계획**을 변경하는 경우, ㉣ **경제자유구역개발계획**의 **중경미**한 사항을 변경하는 경우에는 **경제자유구역위원회**의 심의·의결을 거치지 아니할 수 있다.

#### ⑦ 경제자유구역의 지정효과

FEZ의 **지정** 또는 **변경**이 있은 때에는 그 **경제자유구역개발계획**의 내용에 따라 다음의 지정·결정·수립·확정·승인 또는 변경이 각각 있은 것으로 본다.

㉮ **도시개발법**에 따른 **도시개발구역**의 **지정**, **도시개발사업계획**의 **수립**, ㉯ **택지개발촉진법**에 따른 **택지개발지구**의 **지정**, **택지개발계획**의 **수립**, ㉰ **산업입지 및 개발에 관한 법률**에 따른 **국가산업단지·일반산업단지** 및 **도시첨단산업단지**의 지정, ㉱ **관광진흥법**에 따른 **관광지** 및 **관광단지**의 지정, ㉲ **물류시설의 개발 및 운영에 관한 법률**에 따른 **물류단지**의 지정, ㉳ **국토의 계획 및 이용에 관한 법률**에 따른 **도시·군기본계획**의 **수립·변경·확정** 또는 **승인**(FEZ 외의 지역에 대한 도시·군기본계획 변경안을 마련하여 해당 도시·군기본계획의 수립권자에게 제출하여 확정 또는 승인받은 경우만 해당한다), ㉴ **공유수면 관리 및 매립에 관한 법률**에 따른 **매립기본계획**의 변경, ㉵ **연안관리법**에 따른 **연안통합관리계획** 및 **연안관리지역계획**의 변경, ㉶ **하천법**에 따른 **하천구역**의 결정 및 **하천기본계획**의 변경, ㉷ **수도법**에 따른 **수도정비기본계획**의 변경, ㉸ **하수도법**에 따른 **하수도정비기본계획**의 변경

#### ⑧ FEZ 내 경제자유구역개발계획 미수립지역 개발시 협의

FEZ 내 **경제자유구역개발계획** 미수립지역에 대하여 다른 법률에 따른 **개발행위**를 허가·인가·지정·승인 등을 하고자 하는 자는 **산업통상자원부장관**과 협의하여야 한다. 다만, 대통령령으로 정하는 경우에는 해당 시·도지사와 협의하여야 한다.

#### ⑨ FEZ 연접지역의 협의

**시·도지사** 또는 **시장·군수·구청장**(자치구의 구청장을 말한다)은 FEZ로부터 연접하여 거리 이내에서 ㉮ **산업단지**의 **조성**, ㉯ **도시·군관리계획**의 **결정·변경결정**, ㉰ **100세대 이상 공동주택**의 **공급**과 관련된 사항을 수행하고자 하는 때에는 사전에 해당 시·도지사와 협의하여야 한다.

#### ⑩ 행위의 제한

㉮ **개발사업구역**에서 토지의 형질변경, 건축물의 건축, 공작물의 설치 등 대통령령으

로 정하는 행위를 하려는 자는 **관할 시·도지사**의 **허가**를 받아야 한다. 허가받은 사항을 **변경**할 때에도 또한 같다.

㉯ 다음에 해당하는 경우에는 **허가**를 받지 아니하고 행위를 할 수 있다. 다만, **응급조치**를 한 경우에는 관할 시·도지사에게 지체 없이 **신고**하여야 한다.

> ㉠ **재해복구**나 **재난수습**에 필요한 **응급조치**, ㉡ **경작**을 위한 토지의 **형질변경** 등 대통령령으로 정하는 행위이다. ㉢ **시·도지사**는 위반하여 **허가·변경허가**를 받지 아니한 자에게는 **원상회복**을 명할 수 있다. ㉣ **시·도지사**는 원상회복 명령을 받은 자가 그 명령을 이행하지 아니한 경우에는 **행정대집행법**에 따라 이를 **대집행**할 수 있다.

### ⑪ 다른 법률에 의한 개발계획 변경

FEZ 내에서 다음의 계획이 수립·변경되어 **경제자유구역개발계획**의 변경이 필요한 경우에는 **경제자유구역개발계획**의 변경이 이루어진 것으로 본다. 이 경우 다음 계획의 수립·변경·승인권자인 중앙행정기관의 장 또는 지방자치단체의 장은 사전에 **경제자유구역개발계획**의 변경사항에 대하여 **산업통상자원부장관**과 협의하여야 한다.

> ㉮ **산업입지 및 개발에 관한 법률**에 따른 **산업단지개발계획**, ㉯ **자유무역지역법**에 따른 **자유무역지역기본계획**, ㉰ **항만법**에 따른 **항만기본계획**, **항만배후단지개발계획**, **항만재개발사업계획**, ㉱ **마리나항만의 조성 및 관리 등에 관한 법률**에 따른 **마리나항만**의 **조성 및 개발** 등에 관한 **사업계획**, ㉲ **첨단의료복합단지 지정 및 지원에 관한 특별법**에 따른 **첨단의료복합단지 조성계획**, ㉳ **공공기관 지방이전에 따른 혁신도시 건설 및 지원에 관한 특별법**에 따른 **혁신도시 개발계획**, ㉴ **관광진흥법**에 따른 **관광개발기본계획**, ㉵ **수도권신공항건설 촉진법**에 따른 **신공항건설**에 관한 **기본계획**

### ⑫ 경제자유구역의 지정해제

㉮ **산업통상자원부장관**은 FEZ가 다음에 해당하는 경우에는 FEZ의 지정을 해제하거나 해당 **단위개발사업지구**를 FEZ에서 제외할 수 있다. 시·도지사가 요청하는 경우에도 또한 같다.

> ㉠ 다른 법령에 따른 **개발행위**의 제한이나 **개발사업시행자**의 **사업참여 기피** 등으로 상당한 기간 내에 FEZ를 개발할 수 없게 된 경우, ㉡ 다른 법령에 따른 **개발구역·지역·지구** 등으로 중복 지정되어 FEZ의 **개발·관리**가 곤란한 경우, ㉢ **외국인투자**의 현저한 **부진** 등으로 FEZ의 **지정목적**을 달성할 수 없거나 달성할 수 없을 것이 **예상**되는 경우

㉯ FEZ의 지정이 **해제**된 경우에는 FEZ의 지정이 해제된 지역의 용도지역은 FEZ의 지정에 따라 변경되기 전의 **용도지역**으로 환원된다. 다만, FEZ의 개발이 완료된 지역의 경우에는 그러하지 아니하다.

㉰ FEZ로 지정·고시된 날(FEZ의 개발을 단계적으로 시행하는 경우에는 대통령령으로 정하는 날)부터 3년(**승인기한**이 연장된 경우에는 4년) 내에 해당 FEZ의 전부 또는 일부에 대하여 실시계획의 승인을 신청하지 아니한 경우에는 그 기간이 **만료**한 **날**의 다음 날에 해당 지역에 대한 FEZ의 지정이 해제된 것으로 본다. 다만, 시·도지사의 요청으로 **산업통상자원부장관**이 **경제자유구역위원회**의 심의·의결을 거쳐 해당 FEZ의 효율적 개발 등을 위하여 불가피하다고 인정하는 경우에는 그러하지 아니하다.

3) 경제적 효과

① **파급효과의 유형분류**

FEZ 개발의 효과는 **경제적 효과**와 **경제외적 효과**가 있으며, **경제적 효과**에는 계량분석으로서 투자지출에 의한 경기활성화 효과와 투자유치에 의한 산업발전효과와 비계량분석으로서 기타 경제적 발전효과가 있다. 그리고 경제외적 효과로는 비계량분석으로서 지역의 세계화 효과와 삶의 질 향상 효과가 있다.

② **산업집적 효과**

FEZ 제도 운영을 통해 나타나는 파급효과로서, 투자환경 조성을 위한 다양한 사업의 결과나 제도 자체의 투자유인 등에 의한 효과로서 FEZ를 개발하는 본래 목적이 여기에 있다. 직접적인 수요증가 및 생산물의 공급에 의해 나타나는 생산·부가가치·고용 측면의 효과, **외국인직접투자**의 외부효과 등이 발생된다[11].

### (3) FTZ와 FEZ의 차이점

1) FTZ와 FEZ은 목적, 지정요건, 입주요건 등에서 차이가 있다. FTZ는 일정규모의 산업단지, 항만, 공항을 FTZ로 조성하여 **관세면제** 등의 **인센티브**를 부여함으로써 제조, 생산, 수출, 물류 등 무역 및 물류 진흥 및 기업활동에 특화하고, 또한 산업의 지역경제 활성화 기조에 따라 **지역선도형 외국인투자유치**, 낙후지역 활성화를 목적으로 생산·물류·경제활동 공간을 제공하고 있다. 더욱이 지정요건으로는 처리능력, 시설기준 등을 살피고 제조(외투기업), 물류, 무역 등의 업종이 입주 가능하다.

---

11) 인천광역시, “IFEZ의 개발전략과 경제적 효과-인천광역시”, www.incheon.go.kr/program/fileDownload.do?fileNo=318905

2) 반면 FEZ는 기반 인프라가 갖춰진 곳을 중심으로 **글로벌 기준**에 부합하는 경영·생활환경을 조성함으로써 **외국인투자**를 유치해 거점도시로 육성하고자 하는 곳이다. 지정권자는 **산업통상자원부장관**에게 있으며 **개발계획**에 수립된 외국인투자유치, 지역경제 파급효과, 부지확보 용이성, 지자체 지원체계 등이 반영된 사업계획서 심의 등을 지정요건으로 규정하고 있다. 입주자격은 물류, 의료·교육·금융기관, 국내외 제조업체가 입주 가능하다.

3) 즉, FEZ는 물류·제조업·서비스업 등 산업기능과 주거·교육·의료 등 도시기능을 하는 **특별행정구역**으로서, 조세 및 임대료 감면 등을 통해 **외국인투자기업**의 경영활동을 지원하며, 외국인이 불편함이 없이 근무하고 생활할 수 있도록 생활여건을 개선하기 위한 지역이다. 하지만 대상 면적과 범위 등에서 광의의 **경제특구**로 개발하고 있어, 과대한 비용이 투입되고 경제성과를 달성하기까지는 장기간이 소요된다.

4) 요약하면 두 지역 모두 **외국인투자**를 지원하는 지역이라는 점에서는 유사하지만 FTZ는 **관세면제** 등의 혜택을 부여해 제조, 물류업체 입주로 **무역진흥**을 목적으로 시너지 효과 창출을 위한 곳인 반면, FEZ는 **외자유치**를 목적으로 주거시설, 산업단지, 레저단지, 학교, 병원 등 외국인 등의 생활환경을 조성해 거점도시로 육성하고자 하는 포괄적인 도시개념이라 할 수 있다.

5) 한편 **외국인투자지역**(Foreigner Investment Zone : FIZ)은 외국인투자유치 촉진을 목적으로 **외국인투자기업**에 간결한 절차 속에 단기간 내 입지 및 지원 등을 제공하는 특화된 **맞춤형 공간**이다. FIZ란 산업구조의 고도화, 기술이전, 고용증대 등 대한민국 경제에 도움이 되는 일정 규모 이상의 투자를 유치하기 위해서 일정 지역에 대해 국가가 조세감면, 임대료 감면 등 각종 **인센티브**를 제공하며 행정규제의 적용을 완화시켜 주기 위해 특별히 지정한 지역을 말하며, 단지형 FIZ과 개별형 FIZ, 연구개발형 FIZ, 서비스형 FIZ로 구분할 수 있다[12].

6) FIZ가 지정되면 다음 사항이 고시된다(**외국인투자촉진법** 제18조(외국인투자지역의 지정·개발) 제4항 및 외국인투자촉진법 시행령 제25조(외국인투자지역의 지정 등) 제12항).

---

12) 법제처, "외국인투자지역", http://oneclick.law.go.kr/CSP/CnpClsMain.laf?csmSeq=197&ccfNo=2&cciNo=3&cnpClsNo=1

> ① **외국인투자지역**의 명칭·위치 및 면적, ② **개발** 또는 **관리방법**, ③ **산업입지** 및 **개발**에 관한 법률에 따른 **고시사항**(해당 **외국인투자지역**을 **일반산업단지** 및 **도시첨단산업단지**로 개발하는 경우만 해당), ④ **외국인투자지역**에 입주할 **외국인투자기업**의 **투자내역·고용규모** 및 **사업내용**, ⑤ **외국인투자지역**의 **지정목적**, ⑥ **외국인투자지역**의 **개발기간**, ⑦ **입주기업**의 **자격** 및 **유치 업종**(**단지형 외국인투자지역**인 경우만 해당), ⑧ **관련 도면** 및 **서류**의 **열람방법**(단지형 외국인투자지역인 경우만 해당)

다만, **외국인투자지역**에 항만구역은 해당되지 않는다[13].

〈그림-7〉 외국인투자지역 유형별 개념

| | |
|---|---|
| 단지형 외국인투자지역<br>(외국인투자촉진법 제18조제1항제1호) | 국가 또는 일반 지방 산업단지 중에서 중소규모의 외국인투자 기업을 유치할 목적으로 일정구획을 임대 또는 분양하기 위하여 지정하는 지역 |
| 개별형 외국인투자지역<br>(외국인투자촉진법 제18조제1항제2호) | 대형투자가의 투자를 유치하기 위하여 투자가의 기호에 맞추어 투자가가 원하는 지역, 시기, 인센티브를 종합적으로 구성하여 외국인투자기업의 사업장 단위로 지정하는 지역 |
| 연구개발형 외국인투자지역<br>(외국인투자촉진법 제18조제1항제3호) | 연구개발을 수행하는 외국인투자기업에 전용으로 임대하거나 양도하기 위하여 지정하는 지역 |
| 서비스형 외국인투자지역<br>(외국인투자촉진법 제18조제1항제4호) | 부가가치가 높은 서비스업을 하는 외국인투자기업에 임대하거나 양도하기 위하여 관계 중앙행정기관의 장과 협의를 거쳐 지정하는 지역<br>*관광진흥법 제2조제1호에 따른 관광사업 포함.(카지노업은 제외) |

자료 : 한국관광투자, "외국인투자지역",
http://korean.visitkorea.or.kr/kor/invest/support/support_frg.jsp

13) 해양수산부, "자유무역지역, 경제자유구역, 외국인투자지역 비교",
http://www.mof.go.kr/article/view.do?articleKey=4946&boardKey=27&menuKey=322¤tPageNo=1

〈표-3〉 자유무역지역과 경제자유구역의 비교

| 구 분 | 자유무역지역 | 경제자유구역 |
|---|---|---|
| 근 거 법 | 자유무역지역의 지정 및 운영에 관한 법률(자유무역지역법) | 경제자유구역의 지정 및 운영에 관한 특별법(경제자유구역법) |
| 지정목적 | 자유로운 **제조·물류·유통** 및 **무역활동** 등이 보장되는 **자유무역지역**을 지정·운영함으로써 **외국인투자유치**, **무역진흥**, **국제물류 원활화** 및 **지역개발** 등을 촉진하여 **국민경제발전**에 이바지함 | **경제자유구역**의 지정 및 운영을 통하여 **외국인투자기업**의 경영환경과 외국인의 생활여건을 개선함으로써 외국인투자를 촉진하고 나아가 **국가경쟁력**의 강화와 지역 간의 균형발전을 도모 |
| 지정권자 | **산업통상자원부** | **산업통상자원부** |
| 입주업종 | **물류업**, **제조업** 등 | **물류업**, **제조업**, **외국인학교**, **외국인전용병원** 등 |
| 관세 등 | **면제** 또는 **환급**, **부가가치세 영세율 적용** | 제한적 **관세면제**(3년, 자본재), **부가가치세** 납부 |
| 기타 | 고령자, 장애인 등 고용의무 배제 | 고령자, 장애인 등 고용의무 배제, 무급휴일, 무급생리휴가 부여, 월차유급휴가 배제, 외국인전용 병원 개설 등 외국인 생활여건 개선 |
| 도입시기 | 1970년 1월 | 2003년 8월 |
| 지역 | **산업단지형** 7개(마산, 군산, 대불, 동해, 율월촌, 울산, 김제), **항만형** 5개(부산항, 광양항, 인천항, 포항항, 평택·당진항, 인천국제공항), **공항형** 1개 등 13개 지역 | 부산진해경제자유구역, 광양만권경제자유구역, 인천경제자유구역, 황해경제자유구역, 대구경북경제자유구역, 새만금군산경제자유구역, 동해안권경제자유구역, 충북경제자유구역 등 8개 구역 |

# 관세관련 국제기구

## 제 1 절 관세 및 무역에 관한 일반협정

제1, 2차 세계대전의 주요 원인이었던 보호주의적 무역전쟁을 방지할 목적으로 1945년 미국이 **국제무역기구**(International Trade Organization : ITO)를 설립할 것을 주장하여 1948년 3월 아바나(Havana)헌장까지 직접 공포하게 되었다.

그런데 그 내용이 너무 이상에 치우쳐 미국의 경우 의회의 부정적 시각으로 비준을 포기하는 등의 이유로 ITO 설립은 무산되었으나, 다시 미국의 제안에 따라 관세 및 비관세 무역장벽을 경감하기 위한 다자간 협정 형식으로 GATT가 제정되었다.

### 1. GATT의 기본원칙

#### (1) 최혜국대우

어느 한 회원국이 무역상대국이 받는 유리한 대우가 모든 여타 수입국에도 동일하게 부여되는 것을 **최혜국대우**(Most Favored Nation Treatment : MFN)라고 하며 특정 국가에 제공된 무역특혜를 모든 회원국에 확대·적용하는 것을 말한다. 예외로서, **관세동맹**, **FTA 체결**, **덤핑방지행위**, **보조금지급 억제조치**, **양허수정**, **공동위생**, **복지·안보조치** 등이 있다.

### (2) 내국민대우

**수입물품**은 내국세부과와 해당 상품의 국내판매, 운송, 분배 등 모든 규제조치에 있어서 국내제품과 동등하게 취급되어야 한다는 것을 말한다. MFN은 국경통과시 **무차별대우**를 요구하게 되나 **내국민대우**(National Treatment : NT)는 국내거래에서의 **무차별대우**를 요구하고 있다.

### (3) 수량제한의 철폐

**수량규제 형태**의 수입규제는 금지하는 대신 **관세**에만 의존하도록 요구하고 있으며, 수량이 직접규제라면 관세는 간접규제에 해당된다. 예를 들어 농수산물시장 안정을 위한 **수입제한, 국제수지옹호, 개도국수지옹호, 특정산업개도국옹호, 국내산업보호긴급조치, 국방·공공도덕·건강보호상**의 **수입제한** 등은 **수량제한**이 가능하다. 또한 관세를 적용할 뿐만 아니라 단계별 인하를 이행해야 하며 관세를 인하하는 규정에 따라 협상을 통해 이루어지고 있다. **관세양허**가 일단 이루어지면 관세양허 혜택은 MFN 원칙에 따라 모든 회원국에게 제공하게 된다.

## 2. GATT 체제

### (1) 케네디라운드(Kennedy Round)(1964년-1967년)

**제6차 라운드**로서 케네디대통령이 제창하였으며 종래 **관세인하협상** 방식인 국별, 품목별 방식이 아닌 **일괄인하방식**이며 평균 35%의 **관세율 인하**를 추진한 바 있다.

### (2) 도쿄라운드(Tokyo Round)(1973년-1979년)

**무역장벽완화, 관세** 및 **비관세장벽**의 **완화**에 합의하였다. 주로 **평가협정, 조달협정, 기술장벽협정, 보조금** 및 **상계관세협정, 수입허가협정** 등을 체결하였다. **도쿄라운드**를 **다자간 무역협상**(Multilateral Trade Negotiation : MTN)이라고도 한다.

## 3. GATT 체제의 한계

GATT 체제 출범 이후 수차에 설친 MTN은 관세인하 협상에 있어서 상당한 성과를 가져왔으나, 여러 차례의 MTN을 통한 대응조치에도 불구하고 다음과 같은 새로운 문제가 나타나기 시작하여 결국 GATT 체제는 붕괴하게 되었다.

첫째, GATT는 **의사결정**에 있어 만장일치제를 채택하였기 때문에, 의사결정의 신속성의 문제가 있었다.

둘째, **회원국** 간에 분쟁이 발생하였을 경우 이것을 해결할 수 있는 **분쟁해결기구**가 없었다.

셋째, GATT는 본래 **국제기구**가 아니라 하나의 **조약**으로 의도되었기에 후에 사무국을 설치하여 **국제기구**와 비슷한 모습과 지위를 가지고 있었지만 조직상의 결함은 그대로 남아 있었다.

넷째, **관세동맹**(Customs Union)과 FTZ와 같은 **지역주의**의 대두와 GATT 제24조에 근거하여 **무차별원칙**의 예외를 인정함으로 GATT 체제와의 양립 가능성에 대한 문제가 발생하였다.

다섯째, GATT 회원국이 협정에 가입한 국가들과 그렇지 않는 국가들 간의 **차별적 대우**에 관한 문제점이 노출되고 있었다.

여섯째, 관세의 **인하협상**이 진전됨에 따라 NTB가 더욱 커다란 장벽으로 나타나게 되었다.

일곱째, GATT **체제**의 공산품 이외에도 **농산물**과 **서비스무역** 및 **지적재산권** 문제를 **다자간무역체제**에 포함시켜야 한다는 변화의 필요성이 있었다.

## 제 2 절 ● 세계무역기구

### 1. 우루과이라운드(Uruguay Round : UR) (1986년-1993년)

1986년 9월 20일 우루과이의 푼타델에스테(Punta del Este)에서 개시된 GATT 체제의 제8차 MTN인 UR 협상은 1994년 4월 15일 모로코의 마라케시(Marrakesh)에서 **최종의정서**(Final Act Embodying the Results of the Uruguay Round of Multilateral Trade Negotiations)를 채택하였고(1994년 GATT), 다음 해인 1995년 1월 1일 WTO가 공식 출범하였다(GATT는 **잠정협정**에 불과하였으나, WTO 출범 전까지 국제무역을 관장하는 유일한 다자간 수단으로 존재하였다).

UR은 GATT의 MTN 중 가장 포괄적인 무역협상이었다. UR 협상은 **무역장벽**을 대폭 완화하였을 뿐 아니라 **자유무역환경**을 보장하는 다가간 무역규범을 크게 강화함으로써 무역확대를 통한 세계경제도약의 계기를 마련한 것으로 평가되고 있다.

## 2. WTO 체제의 개요

GATT 체제를 대신하여 세계무역질서를 세우고 UR **협상**의 이행을 감시하는 국제기구이다. 주로 UR 협상의 사법부 역할을 맡아 국가간 경제분쟁에 대한 판결권과 그 판결의 강제집행권이 있으며 규범에 따라 국가간 분쟁이나 마찰을 조정한다. 또한 GATT에 없던 **세계무역분쟁 조정**, **관세인하 요구** 등 준사법적 권한과 구속력을 행사한다. 게다가 과거 GATT의 기능을 강화하여 **서비스**, **지적재산권** 등 새로운 교역과제를 포괄하고 회원국의 무역관련법·제도·관행 등을 제고하여 세계 교역을 증진하는데 목적을 두고 있다. 의사결정 방식도 GATT의 **만장일치 방식**에서 탈피하여 **다수결원칙**을 도입하였다.

## 3. WTO의 체계와 기본원칙

### (1) WTO의 체계

1) UR MTN의 결과를 구현한 최종의정서(1994 마라케쉬 최종의정서)와 1994 마라케쉬 최종의정서의 부속서이며 불가분의 일부이다. 즉, ① WTO 설립협정, ② 각료선언 및 결정, ③ 금융서비스약속에 관한 양해와 관련된 것이다.

2) WTO 설립협정에는 다음의 MTN과 **복수국간 무역협정**(Plurilateral Trade Agreement : PTA)이 부속되어 있다. WTO 협정은 그 자체로서 WTO라는 국제기구를 창설하며, 국제무역에 관한 실체적 다자규범은 WTO 협정의 부속서에 규정되어 있다.

3) WTO 협정의 부속서 1, 2, 3에 부속된 MTN은 모든 WTO 회원국을 구속한다. WTO 협정의 부속서 1A에 포함된 MTN은 **상품무역에 관한 다자간협정**(Multilateral Agreements on Trade in Goods)이며, 부속서 1B에 포함된 MTN은 **서비스무역에 관한 일반협정**(General Agreement on Trade in Services : GATS)이며, 부속서 1C에 포함된 MTN은 **무역관련 지적재산권에 관한 협정**(Agreement on Trade-Related Aspects of Intellectual Property Rights : TRIPs)이다.

4) WTO 협정의 부속서 2에 포함된 MTN은 **분쟁해결규칙 및 절차에 관한 양해**(Understanding on Rules and Procedures Governing the Settlement of Disputes : DSU)이며, WTO 부속서 3에 포함된 MTN은 **무역정책 검토제도**(Trade Policy Review Mechanism : TPRM)이다. 회원국들이 WTO 협정을 수락하는 것은 이 협정은 물론 이 협정에 부속된 이들 MTN의 수락을 의미한다.

5) WTO 협정 부속서 4의 PTA들은 부속서 1, 2, 3의 MTN들과 달리 이 협정에 가입한 WTO 회원국에 대해서만 법적 구속력을 갖는다. 이러한 PTA는 1995년 WTO 설립 당시에는 **민간항공기협정**, **정부조달협정**, **국제낙농협정**, **국제우육협정** 등 4 가지가 있었

으며, 국제낙농협정, 국제우육협정은 1997년 12월 31일자로 종료되었다(우리나라는 정부조달협정에만 참여 중).

6) WTO에는 1996년 체결된 **정보기술협정**(Information Technology Agreement : ITA)과 같이 일부 회원국들(체결 당시 29개국)만이 참여한 무역협정도 있지만, 일반적인 의미의 WTO·PTA과는 차이가 있다. ITA는 참여국들 사이에서만 IT 제품 관세철폐의 의무를 지는 것이 아니라, 모든 WTO 회원국들에게 협정품목 관세철폐 혜택을 제공하도록 규정하고 있다.

7) 최근에는 우리나라를 포함하여 서비스교역 자유화에 관심이 많은 일부 WTO 회원국들을 중심으로 **복수국간 서비스협정**(Trade in Services Agreement : TISA)이 추진되고 있으나, 이는 엄밀히 말해 WTO 틀에서 진행되는 논의라기보다는 FTA와 같은 **특혜무역협정**의 일종으로 볼 수 있다. 다만, TISA는 향후 보다 많은 참여국을 확보하여, 궁극적으로는 TISA에서 합의된 사항이 향후 다자무역규범으로 확장되는 것을 목표로 추진 중이다.

### (2) WTO의 기본원칙

WTO의 기본원칙에는 **관세양허원칙**, MFN, NT, **수량제한철폐원칙**, **비관세장벽철폐원칙**, **시장접근원칙**, **투명성원칙**이 있다.

#### 1) 관세양허의 원칙

**관세양허**는 관련 회원국 간의 **상호주의**에 기초한 협상과 합의에 의한다. 이렇게 이루어진 관세양허는 **MFN 원칙**에 의해 모든 회원국들에게 **비차별적**으로 적용된다. GATT·WTO를 "상호주의에 기초한 다자주의"라고 하는 것은 이러한 이유 때문이다. **MFN 원칙**이 관세양허의 혜택을 모든 회원국들에게 **비차별적**으로 보장하는 것이라면 NT **원칙**은 **내국세·국내판매 규칙**이 수입상품과 국내상품 간에 차별적으로 적용됨으로써 관세양허의 효과를 무력화시키는 것을 방지한다. 이 **두 가지 원칙**은 결국 **원산지**를 달리하는 **동종상품**(like product)들에 대해 국제무역에 있어 **공정**한 **경쟁조건**을 보장하여 세계자원의 효율적 이용과 국제무역의 확대를 달성하는데 기여한다.

#### 2) 최혜국대우원칙

① GATT **원칙**에서도 설명한 바와 같이 **최혜국대우**(Most Favoured Nations : MFN) **원칙**이란 수출입에 있어 외국 간에 차별하는 것을 금지하는 의무이다. **국가 간**에 차별하는 것을 **횡적 차별**이라고 하는데, 이러한 금지의 목적은 경쟁조건을 동등하게 부여하기 위함이다. 다른 것을 다르게 대우하는 것은 불공정한 것이 아니다. 같은 것을 다르게 대우할 때 **차별적**이고 **불공정**한 것이다.

② MFN **원칙**은 WTO 회원국이 시장의 경쟁조건에 개입하여 특정국가의 상품을 유리하게 하거나 불리하게 하는 것을 금지하여 공정한 경쟁조건 속에서 경제적으로 가장 효율적인 상품이 시장을 지배할 수 있도록 하기 위해 고안된 원칙이다. 이를 위해 GATT 제1조는 WTO 회원국이 다른 어떤 국가의 상품에 대해 혜택을 부여하면 즉시 무조건적으로 다른 모든 회원국의 같은 상품에도 **비차별적**으로 그러한 혜택을 부여하도록 하는 의무, 즉 MFN 의무를 규정하고 있다. MFN 원칙은 1994년 GATT 뿐만 아니라 GATS와 TRIPs에도 모든 회원국들이 동등하게 준수하여야 할 의무로서 규정되어 있다.

### 3) 내국민대우원칙

GATT **원칙**에서도 설명한 바와 같이 **내국민대우**(National Treatment : NT)**원칙**이란 수입물품과 국내상품간에 같은 상품이라면 **내국세·국내판매**에 영향을 미치는 국가 조치로 차별하는 것을 금지하는 의무이다. NT 원칙은 **수입물품**과 **국내상품**간에 공정한 경쟁조건을 보장하기 위한 의무이고, **내국세** 등 국내조치가 보호주의적으로 적용되지 못하게 하는 목적을 가지고 있다.

### 4) 수량제한철폐원칙

GATT **원칙**에서도 설명한 바와 같이 **수량제한철폐원칙**이란 **쿼터**, **수출입허가제도** 등 조치의 형태와 관계없이 **수출입**을 **금지**하거나 **제한**하는 **국가조치**를 철폐하여야 할 의무 또는 신설하는 것을 금지하는 의무이다. **수량제한조치**는 국제무역 자체를 단절시키기 때문에 무역에 미치는 효과가 매우 중대하다. 다만, ① 식료품 등 **수출국**에 필수적인 상품의 긴급한 부족을 방지하거나 완화시키기 위한 일시적인 **수출금지·제한**을 허용하고, ② **국제수지옹호**를 위한 수입제한을 허용하며, ③ 제20조 일반적 예외, 제21조 국가안보를 위한 예외, 의무면제 등이 허용된다.

### 5) GATT 제24조 지역무역협정

GATT 제24조는 MFN **원칙**에 대한 **두 가지** 예외로서 **국정무역**과 **지역무역협정**(Regional Trade Agreement : RTA)을 규정하고 있는 조항이다. 위에서 설명한 것과 같이 제24조가 제공하는 RTA의 형식은 회원국간에 체결하는 FTA, **관세동맹**, 그리고 양자의 **잠정협정**이다. 이러한 RTA가 제24조에서 요구하는 요건에 충족하면 WTO의 **사전** 또는 **사후 승인**을 요하지 않고 체결사실을 각료회의에 통고하는 것만으로 MFN **원칙**에 대한 예외가 인정된다는 점이 중요하다.

### 6) 시장접근 보장

**재화·서비스**의 **공급**에 대하여는 **관세**나 **조세**를 제외한 일체의 제한을 철폐하고 있다. 또한 **관세**에 의한 **보호조치**로는 GATT와 마찬가지로 WTO 협정도 무역규제수단으로 관세만을 용인하고 있다. 한편 **수량제한철폐**에 대한 것은 폐지되었다.

### 7) 투명성의 원칙

**각국 행정·사법기관**의 의사결정이나, 법령적용, 제도운영이 합리적으로 예측가능하여야 하고 결정에 관한 이유가 고지되어야 하며 그러한 결정의 기초가 되는 모든 법령 및 자료가 **공개**되어야 한다는 원칙으로 개방의 실질적인 요소라 할 수 있다. 이 원칙은 WTO 체제의 일관된 원칙이지만, **국가안전보장**에 관계되는 **내용**, **법집행**에 **위해**가 되는 **사항**, **영업상 비밀** 등 특정한 경우에는 예외를 인정하고 있다.

## 4. WTO 체제의 특징

GATT와 비교한 WTO의 주요 특징은 다음과 같다.

(1) **규범성** : 불이행시에는 **분쟁해결기구**(DSB) 가동, (2) **포괄성** : 모든 분야와 문제를 포괄해서 취급, (3) **일체성** : 모든 부속협정을 하나로 묶음, (4) **진보성** : 새로운 규범 마련, (5) **형평성** : 개발도상국에 협약시행 유보기간을 부여, (6) 공정성 : **조부조항**(Grandfathering Clause) 배제

# 제 3 절 유엔무역개발회의

**선진국 중심**인 GATT에 대한 **개발도상국**의 불만으로 개발도상국의 통상이익을 확대할 수 있는 새로운 국제기구를 설립하였다. 1962년 유엔총회에서 **유엔무역개발회의**(United Nations Conference on Trade and Development : UNCTAD)를 설립하기로 하고 1964년 제1차 총회를 개최하였다.

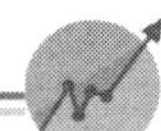

## 1. UNCTAD의 조직

4년마다 개최되는 **최고의사결정기구**인 총회, 매년 1회 개최되는 **무역개발이사회**가 있다. **의사결정**은 총회는 2/3, 무역개발이사회는 **다수결 방식**에 따르고 있다.

## 2. UNCTAD의 성과

### (1) 일반특혜관세제도의 도입

UNCTAD에서 결의하여 1971년부터 **일반특혜관세제도**(Generalized System of Preference : GSP)를 실시하고 있으며, 선진국이 **개발도상국**으로부터 수입하는 제품에 대하여 관세를 면제하거나 **저율관세**를 부과하는 **관세우대조치**를 말하는데 이 제도는 한시적으로 시행하는 것을 내용으로 하고 있다.

1968년 인도·뉴델리 제2차 총회에서 시행하기로 결의하였으며 일반적, 무차별적, 비상호주의적 **특혜제도**가 주요 내용이다. 한편 **공산품은** Negative **방식**, **농산물은** Positive **방식**을 채택하고 있다. 수혜국으로 수입된 **원산지**가 중요하며, **원산지기준**에는 **가공도기준**(유럽), **부가가치기준**(미국)이 있다.

### (2) 범개발도상국간 무역특혜제도

1989년 GSTP 협정의 발효에 따라 개발도상국간 관세상의 특혜제도로서 **범개발도상국간 무역특혜제도**(Global System of Trade Preferences among Developing Countries : GSTP)는 '**77그룹**' 개발도상국간에 **관세·비관세장벽**을 완화하여 무역·생산·고용증진을 도모하기 위한 제도로서 **관세양허대상품목**의 수출입시 **상호특혜 관세율**을 적용하는 것을 말한다.

### (3) 신국제경제질서

**신국제경제질서**(New International Economic Order : NIEO)는 1973년 말의 **석유수출국기구**(Organization of the Petroleum Exporting Countries : OPEC) 공세 이래 개발도상국이 강력히 요청하고 있는 개발도상국의 이익을 중시한 새로운 세계의 경제질서이다. 현재 세계경제의 체제는 선진국에 이익을 가져오는 것이며 근본적으로 변혁되지 않는 한 개발도상국의 이익은 있을 수 없다고 하는 사고방식이 바탕을 이루고 있다.

1974년 제6회 UN **특별총회**(**자원총회**)에서 이것을 원칙적으로 인정하여 NIEO 수립선

언이 채택되었다. 구체적으로는 자원의 항구주권, 개발도상국 상품의 가격연동제에 의한 가격보상, 생산국 카르텔 촉진 등이 요구항목이다. 개발도상국은 UN이나 UNCTAD, 비동맹회의, **국제경제협력회의**(Conference of International Economic Cooperation : CIEC) 등을 통해 NIEO의 실현을 요구하고 있다. 이 선언은 **남북관계**를 시정하여 모든 국가간의 주권평등, 상호의존, 공동이익 등 새로운 경제질서를 창출하는 것을 내용으로 하고 있다.

## 제 4 절 세계관세기구

**세계관세기구**(WCO)는 각국의 **관세행정제도**를 고도로 통일하고 조화시켜 제반의 관세법규를 개선함으로써 국제무역의 확대를 추진하고 있다. 주로 **관세제도, 관세평가** 및 **품목분류** 등의 분야를 다루고 있다.

또한 **품목분류협약**은 연혁적으로 SITC→BTN→CCCN→HS로 되어 있는데, 여기서 HS는 1988년부터 시행되고 있는 제도로서 일명 **통일상품명 및 부호체계에 관한 국제협약**이라 말해지고 있다.

## 제 5 절 유엔아시아·태평양경제사회위원회

1. 제2차 세계대전 후 아시아지역의 경제 재건을 돕기 위해 1947년 상하이에 설립된 **유엔아시아·극동경제위원회**(Economic Commission for Asia and the Far East : ECAFE)는 1949년 방콕으로 사무국을 옮겼다. 1974년 회원국들의 지리적 위치와 개발의 사회 경제적인 측면을 모두 반영하기 위해 기구명을 **유엔아시아·태평양경제사회위원회**(Economic and Social Commission for Asia and Pacific : ESCAP)(**방콕협정**)라 바꾸고 활발한 활동을 시작해 유엔의 경제 및 사회개발활동의 중심 역할을 하고 있다.

2. 이 협정에는 우리나라도 수출입시장의 다변화를 위하여 처음부터 참여하였는데, 우리나라는 이 협정에서 인도, 방글라데시, 스리랑카 및 라오스에 대하여 연차적으로 16개 품목에 대하여 관세율을 10-30% 양허하였다. 이 협정의 부속서에는 양허를 **일반양허**와 **특별양허**로 구분하고 있는데, 전자는 협상참가국간에 일방적·무차별적으로 적용되는 국

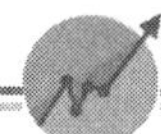

**별양허**를 말하고, 후자인 **특별양허**는 역내개발도상국 중 최후진국으로 인정된 라오스 및 방글라데시[1]에 대하여 특별히 양허한 내용으로 하고 있다.

1) 우리나라가 **라오스**에 대하여 부여한 **특별양허**는 커피, 합판, 목공품, 조명구 등 4개 품목이고, **방글라데시**에 대하여 양허한 품목은 황마, 그 밖에 방직용 인피, 섬유의 직물 및 황마제의 포장용포대 등이 있다.

제 2 편

# 관세법

# 총칙

## 제 1 절 관세법의 목적

**관세법**[1] 제1조는 "이 법은 **관세**의 **부과·징수** 및 **수출입물품**의 **통관**을 적정하게 하고 **관세수입**을 확보함으로써 **국민경제발전**에 이바지함을 목적으로 한다."고 규정하고 있다.

## 제 2 절 관세법의 성격

법의 성격은 다음과 같이 나눌 수 있다.

> 1. **조세법**적 성격 : **관세부과, 징수, 감면**, 2. **통관**법적 성격 : **통관절차** 구성, 3. **쟁송절차**법적 성격 : **심사청구, 심판청구** 절차, 4. **국제**법적 성격 : **평가협약, 긴급관세, 지적재산권**, 5. **형사**법적 성격 : **처벌적 성격, 조사**와 **처분**, 6. **행정법**으로서의 관세법 : **법적합성, 공정력, 확정력, 강제성, 구속력**

1) "**관세법**"을 이하에서는 편의상 "**법**"이라고 하고, 또한 "**수출용원재료에 대한 관세 등 환급에 관한 특례법**"(일반적으로 "**환급특례법**"이라 부르고 있음)의 경우에도 법과의 비교를 위해 단지 "**특례법**"이라 한다.

# 제 3 절 용어의 정리

## 1. 수출입과 반송

### (1) 수출

**수출**이란 **내국물품**을 외국으로 **반출**하는 것을 말한다.

### (2) 수입

**수입**이란 **외국물품**을 우리나라에 반입(**보세구역**을 경유하는 것은 **보세구역**으로부터 반입하는 것을 말한다)하거나 우리나라에서 **소비(사용)**하는 것(우리나라 **운송수단** 내에서의 **소비(사용)**를 포함하며, 법 제239조[2])의 어느 하나에 해당하는 **소비(사용)**는 제외한다)을 말한다.

### (3) 반송

**반송**이란 국내에 도착한 **외국물품**이 **수입통관절차**를 거치지 아니하고 다시 외국으로 반출되는 것을 말한다.

## 2. 외국물품·내국물품

### (1) 외국물품

법에는 **외국물품**을 다음과 같이 규정하고 있다.

---

2) 법 제239조(**수입으로 보지 아니하는 소비(사용)**). 외국물품의 소비(사용)가 다음에 해당하는 경우에는 이를 수입으로 보지 아니한다. 1. **선(기)용품·차량용품**을 운송수단 안에서 그 용도에 따라 소비(사용)하는 경우, 2. **선(기)용품·차량용품**을 **관세청장**이 정하는 **지정보세구역**에서 **출입국관리법**에 따라 출국심사를 마치거나 우리나라에 입국하지 아니하고 우리나라를 경유하여 제3국으로 출발하려는 자에게 제공하여 그 용도에 따라 소비(사용)하는 경우, 3. **여행자**가 **휴대품**을 **운송수단·관세통로**에서 소비(사용)하는 경우, 4. 법에서 인정하는 바에 따라 **소비(사용)**하는 경우.

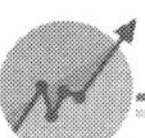

1) **외국**으로부터 우리나라에 **도착**된 **물품**(**외국선박** 등에 의하여 **공해**[3]에서 채집·포획된 수산물 등을 포함한다)으로서 **수입신고**[4]가 **수리**되기 전의 **물품**, 2) **물품**을 **수출**하려면 해당 물품의 품명·규격·수량 및 가격을 **세관장**에게 **신고**하여야 하는데, 이 때 **수출신고**가 **수리**된 **물품**

### (2) 내국물품

법에는 **내국물품**을 다음과 같이 규정하고 있다.

1) 우리나라에 있는 물품으로서 **외국물품**이 아닌 것, 2) 우리나라의 **선박** 등[5]에 의하여 **공해**에서 **채집·포획**된 **수산물**, 3) **입항전 수입신고**가 수리된 **물품**, 4) **수입신고수리 전 반출승인**을 받아 반출된 **물품**, 5) **수입신고수리 전 즉시반출신고**를 하고 **반출**된 **물품**

## 3. 외국무역선(기)

**무역**을 위하여 우리나라와 외국간을 왕래하는 **선박**(**항공기**)을 말한다. 그 준용규정은 **외국무역선**(기)의 선박(항공기)으로서 외국을 왕래하는 **선박**(**항공기**)에 대하여 **외국무역선**(기)에 관한 규정을 적용(원양어선, 해양대학 실습선, 경찰선)한다. 다만, 군함, 군용기와 국가원수·정부대표 외교사절 전용 **선박**(**항공기**)은 제외된다.

## 4. 내항선(기)

**외국기착**의 보고는 재해, 그 밖에 부득이한 사유로 **내항선**(기)이 외국에 입항하고 우리나라로 귀착시 보고해야 한다. 또한 **자격변경**은 **외국무역선**(기)이 **내항선**(기)으로, **내항선**(기)이 **외국무역선**(기)으로 **자격변경**시 **세관장 승인**을 얻어야 한다.

---

3) **공해**는 외국의 **영해**가 아닌 **경제수역**을 말한다.
4) 법 제241조 제1항(수출입 또는 반송의 신고) 물품을 **수출입·반송**하고자 하는 때에는 해당 물품의 품명·규격·수량 및 가격, 그 밖의 사항을 **세관장**에게 **신고**하여야 한다.
5) **우리나라**의 **선박**(추진기관을 장치하지 아니한 **준설선·해저자원굴착선** 등을 포함한다) 등이라 함은 선박법 제2조에 규정된 **대한민국 선박**뿐만 아니라 우리나라 국민·법인으로부터 **임차**한 **선박**을 포함한다.

## 5. 선(기)용품 및 차량용품

### (1) 선(기)용품

선용품은 음료, 식품, 연료, 소모품, 밧줄, 수리용예비부분품 및 부속품[6], 집기, 그 밖에 이와 유사한 물품[7]으로서 해당 선박에서만 사용되는 것을 말한다. 또한 기용품은 선용품에 준하는 물품으로서 해당 항공기에서만 사용되는 것을 말한다.

1) 내국물품 : 선(기)용품의 경우 수출의 신고수리 받지 아니하고 세관장의 적재허가
2) 외국물품 : 외국물품의 경우 반송의 신고수리 받지 아니하고 세관장의 적재허가
3) 수입으로 보지 아니하는 소비 : 선(기)용품을 운송수단 내에서 용도에 따라 소비(사용)할 때에는 수입으로 보지 않아 관세를 징수하지 아니한다.

### (2) 차량용품

선용품에 준하는 물품으로서 해당 차량에서만 사용되는 것을 말한다.

## 6. 통관

법에 의한 절차를 이행하여 물품을 수출입·반송하는 것을 말한다.

## 7. 환적과 복합환적

환적은 동일한 세관관할구역 내에서 입국(입항)하는 운송수단에서 출국(출항)하는 운송수단으로 물품을 옮겨 싣는 것을 말하고, 또한 복합환적은 입국(입항)하는 운송수단의 물품을 다른 세관의 관할구역으로 운송하여 출국(출항)하는 운송수단으로 옮겨 싣는 것을 말한다.

## 8. 운영인

법에는 운영인에 대해 다음과 같이 규정하고 있다.

---

6) 수리용 예비부분품 및 부속품은 해당 선박과 시설의 일부가 소모·마모되어 수리·교체가 예상되는 부분품 및 부속품으로서 일반적으로 항해도중 선원에 의하여 자체적으로 수리·교체할 수 있는 것을 말한다.
7) 예를 들어 닻, 구명용구, dunnage, 계기류 및 사소한 전기기구류 등 선박 항해에 직·간접적으로 필요한 물품을 말한다.

> 1) **특허보세구역**을 설치·운영하려는 자는 **세관장**의 **특허**를 받아야 한다. 기존의 특허를 **갱신**하려는 경우에도 또한 같다. 2) **종합보세구역**에서 **종합보세기능**을 수행하려는 자는 그 기능을 정하여 **세관장**에게 **종합보세사업장**의 설치·운영에 관한 **신고**를 하여야 한다.

## 제 4절 관세징수의 우선

### 1. 관세징수의 우선

**관세**를 납부하여야 하는 물품에 대하여는 다른 **조세**, 그 밖의 공과금 및 채권에 우선하여 그 관세를 **징수**한다. 국세징수의 예에 따라 관세를 징수하는 경우 **체납처분**의 대상이 해당 관세를 납부하여야 하는 물품이 아닌 재산인 경우에는 관세의 **우선순위**는 **국세기본법**에 따른 국세와 동일하게 한다.

### 2. 내국세의 부과·징수

(1) **수입물품**에 대하여 세관장이 부과·징수하는 **부가가치세**, **지방소비세**, **담배소비세**, **지방교육세**, **개별소비세**, **주세**, **교육세**, **교통·에너지·환경세** 및 **농어촌특별세**(이하, 내국세 등이라 하되, **내국세** 등의 **가산금·가산세** 및 **체납처분비**를 포함한다)의 **부과·징수·환급** 등에 관하여 **국세기본법**, **국세징수법**, **부가가치세법**, **지방세법**, **개별소비세법**, **주세법**, **교육세법**, **교통·에너지·환경세법** 및 **농어촌특별세법**의 규정과 이 법의 규정이 상충되는 경우에는 이 법의 규정을 우선하여 적용한다.

(2) **수입물품**에 대하여 **세관장**이 부과·징수하는 **내국세** 등의 체납이 발생하였을 때에는 징수의 효율성 등을 고려하여 필요하다고 인정되는 경우 **납세의무자**의 주소지(법인의 경우 그 법인의 등기부에 따른 본점이나 주사무소의 소재지)를 관할하는 **세무서장**이 체납세액을 징수할 수 있다.

(3) 법에 따른 **가산금·가산세** 및 **체납처분비**의 부과·징수·환급 등에 관하여는 이 법 중 관세의 부과·징수·환급 등에 관한 규정을 적용한다.

(4) **수입물품**에 대하여 **세관장**이 부과·징수하는 내국세 등에 대한 담보제공 요구, 국세충당, 담보해제, 담보금액 등에 관하여는 이 법 중 **관세**에 대한 **담보** 관련 규정을 적용한다.

### 3. 체납된 내국세의 세무서장 징수

(1) **납세의무자**의 주소지를 관할하는 **세무서장**이 체납된 **내국세** 등을 징수하기 위하여는 **체납자**가 다음 모든 요건에 해당하여야 한다. 다만, 이 법에 따른 **이의신청·심사청구·심판청구** 또는 **행정소송**이 계류 중인 경우, **채무자 회생 및 파산에 관한 법률**에 따라 회생계획인가 결정을 받은 경우 및 압류 등 체납처분이 진행 중이거나 체납처분을 유예 받은 경우에는 **세무서장**이 징수하게 할 수 없다.

> 1) **체납자**의 **체납액** 중 **관세 체납**은 없고 **내국세** 등만이 **체납**되었을 것, 2) **체납된 내국세** 등의 **부과 제척기간**이 **만료**되었을 것, 3) **체납된 내국세** 등의 합계가 **1,000만원**을 **초과**했을 것

(2) **세관장**은 **체납자**의 내국세 등을 **세무서장**이 징수하게 하는 경우 **관세체납정리위원회**의 **의결**을 거쳐 **관세청장**이 정하는 바에 따라 체납자의 **내국세** 등의 징수에 관한 사항을 기재하여 해당 **세무서장**에게 **서면**으로 요청하여야 하며, 그 사실을 해당 **체납자**에게도 **통지**하여야 한다.

(3) **징수**를 요청받은 **세무서장**이 체납된 **내국세** 등을 징수한 경우에는 징수를 요청한 **세관장**에게 징수 내역을 통보하여야 하며, 체납된 **내국세** 등에 대한 불복절차 또는 회생절차의 개시, **체납자**의 행방불명 등의 사유로 더 이상의 **체납처분절차**의 진행이 불가능하게 된 경우에는 그 사실을 징수를 요청한 **세관장** 및 **체납자**에게 통보 및 통지하여야 한다.

## 제 5 절 관세법 적용의 원칙

### 1. 관세법 해석·적용의 원칙

(1) **법**을 해석하고 적용할 때는 **과세**의 **형평**과 **해당 조항**의 **합목적성**에 비추어 **납세의무자**의 재산권이 부당히 침해되지 않도록 하여야 한다.

┌ **과세형평**의 **원칙** : **과세자**와 **납세의무자**간 형평과 서로 다른 **납세의무자**간 **형평**
└ **합목적성**의 **원칙** : **조세법**의 **기본이념**을 기초화하여 그 조항의 **목적**에 맞도록 **해석**

(2) **기획재정부장관** 및 **관세청장**은 법의 해석과 관련된 질의에 대하여 해석의 기준에 따라 해석하여 회신하여야 한다.

(3) **관세청장**은 회신한 문서의 사본을 해당 문서의 시행일이 속하는 달의 다음 달 말일까지 **기획재정부장관**에게 송부하여야 한다.

(4) **관세청장**은 위의 질의가 **국세기본법** 규정에 해당한다고 인정하는 경우에는 **기획재정부장관**에게 의견을 첨부하여 해석을 요청하여야 한다.

(5) **관세청장**은 **기획재정부장관**의 해석에 이견이 있는 경우에는 그 이유를 붙여 재해석을 요청할 수 있다.

(6) **기획재정부장관**에게 제출된 법 해석과 관련된 질의는 **관세청장**에게 이송하고 그 사실을 민원인에게 알려야 한다. 다만, 다음에 해당하는 경우에는 **기획재정부장관**이 직접 회신할 수 있으며, 이 경우 회신한 문서의 사본을 **관세청장**에게 송부하여야 한다.

1) 국세기본법 시행령 규정에 해당하여 국세기본법에 따른 **국세예규심사위원회**의 **심의**를 거쳐야 하는 질의, 2) 관세청장의 법 해석에 대하여 다시 **질의**한 사항으로서 **관세청장**의 회신문이 첨부된 경우의 **질의**(사실판단과 관련된 사항은 제외한다), 3) 법이 새로 **제정·개정**되어 이에 대한 **기획재정부장관**의 **해석**이 필요한 경우

(7) **관세청장**은 법을 적용할 때 우리나라가 가입한 관세에 관한 조약에 대한 해석에 의문이 있는 경우에는 **기획재정부장관**에게 의견을 첨부하여 해석을 요청하여야 한다. 이 경우 **기획재정부장관**은 필요하다고 인정될 때에는 관련 국제기구에 질의할 수 있다.

(8) 위의 사항 외에 법 해석에 관한 **질의회신** 등에 필요한 사항은 기획재정부령으로 정한다.

## 2. 소급과세의 금지

### (1) 의의

1) **소급과세금지 원칙**이란 **조세행정관행**에 의하여 확정된 **조세법률관계**에 대하여 새로이 시행하는 **조세법**의 **해석·조세행정관행**을 **소급적용**하여 **소급과세**를 하는 것을 금지한

다는 원칙이다. 이 원칙은 국민의 재산권을 **소급과세**에 의하여 침해되는 것을 막기 위한 것이다. 이와 같이 **소급과세**를 **금지**하는 것은 **조세법률관계**에서의 **법적안정성**과 **예측가능성**을 보장하고 국민의 신뢰를 보호하여 국민의 재산권을 보호하고자 하는데 그 궁극적인 목적이 있다고 할 수 있다.

2) **법 해석**에 관한 사항은 **국세기본법**에 따른 국세예규심사위원회에서 심의할 수 있다. 법의 해석에 관한 질의회신의 처리 절차 및 방법 등에 관하여 필요한 사항은 대통령령으로 정한다.

### (2) 내용

1) **소급과세 금지**는 **소급입법**에 의한 **소급과세 금지**와 **법률해석** 또는 **행정관행**의 소급적용에 의한 **소급과세 금지**가 있다.

2) 우리나라 헌법 제13조 제2항에 "모든 국민은 **소급입법**에 의하여 참정권의 제한을 받거나 재산권을 박탈당하지 아니한다."라고 규정하고 있으므로 일반적으로 이 헌법 정신에 따라 국민의 **재산권**이 침해되는 **소급입법**은 하지 아니하는 것이 원칙이다. 따라서 소급입법에 의한 **소급과세**는 거의 없다고 할 수 있다.

3) **소급과세**를 할 수 없는 일정한 법정요건은, ① 법의 해석이나 관세행정의 관행이 일반적으로 **납세의무자**에게 받아들여져야 하고, ② 그것이 받아들여진 후에는 그 해석이나 관행에 따른 행위 또는 계산은 정당한 것으로 보며, 새로운 **해석**이나 **관행**에 따라 **소급**하여 과세되지 아니한다는 것이다.

4) '법에 의한 해석·관세행정의 관행이 일반적으로 **납세의무자**에게 받아들어진 것'이란 잘못된 해석·관행이더라도 **특정**한 **납세의무자**가 아닌 **불특정**의 일반 **납세의무자**에게 그 해석·관행이 정당한 것으로 이의 없이 받아들여지고 그 **해석**이나 **관행**을 신뢰하는 것이 무리가 아니라고 인정될 정도에 이른 것을 말한다.

## 3. 신의성실

### (1) 의의

1) **신의성실 원칙**이란 사람은 사회 공동생활의 일원으로서 서로 상대방으로부터 일반적으로 기대되는 신뢰를 저버리지 않도록 성의를 가지고 행동하여야 한다는 **원칙**을 말한다. **내국세**에서는 **국세기본법** 제정당시부터 이 원칙의 적용을 채택하였으며 관세에서는 2001년부터 이 원칙의 적용을 채택하였다. 이 원칙의 적용에 관하여 법 제6조에서는 "**납세의무자**가 그 의무를 이행할 때에는 신의에 따라 성실하게 하여야 한다. **세관공무원**이

그 직무를 수행할 때에도 또한 같다."고 규정하고 있다.

2) 법은 그 내용이 전문적이고 기술적인 동시에 복잡하다. 따라서 물품을 수출입하는 자는 법에 관한 전문가인 **관세사**에게 물품 통관을 위탁하는 제도를 두고 있다. 이러한 점으로 미루어 보아 법의 해석·적용에 관하여 과세관청, 즉 **세관공무원**의 언동을 **납세의무자**는 신뢰할 수밖에 없는 상황이다.

3) 법의 해석·적용에 있어서 **세관공무원**의 언동을 믿고 새로운 법률관계를 형성한 경우에 그것이 잘못되었다고 하여 사후에 이미 형성된 법률관계를 뒤엎는 것은 정의와 형평의 원리에 맞지 않을 뿐만 아니라 이로 인하여 국가의 **법적 안정성**을 해치는 결과를 초래할 수도 있다.

4) 이러한 여러 가지 사정을 감안할 때 **세관공무원**의 언동을 신뢰하고 새로운 법률관계를 형성한 **납세의무자**는 보호되어야 하고, 그 신뢰를 보호할 가치가 있는 이러한 경우에는 이미 형성된 법률관계를 그대로 인정하여 **납세의무자**를 보호하고자 하는 것이 **신의성실 원칙**이다.

### (2) 적용대상

**신의성실 원칙**은 관세채무자인 **납세의무자**와 과세관청인 **세관공무원**에게 다 같이 적용된다. 그러나 **납세의무자**에 대하여는 이 원칙은 극히 제한적으로 적용된다고 할 수 있다. 즉, **납세의무자**가 과세관청에 대하여 **신의성실 원칙**에 반하는 행위를 하게 되면 **위법·부당한 행위**가 되거나 의무불이행이 되는 경우가 대부분이므로 법에 의한 조사를 받게 되어 그 결과에 따라 처리되거나 **가산세**를 부담하는 등의 불이익을 받게 되므로 이 원칙은 극히 **제한적**으로 적용된다고 할 수 있다.

### (3) 합법성과의 관계

1) **합법성 원칙**은 법에서 정하는 과세요건이 갖추어지면 관세채권·채무관계의 확정 절차에 따라 **관세채권**과 **채무관계**가 확정되고 그 확정된 내용에 따라 **관세**를 징수하는 것이다.

2) 예를 들어 **과세관청**이 법의 해석을 잘못하여 **관세채무**를 감면하는 언동을 한 경우에는 그 잘못된 언동을 바로잡아 법에서 정하는 바에 따라 **감면**한 관세를 징수하는 경우라 할 수 있다.

3) 이와 같은 경우에도 **과세관청**의 언동에 의하여 **납세의무자**의 신뢰가 형성되어 이루어진 **관세감면**이라면 그 신뢰를 보호하기 위하여 기존 법률관계를 그대로 인정하는 것이 **신의성실 원칙**이다.

4) **조세법률주의**의 **합법성 원칙**과 **신의성실 원칙**은 상반되는 원칙이지만, 이를 조화롭게 적용하여야 한다. **합법성 원칙**은 **조세법률주의**의 원칙이므로 **신의성실 원칙**보다 일반적으로 우월한 지위에 있다고 볼 수 있다.

5) 그런데 **합법성 원칙**의 적용을 배제하더라도 신뢰를 보호할 필요가 있다고 인정되는 경우에 한하여 **신의성실 원칙**을 적용할 수 있다고 할 것이다.

### (4) 소급과세금지 원칙과의 관계

1) **신의성실 원칙**은 **납세의무자**와 **과세권자** 쌍방에 적용할 수 있으나, **소급과세금지 원칙**은 **과세권자**만을 그 적용대상으로 하고 있다.

2) **신의성실 원칙**의 적용은 구체적인 사안에 대한 **개별적 판단**을 필요로 하지만, **소급과세금지 원칙**은 법의 해석·관세행정의 관행이 일반적으로 **납세의무자**에게 받아 들여졌다는 **객관적 기준**과 이 기준에 따른 **납세의무자**의 신뢰 보호를 법률에서 특별히 정하여 **납세의무자**의 신뢰를 일반적으로 보호하는 것이다.

3) **소급과세금지 원칙**은 **신의성실 원칙**의 예시적인 것이라고 할 수 있으므로 소급과세금지에 관한 규정이 없더라도 **신의성실 원칙**은 적용할 수 있다고 보아야 할 것이다[8].

## 4. 세관공무원 재량의 한계

(1) **세관공무원**은 그 재량에 의하여 직무를 수행함에 있어 **과세**의 **형평**과 **법**의 **목적**에 비추어 일반적으로 타당하다고 인정되는 한계를 엄수하여야 한다. 특히 관세행정에서는 **조세법률주의**에 따라야 함으로 법이 정하는 바에 따라 **관세행정**을 이행하여야 한다. 그러나 법률은 입법기술상 모든 경우를 예상하여 만들 수 없고, 또한 행정은 항상 변천·발전하는 사회에 맞추어야 함으로 **행정청**이 재량에 의하여 행정을 하는 경우가 많게 된다.

(2) 이와 같이 행정청에 재량이 인정된 경우이더라도 **행정청**의 자의나 독단을 인정한 것은 아니므로 재량에는 일정한 한계와 원칙이 지켜져야 한다. 따라서 행정청이 자기의 **재량**에 속하는 **처분**이더라도 재량권의 한계를 넘거나 그 남용이 있는 경우에는 위법이 되어 **행정심판**은 물론 **사법심사**의 대상이 된다[9].

---

8) 고우복(2005), 「관세이론과 통관실무 (개정 8판)」, 도서출판 두남, pp. 77-79.
9) 상게서, pp.87-88.

## 제 6 절 기간과 기한

### 1. 기간과 기한의 계산

#### (1) 기간

기간의 계산에 있어 **수입신고수리 전 반출승인**을 받은 때에는 그 **승인일**을 수입신고의 **수리일**로 본다. **기간 계산**은 법에 특별한 규정이 있는 것을 제외하고는 민법에 의한다.

#### (2) 기한

1) **기한**이 **공휴일**(**근로자**의 **날**과 **토요일**을 포함한다), **금융기관**(한국은행 국고대리점 및 국고수납대리점인 금융기관에 한한다) 또는 **체신관서**의 **휴무**, 그 밖에 부득이한 사유로 인하여 정상적인 **관세납부**가 곤란하다고 **관세청장**이 정하는 날의 경우에는 그 다음 날을 **기한**으로 한다.

2) **정전**, 프로그램의 오류, 한국은행(그 대리점을 포함한다) 또는 체신관서의 정보처리장치의 비정상적인 가동, 그 밖의 사유로 인하여 **국가관세종합정보망·전산처리설비**의 가동이 장애로 정지되어 신고·신청·승인·허가·수리·교부·통지·통고·납부 등을 **기한** 내에 할 수 없게 된 때에는 **국가관세종합정보망·전산처리설비**의 장애가 복구된 날의 **다음 날**을 **기한**으로 한다.

### 2. 관세의 납부기한

#### (1) 납부기한의 구분

1) **관세**의 **납부기한**은 법에서 달리 규정하는 경우를 제외하고는 다음 구분에 따른다.

① **납세신고**를 한 경우 : **납세신고수리일**부터 **15일** 이내
② **납세고지**를 한 경우 : **납세고지**를 받은 날부터 **15일** 이내
③ **수입신고 전 즉시반출신고**를 한 경우 : **수입신고일**부터 **15일** 이내
※ **납세의무자**는 위의 규정에도 불구하고 **수입신고**가 **수리**되기 **전**에 해당 **세액**을 납부할 수 있다.

2) **납세의무자**는 수입신고가 수리되기 전에 해당 **세액**을 납부할 수 있다. **세관장**은 납세실적 등을 고려하여 **관세청장**이 정하는 요건을 갖춘 **성실납세의무자**가 신청을 할 때에는 **납부기한**이 **동일**한 **달**에 속하는 **세액**에 대하여는 그 **기한**이 속하는 달의 **말일**까지 한꺼번에 납부하게 할 수 있다.

### (2) 월별납부

#### 1) 월별납부의 의의

**세관장**으로부터 **납부기한**이 동일한 달에 속하는 세액을 **월별**로 일괄하여 **말일**까지 납부하는 제도를 말하며, **월별납부**하고자 하는 자는 **납세실적** 및 **수출입실적**에 관한 서류 등을 갖추어 **관세청장**이 정하는 서류를 갖추어 **세관장**에게 **월별납부**의 **승인**을 신청하여야 한다.

#### 2) 월별납부업체의 의의

**월별납부제도 운영에 관한 고시** 제2조(정의)에 따르면 **월별납부업체**란 **월별납부**를 승인받은 사업자를 말한다고 규정하고 있다. 또한 **담보제공생략대상자**란 **관세 등에 대한 담보제도 운영에 관한 고시(담보고시)** 제7조 및 제8조에 따라 **관할지세관장**으로부터 담보제공 생략대상으로 확인받은 자를 말한다.

#### 3) 월별납부업체의 승인

① **월별납부업체**의 **승인**(월별납부제도 운영에 관한 고시 제3조(월별납부업체의 승인))은 각 **사업자**(**사업자등록번호**)별로 하여야 한다. 또한 **월별납부**를 하려는 사업자는 다음 요건을 갖추어야 한다.

> ㉮ 최근 2년간 법 위반으로 **형사처벌** 받은 사실이 없는 **수출입자**, ㉯ 최근 **2년간 관세** 등의 **체납**이 없는 자, ㉰ 최근 **3년간 수입실적**과 **납세실적**이 있는 자(중소기업기본법 제2조에 따른 **중소기업**은 **최근 2년**)·**담보제공생략대상자**

② **관할지세관장**은 **담보제공생략대상자**가 **시설확장** 등으로 사업장을 신설하는 경우에는 해당 사업장에 대해서도 **담보제공생략대상자 자격**에 따라 **월별납부업체**의 **승인**을 할 수 있다. 다만, 기간이 경과 후에는 승인요건을 심사한다.

#### 4) 월별납부업체의 신청(월별납부제도 운영에 관한 고시 제4조(월별납부업체 신청 등))

① **관세** 등을 **월별납부**하려는 사업자는 **월별납부업체승인신청서**에 **관세청장**이 정하는 ㉮ **사업자등록증사본**(다만, **세관공무원**이 **행정정보공동망**을 통해 확인 가능시 **제출생략**), ㉯ 별지 제2호 서식의 **수입실적** 및 **납세실적**을 첨부하여 **관할지세관장**에게 월별납부 승인을 신청하여야 하며, 신청서류는 **우편**으로 제출할 수 있다.

② 그 요건확인은 다음에 정하는 바에 따른다.

> ㉮ 법 **위반** 및 **관세** 등의 **체납사실**은 **신청일**이 속하는 달의 전달부터 **소급**하여 **관세청 전산시스템(전산시스템)**으로 확인, ㉯ **수입실적**은 신청일이 속하는 **달**의 전달부터 **소급**하여 **전산시스템**으로 확인하되, **관할지세관장**이 필요하다고 인정하는 경우에는 **신청인**이 제출하는 서류에 의하여 확인, ㉰ **담보제공생략대상자** 여부는 **전산시스템**으로 확인하되, **관할지세관장**이 필요하다고 인정하는 경우에는 **신청인**이 입증하는 서류에 의하여 **확인**

③ **월별납부업체 승인신청**을 받은 **관할지세관장**은 신청자가 **월별납부업체 승인요건**에 적합한 경우 이를 **승인**하여야 한다. 이 경우 **월별납부업체승인 유효기간**은 **승인일**로부터 **2년**이 되는 달의 **말일**까지로 한다. 다만, **월별납부**하려는 사업자가 **담보제공생략대상자·포괄담보업체**로서 **월별납부업체승인 유효기간**을 **담보제공생략대상자**의 확인유효기간·지정기간 또는 **포괄담보업체**의 **지정기간**과 동일하게 희망하는 경우에는 **승인유효기간** 내에서 그 **확인유효기간**·**지정기간**의 **만료일**로 할 수 있다.

④ **관할지세관장**은 **월별납부업체**를 **승인**하는 때에는 **신청인**에게 그 **승인사실**을 **통보**하여야 한다.

#### 5) 월별납부업체의 담보제공(월별납부제도 운영에 관한 고시 제9조(담보제공 등))

① **관할지세관장**은 **월별납부 대상**으로 납세신고된 물품에 대하여 **납세의무자**로 하여금 **포괄담보**를 제공하도록 하여야 한다. 다만, **월별납부업체**가 **담보제공생략대상자**에 해당하는 경우에는 **관할지세관장**이 정하는 **월별납부한도액 범위** 내에서 **담보제공**을 **생략**하도록 할 수 있다.

② **월별납부한도액**은 별표1의 방법에 의하여 설정한다. 다만, **관할지세관장**은 해당 업체의 **수출입실적** 및 **납세실적** 등의 증가로 최근 실적에 의하여 **월별납부한도액**을 설정함이 합리적이라고 인정하는 경우에는 신청한 날이 속하는 월의 **전월**(**전산시스템**에 의한 확인이 곤란한 경우에는 **전전월**)부터 이전 **1년간** 제세의 **납부실적** 등을 기초로 **월별납부한도액**을 설정할 수 있다.

③ **월별납부업체**가 법인단위로 **월별납부한도액**을 설정하려는 경우에는 **법인**단위로 **월별납부한도액 신청**을 할 수 있다. 이 경우 주된 사무소가 일괄하여 다른 사업장의 **월별납부업체승인**(**갱신**)을 신청하여야 한다.

④ **월별납부업체**가 이 고시에 따른 **월별납부승인**과 **담보고시**에 따른 **신용담보업체지정**을 동시에 받은 경우에는 **월별납부한도액 설정단위**(사업장 또는 법인단위)를 **신용담보한도액 설정단위**와 일치시킬 수 있다. **관세청장**은 관세체납의 증감, 세수의 추이 및 그 밖의 사항을 감안하여 필요하다고 인정되는 경우 **월별납부한도액**의 **설정** 또는 **조정방법**을 변경할 수 있다.

#### 6) 월별납부업체의 승인취소(월별납부제도 운영에 관한 고시 제6조(월별납부업체의 승인취소 등))

① **관할지세관장**은 **월별납부업체**가 **승인유효기간** 중 다음에 해당하는 경우에는 **월별납부업체**의 **승인**을 **취소**하여야 한다.

> ㉮ **관세**를 **납부기한**이 경과한 날부터 **15일 이내**에 납부하지 아니하는 경우, ㉯ **월별납부**를 승인받은 **납세의무자**가 **관세청장**이 정한 요건을 갖추지 못하게 되는 경우, ㉰ 사업의 폐업, 경영상의 중대한 위기, 파산선고 및 법인의 해산 등의 사유로 **월별납부**를 유지하기 어렵다고 **세관장**이 인정하는 경우

② **관할지세관장**은 **월별납부업체승인**을 **취소**하는 경우에는 그 사실을 해당 업체에 **즉시 통보**하여야 한다.

③ **월별납부업체**의 승인을 취소한 **관할지세관장**은 해당 업체가 **월별납부**의 대상으로

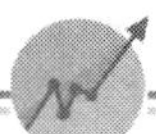

납세신고한 세액에 대하여는 15일 이내의 납부기한을 정하여 납세고지하여야 한다. 다만, 월별납부서가 이미 작성된 경우는 제외한다. 관할지세관장은 다음에 해당하는 경우 해당 월별납부업체에 대하여 경고 처분할 수 있다.

> ㉮ 월별납부업체승인사항 변경신고 의무를 위반한 경우, ㉯ 그 밖에 월별납부제도 운영과 관련하여 세관장의 명령이나 지시사항을 위반한 경우

### 7) 월별납부업체의 승인기간 갱신(월별납부제도 운영에 관한 고시 제7조(월별납부업체의 승인기간 갱신)

① 월별납부업체는 월별납부업체 승인기간을 갱신하려하는 경우에는 승인유효기간 만료 1개월 전까지 월별납부업체 기간갱신승인신청서에 서류를 첨부하여 관할지세관장에게 제출하여야 한다. 갱신절차에 대해서는 승인유효기간이 끝나는 날의 2개월 전까지 휴대폰에 의한 문자전송, 전자메일, 팩스, 전화, 문서 등으로 미리 알려야 한다.

② 월별납부업체로 승인받고자 하는 자가 최초 승인신청시 지정기간 자동갱신의사를 표시한 경우에는 기간갱신 신청을 한 것으로 본다.

③ 승인기간 갱신신청을 받은 관할지세관장은 월별납부업체의 승인요건을 심사하여 이에 적합한 경우에는 승인유효기간을 직전 유효기간 만료일의 다음 날부터 2년이 되는 날이 속하는 달의 말일까지로 하고, 월별납부한도액을 설정하여 승인한다.

④ 관할지세관장은 월별납부업체의 승인기간을 연장하는 때에는 신청인에게 그 승인사실을 통지하여야 한다.

### 8) 월별납부업체의 월별납부한도액 조정(월별납부제도 운영에 관한 고시 제10조(월별납부한도액의 조정 등))

① 월별납부업체가 계절적 요인 등 납세실적에 현저한 변동이 있어 설정된 월별납부한도액이 부족한 경우에는 관할지세관장에게 월별납부한도액의 조정을 요청할 수 있다. 이 경우 관할지세관장은 다음에서 정하는 바에 따라 그 월별납부한도액을 조정할 수 있다. 다만, 신규지정 및 기간갱신을 승인하는 경우에는 그러하지 아니하다.

> ㉮ **최근 3개월**(신청한 날이 속하는 월의 **전월**(**전산시스템**에 의한 확인이 곤란한 경우는 **전전월**)부터 이전 **3개월**)동안 또는 **전년도** 어느 분기 동안의 **납세실적** 등에 4를 곱한 **금액**을 적용하여 별표1의 방법에 따라 **조정**
> ㉯ **조정한도액**으로도 부족하게 되는 경우 해당 업체의 **시설개체**, **증설계획**, **수출전망**, **재무상태**, **수입물량**과 **납부세액**의 증가 등을 **종합적**으로 고려하여 130/100의 범위에서 **증액 조정**

② **관할지세관장**은 **월별납부한도액**을 조정한 경우 **신청인**에게 그 사실을 **통보**하여야 한다. **관할지세관장**은 **월별납부업체**가 **신규시설투자**로 인해 **수입량**이 **증가**됨에 따라 **월별납부한도액**으로는 원활한 시설재건설이 곤란하다고 판단되는 때에는, 위의 내용을 적용하지 아니하고 **월별납부업체**의 신청을 받아 **월별납부한도액**을 설정할 수 있다.

③ **관할지세관장**은 증액 설정된 **월별납부한도액**의 사용기간이 **만료**된 때에는 해당 **증액분**을 **전산**에서 **차감**하여야 한다. **월별납부한도액 증액**을 신청하려는 **월별납부업체**는 다음 서류를 **관할지세관장**에게 **제출**하여야 한다.

> ㉮ 해당 연도 **사업계획서**, ㉯ **시설투자 수입관련 계약서** 또는 이와 유사한 **시설투자 거래관계**를 입증할 수 있는 **서류**, ㉰ **증액받으려는 금액**과 그 **산출기초**, ㉱ **관세납부계획서·자금수급계획서**

## 3. 천재지변으로 인한 기한 연장

(1) **세관장**은 **천재지변**, 다음의 사유로 인하여 신고, 신청, 청구, 그 밖의 서류의 제출, 통지, 납부·징수를 정하여진 **기한**까지 할 수 없다고 인정되는 때에는 **1년**을 넘지 아니하는 기간을 정하여 그 **기한**을 **연장**할 수 있다.

> 1) **전쟁·화재** 등 **재해**나 **도난**으로 인하여 **재산**에 심한 **손실**을 입은 경우, 2) **사업**에 현저한 **손실**을 입은 경우, 3) **사업**이 **중대**한 **위기**에 처한 경우, 4) 그 밖에 **세관장**이 이들에 준하는 사유가 있다고 인정하는 경우.

(2) **납부기한**을 **연장**받고자 하는 자는 다음 사항을 기재한 **신청서**를 해당 납부기한이 **종료**되기 **전**에 **세관장**에게 제출하여야 한다.

> 1) **납세의무자**의 성명·주소 및 상호, 2) **납부기한**을 **연장**받고자 하는 **세액** 및 해당 **물품**의 신고일자·신고번호·품명·규격·수량 및 가격, 3) **납부기한**을 **연장**받고자 하는 사유 및 기간

(3) **세관장**은 **납부기한**을 **연장**한 때에는 **납세고지**를 하여야 한다. **세관장**은 **납부기한**을 연장함에 있어 채권확보를 위하여 필요하다고 인정하는 때에는 **담보**를 제공하게 할 수 있다.

(4) **세관장**은 **납부기한연장**을 받은 **납세의무자**가 다음에 해당하게 된 때에는 납부기한의 연장을 취소할 수 있다. **세관장**은 **납부기한연장**을 취소한 때에는 **10일** 이내의 납부기한을 정하여 **납세고지**를 하여야 한다.

> 1) **관세**를 지정한 **납부기한**내에 **납부**하지 아니하는 때, 2) **재산상황**의 호전, 그 밖에 **상황**의 **변화**로 인하여 **납부기한연장**을 할 필요가 없게 되었다고 인정되는 때, 3) **파산선고**, **법인 해산**, 그 밖의 사유로 해당 **관세 전액**을 **징수**하기 곤란하다고 인정되는 때

## 제 7 절 서류의 송달

### 1. 납세고지서의 송달

(1) **관세**의 **납세고지서**의 **송달**은 **납세의무자**에게 직접 발급하는 경우를 제외하고는 **인편, 우편·전자송달**의 방법으로 한다.

(2) **세관장**은 관세의 **납세의무자**의 주소·거소·영업소 또는 사무소가 모두 불명하여 관세의 **납세고지서**를 송달할 수 없는 때에는 해당 세관의 게시판, 그 밖에 적당한 장소에 납세고지사항을 공시할 수 있다.

(3) **납세고지사항**을 **공시**한 때에는 **공시일**부터 **14일**이 경과함으로써 관세의 **납세의무자**에게 **납세고지서**가 송달된 것으로 본다.

### 2. 신고서류의 보관기간

**가격신고·납세신고·수출입신고** 또는 **보세운송신고**를 한 자는 해당 신고에 관한 자

료를 신고일부터 **5년 범위내**에서 일정 기간 동안 이를 **보관**하여야 한다. 그 일정기간은 다음 구분에 따른 **기간**을 말한다. 이들 자료는 **관세청장**이 정하는 바에 따라 마이크로필름·광디스크 등 자료전달 및 보관 매체에 의하여 보관할 수 있다.

(1) 다음에 해당하는 서류 : 해당 **신고**에 대한 **수리일**부터 5년(① **수입신고필증**, ② **수입거래관련 계약서** 또는 이에 갈음하는 서류, ③ **지적재산권거래관련 계약서** 또는 이에 갈음하는 서류, ④ **수입물품결정가격**에 관한 자료).
(2) 다음에 해당하는 서류 : 해당 **신고**에 대한 **수리일**부터 3년(① **수출신고필증**, ② **반송신고 필증**, ③ 수출물품 **반송물품**의 가격결정에 관한 자료, ④ 수출거래·반송거래 관련 계약서 또는 이에 갈음하는 서류).
(3) 다음에 해당하는 서류 : 해당 **신고**에 대한 **수리일**부터 2년(① **보세화물반출입**에 관한 **자료**, ② **적하목록**에 관한 자료, ③ **보세운송**에 관한 자료).

# 과세

## 과세요건

조세를 부과함에 있어 갖추어야 할 요건을 말하는데, 이는 **납세의무자(과세주체)**, **과세물건(과세객체)**, **과세표준(과표)**, **(관)세율**을 말한다.

〈그림-8〉 관세의 계산

| 관 세 | = | 과세가격(외화) | × | 과세환율 | × | 관세율 |
|---|---|---|---|---|---|---|
| | | 가격신고서 | | 관세청장 지정 | | 관세율표 |

### 1. 납세의무자

#### (1) 본래의 납세의무자

##### 1) 원칙적 납세의무자

수입신고를 한 물품인 경우에는 그 물품을 수입한 **화주**(화주가 불분명할 때는 다음에 해당하는 자를 말한다)이다.

① **수입**을 **위탁**받아 **수입업체**가 **대행수입**한 **물품**인 경우: 그 **물품 수입**을 **위탁**한 **자**, ② **수입**을 **위탁**받아 **수입업체**가 **대행수입**한 **물품**이 아닌 경우: **송품장**(invoice), **선하증권**(B/L) 또는 **항공화물운송장**(AWB)에 적힌 **수하인**, ③ **수입물품**을 **수입신고 전**에 **양도**한 경우: 그 **양수인**

#### 2) 연대납세의무자

**수입신고**가 수리된 물품 또는 수입신고수리 전 반출승인을 받아 반출된 물품에 대하여 납부하였거나 납부하여야 할 **관세액**에 부족이 있는 경우, 해당 물품을 수입한 화주의 주소 및 거소가 분명하지 아니하거나 **수입신고인**이 화주의 소재를 명백히 하지 못하는 경우에는 그 **신고인**이 해당 물품을 수입한 **화주**와 **연대**하여 해당 관세를 납부하여야 한다.

#### 3) 특별납세의무자

① **외국물품**인 **선(기)용품**과 **외국무역선(기)** 내에서 판매할 물품이 **하역허가**의 내용대로 운송수단에 적재되지 아니한 경우 : **적재허가를 받은 자**
② **보세구역**에서의 보수작업이 곤란하다고 세관장이 인정한 경우 : **기간**과 **장소**를 지정받아 **보세구역** 밖에서 하는 **보수작업**을 승인받은 자
③ **보세구역**에 장치된 외국물품이 **멸실**되거나 **폐기**된 경우 : **운영인·보관인**
④ **보세공장외 보세작업**에서 지정된 기간이 경과하였는데도 불구하고 해당 공장 외 작업장에 허가된 **외국물품**이나 그 제품이 있을 경우 : **보세공장외 작업, 보세건설장외 작업** 또는 **종합보세구역외 작업**을 허가받거나 **신고**한 자
⑤ **보세운송**하는 **외국물품**이 지정된 기간 내에 목적지에 도착하지 아니한 경우 : **보세운송**을 신고하였거나 **승인**을 받은 자
⑥ **수입신고**가 **수리**되기 **전**에 **소비(사용)**를 **수입**으로 보지 아니하는 **물품**에 해당하지 아니하는 물품인 경우 : 그 **소비자·사용인**
⑦ **수입신고** 전에 반출한 물품 : 해당 **물품**을 즉시 **반출**한 **자**
⑧ **우편**으로 수입되는 물품 : 그 **수취인**
⑨ **도난물품 · 분실물품** : ㉮ **보세구역**의 **장치물품⇒화물관리인**, ㉯ **보세운송물품⇒보세운송**을 신고하거나 승인을 받은 자, ㉰ 그 밖의 물품⇒**보관인·취급인**
⑩ 법 또는 다른 법률에 따라 따로 **납세의무자**로 규정된 자
⑪ 그 밖 : 그 소유자·점유자

#### 4) 원칙적 납세의무자와 특별납세의무자가 경합한 경우

**원칙적** 납세의무자인 **화주·연대납세의무자**인 신고인과 **특별납세의무자**가 경합되는 경우에는 **특별납세의무자**를 납세의무자로 한다.

### (2) 납세의무자의 확장

#### 1) 납세보증자

법 또는 다른 법령, 조약, 협약 등에 따라 **관세납부**를 **보증**한 자는 **보증액**의 범위에서 **납세의무**를 진다.

#### 2) 제2차 납세의무자

① 법인이 **합병**하거나 **상속**이 개시된 경우에는 국세기본법 제23조(법인의 합병으로 인한 납세의무의 승계) 및 제24조(상속으로 인한 납세의무의 승계)를 준용하여 **관세·가산금·가산세** 및 **체납처분비**의 납세의무를 **승계**한다. 이 경우 국세기본법 제24조 제2항 및 제4항의 **세무서장**은 **세관장**으로 본다.

② **물품**에 관계되는 **관세·가산금·가산세** 및 **체납처분비**에 대해서는 다음에 규정된 자가 **연대**하여 **납부**할 **의무**를 진다.

> ㉮ **수입신고물품**이 **공유물**이거나 **공동사업**에 속하는 **물품**인 경우 그 **공유자** 또는 **공동사업자**인 **납세의무자**, ㉯ 물품에 대한 **납세의무자**가 2인 이상인 경우 그 2인 이상의 **납세의무자**

③ 다음에 해당되는 경우 국세기본법 제25조(연대납세의무) 제2항-제4항의 규정을 준용하여 **분할**되는 **법인**이나 **분할·분할합병**으로 설립되는 법인, 존속하는 **분할합병**의 상대방 법인 및 신회사가 **관세·가산금·가산세** 및 **체납처분비**를 연대하여 납부할 의무를 진다.

> ㉮ **법인**이 **분할·분할합병**되는 경우, ㉯ **법인**이 **분할·분할합병**으로 **해산**하는 경우, ㉰ **법인**이 **채무자 회생 및 파산에 관한 법률** 제215조에 따라 **신회사**를 설립하는 경우

④ 법에 따라 **관세·가산금·가산세** 및 **체납처분비**를 **연대**하여 납부할 의무에 관하여는 민법 제413조(연대채무의 내용), 제414조(각 연대채무자에 대한 이행청구), 제415조(채무자에 생긴 무효, 취소), 제416조(이행청구의 절대적 효력), 제419조(면제의 절대적 효력), 제421조(소멸시효의 절대적 효력), 제423조(효력의 상대성의 원칙) 및 제425조(출재채무자의 구상권), 제426조(구상요건으로서의 통지), 제427조(상환무자력자의 부담부분)의 규정을 준용한다.

⑤ **관세징수**에 관하여는 **국세기본법** 제38조(청산인 등의 제2차 납세의무), 제39조(출

자자의 제2차 납세의무), 제40조(법인의 제2차 납세의무), 제41조(사업양수인의 제2차 납세의무)의 규정을 준용한다.

⑥ **제2차 납세의무자**에 관하여는 국세기본법 제38조부터 제41조까지에 상세한 규정이 있는데, 세법에서는 그것을 준용하도록 규정하여 관세에 관하여도 **제2차 납세의무자**제도를 채택하고 있다. **제2차 납세의무자**는 **납세의무자**가 납세의무를 이행할 수 없는 경우에 **납세의무자**를 대신하여 납세의무를 지는 자이므로, **관세담보**로 제공된 것이 없고 **납세의무자**와 관세의 납부를 보증한 자가 납세의무를 이행하지 아니하는 경우에 납세의무를 진다.

⑦ **납세의무자**(관세의 납부를 보증한 자와 **제2차 납세의무자**를 포함한다)가 **관세·가산금·가산세** 및 **체납처분비**를 **체납**한 경우 그 **납세의무자**에게 국세기본법 제42조(양도담보권자의 물적납세 의무) 제2항에 따른 **양도담보재산**[1]이 있을 때에는 그 **납세의무자**의 다른 재산에 대하여 체납처분을 집행하여도 징수하여야 하는 금액에 미치지 못한 경우에만 국세징수법 제13조(법인으로 보는 단체)를 준용하여 그 **양도담보재산**으로서 납세의무자의 **관세·가산금·가산세** 및 **체납처분비**를 징수할 수 있다. 다만, 그 관세의 납세신고일(**부과고지**하는 경우에는 그 납세고지서의 **발송일**을 말한다) 전에 담보의 목적이 된 **양도담보재산**에 대하여는 그러하지 아니하다.

## 2. 과세물건

### (1) 관세의 과세물건

1) **관세**의 **과세물건**은 **수입물품**이다. 즉, "**수입물품**에는 관세를 부과한다."고 법에 규정하고 있다. 따라서 우리나라는 **수출물품**과 **통과물품**은 **과세물건**이 아니므로 관세를 부과하지 아니한다.

2) **수입물품**에 관세를 부과하고 있고 수입은 **외국물품**을 우리나라에 반입(**보세구역**을 경유하는 것은 **보세구역**으로부터 반입하는 것을 말한다)하거나 우리나라에서 소비 또는 사용하는 것(우리나라의 **운송수단** 안에서의 **소비(사용)**를 포함하며 법에서 **소비(사용)**를 **수입으로 보지 아니하는 소비(사용)**는 제외한다)을 말하므로 **관세**의 **과세물건**은 우리나라에 수입(반입)되는 물품이며, 우리나라에 수입(반입)되지 아니하는 경우에는 관세가 부과되지 아니한다.

3) **외국물품**이 우리나라에 **수입**되기 전에 **소비(사용)**되면 그것을 수입으로 보고 관세를

---

1) **양도담보재산**이란 당사자 사이의 계약에 의하여 **납세의무자**가 그 재산을 **양도**한 때 실질적으로 **양도인**에 대한 **채권담보**의 목적이 된 **재산**을 말한다. **양도담보재산**으로서 **납세의무자**의 **관세·가산금·가산세** 및 **체납처분비**를 징수하고자 할 때에는 양도담보채권자에게 **납부고지**를 하고, 납세의무자에게 그 뜻을 **통지**하여야 한다.

부과하므로 이 경우 소비(사용)된 **외국물품**은 **과세물건**이다. 그러나 **외국물품**이 우리나라에 **수입**되기 전에 소비(사용)되는 모든 경우를 **수입**으로 볼 경우 실정에도 맞지 않고 오히려 법률 목적에도 맞지 않는 경우가 있으므로 그런 경우는 **수입**으로 보지 아니한다.

### (2) 수입물품

**수입물품**은 **유체물**과 **무체물**로 구분된다.

> 1) **유체물** : 민법상의 동산과 일치－**과세객체**
> 2) **무체물** : **특허권, 실용신안권, 디자인권, 상표권** 및 이와 유사한 권리－**권리사용료**가 산입된 경우에 대상

### (3) 관세의무주의와 관세면제주의

1) 모든 **수입물품**을 과세물건으로 하는 제도를 '**관세의무주의**' 또는 '**관세포괄주의**'라 하며, **관세율표**에 **유세품**만을 게기하고 **무세품**은 게기하지 아니하는 제도를 '**관세면제주의**'라 한다.

2) **우리나라**는 모든 **수입물품**을 우선은 **과세물건**으로 하고 있다. **관세율표**에는 **유세품**과 **무세품**이 다 같이 게기되어 있을 뿐만 아니라, **관세율표**에 게기되어 있는 어느 물품에도 해당되지 아니하는 물품은 그 물품과 가장 유사한 물품으로 분류하므로 **수입물품**은 **관세율표**에 총망라되어 있다. 따라서 우리나라는 **관세의무주의**를 채택하고 있다.

### (4) 확정시기

1) **물품**은 시간의 흐름에 따라 또는 그 밖의 사유로 그 성질과 수량이 변하는 것이 일반적이다. 따라서 이와 같이 변하는 물품에 대하여 **관세**를 부과할 때 어느 때의 **물품 성질**과 **수량**을 기준으로 할 것인가 하는 문제가 있다. 따라서 **관세**를 부과하려면 어느 한 때를 기준으로 하고 그 때의 물품 성질과 수량에 의하여 **관세**를 부과하여야 한다. 이와 같이 관세를 부과하는 물품 성질과 수량을 결정하는 때를 **과세물건**의 **확정시기**라고 한다.

2) **과세물건**의 **확정시기**는 그 물품이 수입되는 방법에 따라 각각 다르다. 물품이 수입되는 방법은 크게 다음과 같이 두 가지로 구분할 수 있다. 첫째, **정상통관절차**를 이행하고 수입하는 방법이며, 둘째, **정상통관절차**의 이행을 할 수 없거나 하기가 곤란하거나 어떤 목적을 위하여 그 이행을 생략하는 등 **정상통관절차**를 이행하지 아니하고, 그 물품의 관세징수만으로 수입하는 방법이다.

① **외국물품**인 선(기)용품과 **외국무역선(기)** 내에서 판매할 물품이 하역허가의 내용대로 운송수단에 적재되지 아니한 경우에 해당하는 **물품** : 하역을 **허가**받은 때
② **보세구역**에서의 **보수작업**이 곤란하다고 세관장이 인정할 때에는 기간과 장소를 지정받아 보세구역 밖에서 보수작업을 하는 경우에 해당하는 **물품** : **보세구역** 밖에서 하는 **보수작업**을 **승인**받은 때
③ **보세구역**에 장치된 **외국물품**이 멸실·폐기된 경우 : 해당 물품이 **멸실·폐기**된 때
④ **보세공장외 보세작업**에서 지정된 기간이 경과하였는데도 불구하고 해당 공장 외 작업장에 허가된 **외국물품**이나 그 제품이 있을 경우 : **보세공장외 작업, 보세건설장외 작업** 또는 **종합보세구역외 작업**을 **허가**받거나 **신고**한 때
⑤ **보세운송**하는 외국물품이 지정된 기간 내에 목적지에 도착하지 아니한 경우 : **보세운송**을 **신고**하거나 **승인**받은 때
⑥ **수입신고**가 수리되기 전에 소비(사용)하는 물품(소비(사용)를 수입으로 보지 아니하는 물품은 제외한다) : 해당 물품을 **소비(사용)**한 때
⑦ **수입신고** 전에 **즉시반출신고**를 하고 반출한 **물품** : **수입신고 전 즉시반출신고**를 한 때
⑧ **우편**으로 수입되는 **물품** : 통관우체국에 **도착**한 때
⑨ **도난물품·분실물품** : 해당 물품이 **도난·분실**된 때
⑩ **매각**되는 **물품** : 해당 물품이 **매각**된 때
⑪ **수입신고**를 하지 아니하고 수입된 **물품** : **수입**된 때

3) **관세**는 수입신고 당시의 법령에 따라 부과한다. 다만, 다음에 해당하는 **물품**에 대하여는 규정된 날에 시행되는 법령에 따라 부과한다.

① 위의 **확정시기**의 어느 하나에 해당되는 **물품** : 그 **사실**이 **발생**한 날, ② **보세건설장**에 반입된 **외국물품** : **사용 전 수입신고**가 **수리**된 날

### (5) 과세환율

**송품장** 등 **과세가격**을 결정하는 자료에는 일반적으로 **외국통화**로 가격이 표시되어 있는데, 이를 우리나라 통화로 환산하는 경우에 적용되는 환율을 '**과세환율**'이라 한다. 이러한 **과세환율**은 수입신고일(다만, **보세건설장**에 반입된 물품에 대하여는 수입신고의 날)이 속하는 주의 전주 **월요일**부터 **금요일**까지 적용한 **대고객 외국환매도율·전신환매도율**을 평균하여 관세청장이 그 율을 정한다.

## 3. 과세표준

### (1) 납부세액의 산출방법

**납부세액**의 산출방법은 **세율**을 정하는 방법에 따라 다음과 같이 서로 다르다.

〈그림-9〉 납부세액의 산출방법

| 납부세액 | = | 과세표준 | × | 세 율 |
|---|---|---|---|---|
| 종량세물품 | : | 수입물품의 수량 | × | 수량단위당 납부세액 |
| 종가세물품 | : | 수입물품의 가격<br>(과세가격) | × | 세율(%) |

### (2) 의의

1) **관세평가**(customs valuation)란 **수입물품**의 **과세가격**을 결정하는 절차와 방법을 말한다. 다시 말해 **종가세** 대상물품의 경우 **관세액**을 산출하기 위한 **과세표준**은 수입물품의 가격인데, 이 가격을 **과세표준**으로 하는 수입물품에 대하여 정하여진 원칙에 따라 관세의 **과세가격**을 결정하는 일련의 절차를 말한다.

2) **관세**의 **4대 과세요건**인 **과세물건**, **과세표준**, **관세율**, **납세의무자** 중에서 세액의 산출에 필요한 요건은 관세율과 과세표준인데, **과세표준**에는 가격을 과세표준으로 하는 **종가세**와 수량을 과세표준으로 하는 **종량세**가 있으며 이 중 과세가격의 결정과 관련되는 것은 **종가세**가 적용되는 물품이 수입되는 경우이다. 우리나라는 수입물품 대부분의 **과세표준**을 수입물품의 가격으로 하는 **종가세주의**를 취하고 있기 때문에 사실상 관세의 **과세표준**이라 함은 **과세가격**을 의미하는 것이다.

3) **관세**는 일반적으로 관세의 징수를 통한 재정수입의 확보와 국제경쟁력이 약한 국내산업을 보호하는 산업정책적 기능을 가지고 있으므로 관세율의 적정한 책정과 부과는 매우 중요하다. 그런데 **관세율**이 적정하게 책정되더라도 **관세평가**면에서 공정한 **과세가격**이 포착되지 아니한다면 관세부과의 실질적인 목적을 달성할 수 없으므로 **관세평가** 또한 매우 중요하다.

4) **관세평가**의 목적은 **수입물품**의 **저가신고**를 방지하여 관세수입을 확보하고, **부정무역** 및 **불공정무역**을 방지하며, 아울러 **고가신고**로 인한 부당한 외화도피 및 조세회피와 합법무역거래를 가장한 **불법자금 세탁행위**를 방지함으로써 공평하고 적정한 **과세확보**를

도모하는 데 그 목적이 있다. 또한 **관세평가제도**의 국제적 통일은 각국의 자의적인 관세평가 운용에 의한 무역확대의 장애요소를 제거하여 무역마찰을 줄이고 자유무역의 진흥에 기여한다.

5) 이러한 **과세가격**의 결정에 대한 합리적이며 객관적인 기준과 평가의 투명성을 확보하기 위하여 세계 각국은 수개의 **관세평가협약**을 통하여 **관세평가**의 규범을 정립해 가고 있다.

### (3) 관세평가의 형태

**관세평가**의 형태로는 **발송지가격**, **도착지가격**, **법정가격** 그리고 **시가역산가격**의 **4가지**가 있는데, 우리나라의 경우 **도착지가격**(CIF **가격**)을 원칙으로 하여 **과세가격**을 결정한다.

#### 1) 발송지가격

**발송지가격**은 관세의 과세가격에 **운임**과 **보험료**를 합하지 않은 FOB **가격**을 말한다. 이는 과세가격이 낮아 관세부담이 적고, 이로 인한 수입가격의 인하효과가 있으며, 근거리 수입품이나 장거리 **수입물품**이 똑같은 조건으로 과세되어 **수입선 전환효과**가 있다. 또한 관세를 산출하기 위해 운임이나 보험료를 합산하는 시간과 절차가 없으므로 **관세액**을 쉽게 계산할 수 있어 신속통관의 장점을 가지지만, **도착가격주의**, 즉 CIF **가격주의**에 비해 관세수입이 적다.

#### 2) 도착지가격

**도착지가격**은 FOB **가격**에 **운임**과 **보험료**를 가산한 CIF **가격**을 기준으로 관세를 부과하는 것이다. 이는 FOB **가격**에 비하여 과세가격이 높아 **납세의무자**의 관세부담이 커지고 따라서 **재정수입**의 증대에 기여하지만, 한편 **운임**과 **보험료**가 적게 드는 근거리 수입물품이 원거리 **수입물품**보다 적게 과세되어 근거리 수입을 조장한다.

#### 3) 법정가격

**법정가격**은 어느 기간 중의 **국내시장 평균가격**을 조사하여 그 가격을 과세가격으로 정하는 것을 말한다. 이 **법정가격주의**는 과세가격 결정이 매우 간편한 반면에, 과거 일정기간내의 **평균가격**을 기초로 하므로 실제 수입 당시의 **가격**과는 항상 차이가 생기며, 그 결과 **과세 공평**을 기할 수 없다는 단점이 있다.

#### 4) 시가역산가격

**시가역산제**(Deducted System from Market Price)는 **수입물품**의 가격을 결정하는 데 있어서, 그 상품의 **국내시장가격**을 조사한 후에 **수입물품**과 동종·동질 물품의 도착지의 **국내시장가격**에서 수입제세와 수입관련비용, 수입 후 판매할 때까지의 **정상판매비용**과 **정상이윤**을 공제한 것을 **과세가격**으로 하는 방법으로서, **도착지시장가격**이라고도 한다.

**과세가격**을 시가역산가격으로 정하는 경우 동일한 물품의 가격도 시간과 장소, 그리고 거래수량에 따라 상이해진다. 따라서 여러 가지 가격 중에서 어떤 가격을 과세가격으로 채택하고 이들 가격은 **수입물품**에 대하여 구체적으로 어떻게 결정하는가 하는 것은 **관세액**을 결정함에 있어 중요한 사항이다. 우리나라는 **여행자휴대품** 등의 **과세가격평가**에 **시가역산제**를 적용하고 있다.

### (4) 관세평가에 대한 국제협약과 우리나라 관세평가제도

**관세평가**는 그 **평가방법**이 국내산업의 보호를 목적으로 설정되는 경우 자칫하면 국제무역을 저해하는 요인으로 작용할 수 있다. 이러한 **평가방법**이 특정국의 사용으로 인하여 다른 국가로부터 불평과 마찰을 야기하는 원인이 됨에 따라 이를 금지하고 제한할 수 있는 **국제협약**을 필요로 하고 있다.

#### 1) GATT 제7조

**관세평가**에 관한 최초의 국제규범은 1948년 발효된 GATT 제7조이다. 이는 다양하고 자의적인 **관세평가제도** 그 자체가 곧 NTB로서 국제교역에 장애요인으로 작용하게 되므로 보다 중립적인 **평가방법**을 모색하기 위한 국제적 노력으로서 **관세평가**에 관한 규정을 GATT 제7조에 규정하고 있다.

GATT 제7조는 **관세평가**에 관한 일반적인 사항만을 규정하고 있으므로 그 자체로서 집행력을 가지는 규정이라기보다는 선언적인 규정이라 할 수 있다.

#### 2) 브뤼셀관세평가정의

1953년 7월 28일에 **유럽관세동맹연구단**(European Customs Union Study Group)[2] (1947년 설립)의 관세위원회에서 GATT 제7조를 기초로 하여 브뤼셀관세평가협약이 제정·발효되었는데, 이를 **브뤼셀관세평가정의**(Brussels Definition of Value : BDV)로 통

---

2) 1947년 9월 12일 프랑스 파리에서 GATT **경제협력위원회** 13개국 대표가 **유럽관세동맹연구단**을 창설하여 **품목분류**와 **평가**를 전 세계가 공통으로 사용하기로 결정하고 OECD 전신인 경제위원회와 CCC 전신인 **관세위원회**를 1950년 12월 15일 브뤼셀에 본부를 설립하였다.

칭하고 있다.

BDV는 유럽관세동맹연구단이 GATT **제7조**의 일반적인 원칙을 구체화한 **평가협약**을 말하며, 일정한 조건하에 판매될 수 있는 가격(**관념가격**)을 과세가격의 개념으로 하고, 이 개념에서 적합한 범위 내에서 실제로 판매된 가격(**실증가격**)을 과세가격의 기초로 사용하였다. BDV는 법적 강제성이 없으며 과세가격기준을 CIF **가격**으로 채택하고 있어, FOB 가격을 과세가격으로 하는 미국·캐나다 등은 가입하지 않아 국제적으로 통일되지 못하였다.

### 3) GATT 신관세평가협약

① BDV는 일부 **협약규정**이 상이한 해석의 가능성으로 인하여 이들 규정이 일관성 있게 적용되지 않았는데, 이러한 문제에는, 첫째, **관념가격**으로서의 **정상가격**이 그 추상성으로 인하여 실제 운영상에서는 **가격포착**의 곤란을 야기함에 따라 각국은 **자의적 평가** 또는 **가공적 가격**을 관세의 **과세가격**으로 사용하는 등의 문제가 있고, 둘째, **협약 자체**의 **강제성**의 **결여**로 인하여 **관세평가**에 관한 분쟁의 발생시 이를 해결하기가 어렵다는 점이다.

② 이러한 문제는 궁극적으로 새로운 **평가협약**을 필요로 하게 되어 그 결과 1973년 9월 도쿄각료회의에서 채택된 도쿄라운드 이래 작업을 진행하여 1979년 4월 12일 및 동년 11월 1일 **신관세평가협약**(New Valuation Code : NVC)과 동 의정서가 결실을 보게 된다. NVC는 1981년 1월 1일 발효되었고, 그 정식명칭은 '**1994년 관세 및 무역에 관한 일반협정 제7조의 이행에 관한 협정**'(Agreement on Implementation of Article Ⅶ of the General Agreement on Tariffs and Trade 1994)이며 통상 'GATT **관세평가협정**'으로 불리고 있다.

③ GATT · NVC의 주요 내용 및 특징을 보면, 관세평가는 **송품장**에 표기되어 있는 평가대상물품의 실제가격에 기초를 두어야 한다고 규정하고 있다.

④ 여기서의 **가격**은 특정한 조정을 조건으로 한 **거래가격**(transaction value)으로서, 수입의 경우 **과세가격**은 이 거래가격에 따르지만, **거래가격**이 없는 경우 또는 가격의 왜곡으로 거래가격을 채택할 수 없는 경우에 협약은 다음 순위와 방법에 따라 적용될 관세평가의 6 **가지** 다른 평가방법을 두고 있다.

> ㉮ **평가대상물품의 거래가격(제1평가방법)**, ㉯ **동종·동질물품의 거래가격(제2평가방법)**, ㉰ **유사물품의 거래가격(제3평가방법)**, ㉱ **공제(예산)가격(제4평가방법)**, ㉲ **제조원가 및 이윤**에 의한 **산정가격(제5평가방법)**, ㉳ **합리적으로 산출한 가격(제6평가방법)**

### 4) WTO 관세평가협정

NVC가 GATT의 본 내용이 아닌 한 부속협약의 형식으로 존재하고 있는 불완전한 점에 대하여 동 협정 자체의 부속서로서 **'1994년 관세 및 무역에 관한 일반협정 제7조의 이행에 관한 협정'**(Agreement on Implementation of Article Ⅶ of the General Agreement on Tariffs and Trade 1994)을 약칭하여 'WTO **관세평가협정**'으로 포괄하여 제정하였다.

WTO **관세평가협정**은 GATT·NVC가 WTO 체제로 편입됨에 따라 제정된 것으로 내용에 있어서 거의 전적으로 기존의 GATT·NVC와 동일하다. 다만, GATT·NVC는 부속협약의 형식이지만 WTO **관세평가협정**은 WTO 가입시 반드시 이 **협정**을 수용해야만 하며 **분쟁해결절차**도 규정하고 있다.

### 5) 우리나라의 관세평가제도

① **우리나라**는 1968년 BDV에 가입한 이래로 WCO의 **정상도착가격원칙**을 법에 도입하여 이를 적용해 오다가 1981년 GATT·NVC에 가입함으로써 **평가제도**를 대폭 변경하였다.

② 1984년 7월부터 **수입물품**의 **과세가격**은 우리나라에 수출판매되는 물품에 대하여 구매자가 실제로 지급하였거나 지급하여야 할 가격을 **과세가격**의 기초로 하게 되었다. **거래가격**을 **과세가격**으로 하는 경우에도 그 가격은 수입항까지의 운임 ·보험료 그 밖에 운송과 관련한 부대비용을 포함하도록 하고 있는데, 이는 **도착지가격(CIF 가격)**을 의미한다.

③ 우리나라 법에서도 WTO **관세평가협정**상의 **과세가격결정원칙**을 수용하고 있으며, 그리고 평가와 관련한 **과세가격결정방법**의 적용원칙으로는 아래와 같은 **과세가격**의 결정에 관한 **6 가지 방법**을 순차적으로 적용하며, **선순위**의 결정 방법을 적용할 수 없는 경우에 한하여 **후순위**의 결정방법을 적용하고 있다.

④ 다만, **납세의무자**의 요청이 있는 때에는 **산정가격**을 기초로 한 **과세가격**의 결정방법(제5방법)을 **국내판매가격**을 기초로 한 **과세가격결정방법(제4방법)**에 우선하여 적용하고 있다.

〈표-4〉 과세가격결정방법의 적용순위

| 적용순위 | 종류 | 근거 | |
|---|---|---|---|
| | | WTO 관세평가협약 | 법 |
| 제1방법 | 해당 물품의 거래가격을 기초로 한 과세가격의 결정 | 제1조 | 제30조 |
| 제2방법 | 동종·동질물품의 거래가격을 기초로 한 과세가격의 결정 | 제2조 | 제31조 |
| 제3방법 | 유사물품의 거래가격을 기초로 한 과세가격의 결정 | 제3조 | 제32조 |
| 제4방법 | 국내판매가격을 기초로 한 과세가격의 결정 | 제4조 | 제33조 |
| 제5방법 | 산정가격을 기초로 한 과세가격의 결정 | 제5조 | 제34조 |
| 제6방법 | 합리적 기준에 의한 과세가격의 결정 | 제6조 | 제35조 |

## (5) 과세가격의 결정방법

### 1) 과세가격의 결정원칙 (제1방법)

#### ① 의의

㉮ **과세가격**의 **결정원칙(제1방법)**은 **관세평가**에서 가장 기본적인 방법으로서 **수입물품**의 **과세가격**은 우리나라에 수출하기 위하여 판매되는 물품[3]에 대하여 **구매자**가 실제로 지급하였거나 지급하여야 할 가격에 다음 **금액**을 가산하여 조정한 거래가격으로 한다. 다만, 다음 금액을 가산함에 있어서는 **객관적**이고 **수량화**할 수 있는 자료에 근거하여야 하며, 이러한 자료가 없는 때에는 **과세가격**의 **결정원칙**에 규정된 방법으로 **과세가격**을 결정하지 아니하고 아래의 **제2방법-제6방법**으로 **과세가격**을 결정한다.

> ㉠ **구매자**가 부담하는 **수수료** 및 **중개료**. 다만, **구매수수료**[4]를 제외한다. ㉡ 해당 **수입물품**과 동일체로 취급되는 **용기**의 **비용**과 해당 **물품**의 포장에 소요되는 **노무비** 및 **자재**비로서 **구매자**가 부담하는 **비용**, ㉢ **구매자**가 해당 **수입물품**의 **생산** 및 **수출거래**를 위하여 **물품** 및 **용역**을 **무료 · 인하**된 **가격**으로 직간접적으로 **공급**한 경우에는 그 **물품** 및 **용역**의 **가격·인하차액**을 해당 **수입물품**의 **총생산량**을 고려하여 적절히 **배분한 금액**, ㉣ **특허권**, **실용신안권**, **디자인권**, **상표권** 및 이와 유사한 권리를 사용하는 **대가**로 지급하는 것으로서 **산출된 금액**, ㉤ 해당 **물품수입**후의 **전매·처분** 또는 **사용**에 따른 **수익금액** 중 **판매자**에게 직간접적으로 **귀속**되는 **금액**, ㉥ **수입항**까지의 **운임·보험료**와 그 밖에 운송과 관련되는 비용으로서 **결정**된 **금액**. 다만, **수입물품**의 경우에는 이의 전부 또는 일부를 **제외**할 수 있다.

---

3) **우리나라**에 **수출**하기 위하여 판매되는 물품의 범위에는 다음 물품은 포함되지 아니하는 것으로 한다. 즉, ① **무상**으로 **수입**하는 **물품**, ② **수입** 후 **경매** 등을 통하여 **판매가격**이 결정되는 **위탁판매수입물품**, ③ **수출자**의 책임으로 국내에서 판매하기 위하여 수입하는 **물품**, ④ 별개의 독립된 법적 사업체가 아닌 지점 등에서 수입하는 물품, ⑤ **임대차계약**에 따라 수입하는 **물품**, ⑥ **무상**으로 임차하는 **수입물품**, ⑦ **산업쓰레기** 등 **수출자**의 부담으로 국내에서 **폐기**하기 위하여 **수입**하는 **물품** 등이다.

㉯ **물품** 및 **용역**은 **구매자**가 직접 또는 간접으로 **공급**하는 것으로서 다음에 해당하는 것을 말한다.

> ㉠ **수입물품**에 결합되는 **재료·구성요소·부분품** 및 그 밖에 이와 비슷한 **물품**, ㉡ **수입물품**의 생산에 사용되는 공구·금형·다이스 및 그 밖에 이와 비슷한 물품으로서 정하는 것(해당 수입물품의 조립·가공·성형 등의 생산과정에 직접 사용되는 기계·기구 등을 말함.), ㉢ **수입물품**의 생산과정에 소비되는 **물품**, ㉣ **수입물품**의 생산에 필요한 **기술·설계·고안·공예** 및 **디자인**(**수입물품**의 생산에 필요한 기술은 **특허기술·노하우** 등 이미 개발되어 있는 기술과 새로이 수행하여 얻은 기술로 함). 다만, 우리나라에서 **개발**된 것은 **제외**한다.

㉰ **무료·인하**된 가격으로 공급하는 **물품** 및 **용역**의 금액(**실제거래가격**을 기준으로 산정한 금액을 말하며 국내에서 생산된 물품 및 용역을 공급하는 경우에는 **부가가치세**를 제외하고 산정한다)을 더하는 경우 다음 요소를 고려하여 배분한다.

> ㉠ 해당 **수입물품**의 **총생산량** 대비 실제 수입된 물품의 **비율**, ㉡ 공급하는 물품 및 용역이 해당 **수입물품** 외의 물품 생산과 함께 관련되어 있는 경우 각 생산 물품별 **거래가격**(해당 **수입물품** 외의 물품이 국내에서 생산되는 경우에는 **거래가격**에서 **부가가치세**를 제외한다) 합계액 대비 해당 **수입물품 거래가격**의 **비율**.

㉱ 여기서 **물품** 및 **용역**의 가격은 다음 구분에 의한 금액에 의하여 결정한다.

> ㉠ 해당 **물품** 및 **용역**을 **특수관계**가 없는 자로부터 **구입·임차**하여 **구매자**가 공급하는 경우 : 그 구입·임차하는 데에 소요되는 비용과 이를 **생산장소**까지 운송하는 데에 소요되는 비용을 합한 **금액**
> ㉡ 해당 **물품** 및 **용역**을 구매자가 직접 생산하여 공급하는 경우 : 그 **생산비용**과 이를 **수입물품**의 생산장소까지 운송하는 데에 소요되는 비용을 합한 **금액**
> ㉢ 해당 **물품** 및 **용역**을 구매자와 **특수관계**에 있는 자로부터 구입 또는 임차하여 공급하는 경우 : **관세청장**이 정하는 바에 따라 산출된 비용과 이를 **수입물품**의 **생산장소**까지 운송하는 데에 소요되는 비용을 합한 **금액**
> ㉣ **수입물품**의 생산에 필요한 기술·설계·고안·공예 및 의장이 **수입물품** 및 **국내생산물품**에 함께 관련된 경우 : 해당 기술 등이 제공되어 생산된 **수입물품**에 해당되는 기술 등의 **금액**

---

4) 법 시행령 제17조의2(구매수수료의 범위 등). ① **구매수수료**는 해당 수입물품의 구매와 관련하여 외국에서 구매자를 대리하여 행하는 용역의 대가로서 구매자가 **구매대리인**에게 지급하는 비용으로 한다. ② 구매자가 **구매대리인**에게 지급한 비용에 **구매수수료** 외의 비용이 포함된 경우에는 그 지급한 비용 중 **구매수수료**에 해당하는 금액이 따로 구분하여 산정될 수 있는 경우에만 해당 금액을 **구매수수료**로 한다. ③ **세관장**은 필요하다고 인정하는 경우 **구매수수료**에 관한 자료의 제출을 **구매자**에게 요청할 수 있다.

② **권리사용료의 산출**

**권리사용료**란 **수입물품**의 가격 외에 그 위에 설정된 권리(**무형재산**)를 사용하는데 따르는 대가를 따로 지불하는 경우의 금액을 말한다.

㉮ **특허권**, **실용신안권**, **디자인권**, **상표권** 및 이와 유사한 권리를 사용하는 대가로 지급하는 것으로서 산출된 금액과 관련된 것이다. 이와 **유사**한 **권리**란 다음의 경우를 말한다.

> ㉠ **저작권** 등의 **법적 권리**, ㉡ **법적 권리**에는 속하지 아니하지만 **경제적 가치**를 가지는 것으로서 상당한 노력에 의하여 비밀로 유지된 생산방법·판매방법, 그 밖의 사업활동에 유용한 **기술상·경영상**의 **정보**(**영업비밀**) 등

㉯ 해당 물품에 대하여 구매자가 실제로 지급하였거나 지급하여야 할 가격에 가산하여야 하는 **특허권·실용신안권·디자인권·상표권** 및 이와 유사한 권리를 사용하는 **대가**(특정한 고안이나 창안이 구현되어 있는 **수입물품**을 이용하여 우리나라에서 그 **고안**이나 **창안**을 다른 물품에 재현하는 권리를 사용하는 대가를 제외)는 해당 물품에 관련되고 해당 물품의 거래조건으로 구매자가 직간접으로 지급하는 금액으로 한다. 다음에 해당하는 경우에는 **권리사용료**가 해당 물품과 관련되는 것으로 본다.

> ㉠ **권리사용료**가 **특허권**에 대하여 지급되는 때에는 **수입물품**이 다음에 해당하는 물품인 경우. ⓐ **특허발명품**, ⓑ 방법에 관한 특허에 의하여 생산된 **물품**, ⓒ 국내에서 해당 **특허**에 의하여 생산될 물품의 **부분품·원재료** 또는 **구성요소**로서 그 자체에 해당 특허의 내용의 전부 또는 일부가 구현되어 있는 **물품**, ⓓ **방법**에 관한 특허를 실시하기에 적합하게 고안된 설비·기계 및 장치(그 주요 특성을 갖춘 부분품 등을 포함한다)
> ㉡ **권리사용료**가 **디자인권**에 대하여 지급되는 때에는 **수입물품**이 해당 디자인을 표현하는 물품이거나 국내에서 해당 **디자인권**에 의하여 생산되는 물품의 부분품 또는 구성요소로서 그 자체에 해당 디자인의 **전부** 또는 **일부**가 표현되어 있는 경우
> ㉢ **권리사용료**가 **상표권**에 대하여 지급되는 때에는 수입물품에 상표가 부착되거나 희석·혼합·분류·단순조립·재포장 등의 경미한 가공 후에 상표가 부착되는 경우
> ㉣ **권리사용료**가 **저작권**에 대하여 지급되는 때에는 **수입물품**에 가사·선율·영상·컴퓨터 소프트웨어 등이 수록되어 있는 경우
> ㉤ **권리사용료**가 **실용신안권** 또는 **영업비밀**에 대하여 지급되는 때에는 해당 실용신안권 또는 영업비밀이 수입물품과 위의 규정에 준하는 관련이 있는 경우
> ㉥ **권리사용료**가 그 밖의 권리에 대하여 지급되는 때에는 해당 권리가 수입물품과 위의 규정중 권리의 성격상 해당 권리와 가장 유사한 권리에 대한 규정에 준하는 관련이 있는 경우
> 다만, **컴퓨터 소프트웨어**에 대하여 지급되는 **권리사용료**는 컴퓨터 소프트웨어가 수록된 마그네틱테이프·마그네틱디스크·시디롬 및 이와 유사한 물품(**법 별표 관세율표**의 관세율표번호 제8523호에 속하는 것에 한한다)과 관련되지 아니하는 것으로 본다.

㉰ 다음에 해당하는 경우에는 **권리사용료**가 해당 물품의 거래조건으로 지급된 것으로 본다.

> ㉠ **구매자**가 **수입물품**을 구매하기 위하여 **판매자**에게 권리사용료를 지급하는 경우
> ㉡ **수입물품**의 **구매자**와 **판매자**간의 약정에 따라 구매자가 **수입물품**을 구매하기 위하여 해당 판매자가 아닌 자에게 **권리사용료**를 지급하는 경우
> ㉢ **구매자**가 **수입물품**을 구매하기 위하여 **판매자**가 아닌 자로부터 특허권 등의 사용에 대한 허 락을 받아 판매자에게 그 **특허권** 등을 사용하게 하고 해당 판매자가 아닌 자에게 **권리사용료**를 지급하는 경우

### ③ 운임의 결정

㉮ **운임·보험료**는 해당 사업자가 발급한 **운임명세서·보험료명세서** 또는 이에 갈음할 수 있는 서류에 의하여 산출한다.

㉯ **운임·보험료**를 산출할 수 없는 때에는 **운송거리·운송방법** 등을 참작하여 **관세청장**이 정하는 바에 따라 산출한다.

㉰ **관세청장**이 정하는 물품이 항공기로 운송되는 경우에는 해당 물품이 **항공기** 외의 일반적인 **운송방법**에 의하여 운송된 것으로 보아 **운임·보험료**를 산출한다.

㉱ 다음에 해당하는 물품의 **운임**이 통상의 운임과 현저하게 다른 때에는 **운송거리 ·운송방법** 등을 참작하여 **관세청장**이 정하는 통상의 운임을 해당 물품의 **운임**으로 할 수 있다.

> ㉠ 수입자의 **선박**(**항공기**)으로 운송되는 **물품**, ㉡ **운임**과 **적재수량**을 특약한 **항해용선계약**에 따라 운송되는 **물품**(실제 적재수량이 특약수량에 미치지 아니하는 경우를 포함한다), ㉢ 기타 **특수조건**에 의하여 운송되는 **물품**

㉲ 위 금액은 해당 **수입물품**이 **수입항**에 도착하여 **본선하역준비**가 완료될 때까지 **수입자**가 부담하는 비용을 말한다.

### ④ 과세가격의 결정

㉮ **구매자**가 실제로 지급하였거나 지급하여야 할 가격이란 해당 **수입물품**의 **대가**로서 구매자가 지급하였거나 지급하여야 할 총금액을 말하며, 구매자가 해당 수입물품의 대가와 판매자의 채무를 상계하는 금액, **구매자**가 **판매자**의 채무를 변제하는 금액, 그 밖의 **간접적**인 **지급액**을 포함한다. 다만, 구매자가 지급하였거나 지급하여야 할 **총금액**에서 다음에 해당하는 금액을 명백히 구분할 수 있을 때에는 그 **금액**을 **뺀 금액**을 말한다.

㉠ **수입** 후에 하는 해당 수입물품의 건설, 설치, 조립, 정비, 유지 또는 해당 **수입물품**에 관한 기술지원에 필요한 **비용**, ㉡ **수입항**에 도착한 후 해당 **수입물품**을 운송하는 데에 필요한 **운임·보험료**와 그 밖에 운송과 관련되는 **비용**, ㉢ 우리나라에서 해당 **수입물품**에 부과된 관세 등의 세금과 그 밖의 **공과금**, ㉣ **연불조건**의 수입인 경우에는 해당 수입물품에 대한 **연불이자**. 그런데 **구매자**가 지급하였거나 지급하여야 할 총금액에서 수입물품에 대한 **연불이자**를 빼고자 할 때에는 해당 **연불이자**가 다음 요건을 갖춘 것이어야 한다. ⓐ **연불이자**가 수입물품의 대가로 실제로 지급하였거나 지급하여야 할 금액과 구분될 것, ⓑ **서면**에 의한 **계약서**로 확인될 것, ⓒ 해당 물품이 **수입신고**된 가격으로 판매되고, **이자율**이 금융이 제공된 국가에서 당시 그러한 거래에서 통용되는 수준을 **초과**하지 아니할 것

㉯ 다음에 해당하는 경우에는 **거래가격**을 해당 물품의 **과세가격**으로 하지 아니하고 **제2방법-제6방법**에 규정된 방법으로 **과세가격**을 결정한다. 이 경우 **세관장**은 다음에 해당하는 것으로 판단하는 근거를 **납세의무자**에게 미리 **서면**으로 **통보**하여 의견을 제시할 기회를 주어야 한다.

㉠ 해당 **물품**의 **처분** 또는 **사용**에 **제한**이 있는 경우.[5] 다만, **세관장**이 **거래가격**에 실질적으로 영향을 미치지 아니한다고 인정하는 제한이 있는 경우 는 제외한다. ㉡ 해당 **물품**에 대한 거래의 성립 또는 가격의 결정이 금액으로 계산할 수 없는 조건 또는 사정에 따라 영향을 받은 경우. ㉢ 해당 **물품**을 수입한 후에 전매·처분 또는 사용하여 생긴 수익의 일부가 **판매자**에게 직간접으로 귀속되는 경우. 다만, 적절히 조정할 수 있는 경우는 제외한다. ㉣ **구매자**와 **판매자** 간에 **특수관계**가 있어 그 **특수관계**가 해당 물품의 가격에 영향을 미친 경우. 다만, 해당 산업부문의 **정상적**인 **가격결정 관행**에 부합하는 방법으로 결정된 경우는 **제외**한다.

㉰ 특수관계의 범위는 다음과 같다.

㉠ **특수관계**는 다음에 해당하는 경우를 말한다.

---

5) 법 시행령 제21조(처분 또는 사용에 대한 제한의 범위). **물품**의 **처분·사용**에 **제한**이 있는 경우에는 다음의 경우가 포함되는 것으로 한다. 1. **전시용·자선용·교육용** 등 해당 **물품**을 **특정용도**로 사용하도록 하는 **제한**, 2. 해당 **물품**을 **특정인**에게만 **판매·임대**하도록 하는 **제한**, 3. 기타 해당 **물품**의 **가격**에 실질적으로 영향을 미치는 **제한**이다.

ⓐ **구매자**와 **판매자**가 상호 사업상의 **임원** 또는 **관리자**인 경우, ⓑ **구매자**와 **판매자**가 상호 법률상의 **동업자**인 경우, ⓒ **구매자**와 **판매자**가 **고용관계**에 있는 경우, ⓓ **특정인**이 **구매자** 및 **판매자**의 의결권 있는 주식을 직접 또는 간접으로 **5% 이상** 소유하거나 관리하는 경우, ⓔ **구매자** 및 **판매자**중 일방이 상대방에 대하여 법적으로 또는 사실상으로 지시나 통제를 할 수 있는 위치에 있는 등 일방이 상대방을 직접 또는 간접으로 **지배**하는 경우, ⓕ **구매자** 및 **판매자**가 동일한 제3자에 의하여 직접 또는 간접으로 **지배**를 받는 경우, ⓖ **구매자** 및 **판매자**가 동일한 제3자를 직접 또는 간접으로 **공동지배**하는 경우, ⓗ **구매자**와 **판매자**가 **국세기본법 시행령**(제1조의2 제1항)의 어느 하나에 해당하는 **친족관계**에 있는 경우

㉡ 해당 산업부문의 **정상가격 결정관행**에 부합하는 방법으로 결정된 경우는 다음에 해당하는 경우를 말한다.

ⓐ **특수관계**가 없는 **구매자**와 **판매자**간에 통상적으로 이루어지는 방법으로 결정된 경우
ⓑ 해당 **산업부문**의 정상적인 **가격결정** 관행에 부합하는 방법으로 결정된 경우
ⓒ 해당 **물품**의 가격이 **특수관계**가 없는 우리나라의 **구매자**에게 수출되는 **동종·동질물품(제2방법)** 또는 **유사물품**의 **거래가격(제3방법)**, **제4방법**과 **제5방법**의 규정에 의하여 결정되는 **동종·동질물품** 또는 **유사물품**의 **과세가격**에 근접하는 가격으로서 **수입가격**과 **비교가격**의 차이가 **비교가격**을 기준으로 하여 비교할 때 10/100 이하인 경우에 해당함을 **구매자**가 입증한 경우.

다만, **세관장**은 해당 물품의 특성·거래내용·거래관행 등으로 보아 그 수입가격이 합리적이라고 인정되는 때에는 **비교가격**의 110/100을 초과하더라도 비교가격에 근접한 것으로 볼 수 있으며, **수입가격**이 불합리한 가격이라고 인정되는 때에는 **비교가격**의 110/100 이하인 경우라도 **비교가격**에 근접한 것으로 보지 아니할 수 있다. 또한 **비교가격**은 비교의 목적으로만 사용되어야 하며, **비교가격**을 **과세가격**으로 결정하여서는 아니된다.

### ⑤ 세관장의 자료제출 요구

㉮ **세관장**은 **납세의무자**가 **거래가격**으로 **가격신고**를 한 경우 해당 신고가격이 **동종·동질물품** 또는 **유사물품**의 **거래가격**과 현저한 차이가 있는 등 이를 과세가격으로 인정하기 곤란한 경우로서 다음에 해당하는 경우에는 **납세의무자**에게 자료를 제출할 것을 요구할 수 있다.

> ㉠ **납세의무자**가 신고한 가격이 **동종·동질물품** 또는 **유사물품**의 **가격**과 현저한 차이가 있는 경우, ㉡ **납세의무자**가 동일한 공급자로부터 계속하여 수입하고 있음에도 불구하고 신고한 가격에 현저한 변동이 있는 경우, ㉢ 신고한 물품이 원유·광석·곡물 등 **국제거래시세**가 공표되는 물품인 경우 신고한 가격이 그 **국제거래시세**와 현저한 차이가 있는 경우, ㉣ 신고한 물품이 원유·광석·곡물 등으로서 **국제거래시세**가 공표되지 않는 물품인 경우 **관세청장** 또는 **관세청장**이 지정하는 자가 조사한 수입물품의 산지 조사가격이 있는 때에는 신고한 가격이 그 조사가격과 현저한 차이가 있는 경우, ㉤ **납세의무자**가 거래처를 변경한 경우로서 신고한 가격이 종전의 가격과 현저한 차이가 있는 경우, ㉥ 위의 사유에 준하는 사유.

㈏ **세관장**은 **납세의무자**가 다음에 해당하면 **과세가격**을 결정하지 아니하고 **제2방법–제6방법**에 규정된 방법으로 **과세가격**을 결정한다. 이 경우 **세관장**은 빠른 시일 내에 과세가격 결정을 하기 위하여 **납세의무자**와 **정보교환** 등 적절한 협조가 이루어지도록 노력하여야 하고, **신고가격**을 **과세가격**으로 인정하기 곤란한 사유와 **과세가격 결정내용**을 해당 **납세의무자**에게 **통보**하여야 한다.

> ㉠ **요구**받은 자료를 제출하지 아니한 경우, ㉡ **요구**에 따라 제출한 자료가 일반적으로 인정된 **회계원칙**에 부합하지 아니하게 작성된 경우, ㉢ 그 밖에 사유에 해당하여 **신고가격**을 **과세가격**으로 인정하기 곤란한 경우. 예를 들어 ⓐ **납세의무자**가 제출한 자료가 **수입물품**의 **거래관계**를 구체적으로 나타내지 못하는 경우, ⓑ 그 밖에 **납세의무자**가 제출한 자료에 대한 **사실관계**를 확인할 수 없는 등 **신고가격**의 정확성이나 진실성을 의심할만한 **합리적**인 **사유**가 있는 경우

〈그림-10〉 과세가격의 결정

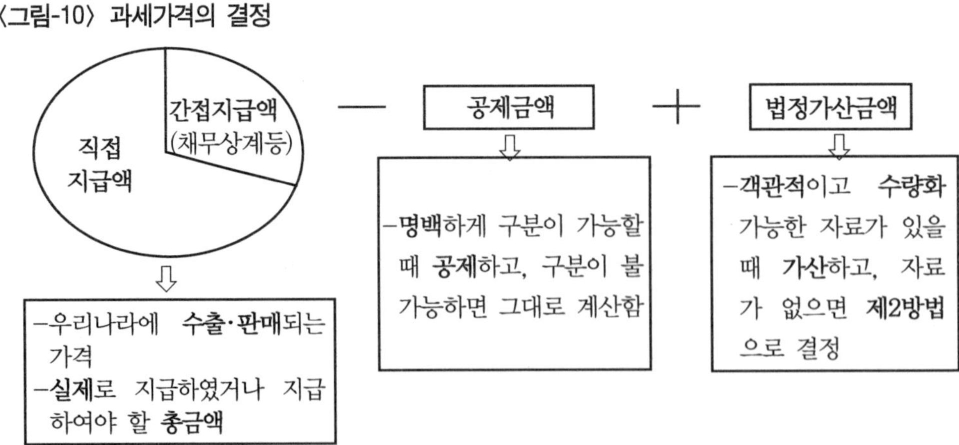

〈표-5〉 과세가격의 산출

| 구매자가 실제로 지급하였거나 지급하여야 할 가격 | |
|---|---|
| 법정가산금액(+) | 공제금액(−) |
| − 구매수수료를 제외한 수수료 및 중개료<br>− 해당 물품과 동일체로 취급되는 용기의 비용<br>− 포장에 소요되는 노무비 및 자재비<br>− 생산지원비용<br>− 권리사용료<br>− 사후귀속이익<br>− 수입항까지의 운임·보험료 | − 수입 후의 기술지원비용<br>− 수입항 도착 후의 운임·보험료<br>− 관세 등 제세 및 그 밖의 공과금<br>− 연불이자 |
| 신고할 과세가격 | |

### 2) 동종·동질물품의 거래가격원칙 (제2방법)

#### ① 의의

**동종·동질물품**이라 함은 해당 **수입물품**의 생산국에서 생산된 것으로서 물리적 특성·품질 및 소비자 등의 평판을 포함한 모든 면에서 동일한 물품(**외양**에 **경미**한 차이가 있을 뿐 그 밖의 모든 면에서 동일한 물품을 포함한다)을 말하며, 그러한 물품이 없는 때에는 해당 **수입물품**과 매우 **유사**한 기능·특성 및 **구성요소**를 가지고 있는 물품을 말한다.

#### ② 동종·동질물품의 범위

**과세가격**의 **결정원칙(제1방법)**으로 **과세가격**을 결정할 수 없는 경우에는 **동종·동질물품**의 **거래가격(제2방법)**으로서 일정한 거래요건을 갖춘 가격을 기초로 하여 과세가격을 결정한다.

#### ③ 거래가격의 요건

㉮ **과세가격**을 결정하려는 해당 물품의 생산국에서 생산된 것으로서 해당 물품의 **선적일**에 선적되거나 해당 물품의 선적일을 전후하여 가격에 영향을 미치는 **시장조건**이나 **상관행**에 변동이 없는 기간 중에 선적되어 우리나라에 수입된 것이어야 한다.

㉯ **거래단계**, **거래수량**, **운송거리**, **운송형태** 등이 해당 물품과 같아야 하며, **두 물품** 간에 차이가 있는 경우에는 그에 따른 **가격차이**를 조정한 가격이어야 한다.

㉰ **과세가격**으로 인정된 사실이 있는 **동종·동질물품**의 **거래가격**이라 하더라도 그 가격의 정확성과 진실성을 의심할만한 합리적인 사유가 있는 경우 그 가격은 **과세가격 결정**의 기초자료에서 제외한다.

㉱ **동종·동질물품**의 **거래가격**이 둘 **이상** 있는 경우에는 **생산자**, **거래시기**, **거래단계**, 거래수량 등(거래내용 등)이 해당 물품과 가장 유사한 것에 해당하는 물품의 가격을 기초로 하고, **거래내용** 등이 같은 물품이 둘 **이상**이 있고 그 가격도 둘 **이상**이 있는 경우에는 가장 **낮은 가격**을 기초로 하여 **과세가격**을 결정한다.

### 3) 유사물품의 거래가격원칙 (제3방법)

#### ① 의의

**유사물품**이라 함은 해당 **수입물품**의 생산국에서 생산된 것으로서 모든 면에서 동일하지는 아니하지만 동일한 기능을 수행하고 **대체사용**이 가능할 수 있을 만큼 비슷한 특성과 비슷한 구성요소를 가지고 있는 물품을 말한다.

#### ② 유사물품의 범위

**제1방법**과 **제2방법**으로 **과세가격**을 결정할 수 없을 때에는 과세가격으로 인정된 사실이 있는 **유사물품**의 **거래가격**으로서 **동종·동질물품**의 **거래가격**의 요건을 갖춘 가격을 기초로 하여 과세가격을 결정한다.

#### ③ 거래가격의 요건

**과세가격**으로 인정된 사실이 있는 **유사물품**의 **거래가격**이라 하더라도 그 가격의 정확성과 진실성을 의심할만한 합리적인 사유가 있는 경우 그 가격은 **과세가격 결정**의 **기초자료**에서 **제외**한다.

**유사물품**의 **거래가격**이 **둘 이상**이 있는 경우에는 **거래내용** 등이 해당 물품과 가장 유사한 것에 해당하는 물품의 가격을 기초로 하고, **거래내용** 등이 같은 물품이 **둘 이상**이 있고 그 가격도 **둘 이상**이 있는 경우에는 가장 **낮은 가격**을 기초로 하여 **과세가격**을 결정한다.

### 4) 국내판매가격원칙 (제4방법)

#### ① 의의

**국내판매가격원칙**(**제4방법**)은 **제1방법**, **제2방법**과 **제3방법**을 기초로 하여 **과세가격**을 결정할 수 없을 때 수입후의 **단위가격**[6]에서 수입자의 **수수료**, **이윤**, **제비용**, **공과금** 등을

6) 국내에서 판매되는 **단위가격**이란 수입 후 **최초거래**에서 판매되는 **단위가격**을 말한다. 다만, ① 다음에 해당하는 경우의 가격은 이를 국내에서 판매되는 단위가격으로 보지 아니한다. 즉, ㉮ **최초거래**의 **구매자**가 **판매자·수출자**와 **특수관계**에 있는 경우, ㉯ **최초거래**의 **구매자**가 **판매자·수출자**에게 물품 및 용역을 수입물품의 생산·거래에 관련하여 사용하도록 무료·인하된 가격으로 공급하는 경우이다. ② 수

공제하여 **과세가격**을 결정하는 것을 말한다. 다만, 납세의무자의 요청이 있는 때에는 **산정가격원칙(제5방법)**을 **국내판매가격원칙(제4방법)**에 우선하여 **과세가격**을 결정할 수 있다.

### ② 국내판매가격의 요건

해당 물품, **동종·동질물품** 또는 **유사물품**이 수입된 것과 동일한 상태로 해당 물품의 수입신고일 또는 수입신고일과 거의 동시에 **특수관계**가 없는 자에게 가장 많은 수량으로 국내에서 판매되는 **단위가격**을 기초로 하여 산출한 금액이어야 한다.

### ③ 공제금액

**국내판매가격**을 기초로 하여 **과세가격**을 결정하는 경우에는 **국내판매가격**에서 **국내판매**와 관련하여 통상적으로 지급하였거나 지급하여야 할 것으로 합의된 **수수료** 또는 **동종·동류**의 **수입물품**[7]이 국내에서 판매되는 때에 통상적으로 부가되는 **이윤** 및 **일반경비**[8]에 해당하는 금액[9], **수입항**에 도착한 후 국내에서 발생한 통상의 **운임·보험료**와 그 밖의 관련 비용 및 해당 물품의 수입 및 국내판매와 관련하여 납부하였거나 납부하여야 할 조세와 그 밖의 **공과금** 등을 **공제**하여야 한다. 그런데 국내에서 판매되는 **단위가격**이라 하더라도 그 가격의 정확성과 진실성을 의심할만한 **합리적 사유**가 있는 경우에는 적용하지 아니할 수 있다.

---

**입신고일**과 거의 동시에 판매되는 **단위가격**은 해당 물품의 종류와 특성에 따라 수입신고일의 가격과 가격변동이 거의 없다고 인정되는 기간중의 **판매가격**으로 한다. 다만, 수입신고일부터 **90일**이 **경과**된 후에 판매되는 **가격**을 제외한다.

7) **동종·동류**의 **수입물품**은 해당 **수입물품**이 제조되는 특정산업·산업부문에서 생산되고 해당 수입물품과 일반적으로 동일한 범주에 속하는 물품(**동종·동질물품** 또는 **유사물품**을 포함한다)을 말한다.

8) 여기서 말하는 **이윤** 및 **일반경비**는 일체로서 취급하며, 일반적으로 인정된 **회계원칙**에 따라 작성된 **회계보고서**로서 납세의무자가 제출하는 **회계보고서**를 근거로 하여 계산한다. 다만, 다음에 해당하는 경우에는 조정한 **이윤** 및 **일반경비**를 적용한다. 즉, ① **납세의무자**가 제출한 회계보고서를 근거로 계산한 **이윤** 및 **일반경비**가 해당 물품이 속하는 업종에 통상적으로 발생하는 이윤 및 일반경비로서 산출한 **이윤** 및 **일반경비**의 범위에 해당하지 아니하는 경우, ② **납세의무자**가 이윤 및 일반경비를 제시하지 아니하는 경우이다.

9) **납세의무자**가 제시한 **이윤** 및 **일반경비**의 인정기준은 **납세의무자**가 제출한 **회계보고서**를 근거로 하여 계산한 **이윤** 및 **일반경비**의 비율이 위에서 산출한 이윤 및 일반경비의 비율(**동종·동류비율**)의 110/100을 과하는 때에는 해당 **동종·동류비율**의 110/100에 해당하는 금액을 **이윤** 및 **일반경비**로 인정하며, 납세의무자가 이윤 및 일반경비를 제시하지 아니하는 때에는 해당 **동종·동류비율**에 해당하는 금액을 이윤 및 일반경비로 인정한다. **세관장**은 **관세청장**이 정하는 바에 따라 해당 **수입물품**의 특성, 거래 규모 등을 고려하여 동종·동류의 수입물품을 선정하고 이 물품이 국내에서 판매되는 때에 부가되는 **이윤** 및 **일반경비**의 평균값을 기준으로 **동종·동류비율**을 산출하여야 한다. **세관장**은 **동종·동류비율** 및 그 산출근거를 **납세의무자**에게 서면으로 통보하여야 한다. **납세의무자**는 **세관장**이 산출한 **동종·동류비율**이 불합리하다고 판단될 때에는 해당 **납세의무자**의 **수입물품**을 통관하였거나 통관할 **세관장**을 거쳐 **관세청장**에게 이의를 제기할 수 있다. 이 경우 관세청장은 해당 납세의무자가 제출하는 자료와 관련 업계·단체의 자료를 검토하여 **동종·동류비율**을 다시 산출할 수 있다.

④ **동일상태의 국내판매 사례가 없는 경우**

해당 물품, **동종·동질물품** 또는 **유사물품**이 수입된 것과 동일한 상태로 국내판매되는 사례가 없는 경우 **납세의무자**의 요청이 있는 때에는 해당 물품이 국내에서 가공된 후 **특수관계**가 없는 자에게 가장 많은 수량으로 판매되는 **단위가격**을 기초로 하여 산출된 금액에서 **공제금액**(수수료+이윤+일반경비+운임·보험료 그 밖의 공과금+국내가공에 따른 부가가치)을 뺀 가격을 **과세가격**으로 한다.

#### 5) 산정가격원칙 (제5방법)

① **의의**

위의 **제1방법-제4방법**에 의하여 **수입물품**의 **과세가격**을 결정할 수 없는 경우에는 해당 물품의 수출국의 수출자가 세관에 제시한 제품의 **원가계산서**를 기초로 하여 해당 물품을 생산하는데 소요된 비용을 산정하여 산출한 가격으로 **과세가격**을 결정한다.

② **과세가격의 산출**

**제1방법-제4방법**을 기초로 하여 **과세가격**을 결정할 수 없는 경우에는, 해당 물품의 생산에 사용된 **원자재비용** 및 **조립**, 그 밖에 가공에 소요되는 **비용** 또는 그 **가격**[10], 우리나라에 수출하기 위하여 **수출국내**의 **생산자**가 제조한 해당 물품과 **동종·동류**의 **물품판매**시 통상적으로 반영되는 **이윤** 및 **일반경비**에 해당하는 금액 및 해당 물품의 수입항까지의 **운임·보험료**, 그 밖에 운송과 관련된 **비용** 등을 합한 금액을 기초로 하여 **과세가격**을 결정한다. **납세의무자**가 위의 금액을 확인하는데 필요한 자료를 제출하지 않은 경우에는 위의 규정을 적용하지 않을 수 있다.

#### 6) 합리적 기준원칙 (제6방법)

① **의의**

위의 **제1방법-제5방법**에 의하여 **과세가격**을 결정할 수 없는 경우에는 규정된 원칙과 부합되는 합리적 기준에 따라 **과세가격**을 결정한다. 또한 이와 같은 방법으로 과세가격을 결정할 수 없을 때에는 **국제거래시세·산지조사가격**을 조정한 가격을 적용하는 방법 등 거래의 실질 및 관행에 비추어 합리적으로 인정되는 방법에 따라 **과세가격**을 결정한다.

---

10) **조립**, 그 밖에 **가공**에 소요되는 **비용** 또는 그 **가격**에는 우리나라에서 개발된 **기술·설계·고안·디자인** 또는 **공예**에 소요되는 비용을 **생산자**가 부담하는 경우에는 해당 **비용**이 포함되는 것으로 한다.

### ② 합리적 기준에 따른 과세가격의 결정

㉮ **합리적 기준원칙**에 의하여 **과세가격**을 결정함에 있어서는 다음 방법에 따른다.

㉠ **제2방법** 또는 **제3방법**의 규정을 적용함에 있어서 **과세가격**을 결정하려는 해당 물품의 생산국에서 생산된 것으로서 해당 물품의 **선적일**에 선적되거나 해당 물품의 **선적일**을 전후하여 가격에 영향을 미치는 **시장조건**이나 **상관행**에 변동이 없는 기간 중에 선적되어 우리나라에 수입된 것일 것의 요건을 **신축적**으로 **해석·적용**하는 **방법,** ㉡ **제4방법** 규정을 적용함에 있어서 **수입**된 것과 동일한 상태로 **판매**되어야 한다는 요건을 **신축적**으로 해석·적용하는 **방법,** ㉢ **제4방법·제5방법** 규정에 의하여 **과세가격**으로 인정된 바 있는 **제2방법·제3방법**을 기초로 **과세가격**을 결정하는 **방법,** ㉣ **수입신고일**과 거의 동시에 판매되는 **단위가격**은 해당 물품의 종류와 특성에 따라 **수입신고일**의 가격과 **가격변동**이 거의 없다고 인정되는 기간 중의 **판매가격**으로 한다. 그런데 **수입신고일**부터 90일이 경과된 후에 판매되는 **가격**을 제외한다는 것을 적용하지 아니한다. ㉤ 그 밖에 **거래**의 **실질** 및 **관행**에 비추어 **합리적**이라고 인정되는 **방법**

㉯ **합리적 기준원칙** 규정에 의하여 **과세가격**을 결정함에 있어서는 다음에 해당하는 가격을 기준으로 하여서는 아니된다.

㉠ 우리나라에서 생산된 **물품**의 **국내판매가격,** ㉡ 선택가능한 **가격**중 반드시 **높은** 가격을 **과세가격**으로 하여야 한다는 기준에 따라 결정하는 가격, ㉢ 수출국의 **국내판매가격,** ㉣ **동종·동질물품** 또는 **유사물품**에 대하여 **제5방법** 규정에 의한 방법 외의 방법으로 **생산비용**을 기초로 하여 결정된 가격, ㉤ 우리나라외의 국가에 수출하는 **물품가격,** ㉥ **특정수입물품**에 대하여 미리 설정하여 둔 **최저과세기준가격,** ㉦ 자의적 또는 가공적인 **가격**

㉰ **관세청장**은 다음에 해당하는 물품에 대한 **과세가격 결정**에 필요한 기초자료, 금액의 계산방법 등 **과세가격 결정**에 필요한 세부사항을 정할 수 있다.

㉠ **수입신고 전**에 변질·손상된 물품, ㉡ **여행자·승무원**의 **휴대품·우편물·탁송품** 및 **별송품,** ㉢ **임차수입물품,** ㉣ **중고물품,** ㉤ **세관장 승인**을 받고 **외국물품**과 **내국물품**을 혼용하는 경우에는 그로써 생긴 제품 중 해당 **외국물품**의 수량·가격에 상응하는 것은 외국으로부터 우리나라에 도착한 물품(**외국물품**으로 보는 물품), ㉥ **범칙물품,** ㉦ 기타 **관세청장**이 **과세가격 결정**에 혼란이 발생할 우려가 있다고 인정하는 물품

### (6) 과세가격 결정관련 사항

#### 1) 과세가격 결정방법의 통보

**세관장**은 **납세의무자**의 서면요청이 있을 경우에는 **과세가격**의 결정에 사용된 방법·과세가격 및 그 산출근거를 해당 납세의무자에게 **서면**으로 **통보**해야 한다.

#### 2) 가산율·공제율의 적용

**관세청장·세관장**은 장기간 반복하여 수입되는 물품에 대하여 **제1방법** 또는 **제4방법**을 적용함에 있어 납세의무자의 편의와 신속한 통관업무를 위하여 필요할 때에는 해당 물품에 대하여 통상적으로 인정되는 **가산율·공제율**을 정하여 이를 적용할 수 있다. 이는 **납세의무자**의 요청이 있는 경우에만 적용할 수 있다.

#### 3) 과세가격 결정방법의 사전심사

**① 과세가격 사전심사의 의의**

**납세의무**를 확정시키는 방법에는 **신고납부방식**과 **부과고지방식**이 있는데, 우리나라의 경우 **신고납부방식**을 원칙으로 하고 있으므로, **납세의무자**는 납세신고를 할 때 수입하고자 하는 물품의 **과세가격**을 결정지어 신고하여야 한다. **과세가격 사전심사제도**는 신고할 **과세가격**이 합당한 것인지 여부에 대하여 의문이 있는 경우에 **납세의무자**의 편의를 위하여 과세가격을 **세관**에 신고하기 전에 **관세청장**에게 미리 가격에 대한 심사를 요청하는 것이다.

**② 과세가격 사전심사의 신청**

**납세신고**를 하여야 하는 자는 **과세가격 결정**과 관련하여 다음에 관하여 의문이 있을 때에는 **가격신고**를 하기 전에 **관세청장**에게 미리 심사하여 줄 것을 신청할 수 있다.

> ㉮ **거래가격**을 기초로 한 **제1방법**을 적용함에 있어 해당 **수입물품**의 대가로서 **구매자**가 실제로 지급하였거나 지급하여야 할 **가격**을 산정함에 있어 더하거나 빼야 할 **금액**, ㉯ **거래가격**을 기초로 한 **과세가격 결정방법**을 적용함에 있어 **거래가격**의 요건을 갖추었는지의 여부, ㉰ **특수관계**가 있는 자들 간에 거래되는 물품의 **과세가격 결정방법**

**관세청장·세관장**은 **과세가격 사전심사**를 위하여 제출된 **신청서** 및 **과세가격**의 심사에 충분하지 아니하다고 인정되는 때에는 **일정기간**을 정하여 **보정**을 요구할 수 있다.

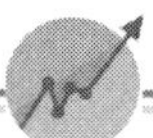

③ **제출서류**

**과세가격** 결정에 관한 **사전심사**를 신청하려는 자는 거래당사자·통관예정세관·신청내용 등을 적은 **신청서**에 다음 서류를 첨부하여 **관세청장**에게 제출하여야 한다.

> ㉮ **거래관계**에 관한 **기본계약서**(투자계약서·대리점계약서·기술용역계약서·기술도입계약서 등), ㉯ **수입물품**과 관련된 **사업계획서**, ㉰ **수입물품공급계약서**, ㉱ **수입물품가격결정의 근거자료**, ㉲ 기타 **과세가격 결정**에 필요한 **참고자료**

#### 4) 관세의 과세가격 결정방법과 국세의 정상가격 산출방법의 사전조정

국세의 **정상가격 산출**은 **국제조세조정에 관한 법률**에 따른 **비교가능 제3자 가격방법**, **재판매가격방법** 및 **원가가산방법** 중 어느 하나에 해당하는 방법에 따라 산출된다.

① **사전심사**를 신청하는 자는 **국제조세조정에 관한 법률**에 따른 **정상가격 산출방법**의 **사전승인**(**일방적 사전승인**의 대상인 경우에 한정한다)을 관세청장에게 동시에 신청할 수 있다. 이 경우 **관세청장**은 **국세청장**과 협의하여 관세의 과세가격과 국세의 **정상가격**을 사전에 조정(**사전조정**)하여야 한다.

② **사전조정**의 대상은 **관세**의 **과세가격 결정방법**과 국세의 **정상가격 산출방법**이 유사한 경우에 한정한다. 이 경우는 해당 물품에 대한 관세의 과세가격 결정이 다음에 해당하는 방법에 따른 경우로서 그 물품에 대한 국세의 **정상가격** 산출이 어느 하나에 해당하는 방법에 따른 경우를 말한다.

③ **사전조정**을 하는 **관세청장**은 **국세청장**에게 정상가격 산출방법의 사전승인 신청서류를 첨부하여 신청을 받은 사실을 **통보**하고, **국세청장**과 **과세가격 결정방법**, **정상가격 산출방법** 및 **사전조정 가격**의 범위에 대하여 협의하여 결정하여야 한다.

④ **관세청장**은 **사전조정**의 결과를 사전조정을 신청한 자와 **기획재정부장관**에게 통보하여야 한다. 위의 규정에 따른 사전조정 신청 방법 및 절차 등은 다음과 같다.

㉮ **관세청장**은 **신청**을 받은 날부터 **90일 이내**에 **사전조정 절차**를 시작할 것인지를 **신청자**에게 통지하여야 한다. 이 경우 **관세청장**은 **사전조정 절차**를 시작할 수 없으면 그 사유를 함께 **통지**하여야 한다.
㉯ **신청자**는 사전조정 절차를 시작할 수 없다는 **통지**를 받은 경우에는 그 통지를 받은 날부터 **30일 이내**에 **사전심사**와 **국제조세조정에 관한 법률**에 따른 **사전승인 절차**를 따로 진행할 것인지를 **관세청장**에게 통지할 수 있다. 이 경우 **관세청장**은 그 통지받은 사항을 지체 없이 **국세청장**에게 알려야 한다.
㉰ **사전조정** 신청 방법 및 절차 등에 관하여는 법 및 **국제조세조정에 관한 법률** 시행령을 준용한다.
㉱ 위의 규정한 사항 외에 **사전조정**의 **실시**, 그 밖에 **사전조정**에 필요한 사항은 기획재정부령으로 정한다.

⑤ 심사결과통보

㉮ **신청**을 받은 **관세청장**은 일정 기간 이내에 **과세가격**의 결정방법을 심사한 후 그 결과를 **신청인**에게 통보하여야 한다. 여기서의 기간은 다음 구분에 따른 기간을 말한다. 즉, 앞의 **과세가격 사전심사**의 신청에서 아래의 ㉠과 ㉡에 해당하는 경우 : **1개월**이고, ㉢에 해당하는 경우 : 1년이다.

㉯ 또한 **세관장**은 **관세**의 **납세의무자**가 통보된 **과세가격**의 결정방법에 따라 **납세신고**를 한 경우 다음 요건을 갖추었을 때에는 그 **결정방법**에 따라 **과세가격**을 결정하여야 한다.

㉠ **신청인**과 **납세의무자**가 **동일**할 것, ㉡ **제출**된 **내용**에 **거짓**이 없고 그 내용이 **가격신고**된 내용과 같을 것, ㉢ **사전심사**의 **기초**가 되는 법령이나 거래관계 등이 달라지지 아니하였을 것, ㉣ **결과**의 **통보일**로부터 **3년** 이내에 **신고**될 것

㉰ 한편 **사전심사**를 신청하여 결과를 **통보**받은 자가 그 결과에 이의가 있는 경우에는 그 결과를 통보받은 날부터 **30일 이내**에 **관세청장**에게 **재심사**를 신청할 수 있다[11]. 이 경우 **재심사**의 기간 및 결과의 통보에 관하여는 위의 규정을 준용한다.

### 5) 관세부과를 위한 정보제공

**관세청장·세관장**은 **과세가격**의 결정·조정 및 관세의 부과·징수를 위하여 필요한 경우에는 **국세청장, 지방국세청장·관할세무서장**에게, ① **국제조세조정에 관한 법률** 제4조에 따른 **과세표준** 및 **세액**의 **결정·경정**과 관련된 정보 또는 자료, ② 그 밖에 **과세가격**의

11) **사전심사**의 결과에 대하여 **재심사**를 신청하려는 자는 **재심사 신청**의 **요지**와 **내용**이 기재된 신청서에 다음 서류 및 자료를 첨부하여 **관세청장**에게 제출하여야 한다. 1. **과세가격 결정방법 사전심사서 사본**, 2. **재심사 신청**의 요지와 내용을 **입증**할 수 있는 **자료**.

**결정·조정**에 필요한 자료를 요청할 수 있다. 이 경우 요청을 받은 기관은 정당한 사유가 없으면 요청에 따라야 한다.

### 6) 수입물품 과세가격결정에 대한 자료제출

① **세관장**은 **세액심사**시 **특수관계**에 있는 자가 수입하는 물품의 **과세가격**의 적정성을 심사하기 위하여 해당 **특수관계자**에게 **과세가격 결정자료**를 제출할 것을 요구할 수 있다. 이 경우 자료의 제출범위, 제출방법 등은 대통령령으로 정한다.

② **자료제출**을 요구받은 자는 자료제출을 요구받은 날부터 60일 **이내**에 해당 자료를 제출하여야 한다. 다만, 다음과 같은 부득이한 사유로 제출기한의 연장을 신청하는 경우에는 **세관장**은 한 차례만 60일까지 연장할 수 있다.

> ㉮ **자료제출**을 요구받은 자가 화재·도난 등의 사유로 자료를 **제출**할 수 없는 경우, ㉯ **자료제출**을 요구받은 자가 사업이 중대한 위기에 처하여 자료를 **제출**하기 매우 곤란한 경우, ㉰ 관련 장부·서류가 권한 있는 기관에 **압수**되거나 **영치**된 경우, ㉱ **자료**의 수집·작성에 상당한 기간이 걸려 **기한**까지 **자료**를 **제출**할 수 없는 경우, ㉲ 위의 내용에 준하는 사유가 있어 기한까지 **자료**를 **제출**할 수 없다고 판단되는 경우.

③ **특수관계자**의 수입물품 과세자료에 대한 제출범위

㉮ **세관장**이 해당 **특수관계자**에게 요구할 수 있는 자료는 다음과 같다.

> ㉠ **특수관계자** 간 **상호출자현황**, ㉡ **특수관계자** 간 관련 조직도 및 사무분장표, ㉢ **국제거래가격정책** 및 **내부가격결정자료**, ㉣ **수입물품구매계약서** 및 **원가분담계약서**, ㉤ **권리사용료**, **기술도입료** 및 **수수료** 등에 관한 계약서, ㉥ 광고 및 판매촉진 등 영업·경영지원에 관한 계약서, ㉦ **감사보고서**, **결산보고서** 및 **세무조정계산서**, ◎ 해당 거래와 관련된 **회계처리기준** 및 방법, ㉧ **해외특수관계자**의 **감사보고서**, **영업보고서** 및 **연간보고서**, ㉨ **해외대금지급·영수내역** 및 **증빙자료**, ㉩ 그 밖에 **수입물품**에 대한 **과세가격 심사**를 위하여 필요한 자료

㉯ 위의 자료는 **한글**로 작성하여 제출하여야 한다. 다만, **세관장**이 허용하는 경우에는 영문으로 작성된 자료를 제출할 수 있다.

㉰ **제출기한**의 **연장**을 신청하려는 자는 **제출기한**이 끝나기 **15일 전**까지 **관세청장**이 정하는 **자료제출기한 연장신청서**를 **세관장**에게 제출하여야 한다.

㉱ **세관장**은 **자료제출기한 연장신청**이 접수된 날부터 **7일 이내**에 연장 여부를 신청인

에게 통지하여야 한다. 이 경우 **7일 이내**에 연장 여부를 신청인에게 통지를 하지 아니한 경우에는 **연장신청**한 **기한**까지 자료제출기한이 **연장**된 것으로 본다.

### 4. 관세율

#### (1) 의의

**세율**은 과세의 **4대 요건**의 하나이다. **관세율**은 **수입물품**에 대하여 적용되는 세율을 말하며 **수입물품**에 대한 관세는 「**과세표준 × 관세율 = 관세액**」에 의하여 계산된다. **관세율**은 **조세법률주의**에 의해 법률을 규정하는 것이 원칙이며 국제경제여건 등의 변동에 신속하고 탄력적으로 대응할 수 있도록 조정할 수 있으며 외국과의 조약, 협약 등에 의한 **협정세율**을 정할 수 있다.

**종가세**인 경우 **과세표준**은 물품의 **과세가격**, **관세율**은 백분율(%)이 되고, **종량세**인 경우 과세표준은 물품의 **과세수량**, **관세율**은 **1단위** 수량당 금액으로 나타낸다.

#### (2) 관세율표

현행 **관세율표**는 우리나라가 HS 코드인 '**통일상품명 및 부호체계에 관한 국제협약**'에 가입함에 따라 '**국제통일상품명 및 코딩시스템**'에 의해 품목이 분류되고 있다(**제2장 관세정책 참조**).

## 제 2 절 납세의무의 소멸

### 1. 의의

관세, 가산금 또는 **체납처분비**를 납부할 의무는 1) **납부**, **충당**, **부과**의 **취소**가 있는 경우, 2) **관세부과기간 만료**, 3) **관세징수권 소멸시효완성**의 경우에 **소멸**한다.

### 2. 관세부과의 제척기간

(1) **관세부과권**은 이미 성립된 관세채권의 구체적 내용, 즉 세관의 확인을 주된 내용으로 하는 공법상 형성권, 예를 들어 관세의 부과, 결정 등의 행정처분을 할 수 있는 권리

를 말한다. 또한 **제척기간**은 특정한 권리에 관하여 법률이 미리 정하여 놓은 **존속기간**으로서 그 동안에 권리가 행사되지 않으면 그 권리가 **소멸**하게 된다.

(2) **관세**는 해당 관세를 부과할 수 있는 날부터 **5년**이 지나면 부과할 수 없다. 다만, 부정한 방법으로 관세를 **포탈**하였거나 **환급·감면**받은 경우에는 관세를 부과할 수 있는 날부터 **10년**이 지나면 부과할 수 없다.

(3) **관세부과 제척기간**의 **기산일**은 **관세부과**의 **제척기간**을 산정할 때 수입신고한 날의 **다음 날**을 관세를 부과할 수 있는 날로 한다. 다만, 다음의 경우에는 규정된 날에 관세를 부과할 수 있는 날로 한다.

1) 법 제16조(과세물건 확정의 시기) 제1호 내지 제11호에 해당되는 경우에는 그 사실이 발생한 날의 **다음 날**
2) **의무불이행** 등의 사유로 **감면**된 **관세**를 **징수**하는 경우에는 그 사유가 발생한 날의 **다음 날**
3) **보세건설장**에 반입된 **외국물품**의 경우에는 다음 날 중 먼저 도래한 날의 **다음 날**
   ① 법 시행령 제211조(건설공사 완료보고)의 규정에 의하여 **건설공사완료보고**를 한 날
   ② 법 제176조(특허기간)의 규정에 의한 **특허기간**(특허기간을 연장한 경우에는 연장기간을 말한다)이 **만료**된 **날**
4) **과다환급** 또는 **부정환급** 등의 사유로 **관세**를 **징수**하는 경우에는 **환급**한 날의 **다음 날**
5) 법 제28조(잠정가격의 신고 등)에 따라 **잠정가격**을 신고한 후 **확정**된 **가격**을 신고한 경우에는 **확정**된 **가격**을 **신고**한 날의 **다음 날**(다만, 기간 내에 **확정**된 **가격**을 신고하지 아니하는 경우에는 해당 기간의 **만료일**의 **다음 날**)

(4) 다음에 해당하는 경우에는 아래의 1)부터 5)까지의 **결정·판결**이 **확정**되거나 **회신**을 받은 날부터 **1년**, 6)에 따른 **경정청구일** 및 7)에 따른 **결정통지일**로부터 **2개월**이 지나기 전까지는 해당 **결정·판결·회신** 또는 **경정청구**에 따라 **경정**이나 그 밖에 필요한 **처분**을 할 수 있다.

> 1) 법 제5장 제2절(심사와 심판)(제119조(불복의 신청)부터 제132조(이의신청)까지)에 따른 **이의신청, 심사청구·심판청구**에 대한 결정이 있은 경우
> 2) **감사원법**에 따른 **심사청구**에 대한 **결정**이 있은 경우
> 3) **행정소송법**에 따른 소송에 대한 **판결**이 있은 경우
> 4) 법 제313조(압수물품의 반환)에 따른 **압수물품의 반환결정**이 있은 경우
> 5) 이 법과 **자유무역협정의 이행을 위한 관세법의 특례에 관한 법률**(**자유무역협정(FTA) 관세법**) 및 **조약·협정** 등이 정하는 바에 따라 **양허세율**의 적용여부 및 세액 등을 확정하기 위하여 **원산지증명서**를 발급한 국가의 세관이나 그 밖에 **발급권한**이 있는 기관에게 **원산지증명서** 및 **원산지증명서 확인자료**의 진위 여부, 정확성 등의 확인을 요청하여 회신을 받은 경우
> 6) 제38조의3(수정 및 경정) 제2항·제3항 또는 제38조의4(수입물품의 과세가격 조정에 따른 경정) 제1항에 따른 **경정청구**가 있는 경우
> 7) 제38조의4 제4항에 따른 조정 신청에 대한 **결정통지**가 있는 경우

(5) **관세**를 부과할 수 있는 날은 대통령령으로 정한다.

## 3. 관세징수권의 소멸시효

**관세징수권**이란 부과권의 행사에 의하여 구체적인 납세의무의 내용이 확정된 경우에 그것의 이행을 청구할 수 있는 권리이며 **관세징수**를 목적으로 하는 **'채권자 권리'**라고 할 수 있다. 또한 **소멸시효**란 권리자가 일정한 권리를 행사할 수 있음에도 불구하고 권리를 행사하지 않는 사실상태가 일정기간 계속된 경우에 그 **권리**의 **소멸**을 인정하는 제도를 말한다.

### (1) 소멸시효의 완성

**관세징수권**은 이를 행사할 수 있는 날부터 다음 구분에 따른 기간 동안 행사하지 아니하면 **소멸시효**가 완성된다[12].

> 1) **5억원 이상**의 **관세**(**내국세**를 포함한다) : **10년**, 2) 이 외의 **관세** : **5년**

### (2) 관세징수권 소멸시효의 기산일

1) **관세징수권**을 행사할 수 있는 **날**은 다음 날로 한다.

12) '소멸시효가 완성된다'라 함은 **관세징수권**이 소멸하는 것을 말한다. **관세징수권**의 **소멸시효**가 완성된 때에는 해당 물품에 대한 **내국세**, **가산세**, **가산금** 및 **체납처분비** 등에 대하여도 그 효력이 미친다.

① 법 제38조(신고납부)에 따라 신고납부하는 **관세**에 있어서는 **수입신고**가 수리된 날부터 **15일**이 경과한 날의 **다음 날**. 다만, **월별납부**의 경우에는 그 **납부기한**이 경과한 날의 **다음 날**로 한다.
② 법 제38조의2(보정) 제4항의 규정에 의하여 납부하는 관세에 있어서는 **부족세액**에 대한 **보정신청일**의 **다음 날**의 **다음 날**
③ 법 제38조의3(수정 및 경정) 제1항의 규정에 의하여 납부하는 관세에 있어서는 **수정신고일**의 다음 날의 **다음 날**
④ 법 제39조(부과고지)의 규정에 의하여 **부과고지**하는 관세에 있어서는 **납세고지**를 받은 날부터 **15일**이 경과한 날의 **다음 날**
⑤ 법 제253조(수입신고전의 물품 반출) 제3항의 규정에 의하여 납부하는 관세에 있어서는 **수입신고**한 날부터 **15일**이 경과한 날의 **다음 날**
⑥ 기타 법령에 의하여 **납세고지**하여 부과하는 관세에 있어서는 **납부기한**을 정한 때에는 그 납부기한이 만료된 날의 **다음 날**

2) 법에 의한 **환급**은 **과오납환급**(제46조)과 **계약내용**과 **상이**한 **물품** 등에 대한 **환급**(제106조)으로 구분하는데, **과오납환급**은 외국으로부터 수입하는 때에 납부한 관세가 납부하여야 할 **금액**보다 많이 납부하였을 때 그 잘못을 **교정**하기 위해 **과다납부금**을 되돌려 받는 것으로 **오류사유**로는 **납부액**의 **계산착오**, **관세율**의 **적용착오**·**관세**의 **과세가격 평가오류** 등이 있다. 또한 **계약내용**과 **상이**한 **물품** 등에 대한 **관세환급**(계약상이 물품 환급)은 무역거래에서 **계약내용**과 **상이**한 **물품**에 대해 이미 납부한 조세를 되돌려 주는 것으로서 이들은 **납세의무**의 **형평성**을 추구하는 데 그 목적이 있다. **납세의무자**의 **과오납금**·그 밖의 관세의 **환급청구권**은 그 권리를 행사할 수 있는 날부터 **5년간** 행사하지 아니하면 **소멸시효**가 완성된다.

3) 일반적으로 **관세환급**이라 하면 **법**상의 환급을 말하는 것이 아니라 **특례법**상의 환급을 말한다. 법상의 환급의 경우 **환급신청인**은 **수입자**가 되지만, 특례법상의 **환급**은 **수출자**(또는 **제조자**)이고 특례법상의 **환급대상**에서 **부가가치세**는 제외됨에 유의하여야 하며, **수입신고필증**을 환급에 사용하는 경우 특례법 환급과 법 환급을 **이중**으로 환급받는 사례가 있어 주의를 요한다.

4) **관세환급청구권**을 행사할 수 있는 날은 **다음 날**로 한다.

① 법 제38조의3(수정 및 경정)제4항에 따른 경정으로 인한 환급의 경우에는 **경정결정일**
② **착오납부 · 이중납부**로 인한 환급의 경우에는 그 **납부일**
③ 법 제106조(계약 내용과 다른 물품 등에 대한 관세 환급) 제1항에 따른 계약과 상이한 물품 등에 대한 환급의 경우에는 해당 물품의 **수출신고수리일 · 보세공장반입신고일**
④ 법 제106조 제3항 및 제4항에 따른 **폐기, 멸실, 변질·손상**된 물품에 대한 **환급**의 경우에는 해당 물품이 폐기, 멸실, 변질·손상된 날
⑤ **종합보세구역**에서 물품을 판매하는 자가 법 제199조의2(종합보세구역의 판매물품에 대한 관세 등의 환급) 및 법 시행령 제216조의5(판매인에 대한 관세등의 환급 등) 제2항의 규정에 의하여 환급받고자 하는 경우에는 동 규정에 의한 **환급**에 필요한 서류의 **제출일**
⑥ **수입신고** 또는 **입항전수입신고**를 하고 관세를 납부한 후 법 제250조(신고의 취하 및 각하)의 규정에 의하여 신고가 취하 또는 각하된 경우에는 신고의 **취하일 · 각하일**
⑦ **적법**하게 납부한 후 **법률개정**으로 인하여 **환급**하는 경우에는 그 **법률시행일**

## 4. 시효의 중단 및 정지

**시효**가 진행되다가 어떤 사유에 의하여 그 진행이 멈추고 시효가 새로이 진행되는 것을 말한다. **원칙적 납세의무자**에 대하여 **관세징수권**의 **소멸시효**가 완성된 때에는 해당 건과 관련된 **제2차 납세의무자, 납세보증인** 및 **물적 납세의무자** 등에 대하여도 그 효력이 미친다. **세관장**이 **제2차 납세의무자, 납세보증인** 및 **물적 납세의무자** 등에 대하여 **관세징수권**을 행사함으로써 해당 **관세징수권**의 **소멸시효**가 **중단**된 경우 그 효력은 **원칙적 납세의무자**에게도 미친다.

(1) **관세징수권**의 **소멸시효**는 다음에 해당하는 사유로 **중단**된다.

1) **납세고지**, 2) **경정처분**, 3) **납세독촉**(**납부최고**를 포함한다), 4) **통고처분**, 5) **고발**, 6) **특정범죄 가중처벌 등에 관한 법률** 제16조(소추에 관한 특례)에 따른 **공소제기**, 7) **교부청구**, 8) **압류**

(2) **환급청구권**의 **소멸시효**는 **환급청구권**의 **행사**로 **중단**된다. 관세징수권의 소멸시효는 관세의 **분할납부기간, 징수유예기간, 체납처분유예기간·사해행위 취소소송기간** 중에는 진행하지 아니한다. **사해행위 취소소송**으로 인한 **시효정지**의 효력은 소송이 **각하, 기각** 또는 **취하**된 경우에는 효력이 없다.

(3) **관세징수권**과 **환급청구권**의 **소멸시효**에 관하여 법에서 규정한 것을 제외하고는 민법을 준용한다.

## 제 3 절 관세담보

### 1. 의의

(1) **세관장**이 **관세채권**을 확보하기 위하여 **납세의무자**가 관세를 납부하지 아니하는 사태가 발생하는 때 관세를 강제로 징수할 수 있도록 **관세담보물**의 제공을 관세법령에서 규정하고 있다.

(2) **종전**의 **수입통관절차**에서는 관세를 납부하지 않는 한 **수입물품**을 **보세구역**에서 인취할 수 없으므로 **수입물품자체**가 **관세담보물**이라 할 수 있었으나 수입물품의 신속한 통관으로 수입업체의 물류비를 절감시키기 위하여 **수입통관** 후 **관세채권확보**를 위하여 **수입통관** 시 **관세담보**를 제공하게 하는 것이 일반적이다.

(3) 그러므로 **관세담보제공**은 **보세구역**에서 **수입물품**이 반출된 이후의 **관세채권**을 확보하기 위한 때에 주로 이용된다.

### 2. 담보제공의 범위

**세관장**은 다음의 경우에 **관세** 등에 상당하는 **담보제공**을 요구할 수 있다.

> 1) **수출용원재료**에 대한 관세 등의 **일괄납부**, 2) **수입신고 후 관세납부**, 3) **수입신고수리 전 반출승인**, 4) **재수출면세** 및 **재수출감면세**, 5) **보세구역외 장치허가**, 6) **보세운송신고** 또는 **승인**, 7) **수입신고전 물품반출**, 8) 그 밖에 세관장이 **담보**를 요구하는 경우

### 3. 담보물의 종류

(1) 법에 따라 **제공**하는 **담보물**의 **종류**는 다음과 같다.

> 1) **금전**, 2) **국채·지방채**, 3) **세관장**이 인정하는 **유가증권**[13], 4) **납세보증보험증권**, 5) **토지**, 6) 부보된 등기·등록된 **건물·공장재단·광업재단·선박(항공기)** 또는 **건설기계**, 7) **세관장**이 인정하는 **보증인**의 **납세보증서**[14]

(2) 위의 **납세보증보험증권** 및 **납세보증서**는 **세관장**이 요청하면 특정인이 납부하여야 하는 금액을 일정 기일 이후에는 언제든지 **세관장**에게 지급한다는 내용의 것이어야 한다. 담보의 제공에 필요한 사항은 대통령령으로 정한다.

(3) **납세의무자**(관세의 납부를 보증한 자를 포함한다)는 이 법에 따라 계속하여 **담보**를 제공하여야 하는 사유가 있는 경우에는 **관세청장**이 정하는 바에 따라 일정 기간에 제공하여야 하는 **담보를 포괄**하여 미리 **세관장**에게 제공할 수 있다.

## 4. 담보의 형태

### (1) 개별담보

#### 1) 의의

**수출용원재료**의 **수입실적**이 그리 많지 않은 기업의 경우 **수출용원재료**를 **수입신고**할 때마다 **통관지세관장**에게 **수입 건별**로 **담보**를 제공할 수 있다. 즉, **담보제공 사유**가 발생될 때마다 관련 규정에 의하여 **관세**에 상당하는 **금전** 등을 **세관장**에게 **담보**로 제공하는 것이다.

#### 2) 담보제공 사유

**담보제공 사유**에는 **담보제공**의 범위에 다음 사유가 추가된다.

> ① **천재지변**으로 인한 **기한연장**, ② **덤핑방지관세** 및 **상계관세**를 부과하기 전의 **잠정조치**, ③ **조건부 감면세** 또는 **관세**의 **분할납부승인물품** ⇒현재 **무담보 통관허용**, ④ **상표권** 등 **지적재산권보호**

#### 3) 개별담보관리 업무흐름도

> **개별담보제공** ⇒ **담보수납** ⇒ **담보변경** ⇒ **채무이행**시 **담보해제** 또는 **채무불이행**시 **담보의 관세충당**

---

13) 이것에 속하는 것은 다음과 같다. 즉, ① 특별법에 따라 설립된 **법인**이 **발행**한 **채권**, ② **한국거래소**에 상장된 법인의 **사채권** 중 **보증사채·전환사채**, ③ **한국거래소**에 상장된 **유가증권** 중 매매사실이 있는 것, ④ **양도성 예금증서**, ⑤ **수익증권** 중 **납세담보제공·양도·환매청구**가 가능한 **수익증권**이다.

14) 이것에 해당하는 것은 다음과 같다. 즉, ① **금융기관**이 **발행**하는 **보증서**, ② **신용보증기금**이 발행하는 **보증서**, ③ **신용보증재단**이 발행하는 **보증서**, ④ **기술신용보증기금**이 발행하는 **보증서**, ⑤ 물품의 **일시수입**을 위한 **일시수입통관증서**에 관한 **관세협약**에 발급되는 **일시수입통관증서**(ATA Carnet 보증서), ⑥ **국제도로면세통과증서**의 담보 하에 행하는 화물의 **국제운송**에 관한 **관세협약**에 따라 발급되는 **국제도로운송증서**, ⑦ **세관장**에게 등록한 자가 **관세청장**이 정하는 바에 의하여 제출한 **보증서**, ⑧ 그 밖에 **보증채무**를 이행할 수 있는 **자력**이 충분하다고 **세관장**이 인정하는 자의 **보증서**이다.

4) **개별담보**로 제공하는 **납세보증보험증권**이나 보증서의 **납세담보기간**은 **납세담보**를 필요로 하는 기간에 **30일 이상**을 더한 것이어야 한다.

### (2) 포괄담보

#### 1) 의의

① **포괄담보제도**란 외국으로부터 계속적 반복적으로 **외국물품**을 수입하는 업체가 물품을 **통관**할 때마다 매 건별로 **담보**를 제공하는 절차를 생략하고 **일정기간**(1년) **일정액**의 **담보**를 미리 제공함으로써 신속한 **통관절차**와 **관세** 등 **제세액**을 **사후**에 납부하거나 **정산**하도록 하여 신속한 물류 흐름을 촉진하는 제도를 말한다.

② **납세의무자**(관세의 납부를 보증한 자를 포함)는 계속하여 **담보**를 제공하여야 하는 사유가 있는 때에는 **관세청장**이 정하는 바에 의하여 **일정기간**에 제공하여야 하는 담보를 포괄하여 미리 **세관장**에게 제공할 수 있다.

③ **담보**를 포괄하여 제공하고자 하는 자는 그 기간 및 담보의 **최고액**과 **담보제공자**의 **전년도 수출입실적** 및 **예상수출입물량**을 기재한 **신청서**를 **세관장**에게 **제출**하여야 한다. **담보**를 **포괄**하여 제공할 수 있는 요건, 그 **담보**의 **종류** 기타 필요한 사항은 **관세청장**이 정한다.

#### 2) 포괄담보의 제공

① **포괄담보**를 제공하려는 자는 **담보제공신청서**와 **담보물**을 **관할지세관장**에게 제출하여야 한다(관세 등에 대한 담보제공과 정산제도 운영에 관한 고시 제25조(포괄담보의 제공)).

② **포괄담보**는 다음에 해당하는 **담보물**에 한하여 제공할 수 있다.

> ㉮ **금전**, ㉯ **국채** 또는 **지방채**, ㉰ **은행법**에 따른 은행업 인가를 받아 설립된 은행이 발행하는 **보증서**, ㉱ **납세보증보험증권**, ㉲ 신용보증기금법에 따른 **신용보증기금** 또는 지역신용보증재단법에 따른 **신용보증재단**이 발행하는 **보증서**, ㉳ 기술신용보증기금법에 따른 **기술신용보증기금**이 발행하는 **보증서**, ㉴ ㉱부터 ㉳까지의 **담보물**은 **납세담보**가 되는 **보증** 또는 **보험기간** 중에 해당 **담보물**이 사용된 때에는 **보증** 또는 **보험기간**이 **종료**된 후 해당 관세 등의 **납기**가 도래하는 경우에도 해당 관세 등을 **납부**한다는 **문언**이 기재된 것이어야 한다.

③ **세관장**은 **담보물**에 대하여 **국가관세종합정보망**의 **전산처리설비**를 이용하여 **전자보증서**를 제출하게 할 수 있다.

④ **포괄담보제공 신청**을 받은 **관할지세관장**은 이를 심사하고 다음 사항을 **전산등록**하여야 한다.

> ㉮ 상호 대표자 및 주소, ㉯ 사업자등록증 및 통관고유부호, ㉰ 제공한 담보물종류, ㉱ 담보제공의 금액 및 기간

⑤ **관세** 등의 **일괄납부용도**에 사용하기 위한 **포괄담보물**은 **일괄납부**하려는 **세액**에 상당하여야 하며 **관할지세관장**은 **담보물 제공**을 받은 때에 **일괄납부업체**로 **국가관세종합정보망**에 **등록**하여야 한다.

⑥ **일괄납부용도**의 **담보물**은 각 **사업장 단위**로 제공하거나 주된 사무소에서 **일괄**하여 제공할 수 있다. 다만, **관세** 등의 **환급**의 경우에는 **법인단위**로 제공하여야 한다.

⑦ **포괄담보**를 제공한 자가 **담보**를 사용하려는 경우에는 해당 **신고서·신청서**에 **포괄담보 사용내역**(사업자등록번호, 통관고유부호, 담보종류, 담보제공금액, 담보제공 기간)을 기재하여 해당 **세관장**에게 **제출**하여야 한다. 다만, **담보**를 사용하려는 경우에는 **수입신고서**의 **징수형태란**에 **담보사용**에 관한 **부호**를 기재함으로써 **포괄담보 사용신청**에 갈음한다.

### 3) 포괄담보관리 업무흐름도

> 포괄담보 신청 ⇒ 담보제공 ⇒ 담보대체통지 및 변경·해제 ⇒ 체납관리 및 담보물의 관세충당

### 4) 체납관리

① **세관장**은 **신용담보업체·포괄담보제공업체**에 **체납**이 발생한 경우 **체납정리사무 처리에 관한 시행세칙** 제3조에 따라 **서울세관장·부산세관장**에게 해당 **체납액**을 인계하여야 한다.

② **체납액** 등을 **인계**받은 **서울세관장·부산세관장**은 해당 **업체**가 **전국세관**에서 사용한 **담보내역**을 조회하여 추심 등 필요한 **조치**를 하여야 한다.

### 5) 포괄담보의 사용승인 및 전산관리

① **포괄담보**의 **사용신청**을 받은 **세관장**은 해당 **신청액**이 **담보잔액 범위**인 경우 다음과 같이 **승인**한다.

㉮ **관세 등에 대한 담보제공과 정산제도 운영에 관한 고시**(**담보고시**) 제14조 제1항 제1호 및 제2호[15]에 따른 **담보사용**은 해당 **수입신고**를 **수리**, ㉯ 제14조 제1항 제3호부터 제8호까지에 따른 **담보사용**은 그 사용내역을 **전산**에 **등록**

② **담보**의 **사용승인**이 되거나 **관세** 등 **제세**의 수납 등으로 **담보사용**이 **종료**된 경우 다음과 같이 **전산시스템**으로 관리한다.

㉮ 다음의 경우에는 **담보잔액**에서 해당금액을 **차감**한다.
　㉠ **담보사용**이 **승인**된 경우 그 승인금액
　㉡ **정산결과 관세** 등이 **환급**된 경우 그 **환급액**
㉯ 다음의 경우에는 **담보잔액**에 해당금액을 **가산**한다.
　㉠ **담보**를 사용한 자가 **환급신청**하여 그 **금액**이 **지급보류**된 경우 그 **지급보류금액** 및 **정산결과** 해당 **관세** 등을 납부한 경우 그 **납부금액**
　㉡ **담보**를 사용한 경우 해당 **수입신고** 건에 대한 **제세**가 납부된 경우 그 **납부금액**
㉰ **담보고시** 제14조 제3호부터 제8호까지의 규정에 따른 **용도**에 **담보**를 사용하고 그 **사용**이 종료된 경우 그 해당 **금액**

#### 6) 포괄담보의 사용종료내역 등록

**세관장**은 **담보사용** 승인한 **신용담보**에 대하여 그 **용도**의 이행이 **종료**되었음을 알았거나 **담보사용 종료신고서**를 제출받은 때에는 그 내역을 즉시 **국가관세종합정보망**에 **등록**하여야 한다. 다만, **담보사용**의 사유가 **2가지 이상**인 경우에는 **담보제공 사유**의 **최종기간**이 **종료**된 후에 등록한다.

## 5. 담보의 평가

⑴ **국채·지방채** 및 **세관장**이 인정하는 **유가증권**에 따른 **담보물** 평가는 다음에 따른다.

---

15) 제14조(담보제공의 범위) ① **세관장**은 제4조에 해당하는 자에게 다음 각 호의 사항에 대하여 **관세** 등에 상당하는 **담보제공**을 요구할 수 있다. 1. 특례법 제6조 제1항에 따른 **수출용원재료**에 대한 **관세** 등의 **일괄납부**. 다만, 제17조 및 제18조에 따라 설정한 **신용담보한도액 초과분**에 한한다. 2. 특례법 제248조에 따른 **수입신고수리후 관세납부**, 3. 특례법 제252조에 따른 **수입신고수리전 반출승인**, 4. 특례법 제97조 및 제98조에 따른 **재수출면세** 및 **재수출감면세**. 다만, **감면세액**이 **10,000원 미만**인 경우는 제외한다. 5. 특례법 제156조에 따른 **보세구역의 장치허가**. 6. 특례법 제218조에 따른 **보세운송신고·승인**, 7. 특례법 제253조에 따른 **수입신고전 물품반출**, 8. 그 밖에 **세관장**이 **담보**를 요구하는 경우.

1) **자본시장과 금융투자업에 관한 법률**에 따라 **거래소**가 개설한 **증권시장**에 상장된 **유가증권** 중 매매사실이 있는 것: 담보로 제공하는 날의 전날에 공표된 **최종시세가액**, 2) **금전외 유가증권: 담보**로 제공하는 날의 전날에 **상속세 및 증여세법** 시행령 제58조 제1항 제2호16)를 준용하여 계산한 **가액**

(2) **토지** 및 **부보된 등기·등록**된 **건물·공장재단·광업재단·선박**(**항공기**) 또는 **건설기계**에 따른 **담보물**에 대한 평가는 다음에 따른다.

1) **토지·건물의 평가: 상속세 및 증여세법** 제61조(부동산 등의 평가)를 준용하여 평가한 가액, 2) **공장재단·광업재단·선박**(**항공기**) 또는 **건설기계: 부동산 가격공시 및 감정평가에 관한 법률**에 따른 **감정평가업자**의 **평가액·지방세법**에 따른 **시가표준액**

## 6. 담보의 제공절차

(1) **관세담보**를 제공하고자 하는 자는 **담보**의 **종류·수량·금액** 및 **담보사유**를 기재한 **담보제공서**를 **세관장**에게 제출하여야 한다. **국채·지방채**를 담보로 제공하려는 자는 해당 채권에 관하여 모든 권리를 행사할 수 있는 자의 위임장을 **담보제공서**에 첨부하여야 한다.

(2) **세관장**이 인정하는 **유가증권**에 따른 유가증권을 담보로 제공하려는 자는 해당 증권 발행자의 증권확인서와 해당 증권에 관한 모든 권리를 행사할 수 있는 자의 **위임장**을 **담보제공서**에 첨부하여야 한다.

(3) **납세보증보험증권**에 따른 **납세보증보험증권**이나 **세관장**이 인정하는 **보증인**의 **납세보증서**에 따라 세관장이 인정하는 보증인의 **납세보증서**를 담보로 제공하려는 자는 그 **납세보증보험증권·납세보증서**를 담보제공서에 첨부하여야 한다. 이 경우 담보가 되는 보증·보험의 기간은 해당 담보를 필요로 하는 기간으로 하되, 납부기한이 확정되지 아니한 경우에는 **관세청장**이 정하는 기간으로 한다.

(4) **토지, 보험**에 가입된 **등기·등록**된 **건물·공장재단·광업재단·선박**(**항공기**) 또는 **건설기계**에 따른 건물·공장재단·광업재단·선박(항공기)이나 건설기계를 **담보**로 제공하려

16) 제58조(국채·공채 등 그 밖의 유가증권의 평가) ① **상속세 및 증여세법** 제63조 제1항 제2호에 따른 **유가증권** 중 **국채·공채** 및 **사채**(상속세 및 증여세법 제40조 제1항 각 호 외의 부분에 따른 전환사채 등을 제외하며, 이하 이 항에서 "국채 등"이라 한다)는 다음 각 호의 어느 하나에 따라 **평가**한 **가액**으로 한다. 2. 제1호 외의 국채 등은 다음 각목의 1의 **가액**에 의한다. 가. 타인으로부터 매입한 **국채** 등(국채 등의 발행기관 및 발행회사로부터 **액면가액**으로 직접 매입한 것을 제외한다)은 **매입가액**에 **평가기준일**까지의 **미수이자상당액**을 **가산**한 **금액**. 나. 가목 외의 **국채** 등은 **평가기준일** 현재 이를 처분하는 경우에 받을 수 있다고 **예상**되는 **금액**(이하 **"처분예상금액"**이라 한다). 다만, **처분예상금액**을 산정하기 어려운 경우에는 해당 **국채** 등의 **상환기간·이자율·이자지급방법** 등을 참작하여 기획재정부령이 정하는 바에 따라 **평가**한 **가액**으로 할 수 있다.

는 자는 **저당권**을 설정하는 데에 필요한 서류를 **담보제공서**에 첨부하여야 한다. 이 경우 **세관장**은 저당권의 설정을 위한 등기 또는 등록의 절차를 밟아야 한다.

(5) **보험**에 든 **건물·공장재단·광업재단·선박(항공기)**이나 **건설기계**를 **담보**로 **제공**하려는 **자**는 그 **보험증권**을 제출하여야 한다. 이 경우에 그 **보험기간**은 담보를 필요로 하는 기간에 **30일 이상**을 더한 것이어야 한다.

(6) **제공**하고자 하는 **담보 금액**은 납부하여야 하는 관세에 상당하는 금액이어야 한다. 다만, 그 관세가 확정되지 아니한 경우에는 **관세청장**이 정하는 금액으로 한다. **세관장**은 다음에 해당하는 경우에는 **납세고지**를 할 수 있다.

> 1) **관세담보**를 제공하고자 하는 자가 **담보액 확정일**부터 **10일 이내**에 **담보**를 제공하지 아니하는 경우, 2) **납세의무자**가 **수입신고후** 10일 **이내**에 법 제248조(신고의 수리) 제2항의 규정에 의한 **담보**를 제공하지 아니하는 경우

## 7. 담보변경

(1) **납세담보**를 제공한 자는 **세관장 승인**을 받아 **관세담보**를 제공한 자는 **담보물, 보증은행, 보증보험회사, 은행지급보증**에 의한 **지급기일** 또는 **납세보증보험기간**을 변경할 수 있다. **담보**를 변경하려는 자는 **3근무일 전**까지 **담보변경신청서**를 **세관장**에게 제출하여야 한다. 이 경우 **포괄담보 변경신청**은 **관할지세관장**에게 제출하여야 한다.

(2) **담보변경 신청**을 받은 **세관장**은 이를 심사한 후 **담보**를 **변경**하고, 그 내역을 **국가관세종합정보망**에 **등록**하여야 한다.

(3) **세관장**은 **담보물**의 **납세담보기간**을 매월 **전산시스템**을 통하여 확인하여 다음과 같이 **담보제공자**에게 **담보대체통지**를 하여야 하며, **우송기간** 등을 고려하여 **서면통지**와 함께 전송(Fax), 전화, 전자우편(E-Mail)등의 방법으로 추가 통지할 수 있다.

> 1) **개별담보** : 해당 **담보물**의 **납세담보기간**이 **만료**되기 **10일 전**, 2) **포괄담보** : 해당 **담보물**의 **납세담보기간**이 **만료**되기 **30일 전**

(4) **세관장**은 **보증기간**이 한정된 **담보**를 제공받은 경우 **보증기간 만료시기**를 확인하여 해당 **반출승인** 부서장에게 기간만료 30**일전**까지 **만료예정사실**을 **통보**하여야 한다. **관세담보**를 제공한 자는 해당 **담보물**의 가격감소에 따라 **세관장**이 담보물의 **증가** 또는 **변경**을 통지한 때에는 지체없이 이를 이행하여야 한다.

## 8. 담보의 관세충당

(1) **세관장**은 담보를 제공한 **납세의무자**가 그 **납부기한**까지 해당 관세를 납부하지 아니하면 그 담보를 해당 관세에 **충당**할 수 있다. 이 경우 담보로 제공된 금전을 해당 관세에 **충당**할 때에는 납부기한이 지난 후에 **충당**하더라도 이를 적용하지 아니한다.

(2) **담보**의 **관세충당**은 다음 구분에 의한 방법에 의한다.

1) **담보물**이 **국채** · **지방채** 또는 **세관장**이 인정하는 **유가증권·토지** 및 **부보된 등기** · **등록된 건물·공장재단·광업재단·선박(항공기)** 또는 **건설기계**에 해당하는 경우 : 이를 매각하는 방법 2) **담보물**이 **납세보증보험증권** 및 **세관장**이 인정하는 **보증인**의 **납세보증서**에 해당하는 경우 : 그 보증인에게 **담보**한 **관세**에 상당하는 금액을 **납부**할 것을 즉시 통보하는 방법
2) **담보물**이 **납세보증보험증권** 및 세**관장**이 인정하는 **보증인**의 **납세보증서**에 해당하는 경우 : 그 보증인에게 **담보**한 **관세**에 상당하는 금액을 **납부**할 것을 즉시 통보하는 방법

(3) **세관장**은 담보를 관세에 **충당**하고 남은 금액이 있을 때에는 담보를 제공한 자에게 이를 돌려주어야 하며, 돌려줄 수 없는 경우에는 이를 **공탁**할 수 있다. **세관장**은 관세의 **납세의무자**가 아닌 자가 관세의 납부를 보증한 경우 그 담보로 관세에 충당하고 남은 금액이 있을 때에는 그 **보증인**에게 이를 직접 돌려주어야 한다.

## 9. 담보가 없는 경우의 관세징수

**담보제공**이 없거나 **징수금액**이 **부족**한 **관세징수**에 관하여는 이 법에 규정된 것을 제외하고는 **국세기본법**과 **국세징수법**의 예에 따른다. **세관장**은 관세의 **체납처분**을 할 때에는 재산의 압류, 보관, 운반 및 공매에 드는 비용에 상당하는 **체납처분비**를 징수할 수 있다.

## 10. 담보의 해제

(1) **세관장**은 **납세담보 제공**을 받은 **관세·가산금** 및 **체납처분비**가 납부되었을 때에는 지체 없이 **담보해제 절차**를 밟아야 한다.

(2) **제공**된 **담보**를 해제 받고자 하는 자는 담보의 종류·수량 및 금액, 담보제공연월일과 **해제사유**를 기재한 신청서에 해제사유를 증명하는 서류를 첨부하여 **세관장**에게 제출

하여야 한다. 다만, **국가관세종합정보망**의 **전산처리설비**를 이용하여 **세관장**이 관세의 사후납부사실 등 담보의 **해제사유**를 확인할 수 있는 경우에는 해당 사유를 증명하는 서류로서 **관세청장**이 정하여 고시하는 서류 등을 제출하지 아니할 수 있다.

### 11. 담보물의 매각

**세관장**은 제공된 **담보물**을 매각하고자 하는 때에는 **담보제공자**의 주소·성명, **담보물**의 종류·수량, 매각사유, 매각장소, 매각일시 기타 필요한 사항을 공고하여야 한다. **세관장**은 **납세의무자**가 매각예정일 **1일 전**까지 관세와 비용을 납부하는 때에는 담보물의 매각을 **중지**하여야 한다.

## 제 4 절 과세가격의 신고

### 1. 의의

(1) **가격신고**란 관세의 납부가 **신고납부방식**을 원칙으로 함에 따라 물품을 수입하고자 하는 자는 **수입신고시**에 **납세신고**와 아울러 해당 **수입물품**의 가격에 대한 신고를 하여야 하는 경우를 말한다.

(2) **물품**이 외국으로부터 우리나라에 수입되는 경우에는 **관세**를 납부할 의무가 생기는데 이는 추상적인 납세의무의 성립에 불과하여, **납세의무**가 확정되기 위해서는 **납세신고** 또는 **부과고지**라는 **행정처분**이 있어야만 한다.

> 1) **납세의무**를 확정하는 방식 : **신고납부방식**, **부과고지방식**, 2) **신고납부방식**을 원칙으로 하고 **부과고지방식**은 법령상에 규정된 **대상물품**에 한하여 **적용**

(3) **관세납부**가 **신고납부방식**을 원칙으로 함에 따라 물품을 수입하고자 하는 자는 수입신고시에 납세신고와 아울러 해당 **수입물품**의 가격에 대한 가격신고를 하여야 하며, 특히 **종가세**가 적용되는 물품에 대한 관세의 **과세표준**은 **과세가격**인 바, 관세의 **과세가격**은 납세의무자의 **가격신고**를 통하여 결정한다.

(4) **관세**의 **납세의무자**는 수입신고를 할 때 **세관장**에게 해당 물품의 가격에 대한 신고

를 하여야 한다. 다만, 통관의 능률을 높이기 위하여 필요하다고 인정되는 경우에는 물품의 **수입신고**를 하기 **전**에 **가격신고**를 할 수 있다.

## 2. 과세가격신고시 제출서류 및 과제자료

(1) **기격신고**를 할 때에는 과세가격의 결정에 관계되는 자료(과세가격결정자료)를 제출하여야 한다. **가격신고**를 하려는 자는 다음 사항을 적은 서류를 **세관장**에게 제출하여야 한다.

> 1) **수입관련거래**에 관한 **사항**을 기재한 **거래관계사실확인서**, 2) **과세가격산출내용**에 관한 **금액**을 기재한 **세무조정계산서**

(2) 그런데 **세관장**은 다음에 해당하는 경우로서 **관세청장**이 정하여 고시하는 경우에는 서류의 **전부** 또는 **일부**를 제출하지 아니하게 할 수 있다.

> 1) **같은 물품**을 **같은 조건**으로 **반복적**으로 **수입**하는 경우, 2) **수입항**까지의 **운임·보험료** 외에 우리나라에 수출하기 위하여 판매되는 **물품**에 대하여 **구매자**가 실제로 지급하였거나 지급하여야 할 가격에 **가산할 금액**이 없는 경우, 3) 그 밖에 **과세가격결정**에 곤란이 없다고 인정하여 **관세청장**이 정하는 경우

(3) **세관장**은 **가격신고**를 하려는 자가 가격신고를 일정기간 일괄하여 신고하게 할 수 있다. 그런데 물품의 수입신고일 이전에 가격신고를 하고자 하는 자는 그 사항을 기재한 신고서를 **세관장**에게 제출하여야 한다.

(4) **가격신고**를 할 때에 제출하여야 하는 **과세자료**는 다음과 같다. 다만, 해당물품의 거래의 내용, **과세가격 결정방법** 등에 비추어 **과세가격 결정**에 곤란이 없다고 세관장이 인정하는 경우에는 자료의 일부를 제출하지 아니할 수 있다.

> 1) **송품장**, 2) **계약서**, 3) 각종 **비용**의 **금액** 및 **산출근거**를 나타내는 **증빙자료**, 4)기타 **가격신고**의 내용을 입증하는 데에 필요한 **자료**

## 3. 가격신고의 생략

(1) **과세가격**을 결정하기가 곤란하지 아니하다고 인정하여 다음에 해당하는 물품에 대하여는 가격신고를 생략할 수 있다. 즉, **과세가격**을 결정하기가 곤란하지 아니한 물품에 대하여는 **가격신고**를 **생략**할 수 있다.

> 1) **정부·지자체**가 수입하는 **물품**, 2) **정부조달물품**, 3) **공공기관**이 수입하는 **물품**, 4) **관세** 및 **내국세** 등이 부과되지 아니하는 **물품**, 5) **방위산업용 기계**와 그 부분품 및 원재료로 수입하는 **물품**. 다만, 해당 물품과 관련된 중앙행정기관의 장의 **수입확인·수입추천**을 받은 **물품**에 한한다. 6) **수출용원재료**, 7) **특정연구기관**이 수입하는 **물품**, 8) **과세가격**이 10,000**달러** 이하인 물품으로 **관세청장**이 정하는 **물품**, 9) 그 밖에 **과세가격**의 결정에 문제가 없다고 **관세청장**이 인정하는 **물품**

(2) 그런데 다음 **물품**은 **가격신고 생략물품**에 해당하지 아니한다.

> 1) **과세가격**을 **결정**함에 있어 **구매자**가 실제로 지급하였거나 지급하여야 할 **금액**을 **가산**하여야 하는 **물품**, 2) **부과·징수 대상물품**, 3) **잠정가격신고 대상물품**, 4) **관세**를 체납하고 있는 자가 신고하는 **물품**(**체납액**이 100,000**원** 미만이거나 **체납기간 7일 이내**에 수입신고를 하는 경우를 제외한다), 5) **납세의무자**의 **성실성** 등을 고려하여 **관세청장**이 정하는 기준에 해당하는 **불성실신고인**이 신고하는 **물품**, 6) **물품**의 가격변동이 큰 물품 그 밖에 수입신고수리 후에 세액을 심사하는 것이 적합하지 아니하다고 인정하여 **관세청장**이 정하는 **물품**

## 4. 잠정가격신고

### (1) 의의

1) **잠정가격신고**란 거래관행상 수입 후 일정기간이 경과한 후에 **거래가격**이 결정되는 **수입물품**(예 : 원유, 곡물, 광석 등)에 대하여 수입신고시에는 일단 **잠정가격**으로 **가격신고**를 하여 그에 따른 세액을 납부하게 하는 제도이다.

2) 이와 같이 **잠정가격신고제도**를 두고 있는 것은 가격이 확정된 후에 **통관절차**를 거치게 하는 경우 통관의 지연에 따른 **지정장치장** 및 **보세창고**의 **체화현상**이 발생할 수 있기 때문이며 사전에 **잠정가격**으로 신고하여 해당세액을 납부하고 물품을 **반출**하도록 함으로써 신속한 통관을 도모하고 있다

### (2) 잠정가격의 신고

1) **납세의무자**는 **가격신고**를 할 때 신고하여야 할 가격이 확정되지 아니한 경우로서 대통령령으로 정하는 경우[17)]에는 **잠정가격**으로 가격신고를 할 수 있다. 이 경우 신고의 방법과 그 밖에 필요한 사항은 대통령령으로 정한다. **납세의무자**는 **잠정가격**으로 가격신고를 하였을 때에는 기간 내에 해당 물품의 **확정가격**을 **세관장**에게 신고하여야 한다.

2) **세관장**은 납세의무자가 기간 내에 **확정가격**을 신고하지 아니하는 경우에는 해당 물품에 적용될 가격을 확정할 수 있다. 다만, **납세의무자**가 **폐업**, **파산신고**, **법인해산** 등의 사유로 **확정가격**을 신고하지 못할 것으로 인정되는 경우에는 기간 중에도 해당 물품에 적용될 가격을 확정할 수 있다. **세관장**은 **확정**된 가격을 신고받거나 가격을 확정하였을 때에는 **잠정가격**을 기초로 신고납부한 세액과 **확정가격**에 따른 세액의 차액을 **징수**하거나 **환급**하여야 한다.

### (3) 잠정가격신고시 제출서류

**잠정가격**으로 가격신고를 하고자 하는 자는 **송품장**, **계약서**를 첨부하여 다음 서류를 **세관장**에게 제출해야 한다.

> 1) **수입관련거래**에 관한 **사항**, **과세가격 산출내용**에 관한 **사항**, 2) **거래내용**, 3) **가격**을 확정할 수 없는 **사유**, 4) **잠정가격** 및 **잠정가격**의 **결정방법**, 5) **가격확정예정시기**

## 5. 확정가격의 신고

### (1) 확정가격신고 및 제출서류

**납세의무자**는 **잠정가격**으로 **가격신고**를 한 후 해당 물품의 가격이 확정된 것을 안 때에는 **세관장**이 정한 기간 내에 지체 없이 세관장에게 신고해야 한다. **확정가격**을 신고하고자 하는 자가 **세관장**에게 제출하는 서류는, 1) **잠정가격신고번호·수입신고번호**와 **신고일자**, 2) **품명** 및 **수입신고수리일자**, 3) **잠정가격** 및 **확정가격**과 그 **차액**과 관련된 것이다.

---

17) 1. **거래관행상** 거래가 성립된 때부터 일정기간이 지난 후에 가격이 정하여지는 **물품**(원유·곡물·광석 그 밖의 이와 비슷한 **1차 산품**으로 한정한다)으로서 **수입신고일** 현재 그 가격이 정하여지지 아니한 경우, 2. **조정**하여야 할 금액이 **수입신고일**부터 일정기간이 지난 후에 정하여 질 수 있음이 제2항에 따른 서류 등으로 확인되는 경우, 또한 **과세가격 결정방법**의 **사전심사**를 신청한 경우, 3. **계약**의 내용이나 거래의 특성상 **잠정가격**으로 가격신고를 하는 것이 불가피하다고 **세관장**이 인정하는 경우.

### (2) 확정가격의 신고기간

**잠정가격**으로 가격신고를 한 자는 **2년**의 범위 내에서 구매자와 판매자 사이의 거래계약의 내용을 고려하여 **세관장**이 지정하는 기간 내에 **확정가격**을 신고하여야 한다. **세관장**은 **구매자**와 **판매자** 사이의 거래계약내용이 변경되는 등 **잠정가격**을 확정할 수 없는 불가피한 사유가 있다고 인정되는 경우에는 **납세의무자**의 요청에 따라 지정한 **신고기간**을 **연장**할 수 있다. 이 경우 연장하는 기간은 지정한 신고기간의 만료일부터 **2년**을 초과할 수 없다.

### (3) 사후정산

**세관장**은 **확정가격** 신고를 받은 때에는 잠정가격을 기초로 신고납부한 세액과 확정된 가격에 의한 세액과의 차액을 **징수·환급**하여야 한다.

**납세의무자**는 **잠정가격**을 기초로 신고납부한 세액에 부족이 있는 것을 안 경우에는 **수정신고**를 하여 해당 **부족세액**을 납부할 수 있으며, **잠정가격**을 기초로 신고납부한 세액이 과다한 것을 안 때에는 **과오납금**의 **환급**을 신청할 수 있다.

## 6. 수입신고가격의 공표

(1) **관세청장**은 수입물품의 평균신고가격이나 **반입수량**에 관한 자료의 집계결과를 공표할 때에는 관세청의 인터넷 홈페이지를 통하여 공표하여야 한다. 이 경우 **공표대상 수입물품**의 선정기준 및 수입물품의 **평균신고가격**이나 **반입수량**에 관한 자료의 집계방법 등을 함께 공표하여야 한다.

(2) **관세청장**은 다음에 해당하는 사항은 **공표**하여서는 아니 된다.

> 1) **수입물품**의 **상표** 및 **상호**, 2) **수입자**의 **영업상 비밀**에 관한 **사항**, 3) 그 밖에 **공개될** 경우 **수입자**의 정당한 이익을 현저히 침해할 우려가 있는 **사항**

(3) **국내물품**과 비교 가능한 **수입물품**은 1) **관세·통계통합품목분류표**상 **품목번호**에 해당할 것, 2) 해당 **수입물품**의 **수입자**가 **2인 이상**일 것을 모두 충족하는 것으로 한다.

## 7. 가격조사보고

(1) **기획재정부장관·관세청장**은 **과세가격**을 결정하기 위하여 필요하다고 인정하는 경우에는 **수출입자·경제단체**, 그 밖의 **관계인**에게 **과세가격 결정**에 필요한 자료의 제출을 요청할 수 있다. 이 경우 그 요청을 받은 자는 정당한 사유가 없는 한 이에 응하여야 한다.

(2) **관세청장**은 다음에 해당하는 경우 국민생활에 긴요한 물품으로서 **국내물품**과 비교 가능한 **수입물품**의 **평균신고가격**이나 **반입수량**에 관한 자료를 집계하여 공표할 수 있다. 즉, 1) 원활한 물자수급을 위하여 **특정물품**의 수입을 촉진시킬 필요가 있는 경우, 2) **수입물품**의 **국내가격**을 안정시킬 필요가 있는 경우이다.

# 제 5 절 관세의 부과·징수

## 1. 납세의무자의 확정

### (1) 신고납부

1) **신고납부**란 납세의무자가 **수입신고**를 하는 때 스스로 **과세표준** 및 **납부세액** 등을 결정하여 **세관장**에게 납세신고하고 스스로 납부하는 **제도**를 말한다. 그 대상은 **부과고지 대상**을 제외한 모든 **수입물품**이다.

2) **물품**(**세관장**이 부과고지하는 물품은 제외한다)을 수입하려는 자는 **수입신고**를 할 때에 **세관장**에게 관세의 납부에 관한 신고(**납세신고**)를 하여야 한다.

3) **납세신고**를 하고자 하는 자는 **수입신고서**에 다음 사항을 기재하여 **세관장**에게 제출하여야 한다.

> ① 해당 **물품**의 **관세율표**상의 **품목분류·세율**과 **품목분류**마다 납부하여야 할 **세액** 및 그 **합계액**, ② **관세**의 **감면**을 받는 경우에는 그 **감면액**과 **법적 근거**, ③ **특수관계**에 해당하는지 여부와 그 내용, ④ 기타 **과세가격 결정**에 참고가 되는 사항

4) **관세청장**은 세액심사의 원활을 기하기 위하여 필요한 때에는 **심사방법** 등에 관한 기준을 정할 수 있다.

5) **세관장**은 납세신고를 받으면 **수입신고서**에 기재된 사항과 확인사항 등을 심사하되,

신고한 **세액**에 대하여는 **수입신고**를 수리한 후에 심사한다. 다만, 신고한 세액에 대하여 **관세채권**을 확보하기가 곤란하거나, **수입신고**를 수리한 후 **세액심사**를 하는 것이 적당하지 아니하다고 인정하는 **물품**의 경우에는 **수입신고수리 전**에 이를 심사한다.

6) **수입신고수리 전**에 **세액심사**를 하는 물품은 다음과 같다.

> ① 법률·조약에 의하여 **관세** 또는 내국세를 감면받고자 하는 **물품**, ② 관세를 **분할납부**하고자 하는 **물품**, ③ 관세를 체납하고 있는 자가 신고하는 **물품**(**체납액**이 100,000원 미만이거나 **체납기간 7일** 이내에 수입신고하는 경우를 제외한다), ④ **납세의무자**의 성실성 등을 참작하여 **관세청장**이 정하는 기준에 해당하는 **불성실신고인**이 신고하는 **물품**, ⑤ 물품의 가격변동이 큰 **물품** 기타 **수입신고수리 후**에 세액을 심사하는 것이 적합하지 아니하다고 인정하여 **관세청장**이 정하는 **물품**

7) **수입신고수리 전**에 세액심사를 하는 물품중 물품의 **감면** 또는 **분할납부**의 적정 여부에 대한 심사는 **수입신고수리 전**에 하고, 과세가격 및 세율 등에 대한 심사는 **수입신고수리 후**에 한다.

8) **세관장**은 납세실적과 수입규모 등을 고려하여 관세청장이 정하는 요건을 갖춘 자가 신청할 때에는 납세신고한 세액을 자체적으로 심사(**자율심사**)하게 할 수 있다. 이 경우 해당 **납세의무자**는 자율심사한 결과를 **세관장**에게 제출하여야 한다.

9) **납세의무자**는 납세신고한 세액을 납부하기 전에 그 세액이 **과부족**하다는 것을 알게 되었을 때에는 납세신고한 세액을 **정정**할 수 있다. 이 경우 납부기한은 당초의 **납부기한**으로 한다. **납세신고, 자율심사** 및 **세액 정정**과 관련하여 그 방법 및 절차 등 필요한 사항은 대통령령으로 정한다. **관세납부**에 관하여는 **국세기본법** 제46조의2[18]를 준용한다.

### (2) 자율심사

1) **세관장**은 **납세의무자**가 **납세신고세액**을 자체적으로 심사하고자 신청하는 경우에는 **관세청장**이 정하는 절차에 의하여 자율심사를 하는 납세의무자(**자율심사업체**)로 승인할 수 있다. 이 경우 **세관장**은 자율심사의 방법 및 일정 등에 대하여 **자율심사업체**와 **사전협의**할 수 있다.

2) **세관장**은 **자율심사업체**에게 수출입업무의 처리방법 및 체계 등에 관한 관세청장이 정한 자료를 제공하여야 한다.

---

18) 제46조의2(신용카드 등으로 하는 국세납부) ① **납세의무자**는 세법에 따라 **신고**하거나 과세관청이 **결정·경정**하여 고지한 **세액**을 **국세납부대행기관**을 통하여 **신용카드, 직불카드** 등(신용카드 등)으로 납부할 수 있다. ② **신용카드** 등으로 **국세**를 납부하는 경우에는 **국세납부대행기관**의 **승인일**을 **납부일**로 본다. ③ **국세납부대행기관**의 **지정** 및 **운영, 납부대행수수료** 등에 관한 사항은 대통령령으로 정한다.

3) **자율심사업체**는 세관장이 제공한 자료에 따라 다음 사항을 기재한 자율심사결과 및 조치내용을 **세관장**에게 제출하여야 한다. 이 경우 자율심사업체는 해당 결과를 제출하기 전에 납부세액의 **과부족분**에 대하여는 **보정신청**하거나 **수정신고** 또는 **경정청구**하여야 하며, **과다환급금**이 있는 경우에는 **세관장**에게 통지하여야 한다.

> ① **세관장**이 제공한 자료에 따라 작성한 **심사결과**, ② **자율심사**를 통하여 **업무처리방법·체계** 및 세액 등에 대한 **보완**이 필요한 것으로 확인된 사항에 대하여 조치한 **내용**

4) **세관장**은 제출된 결과를 평가하여 **자율심사업체**에 **통지**하여야 한다. 다만, 자율심사가 부적절하게 이루어진 것으로 판단되는 경우에는 추가적으로 필요한 자료의 제출을 요청하거나 방문하여 심사한 후에 통지할 수 있다.

5) **세관장**은 자료의 요청 또는 방문심사한 결과에 따라 해당 **자율심사업체**로 하여금 자율심사를 적정하게 할 수 있도록 보완사항을 고지하고, 개선방법 및 일정 등에 대한 의견을 제출하게 하는 등 자율심사의 유지에 필요한 조치를 할 수 있다.

6) **세관장**은 **자율심사업체**가 다음에 해당하는 때에는 **자율심사 승인**을 **취소**할 수 있다.

> ① **관세청장**이 정한 요건을 갖추지 못하게 되는 경우, ② **자율심사**를 하지 아니할 의사를 표시하는 경우, ③ **자율심사 결과**의 **제출** 등 **자율심사**의 **유지**를 위하여 필요한 의무 등을 이행하지 아니하는 경우

### (3) 세액의 변경

#### 1) 세액의 정정

**납세의무자**는 **납세신고**한 세액을 납부하기 **전**에 그 세액이 **과부족**하다는 것을 알게 되었을 때에는 **납세신고**한 세액을 **정정**할 수 있다. 이 경우 **납부기한**은 당초의 납부기한으로 한다. 세액을 정정하고자 하는 자는 해당 납세신고와 관련된 서류를 **세관장**으로부터 교부받아 **과세표준** 및 **세액** 등을 **정정**하고, 그 **정정**한 부분에 서명·날인하여 **세관장**에게 제출하여야 한다.

#### 2) 세액의 보정

① **납세의무자**는 신고납부한 **세액**이 **부족**하다는 것을 알게 되거나 세액산출의 기초가 되는 **과세가격·품목분류** 등에 오류가 있는 것을 알게 되었을 때에는 신고납부한 날부터

**6개월 이내**(**보정기간**)에 해당 세액을 **보정**하여 줄 것을 **세관장**에게 신청할 수 있다.

② 위의 사실을 알게 되거나 알게 되었을 때에는 **납세의무자**에게 해당 **보정기간**에 **보정신청**을 하도록 통지할 수 있다.

③ **세관장**은 **세액보정**을 통지하는 경우에는 다음 사항을 기재한 **보정통지서**를 교부하여야 한다.

> ㉮ 해당 **물품**의 **수입신고번호**와 **품명·규격** 및 **수량**, ㉯ **보정** 전 해당 물품의 **품목분류·과세표준·세율** 및 **세액**, ㉰ **보정** 후 해당 물품의 **품목분류·과세표준·세율** 및 **세액**, ㉱ **보정사유** 및 **보정기한**, ㉲ 그 밖의 **참고사항**

④ **신고납부**한 세액을 **보정**하고자 하는 자는 **세관장**에게 세액보정을 신청한 다음에 이미 제출한 수입신고서를 교부받아 수입신고서상의 **품목분류·과세표준·세율** 및 **세액** 그 밖의 관련사항을 **보정**하고, 그 **보정**한 부분에 **서명·날인**하여 **세관장**에게 제출하여야 한다.

⑤ **납세의무자**가 부족한 세액에 대한 **세액보정**을 신청한 경우에는 해당 보정신청을 한 날의 **다음 날**까지 해당 **관세**를 납부하여야 한다.

⑥ **세관장**은 신청에 따라 세액을 **보정**한 결과 부족한 **세액**이 있을 때에는 납부기한 다음 날부터 **보정신청**을 한 날까지의 **기간**과 **금융회사**의 **정기예금**에 대하여 적용하는 **이자율**을 고려하여 정하는 이율에 따라 계산한 금액을 더하여 해당 **부족세액**을 징수하여야 한다. 다만, **가산금** 및 **중가산금**을 징수하지 아니하는 경우, **신고납부**한 **세액**의 **부족** 등에 대하여 **납세의무자**에게 정당한 사유가 있는 경우에는 그러하지 아니하다.

⑦ **부족세액**에 **가산**하여야 할 **이율 계산**에 관하여는 법 시행령 제56조(관세환급가산금 등의 결정) 제2항[19]의 규정을 준용한다.

⑧ **부족세액**에 가산하여야 할 금액을 **면제**받으려는 자는 ⓐ **납세의무자**의 **성명** 또는 **상호** 및 **주소**, ⓑ **면제**받으려는 **금액**, ⓒ **정당**한 **사유**를 적은 신청서를 **세관장**에게 제출하여야 한다. 이 경우 관련한 **증명자료**가 있으면 이를 첨부할 수 있다. **세관장**은 신청서를 제출받은 경우에는 신청일부터 **20일 이내**에 면제 여부를 서면으로 통지하여야 한다.

### 3) 세액의 수정신고

① **납세의무자**는 신고납부한 세액이 **부족**한 경우에는 **수정신고**(**보정기간**이 지난 날부터 기간이 끝나기 전까지로 한정한다)를 할 수 있다. 이 경우 납세의무자는 **수정신고**한

---

19) 제56조(관세환급가산금 등의 결정) ② 제1항에 따른 **가산금**의 **이율**은 **은행법**에 의한 은행업의 인가를 받은 은행으로서 **서울특별시**에 본점을 둔 은행의 **1년 만기 정기예금 이자율**의 평균을 감안하여 기획재정부령으로 정하는 **이자율**로 한다.

날의 **다음 날**까지 해당 관세를 납부하여야 한다.

② **수정신고**를 하고자 하는 자는 다음 사항을 기재한 **수정신고서**를 **세관장**에게 제출하여야 한다.

> ㉮ 해당 물품의 **수입신고번호**와 품명·규격 및 수량, ㉯ **수정신고 전**의 해당 물품의 **품목분류·과세표준·세율** 및 **세액**, ㉰ **수정신고 후**의 해당 물품의 **품목분류·과세표준·세율** 및 **세액**, ㉱ **가산세액**, ㉲ 기타 참고사항

#### 4) 세액의 경정

① **세관장**은 **납세의무자**가 **신고납부**한 세액, 납세신고한 세액 또는 경정청구한 세액을 심사한 결과 **과부족**하다는 것을 알게 되었을 때에는 그 **세액**을 **경정**하여야 한다. **납세의무자**는 신고납부한 세액이 **과다**한 것을 알게 되었을 때에는 최초로 납세신고한 날부터 5**년** 이내에 신고한 **세액경정**을 **세관장**에게 청구할 수 있다.

② **경정청구**를 하고자 하는 자는 다음 사항을 기재한 **경정청구서**를 **세관장**에게 제출하여야 한다.

> ㉮ 해당 **물품**의 **수입신고번호**와 **품명·규격** 및 **수량**, ㉯ **경정 전**의 해당 물품의 **품목분류·과세표준·세율** 및 **세액**, ㉰ **경정 후**의 해당 물품의 **품목분류·과세표준·세율** 및 **세액**, ㉱ **경정사유**, ㉲ 기타 참고사항

③ 최초의 **신고·경정**에서 **과세표준** 및 세액의 계산근거가 된 거래 또는 행위 등이 그에 관한 **소송**에 대한 판결(판결과 같은 효력을 가지는 화해나 그 밖의 행위를 포함한다)에 의하여 다른 것으로 확정되는 등 다음에 해당하는 경우를 말한다. 그에 관한 **소송**에 대한 판결에 의하여 다른 것으로 확정되는 등의 사유가 발생하여 **납부세액**이 **과다**한 것을 알게 되었을 때에는 그 사유가 발생한 것을 안 날부터 **2개월 이내**에 납부한 **세액경정**을 **세관장**에게 청구할 수 있다.

> ㉮ 최초의 **신고·경정**을 할 때 장부 및 증거서류의 **압수**, 그 밖의 부득이한 사유로 **과세표준** 및 **세액**을 계산할 수 없었으나 그 후 해당 사유가 **소멸**한 경우, ㉯ **원산지증명서** 등의 진위 여부 등을 회신받은 **세관장**으로부터 그 회신 내용을 **통보**받은 경우

④ **세관장**은 **세액**을 **경정**하려는 때에는 다음 사항을 적은 **경정통지서**를 **납세의무자**에

게 교부하여야 한다.

> ㉮ 해당 물품의 **수입신고번호**와 품명·규격 및 수량, ㉯ **경정 전**의 해당 **물품**의 **품목분류·과세표준·세율** 및 **세액**, ㉰ **경정 후**의 해당 물품의 **품목분류·과세표준·세율** 및 **세액**, ㉱ **가산세액**, ㉲ **경정사유**, ㉳ 기타 참고사항

⑤ **경정**을 하는 경우 이미 납부한 세액에 부족이 있거나 납부할 세액에 부족이 있는 경우에는 그 **부족세액**에 대하여 **납세고지**를 하여야 한다. 이 경우 동일한 **납세의무자**에게 경정에 따른 **납세고지**를 여러 건 하여야 할 경우 **통합**하여 하나의 **납세고지**를 할 수 있다. **세관장**은 **경정**을 한 후 그 세액에 **과부족**이 있는 것을 발견한 때에는 그 **경정**한 세액을 **재경정**한다.

⑥ **납세의무자**는 **국제조세조정에 관한 법률** 제4조 제1항[20]에 따라 관할 **지방국세청장·세무서장**이 해당 수입물품의 거래가격을 조정하여 **과세표준** 및 **세액**을 결정·경정 처분하거나 국세청장이 해당 **수입물품**의 거래가격과 관련하여 **소급**하여 적용하도록 **사전승인**을 함에 따라 그 거래가격과 신고납부·경정한 세액의 **산정기준**이 된 과세가격 간 차이가 발생한 경우에는 그 **결정·경정처분** 또는 **사전승인**이 있음을 안 날(**처분·사전승인**의 **통지**를 받은 경우에는 그 받은 날)부터 세관장에게 **세액경정**을 청구할 수 있다. **세관장**은 제세액을 경정하기 위하여 필요한 경우에는 관할 **지방국세청장·세무서장**과 협의할 수 있다. 즉, **세관장**은 다음에 해당하는 경우에는 **세액**을 **경정**할 수 있다.

> ㉮ **지방국세청장·세무서장**의 결정·경정 처분에 따라 조정된 사항이 **수입물품**의 **지급가격, 권리사용료** 등 법 제30조(과세가격결정의 원칙) 제1항의 **과세가격**으로 인정되는 경우
> ㉯ **지방국세청장·세무서장**이 **국제조세조정에 관한 법률** 제5조(정상가격의 산출방법)에 따른 **정상가격**의 산출방법에 따라 조정하는 경우로서 그 비교대상거래, 통상이윤의 적용 등 **조정방법**과 **계산근거**가 법 제31조(동종·동질물품의 거래가격원칙)부터 제35조(합리적인 기준원칙)까지의 규정에 적합하다고 인정되는 경우

---

20) 제4조(정상가격에 의한 과세조정) ① **과세당국**은 거래 당사자의 어느 한 쪽이 **국외특수관계**인인 국제거래에서 그 **거래가격**이 **정상가격**보다 **낮거나 높은** 경우에는 **정상가격**을 기준으로 거주자(내국법인과 국내사업장을 포함한다)의 **과세표준** 및 **세액**을 **결정**하거나 **경정**할 수 있다. 다만, 제5조(정상가격의 산출방법)에 따른 **정상가격 산출방법** 중 동일한 **정상가격 산출방법**을 적용하여 **둘 이상**의 과세연도에 대하여 **정상가격**을 산출하고 그 **정상가격**을 기준으로 일부 **과세연도**에 대한 **과세표준** 및 **세액**을 **결정**하거나 **경정**하는 경우에는 나머지 **과세연도**에 대하여도 그 **정상가격**을 기준으로 **과세표준** 및 **세액**을 **결정**하거나 **경정**하여야 한다.

⑦ **경정청구서**를 제출받은 **세관장**은 경정청구의 대상이 되는 납세신고의 사실과 경정청구에 대한 의견을 첨부하여 **관세청장**에게 보고하여야 한다. 이 경우 **관세청장**은 **세관장**을 달리하는 동일한 내용의 **경정청구**가 있으면 **경정처분**의 기준을 정하거나, **경정청구**를 통합 심사할 **세관장**을 지정할 수 있다.

⑧ **세액경정**을 하는 경우 **경정통지서**의 교부, 납세고지, 경정에 대한 **재경정** 등의 절차에 관한 규정을 준용한다. **경정청구**를 받은 **세관장**은 해당 **수입물품**의 거래가격 조정방법과 계산근거가 적합하다고 인정하는 경우에는 세액을 **경정**할 수 있다.

⑨ **세관장**의 통지에 이의가 있는 청구인은 그 통지를 받은 날(**2개월 내**에 통지를 받지 못한 경우에는 **2개월**이 경과한 날)부터 **30일 내**에 **기획재정부장관**에게 **국세**의 **정상가격**과 **관세**의 **과세가격** 간의 조정을 신청할 수 있다. 이 경우 **국제조세조정에 관한 법률** 제10조의3(국제거래가격에 대한 과세의 조정)을 준용한다.

⑩ 각각의 **기한**까지 **우편**으로 발송(**국세기본법** 제5조의2(우편신고 및 전자신고)[21]에서 정한 날을 기준으로 한다)한 청구서 등이 **세관장·기획재정부장관**에게 기간을 지나서 도달한 경우 그 기간의 **만료일**에 **신청·신고** 또는 **청구**된 것으로 본다.

〈표-6〉 세액의 변경

| 구분 | 변경주체 | 변경사유 | 변경기간 |
|---|---|---|---|
| 정정 | 납세의무자 | 납세신고한 세액의 **과부족** | 납부하기 **전** |
| 보정 | 납세의무자 | 신고납부한 세액의 **부족** 또는 과세가격·품목분류 등의 **오류** | 신고납부한 날부터 **6개월 이내** (보정기간) |
| 수정 | 납세의무자 | 신고납부한 세액의 **부족** | 보정기간이 지난 날부터 관세부과 **제척기간 만료 전까지** |
| 경정청구 | 납세의무자 | 신고납부한 세액의 **과다** | 최초 납세신고한 날부터 **5년 이내** |
| 경정 | 세관장 | 납세신고한 세액, 신고납부한 세액, **경정청구**한 세액의 **과부족** | **관세부과 제척기간 만료 전까지** |

21) 제5조의2(우편신고 및 전자신고) ① **우편**으로 **과세표준신고서**, **과세표준수정신고서**, **경정청구서** 또는 **과세표준신고·과세표준수정신고·경정청구**와 관련된 **서류**를 제출한 경우 **우편법**에 따른 **통신날짜도장**이 찍힌 날(통신날짜도장이 찍히지 아니하였거나 분명하지 아니한 경우에는 통상 걸리는 우송일수를 기준으로 발송한 날로 인정되는 날)에 신고된 것으로 본다. ② 제1항의 신고서 등을 **국세정보통신망**을 이용하여 제출하는 경우에는 해당 신고서 등이 **국세청장**에게 전송된 때에 신고된 것으로 본다. ③ 제2항에 따라 **전자신고**된 경우 **과세표준신고·과세표준수정신고**와 관련된 서류 중 대통령령으로 정하는 서류에 대해서는 대통령령으로 정하는 바에 따라 **10일 범위**에서 제출기한을 **연장**할 수 있다. ④ **전자신고**에 의한 **과세표준** 등의 신고절차 등에 관한 세부적인 사항은 기획재정부령으로 정한다.

### (4) 부과고지

#### 1) 의의

**세액**을 처음부터 **세관장**이 결정하여 이를 고지하면 **납세의무자**가 고지를 받은 날로부터 **15일 이내**에 납부하는 제도를 말한다.

#### 2) 대상

① 다음에 해당하는 경우에는 **세관장**이 관세를 **부과·징수**한다.

> ㉮ **과세물건 확정시기**에 해당되어 **관세**를 징수하는 경우, ㉯ **보세건설장**에서 건설된 시설로서 수입신고가 수리되기 전에 가동된 경우, ㉰ **보세구역**(**보세구역외 장치**를 허가받은 장소를 포함한다)에 반입된 물품이 **수입신고**가 수리되기 전에 반출된 경우, ㉱ **납세의무자**가 **관세청장**이 정하는 사유로 **과세가격**이나 **관세율** 등을 결정하기 곤란하여 **부과고지**를 요청하는 경우, ㉲ **즉시 반출**한 물품을 기간 내에 **수입신고**를 하지 아니하여 관세를 징수하는 경우, ㉳ 그 밖에 **납세신고**가 부적당한 것으로서 기획재정부령으로 정하는 경우

② **세관장**은 **과세표준**, **세율**, **관세감면** 등에 관한 규정의 적용 착오 또는 그 밖의 사유로 이미 징수한 금액이 **부족**한 것을 알게 되었을 때에는 그 **부족액**을 징수한다. **세관장**이 관세를 징수하려는 경우에는 **납세의무자**에게 **납세고지**를 하여야 한다.

③ **세관장**이 관세를 **부과고지**하는 **물품**은 다음과 같다.

> ㉮ **여행자·승무원**의 **휴대품** 및 **별송품**, ㉯ **우편물**(법 제258조 제2항[22]에 해당하는 것을 제외한다), ㉰ 법령의 규정에 의하여 **세관장**이 **관세**를 부과·징수하는 **물품**, ㉱ **납세신고**가 부적당하다고 인정하여 **관세청장**이 지정하는 **물품**

#### 3) 납세고지

**세관장**이 관세를 징수하려는 경우에는 **납세의무자**에게 납세고지를 하여야 한다. **세관장**은 관세를 징수하고자 하는 때에는 **세목·세액·납부장소** 등을 기재한 납세고지서를 **납세의무자**에게 교부하여야 한다. 다만, 물품을 검사한 공무원이 관세를 수납하는 경우에는

---

22) 제258조(우편물통관에 대한 결정) ② **우편물**이 **대외무역법** 제11조에 따른 **수출입**의 **승인**을 받은 것이거나 그 밖에 대통령령으로 정하는 기준에 해당하는 것일 때에는 해당 **우편물**의 **수취인**이나 발송인은 법 제241조에 따른 **신고**를 하여야 한다.

그 **공무원**으로 하여금 **구두**로서 고지하게 할 수 있다.

> ① **서면고지** : **납세고지서**를 받은 날로부터 **15일 이내**에 납부하여야 한다. ② **구두고지** : **여행자휴대품** 또는 **조난선박**으로부터 **양륙**한 **물품**으로서 **보세구역**이 아닌 장소에 장치한 물품에 대한 **관세납부**를 **고지**한다.

### (5) 가산금과 가산세

#### 1) 가산금

① **관세**를 **납부기한**까지 완납하지 아니하면 그 **납부기한**이 **지난 날**부터 **체납관세**에 대하여 3/100에 상당하는 **가산금**을 징수한다.

② **체납관세**를 납부하지 아니하면 그 납부기한이 **지난 날**부터 **1개월**이 지날 때마다 **체납관세**의 12/1,000에 상당하는 **가산금(중가산금)**을 가산금에 다시 더하여 징수한다. 이 경우 **중가산금**을 더하여 징수하는 기간은 **60개월**을 초과하지 못한다.

③ **체납관세**(**세관장**이 징수하는 내국세가 있을 때에는 그 금액을 포함한다)가 **100만원 미만**인 경우에는 위의 규정을 적용하지 아니한다. 다음에 해당하는 **국가**나 **지방자치단체**가 직접 수입하는 물품 등에 대하여는 위의 규정을 적용하지 아니한다.

> ① **국가·지방자치단체**(**지방자치단체조합** 포함)가 직접 수입하는 물품과 **국가·지방자치단체**에 기증되는 **물품**, ㉯ **우편물**. 다만, **수입신고**를 하여야 하는 것은 제외한다.

#### 2) 가산세

① **세관장**은 **부족**한 **관세액**을 징수할 때에는 다음 **금액**을 합한 **금액**을 **가산세**로 징수한다.

> ㉮ 해당 **부족세액**의 10/100
> ㉯ 다음의 계산식을 적용하여 계산한 금액
> 해당 **부족세액** × 당초 **납부기한**의 **다음 날**부터 **수정신고일·납세고지일**까지의 **기간** × **금융회사** 등이 **연체대출금**에 대하여 적용하는 **이자율**(**이자율**은 각각 1일 3/10,000으로 정하는 율)

② 다만, **잠정가격신고**를 기초로 납세신고를 하고 이에 해당하는 **세액**을 납부한 다음의 경우에는 그 전부 또는 일부를 **징수**하지 아니한다.

㉮ **수입신고**가 수리되기 전에 관세를 납부한 결과 **부족세액**이 발생한 경우로서 수입신고가 수리되기 전에 **납세의무자**가 해당 세액에 대하여 **수정신고**를 하거나 **세관장**이 경정하는 경우
㉯ **잠정가격신고**를 기초로 납세신고를 하고 이에 해당하는 세액을 납부한 경우. 다만, **납세의무자**가 제출한 자료가 사실과 다름이 판명되어 **추징**의 사유가 발생한 경우에는 그러하지 아니하다.
㉰ **사전심사**의 결과를 통보받은 경우 그 **통보일**부터 **2개월 이내**에 통보된 **과세가격 결정방법**에 따라 해당 사전심사 신청 이전에 신고납부한 세액을 **수정신고**하는 경우
㉱ 다음과 같이 물품중 **감면대상** 및 **감면율**을 잘못 적용하여 **부족세액**이 발생한 경우
ⓐ **납세의무자**가 **관세조사**의 **사전통지**를 받은 후 **수정신고서**를 제출한 경우
ⓑ **납세의무자**가 **사전통지** 없이 조사가 개시된 사실을 알고 **수정신고서**를 제출한 경우
ⓒ **납세의무자**가 **서면통지**를 받은 후 **수정신고서**를 제출한 경우
ⓓ **수정신고**(**보정기간**이 지난 날부터 **1년 6개월**이 지나기 전에 한 **수정신고**로 한정한다)를 한 경우. 다만, 해당 관세에 대하여 **과세표준**과 **세액**을 경정할 것을 미리 알고 **수정신고서**를 제출한 경우는 제외한다.
ⓔ 법 제41조(가산금)[23] 제4항의 규정에 의하여 동 조 제1항 내지 제3항의 규정을 적용하지 아니하는 경우
ⓕ **관세심사위원회**가 기간 내에 **과세전 적부심사**의 **결정·통지**를 하지 아니한 경우
ⓖ **신고납부**한 **세액**의 **부족** 등에 대하여 **납세의무자**에게 정당한 사유가 있는 경우

③ **납세의무자**가 **부당한 방법**(납세의무자가 관세의 **과세표준·세액계산**의 기초가 되는 사실의 전부 또는 일부를 은폐하거나 가장하는 것에 기초하여 다음 관세의 **과세표준·세액의 신고의무**를 위반하는 방법)으로 **과소신고**한 경우에는 **세관장**은 해당 부족세액의 40/100에 상당하는 금액과 위의 금액을 합한 금액을 **가산세**로 **징수**한다.

㉮ **이중송품장·이중계약서** 등 **허위증명·허위문서**의 **작성**이나 **수취**, ㉯ **세액심사**에 필요한 자료의 **파기**, ㉰ **관세부과**의 근거가 되는 **행위**나 거래의 **조작·은폐**, ㉱ 그 밖에 관세를 포탈하거나 **환급·감면**을 받기 위한 **부정**한 **행위**

23) 제41조(가산금) ① **관세**를 납부기한까지 **완납**하지 아니하면 그 **납부기한**이 지난날부터 **체납관세**에 대하여 **3/100**에 상당하는 **가산금**을 **징수**한다. ② **체납관세**를 납부하지 아니하면 그 **납부기한**이 지난날부터 **1개월**이 지날 때마다 **체납관세**의 12/1,000에 상당하는 **가산금**(**중가산금**)을 제1항에 따른 **가산금**에 다시 더하여 징수한다. 이 경우 **중가산금**을 더하여 징수하는 기간은 **60개월**을 초과하지 못한다. ③ **체납관세**(**세관장**이 징수하는 **내국세**가 있을 때에는 그 금액을 포함한다)가 100**만원** 미만인 경우에는 제2항을 적용하지 아니한다. ④ **국가** · **지방자치단체**가 직접 수입하는 물품 등 대통령령으로 정하는 물품에 대하여는 제1항부터 제3항까지의 규정을 적용하지 아니한다.

④ **세관장**은 물품에 대하여 관세를 부과·징수할 때에는 다음 금액을 합한 금액을 가산세로 징수한다. 다만, **가산세**를 징수하는 경우와 **천재지변** 등 **수입신고**를 하지 아니하고 수입한 데에 정당한 사유가 있는 것으로 **세관장**이 인정하는 경우는 **제외**한다.

㉮ 해당 **관세액**의 20/100(법 제269조(밀수출입죄)의 **죄**에 해당하여 **처벌**받거나 **통고처분**을 받은 경우에는 40/100)
㉯ 다음의 **계산식**을 적용하여 계산한 **금액**
 해당 **관세액** × **수입**된 날부터 **납세고지일**까지의 **기간** × **금융회사** 등이 **연체대출금**에 대하여 적용하는 **이자율** 등을 고려하여 정하는 **이자율**(**이자율**은 각각 1일 3/10,000의 **율**)

⑤ **세관장**은 법 제42조(가산세) 제1항의 단서에 따라 다음 구분에 따른 **가산세**를 **징수**하지 아니한다. **가산세** 부과 면제 절차에 관하여는 법 시행령 제32조(가산세)의4 제5항 및 제6항을 준용한다.

㉮ 법 제42조(가산세) 제2항 제1호·제2호·제4호 및 제5호에 해당하는 경우 : 법제42조(가산세) 제1항 제1호 및 제2호의 **금액**을 합한 **금액**에 해당하는 **가산세**
㉯ 법 제42조(가산세) 제2항 제2호의 2 및 제3호에 해당하는 경우: 법 제42조 제1항 제1호의 **금액**에 해당하는 **가산세**
㉰ 법 제42조(가산세) 제2항 제3호 제2목에 해당하는 경우: 다음 구분에 따른 **금액**에 해당하는 **가산세**
 ⓐ 법 제38조의2(보정) 제1항에 따른 **보정기간**이 지난 날부터 **6개월 이내**에 **수정신고**한 경우: 법 제42조 제1항 제1호의 **금액**의 20/100
 ⓑ 법 제38조의2(보정) 제1항에 따른 **보정기간**이 지난 날부터 **6개월 초과 1년 6개월 이내**에 **수정신고**한 경우: 법 제42조 제1항 제1호의 **금액**의 10/100
㉱ 법 제42조(가산세) 제2항 제4호의2에 해당하는 경우: **결정·통지**가 지연된 기간에 대하여 부과되는 **가산세**(법 제42조 제1항 제2호에 따른 **계산식**에 결정·통지가 지연된 기간을 적용하여 계산한 **금액**에 해당하는 **가산세**를 말한다) **금액**의 50/100에 해당하는 **가산세**

### (6) 통합납부

#### 1) 의의

**납세의무자**는 납부하여야 할 관세 등의 **납부기한**과 **세입징수관서**가 동일한 여러 건의 수입신고물품에 대한 **납부세액**을 합산하여 **1건**의 납부서에 의하여 납부(**통합납부**)할 수 있다(**수입통관 사무처리에 관한 고시** 제58조-제62조).

### 2) 통합납부대상물품과 업체

① **통합납부**할 수 있는 **물품**은 **신고납부 대상물품**이어야 한다. ② **통합납부**할 수 있는 **업체**는 **통합납부서**를 발행하려는 **세관**에 수입신고하는 건수가 **1년간 3,000건 이상**(**일일 평균 약 10건 내외**)인 **업체**이어야 한다.

### 3) 통합납부업체의 지정

① **통합납부업체**로 **지정**받고자 하는 자는 통합납부업체지정 신청서(별지 제16호 서식)를 **통합납부서**를 발행받고자 하는 **세관장**에게 **제출**하여야 한다. ② **신청서**를 접수한 **세관장**은 **통관시스템**의 **통계정보**를 조회하여 요건에 해당되는지 여부를 확인할 수 있다. ③ **세관장**이 **통합납부업체**를 지정한 때에는 그 내용을 **전산시스템**에 **등록**하고 그 사실을 **신청인**에게 **통지**하여야 한다.

### 4) 통합납부서 발행

**통합납부서**는 신고수리일자별로 **신고수리일 다음 날**부터 납부기한만료 전일까지 납세의무자의 요청에 의하여 **통합납부업체**로 지정한 **세관장**이 발행한다. 다만, 납부건수가 1건인 경우에는 발행하지 아니한다.

### 5) 통합납부업체의 지정취소

① **세관장**은 **통합납부업체**로 지정받은 업체가 **세액보정** 등으로 수납확인이 되지 아니하거나 **수입신고건수**가 급격히 감소하여 **통합납부대상**에서 제외할 필요가 있는 때에는 **통합납부업체지정**을 **취소**할 수 있다.

② **통합납부업체 지정**을 **취소**한 때에는 **전산시스템**에 취소사실을 **등록**하여야 한다.

## 2. 납세의무의 이행

### (1) 징수기관과 수납기간

1) **징수기관** : **납부고지서**를 발부하는 기관으로 ① **세관장**(**세입징수관**), ② **세관출장소장**(**분임 세입징수관**)이 있다.

2) **수납기관** : **관세수납**을 행하는 기관으로서 **출납공무원**, **한국은행**, **체신관서**가 이에 해당한다.

### (2) 징수방법

관세의 징수방법은 1) **보세구역장치**기간 경과물품: 매각대금충당, 2) **담보제공**: 관세충당, 3) **담보미제공**: **체납처분절차**에 의하거나 **재산압류매각대금**으로 충당하는 것이 있다.

### (3) 관세의 현장수납

1) **여행자휴대품**, **조난선박**에 적재된 물품으로서 **보세구역**이 아닌 장소에 장치된 **물품**에 대한 **관세**는 그 물품을 검사한 **공무원**이 **검사장소**에서 수납할 수 있다. **물품**을 검사한 **공무원**이 관세를 수납할 때에는 부득이한 사유가 있는 경우를 제외하고는 다른 **공무원**을 참여시켜야 한다.

2) **출납공무원**이 아닌 **공무원**이 **관세**를 수납하였을 때에는 지체 없이 **출납공무원**에게 인계하여야 한다. **출납공무원이** 아닌 공무원이 선량한 관리자로서의 주의를 게을리하여 수납한 **현금**을 잃어버린 경우에는 **변상**하여야 한다.

### (4) 신용카드에 의한 관세납부

1) **관세납부**에 관하여는 국세기본법 제46조의2(신용카드 등으로 하는 국세납부)를 준용한다.

2) **납세의무자**가 신고하거나 **세관장**이 부과·경정하여 고지한 세액(세관장이 관세와 함께 징수하는 **내국세** 등의 세액을 포함한다)은 **신용카드**, **직불카드** 등(이하, 신용카드 등이라 한다)으로 납부할 수 있다.

3) **국세납부대행기관**이란 정보통신망을 이용하여 **신용카드** 등에 의한 결제를 수행하는 기관으로서 관세납부를 대행하는 기관(**관세납부대행기관**)을 말한다. **관세납부대행기관**은 다음에 해당하는 자를 말한다.

> ① 민법 제32조(비영리법인의 설립과 허가) 및 금융위원회의 소관에 속하는 **비영리법인**의 설립 및 감독에 관한 규칙에 따라 설립된 **금융결제원**, ② 시설, 업무수행능력, 자본금 규모 등을 고려하여 **관세청장**이 **관세납부대행기관**으로 지정하는 자

4) **관세납부대행기관**은 납세자로부터 **신용카드** 등에 의한 **관세납부대행용역**의 **대가**로 **납부대행수수료**를 받을 수 있다. **관세청장**은 납부에 사용되는 신용카드 등의 종류, 그 밖에 관세납부에 필요한 사항을 정할 수 있다. **납부대행수수료**는 관세청장이 **관세납부대행기관**의 운영경비 등을 종합적으로 고려하여 승인하되, 해당 납부세액의 10/1,000을 초과할 수 없다.

## (5) 징수금액 최저한

**세관장**은 납세의무자가 납부하여야 하는 세액이 **금액 미만**인 경우에는 이를 징수하지 아니하는데, 이를 **징수금액 최저한**이라고 한다. **세관장**이 징수하지 아니하는 금액은 10,000**원**으로 한다. 관세를 징수하지 아니하게 된 경우에는 해당 물품의 **수입신고수리일**을 그 납부일로 본다.

## (6) 체납자료의 제공

### 1) 의의

**세관장**은 징수하는 국세의 체납이 발생하였을 때에는 징수의 효율성을 고려하여 필요하다고 인정되는 경우 **납세의무자**의 주소지를 관할하는 **세무서장**에게 이를 인계할 수 있다.

① **세관장**은 관세징수 또는 공익목적을 위하여 필요한 경우로서 **신용정보의 이용 및 보호에 관한 법률** 제2조(정의) 제5호에 따른 **신용정보회사**(**신용정보회사**란 신용정보업을 할 목적으로 금융위원회의 허가를 받은 자를 말한다) 또는 제2조 제6호에 따른 **신용정보집중기관**(**신용정보를** 집중하여 관리·활용하는 자로서 **금융위원회**로부터 허가받은 자를 말한다), 그 밖에 다음에 해당하는 체납자의 인적사항 및 체납액에 관한 자료(체납자료)를 요구한 경우에는 이를 제공할 수 있다.

> ㉮ **체납 발생일**부터 **1년**이 지나고 **체납액**이 **500만원 이상**인 자, ㉯ 1년에 **3회 이상** 체납하고 **체납액**이 **500만원 이상**인 자

② 다만, 체납된 **관세** 및 **내국세** 등과 관련하여 이 법에 따른 **이의신청·심사청구** 또는 **심판청구** 및 **행정소송**이 계류 중인 경우나 그 밖에 다음에 해당하는 경우에는 **체납자료**를 제공하지 아니한다.

> ㉮ **전쟁·화재** 등 **재해**나 **도난**으로 인하여 재산에 심한 **손실**을 입은 경우, ㉯ **사업**에 현저한 **손실**을 입은 경우, ㉰ **사업**이 **중대 위기**에 처한 경우

③ **체납자료**의 제공 절차 등에 필요한 사항은 대통령령으로 정한다. **체납자료**를 제공받은 자는 이를 업무 목적 외의 목적으로 누설하거나 이용하여서는 아니 된다.

④ **세관장**은 **체납자료**를 전산정보처리조직에 의하여 처리하는 경우에는 **체납자료** 파일

(자기테이프, 자기디스크, 그 밖에 이와 유사한 매체에 **체납자료**가 기록·보관된 것을 말한다)을 작성할 수 있다. 체납자료 파일의 정리, 관리, 보관 등에 필요한 사항 또는 이 이외에 **체납자료**의 요구 및 제공 등에 필요한 사항은 **관세청장**이 정한다.

⑤ **체납자료**를 요구하려는 자(**요구자**)는 ㉮ **요구자**의 **이름** 및 **주소**, ㉯ **요구**하는 자료의 **내용** 및 **이용 목적**을 적은 문서를 **세관장**에게 제출하여야 한다. **체납자료**를 요구받은 **세관장**은 체납자료 파일이나 문서로 제공할 수 있다. 제공한 **체납자료**가 체납액의 납부 등으로 **체납자료**에 해당되지 아니하게 되는 경우에는 그 사실을 사유 발생일부터 **15일 이내**에 요구자에게 통지하여야 한다.

### 2) 관세체납정리위원회

① **관세**(**세관장**이 징수하는 **내국세** 등을 포함한다)의 **체납정리**에 관한 사항을 심의하기 위하여 **세관**에 **관세체납정리위원회**를 둘 수 있다. **관세체납정리위원회**의 조직과 운영에 필요한 사항은 대통령령으로 정한다.

② **관세체납정리위원회**는 위원장 1인을 포함한 **5인 이상 7인 이내**의 위원으로 구성한다. **관세체납정리위원회**의 **위원장**은 세관장이 되며, 위원은 다음 자 중에서 **세관장**이 임명 또는 위촉한다.

> ㉮ **세관공무원**, ㉯ **변호사·관세사·공인회계사·세무사**, ㉰ **상공계**의 대표, ㉱ 기획재정에 관한 학식과 경험이 풍부한 자

③ **관세체납정리위원회**의 위원장은 해당 위원회의 회무를 통리하고 해당 위원회를 대표한다. **관세체납정리위원회**의 위원장이 직무를 수행하지 못하는 부득이한 사정이 있는 때에는 위원장이 지명하는 위원이 그 직무를 대행한다.

④ **관세체납정리위원회**의 위원장은 **체납세액**이 **관세청장**이 정하는 금액 이상인 경우로서 다음에 해당하는 경우 회의를 소집하고 그 의장이 된다.

> ㉮ **국세징수법**의 예에 의한 **관세**(**세관장**이 징수하는 **내국세**를 포함한다)의 **체납처분**을 중지하고자 하는 경우 **세관공무원**, ㉯ 체납된 **내국세** 등에 대해 **세무서장**이 징수하게 하는 경우

⑤ **관세체납정리위원회**의 회의의 의사는 위원장을 포함한 재적위원 과반수의 출석으로 개의하고 출석위원 **과반수 찬성**으로 의결한다. **관세체납정리위원회**의 위원은 자기 또는

친족이 관련되어 있는 관세의 체납정리에 관한 의사에 참여하지 못한다.

⑥ **관세체납정리위원회**는 의안에 관하여 필요하다고 인정되는 때에는 체납자·이해관계인 등의 의견을 들을 수 있다. **관세체납정리위원회**의 위원장은 회의를 개최한 때에는 회의록을 작성하여 이를 비치하여야 한다.

⑦ **관세체납정리위원회**의 위원장은 해당 위원회에서 의결된 사항을 **관세청장**에게 통보하여야 한다. **관세체납정리위원회**의 회의에 출석한 공무원이 아닌 위원에 대하여는 예산의 범위 안에서 **수당**을 지급할 수 있다.

### (7) 관세환급금의 환급

#### 1) 관세환급금의 환급신청

① **세관장**은 **납세의무자**가 **관세·가산금·가산세** 또는 **체납처분비**의 **과오납금** 또는 이 법에 따라 **환급**하여야 할 **환급세액**의 환급을 청구할 때에는 지체 없이 이를 **관세환급금**으로 결정하고 **30일 이내**에 환급하여야 하며, **세관장**이 확인한 **관세환급금**은 납세의무자가 환급을 청구하지 아니하더라도 환급하여야 한다.

② **관세환급금**의 환급을 받고자 하는 자는 해당 물품의 품명·규격·수량·수입신고수리연월일·신고번호 및 환급사유와 환급받고자 하는 금액을 기재한 신청서를 **세관장**에게 제출하여야 한다.

③ **세관장**은 **관세환급금**을 환급하는 경우에 환급받을 자가 세관에 납부하여야 하는 관세와 그 밖의 **세금**, **가산금**, **가산세·체납처분비**가 있을 때에는 **환급**하여야 하는 금액에서 이를 **충당**할 수 있다.

④ **납세의무자**의 **관세환급금**에 관한 권리는 **제3자**에게 **양도**할 수 있다. **관세환급금**에 관한 권리를 **제3자**에게 양도하고자 하는 자는, ㉮ **양도인**의 **주소**와 **성명**, ㉯ **양수인**의 **주소**와 **성명**, ㉰ **환급사유**, ㉱ **환급액**을 기재한 문서에 인감증명을 첨부하여 **세관장**에게 제출하여야 한다.

⑤ **관세환급금**의 환급은 **국가재정법** 제17조(예산총계주의)[24]에도 불구하고 한국은행법에 따른 **한국은행**의 해당 세관장의 **소관세입금**에서 지급한다.

#### 2) 관세환급 가산금

세관장은 **관세환급금**을 **환급**하거나 **충당**할 때에는 **관세환급 가산금** 기산일부터 **환급결**

24) 국가재정법 제17조(예산총계주의) ① **한 회계연도**의 모든 수입을 **세입**으로 하고, 모든 **지출**을 **세출**로 한다. ② 국가재정법 제53조(예산총계주의 원칙의 예외)에 규정된 사항을 제외하고는 **세입**과 **세출**은 모두 예산에 계상하여야 한다.

**정·충당결정**을 하는 날까지의 **기간**과 **이율**에 따라 계산한 금액을 관세환급금에 더하여야 한다. 다만, 법 제41조(가산금) 제4항에 따라 제41조 제1항부터 제3항까지의 규정을 적용받지 아니하는 물품에 대하여는 그러하지 아니하다.

여기서 **관세환급 가산금 기산일**은 다음 구분에 따른 날의 **다음 날**로 한다.

① **착오납부, 이중납부·납부** 후 그 납부의 기초가 된 신고·부과를 경정하거나 취소함에 따라 발생한 관세환급금: 납부일. 다만, **2회 이상** 분할납부된 것인 경우에는 그 최종 납부일로 하되, **관세환급액**이 최종납부된 금액을 초과하는 경우에는 **관세환급액**이 될 때까지 납부일의 순서로 소급하여 계산한 **관세환급금**의 각 **납부일**로 한다.
② **적법**하게 납부된 관세 감면으로 발생한 **관세환급금: 감면 결정일**
③ **적법**하게 납부된 후 법률이 개정되어 발생한 관세환급금: **개정법률 시행일**
④ 이 법에 따라 신청한 **환급세액**(잘못 신청한 경우 이를 경정한 금액을 말한다)을 환급하는 경우: 신청을 한 날부터 **30일**이 지난 날. 다만, **환급세액**을 신청하지 아니하였으나 **세관장**이 직권으로 결정한 **환급세액**을 환급하는 경우에는 해당 결정일로부터 **30일**이 지난 날로 한다
⑤ **자유무역협정(FTA) 관세법** 제9조(협정관세 사후적용의 신청) 제4항에 따른 **관세환급금**: 동조 제3항 후단에 따른 **협정관세** 적용 등의 **통지일**

#### 3) 관세환급금의 충당통지

① **세관장**은 관세환급 사유를 확인한 때에는 권리자에게 그 금액과 이유 등을 통지하여야 한다. 세관장은 **관세환급금결정부**와 그 보조부를 비치하고, 이에 필요한 사항을 기록하여야 한다.

② **세관장**은 매월 **관세환급금결정액보고서**를 작성하여 **기획재정부장관**에게 제출하여야 한다. **세관장**은 **관세환급금결정액계산서**와 그 증빙서류를 **감사원장**이 정하는 바에 따라 **감사원**에 제출하여야 한다.

③ **세관장**은 **관세환급금**을 충당한 때에는 그 사실을 권리자에게 **통보**하여야 한다. 다만, 권리자의 신청에 의하여 **충당**한 경우에는 그 통지를 생략한다.

#### 4) 환급절차

① **세관장**은 **관세환급금**을 결정한 때에는 즉시 환급금 해당액을 환급받을 자에게 지급할 것을 내용으로 하는 지급지시서를 **한국은행**(국고대리점을 포함한다)에 송부하고, 그 환급받을 자에게 환급내용 및 방법 등을 기재한 환급통지서를 송부하여야 한다.

② **한국은행**은 **세관장**으로부터 지급지시서를 송부받은 때에는 즉시 세관장의 해당 연도 **소관세입금**중에서 환급에 필요한 금액을 세관장의 **환급금지급계정**에 이체하고 그 내용을 **세관장**에게 **통지**하여야 한다.

③ **한국은행**은 **환급통지서**를 제시받은 때에는 이를 **세관장**으로부터 송부받은 지급지

시서와 대조·확인한 후 환급금을 지급하고 지급내용을 **세관장**에게 통지하여야 한다.

④ **한국은행**은 환급금을 지급하는 때에는 환급받을 자에게 **주민등록증** 기타 신분증을 제시하도록 하여 그가 **정당**한 **권리자**인지를 확인하여야 한다.

⑤ **관세환급금**을 환급받으려는 자가 신청을 하는 때에 다른 지역의 **한국은행**으로 지급받을 환급금을 송금할 것을 신청하거나, **금융기관**에 계좌를 개설하고 **세관장**에게 **계좌개설신고**를 한 후 그 계좌에 이체입금하여 줄 것을 신청할 수 있다.

⑥ 신청을 받은 **세관장**은 그 내용을 기재한 **지급지시서**를 **한국은행**에 송부하여야 한다. 이 경우 **국고금송금요구서·국고금입금의뢰서**를 첨부하여야 한다. **한국은행**은 **세관장**으로부터 지급지시서를 송부받은 때에는 즉시 그 금액을 해당 은행에 송금하거나 **지정금융기관**의 계좌에 이체입금하고 그 내용을 **세관장**에게 통지하여야 한다. **환급금**을 송금받은 다른 지역의 **한국은행**은 위의 규정에 의하여 해당 **환급금**을 지급한다.

## 제 6 절 세율 및 품목분류

### 1. 관세율의 종류와 적용순서

#### (1) 관세율의 종류

**관세율**은 **별표 관세율표**에 의한다. **관세율표**는 수입물품을 분류하기 위한 **품목표**와 각 품목마다의 세율로 구성되어 있다. 현행 우리나라 **관세율**은 '**국정관세율**'과 '**협정관세율**'로 구분된다.

##### 1) 국정관세율

**국정관세율**이란 우리나라 법률에 의해 독자적으로 정하는 관세율을 말하고, 이러한 세율을 적용하는 **관세**를 '**국정관세**'·'**자주관세**'라고도 하며, 우리나라의 **국정관세율**은 **기본관세율, 잠정관세율, 탄력관세율** 등이 있다.

##### ① 기본관세율

**법 별표 관세율표**상의 **기본관세율**을 말한다. 이는 국회에서 제정하고 개정하며 통상적인 상태에서 원칙적으로 적용하는 **관세율**이다.

### ② 잠정관세율

㉮ **관세율표**에 **기본관세율**과 함께 표시되어 있는 세율로서 **특정품목**에 대하여 **기본관세율**과는 다른 세율을 잠정적으로 적용하기 위하여 마련된 **세율**이다. 이와 같은 **잠정관세율**은 **기본관세율**과 같이 국회의결을 거쳐 법률로 정해진 것이나, **잠정관세율**의 적용을 받는 물품에 대하여는 그 물품의 전부 또는 일부에 대하여 **잠정관세율의** 적용을 **정지**하거나 **기본관세율**과의 **세율차**를 좁히도록 **잠정관세율**을 인상·인하할 수 있다.

㉯ 관계부처의 장 또는 이해관계인은 해당 **물품**과 관련된 다음 사항에 관한 자료를 **기획재정부장관**에게 제출하여야 한다.

> ㉠ 해당 **물품**의 **관세율표 번호·품명·규격·용도** 및 **대체물품**, ㉡ 해당 **물품**의 **제조용 투입원료** 및 해당 **물품**을 원료로 하는 관련제품의 **제조공정설명서** 및 **용도**, ㉢ **적용**을 **정지**하여야 하는 **이유** 및 **기간**, ㉣ **변경**하여야 하는 **세율·이유** 및 그 **적용기간**, ㉤ 최근 1년간의 월별 주요 **수입국별 수입가격** 및 **수입실적**, ㉥ 최근 1년간의 월별 주요 **국내제조업체별 공장도가격** 및 **출고실적**, ㉦ 기타 참고사항

㉰ 그런데 법 **별표 관세율표**중 **잠정관세율**의 적용을 받는 물품과 관련이 있는 관계부처의 장 또는 이해관계인은 **잠정관세율**의 적용정지나 **잠정관세율**의 인상·인하의 필요가 있다고 인정되는 때에는 이를 **기획재정부장관**에게 요청할 수 있다. **기획재정부장관**은 **잠정관세율**의 적용정지 등에 관한 사항을 조사하기 위하여 필요하다고 인정되는 때에는 **관계기관·수출입자** 기타 **이해관계인**에게 관련자료의 제출 기타 필요한 협조를 요청할 수 있다.

### ③ 탄력관세율

**조세법률주의**에 의거 관세율을 변경, 조정시에는 국회입법 절차를 거쳐야 하는 것이 원칙이다. 그러나 **정치적·경제적 여건** 또는 **국내산업보호**, **국민경제안정**, 국제수지의 악화방지 등의 목적을 위해 행정권이 세율을 탄력적으로 운영할 수 있는데 이를 **탄력관세율**이라 한다. 이것에 해당하는 세율에는 **덤핑방지관세**, **상계관세**, **보복관세**, **긴급관세**, **농림축산물에 대한 특별긴급관세**, **조정관세**, **편익관세**, **계절관세**, **할당관세** 등이 있다.

### 2) 협정관세율

**대외무역증진**을 위해 **특정국가·기구**와 관세에 관한 협상을 하게 되며 그 결과에 따라 외국과의 **조약·국제기구협정**에 의거하여 결정된 **관세율**을 '**협정관세율**'이라 한다.

> ① **협정주체별** : **양국간 협정**에 의한 **세율**, **다국간 협정**에 의한 **세율**
> ② **협정종류별** : **WTO협정 일반 양허관세율**, **WTO협정 개도국간 양허관세율**, **방콕협정 양허관세율**, **범개발도상국간 무역특혜제도(GSTP) 양허관세율**, **특정국가**와의 **관세협상**에 따른 **국제협력관세율**

### (2) 관세율의 적용순서

1) **세율적용**의 **우선순위**는 **기본관세율** 및 **잠정관세율**은 **별표 관세율표**에 따르되, **잠정관세율**을 **기본관세율**에 우선하여 적용한다. 이 외에는 다음의 순서에 따라 **별표 관세율표**의 세율에 **우선**하여 적용한다.

> ① **덤핑방지관세·상계관세·보복관세·긴급관세·특정국물품긴급관세** 및 **농림축산물에 대한 특별긴급관세**의 규정에 의한 세율, ② **국제협력관세** 및 **편익관세**의 규정에 의한 세율, ③ **조정관세·할당관세** 및 **계절관세**의 규정에 의한 세율, ④ **일반특혜관세**(GSP)

2) 위의 규정에도 불구하고 ②의 세율은 **기본관세율·잠정관세율**, ③ 및 ④의 세율보다 낮은 경우에 한하여 우선하여 적용하고, ③의 세율 중 **할당관세**의 규정에 의한 세율, ④의 세율보다 낮은 경우에만 우선하여 적용한다. 다만, 법 제73조(국제협력관세)에 따라 **국제기구**와의 관세에 관한 협상에서 국내외의 가격차에 상당하는 율로 양허하거나 국내시장 개방과 함께 **기본관세율**보다 높은 세율로 양허한 **농림축산물** 중 대통령령으로 정하는 물품에 대하여 **양허세율**(시장접근물량에 대한 양허세율을 포함한다)은 **기본관세율** 및 **잠정관세율**에 우선하여 적용한다.

3) **별표 관세율표** 중 **잠정관세율**을 적용받는 물품에 대하여는 그 물품의 전부 또는 일부에 대하여 **잠정관세율**의 적용을 정지하거나 **기본관세율**과의 **세율차**를 좁히도록 잠정세율을 올리거나 내릴 수 있다. **탄력관세율**에 따른 세율을 적용할 때 **별표 관세율표** 중 **종량세**인 경우에는 해당 세율에 상당하는 금액을 적용한다.

〈표-7〉 관세율의 적용순서

| 순위 | 종류 | 비 고 |
|---|---|---|
| 1순위 | 덤핑방지관세, 상계관세, 보복관세, 긴급관세, 특정국물품긴급관세 | 최우선 적용 |
| 2순위 | 국세협력관세, 편익관세 | 단,3·4·5·6순위 세율보다 낮은 경우에만 적용하고 농림축산물 양허 관세, (WTO 별표 1나 및 3다)는 4-6순위 세율보다 우선적용 |
| 3순위 | 조정관세, 할당관세, 계절관세 | |
| 4순위 | 일반특혜관세 | |
| 5순위 | 잠정관세 | |
| 6순위 | 기본관세 | |

자료 : 관세청, "품목분류와 관세율", http://www.customs.go.kr/kcshome/main/content/ContentView.do?contentId=CONTENT_ID_000000599&layoutMenuNo=104을 참조하여 저작작성

## 2. 세율의 조정

**탄력관세제도**(flexible tariff system)란 법률에 의하여 일정한 범위 내에서 **관세율**의 변경권을 행정권에 위임하여 **세율**을 탄력적으로 변경함으로써 **관세율 조정**의 신축성을 발휘하는 제도를 말한다. 이는 국내외적으로 급격한 변화에 대응하여 신축성 있게 **관세정책**을 수립하고자 하는 것이다. 그 기능은 다음과 같다.

> 1) 법률의 경직성 탈피, 2) 국내산업보호(공정·불공정 무역으로 인한 산업피해 구제), 3) 물가안정, 4) 주요 자원의 안정적 확보(할당관세), 5) 세율불균형(조정관세, 할당관세)개선

### (1) 덤핑방지관세

#### 1) 의의

① **국내산업**에 이해관계가 있는 자[25]로서 **부과요청**을 한 경우, 외국의 물품이 **정상가격** 이하로 수입(**덤핑**)되어 다음에 해당하는 것(**실질적 피해**)으로 조사를 통하여 확인되고

25) **실질적 피해**를 받은 **국내산업**에 속하는 **국내생산자**와 이들을 **구성원**으로 하거나 이익을 대변하는 법인·단체 및 개인으로서 **국내생산자**로 구성된 **협회·조합** 등을 말한다.

해당 국내산업을 보호할 필요가 있다고 인정되는 경우에는 그 물품과 공급자·공급국을 지정하여 해당 물품에 대하여 **정상가격**과 **덤핑가격** 사이의 차액(**덤핑차액**)에 상당하는 금액 이하의 관세(**덤핑방지관세**)(anti dumping duties)를 추가하여 부과할 수 있다.

> ㉮ **국내산업**이 **실질적 피해**를 받거나 받을 **우려**가 있는 경우, ㉯ **국내산업**의 **발전**이 실질적으로 **지연**된 경우

### ② 정상가격과 덤핑가격

#### ㉮ 정상가격

㉠ 해당 물품의 **공급국**에서 소비되는 **동종물품**의 **통상거래가격**을 말한다. 다만, 동종물품이 거래되지 아니하거나 특수한 시장상황 등으로 인하여 **통상거래가격**을 적용할 수 없는 때에는 해당 국가에서 **제3국**으로 수출되는 **수출가격** 중 대표적인 가격으로서 **비교가능**한 **가격·원산지국**에서의 **제조원가**에 합리적인 수준의 **관리비** 및 **판매비**와 **이윤**을 합한 가격(**구성가격**)을 **정상가격**으로 본다.

㉡ 해당 물품의 **원산지국**으로부터 직접 수입되지 아니하고 제3국을 거쳐 수입되는 경우에는 그 제3국의 **통상거래가격**을 **정상가격**으로 본다. 다만, 그 제3국내에서 해당 물품을 단순히 옮겨 싣거나 **동종물품**의 생산실적이 없는 때 또는 그 제3국내에 **통상거래가격**으로 인정될 가격이 없는 때에는 원산지국의 **통상거래가격**을 정상가격으로 본다.

㉢ 해당 물품이 **통제경제**를 실시하는 **시장경제체제**가 확립되지 아니한 국가로부터 수입되는 때에는 다음에 해당하는 가격을 **정상가격**으로 본다. 다만, **시장경제체제**가 확립되지 아니한 국가가 시장경제로의 전환체제에 있는 통상거래가격 등을 **정상가격**으로 볼 수 있다.

> ⓐ 우리나라를 제외한 **시장경제국가**[26]에서 소비되는 **동종물품**의 **통상거래가격**, ⓑ 우리나라를 제외한 **시장경제국가**에서 우리나라를 포함한 제3국으로의 **수출가격·구성가격**

#### ㉯ 덤핑가격

**덤핑가격**은 다음 가격을 말한다.

---

26) **시장경제국가**는 원칙적으로 해당 물품을 공급한 국가와 **경제발전정도**, 해당 물품의 **생산기술수준** 등이 비슷한 **국가**로 한다. 또한 해당 국가 내에서 해당 **물품**의 **생산·판매**가 **시장경제원리**에 따르고 있는 경우를 말한다.

㉠ **조사**가 개시된 **조사대상물품**에 대하여 실제로 지급하였거나 지급하여야 하는 **가격**. 다만, **공급자**와 **수입자·제3자** 사이에 **특수관계·보상약정**이 있어 실제로 지급하였거나 지급하여야 하는 **가격**에 의할 수 없는 때에는 다음 **가격**으로 할 수 있다.
㉡ **수입물품**이 그 **특수관계·보상약정**이 없는 구매자에게 최초로 **재판매**된 경우에는 그 **재판매 가격**을 기초로 산정한 **가격**
㉢ **수입물품**이 그 **특수관계·보상약정**이 없는 구매자에게 **재판매**된 실적이 없거나 수입된 상태로 물품이 **재판매**되지 아니하는 때에는 **합리적 기준**에 의한 **가격**. **재판매가격**을 기초로 산정한 가격은 수입과 재판매 사이에 발생하는 제세를 포함한 **비용**과 그로 인한 **이윤**을 **공제**한 가격으로 하며, **합리적 기준**에 의한 가격은 해당 물품의 수입가격에 해당 수입과 관련하여 발생하거나 해당 **수입**과 **재판매** 사이에서 발생하는 비용과 적정한 이윤 등을 참작하여 산출한 **가격**으로 한다.

㉰ 정상가격과 덤핑가격의 비교

㉠ **정상가격**과 **덤핑가격**은 가능한 **동일**한 **시기·거래단계**(통상적으로 **공장도 거래단계**를 말한다)에서 비교하여야 한다. 이 경우 해당 물품의 물리적 특성, 판매수량, 판매조건, 과세상의 차이, 거래단계의 차이, 환율변동 등이 가격비교에 영향을 미치는 경우에는 **정상가격** 및 **덤핑가격**을 조정하여야 하며, **덤핑률 조사대상기간**은 **6월 이상**의 기간으로 한다.

㉡ **정상가격**과 **덤핑가격**을 비교하는 때에는 원칙적으로 거래량을 **가중치**로 하여 **가중산술평균**한 가격으로 비교하여야 한다. 이 경우 **개별덤핑가격**이 **정상가격**보다 높은 경우를 포함하여 모든 개별 **덤핑가격**을 **가중산술평균**한 가격을 덤핑가격으로 한다. **정상가격**과 **덤핑가격**을 비교할 때 적용하는 **환율**은 원칙적으로 해당 물품 거래일의 환율로 한다. 다만, 해당 물품거래가 **선물환거래**와 직접적으로 연계되어 있는 경우에는 그 **약정환율**을 적용할 수 있다.

㉢ **물리적 특성**의 차이로 **가격조정**을 하는 때에는 그 물리적 특성이 공급국의 **시장가격**에 미치는 영향을 기준으로 계산하여야 한다. 다만, 공급국의 시장가격에 관한 자료를 구할 수 없거나 그 자료가 가격비교에 사용하기에 부적합한 때에는 물리적 특성의 차이에 따른 **제조원가**의 차이를 기준으로 조정할 수 있다.

㉣ **판매수량**의 차이로 가격조정을 하는 경우는 **대량생산**에 따른 생산비의 절감에 의한 것이거나 통상적인 거래에서 모든 **구매자**에게 제공되는 대량판매에 의한 할인이 있는 경우로 한다.

㉤ **판매조건**의 차이로 **가격조정**을 하는 경우는 그 판매조건이 해당 **판매가격**에 영향을 미칠 정도의 직접적 관계가 있는 경우에 한한다. 환율변동으로 가격을 조정하는 경우는 **덤핑률 조사대상 기간** 중 환율이 일정한 방향으로 변동하여 지속된 경우로 하며, 그 조정가격을 조사대상공급자에게 환율변동 후 60일 동안 적용할 수 있게 하여야 한다. **이해관**

**계인**은 물리적 특성, 판매수량 및 판매조건의 차이로 인하여 **가격조정**을 요구하는 때에는 그러한 차이가 **시장가격·제조원가**에 직접적 영향을 미친다는 사실을 입증하여야 한다.

### ③ 부과요청

㉮ **실질적 피해** 등을 받은 **국내산업**에 이해관계가 있는 자 또는 해당 산업을 관장하는 **주무부장관**은 **기획재정부장관**에게 **덤핑방지관세**의 부과를 요청할 수 있으며, 이 요청은 **불공정무역행위 조사 및 산업피해구제에 관한 법률** 제27조[27]에 따른 **무역위원회**에 대한 **덤핑방지관세**의 부과에 필요한 조사신청으로 갈음한다.

㉯ **국내산업**은 **정상가격** 이하로 수입되는 **물품**과 **동종물품**의 국내생산사업(해당 수입물품의 공급자·수입자와 **특수관계**에 있는 생산자에 의한 생산사업과 해당 수입물품의 수입자인 생산자로서 기획재정부령으로 정하는 자에 의한 생산사업을 제외할 수 있다)의 전부 또는 **국내총생산량**의 상당부분을 차지하는 **국내생산사업**으로 한다.

㉰ 해당 **수입물품**의 수입자인 생산자로서 해당 수입물품을 수입한 생산자 중 다음의 자를 **제외**한 자를 말한다.

> ㉠ **신청서 접수일**부터 **6개월 이전**에 **덤핑물품**을 **수입**한 **생산자**, ㉡ **덤핑물품**의 수입량이 근소한 생산자, ㉢ **특수관계**에 있는 생산자의 범위를 판정함에 있어 해당 **수입물품**과 **동종물품**의 생산자가 **특수관계**에 속하지 아니하는 자와 동일 또는 유사한 가격 및 조건 등으로 이를 판매하는 때에는 해당 생산자를 **특수관계**에 있는 **생산자**의 범위에서 제외할 수 있다.

### ④ 덤핑방지관세율·기준수입가격의 산정과 부과

㉮ **덤핑방지관세**는 실질적 피해 등을 구제하기 위하여 필요한 범위에서 공급자·공급국별로 **덤핑방지관세율·기준수입가격**을 정하여 부과한다. 다만, 정당한 사유없이 자료를 제출하지 아니하거나 해당 자료의 공개를 거부하는 경우 및 기타의 사유로 조사·자료의 검증이 곤란한 공급자에 대하여는 단일 **덤핑방지관세율·기준수입가격**을 정하여 부과할 수 있다.

㉯ **조사대상**으로 선정되지 아니한 공급자에 대하여는 **조사대상**으로 선정된 공급자의 **덤핑방지관세율·기준수입가격**을 가중평균한 **덤핑방지관세율·기준수입가격**에 의하여 **덤**

---

27) 제27조(무역위원회의 설치) ① **불공정무역행위**에 대한 조사·판정, 수입 증가·덤핑·보조금 등으로 인한 국내산업 피해의 **조사·판정**, **산업경쟁력 영향조사** 등에 관한 업무를 수행하기 위하여 **산업통상자원부**에 **무역위원회**를 둔다. ② 제1항에 따른 업무 및 국제무역제도의 연구 등 **무역위원회**의 업무를 처리하기 위하여 **무역위원회**에 사무기구를 둔다.

**핑방지관세**를 부과한다. 다만, 조사대상기간 중에 수출을 한 자로서 조사대상으로 선정되지 아니한 자중 자료를 제출한 자에 대하여는 위의 규정에 의한다.

㉰ **공급국**을 지정하여 **덤핑방지관세**를 부과하는 경우 **조사대상기간 이후**에 수출하는 해당 공급국의 **신규공급자**가 **덤핑방지관세**가 부과되는 **공급자**와 **특수관계**에 있는 때에는 그 **공급자**에 대한 **덤핑방지관세율·기준수입가격**을 적용하여 **덤핑방지관세**를 부과한다. 다만, **신규공급자**가 **특수관계**에 있지 아니하다고 증명하는 경우에는 조사를 통하여 별도의 **덤핑방지관세율·기준수입가격**을 정하여 부과할 수 있다. 이 경우 기존 조사대상자에 대한 조사방법 및 조사절차 등과 달리할 수 있다.

㉱ **신규공급자**에 대한 조사가 개시된 경우 **세관장**은 그 **신규공급자**가 공급하는 물품에 대하여 이를 수입하는 자로부터 **담보**를 제공받고 조사 완료일까지 **덤핑방지관세**의 부과를 **유예**할 수 있다.

㉲ **덤핑방지관세율·기준수입가격**은 해당 조사의 **개시일**부터 적용한다. **조사**가 개시된 **신규공급자**의 가격수정·수출중지 등의 약속에 관하여는 법 시행령 제68조(가격수정 ·수출중지 등의 약속) 제1항부터 제3항까지, 제5항 및 제6항을 준용한다. 이 경우 법 시행령 제68조 제1항 전단 중 법 시행령 제61조(덤핑 및 실질적 피해 등의 조사) 제5항의 규정에 의한 **본조사** 결과에 따른 **최종판정**은 법 시행령 제65조(덤핑방지관세의 부과) 제3항 단서에 따른 **조사 종결**로 본다.

㉳ **기준수입가격**은 조정된 공급국의 **정상가격**에 **수입관련비용**을 가산한 범위안에서 결정한다. 또한 **덤핑방지관세**를 부과하는 때에는 다음의 **정률세**와 **기준수입가격**의 방법에 따라 산출한다.

㉠ 덤핑방지관세를 **정률세**의 **방법**으로 부과하는 경우 : 다음의 산식에 의하여 산정된 **덤핑률 범위 내**에서 결정한 **율**을 **과세가격**에 **곱하여** 산출한 **금액**

〈그림-11〉 덤핑률 계산식

$$\textbf{덤핑률} = \frac{\text{조정된 }\textbf{정상가격} - \text{조정된 }\textbf{덤핑가격}}{\textbf{과세가격}} \times 100$$

㉡ 덤핑방지관세를 **기준수입가격**의 **방법**으로 부과하는 경우 : **기준수입가격**에서 **과세가격**을 차감하여 산출한 금액

㉴ **가중평균 덤핑방지관세율·기준수입가격**을 산정함에 있어 공급자가 **다수**인 때에는 **공급자별 수출량**에 따라 **가중치**를 둘 수 있다. 이 경우 다음에 해당하는 공급자는 산정

대상에서 제외한다.

> ㉠ **덤핑차액**이 없거나 덤핑가격대비 **덤핑차액**이 2/100 미만인 **공급자**, ㉡ 이용 가능한 자료 등을 사용하여 **덤핑차액** 등을 산정한 **공급자**

㉮ **기획재정부장관**은 **신규공급자**에 대하여 조사를 조속히 행하여야 한다. 이 경우 **실질적 피해** 등의 조사는 공급국에 대한 실질적 피해 등의 조사로 갈음할 수 있다. **덤핑방지관세**의 부과와 **잠정조치**는 각각의 조치일 이후 수입되는 물품에 대하여 적용된다. 다만, **잠정조치**가 적용된 물품에 대하여 **국제협약**에서 달리 정하는 경우와 그 밖의 경우에는 그 물품에 대하여도 **덤핑방지관세**를 부과할 수 있다.

### 2) 덤핑 및 실질적 피해 조사의 개요

① **덤핑사실** 및 **실질적 피해** 등의 사실에 관한 조사는 **무역위원회**가 담당한다. 이 경우 **무역위원회**는 필요하다고 인정하는 때에는 관계행정기관의 공무원 또는 관계전문가로 하여금 조사활동에 참여하도록 할 수 있다.

② **무역위원회**는 조사개시의 결정에 관한 사항이 관보에 게재된 날부터 **3월 이내**에 **덤핑사실** 및 그로 인한 **실질적 피해** 등의 사실이 있다고 추정되는 충분한 증거가 있는지에 관한 **예비조사**를 하여 그 결과를 **기획재정부장관**에게 제출하여야 한다.

③ **기획재정부장관**은 **예비조사결과**가 제출된 날부터 **1월 이내**에 조치의 필요여부 및 내용에 관한 사항을 결정하여야 한다. 다만, 필요하다고 인정되는 경우에는 **20일 범위내**에서 그 결정기간을 **연장**할 수 있다.

④ **무역위원회**는 **예비조사**에 따른 **덤핑차액·덤핑물품**의 수입량이 기준에 미달하거나 실질적 피해 등이 경미한 것으로 인정되는 때에는 **본조사**를 **종결**하여야 한다. 이 경우 **기획재정부장관**은 **본조사** 종결에 관한 사항을 관보에 게재하여야 한다.

⑤ **무역위원회**는 특별사유가 없는 한 **예비조사결과**를 제출한 날의 **다음 날부터 본조사**를 개시하여야 하며, **본조사**개시일부터 **3월 이내**에 본조사결과를 **기획재정부장관**에게 제출하여야 한다. **무역위원회**는 조사와 관련하여 **조사기간**을 **연장**할 필요가 있거나 이해관계인이 정당한 사유를 제시하여 조사기간의 **연장**을 요청하는 때에는 **2월 범위내**에서 그 **조사기간**을 **연장**할 수 있다.

⑥ **기획재정부장관**은 **본조사** 결과가 접수되면 관보게재일부터 **12개월 이내**에 **덤핑방지관세**의 부과여부 및 내용을 결정하여 **덤핑방지관세**의 부과조치를 하여야 한다. 다만, 특별사유가 있다고 인정되는 경우에는 관보게재일부터 **18개월 이내**에 **덤핑방지관세**의 부과

**조치**를 할 수 있다.

⑦ **무역위원회**는 조사결과를 제출하는 경우 필요하다고 인정되는 때에는 **기획재정부장관**에게 다음 사항을 **건의**할 수 있다. 이 외에 조사절차에 관하여 필요한 사항은 **무역위원회**가 **기획재정부장관**과 협의하여 **고시**한다.

> ㉮ 법 제51조(덤핑방지관세의 부과대상)의 규정에 의한 **덤핑방지관세부과**, ㉯ 법 제53조(덤핑방지관세를 부과하기 전의 잠정조치) 제1항의 규정에 의한 **잠정조치**, ㉰ 법 제54조(덤핑방지관세와 관련된 약속의 제의) 제1항의 규정에 의한 **약속의 제의**

#### 3) 덤핑 및 실질적 피해의 조사개시

① **무역위원회**는 조사신청을 받은 경우 **덤핑사실**과 **실질적 피해** 등의 사실에 관한 조사의 개시여부를 결정하여 조사신청을 받은 날부터 **2개월 이내**에 그 결과와 다음 사항을 **기획재정부장관**에게 **통보**하여야 한다.

> ㉮ **조사대상물품**(조사대상물품이 많은 경우에는 선정된 조사대상물품), ㉯ **조사대상기간**, ㉰ **조사대상 공급자**(조사대상공급자가 많은 경우에는 선정된 조사대상 공급자)

② **조사대상물품·공급자**를 선정함에 있어 이용가능한 자료를 기초로 통계적으로 유효한 **표본추출방법**(공급자의 수 또는 물품의 수를 수입량의 비율이 큰 순서대로 선정하는 방법 등을 포함한다)을 사용함을 원칙으로 한다.

③ **무역위원회**는 조사의 개시 여부를 결정할 때에 **조사신청**이 다음에 해당하면 그 조사신청을 **기각**하여야 한다.

㉮ **신청서**를 제출한 자가 **부과요청**을 할 수 있는 자가 아닌 경우
㉯ **덤핑사실**과 **실질적 피해** 등의 사실에 관한 충분한 **증빙자료**를 제출하지 아니한 경우
㉰ **덤핑차액** · **덤핑물품**의 수입량이 **미달**되거나 **실질적 피해** 등이 **경미**하다고 인정되는 경우. 다만, 다음 **요건**을 모두 갖추어야 한다.
　㉠ **덤핑차액 : 덤핑가격**의 2/100 **이상**인 경우
　㉡ **덤핑물품 수입량 : 동종물품**의 국내수입량의 3/100 **미만**의 **점유율**을 보이는 공급국들로부터의 **수입량** 합계가 국내수입량의 7/100을 **초과**하는 경우
㉱ 해당 **조사신청**에 찬성의사를 표시한 국내생산자들의 **생산량합계**가 다음 기준에 **미달**된다고 인정되는 경우
　㉠ **부과요청**에 대하여 **찬성·반대의사**를 표시한 **국내생산자**들의 **동종물품 국내생산량 합계** 중 찬성의사를 표시한 국내생산자들의 **생산량합계**가 50/100 **이하**인 경우
　㉡ **부과요청**에 대하여 **찬성의사**를 표시한 **국내생산자**들의 **생산량합계**가 **동종물품 국내총생산량**의 25/100 **미만**인 경우
㉲ **조사개시** 전에 **국내산업**에 미치는 나쁜 영향을 제거하기 위한 조치가 취하여지는 등 **조사개시**가 필요 없게 된 경우

④ **무역위원회**는 조사개시결정을 한 때에는 그 **결정일**부터 10일 **이내**에 조사개시의 결정에 관한 사항을 조사신청자, 해당 물품의 공급국 정부 및 공급자 그 밖에 이해관계인에게 통지하고, 관보에 게재하여야 한다. **무역위원회**는 **조사대상물품**의 품목분류 등에 대해서는 **관세청장**과 협의하여 선정할 수 있다.

### 4) 덤핑방지관세 부과전의 잠정조치 및 적용

#### ① 부과전의 잠정조치

㉮ **기획재정부장관**은 **덤핑방지관세**의 부과 여부를 결정하기 위하여 조사가 시작된 경우로서 다음에 해당하는 경우에는 조사기간 중에 발생하는 피해를 방지하기 위하여 해당 조사가 **종결**되기 **전**이라도 그 물품과 공급자·공급국 및 기간을 정하여 잠정적으로 추계된 **덤핑차액**에 상당하는 금액 이하의 **잠정덤핑방지관세**를 추가하여 부과하도록 명하거나 **담보**를 제공하도록 명하는 조치(**잠정조치**)를 할 수 있다.

㉠ 해당 **물품**에 대한 **덤핑 사실** 및 그로 인한 **실질적 피해** 등의 사실이 있다고 추정되는 충분한 **증거**가 있는 경우, ㉡ **약속**을 위반하거나 **약속**의 이행에 관한 **자료제출 요구** 및 **제출자료**의 **검증 허용 요구**에 응하지 아니한 경우로서 이용할 수 있는 **최선**의 **정보**가 있는 경우

㉯ 다음에 해당하는 경우에는 납부된 **잠정덤핑방지관세**를 **환급**하거나 제공된 **담보**를 **해제**하여야 한다.

> ㉠ **잠정조치**를 한 물품에 대한 **덤핑방지관세**의 부과요청이 **철회**되어 조사가 **종결**된 경우, ㉡ **잠정조치**를 한 물품에 대한 **덤핑방지관세**의 부과 여부가 **결정**된 경우, ㉢ **약속이 수락**된 경우

㉰ 다음에 해당하는 경우 **덤핑방지관세액**이 **잠정덤핑방지관세액**을 **초과**할 때에는 그 **차액**을 **징수**하지 아니하며, **덤핑방지관세액**이 **잠정덤핑방지관세액**에 **미달**될 때에는 그 **차액**을 **환급**하여야 한다.

> ㉠ **덤핑**과 그로 인한 **산업피해**를 조사한 결과 해당 **물품**에 대한 **덤핑 사실** 및 그로 인한 **실질적 피해** 등의 사실이 있는 것으로 **판정**된 이후에 약속이 **수락**된 경우, ㉡ **덤핑방지관세**를 **소급**하여 **부과**하는 경우

#### ② 잠정조치의 적용

㉮ **잠정조치**는 **예비조사결과** 덤핑사실 및 그로 인한 **실질적 피해** 등의 사실이 있다고 추정되는 충분한 증거가 있다고 판정된 경우로서 해당 조사의 **개시후** 최소한 60일이 **경과된 날** 이후부터 적용할 수 있다.

㉯ **잠정조치**의 **적용**기간은 **4월 이내**로 하여야 한다. 다만, 해당 물품의 무역에 있어서 중요한 비중을 차지하는 **공급자**가 요청하는 경우에는 그 적용기간을 **6월**까지 **연장**할 수 있다. **기획재정부장관**이 필요하다고 인정하는 때에는 **국제협약**에 따라 **잠정조치**의 적용기간을 **연장**할 수 있다.

㉰ 제공되는 담보는 **잠정덤핑방지관세액**에 상당하는 금액이어야 한다. **잠정조치 적용기간**의 **연장**을 요청하고자 하는 자는 그 **잠정조치**의 유효기간종료일 10**일 전**까지 이를 요청하여야 한다.

### 5) 잠정덤핑방지관세액의 정산

① **잠정조치**가 적용된 기간 중에 수입된 물품에 대하여 부과하는 **덤핑방지관세액**이 **잠정덤핑방지관세액**과 같거나 많은 때에는 그 **잠정덤핑방지관세액**을 **덤핑방지관세액**으로 하여 그 차액을 징수하지 아니하며, 적은 때에는 그 차액에 상당하는 **잠정덤핑방지관세액**을 **환급**하여야 한다.

② **담보**가 제공된 경우로서 해당 **잠정조치**가 적용된 기간 중에 **소급부과**될 **덤핑방지관세액**은 **잠정덤핑방지관세액** 상당액을 **초과**할 수 없다.

③ **본조사**의 결과에 따라 해당 물품에 대한 **덤핑사실** 및 그로 인한 **실질적 피해** 등의

사실이 있는 것으로 판정된 후에 수락된 경우로서 조사된 **최종덤핑률**이 **잠정덤핑방지관세율**과 같거나 큰 경우에는 그 차액을 **징수**하지 아니하며, 작은 경우에는 그 차액에 상당하는 **잠정덤핑방지관세액**을 **환급**하여야 한다.

### 6) 덤핑방지관세부과에 필요한 조사신청의 철회

① **조사신청**을 **철회**하고자 하는 자는 **철회사유**를 기재한 철회서 및 관련자료를 **무역위원회**에 제출하여야 한다.

② **기획재정부장관·무역위원회**는 **예비조사·본조사**의 기간 중에 **철회서**가 접수된 경우로서 해당 **철회**의 사유가 부당하다고 인정되는 경우에는 해당 **예비조사·본조사**가 **종료**될 때까지 **철회**에 따른 **조사종결**여부에 대한 결정을 **유보**할 수 있다.

### 7) 덤핑방지조치 관련 비밀취급자료

**비밀취급자료**는 다음 자료로서 이들이 공개되는 경우 그 제출자나 이해관계인의 이익이 **침해**될 우려가 있는 것으로 한다.

> ① **제조원가**, ② 공표되지 아니한 **회계자료**, ③ **거래선**의 성명·주소 및 거래량, ④ **비밀정보**의 제공자에 관한 사항, ⑤ 그 밖에 **비밀**로 취급하는 것이 타당하다고 인정되는 **자료**

### 8) 덤핑방지관세부과를 위한 공청회

① **무역위원회**는 **공청회**를 개최하는 때에는 그 계획 및 결과를 **기획재정부장관**에게 **통보**하여야 한다. **기획재정부장관·무역위원회**는 공청회를 개최하고자 하는 때에는 신청인·이해관계인에게 공청회의 일시 및 장소를 개별통지하고, 관보 등 적절한 방법으로 **공청회개최일 30일 이전**에 공고하여야 한다. 다만, 사안이 시급하거나 조사일정상 불가피한 때에는 **7일 이전**에 알려줄 수 있다.

② **공청회**에 참가하고자 하는 자는 **공청회개최예정일 7일전**까지 신청인·이해관계인이라는 소명자료와 진술할 발언의 요지, 관련근거자료, 자신을 위하여 진술할 자의 인적사항 등을 첨부하여 **기획재정부장관·무역위원회**에 신청하여야 한다.

③ **신청인·이해관계인**은 **공청회**에 대리인과 공동으로 참가하여 진술하거나 필요한 때에는 대리인에게 진술하게 할 수 있다. **공청회**에 참가하는 자는 공청회에서 진술한 내용과 관련되는 **보완자료**를 공청회 종료 후 **7일 이내**에 **기획재정부장관** 및 **무역위원회**에 서면으로 제출할 수 있다.

④ **신청인·이해관계인**은 **공청회**에서 진술하는 때에는 **한국어**를 사용하여야 한다. **외국인**이 공청회에 직접 참가하는 때에는 **통역사**를 대동할 수 있다. 이 경우 통역사가 통역한 내용을 해당 **외국인**이 진술한 것으로 본다.

9) **덤핑방지관세와 관련된 약속제의**

① **덤핑방지관세**의 부과 여부를 결정하기 위하여 **예비조사**를 한 결과 해당 물품에 대한 덤핑 사실 및 그로 인한 실질적 피해 등의 사실이 있는 것으로 판정된 경우 해당 물품의 **수출자·기획재정부장관**은 덤핑으로 인한 피해가 제거될 정도의 **가격수정**이나 **덤핑수출**의 중지에 관한 약속을 제의할 수 있다.

② **덤핑방지관세**의 부과여부를 결정하기 위한 조사가 개시된 물품의 **수출자**가 약속을 제의하거나 **피해조사**를 계속하여 줄 것을 요청하고자 하는 때에는 **본조사**의 결과에 따른 최종판정이 있기 전에 서면으로 그 뜻을 **무역위원회**에 제출하여야 한다. 이 경우 **무역위원회**는 제출된 서류의 원본을 지체 없이 **기획재정부장관**에게 송부하여야 한다.

③ 제의한 약속의 내용이 즉시로 가격을 수정하거나 약속일부터 **6월 이내**에 덤핑수출을 중지하는 것인 때에는 **기획재정부장관**은 그 약속을 수락할 수 있다. 다만, 이 약속의 이행을 확보하는 것이 곤란하다고 인정되는 경우로서 **기획재정부령**이 정하는 경우에는 그러하지 아니하다. **기획재정부장관**은 필요하다고 인정되는 때에는 **수출자**를 지정하여 제의할 수 있다.

④ **기획재정부장관**은 **예비조사결과 덤핑사실** 및 그로 인한 **실질적 피해** 등의 사실이 있다고 추정되는 충분한 증거가 있다고 판정하기 전에는 약속의 수락이나 **약속**의 제의를 할 수 없다.

⑤ **약속**이 수락된 경우 **기획재정부장관**은 **잠정조치·덤핑방지관세**의 부과 없이 조사가 **중지·종결**되도록 하여야 한다. 다만, **기획재정부장관**이 필요하다고 인정하거나 **수출자**가 조사를 계속하여 줄 것을 요청한 경우에는 그 조사를 계속할 수 있다.

㉮ **수출자**가 수락된 약속을 이행하지 아니한 경우 **기획재정부장관**은 이용가능한 **최선정보**에 의하여 **잠정조치**를 실시하는 등 **덤핑방지**를 위한 신속한 조치를 취할 수 있다.

㉯ **기획재정부장관**이 조사를 계속한 결과 **실질적 피해** 등의 사실이 없거나 **덤핑차액**이 없는 것으로 확인한 때에는 해당 약속의 효력은 소멸된 것으로 본다. 다만, 실질적 피해 등의 사실이 없거나 **덤핑차액**이 없는 원인이 약속으로 인한 것으로 판단되는 때에는 **기획재정부장관**은 적정한 기간을 정하여 약속을 계속 이행하게 할 수 있으며, **수출자**가 그 약속이행을 거부하는 때에는 이용 가능한 **최선 정보**에 의하여 **잠정조치**를 실시하는 등 **덤핑방지**를 위한 신속한 조치를 취할 수 있다.

⑥ **수출자**가 **기획재정부장관**에게 약속을 제의하는 경우 그 약속에는 다음 사항이 포함되어야 한다.

> ㉮ **수출자**가 **수출가격**을 실질적 피해 등이 제거될 수 있는 수준으로 인상한다는 **내용** 또는 **기획재정부장관**과 협의하여 정하는 기간 내에 **덤핑수출**을 중지한다는 **내용**, ㉯ **약속수락** 전까지 계약되거나 선적되는 물품에 관한 **내용**, ㉰ **형식·모양·명칭** 등의 변경이나 **저급품**의 판매 등의 방법으로 약속 이행을 회피하는 행위를 하지 아니하겠다는 **내용**, ㉱ 제3국이나 제3자를 통한 판매 등의 방법으로 사실상 **약속**을 위반하지 아니하겠다는 **내용**, ㉲ **수출국** 내에서의 판매물량 및 판매가격과 우리나라로의 **수출물량** 및 **수출가격**에 대하여 **기획재정부장관**에게 정기적으로 보고하겠다는 **내용**, ㉳ 관련자료에 대한 검증을 허용하겠다는 내용, ㉴ 그 밖의 **상황변동**의 경우에 **기획재정부장관**의 요구에 대하여 **재협의**할 수 있다는 **내용**

⑦ **기획재정부장관**은 약속을 수락하기 전에 **무역위원회**, 관계행정기관의 장 및 이해관계인의 **의견**을 물을 수 있으며, **기획재정부장관**은 다음에 해당하는 경우에는 **약속**을 수락하지 아니할 수 있다.

> ㉮ **다수**의 **수출자**를 대리하여 **약속**을 제의한 자가 그 **다수**의 **수출자** 사이에 완전한 **합의**가 이루어졌음을 입증하지 못하는 경우, ㉯ **약속**의 이행여부에 대한 적절한 **확인·조사**를 곤란하게 하는 조건이 있는 경우, ㉰ 과거에 **약속**을 **위반**하였던 사실이 있는 등 **약속**을 **수락**할 수 없다고 인정되는 **합리적**인 **사유**가 있는 경우

⑧ **기획재정부장관**으로부터 약속을 제의받은 **수출자**는 **1개월 이내**에 수락여부를 **통보**하여야 한다.

### 10) 덤핑방지관세의 소급부과

① **잠정조치**가 적용된 물품으로써 **덤핑방지관세**가 부과되는 물품은 다음과 같다.

> ㉮ **실질적 피해** 등이 있다고 **최종판정**이 내려진 경우 또는 실질적인 피해 등의 우려가 있다는 **최종판정**이 내려졌으나 **잠정조치**가 없었다면 실질적인 피해 등이 있다는 **최종판정**이 내려졌을 것으로 인정되는 경우에는 **잠정조치**가 적용된 기간 동안 수입된 물품
> ㉯ 비교적 단기간 내에 **대량 수입**되어 발생되는 실질적 피해 등의 재발을 방지하기 위하여 **덤핑방지관세**를 **소급**하여 부과할 필요가 있는 경우로서 해당 물품이 과거에 덤핑되어 **실질적 피해** 등을 입힌 사실이 있었던 경우 또는 **수입자**가 **덤핑사실**과 그로 인한 실질적 피해 등의 사실을 알았거나 알 수 있었을 경우에는 **잠정조치**를 적용한 날부터 **90일전 이후**에 수입된 물품
> ㉰ 약속을 위반하여 **잠정조치**가 적용된 물품의 수입으로 인한 **실질적 피해** 등의 사실이 인정되는 경우에는 **잠정조치**를 적용한 날부터 **90일전 이후**에 수입된 물품. 이 경우 **약속위반일** 이전에 수입된 물품을 제외한다.
> ㉱ 그 밖에 **국제협약**에서 정하는 바에 따라 **기획재정부장관**이 정하는 기간에 수입된 물품

② **국내산업**에 이해관계가 있는 자는 본조사 결과에 따라 최종판정의 통지를 받은 날부터 **7일 이내**에 해당 물품에 증거를 제출하여 **덤핑방지관세**의 부과를 **요청**할 수 있다.

㉮ **기획재정부장관**은 다음에 해당하는 때에는 그 내용을 관보에 게재하고, 이해관계인에게 **서면**으로 **통지**하여야 한다.

> ㈀ **조치**를 결정하거나 해당 조치를 하지 아니하기로 **결정**한 때, ㈁ **약속**을 수락하여 조사를 **중지** 또는 종결하거나 조사를 **계속**하는 때, ㈂ **재심사** 결과 **덤핑방지조치**의 내용을 **변경**한 때, ㈃ **덤핑방지조치**의 효력이 **연장**되는 때

㉯ **기획재정부장관·무역위원회**는 다음에 해당되는 때에는 그 내용을 이해관계인에게 **통지**하여야 한다.

> ㈀ **조사신청**이 **기각**되거나 조사가 **종결**된 때, ㈁ **예비조사**의 결과에 따라 **예비판정**을 한 때, ㈂ **본조사**의 결과에 따라 **최종판정**을 한 때, ㈃ **조사기간**을 **연장**한 때, ㈄ **기간**을 **연장**한 때, ㈅ **덤핑방지관세**의 부과요청이 철회되어 조사의 개시 여부에 관한 결정이 중지되거나 조사가 **종결**된 때, ㈆ **잠정조치**의 적용기간을 **연장**한 때, ㈇ **기획재정부장관**이 약속을 **제의**한 때

㉰ **기획재정부장관·무역위원회**는 조사과정에서 조사와 관련된 이해관계인의 서면요청이 있는 때에는 조사의 진행상황을 **통지**하여야 한다.

11) 덤핑방지관세에 대한 재심사

① **기획재정부장관**은 필요하다고 인정될 때에는 **덤핑방지관세**의 부과와 약속에 대하여 **재심사**를 할 수 있으며, **재심사** 결과에 따라 **덤핑방지관세**의 부과, 약속 내용의 **변경, 환급** 등 필요한 조치를 할 수 있다.

② **덤핑방지관세**의 부과나 수락된 약속은 그 적용시한을 따로 정하는 경우를 제외하고는 해당 **덤핑방지관세** 또는 약속의 시행일부터 **5년**이 지나면 그 효력을 잃으며, 덤핑과 산업피해를 **재심사**하고 그 결과에 따라 내용을 변경할 때에는 그 적용시한을 따로 정하는 경우를 제외하고는 변경내용의 시행일부터 **5년**이 지나면 그 **효력**을 잃는다.

③ **기획재정부장관**은 필요하다고 인정되거나 이해관계인이나 해당 산업을 관장하는 주무부장관이 다음에 해당하는 경우에 관한 **증빙자료**를 첨부하여 요청하는 때에는 **덤핑방지관세**가 부과되고 있거나 약속이 시행되고 있는 물품에 대하여 **재심사여부**를 결정하여야 한다.

> ㉮ **덤핑방지관세·약속**의 **시행이후** 그 조치의 **내용변경**이 필요하다고 인정할 만한 충분한 **상황변동**이 **발생**한 경우, ㉯ **덤핑방지관세·약속**의 종료로 인하여 **덤핑** 및 **국내산업 피해**가 **지속**되거나 **재발**될 우려가 있는 경우, ㉰ 실제 **덤핑차액**보다 **덤핑방지관세액**이 **과다**하게 납부된 경우

④ **덤핑방지관세** 및 약속의 **재심사**를 요청할 수 있는 이해관계인은 다음과 같다.

> ㉮ **동종물품**의 국내생산자·그 단체, ㉯ 해당 **덤핑방지조치대상** 물품의 공급자·수입자 또는 그 단체, ㉰ 그 밖에 이해관계가 있다고 **기획재정부장관**이 인정하는 자

⑤ **재심사**의 요청은 **덤핑방지관세**의 부과일·약속의 시행일부터 **1년**이 경과된 날 이후에 할 수 있으며, **덤핑방지관세**·약속의 효력이 상실되는 날 **6월 이전**에 요청하여야 한다. 이 경우 **기획재정부장관**은 **재심사**를 요청받은 날부터 **2월 이내**에 재심사의 필요여부를 결정하여야 하며, 그 **결정일**부터 **10일 이내**에 재심사개시의 결정에 관한 사항을 재심사 요청자, 해당 물품의 공급국 정부 및 공급자, 그 밖의 이해관계인에게 **통지**하고, 관보에 **게재**하여야 한다.

⑥ **기획재정부장관**은 **재심사**를 하는 경우 외에 부과중인 **덤핑방지관세율** 및 시행중인 약속의 적정성 여부에 관한 재심사를 할 수 있으며, 이를 위하여 **덤핑방지관세** ·약속의

내용(**재심사**에 따라 변경된 내용을 포함한다)에 관하여 매년 그 시행일이 속하는 달에 **덤핑가격**에 대한 **재검토**를 하여야 한다.

⑦ **기획재정부장관**은 재심사의 필요 여부를 결정하는 때에는 관계행정기관의 장 및 **무역위원회**와 협의할 수 있으며, 재심사가 필요한 것으로 결정된 때에는 무역위원회는 이를 조사하여야 한다. 이 경우 **무역위원회**는 **재심사**의 사유가 되는 부분에 한정하여 **조사**할 수 있다.

⑧ **무역위원회**는 **재심사** 개시일부터 **6월 이내**에 조사를 종결하여 그 결과를 **기획재정부장관**에게 제출하여야 한다. 다만, **무역위원회**는 조사기간을 **연장할** 필요가 있거나 이해관계인이 정당한 사유를 제시하여 조사기간의 연장을 요청하는 때에는 **4월 범위 내**에서 그 조사기간을 **연장**할 수 있다.

⑨ **기획재정부장관**은 조사결과가 제출되면 관보게재일부터 **12개월 이내**에 조치여부 및 내용을 결정하여 필요한 조치를 하여야 한다. **재심사**를 하는 경우 **재심사기간** 중에 해당 **덤핑방지조치**의 적용시한이 종료되는 때에도 그 재심사기간 중 해당 조치의 **효력**은 계속된다.

⑩ **재심사기간** 중 **덤핑방지관세**가 계속 부과된 물품에 대하여 **기획재정부장관**이 새로운 **덤핑방지관세**의 부과 또는 가격수정·수출중지 등의 약속을 시행하는 때에는 법 시행령 제67조(잠정덤핑방지관세액 등의 정산) 제1항 및 제3항의 예에 따라 **정산**할 수 있다.

⑪ **기획재정부장관**은 **재심사** 결과 약속의 실효성이 상실되거나 상실될 우려가 있다고 판단되는 때에는 해당 약속을 이행하고 있는 **수출자**에게 약속의 수정을 요구할 수 있으며, 해당 **수출자**가 약속의 수정을 거부하는 때에는 이용가능한 정보에 의하여 **덤핑방지조치**를 할 수 있다.

⑬ **기획재정부장관**은 **재심사**를 위하여 **관세청장**으로 하여금 기획재정부령으로 정하는 사항을 조사하여 **보고**하게 할 수 있다. **재심사**를 요청한 자가 해당 요청을 **철회**하려는 경우에는 **서면**으로 그 뜻을 **기획재정부장관**에게 제출하여야 한다. 이 경우 **기획재정부장관**은 **무역위원회** 및 **관계 행정기관**의 **장**과 **협의**하여 제2항에 따른 **재심사** 개시 여부의 결정을 중지하거나 조사를 **종결**하도록 할 수 있다.

⑭ **조사**를 위한 **자료협조 요청**에 관하여는 법 시행령 제64조(이해관계인에 대한 자료협조요청)를 준용하고, 법 제56조(덤핑방지관세에 대한 재심사 등) 제1항의 **재심사 결과**에 따른 **기획재정부장관**의 조치 중 **덤핑방지관세**의 부과에 관하여는 법 시행령 제65조(덤핑방지관세의 부과)를, 가격수정·수출중지 등의 약속에 관하여는 법 시행령 제68조(가격수정·수출중지 등의 약속)제1항 전단, 제2항, 제3항, 제5항 및 제6항을 준용한다. 이 경우 법 시행령 제68조 제1항 전단 중 법 시행령 제61조(덤핑 및 실질적 피해 등의 조사) 제5항의 규정에 의한 **본조사**의 결과에 따른 **최종판정**은 법 시행령 제70조(덤핑방지관세 및 약

속의 재심사) 제5항에 따른 조사의 **종결**로, **무역위원회**는 **기획재정부장관**으로 본다.

### 12) 이해관계인에 대한 통지·공고

① **기획재정부장관**은 다음에 해당하는 때에는 그 내용을 **관보**에 **게재**하고, 이해관계인에게 **서면**으로 **통지**하여야 한다.

> ㉮ 법 제51조(덤핑방지관세의 부과대상) 및 법 제53조제(덤핑방지관세를 부과하기 전의 잠정조치) 1항의 규정에 의한 **조치**를 **결정**하거나 해당 **조치**를 하지 아니하기로 **결정**한 때, ㉯ 법 제54조(덤핑방지관세와 관련된 약속의 제의) 제1항의 규정에 의한 **약속**을 **수락**하여 조사를 **중지** 또는 **종결**하거나 조사를 계속하는 때, ㉰ 법 제56조(덤핑방지관세에 대한 재심사 등) 제1항의 규정에 의한 **재심사 결과 덤핑방지조치**의 내용을 **변경**한 때, ㉱ 법 시행령 제70조(덤핑방지관세 및 약속의 재심사) 제7항의 규정에 의하여 **덤핑방지조치**의 **효력**이 **연장**되는 때

② **기획재정부장관·무역위원회**는 다음에 해당되는 때에는 그 내용을 이해관계인에게 **통지**하여야 한다.

> ㉮ 법 시행령 제60조(덤핑 및 실질적 피해 등의 조사개시) 제2항의 규정에 의하여 **조사신청**이 **기각**되거나 법 시행령 제61조(덤핑 및 실질적 피해 등의 조사) 제4항의 규정에 의하여 **조사**가 **종결**된 때, ㉯ 법 시행령 제61조 제2항의 규정에 의한 **예비조사**의 결과에 따라 **예비판정**을 한 때, ㉰ 법 시행령 제61조 제5항의 규정에 의한 **본조사**의 **결과**에 따라 **최종판정**을 한 때, ㉱ 법 시행령 제61조 제6항 및 제70조(덤핑방지관세 및 약속의 재심사) 제5항 단서의 규정에 의하여 **조사기간**을 **연장**한 때, ㉲ 법 시행령 제61조(덤핑 및 실질적 피해 등의 조사) 제7항 단서에 따라 **기간**을 **연장**한 때, ㉳ 법 시행령 제62조(덤핑방지관세 부과요청의 철회) 및 제70조(덤핑방지관세 및 약속의 재심사) 제11항에 따라 **덤핑방지관세**의 **부과요청** 또는 **재심사요청**이 **철회**되어 조사의 개시 여부 또는 재심사의 개시 여부에 관한 **결정**이 **중지**되거나 **조사**가 **종결**된 때, ㉴ 법 시행령 제66조(잠정조치의 적용) 제2항 또는 제3항의 규정에 의하여 **잠정조치**의 적용기간을 **연장**한 때, ㉵ 법 시행령 제68조(가격수정 ·수출중지 등의 약속) 제3항의 규정에 의하여 기획재정부장관이 **약속**을 **제의**한 때

③ **기획재정부장관·무역위원회**는 조사과정에서 **덤핑** 및 **실질적 피해** 등의 조사와 관련된 이해관계인의 서면요청이 있는 때에는 조사의 진행상황을 **통지**하여야 한다.

## (2) 상계관세

### 1) 의의

외국에서 **제조**, **생산** 또는 **수출**에 관하여 직간접적으로 **장려금·보조금**28)을 지급받은 **물품**의 **수입**이 있어야 한다. **국내산업**이 실질적으로 피해를 받거나 받을 우려가 있거나 **국내산업개발**이 실질적으로 **지연**되었음이 조사를 통하여 확인되고, 해당 **산업**을 보호할 필요가 있다고 **인정**할 때 **부과**한다.

### 2) 상계관세의 부과대상 및 부과요청

#### ① 상계관세의 부과대상

㉮ **국내산업**에 이해관계가 있는 자로서 대통령령으로 정하는 자 또는 주무부장관이 부과요청을 한 경우로서, 외국에서 제조·생산 또는 수출에 관하여 직간접적으로 **보조금**이나 **장려금**(이하, **보조금**이라 한다)을 받은 물품의 수입으로 인하여 다음에 해당하는 것(**실질적 피해**)으로 조사를 통하여 확인되고 해당 **국내산업**을 보호할 필요가 있다고 인정되는 경우에는 그 물품과 **수출자·수출국**을 지정하여 그 물품에 대하여 해당 보조금의 금액 이하의 관세(**상계관세**(countervailing duties ; anti-subsidy duties))를 추가하여 부과할 수 있다.

> ㉠ **국내산업**이 **실질적**인 **피해**를 받거나 받을 우려가 있는 경우, ㉡ **국내산업**의 발전이 실질적으로 지연된 경우

㉯ **상계관세**는 수출자·수출국별로 **상계관세율**을 정하여 부과할 수 있다. 다만, 정당한 사유 없이 자료를 제출하지 아니하거나 해당 자료의 공개를 거부하는 경우 및 그 밖의 사유로 조사·자료의 검증이 곤란한 수출자에 대하여는 단일 **상계관세율**을 정하여 부과할 수 있다. **조사대상**으로 선정되지 아니한 수출자에 대하여는 조사대상으로 선정된 수출자

28) ① **보조금**은 정부·공공기관의 재정지원에 의한 혜택 중 **특정성**이 있는 것을 말한다. 다만, 특정성은 있으나 연구·지역개발 및 환경관련 **보조금·장려금**으로서 **국제협약**에서 인정하고 있는 것은 제외한다. ② **특정성**이란 **보조금**이 **특정기업**이나 **산업** 또는 **특정기업군**이나 **산업군**에 지급되는 경우를 말하며, ③ **보조금 금액**은 **수혜자**가 실제로 받는 혜택을 기준으로 하여 다음에 정하는 바에 따라 계산한다. 즉, ㉮ **지분참여**의 경우 : 해당 지분참여와 통상적인 **투자**와의 차이에 의하여 발생하는 **금액 상당액**, ㉯ **대출**의 경우 : 해당 **대출금리**에 의하여 지급하는 금액과 **시장금리**에 의하여 지급하는 금액과의 **차액 상당액**, ㉰ **대출보증**의 경우 : 해당 **대출**에 대하여 지급하는 금액과 대출보증이 없을 경우 비교가능한 상업적 차입에 대하여 지급하여야 하는 금액과의 **차액 상당액**, ㉱ 재화·용역의 공급 또는 구매의 경우 : 해당 가격과 시장가격과의 차이에 의하여 발생하는 **금액 상당액**, ㉲ 그 밖에 **국제협약**에서 인정하고 있는 기준에 의한 **금액**을 말한다.

의 **상계관세율**을 **가중평균**한 **상계관세율**에 의하여 **상계관세**를 부과한다. 다만, 조사대상기간 중에 수출을 한 자로서 조사대상으로 선정되지 아니한 자중 자료를 제출한 자에 대하여는 위의 규정에 의한다.

㉰ **수출국**을 지정하여 **상계관세**를 부과하는 경우 **조사대상기간이후**에 수출하는 해당 수출국의 **신규수출자**에게 규정에 의하여 상계관세가 부과되는 수출자와 **특수관계**가 있는 때에는 그 수출자에 대한 **상계관세율**을 적용하여 **상계관세**를 부과한다. 다만, **신규수출자**가 특수관계가 없다고 증명하는 때에는 조사를 통하여 별도의 **상계관세율**을 정하여 부과할 수 있다. 이 경우 기존 조사대상자에 대한 조사방법・조사절차 등을 달리 할 수 있다.

㉱ **가중평균 상계관세율**을 산정함에 있어 **보조금** 등을 받는 수출자가 다수인 때에는 수출자별 수출량에 따라 **가중치**를 둘 수 있다. 이 경우 보조금 등의 금액이 과세가격의 1/100 미만인 수출자를 **상계관세율 산정대상**에서 제외할 수 있다.

㉲ **기획재정부장관**은 **신규수출자**에 대하여 조사를 조속히 행하여야 한다. 이 경우 **실질적 피해** 등의 조사는 수출국에 대한 **실질적 피해** 등의 조사로 갈음할 수 있다.

㉳ **상계관세**를 부과하는 경우 상계관세는 다음 산식에 의하여 산정된 **보조금률**의 범위 내에서 결정한 율을 **과세가격**에 **곱하여** 산출한다.

〈그림-12〉 **보조금률 계산식**

$$\text{보조금률} = \frac{\text{보조금의 금액}}{\text{과세가격}} \times 100$$

### ② 상계관세의 부과요청

㉮ **실질적 피해**를 받은 국내산업에 이해관계가 있는 자 또는 해당 산업을 관장하는 주무부장관은 **기획재정부장관**에게 **상계관세**의 부과를 요청할 수 있으며, 이 요청은 **무역위원회**에 대한 **상계관세**의 부과에 필요한 조사신청으로 갈음한다.

㉯ **국내산업**은 보조금을 받은 물품과 **동종물품**의 국내생산사업(해당 수입물품의 수출국정부·수출입자와 **특수관계**에 있는 생산자에 의한 생산사업과 해당 수입물품의 수입자인 생산자[29]에 의한 **생산사업**을 제외할 수 있다)의 전부 또는 국내총생산량의 상당부분을 점하는 국내생산사업으로 한다.

㉰ **특수관계**에 있는 생산자를 판정함에 있어 해당 **수입물품**과 동종물품의 생산자가 **특수관계**가 없는 자와 동일·유사한 가격 및 조건 등으로 이를 판매하는 경우에는 해당 생산자를 **특수관계**가 있는 생산자의 범위에서 제외할 수 있다.

29) 해당 **수입물품**의 **수입자**인 **생산자**란 해당 수입물품을 수입한 생산자 중 다음의 자를 제외한 자를 말한다. 즉, ① **신청서접수일**부터 **6월 이전**에 보조금을 받은 물품을 수입한 **생산자**, ② **보조금**을 받은 물품의 수입량이 매우 적은 **생산자**를 말한다.

㉣ **보조금**을 받은 물품의 수입으로 **실질적 피해**를 받은 국내산업에 이해관계가 있는 자가 조사를 신청하고자 하는 때에는 다음 사항을 기재한 신청서에 관계증빙자료를 첨부하여 **무역위원회**에 제출하여야 한다.

> ㉠ 해당 **물품**의 **품명·규격·특성·용도·생산자** 및 **생산량**, ㉡ 해당 **물품**의 **수출국·수출자·수출실적** 및 **수출가능성**과 우리나라의 **수입자·수입실적** 및 **수입가능성**, ㉢ 해당 물품의 수출국에서의 **공장도가격** 및 **시장가격**과 우리나라로의 수출가격 및 제3국에의 **수출가격**, ㉣ 국내의 **동종·동질물품** 또는 **유사물품**의 품명·규격·특성·용도·생산자·생산량·공장도가격·시장가격 및 원가계산, ㉤ **보조금**을 받은 물품의 수입으로 인한 관련국내산업의 **실질적 피해** 등에 관한 사항, ㉥ **수출국**에서 해당 물품의 제조·생산 또는 수출에 관하여 지급한 보조금의 내용과 이로 인한 해당 물품의 **수출가격 인하효과**, ㉦ 국내의 **동종·동질물품** 또는 **유사물품** 생산자들의 해당 조사신청에 대한 지지 정도, ㉧ 첨부한 자료를 비밀로 취급할 필요가 있는 때에는 그 사유, ㉨ 그 밖에 **기획재정부장관**이 필요하다고 인정하는 사항

3) **보조금지급과 실질적 피해조사**

① **보조금**의 지급과 **실질적 피해** 등의 사실에 관한 조사는 대통령령으로 정하는 바에 따른다. **기획재정부장관**은 **상계관세**를 부과할 때 관련 산업의 경쟁력 향상, 물가안정, 통상협력 등을 고려할 필요가 있는 경우에는 이를 조사하여 반영할 수 있다.

② **무역위원회**는 조사신청을 받은 경우 **보조금**을 받은 물품의 수입사실과 실질적 피해의 사실에 관한 조사의 개시여부를 결정하여 조사신청을 받은 날부터 **2월 이내**에 그 결과와 다음 사항을 **기획재정부장관**에게 **통보**하여야 한다.

> ㉮ **조사대상물품**(조사대상물품이 많은 경우에는 선정된 조사대상물품), ㉯ **조사대상기간**, ㉰ **조사대상 수출국정부·수출자**(조사대상 수출국정부·수출자가 많은 경우에는 **기획재정부령**이 정하는 바에 따라 선정된 **조사대상 수출국정부·수출자**) : **기획재정부장관**은 **예비조사결과**가 제출된 날부터 **1월 이내**에 조치의 필요여부 및 내용에 관한 사항을 **결정**하여야 한다.
>
> 다만, 필요하다고 인정되는 경우에는 **20일 범위 내**에서 그 결정기간을 연장할 수 있다. **무역위원회**는 **예비조사**에 따른 **보조금**의 **금액·보조금**을 받은 물품의 수입량이 **국제협약**에서 달리 정하지 아니하는 한 **보조금**의 금액이 해당 물품 가격대비 **1/100 이상**의 기준에 **미달**하거나 실질적 피해가 **경미**한 것으로 인정되는 때에는 **본조사**를 **종결**하여야 한다. **무역위원회**는 특별한 사유가 없는 한 **예비조사결과**를 제출한 날의 다음 날부터 **본조사**를 개시하여야 하며, **본조사**개시일부터 **3월 이내**에 **본조사결과**를 **기획재정부장관**에게 제출하여야 한다.

③ **무역위원회**는 조사의 개시여부를 결정함에 있어 조사신청이 다음에 해당하는 경우에는 해당 **조사신청**을 **기각**할 수 있다.

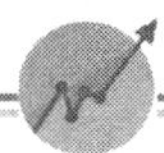

㉮ **신청서**를 제출한 자가 **부과요청**을 할 수 있는 자가 아닌 경우
㉯ **보조금**을 받은 물품의 수입사실과 **실질적 피해**의 사실에 관한 충분한 **증빙자료**를 제출하지 아니한 경우
㉰ **보조금**의 **금액·보조금**을 받은 **물품 수입량**이 기준에 미달되거나 실질적 피해가 **경미**하다고 인정되는 경우
㉱ 해당 **조사신청**에 **찬성의사**를 표시한 **국내생산자**들의 **생산량합계**가 기준에 **미달**된다고 인정되는 다음의 경우
　㉠ **부과요청**에 대하여 **찬성·반대의사**를 표시한 **국내생산자**들의 **동종물품 국내생산량 합계** 중 **찬성의사**를 표시한 **국내생산자**들의 **생산량합계**가 50/100 **이하**인 경우
　㉡ 부과요청에 대하여 찬성의사를 표시한 국내생산자들의 **생산량합계**가 **동종물품 국내총생산량**의 25/100 **미만**인 경우
㉲ **조사개시** 전에 **국내산업**에 미치는 나쁜 영향을 제거하기 위한 조치가 취하 여지는 등 **조사개시**가 필요 없게 된 경우

④ **무역위원회**는 조사개시결정을 한 때에는 그 **결정일**부터 **10일 이내**에 조사개시의 결정에 관한 사항을 조사신청자, 해당 물품의 수출국정부·수출자 그 밖에 이해관계인에게 **통지**하고, 관보에 **게재**하여야 한다. **상계관세**의 부과에 관한 사항과 조사개시의 결정에 관한 사항이 관보에 게재된 날부터 **3월 이내**에 보조금 등을 받은 물품의 수입사실 및 그로 인한 실질적 피해 등의 사실이 있다고 추정되는 충분한 증거가 있는지에 관한 **예비조사**를 하여 그 결과를 **기획재정부장관**에게 제출하여야 한다. **무역위원회**는 조사와 관련하여 **조사기간**을 **연장**할 필요가 있거나 이해관계인이 정당한 사유를 제시하여 조사기간의 연장을 요청하는 때에는 **2월**의 **범위** 내에서 그 조사기간을 연장할 수 있다.

⑤ **조사대상 물품**과 **수출국정부·수출자**를 선정함에 있어 이용이 가능한 자료를 기초로 통계적으로 유효한 **표본추출방법**(수출국정부·수출자의 수 또는 물품의 수를 수입량의 비율이 큰 순서대로 선정하는 방법 등을 포함한다)을 사용함을 원칙으로 한다.

⑥ **기획재정부장관**은 **본조사** 결과가 접수된 날부터 **1월 이내**에 상계관세의 부과여부 및 내용을 결정하여 **상계관세**의 부과조치를 하여야 한다. 다만, 필요하다고 인정되는 경우에는 **20일 범위 내**에서 그 기간을 **연장**할 수 있다. **기획재정부장관**은 관보게재일부터 **1년 이내**에 **상계관세**의 부과조치를 하여야 한다. 다만, 특별한 사유가 있다고 인정되는 때에는 관보게재일부터 **18월 이내**에 **상계관세**의 부과조치를 할 수 있다.

⑦ **무역위원회**는 조사결과 제출 시 필요하다고 인정되는 때에는 **기획재정부장관**에게, ㉮ **상계관세**를 부과하기 전의 **잠정조치**, ㉯ **상계관세부과**, ㉰ **상계관세**와 관련된 **약속**의 제의를 **건의**할 수 있다.

#### 4) 상계관세 부과전의 잠정조치

① **기획재정부장관**은 **상계관세**의 부과 여부를 결정하기 위하여 조사가 시작된 물품이 **보조금** 등을 받아 **수입**되어 다음에 해당한다고 인정되는 경우에는 국내산업의 보호를 위하여 조사가 **종결**되기 전이라도 그 물품의 **수출자·수출국** 및 기간을 정하여 **보조금**의 추정액에 상당하는 금액 이하의 **잠정상계관세**를 부과하도록 명하거나 **담보**를 제공하도록 명하는 조치(**잠정조치**)를 할 수 있다.

> ㉮ **국내산업**에 **실질적 피해**가 발생한 사실이 있다고 추정되는 **충분**한 **증거**가 있음이 **확인**되는 경우, ㉯ **약속**을 **철회**하거나 **위반**한 경우와 그 **약속이행**에 관한 자료를 제출하지 아니한 경우로서 이용할 수 있는 **최선 정보**가 있는 경우

② **잠정조치**는 **예비조사결과 보조금**의 지급과 그로 인한 실질적 피해의 사실이 있다고 추정되는 충분한 증거가 있다고 판정된 경우로서 해당 조사의 개시 후 최소한 **60일**이 경과된 후부터 적용할 수 있다.

③ **잠정조치**가 취하여진 물품에 대하여 **상계관세**의 부과요청이 **철회**되어 조사가 **종결**되거나 **상계관세**의 부과 여부가 결정된 경우 또는 약속이 수락된 경우에는 납부된 **잠정상계관세**를 **환급**하거나 제공된 **담보**를 **해제**하여야 한다. 다만, 다음에 해당하는 경우 **상계관세액**이 **잠정상계관세액**을 **초과**할 때에는 그 **차액**을 **징수**하지 아니하며, **상계관세액**이 **잠정상계관세액**에 미달될 때에는 그 **차액**을 **환급**하여야 한다.

> ㉮ **보조금**의 지급과 그로 인한 **산업피해**를 조사한 결과 해당 물품에 대한 **보조금** 등의 지급과 그로 인한 **실질적 피해**의 사실이 있다고 판정된 이후에 **약속**이 **수락**된 경우, ㉯ **상계관세**를 **소급**하여 **부과**하는 경우

④ **잠정조치**의 **적용기간**은 **4월 이내**로 하여야 한다. 제공되는 **담보**는 **잠정상계관세액**에 상당하는 금액이어야 한다.

#### 5) 상계관세와 관련된 약속제의

① **상계관세**의 부과 여부를 결정하기 위하여 **예비조사**를 한 결과 **보조금 지급**과 그로 인한 **실질적 피해**의 사실이 있는 것으로 판정된 경우 해당 물품의 **수출국정부·기획재정부장관**은 해당 물품에 대한 **보조금**을 **철폐·삭감**하거나 보조금의 **국내산업**에 대한 피해효과를 제거하기 위한 적절한 조치에 관한 약속을 제의할 수 있으며, 해당 물품의 **수출자**

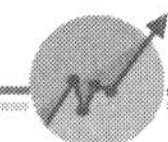

는 수출국 정부의 동의를 받아 보조금의 **국내산업**에 대한 **피해효과**가 제거될 수 있을 정도로 가격을 **수정**하겠다는 약속을 제의할 수 있다.

② **수출자**가 **기획재정부장관**에게 약속을 제의하는 경우 그 약속에는 다음 사항이 포함되어야 한다.

> ㉮ **수출자**가 **수출가격**을 **실질적 피해**가 제거될 수 있는 수준으로 인상한다는 **내용**, ㉯ **약속수락** 전까지 계약되거나 선적되는 물품에 관한 **내용**, ㉰ **형식·모양·명칭** 등의 변경이나 **저급품**의 판매 등의 방법으로 **약속**의 **이행**을 회피하는 행위를 하지 아니하겠다는 **내용**, ㉱ **제3국**이나 **제3자**를 통한 판매 등의 방법으로 사실상 **약속**을 **위반**하지 아니하겠다는 **내용**, ㉲ **수출국**안에서의 **판매물량·판매가격**과 우리나라로의 **수출물량** 및 **수출가격**에 대하여 **기획재정부장관**에게 정기적으로 **보고**하겠다는 **내용**, ㉳ **관련자료**에 대한 검증을 허용하겠다는 **내용**, ㉴ 그 밖의 **상황변동**의 경우 **기획재정부장관**의 요구에 대하여 **재협의**할 수 있다는 **내용**

③ **약속**이 수락된 경우 **기획재정부장관**은 **잠정조치·상계관세**의 부과 없이 조사가 **중지·종결**되도록 하여야 한다. 다만, **기획재정부장관**이 필요하다고 인정하거나 수출국 정부가 피해조사를 계속하여 줄 것을 요청한 경우에는 그 조사를 계속할 수 있다. 한편 **기획재정부장관**은 약속을 수락하기 전에 무역위원회·관계행정기관의 장 및 이해관계인의 의견을 물을 수 있다.

④ **상계관세**의 부과여부를 결정하기 위한 조사가 개시된 물품의 **수출국정부·수출자**가 약속을 제의하거나 **피해조사**를 계속하여 줄 것을 요청하고자 하는 때에는 **본조사**의 결과에 따른 **최종판정**이 있기 전에 서면으로 그 뜻을 **무역위원회**에 제출하여야 한다. 이 경우 **무역위원회**는 제출된 서류의 원본을 지체 없이 **기획재정부장관**에게 송부하여야 한다. **기획재정부장관**으로부터 약속을 제의받은 수출자는 **1개월 이내**에 수락여부를 통보하여야 한다.

⑤ **기획재정부장관**은 약속이 다음에 해당하는 것인 때에는 그 **약속**을 수락할 수 있다. 다만, 그 약속의 이행을 확보하는 것이 곤란하다고 인정되는 경우에는 그러하지 아니하다.

> ㉮ **즉시**로 가격을 **수정**하는 **약속**인 경우, ㉯ **약속일**부터 **6월 이내**에 **보조금** 등을 **철폐** 또는 삭감하는 **약속**인 경우, ㉰ **약속일**부터 **6월 이내**에 **보조금** 등의 **국내산업**에 대한 **피해효과**를 제거하기 위한 적절한 **조치**에 관한 **약속**인 경우

⑥ **기획재정부장관**은 다음에 해당하는 경우에는 **약속**을 수락하지 아니할 수 있다.

㉮ **다수**의 **수출자**를 대리하여 **약속**을 제의한 자가 그 **다수**의 **수출자**간에 완전한 합의가 이루어졌음을 **입증**하지 못하는 경우, ㉯ **약속**의 이행여부에 대한 적절한 확인 ·조사를 곤란하게 하는 **조건**이 있는 경우, ㉰ 과거에 **약속**을 위반하였던 사실이 있는 등 약속을 수락할 수 없다고 인정되는 합리적인 **사유**가 있는 경우

⑦ **기획재정부장관**은 필요하다고 인정되는 때에는 약속을 **수출국정부·수출자**를 지정하여 제의할 수 있다. **기획재정부장관**은 예비조사결과 **보조금** 등의 지급과 그로 인한 **실질적 피해** 등의 사실이 있다고 추정되는 충분한 증거가 있다고 판정하기 전에는 약속의 수락이나 약속의 제의를 할 수 없다. **수출국정부·수출자**가 수락된 약속을 이행하지 아니한 경우 **기획재정부장관**은 이용 가능한 최선의 정보에 의하여 **잠정조치**를 실시하는 등 **상계관세부과**를 위한 신속한 조치를 취할 수 있다.

⑧ **기획재정부장관**은 조사를 계속한 결과 **실질적 피해** 등의 사실이 없거나 보조금의 금액이 없는 것으로 확인된 경우에는 해당 약속의 효력은 실효된 것으로 본다. 다만, **실질적 피해**의 사실이 없거나 **보조금** 등의 금액이 없는 원인이 약속으로 인한 것으로 판단되는 때에는 **기획재정부장관**은 적정한 기간을 정하여 약속을 계속 이행하게 할 수 있으며, **수출국정부·수출자**가 그 약속의 이행을 거부하는 때에는 이용이 가능한 최선의 정보에 의하여 **잠정조치**를 실시하는 등 **상계관세부과**를 위한 신속한 조치를 취할 수 있다.

### 6) 상계관세의 부과시기

**상계관세**의 **부과**와 **잠정조치**는 각각의 **조치일** 이후 수입되는 물품에 대하여 적용된다. 다만, 잠정조치가 적용된 물품에 대하여 **국제협약**에서 달리 정하고 있는 경우와 그 밖에 대통령령으로 정하는 경우에는 그 물품에 대하여도 **상계관세**를 부과할 수 있다.

### 7) 상계관세 부과요청의 철회

① **조사**를 신청한 자가 해당 신청을 **철회**하고자 하는 때에는 서면으로 그 뜻을 **무역위원회**에 제출하여야 한다. 이 경우 **무역위원회**는 **예비조사결과**를 제출하기 전에 해당 **철회서**를 접수한 때에는 **기획재정부장관·관계행정기관**의 장과 협의하여 조사개시여부의 결정을 중지하거나 조사를 종결할 수 있으며, **예비조사**결과를 제출한 후에 해당 **철회서**를 접수한 때에는 **기획재정부장관**에게 이를 **통보**하여야 한다.

② **기획재정부장관**은 통보를 받은 때에는 **무역위원회·관계행정기관**의 장과 협의하여 조사를 종결하게 할 수 있으며, **잠정조치**가 취하여진 경우에는 이를 철회할 수 있다. **기획재정부장관·무역위원회**는 **예비조사·본조사**의 기간 중에 철회서가 접수된 경우로서 해

당 철회의 사유가 부당하다고 인정되는 경우에는 해당 **예비조사·본조사**가 종료될 때까지 **철회**에 따른 **조사종결**여부에 대한 결정을 유보할 수 있다. **기획재정부장관**은 잠정조치를 철회하는 때에는 해당 잠정조치에 의하여 납부된 **잠정상계관세**를 **환급**하거나 제공된 **담보**를 **해제**하여야 한다.

### 8) 실질적 피해의 판정

① **무역위원회**는 실질적 피해의 사실을 조사·판정하는 때에는 다음 사항을 포함한 실질적 증거에 근거하여야 한다.

> ㉮ **보조금**을 받은 물품의 **수입물량**(해당 물품의 수입이 절대적으로 또는 국내생산이나 국내소비에 대하여 상대적으로 뚜렷하게 증가되었는지 여부를 포함한다), ㉯ **보조금**을 받은 물품의 **가격**(국내의 **동종물품**의 **가격**과 비교하여 뚜렷하게 하락되었는지 여부를 포함한다), ㉰ **보조금**의 금액의 **정도**(보조금을 받은 물품의 수입가격이 수출국내 **정상가격**과 비교하여 뚜렷하게 하락되었는지 여부를 포함한다), ㉱ **국내산업**의 **생산량·가동률·재고·판매량·시장점유율·가격**(**가격하락·인상억제**의 효과를 포함한다)**·이윤·생산성·투자수익·현금수지·고용·임금·성장·자본조달·투자능력·기술개발**, ㉲ **국내산업**에 미치는 **실재적** 또는 **잠재적** 영향

② **실질적 피해**를 조사·판정하는 경우 실질적 피해를 받을 우려가 있는지의 판정은 다음 사항을 포함한 사실에 근거를 두어야 하며, **보조금**을 받은 물품으로 인한 피해는 명백히 예견되고 급박한 것이어야 한다.

> ㉮ 해당 **보조금**의 성격 및 이로부터 발생할 수 있는 **무역효과**, ㉯ **실질적**인 **수입증가**의 가능성을 나타내는 **보조금**을 받은 물품의 현저한 **증가율**, ㉰ 우리나라에 **보조금**을 받은 물품의 수출을 증가시킬 수 있는 생산능력의 **실질적 증가**(다른 나라에의 수출가능성을 감안한 것이어야 한다), ㉱ **보조금**을 받은 물품의 가격이 동종물품의 가격을 하락 또는 억제시킬 수 있는지의 여부 및 추가적인 **수입수요**의 **증대가능성**, ㉲ **보조금**을 받은 물품의 재고 및 **동종물품**의 **재고상태**

③ **무역위원회**는 실질적 피해의 사실을 조사·판정함에 있어 **2개국 이상**의 국가로부터 수입된 물품이 동시에 **조사대상물품**이 되고 다음에 해당하는 경우에는 그 수입에 따른 **피해**를 통산하여 평가할 수 있다.

> ㉮ **보조금**의 **금액** 및 **보조금** 등을 받은 물품의 수입량이 **국제협약**에서 달리 정하지 아니하는 한 **보조금**의 **금액**이 해당 **물품 가격대비 1/100 이상**의 기준에 해당하는 경우, ㉯ **보조금**을 받은 물품이 **상호 경쟁적**이고 **국내 동종물품**과 **경쟁적**인 경우

④ **무역위원회**는 보조금을 받은 물품의 수입외의 다른 요인으로서 **국내산업**에 피해를 미치는 요인들을 조사하여야 하며, 이러한 요인들에 의한 산업피해 등을 **보조금**을 받은 물품의 수입에 의한 것으로 간주하여서는 아니된다.

### 9) 이해관계인에 대한 자료협조요청

① **기획재정부장관·무역위원회**는 조사 및 **상계관세**의 부과여부 등을 결정하기 위하여 필요하다고 인정하는 경우에는 **관계행정기관·국내생산자·수출국정부** 또는 **수출입자** 및 이해관계인에게 관계자료의 제출 등 필요한 협조를 요청할 수 있다. 다만, 수출국정부·수출자에게 **보조금**의 지급여부를 조사하기 위한 질의를 하는 경우에는 회신을 위하여 수출국정부·수출자에게 **40일 이상**의 회신기간을 주어야 한다. **수출국정부·수출자**가 사유를 제시하여 이 기한의 연장을 요청할 경우 이에 대하여 적절히 고려하여야 한다.

② **기획재정부장관·무역위원회**는 제출된 자료 중 성질상 비밀로 취급하는 것이 타당하다고 인정되거나 조사신청자나 이해관계인이 정당한 사유를 제시하여 비밀로 취급하여 줄 것을 요청한 자료에 대하여는 해당 자료를 제출한 자의 명시적인 동의 없이 이를 **공개**하여서는 아니된다.

③ **비밀**로 취급하는 자료는 다음 사항에 관한 자료로서 이들이 **공개**되는 경우 그 제출자나 이해관계인의 이익이 침해될 우려가 있는 것으로 한다.

> ㉮ **제조원가**, ㉯ **공표**되지 아니한 **회계자료**, ㉰ **거래선**의 성명·주소 및 거래량, ㉱ **비밀정보**의 제공자에 관한 사항, ㉲ 그 밖에 **비밀**로 취급하는 것이 타당하다고 인정되는 **자료**

④ **기획재정부장관·무역위원회**는 비밀로 취급하여 줄 것을 요청한 자료를 제출한 자에게 해당 자료의 비밀이 아닌 요약서의 제출을 요구할 수 있다. 이 경우 해당 자료를 제출한 자가 그 요약서를 제출할 수 없는 때에는 그 사유를 기재한 서류를 제출하여야 한다. **기획재정부장관·무역위원회**는 비밀취급요청이 정당하지 아니하다고 인정됨에도 불구하고 자료의 제출자가 정당한 사유 없이 자료 공개를 거부하는 때 또는 비밀이 아닌 요약서의 제출을 거부한 때에는 해당 자료의 정확성이 충분히 입증되지 아니하는 한 해당 자료를

참고하지 아니할 수 있다.

⑤ **기획재정부장관·무역위원회**는 조사 및 **상계관세**의 부과여부 등을 결정할 때 이해관계인이 관계 자료를 제출하지 아니하거나 **무역위원회**의 조사를 거부·방해하는 경우 및 그 밖에 사유로 조사·자료의 검증이 곤란한 경우에는 이용가능한 자료 등을 사용하여 상계관세조치를 할 것인지 여부를 결정할 수 있다. 그런데 **기획재정부장관·무역위원회**는 상계관세의 부과절차와 관련하여 이해관계인으로부터 취득한 정보·자료 및 인지한 사실을 다른 목적으로 사용할 수 없다.

⑥ **기획재정부장관·무역위원회**는 이해관계인이 제출한 관계증빙자료와 제출·통보된 자료중 비밀로 취급되는 것 외의 자료의 열람을 요청하는 경우에는 특별사유가 없는 한 이에 응하여야 한다. 이 경우 이해관계인의 자료열람요청은 그 사유 및 자료목록을 기재한 서면으로 하여야 한다. 또한 **기획재정부장관·무역위원회**는 필요하다고 인정하거나 이해관계인의 요청이 있는 때에는 이해관계인에게 **공청회** 등을 통하여 의견을 진술할 기회를 주거나 상반된 이해관계인과 협의할 수 있는 기회를 줄 수 있다.

### 10) 상계관세의 소급부과

① **잠정조치**가 적용된 물품으로써 **상계관세**가 부과되는 물품은 다음과 같다.

> ㉮ **실질적 피해**가 있다고 **최종판정**이 내려진 경우 또는 **실질적 피해**의 우려가 있다는 **최종판정**이 내려졌지만, **잠정조치**가 없었다면 **실질적 피해**가 있다는 **최종판정**이 내려졌을 것으로 인정되는 경우에는 **잠정조치**가 적용된 기간 동안 수입된 물품, ㉯ 비교적 단기간 내에 대량 수입되어 발생되는 **실질적 피해**의 재발을 방지하기 위하여 **상계관세**를 소급하여 부과할 필요가 있는 경우로서 해당 물품이 과거에 **보조금** 등을 받아 수입되어 **실질적 피해**를 입힌 사실이 있었던 경우 또는 수입자가 보조금을 받은 물품의 수입사실과 그로 인한 **실질적 피해**의 사실을 알았거나 알 수 있었을 경우에는 **잠정조치**를 적용한 날부터 **90일전 이후**에 수입된 물품, ㉰ **약속**을 위반하여 **잠정조치**가 적용된 물품의 수입으로 인한 **실질적 피해**의 사실이 인정되는 때에는 잠정조치를 적용한 날부터 **90일 전 이후**에 수입된 물품. 이 경우 약속위반일 이전에 수입된 물품을 제외한다. ㉱ 그 밖에 **국제협약**에서 정하는 바에 따라 **기획재정부장관**이 정하는 기간에 수입된 물품

② **국내산업**에 이해관계가 있는 자는 **본조사**의 결과에 따라 최종판정의 통지를 받은 날부터 **7일 이내**에 해당 물품이 증거를 제출하여 **상계관세**의 부과를 요청할 수 있다.

### 11) 잠정상계관세액의 정산

① **잠정조치**가 적용된 기간 중에 수입된 물품에 대하여 부과하는 **상계관세액**이 **잠정상계관세액**과 같거나 많은 때에는 그 **잠정상계관세액**을 **상계관세액**으로 하여 그 차액을 **징**

**수**하지 아니하며, 적은 때에는 그 차액에 상당하는 **잠정상계관세액**을 **환급**하여야 한다.

② **담보**가 제공된 경우로서 해당 잠정조치가 적용된 기간 중에 소급 부과될 **상계관세액**은 **잠정상계관세액** 상당액을 초과할 수 없다.

③ **본조사**의 결과에 따라 **보조금**의 지급과 그로 인한 실질적 피해의 사실이 있는 것으로 판정이 내려진 후에 수락된 경우로서 조사된 **최종상계관세율**이 **잠정상계관세율**과 같거나 큰 경우에는 그 차액을 **징수**하지 아니하며, 작은 경우에는 그 차액에 상당하는 **잠정상계관세액**을 **환급**하여야 한다.

### 12) 상계관세에 대한 재심사

① **기획재정부장관**은 필요하다고 인정될 때에는 **상계관세**의 부과와 약속에 대하여 재심사를 할 수 있으며, **재심사**의 결과에 따라 상계관세의 부과, 약속 내용의 변경, 환급 등 필요한 조치를 할 수 있다.

② **상계관세**의 부과나 수락된 약속은 그 적용시한을 따로 정하는 경우를 제외하고는 해당 상계관세·약속의 시행일부터 **5년**이 지나면 그 **효력**을 잃으며, **보조금**의 지급과 산업피해를 **재심사**하고 그 결과에 따라 내용을 변경할 때에는 그 적용시한을 따로 정하는 경우를 제외하고는 변경된 내용의 시행일부터 **5년**이 지나면 그 효력을 잃는다.

③ **기획재정부장관**은 필요하다고 인정되거나 이해관계인이나 해당 산업을 관장하는 주무부장관이 다음에 해당한다는 **증빙자료**를 첨부하여 요청하는 때에는 상계관세가 부과되고 있거나 약속이 시행되고 있는 물품에 대하여 **재심사**여부를 결정하여야 한다.

> ㉮ **상계관세** 또는 **약속시행** 후 그 조치의 **내용변경**이 필요하다고 인정할 만한 충분한 **상황변동**이 발생한 경우, ㉯ **상계관세** 또는 **약속 종료**로 인하여 **국내산업**이 **피해**를 입을 우려가 있는 경우, ㉰ 실제 **보조금 금액**보다 **상계관세액**이 **과다**하게 **납부**된 경우

④ **재심사 요청**은 상계관세·약속의 시행일부터 **1년**이 경과된 날 이후에 할 수 있으며, 상계관세·약속의 효력이 상실되는 날 **6월 이전**에 요청하여야 한다. 이 경우 **기획재정부장관**은 **재심사**를 요청받은 날부터 **2월 이내**에 재심사의 필요 여부를 결정하여야 한다.

⑤ **기획재정부장관**은 **재심사**를 하는 경우 외에 부과중인 **상계관세율** 및 시행중인 약속의 적정성 여부에 관한 **재심사**를 할 수 있으며, 이를 위하여 상계관세·약속의 내용(재심사에 따라 변경된 내용을 포함한다)에 관하여 매년 그 시행일이 속하는 달에 **보조금**을 받은 물품의 수입가격에 대한 재검토를 하여야 한다.

⑥ **재심사**를 요청할 수 있는 이해관계인은 다음과 같다.

> ㉮ **동종물품**의 **국내생산자·그 단체**, ㉯ 해당 **상계조치대상 물품**의 **수출국정부** 또는 수출입자·그 단체, ㉰ 그 밖에 이해관계가 있다고 **기획재정부장관**이 인정하는 자

⑦ **기획재정부장관**은 재심사의 필요 여부를 결정하는 때에는 관계 행정기관의 장 및 **무역위원회**와 협의할 수 있으며, **재심사**가 필요한 것으로 결정된 때에는 **무역위원회**는 이를 조사하여야 한다. 이 경우 **무역위원회**는 해당 재심사의 사유가 되는 부분에 한정하여 조사할 수 있다.

⑧ **무역위원회**는 재심사개시일부터 **6월 이내**에 조사를 종결하여 그 결과를 **기획재정부장관**에게 제출하여야 한다. 다만, **무역위원회**는 조사기간을 연장할 필요가 있거나 이해관계인이 정당한 사유를 제시하여 **조사기간 연장**을 요청하는 때에는 **4월 범위내**에서 그 조사기간을 연장할 수 있다. 그런데 **기획재정부장관**은 조치가 필요한 때에는 조사결과를 제출받은 날부터 **1월 이내**에 해당 조치를 하여야 한다. 다만, 필요하다고 인정되는 때에는 **20일 범위내**에서 그 기간을 연장할 수 있다.

⑨ **재심사**를 하는 경우 **재심사기간** 중에 해당 **상계관세조치**의 적용시한이 종료되는 때에도 그 재심사기간 중 해당 조치의 효력은 계속된다. 그런데 **기획재정부장관**은 재심사 결과 약속의 실효성이 상실되거나 상실될 우려가 있다고 판단되는 때에는 해당 약속을 이행하고 있는 **수출국정부·수출자**에게 약속의 수정을 요구할 수 있으며, 해당 **수출국정부·수출자**가 약속의 수정을 거부하는 때에는 이용가능한 정보에 의하여 상계관세조치를 할 수 있다.

⑩ **기획재정부장관**은 **재심사**를 위하여 **관세청장**에게, ㉮ **상계조치 물품**의 수입 및 징수실적, ㉯ 약속업체의 약속 **준수여부**, ㉰ 그 밖에 **상계조치**의 **재심사**에 필요한 사항을 조사하여 **보고**하게 할 수 있다.

#### 13) 이해관계인에 대한 통지·공고

① **기획재정부장관**은 다음에 해당하는 때에는 그 내용을 **관보**에 **게재**하고, 이해관계인에게 **서면**으로 **통지**하여야 한다.

㉮ 법 제57조(상계관세의 부과대상) 및 법 제59조(상계관세를 부과하기 전의 잠정조치) 제1항의 규정에 의한 **조치**를 **결정**하거나 해당 **조치**를 하지 아니하기로 **결정**한 때, ㉯ 법 제60조(상계관세에 대한 재심사 등) 상계관세와 관련된 약속의 제의) 제1항의 규정에 의한 **약속**을 수락하여 조사를 **중지·종결하**거나 **조사**를 계속하는 때, ㉰ 법 제62조(상계관세에 대한 재심사 등) 제1항의 규정에 의한 **재심사**를 개시하거나 재심사결과 **상계관세조치**의 내용을 **변경**한 때, ㉱ 법 시행령 제84조(상계관세 및 약속의 재심사) 제7항의 규정에 의하여 **상계관세조치**의 효력이 **연장**되는 때

② **기획재정부장관·무역위원회**는 다음에 해당되는 때에는 그 내용을 이해관계인에게 통지하여야 한다.

㉮ 법 시행령 제74조(보조금 등을 받은 **물품**의 **수입** 및 **실질적 피해** 등의 조사개시) 제2항의 규정에 의하여 **조사신청**이 **기각**되거나 법 시행령 제75조(보조금 등을 받은 물품의 수입 및 실질적 피해 등의 조사) 제4항의 규정에 의하여 **조사**가 **종결**된 때
㉯ 법 시행령 제75조 제2항의 규정에 의한 **예비조사**의 결과에 따라 **예비판정**을 한 때
㉰ 법 시행령 제75조 제5항의 규정에 의한 **본조사**의 결과에 따라 **최종판정**을 한 때
㉱ 법 시행령 제75조 제6항 및 제84조(상계관세 및 약속의 재심사) 제5항 단서의 규정에 의하여 **조사기간**을 **연장**한 때
㉲ 법 시행령 제75조 제8항의 규정에 의하여 **기간**을 **연장**한 때
㉳ 법 시행령 제76조의 규정에 의하여 **상계관세**의 부과요청이 **철회**되어 조사의 개시여부에 관한 **결정**이 **중지**되거나 **조사**가 **종결**된 때
㉴ 법 시행령 제81조 (보조금 등의 철폐 또는 삭감, 가격수정 등의 약속) 제3항의 규정에 의하여 **기획재정부장관**이 **약속**을 **제의**한 때

③ **기획재정부장관·무역위원회**는 조사과정에서 법 시행령 제75조(보조금 등을 받은 물품의 수입 및 실질적 피해 등의 조사)의 규정에 의한 조사와 관련된 이해관계인의 서면요청이 있는 때에는 조사의 진행상황을 **통지**하여야 한다.

### (3) 보복관세

1) **보복관세**(retaliatory duties)는 **교역상대국**이 자국의 수출물품·선박(항공기)에 대하여 제3국보다 불리한 대우를 하는 경우에는 그 교역상대국으로부터 수입되는 물품에 대하여 **할증부과**하는 관세→**피해상당액 범위내**에서 관세를 부과한다.

2) **교역상대국**이 우리나라의 수출물품 등에 대하여 다음에 해당하는 행위를 함으로써 우리나라의 무역이익이 침해되는 때에는 그 나라로부터 수입되는 물품에 대하여 **피해상당액 범위내**에서 **관세**를 부과할 수 있다.

> ① **관세·무역**에 관한 **국제협정**이나 **양자간**의 **협정** 등에 규정된 우리나라의 권익을 부인하거나 **제한**하는 경우, ② 그 밖에 우리나라에 대하여 **부당·차별적**인 **조치**를 취하는 경우

3) **보복관세**를 부과하여야 하는 대상국가, 물품, 수량, 세율, 적용시한, 그 밖에 필요한 사항을 정할 수 있다.

4) 관계부처의 장 또는 이해관계인이 **보복관세**의 부과를 요청하고자 하는 때에는 해당 물품에 대한 다음 사항에 관한 자료를 **기획재정부장관**에게 제출하여야 한다.

> ① **보복관세**의 부과대상에 해당하는 행위를 한 **나라** 및 그 행위의 **내용**, ② 우리나라에서 **보복조치**를 할 **물품**, ③ **피해상당액**의 금액과 그 **산출내역** 및 **관세부과**의 **내용**

5) **기획재정부장관**은 **보복관세**의 적용에 관하여 필요 사항을 조사하기 위하여 필요하다고 인정되는 때에는 관계기관·수출입자, 그 밖에 이해관계인에게 **관계자료**의 제출 그 밖에 필요한 **협조**를 요청할 수 있다.

### (4) 긴급관세

#### 1) 의의

① **긴급관세**(emergency duties)를 부과하기 위해서는 다음 **요건**이 갖추어 져야 한다.

> ㉮ **특정물품**에 대한 **수입증가**가 있어야 한다. ㉯ **동종물품**·직접적인 **경쟁관계**에 있는 물품을 생산하는 **국내산업**이 심각한 피해를 받거나 받을 우려가 있음이 조사를 통하여 **확인**되어야 한다. ㉰ **국내산업**을 보호할 필요가 있다고 **인정**되어야 한다. ㉱ 해당 **물품**에 대하여 심각한 피해 등을 방지하거나 치유하고 조정을 촉진하기 위하여 필요한 범위에서 관세를 추가하여 **부과**할 수 있다.

② **긴급관세**는 해당 국내산업의 보호 필요성, 국제통상관계, 긴급관세 부과에 따른 보상 수준 및 국민경제 전반에 미치는 영향 등을 검토하여 부과 여부와 그 내용을 결정한다.

③ **기획재정부장관**은 긴급관세를 부과하는 경우에는 이해당사국과 긴급관세부과의 부정적 효과에 대한 적절한 **무역보상방법**에 관하여 협의를 할 수 있다.

④ **긴급관세**와 **잠정긴급관세**의 부과는 각각의 부과조치 결정 시행일 이후 수입되는 물

품에 한정하여 적용한다.

⑤ **긴급관세**의 부과기간은 **4년**을 초과할 수 없으며, **잠정긴급관세**는 **200일**을 초과하여 부과할 수 없다. 다만, **재심사**의 결과에 따라 부과기간을 연장하는 경우에는 **잠정긴급관세**의 부과기간, **긴급관세**의 부과기간, **대외무역법** 제39조(수입수량 제한조치) 제1항[30]에 따른 **수입수량제한** 등의 적용기간 및 그 **연장기간**을 포함한 총 적용기간은 **8년**을 초과할 수 없다.

⑥ **긴급관세·잠정긴급관세**를 부과하여야 하는 대상 물품, 세율, 적용기간, 수량, 수입관리방안, 그 밖에 필요한 사항은 기획재정부령으로 정한다.

⑦ **기획재정부장관**은 **긴급관세·잠정긴급관세**의 부과 여부를 결정하기 위하여 필요하다고 인정되는 경우에는 관계 행정기관의 장 및 이해관계인 등에게 관련 자료의 제출 등 필요한 협조를 요청할 수 있다.

### 2) 잠정긴급관세의 부과

① **긴급관세 부과** 여부를 결정하기 위하여 조사가 시작된 물품 또는 **불공정무역행위 조사 및 산업피해구제에 관한 법률** 제7조(잠정조치) 제1항[31]에 따라 **잠정조치**가 건의된 물품에 대하여 **조사기간** 중에 발생하는 심각한 피해 등을 방지하지 아니하는 경우 회복하기 어려운 피해가 초래되거나 초래될 우려가 있다고 판단될 때에는 조사가 종결되기 전에 피해의 구제 등을 위하여 필요한 범위에서 **잠정긴급관세**를 추가하여 부과할 수 있다.

② **긴급관세 부과·수입수량제한** 등의 조치 여부를 결정한 때에는 **잠정긴급관세**의 부과를 중단한다. **긴급관세 부과·수입수량제한** 등의 조치 여부를 결정하기 위하여 조사한 결과 수입증가가 **국내산업**에 심각한 피해를 초래하거나 초래할 우려가 있다고 판단되지 아니하는 경우에는 납부된 **잠정긴급관세**를 **환급**하여야 한다.

③ **잠정긴급관세**의 부과여부 및 그 내용은 **무역위원회**의 부과건의가 접수된 날부터 **1월 이내**에 검토사항을 고려하여 결정하여야 한다. 다만, **기획재정부장관**은 필요하다고 인정하는 경우에는 **20일 범위내**에서 그 결정기간을 **연장**할 수 있다.

④ **잠정긴급관세**가 적용중인 **특정수입물품**에 긴급관세를 부과하기로 결정한 경우로서

---

30) 제39조(수입수량 제한조치) ① **산업통상자원부장관**은 **특정물품**의 **수입증가**로 인하여 같은 종류의 **물품** 또는 직접적인 **경쟁관계**에 있는 물품을 생산하는 국내산업이 심각한 피해를 입고 있거나 입을 우려(심각한 피해 등)가 있음이 **불공정무역행위 조사 및 산업피해구제에 관한 법률** 제27조(무역위원회의 설치)에 따른 **무역위원회**의 조사를 통하여 확인되고 **심각**한 **피해** 등을 구제하기 위한 조치가 건의된 경우로서 그 **국내산업**을 보호할 필요가 있다고 인정되면 그 물품의 국내산업에 대한 심각한 피해 등을 방지하거나 치유하고 조정을 촉진하기 위하여 필요한 범위에서 물품의 **수입수량**을 제한하는 조치(**수입수량제한조치**)를 시행할 수 있다.

31) 제7조(잠정조치) ① **무역위원회**에 조사를 신청하였거나 **무역위원회**가 직권으로 조사 중인 **불공정무역행위**로 회복할 수 없는 피해를 입고 있거나 입을 우려가 있는 자는 **무역위원회**에 불공정무역행위의 **중지**나 그 밖에 **피해**를 예방할 수 있는 **조치**(**잠정조치**)를 하여 줄 것을 신청할 수 있다.

긴급관세액이 잠정긴급관세액과 같거나 많은 경우에는 그 **잠정긴급관세액**을 **긴급관세액**으로 하여 그 차액을 징수하지 아니하고, 적은 경우에는 그 차액에 상당하는 **잠정긴급관세액**을 **환급**하는 조치를 하여야 한다.

⑤ **무역위원회**가 국내산업의 피해가 없다고 판정하고 이를 **기획재정부장관**에게 **통보**한 때에는 이 피해와 관련하여 납부된 **잠정긴급관세액**을 환급하는 조치를 하여야 한다.

### 3) 긴급관세에 대한 재심사

① **기획재정부장관**은 필요하다고 인정되는 때에는 **긴급관세**의 부과결정에 대하여 재심사를 할 수 있으며, **재심사결과**에 따라 부과내용을 변경할 수 있다. 이 경우 변경된 내용은 최초의 조치내용보다 더 강화되어서는 아니된다.

② **기획재정부장관**은 부과 중인 **긴급관세**에 대하여 **무역위원회**가 그 내용의 완화·해제 또는 연장 등을 건의하는 때에는 그 건의가 접수된 날부터 **1월 이내**에 **재심사**를 하여 긴급관세부과의 완화·해제 또는 연장 등의 조치여부를 결정하여야 한다. 다만, **기획재정부장관**은 필요하다고 인정되는 때에는 **20일 범위내**에서 그 결정기간을 연장할 수 있다.

### 4) 특정국물품 긴급관세의 부과

① **국제조약** 또는 일반적인 **국제법규**에 따라 허용되는 한도에서 **특정국물품**이 다음에 해당하는 것으로 조사를 통하여 확인된 경우에는 피해를 구제하거나 방지하기 위하여 필요한 범위에서 관세(**특정국물품 긴급관세**)를 추가하여 부과할 수 있다.

> ㉮ 해당 **물품**의 **수입증가**가 국내시장의 **교란·교란우려**의 **중대**한 **원인**이 되는 경우, ㉯ **WTO 회원국**이 해당 **물품**의 **수입증가**에 대하여 자국의 **피해**를 **구제**하거나 **방지**하기 위하여 한 조치로 인하여 **중대**한 **무역전환**이 발생하여 해당 **물품**이 우리나라로 **수입**되거나 **수입**될 우려가 있는 경우

② **국내시장**의 **교란우려**란 **특정국물품**의 **수입증가**로 인하여 동종물품 또는 직접적인 경쟁관계에 있는 물품을 생산하는 **국내산업**이 실질적 피해를 받거나 받을 우려가 있는 경우를 말한다.

③ **특정국물품 긴급관세·특정국물품 잠정긴급관세**를 부과하여야 하는 대상 물품, 세율, 적용기간, 수량, 수입관리방안 등에 관하여 필요한 사항은 기획재정부령으로 정한다. **기획재정부장관**은 **특정국물품 긴급관세**를 부과할 때에는 이해당사국과 해결책을 모색하기 위하여 사전 협의를 할 수 있다.

④ **특정국물품 긴급관세**의 부과 여부를 결정하기 위한 조사가 시작된 물품에 대하여

조사기간 중에 발생하는 **국내시장**의 교란을 방지하지 아니하는 경우 회복하기 어려운 피해가 초래되거나 초래될 우려가 있다고 판단될 때에는 조사가 종결되기 전에 피해를 구제하거나 방지하기 위하여 필요한 범위에서 특정국물품에 대한 잠정긴급관세(**특정국물품 잠정긴급관세**)를 200**일 범위**에서 부과할 수 있다.

⑤ **특정국물품 긴급관세**의 부과 여부를 결정하기 위하여 조사한 결과 국내시장의 교란·교란우려가 있다고 판단되지 아니하는 경우에는 납부된 **특정국물품 잠정긴급관세**를 **환급**하여야 한다.

⑥ **특정국물품 긴급관세** 부과의 원인이 된 WTO 회원국의 조치가 종료된 때에는 그 종료일부터 30일 **이내**에 **특정국물품 긴급관세** 부과를 **중지**하여야 한다.

⑦ **긴급관세**의 부과, 잠정긴급관세의 부과 등, **긴급관세 재심사**의 규정은 **특정국물품 긴급관세·특정국물품 잠정긴급관세**의 부과에 관하여 이를 준용한다.

#### 5) 긴급관세 관련 비밀취급자료

**제출 자료**중 자료를 제출하는 자가 정당한 사유를 제시하여 **비밀**로 취급하여 줄 것을 요청한 자료에 대하여는 해당 자료를 제출한 자의 명시적인 동의 없이는 이를 **공개**하여서는 아니된다.

### (5) 농림축산물에 대한 특별긴급관세

#### 1) 의의

**농림축산물에 대한 특별긴급관세**(special emergency duties on agricultural, forest and livestock products)를 부과할 수 있는 경우는 다음에 해당하는 경우로 한다. 다만, 다음에 해당하는 경우에는 그 중 하나를 선택하여 적용할 수 있다.

> ㉮ **해당 연도 수입량**이 **기준발동물량**을 **초과**하는 경우
> ㉯ **원화**로 환산한 **운임** 및 **보험료**를 포함한 해당 물품의 **수입가격**이 1988년부터 1990년까지의 **평균수입가격**(별표 1에 해당하는 물품의 경우에는 1986년부터 1988년까지의 **평균수입가격**으로 하며, 이하, **기준가격**이라 한다)의 10/100을 초과하여 **하락**하는 경우

#### 2) 적용기준

① **기준발동물량**은 자료입수가 가능한 최근 **3년간 평균수입량**에 다음 구분에 의한 계수(**기준발동계수**)를 **곱한** 것과 자료입수가 가능한 최근 연도의 해당 품목 국내소비량의 그

전년도대비 변화량을 **합한** 물량(**기준발동물량**)으로 한다. 다만, 기준발동물량이 최근 3년간 **평균수입량**의 105/100 미만인 경우에는 **기준발동물량**을 최근 3년간 **평균수입량**의 105/100로 한다.

> ㉮ **자료입수**가 가능한 최근 **3년** 동안의 해당 물품 **국내소비량**에 대한 **수입량 비율**(시장 점유율)이 10/100 이하인 때 : 125/100
> ㉯ **시장점유율**이 10/100 초과 30/100 이하인 때 : 10/100
> ㉰ **시장점유율**이 30/100을 초과하는 때 : 105/100
> ㉱ **시장점유율**을 산정할 수 없는 때 : 125/100

② **특별긴급관세**는 국내외가격차에 상당한 율인 해당 **양허세율**에 그 양허세율의 1/3까지를 추가한 세율로 부과할 수 있으며 해당 연도 말까지 수입되는 분에 대하여서만 이를 적용한다.

③ **특별긴급관세**는 **국내외가격차**에 상당한 율인 해당 **양허세율**에 의한 관세에 다음 구분에 의한 금액을 추가하여 부과할 수 있다. 다만, 수입량이 감소하는 때에는 **특별긴급관세**는 이를 부과하지 아니할 수 있다.

> ㉮ 기준가격과 대비한 **수입가격하락률**이 10/100 **초과** 40/100 **이하**인 때 : **기준가격**의 10/100을 **초과**한 **금액**의 30/100
> ㉯ **기준가격**과 대비한 **수입가격하락률**이 40/100 **초과** 60/100 이하인 때 : (**기준가격**의 10/100 **초과** 40/100까지 **금액**의 30/100)+(**기준가격**의 40/100을 **초과**한 **금액**의 50/100)
> ㉰ **기준가격**과 대비한 **수입가격하락률**이 60/100 **초과** 75/100 **이하**인 때 : (**기준가격**의 10/100 **초과** 40/100까지 **금액**의 30/100)+(**기준가격**의 40/100 **초과** 60/100까지 **금액**의 50/100)+(**기준가격**의 60/100을 **초과**한 **금액**의 70/100)
> ㉱ **기준가격**과 대비한 **수입가격하락률**이 75/100를 **초과**한 때 : (**기준가격**의 10/100 **초과** 40/100까지 **금액**의 30/100)+(**기준가격**의 40/100 **초과** 60/100 까지 **금액**의 50/100)+(**기준가격**의 60/100 **초과** 75/100까지 **금액**의 70/100)+ (**기준가격**의 75/100를 **초과**한 **금액**의 90/100)

④ **부패**하기 쉽거나 **계절성**이 있는 물품에 대하여는 **기준발동물량**을 산정함에 있어서는 **3년**보다 짧은 기간을 적용하거나 기준가격을 산정시 다른 기간 동안의 가격을 적용하는 등 해당 물품의 특성을 고려할 수 있다.

⑤ **국제기구**와 관세에 관한 협상에서 양허된 **시장접근물량**으로 수입되는 물품은 **특별긴급관세** 부과대상에서 제외한다. 다만, 그 물품은 특별긴급관세의 부과를 위하여 수입량을 산정하는 때에는 이를 산입한다.

⑥ **특별긴급관세**가 부과되기 전에 계약이 체결되어 운송 중에 있는 물품은 **특별긴급관세** 부과대상에서 제외한다. 다만, 해당 물품은 **다음 해**에 특별긴급관세를 부과하기 위하여 필요한 **수입량**에는 산입할 수 있다.

⑦ 관계부처의 장 또는 이해관계인이 조치를 요청하려는 경우에는 해당 물품과 관련된 다음 사항에 관한 자료를 **기획재정부장관**에게 제출하여야 한다.

㉮ 해당 **물품**의 **관세율표 번호·품명·규격·용도** 및 **대체물품**, ㉯ 해당 **물품**의 최근 **3년간** 연도별 **국내소비량·수입량** 및 **기준가격**, ㉰ **인상**하여야 하는 **세율**, **인상이유**, **적용기간** 및 그 밖의 참고사항

⑧ **기획재정부장관**은 **특별긴급관세**의 적용에 관하여 필요한 사항을 조사하기 위하여 필요하다고 인정되는 때에는 관계기관·수출입자 기타 이해관계인에게 관계자료의 제출 기타 필요한 **협조**를 요청할 수 있다.

### 3) 법 제68조(농림축산물에 대한 특별긴급관세)에 따른 특별긴급관세 부과에 관한 규칙

#### ① 의의

이 **규칙**은 법 제68조 및 법 시행령 제90조(농림축산물에 대한 특별긴급관세)의 규정에 의한 **특별긴급관세** 부과에 관하여 필요한 사항을 정함을 목적으로 한다.

#### ② 부과대상물품 및 세율

**특별긴급관세**를 부과할 **물품·세율** 또는 세액은 별표 1 및 별표 2와 같다. 다만, 별표 1 및 별표 2를 동시에 적용할 수 있는 경우에는 부과하여야 할 **세율·세액**이 **높은** 것부터 적용한다.

#### ③ 물량기준에 의한 특별긴급관세

㉮ 법 시행령 제90조 제1항 제1호에 의한 **특별긴급관세**는 해당 연도 **수입량**의 누계가 별표 1의 **기준발동물량**을 초과하는 날의 **다음 날**(**특별긴급관세 부가**가 가능하게 된 날)부터 수입신고되는 물품에 부과한다.

㉯ **연간 수입량**의 누계를 계산할 때에는 WTO **협정 등에 의한 양허관세 규정 별표** 1 나의 양허된 **시장접근물량**은 이미 **수입**된 것으로 본다.

㉰ 별표 1에 있는 **물품**과 **특별긴급관세 부과대상**이 아닌 다른 물품의 시장접근물량이

구분되어 있지 아니한 경우 **기획재정부장관**은 필요한 때에는 **농림축산식품부장관**과 협의하여 해당 **특별긴급관세 부과대상** 물품의 시장접근물량을 구분하여 정할 수 있다.

㉣ **특별긴급관세 부과**가 가능하게 된 날 전에 계약이 체결되고 우리나라에 수출하기 위하여 수출국에서 선적된 물품에 대하여는 **특별긴급관세**를 부과하지 아니한다.

㉤ **관세청장**은 **특별긴급관세 부과**가 가능하게 되는 경우 지체없이 **특별긴급관세 부과**가 가능하게 된 날 및 이 날부터 **수입신고**되는 물품에 대하여는 특별긴급관세가 부과됨을 관보·일간신문 등에 공고하고 **기획재정부장관** 및 **농림축산식품부장관**에게 보고하여야 한다.

#### ④ 가격기준에 의한 특별긴급관세

㉮ 법 시행령 제90조 제1항 제2호에 의한 **특별긴급관세**는 제90조 제1항 제2호의 규정에 의한 **수입가격**이 별표 2에 규정된 **기준가격**보다 **10% 이상** 하락한 물품이 수입신고되는 때에 부과한다.

㉯ **수입자**가 **세관장**에게 수입신고를 할 때 **수입신고일**부터 과거 **6월간**의 수입량이 계속 감소하고 있다는 증빙자료를 첨부하여 **특별긴급관세 적용배제**를 신청하고 **세관장**이 이 사실을 확인하는 경우에는 **특별긴급관세**를 부과하지 아니한다.

#### ⑤ 보고

㉮ **관세청장**은 별표 1 및 별표 2에 규정한 **특별긴급관세 대상물품**의 수입량·수입가격 및 수입자 등 관련사항을 매월 **기획재정부장관** 및 **농림축산식품부장관**에게 보고하여야 한다.

㉯ **관세청장**은 **특별긴급관세**를 부과한 경우에는 부과물품·부과물량·원산지·수입자 및 특별긴급관세액 등 관련사항을 지체 없이 **기획재정부장관** 및 **농림축산식품부장관**에게 보고하여야 한다.

## (6) 조정관세

### 1) 1984년 무역자유화 실시

**무역자유화** 실시 이후 **수입자동승인품목**으로 지정된 물품의 **수입**이 급격히 **증가**하거나 **저가수입**되어 **국내산업**을 저해하거나 **국민소비생활**을 문란하게 할 경우 대처하기 위해 도입된 것이다. **조정관세**는 해당 국내산업의 보호 필요성, 국제통상관계, 국민경제 전반에 미치는 영향 등을 검토하여 부과 여부와 그 내용을 정한다. **조정관세**(adjustment duties)를 부과하여야 하는 대상 물품, 세율 및 적용시한 등을 검토하여 정한다.

2) 의의

다음에 해당하는 경우에는 100/100에서 해당 물품의 **기본관세율**을 **뺀 율**을 **기본관세율**에 더한 율의 범위에서 관세를 부과할 수 있다. 다만, **농림축수산물** 또는 이를 원재료로 하여 제조된 물품의 **국내외 가격차**가 해당 물품의 **과세가격**을 초과하는 경우에는 국내외 가격차에 상당하는 율의 범위에서 관세를 부과할 수 있다.

> ① **산업구조**의 변동으로 **물품**간의 세율이 철저히 **불균형**, ② **국민보건**, **환경보전**, **소비자보호** 등을 위해 필요한 경우, ③ **국산개발물품**중 **일정기간** 보호가 필요한 경우, ④ **농림축산물** 등 국제경쟁력이 취약한 물품의 **수입증가**로 **국내시장**이 교란되거나 **산업기간**을 붕괴시킬 우려가 있어 이를 **시정** 또는 **방지**할 필요가 있는 경우

3) 부과

① **조정관세**는 해당 국내산업의 보호 필요성, 국제통상관계, 국민경제 전반에 미치는 영향 등을 검토하여 부과 여부와 그 내용을 정한다.

② **조정관세**를 부과하여야 하는 대상 **물품**, **세율** 및 **적용시한** 등은 대통령령으로 정한다.

③ 관계부처의 장·이해관계인이 **조치**를 요청하려는 경우에는 해당 물품과 관련된 다음 사항에 관한 자료를 **기획재정부장관**에게 제출하여야 한다.

> ㉮ 해당 물품의 **관세율표 번호·품명·규격·용도** 및 **대체물품**, ㉯ 해당 **물품**의 **제조용 투입원료** 및 해당 **물품**을 **원료**로 하는 관련제품의 **제조공정설명서** 및 **용도**, ㉰ 해당 **연도**와 그 전후 1년간 **수급실적** 및 **계획**, ㉱ 최근 1년간 **월별 주요 수입국별 수입가격** 및 **수입실적**, ㉲ 최근 1년간 **월별** 주요 **국내제조업체별 공장도가격** 및 **출고실적**, ㉳ **인상**하여야 하는 **세율·인상이유** 및 그 **적용기간**

④ **기획재정부장관**은 **조정관세**의 적용에 관하여 필요한 사항을 조사하기 위하여 필요하다고 인정되는 때에는 관계기관·수출입자 기타 이해관계인에게 관계자료의 제출 기타 필요한 협조를 요청할 수 있다.

### (7) 할당관세

1) 의의

① **할당관세**(autonomous duties)는 다음에 해당하는 경우에는 40/100 **범위**의 율을 **기본관세율**에서 빼고 관세를 부과할 수 있다. 이 경우 필요하다고 인정될 때에는 그 수

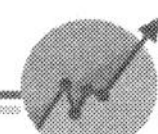

량을 제한할 수 있다.

> ㉮ **원활**한 **물자수급** 또는 **산업**의 경쟁력 강화를 위하여 **특정물품**의 수입을 촉진할 필요가 있는 경우, ㉯ **수입가격**이 급등한 **물품** 또는 이를 **원재료**로 한 제품의 **국내가격**을 안정시키기 위하여 필요한 경우, ㉰ **유사물품** 간의 세율이 현저히 **불균형**하여 이를 **시정**할 필요가 있는 경우

② **특정물품**의 수입을 억제할 필요가 있는 경우에는 일정한 수량을 초과하여 수입되는 분에 대하여 40/100 **범위**의 율을 **기본관세율**에 더하여 관세를 부과할 수 있다. 다만, **농림축수산물**인 경우에는 **기본관세율**에 **동종물품·유사물품** 또는 **대체물품**의 국내외 가격차에 상당하는 율을 더한 **율**의 범위에서 관세를 부과할 수 있다.

### 2) 부과

① **관세**를 부과하여야 하는 대상 물품, 수량, 세율, 적용기간 등은 대통령령으로 정한다.

② **기획재정부장관**은 매 회계연도 종료 후 **5개월 이내**에 관세의 **전년도** 부과 실적 및 그 결과(관세 부과의 효과 등을 조사·분석한 보고서를 포함한다)를 국회 소관 상임위원회에 **보고**하여야 한다.

③ 관계부처의 장·이해관계인은 **할당관세**의 부과를 요청하고자 하는 때에는 해당 물품에 관련된 다음 사항에 관한 자료를 **기획재정부장관**에게 제출하여야 한다.

> ㉮ 법 시행령 제91조(조정관세)제1항 제1호 내지 제5호의 사항에 관한 **자료**, ㉯ 해당 **할당관세**를 적용하고자 하는 **세율·인하이유** 및 그 **적용기간**, ㉰ **수량**을 제한하여야 하는 때에는 그 **수량** 및 **산출근거**

④ 관계부처의 장·이해관계인은 **할당관세**의 부과를 요청하고자 하는 때에는 해당 물품에 관련된 다음 사항에 관한 자료를 **기획재정부장관**에게 제출하여야 한다.

> ㉮ 법 시행령 제91조(조정관세) 제1항 제1호 내지 제5호의 사항에 관한 **자료**, ㉯ 해당 **할당관세**를 적용하여야 하는 세율·인상이유 및 그 **적용기간**, ㉰ **기본관세율**을 적용하여야 하는 **수량** 및 그 **산출근거**, ㉱ **농림축수산물**의 경우에는 최근 **2년간 월별** 또는 **분기별 동종물품·유사물품** 또는 **대체물품**별 **국내외 가격동향**

⑤ **일정수량**의 할당은 해당 수량의 **범위내**에서 주무부장관 또는 그 위임을 받은 자의 **추천**으로 행한다. 다만, **기획재정부장관**이 정하는 물품에 있어서는 **수입신고 순위**에 따르되, **일정수량**에 달하는 날의 할당은 그 날에 **수입신고**되는 분을 해당 수량에 비례하여 할당한다.

⑥ 주무부장관 또는 그 위임을 받은 자의 추천을 받은 자는 해당 **추천서**를 수입신고수리전까지 **세관장**에게 제출하여야 한다. **일정수량**까지의 **수입통관실적**의 확인은 **관세청장**이 이를 행한다.

⑦ 관계부처의 장은 **할당관세**의 부과를 요청하는 경우 다음 사항을 해당 관계부처의 인터넷 홈페이지 등에 **10일 이상** 게시하여 의견을 수렴하고 그 결과를 **기획재정부장관**에게 제출하여야 한다. 다만, 자연재해 또는 가격급등 등으로 **할당관세**를 긴급히 부과할 필요가 있는 경우에는 **기획재정부장관**과 협의하여 의견 수렴을 생략할 수 있다.

> ㉮ 해당 **물품**의 **관세율표 번호**, **품명**, **규격**, **용도** 및 **대체물품**, ㉯ 법 시행령 제92조(조정관세) 제1항 제2호·제3호 또는 제2항 제2호·제3호의 사항

⑧ **기획재정부장관**은 **할당관세**의 적용에 관하여 필요한 사항을 조사하기 위하여 필요하다고 인정되는 때에는 **관계기관·수출입자** 기타 이해관계인에게 관계자료의 제출 기타 필요한 **협조**를 요청할 수 있다.

⑨ **기획재정부장관**은 관세의 전년도 부과 실적 등의 보고를 위하여 관계부처의 장에게 매 회계연도 종료 후 **3개월 이내**에 관세 부과 실적 및 효과 등에 관한 자료를 **기획재정부장관**에게 제출할 것을 요청할 수 있다. 이 경우 요청을 받은 관계부처의 장은 특별한 사유가 없으면 그 요청에 따라야 한다.

## (8) 계절관세

### 1) 의의

① **계절관세**(seasonal duties)는 계절에 따라 가격의 차이가 심한 물품으로서 **동종물품·유사물품** 또는 **대체물품**의 수입으로 인하여 국내시장이 교란되거나 생산기반이 붕괴될 우려가 있을 때에는 계절에 따라 해당 물품의 국내외 가격차에 상당하는 율의 범위에서 **기본관세율**보다 높게 관세를 부과하거나 40/100 **범위**의 율을 기본세율에서 빼고 관세를 부과할 수 있다.

② **관세**를 부과하여야 하는 대상 물품, 세율 및 적용시한 등은 기획재정부령으로 정한다.

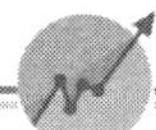

2) **부과**

① **관계행정기관**의 **장·이해관계인**이 계절관세의 부과를 요청하고자 하는 때에는 해당 물품에 관련한 다음 사항에 관한 자료를 **기획재정부장관**에게 제출하여야 한다.

> ㉮ **품명·규격·용도** 및 **대체물품**, ㉯ 최근 **1년간 월별 수입가격** 및 주요 **국제상품시장**의 **가격동향**, ㉰ 최근 **1년간 월별 주요국내제조업체별 공장도가격**, ㉱ 해당 **물품** 및 **주요관련제품**의 **생산자물가지수·소비자물가지수** 및 **수입물가지수**, ㉲ **계절관세**를 **적용**하고자 하는 **이유** 및 **그 적용기간**, ㉳ **계절별 수급실적** 및 **전망**, ㉴ **변경**하고자 하는 **세율**과 **그 산출내역**

② **기획재정부장관**은 **계절관세**의 적용에 관하여 필요한 사항을 조사하기 위하여 필요하다고 인정하는 때에는 관계기관·수출입자, 그 밖에 이해관계인에게 관계자료의 제출, 그 밖에 필요한 **협조**를 요청할 수 있다.

### (9) 국제협력관세

1) **정부**는 우리나라의 **대외무역**의 증진을 위하여 필요하다고 인정되는 때에는 **특정국가**·**국제기구**와 관세에 관한 협상을 할 수 있다. 예를 들어 WTO **양허관세**, **방콕협정관세**, UNCTAD **개발도상국간 양해각서**, **최빈개발도상국 특혜관세**, **특정국가**와의 관세협상에 따른 **국제협력관세** 등이 이에 포함된다. **국제협력관세**(International Cooperation Tariffs)는 **관세율**을 인하하는 것이므로 WTO 체제상 MFN **원칙**이 적용되어 WTO 회원국 모두에게 인하된 세율을 적용해야 하며 관세협상 대상국이었던 **특정국가·국제기구**의 회원국에게만 적용할 수 없다.

2) **협상**을 수행함에 있어서 필요하다고 인정되는 때에는 관세를 **양허**할 수 있다. 다만, 특정국가와의 협상을 수행함에 있어서는 **기본관세율**의 50/100 **범위**를 초과하여 관세를 양허할 수 없다. 관세를 부과하여야 하는 대상물품·세율과 적용기간 등은 대통령령으로 정한다.

3) **세율**간의 **우선순위**를 정하는 법에 따르면, **국제협력관세율**은 **기본관세율**에 우선하므로 **국제협력관세율**에 관한 조약을 체결한 후 WTO 등에 의한 양허관세 규정 등 관련 대통령령을 개정하면 법률 개정 없이도 특정 품목에 대한 **관세율**을 변경할 수 있다.

### (10) 편익관세

#### 1) 의의

① **편익관세**(beneficial duties)는 **조약·협약**에 의한 관세상의 편익을 받지 아니하는 **특정국가**에서 생산된 **특정물품**이 수입될 때 기존 외국과의 조약에 의하여 부여하고 있는 **관세상 혜택**의 **범위 한도내**에서 관세에 관한 편익을 부여하는 것을 말한다.

② **관세**에 관한 조약에 의한 **편익**을 받지 아니하는 나라의 생산물로서 우리나라에 수입되는 물품에 대하여 이미 체결된 외국과의 조약에 의한 **편익**의 한도내에서 관세에 관한 **편익**을 부여할 수 있다.

#### 2) 적용기준

① **편익관세**를 부여할 수 있는 대상국가, 물품, 적용세율, 적용방법, 그 밖에 필요한 사항을 정할 수 있다. **관세**에 관한 **편익**을 받을 수 있는 국가는 다음과 같다.

〈표-8〉 편익관세 적용지역과 대상국가

| 지역 | 국가 |
|---|---|
| 1. 아시아 | 아프가니스탄, 부탄 |
| 2. 중동 | 이란, 이라크, 레바논, 시리아 |
| 3. 대양주 | 나우루 |
| 4. 아프리카 | 코모로, 에디오피아, 리베리아, 소말리아 |
| 5. 유럽 | 안도라, 모나코, 산마리노, 바티칸 |

② **관세**에 관한 **편익**을 받을 수 있는 물품은 위의 국가의 생산물 중 WTO 협정 등에 의한 양허관세 규정 별표 1(양허표)의 **가** 또는 **나**에 따른 물품으로 한다. 이 경우 해당 물품에 대한 **관세율표**상의 **품목분류**가 세분되거나 통합된 때에도 동일한 편익을 받는다.

③ **물품**에 대하여는 해당 **양허표**에 규정된 **세율**을 적용한다. 다만, 다음 경우에는 해당 **양허표**에 규정된 **세율**보다 다음에 규정된 세율을 **우선**하여 적용한다.

㉮ **세율**이 해당 **양허표**에 규정된 **세율**보다 낮은 경우에는 법에 의한 **세율**. 다만, **농림축산물**의 경우에는 해당 **양허표**에 규정된 **세율**을 **기본관세율** 및 **잠정관세율**에 우선하여 적용한다.
㉯ 법 제51조(덤핑방지관세의 부과대상), 법 제57조(상계관세의 부과대상), 법 제63조(보복관세의 부과대상), 법 제65조(긴급관세의 부과대상 등) 또는 법 제68조(농림축산물에 대한 특별긴급관세)의 규정에 의하여 대통령령·기획재정부령으로 **세율**을 정하는 경우에는 그 **세율**

④ **기획재정부장관**은 **편익관세**의 적용에 관하여 필요한 사항을 조사하기 위하여 필요하다고 인정되는 때에는 관계행정기관·수출자·수입자 기타 이해관계인에게 관계자료의 제출 기타 필요한 **협조**를 요청할 수 있다.

#### 3) 적용정지

**기획재정부장관**은 다음에 해당하는 때에는 국가·물품 및 기간을 지정하여 **편익관세**의 적용을 정지시킬 수 있다.

㉮ **편익관세**의 적용으로 국민경제에 중대한 영향이 초래되거나 초래될 우려가 있는 경우,
㉯ 그 밖에 **편익관세**의 적용을 정지시켜야 할 긴급한 사태가 있는 경우

### (11) 일반특혜관세

#### 1) 적용기준

① **개발도상국가(특혜대상국)**를 **원산지**로 하는 물품 중 **특혜대상물품**에 대하여는 **기본세율**보다 **낮은 세율**의 관세, 즉 **일반특혜관세**(GSP)를 부과할 수 있다.

② GSP를 부과함에 있어서 해당 **특혜대상물품**의 수입이 **국내산업**에 미치는 영향 등을 감안하여 그 물품에 적용되는 세율에 차등을 두거나 특혜대상물품의 수입수량 등을 한정할 수 있다.

③ **국제연합총회**의 결의에 의한 **최빈개발도상국**을 **원산지**로 하는 물품에 대하여는 다른 **특혜대상국**보다 우대하여 GSP를 부과할 수 있다. **특혜대상물품**에 적용되는 세율 및 적용기간과 그 밖에 필요한 사항은 대통령령으로 정한다.

#### 2) 적용정지

① **기획재정부장관**은 특정한 **특혜대상물품**의 수입이 증가하여 이와 동종의 물품 또는 직접적인 경쟁관계에 있는 물품을 생산하는 국내산업에 중대한 피해를 주거나 줄 우려가 있는 등 GSP를 부과하는 것이 적당하지 아니하다고 판단되는 때에는 해당 물품과 그 물품의 원산지인 국가를 지정하여 GSP의 적용을 정지할 수 있다.

② **기획재정부장관**은 특정한 **특혜대상국**의 소득수준, 우리나라의 총수입액 중 특정한 특혜대상국으로부터의 수입액이 차지하는 비중, 특정한 **특혜대상국**의 특정한 **특혜대상물품**이 지니는 국제경쟁력의 정도, 그 밖의 사정을 고려하여 GSP를 부과하는 것이 적당하지 아니하다고 판단되는 때에는 해당 국가를 지정하거나 해당 국가 및 물품

을 지정하여 GSP의 적용을 배제할 수 있다.

### (12) 관세양허에 대한 조치

#### 1) 양허의 철회 및 수정

① **정부**는 외국에서의 가격하락이나 그 밖에 예상하지 못하였던 사정의 변화·조약상 의무의 이행으로 인하여 **특정물품**의 수입이 증가됨으로써 이와 동종의 물품 또는 직접 경쟁관계에 있는 물품을 생산하는 **국내생산자**에게 중대한 피해를 가져오거나 가져올 우려가 있다고 인정되는 경우에는 다음 구분에 따른 조치를 할 수 있다.

> ㉮ **조약**에 따라 **관세**를 **양허**하고 있는 경우: 해당 **조약**에 따라 이루어진 **특정물품**에 대한 **양허**를 **철회**하거나 **수정**하여 이 법에 따른 **세율**이나 **수정 후**의 **세율**에 따라 **관세**를 부과하는 조치
> ㉯ **특정물품**에 대하여 조치를 하려고 하거나 그 조치를 한 경우: 해당 **조약**에 따른 협의에 따라 그 물품 외에 이미 **양허**한 **물품**의 **관세율**을 **수정**하거나 **양허품목**을 추가하여 새로 관세의 **양허**를 하고 **수정·양허**한 **후**의 **세율**을 적용하는 조치

② **조치**에 대한 **보상**으로서 필요한 범위에서만 할 수 있다. 조치의 시기 및 내용과 그 밖에 필요한 사항은 대통령령으로 정한다.

#### 2) 대항조치

① **정부**는 외국이 **특정물품**에 관한 양허의 철회·수정 또는 그 밖의 조치를 하려고 하거나 그 조치를 한 경우 해당 조약에 따라 **대항조치**를 할 수 있다고 인정될 때에는 다음 조치를 할 수 있다.

> ㉮ **특정물품**에 대하여 이 법에 따른 관세 외에 그 물품의 **과세가격 상당액**의 범위에서 관세를 부과하는 **조치**, ㉯ **특정물품**에 대하여 관세의 양허를 하고 있는 경우에는 그 양허의 적용을 정지하고 **세율**의 범위에서 관세를 부과하는 **조치**

② **조치**는 외국의 조치에 대한 **대항조치**로서 필요한 범위에서만 할 수 있다. **조치**의 대상 국가, 시기, 내용, 그 밖에 필요한 사항은 대통령령으로 정한다.

#### 3) 양허 및 철회의 효력

① **조약**에 따라 우리나라가 양허한 품목에 대하여 그 양허를 **철회**한 경우에는 해당 조약에 따라 철회의 효력이 **발생**한 **날**부터 **세율**을 적용한다.

② **양허철회**에 대한 보상으로 우리나라가 새로 양허한 품목에 대하여는 그 양허의 효력이 발생한 날부터 이 법에 따른 **세율**을 적용하지 아니한다.

## 3. 세율의 적용

### (1) 간이세율

① **수입물품**의 관세 이외에 **부가가치세**, **특별소비세**, **주세**, **교육세** 등도 부과되는데, 이를 조세를 각 개별로 세율과 **과세가격**을 정하고 세액을 결정하여 부과·징수함에 있어 시간이 많이 소요되므로 일부 대상에 대하여 **단일세율**을 적용하여 과세의 간소화를 도모하고 있다.

② **간이세율**은 **수입물품**에 대한 **관세**, **임시수입부가세** 및 **내국세**의 세율을 기초로 하여 정한다. 이것에 해당하는 물품으로서 그 총액이 일정 금액 이하인 물품에 대하여는 일반적으로 휴대하여 수입하는 물품의 관세, **임시수입부가세** 및 **내국세**의 세율을 고려하여 단일한 세율로 할 수 있다.

#### 1) 적용대상물품

① **여행자**·외국에 왕래하는 **운송수단**의 **승무원**이 휴대하여 수입하는 **물품**
② **우편물**. 다만, **수입신고**를 하여야 하는 것을 제외한다.
③ 외국에서 선박(항공기)의 일부를 수리·개체하기 위하여 사용된 **물품**. 이 경우 물품의 **과세가격**은 **수리·개체**를 위하여 지급하는 **외화가격**으로 한다.
④ **탁송품·별송품**

2) 적용제외물품

① **관세율**이 **무세**인 물품과 관세가 감면되는 **물품**
② **수출용원재료**
③ **범칙행위**에 관련된 **물품**
④ **종량세**가 적용되는 **물품**
⑤ 다음에 해당하는 물품으로서 **관세청장**이 정하는 **물품**
　㉮ **상업용**으로 인정되는 **수량**의 **물품**
　㉯ **고가품**
　㉰ 해당 물품의 수입이 **국내산업**을 저해할 우려가 있는 **물품**
　㉱ **단일**한 **간이세율**의 적용이 **과세형평**을 현저히 저해할 우려가 있는 **물품**
⑥ 화주가 **수입신고**를 할 때 **과세대상물품**의 전부에 대하여 **간이세율**의 적용을 받지 아니할 것을 요청한 경우의 해당 **물품**

그 외 적용제외되는 물품으로는, ① **부과고지** 대상으로서 1**개**나 1**조**의 과세가격이 500**만원**을 초과하는 물품, ② 상업용으로 인정되는 수량의 물품, ③ 관세를 적용받는 물품 중 **기본관세율**보다 **높은 세율**을 적용받는 물품 등이다(**수입통관 사무처리에 관한 고시** 제55조(간이세율적용 배제물품)).

### (2) 합의세율

**합의세율**은 **화주**의 요청이 있는 경우 품목별 세율중 화주와 합의하여 가장 **높은 세율**을 모든 품목에 적용하여 과세통관할 수 있도록 하는 제도를 말하는데, 이는 **과세편의**와 **신속통관**을 도모하는데 그 목적이 있다. 그 **요건**은 **일괄**하여 **수입신고**되어야 하고 품목별로 **세율**이 **상이**하여야 하며 **화주**의 **신청**이 있어야 한다. 또한 **특이사항**으로는 **납세의무자**가 합의한 것이므로 **심사청구·심판청구**와 같은 **행정소송**을 할 수 없다는 점이다.

### (3) 용도세율

1) **동일**한 물품이라 하더라도 해당 물품의 용도에 따라 **관세율**이 상이한 경우가 있는데 이때 **용도**에 따라 **세율**을 달리하는 세율 중에서 **낮은 세율**을 '**용도세율**'이라 한다. 용도에 따라 세율을 다르게 정하는 물품을 세율이 **낮은 용도**에 사용하려는 자는 **세관장 승인**을 받아야 한다. 다만, 물품의 성질과 형태가 그 **용도외 다른 용도에 사용**할 수 없는 경우에는 그러하지 아니하다. **용도세율**의 적용을 받고자 하는 자는 해당 물품의 **수입신고**를 하는 때부터 해당 수입신고가 수리되기 전까지 그 품명·규격·수량·가격·용도·사용방법 및 사용장소를 기재한 신청서를 **세관장**에게 제출하여야 한다.

2) **잠정세율, 긴급관세, 조정관세, 농림축산물에 대한 특별긴급관세, 계절관세, 할당관세, 국제협력관세, 일반특혜관세, 별표 관세율표**를 대상으로 용도에 따라 세율을 달리하고 있다.

3) 한편 **사후관리**로는 **용도세율**의 적용을 받은 물품은 **수입신고 수리일**로부터 **3년 범위내**에서 관세청장이 정하는 기간내에는 용도외 사용이 불가능하고, 용도외 사용시 차액을 즉시 징수해야 한다. 다만, ① 미리 **세관장 승인**을 받은 경우, ② **물품**의 **성질**과 **형태**가 그 **용도외 다른 용도에 사용**할 수 없는 경우에는 그러하지 아니하다.

4) 해당 **용도외 다른 용도에 사용**하거나 **사용**하려는 자에게 **양도**한 경우에는 해당 물품을 특정용도 외에 사용한 자 또는 그 **양도인**으로부터 해당 물품을 **특정용도**에 사용할 것을 요건으로 하지 아니하는 세율에 따라 계산한 **관세액**과 해당 **용도세율**에 따라 계산한 **관세액**의 차액에 상당하는 관세를 즉시 징수하며, **양도인**으로부터 해당 관세를 징수할 수 없을 때에는 그 **양수인**으로부터 **즉시 징수**한다. 다만, 재해나 그 밖의 부득이한 사유로 **멸실**되었거나 미리 **세관장 승인**을 받아 **폐기**한 경우에는 그러하지 아니하다.

## 4. 품목분류

**기획재정부장관**은 **통일상품명 및 부호체계에 관한 국제협약**(이하, 협약이라 한다)에 따라 수출입물품의 신속통관, 통계파악 등을 위하여 협약 및 법 별표 관세율표를 기초로 하여 품목을 세분한 **관세·통계통합품목분류표**(**품목분류표**)를 고시할 수 있다.

### (1) 품목분류의 확인

**수출입자**나 관계당국이 해당 물품의 성상을 파악하여 법령에서 정한 **품목번호표**상 어느 번호에 해당하는지 확인하는 행위를 말한다. 법령은 수출입자의 책임 하에 **품목번호**를 확인·신고하도록 하고, 관세당국은 그 **적법성 검증** 또는 **수출입자**의 **질의**에 대한 회신 등을 통하여 지원하고 있다.

#### 1) 직접적 품목분류 확인

**직접적 방법**은 수출입 당사자가 관련 규정집이나 인터넷을 찾아보거나, 전문가·관계당국에 상담을 등을 통하여 스스로 확인하는 방법과, 수출입하기 전 **품목분류 사전심사제도**를 이용하거나 기수출입이 이루어진 경우 **일반 민원질의** 또는 **HS 품목번호 확인신청서**를 통하여 관계당국의 유권해석을 받는 방법이 있다.

① 관련 규정집이나 **인터넷**을 통한 **확인**, ② **품목분류 사전심사제도**, ③ **품목번호 확인 신청제도**(신고인 또는 화주는 본인이 수출입신고한 실적이 있는 물품에 대하여 통관지 세관장에게 HS **품목번호 확인서**의 발급을 신청하는 제도(품목분류사무처리에 관한 시행세칙 제11조)

#### 2) 간접적 품목분류 확인

**간접적 방법**은 해당 **물품통관 세관**에 **경정청구** 등 어떤 **행정처분**을 신청하여 **승인**을 받는 과정을 통하여 확인하는 방법, **세관**의 어떤 처분을 받아들일 수 없는 경우에 제기하는 **불복절차**를 통하여 확인하는 방법이 있다.

### (2) 품목분류체계의 변경

1) **기획재정부장관**은 협약에 따른 **관세협력이사회**(CCC)의 권고·결정이나 새로운 상품의 개발 등으로 별표 관세율표·품목분류를 변경할 필요가 있는 경우 그 **세율**이 변경되지 아니하는 경우에는 새로 **품목분류**를 하거나 다시 **품목분류**를 할 수 있다.

2) **기획재정부장관**은 CCC로부터 협약의 **품목분류**에 관한 권고·결정이 있거나 새로운 상품이 개발되는 등 법 별표 관세율표와 WTO **협정** 등에 의한 **양허관세규정**, 특정국가와의 관세협상에 따른 **국제협력관세**의 적용에 관한 규정 및 최빈개발도상국에 대한 **특혜관세 공여규정**(이하, 양허관세규정 등이라 한다)에 의한 **품목분류** 및 **품목분류표**를 **변경**할 필요가 있는 때에는 그 세율을 변경함이 없이 법 별표 관세율표와 양허관세규정 등에 의한 **품목분류** 및 **품목분류표**를 변경고시할 수 있다.

3) **기획재정부장관**은 CCC로부터 협약의 품목분류에 관한 권고·결정이 있어서 **품목분류를 변경**하는 때에는 협약 규정에 의한 기한내에 법 별표 관세율표상의 **품목분류** 및 **품목분류표**에 이를 반영하여야 한다.

### (3) 품목분류의 적용기준

1) **기획재정부장관**은 **품목분류**를 적용하는 데에 필요한 기준을 정할 수 있다. 다음 사항을 심의하기 위하여 **관세청**에 **관세품목분류위원회**를 둔다.

① **품목분류** 적용기준의 **신설·변경**과 관련하여 **관세청장**이 **기획재정부장관**에게 요청할 **사항**, ② **특정물품**에 적용될 **품목분류**의 **사전심사 및 재심사**, ③ **특정물품**에 적용될 **품목분류**의 **변경** 및 **재심사**, ④ 그 밖에 **품목분류**에 관하여 **관세청장**이 **관세품목분류위원회**에 부치는 **사항**

2) **관세품목분류위원회**의 구성, 기능, 운영 등에 필요한 사항은 대통령령으로 정한다. **품목분류**의 적용기준은 기획재정부령으로 정한다. **기획재정부장관**은 CCC가 협약에 따라 권고한 **통일상품명** 및 **부호체계**의 **품목분류**에 관한 사항을 **관세청장**에게 고시하게 할 수 있다. 이 경우 **관세청장**은 고시할 때 **기획재정부장관**에게 **승인**을 받아야 한다.

### (4) 품목분류의 사전심사

**관세액**을 산출하기 위해서는 **세율**을 알아야 하는데 세율을 알기 위해서는 물품별로 세율이 정해져 있는 관세율표상의 어떤 **품목번호**에 해당하는지 알아야 한다. 이를 수입신고 전에 사전에 알고자 할 경우 **관세청장**에게 질의하여 회답을 받는 제도를 **'품목분류 사전심사'**라 한다. 그 신청은 **화주**, **관세사**, **관세사법인**, **통관취급법인**이 할 수 있다.

#### 1) 서류제출

**물품**을 수출입하려는 자, 수출할 물품의 제조자 및 관세사법에 따른 **관세사·관세법인** 또는 **통관취급법인**(이하, 관세사 등이라 한다)은 수출입신고를 하기 전에 서류를 갖추어 **관세청장**에게 해당 물품에 적용될 별표 관세율표상의 **품목분류**를 미리 심사하여 줄 것을 신청할 수 있다.

#### 2) 심사내용통지

① **사전심사 신청**을 받은 **관세청장**은 해당 물품에 적용될 **품목분류**를 심사하여 **사전심사·재심사**의 신청을 받은 날부터 **30일**(**보정기간**은 제외한다) 이내에 이를 신청인에게 **통지**하여야 한다. 다만, 제출자료의 미비 등으로 **품목분류**를 심사하기 곤란한 경우에는 그 뜻을 통지하여야 한다.

② **관세청장**은 제출된 신청서와 견본 및 그 밖의 설명자료가 미비하여 **품목분류**를 심사하기가 곤란한 때에는 **20일 이내**의 기간을 정하여 **보정**을 요구할 수 있다.

③ **관세청장**은 **품목분류**를 심사하여 신청인에게 통지하는 경우에는 **통관예정세관장**에게도 그 내용을 통지하여야 한다. 이 경우 설명자료를 함께 송부하여야 한다.

④ **통지**를 받은 자는 통지받은 날부터 30**일 이내**에 서류를 갖추어 **관세청장**에게 **재심사**를 신청할 수 있다. 이 경우 **재심사**의 기간 및 결과의 통지에 관하여는 위의 내용을 준용한다.

⑤ **특정물품**에 적용될 **품목분류**의 **사전심사·재심사**를 신청하려는 자는 **관세청장**에게 다음 **서류** 및 **물품**을 제출하여야 한다. 다만, **관세청장**은 물품의 성질상 **견본**을 제출하기 곤란한 물품으로서 **견본**이 없어도 품목분류 심사에 지장이 없고, 해당 물품의 통관시에 **세관장**이 이를 확인할 수 있다고 인정되는 때에는 견본의 제출을 생략하게 할 수 있다.

> ㉮ 물품의 **품명·규격·제조과정·원산지·용도·통관예정세관** 및 **신청사유** 등을 기재한 **신청서**, ㉯ **신청대상물품**의 **견본**, ㉰ 그 밖의 **설명자료**

⑥ **관세청장**은 품목분류를 심사한 물품 및 **재심사** 결과 적용할 **품목분류**가 변경된 물품에 대하여는 해당 물품에 적용될 **품목분류**와 품명, 용도, 규격, 그 밖에 필요한 사항을 **고시·공표**하여야 한다. 다만, 신청인의 **영업 비밀**을 포함하는 등 해당 물품에 적용될 **품목분류를 고시·공표**하는 것이 적당하지 아니하다고 인정되는 물품에 대하여는 고시 또는 공표하지 아니할 수 있다.

⑦ **세관장**은 수출입신고가 된 물품이 통지한 물품과 같을 때에는 그 **통지내용**에 따라 **품목분류**를 적용하여야 한다. 이 경우 **재심사** 결과 적용할 **품목분류**가 변경되었을 때에는 신청인이 변경내용을 통지받은 날과 고시·공표일 중 **빠른 날**(**변경일**)부터 변경된 **품목분류**를 적용하되, 다음 기준에 따라 달리 적용할 수 있다.

> ㉮ **변경일**부터 30**일**이 지나기 전에 우리나라에 수출하기 위하여 선적된 물품에 대하여 변경 전의 **품목분류**를 적용하는 것이 **수입신고인**에게 유리한 경우: 변경 전의 **품목분류** 적용
> ㉯ 다음에 해당하는 경우: **변경일** 전에 수출입신고가 수리된 물품에 대해서도 소급하여 변경된 **품목분류** 적용
> ㉠ **거짓자료 제출** 등 신청인에게 책임 있는 사유로 **품목분류**가 **변경**된 경우
> ㉡ 다음에 해당하는 경우로서 **수출입신고인**에게 유리한 경우 : **신청인**에게 자료제출 미비 등의 책임 있는 사유가 없는 경우, **신청인**이 아닌 자가 **관세청장**이 결정하여 고시하거나 공표한 **품목분류**에 따라 **수출입신고**를 한 경우

⑧ **통지**받은 **사전심사 결과**의 **유효기간**은 해당 통지를 받은 날부터 **3년**으로 한다. 다만, **재심사** 결과 **품목분류**가 변경된 경우에는 해당 통지를 받은 날부터 **유효기간**을 다시

기산한다.

⑨ **품목분류 사전심사** 및 **재심사**의 절차, 방법과 그 밖에 필요한 사항은 대통령령으로 정한다. **관세청장**은 **사전심사·재심사**의 신청이 다음에 해당하는 경우에는 해당 신청을 반려할 수 있다.

> ㉮ **보정기간** 내에 **보정**하지 아니한 경우, ㉯ **신청인**이 **사전심사·재심사**를 신청한 **물품**과 동일한 **물품**을 이미 **수출입신고**한 경우

#### 3) 수수료납부

**관세청장**은 **품목분류**를 심사·재심사하기 위하여 해당 물품에 대한 **구성재료**의 물리적·화학적 분석이 필요한 경우에는 해당 **품목분류**를 심사·재심사하여 줄 것을 신청한 자에게 **수수료**를 납부하게 할 수 있다[32].

### (5) 품목분류의 변경 및 적용

#### 1) 품목분류의 변경

**관세청장**은 **사전심사·재심사**한 **품목분류**를 변경하여야 할 필요가 있거나 그 밖에 **관세청장**이 직권으로 한 **품목분류**를 변경하여야 할 부득이한 사유가 생겼을 때에는 해당 물품에 적용할 품목분류를 변경할 수 있다. **품목분류**를 변경할 수 있는 경우는 다음과 같다.

> ① **관계법령**의 개정에 따라 해당 물품의 **품목분류**가 **변경**된 경우, ② 법 **품목분류체계**의 수정규정에 의하여 **품목분류**를 **변경**한 경우, ③ **신청인**의 **허위자료제출** 등으로 **품목분류**에 중대한 **착오**가 생긴 경우

#### 2) 품목분류의 적용

① **관세청장**은 **품목분류**를 변경하였을 때에는 그 내용을 고시하고, 통지한 **신청인**에게는 그 내용을 **통지**하여야 한다. 다만, 신청인의 **영업 비밀**을 포함하는 등 해당 물품에 적용될 **품목분류**를 고시하는 것이 적당하지 아니하다고 인정되는 물품에 대해서는 고시하지 아니할 수 있다.

32) **분석수수료**는 분석이 필요한 **물품**에 대한 **품목분류 사전심사** 및 **재심사** 신청품목당 30,000**원**으로 한다.

② **통지**를 받은 자는 통지받은 날부터 **30일 이내**에 서류를 갖추어 **관세청장**에게 **재심사**를 신청할 수 있다. 이 경우 재심사의 기간, **재심사** 결과의 통지 및 고시·공표, 수수료 및 재심사의 절차·방법 등에 관하여는 법 제86조(품목분류의 변경 및 적용) 제3항, 제4항, 제6항 및 제8항을 준용한다. **품목분류**가 변경된 경우 **품목분류**의 적용에 관하여는 법 제86조(품목분류의 변경 및 적용) 제5항을 준용한다. 다만, 관계법령의 개정이나 **품목분류**를 변경한 경우에는 제86조 제5항 제2호 나목[33])을 준용하지 아니한다.

③ **사전심사·재심사**한 **품목분류**가 변경되거나 재심사 결과 품목분류가 변경된 경우 품목분류의 **유효기간**은 해당 통지를 받은 날부터 **3년**으로 한다.

### (6) 관세품목분류위원회

#### 1) 구성

① **관세품목분류위원회**는 위원장 1인과 **20인 이상 30인 이하**의 위원으로 구성한다. **관세품목분류위원회**의 위원장은 관세청의 3급 공무원 또는 고위공무원단에 속하는 일반직공무원으로서 관세청장이 지정하는 자가 되고, 위원은 다음에 해당하는 자 중에서 **관세청장**이 임명 또는 위촉한다.

> ㉮ **관세청소속 공무원**, ㉯ **관계중앙행정기관**의 **공무원**, ㉰ **시민단체**(비영리민간단체 지원법에 의한 **비영리민간단체**를 말한다)에서 **추천**한 자, ㉱ 그 밖에 **상품학**에 관한 지식이 풍부한 자

② **관세품목분류위원회**의 위원장은 위원회의 회무를 통할하고 위원회를 대표한다. **관세품목분류위원회**의 위원장이 직무를 수행하지 못하는 부득이한 사정이 있는 때에는 위원장이 지명하는 위원이 그 직무를 대행한다.

③ **관세품목분류위원회**의 위원중 공무원인 위원이 회의에 출석하지 못할 부득이한 사정이 있는 때에는 그가 소속된 기관의 다른 공무원이 회의에 출석하여 그 직무를 대행하게 할 수 있다. **관세청장**은 회의의 원활한 운영을 위하여 **품목분류**와 관련된 기술적인 사항 등에 대한 의견을 듣기 위하여 관련 학계·연구기관 또는 협회 등에서 활동하는 자를 기술자문위원으로 위촉할 수 있다.

---

33) 법 제86조 제5항 제2호. ㉯ 다음에 해당하는 경우: **변경일** 전에 **수출입신고**가 수리된 물품에 대해서도 **소급**하여 변경된 **품목분류** 적용. ⓐ **거짓자료 제출** 등 **신청인**에게 책임 있는 사유로 **품목분류**가 변경된 경우, ⓑ 다음에 해당하는 경우로서 **수출입신고인**에게 유리한 경우 : **신청인**에게 **자료제출 미비** 등의 책임 있는 사유가 없는 경우, **신청인**이 아닌 자가 관세청장이 결정하여 고시하거나 공표한 **품목분류**에 따라 **수출입신고**를 한 경우.

2) 회의

**관세품목분류위원회**의 위원장은 위원회의 회의를 소집하고 그 의장이 된다. **관세품목분류위원회**의 회의는 위원장과 위원장이 매 회의마다 지정하는 **14인**으로 구성하되, **8인 이상** 포함되어야 한다. **관세품목분류위원회**의 회의는 구성원 **과반수 출석**과 **출석위원 과반수**의 찬성으로 의결한다. **관세품목분류위원회**의 위원장과 위원은 자기와 이해관계가 있는 의사에 관여하지 못한다.

3) 간사

**관세품목분류위원회**의 서무를 처리하기 위하여 위원회에 간사 1인을 둔다. 관세품목분류위원회의 간사는 관세청장이 소속공무원 중에서 임명한다.

4) 수당

**관세품목분류위원회**의 회의에 출석한 공무원이 아닌 위원 및 기술자문위원에 대하여는 예산의 범위 안에서 수당과 여비를 지급할 수 있다.

5) 관세품목분류위원회의 운영세칙

**관세품목분류위원회**의 운영에 관하여 필요한 사항은 위원회의 의결을 거쳐 위원장이 정한다.

## 제 7 절 관세감면제도

### 1. 의의

⑴ **감면세** : 관세의 납부의무를 특정의 경우에 무조건 또는 일정한 조건하에서 관세의 **일부** 또는 **전부**를 **면제**해 주는 제도이다. **감세**란 납세의무를 일부면제 또는 경감시키는 것이며, **면세**란 전액을 면제하는 것을 말한다. **관세감면**의 **요건**은 법, 조세감면규제법, 외자도입법, 협정 또는 조약에 구체적인 규정이 있는 경우에 감면하게 된다.

⑵ **목적별**로는 **외교관례**(외교관면세), **기술개발주도산업육성**(항공기 제조용원료품 감면세, 첨단기술), **방위산업육성**(방위산업용품 감면세), **학술연구증진**(학술연구용품 감면세), **사회정책수행**(특정물품 감면세), **교역증진**(재수출면세, 재수출 감면세), **환경오염방**

지(환경오염방지 물품 등에 대한 감면세) 등이 있다.

(3) **무조건 감면세** : **외교관면세**(양수제한품목 제외), **정부용품면세**, **준외교관면세**, **손상감세**, **재수입면세** 등이 있다.

(4) **조건부 감면세** : **감면세** 승인시 **해제조건**을 붙여서 특정 행위를 금지하고 해제조건이 성취된 경우 **감면세**를 취소하여 소급징수하도록 하고 있으며, 이들 조건의 이행 등을 확인하기 위하여 **사후관리제도**를 두고 있다. 이에 해당하는 것으로는 **학술연구용품감면**, **특정물품감면**, **환경오염방지물품감면**, **재수출면세**, **재수출감면세**, **수출용원재료 감면세** 및 **환급**, **첨단기술** 및 **방위산업감면** 등이 있다.

(5) **감면신청시기** : 해당 **수입물품**의 수입신고 수리 전에 하여야 한다. **과세표준**, **세율**, **관세감면세**에 관한 규정 등의 적용착오, 그 밖의 사유로 이미 징수한 금액에 **부족**이 있어 **세관장**이 부과·징수하는 경우 **납부고지**를 받은 날로부터 **5일 이내** 신청하여야 한다.

(6) **담보제공** : **무조건 면세**는 원칙적으로 담보를 제공할 필요가 없고 **조건부 면세**인 경우에도 **재수출면세**, **재수출감면세**에 대하여만 성질, 종류, 채권확보가능성 등의 기준에 의거 담보를 제공해야 한다.

## 2. 관세감면신청

(1) **법**, 기타 **관세**에 관한 **법률·조약**에 따라 관세를 **감면**받으려는 자는 해당 물품의 수입신고 수리 전에 다음 사항을 적은 신청서를 **세관장**에게 제출하여야 한다. 다만, **관세청장**이 정하는 경우에는 감면신청을 간이한 방법으로 하게 할 수 있다.

> 1) **감면**을 받고자 하는 **자**의 주소·성명 및 상호, 2) **사업종류**(업종에 따라 감면하는 경우에는 구체적으로 기재하여야 한다), 3) **품명·규격·수량·가격·용도**와 **설치** 및 **사용장소**, 4) **감면**의 **법적 근거**, 5) 기타 **참고사항**

(2) 다음 **사유**가 있는 경우에는 다음 구분에 따른 기한까지 **감면신청서**를 제출할 수 있다. **신청서**에 첨부하여야 하는 서류와 그 기재사항은 기획재정부령으로 정한다.

> 1) 법 제39조(부과고지) 제2항에 따라 관세를 징수하는 경우: 해당 **납부고지**를 받은 날부터 **5일 이내**, 2) 그 밖에 **수입신고수리전**까지 감면신청서를 제출하지 못한 경우: 해당 **수입신고수리일**부터 **15일 이내**(해당 물품이 **보세구역**에서 반출되지 아니한 경우로 한정한다)

## 3. 관세경감률산정의 기준

(1) **관세경감**에 있어서 **경감률 산정**은 실제로 적용되는 **관세율**(법 제50조(세율 적용의 우선순위) 제2항 제1호의 세율(**덤핑방지관세, 상계관세, 보복관세** 및 **긴급관세**의 부과대상, **특정국물품 긴급관세**의 부과 및 **농림축산물에 대한 특별긴급관세**에 따른 **세율**)을 제외한다)을 기준으로 한다.

(2) **법, 기타 법률·조약**에 의하여 **관세**를 면제하는 경우 면제되는 **관세범위**에 대하여 특별한 규정이 없는 때에는 법 제50조 제2항 제1호의 **세율**은 면제되는 관세의 범위에 포함되지 아니한다.

## 4. 종류

### (1) 면세

#### 1) 외교관용 물품의 면세

#### ① 의의

㉮ 다음에 해당하는 **물품**이 **수입**될 때에는 그 **관세**를 **면제**한다.

> ㉠ 우리나라에 있는 외국의 **대사관·공사관** 및 그 밖에 이에 준하는 **기관**의 **업무용품**, ㉡ 우리나라에 주재하는 **외국**의 **대사·공사** 및 그 밖에 이에 준하는 사절과 그 **가족**이 사용하는 **물품**, ㉢ 우리나라에 있는 **외국**의 **영사관** 및 그 밖에 이에 준하는 기관의 **업무용품**, ㉣ 우리나라에 있는 **외국**의 **대사관·공사관·영사관** 및 그 밖에 이에 준하는 **기관**의 **직원**[34]과 그 가족이 사용하는 **물품**, ㉤ 정부와 체결한 **사업계약**을 수행하기 위하여 **외국계약자**가 계약조건에 따라 수입하는 **업무용품**, ㉥ **국제기구·외국정부**로부터 우리나라 정부에 파견된 고문관·기술단원 및 그 밖에 면세업무와 관련된 조약 등에 의하여 **외교관**에 준하는 대우를 받는 자로서 해당 업무를 관장하는 중앙행정기관의 장이 확인한 자가 사용하는 **물품**

㉯ **관세**를 면제받은 물품 중 **수입신고 수리일**부터 **3년 범위**에서 **관세청장**이 정하는 기간에 **용도외 다른 용도에 사용**하기 위하여 양수할 수 없는데, 즉 **양수**가 **제한**되는 **물품**

---

34) 법 시행령 제108조(대사관 등의 관원지정). 법 제88조 제1항 제4호에서 "**직원**"이란 다음에 해당하는 직위·이와 동등 이상이라고 인정되는 **직위**에 있는 사람을 말한다. 1. **대사관·공사관**의 참사관·1등서기관·2등서기관·3등서기관 및 외교관보, 2. **총영사관·영사관**의 총영사·영사·부영사 및 영사관보(명예총영사 및 명예영사를 제외한다), 3. **대사관·공사관·총영사관** 또는 **영사관**의 **외무공무원**으로서 위의 규정에 해당하지 아니하는 사람.

은 다음과 같다. 다만, **세관장 승인**을 받았을 때에는 그러하지 아니하다.

> ㉠ 자동차(삼륜자동차와 이륜자동차를 포함한다), ㉡ **선박**, ㉢ **피아노**, ㉣ **전자오르간 및 파이프오르간**, ㉤ **엽총**

㉰ 위의 물품을 기간에 따른 **용도외 다른 용도에 사용**하기 위하여 양수한 경우에는 그 **양수자**로부터 면제된 **관세**를 **즉시 징수**한다.

### ② 신청서 제출

㉮ **관세**를 면제받고자 하는 자는 계약의 종류, 사업장소재지와 사용목적 및 사용방법을 기재하여 해당 업무를 관장하는 **중앙행정기관**의 장의 확인을 받은 **신청서**에 계약서 **사본**을 **첨부**하여야 한다.

㉯ **관세**를 면제받고자 하는 자는 해당 업무를 관장하는 중앙행정기관의 장이 **국제기구 · 외국정부**로부터 정부에 파견된 자임을 증명하는 서류를 **신청서**에 **첨부**하여야 한다.

## 2) 세율불균형물품의 면세

### ① 의의

㉮ **세율불균형**을 시정하기 위하여 **조세특례제한법** 제5조(중소기업 등 투자 세액공제) 제1항에 따른 **중소기업**이 **세관장**이 지정하는 공장에서 ㉠ **항공기**(**부분품**을 포함한다), ㉡ **반도체 제조용 장비**(**부속기기**를 포함한다)를 제조·수리하기 위하여 사용하는 **부분품**과 **원재료**(수출한 후 외국에서 수리·가공되어 수입되는 **부분품**과 원재료의 **가공수리분**을 포함한다) 중 기획재정부령으로 정하는 물품에 대하여는 그 관세를 면제할 수 있다.

㉯ 위의 외의 부분에 따라 **관세**가 **감면**되는 **물품**은 다음과 같다.

> ㉠ **항공기 제조업자·수리업자**가 **항공기**와 그 부분품의 제조·수리에 사용하기 위하여 수입하는 **부분품** 및 **원재료**, ㉡ **장비제조업자·수리업자**가 반도체 제조용 장비의 제조·수리에 사용하기 위하여 수입하는 부분품 및 원재료 중 **산업통상자원부장관** 또는 그가 지정하는 자가 추천하는 **물품**

㉰ 다음에 해당하는 자는 위의 규정에 따른 **지정**을 받을 수 없다.

> ㉠ 법 제175조 제1호부터 제5호까지 및 제7호의 어느 하나에 해당하는 자[35], ㉡ **지정**이 **취소**(제175조 제1호부터 제3호까지의 어느 하나에 해당하여 취소된 경우는 제외한다)된 날부터 **2년**이 지나지 아니한 자, ㉢ 위에 해당하는 사람이 **임원**(해당 공장의 운영업무를 직접 담당하거나 이를 감독하는 자로 한정한다)으로 재직하는 **법인**, ㉣ **지정기간**은 **3년 이내**로 하되, 지정받은 자의 신청에 의하여 **연장**할 수 있다.

㉣ **세관장**은 지정을 받은 자가 다음에 해당하는 경우에는 그 **지정**을 **취소**할 수 있다.

> ㉠ 위의 ㉰의 어느 하나에 해당하는 경우, ㉡ **거짓**이나 그 밖의 **부정**한 **방법**으로 지정을 받은 경우, ㉢ **1년 이상 휴업**하여 **세관장**이 지정된 공장의 설치목적을 달성하기 곤란하다고 인정하는 경우

㉤ **세관장**은 **항공기 수리**가 일시적으로 행하여지는 공항내의 특정지역이 감시·단속에 지장이 없고, **세율불균형물품**의 면세관리 업무의 효율화를 위하여 필요하다고 인정되는 경우에는 해당 **특정지역**을 제조·수리공장으로 지정할 수 있다. 그런데 법 제175조(운영인의 결격사유)에 해당하는 자는 위의 규정에 의한 지정을 받을 수 없다.

### ② 신청서 제출

㉮ **지정공장**에 대하여는 법 제179조(장치기간), 법 제180조(특허보세구역의 설치·운영에 관한 감독 등) 제2항(**세관장**은 **특허보세구역**의 **운영인**에게 그 설치·운영에 관한 **보고**를 명하거나 **세관공무원**에게 **특허보세구역**의 **운영상황**을 검사하게 할 수 있다), 제182조(특허의 효력상실 시 조치 등) 및 제187조(보세공장외 작업 허가)를 준용한다.

㉯ 제조·수리공장의 지정을 받고자 하는 자는 다음 사항을 기재한 **신청서**에 **사업계획서**와 그 구역 및 부근의 도면을 첨부하여 **세관장**에게 제출하여야한다.

---

35) 법 175조(운영인의 결격사유). 다음 각 호의 어느 하나에 해당하는 자는 **특허보세구역**을 설치·운영할 수 없다. 1. **미성년자**, 2. **피성년후견인**과 **피한정후견인**, 3. **파산선고**를 받고 복권되지 아니한 자, 4. 이 법을 위반하여 **징역형**의 실형을 선고받고 그 집행이 끝나거나(집행이 끝난 것으로 보는 경우를 포함한다) **면제**된 후 **2년**이 지나지 아니한 자, 5. 이 법을 **위반**하여 **징역형**의 집행유예를 선고받고 그 **유예기간** 중에 있는 자, 6. 제178조 제2항에 따라 **특허보세구역**의 설치·운영에 관한 **특허**가 **취소**(이 조 제1호부터 제3호까지의 어느 하나에 해당하여 특허가 취소된 경우는 제외한다)된 후 **2년**이 지나지 아니한 자, 7. 제269조부터 제271조까지, 제274조, 제275조의2 또는 제275조의3에 따라 **벌금형·통고처분**을 받은 자로서 그 **벌금형**을 선고받거나 **통고처분**을 이행한 후 **2년**이 지나지 아니한 자. 다만, 제279조에 따라 처벌된 **개인·법인**은 제외한다. 8. 제2호부터 제7호까지에 해당하는 자를 **임원**(해당 **보세구역**의 **운영업무**를 직접 **담당**하거나 이를 **감독**하는 자로 **한정**한다)으로 하는 **법인**.

> ㉠ 해당 **제조·수리공장**의 **명칭·소재지·구조·동수** 및 **평수**, ㉡ **제조**하는 제품의 **품명**과 그 **원재료** 및 **부분품**의 **품명**, ㉢ **작업설비**와 그 **능력**, ㉣ **지정**을 받고자 하는 **기간**

㉰ 신청을 받은 **세관장**은 그 감시·단속에 지장이 없다고 인정되는 때에는 3년 **범위내**에서 기간을 정하여 **제조·수리공장**의 **지정**을 하여야 한다. 이 경우 **지정기간**은 **관세청장**이 정하는 바에 의하여 **갱신**할 수 있다.

㉱ 위의 ①–㉯ 규정에 따라 **관세**를 **감면**받고자 하는 자는 법 시행령 제112조(관세감면신청) 제1항 사항 외에 제조할 물품의 **품명·규격·수량** 및 **가격**, **제조개시** 및 **완료예정연월일**과 **지정제조공장**의 명칭 및 소재지를 신청서에 기재하고, **원자재소요량증명서** 또는 이에 갈음할 서류를 첨부하여 **세관장**에게 제출하여야 한다. 다만, 세관장이 필요없다고 인정하는 때에는 **원자재소요량증명서** 등의 첨부를 생략할 수 있다.

### 3) 종교용품, 자선용품, 장애인용품의 면세

#### ① 의의

㉮ 다음에 해당하는 **물품**이 수입될 때에는 그 **관세**를 **면제**한다.

> ㉠ **교회**, **사원** 등 **종교단체**의 **예배용품**과 **식전용품**으로서 외국으로부터 **기증되는 물품**. 다만, 다음에 해당하는 물품은 제외한다.
> ⓐ 관세율표 번호 제8518호에 해당하는 **물품**
> ⓑ 관세율표 번호 제8531호에 해당하는 **물품**
> ⓒ 관세율표 번호 제8519호·제8521호·제8522호·제8523호 및 제92류에 해당하는 **물품**(파이프오르간은 제외한다)
> ㉡ **자선** 또는 **구호**의 목적으로 기증되는 **물품** 및 **자선시설·구호시설·사회복지시설**에 기증되는 물품으로서 해당 용도로 직접 사용하는 **물품**. 다만, 기획재정부령으로 정하는 물품은 제외한다.
> ㉢ **국제적십자사·외국적십자사** 및 **국제기구**가 **국제평화봉사활동·국제친선활동**을 위하여 기증하는 **물품**
> ㉣ **시각장애인**, **청각장애인**, **언어장애인**, **지체장애인**, **만성신부전증환자**, **희귀난치성질환자** 등을 위한 용도로 특수하게 제작되거나 제조된 물품 중 기획재정부령으로 정하는 **물품**
> ㉤ **장애인복지법** 제58조(장애인복지시설)에 따른 **장애인복지시설** 및 **장애인**의 재활의료를 목적으로 국가·지방자치단체 또는 사회복지법인이 운영하는 재활 병원·의원에서 장애인을 진단하고 치료하기 위하여 사용하는 **의료용구**

㉯ **관세**를 면제받을 수 있는 **자선·구호시설** 또는 **사회복지시설**은 다음과 같다.

㉠ **외국민간원조단체에 관한 법률**(폐지됨) 제4조에 따라 **보건복지가족부장관**에게 등록된 **단체**. 다만, 생활보호·재해구호 및 아동복리사업을 행하는 단체에 한정한다. ㉡ 국민기초생활 보장법 제32조(보장시설)의 규정에 의한 **시설**, ㉢ **아동복지시설**

㉰ **관세**가 부과되는 **물품**은 관세율표 번호 제8702호 및 제8703호에 해당하는 자동차와 번호 제8711호에 해당하는 **이륜자동차**로 한다. 법 제91조(종교용품, 자선용품, 장애인용품 등의 면세) 제4호의 규정에 따라 **관세**가 **면제**되는 물품은 별표 2와 같다.

### ② 신청서 제출

㉮ 법 제91조 제1호 내지 제3호의 규정에 의하여 **관세**를 **면제**받고자 하는 자는 해당 **기증사실**을 증명하는 서류를 **신청서**에 첨부하여야 한다. 법 제91조 제1호에 따라 관세를 면제받으려는 자는 해당 **기증목적**에 관하여 **문화체육관광부장관**의 확인을 받아야 한다.

㉯ 법 제91조 제2호(자선 또는 구호의 목적으로 기증되는 물품 및 **자선시설·구호시설** 또는 **사회복지시설**에 기증되는 물품으로서 해당 용도로 직접 사용하는 물품. 다만, 기획재정부령으로 정하는 물품은 제외한다)에 따라 관세를 면제받고자 하는 자가 **국가·지방자치단체** 외의 자인 때에는 해당 시설 및 사업에 관하여 **보건복지가족부장관**이나 시장·군수가 발급한 증명서·그 사본을 신청서에 첨부하여야 한다.

㉰ 법 제91조 제3호(**국제적십자사·외국적십자사** 및 **국제기구**가 **국제평화봉사활동** 또는 **국제친선활동**을 위하여 기증하는 물품)의 규정에 의하여 관세를 면제받고자 하는 자가 **국가·지방자치단체** 또는 **대한적십자사**외의 자인 때에는 해당 기증목적에 관하여 **외교부장관**의 확인을 받아야 한다.

㉱ **세관장**은 해당 물품의 수량·가격을 참작하는 경우 위의 규정에 의한 **확인** 및 **증명**이 필요 없다고 인정되는 때에는 이를 **생략**하게 할 수 있다.

## 4) 정부용품의 면세

### ① 의의

㉮ 다음에 해당하는 **물품**이 **수입**될 때에는 그 **관세**를 **면제**할 수 있다.

㉠ **국가기관·지방자치단체**에 **기증**된 물품으로서 공용으로 사용하는 물품. 다만, 기획재정부령으로 정하는 물품은 제외한다. 이 단서에 따라 관세가 부과되는 물품은 관세율표 번호 제8703호에 해당하는 **승용자동차**로 한다.
㉡ **정부**가 외국으로부터 수입하는 **군수품**(정부의 위탁을 받아 정부 외의 자가 수입하는 경우를 포함한다) 및 **국가원수**의 경호용으로 사용하는 물품. 다만, 기획재정부령으로 정하는 **물품**은 제외한다. 이 단서 규정에 의하여 관세가 부과되는 물품은 군수품관리법 제3조의 규정에 의한 **통신품**으로 한다.
㉢ **외국**에 주둔하는 **국군**이나 **재외공관**으로부터 반환된 **공용품**
㉣ **미래창조과학부장관**이 국가의 **안전보장**을 위하여 긴요하다고 인정하여 수입하는 비상통신용 **물품** 및 전파관리용 **물품**
㉤ **정부**가 직접 수입하는 간행물, 음반, 녹음된 테이프, 녹화된 슬라이드, 촬영된 필름, 그 밖에 이와 유사한 **물품** 및 **자료**
㉥ **국가·지방자치단체**(이들이 설립하였거나 출연 또는 출자한 법인을 포함한다)가 환경오염(소음 및 진동을 포함한다)을 측정하거나 분석하기 위하여 수입하는 기계·기구 중 기획재정부령으로 정하는 **물품**
㉦ **상수도 수질**을 측정하거나 이를 보전·향상하기 위하여 국가나 지방자치단체(이들이 설립하였거나 출연·출자한 법인을 포함한다)가 **수입**하는 **물품**으로서 기획재정부령으로 정하는 **물품**
㉧ **국가정보원장** 또는 그 위임을 받은 자가 **국가**의 **안전보장** 목적의 수행상 긴요하다고 인정하여 수입하는 **물품**

㈏ **관세**가 면제되는 물품은 다음 물품중 **개당** 또는 **셋트당 과세가격**이 100만원 **이상**인 기기와 그 기기의 **부분품** 및 **부속품**(사후에 보수용으로 따로 수입 하는 물품을 포함한다) 중 국내에서 제작하기 곤란한 것으로서 해당 물품의 생산에 관한 사무를 관장하는 주무부처의 장 또는 그가 지정하는 자가 추천하는 물품으로 한다.

㉠ **대기질**의 **채취** 및 **측정용 기계·기구**, ㉡ **소음·진동**의 **측정** 및 **분석용 기계·기구**, ㉢ **환경오염**의 **측정** 및 **분석용 기계·기구**, ㉣ **수질**의 **채취** 및 **측정용 기계·기구**

### ② 신청서 제출

**관세**를 면제받고자 하는 자는 해당 **기증사실**을 증명하는 서류를 신청서에 첨부하여야 한다. 정부의 위탁을 받아 수입하는 자가 관세를 면제받고자 하는 때에는 정부 위탁을 받아 수입한다는 것을 해당 **수요기관**이 확인한 서류를 신청서에 첨부하여야 한다. **국가·지방자치단체**가 설립하였거나 **출연·출자**한 법인이 **관세**를 면제받고자 하는 때에는 **환경·상수도업무**를 관장하는 주무부처의 장이 확인한 서류를 첨부하여야 한다.

### 5) 특정물품의 면세

#### ① 의의

㉮ 다음에 해당하는 **물품**이 **수입**될 때에는 그 **관세**를 **면제**할 수 있다.

㉠ **동식물**의 **번식·양식** 및 **종자개량**을 위한 물품 중 사료작물 재배용 **종자**(**호밀·귀리** 및 **수수**에 한한다)
㉡ **박람회**, **국제경기대회**, 그 밖에 이에 준하는 행사에 사용하기 위하여 그 행사에 참가하는 자가 수입하는 물품 중 기획재정부령으로 정하는 **물품**
㉢ **핵사고·방사능** 긴급사태 시 그 복구지원과 구호를 목적으로 외국으로부터 기증되는 **물품**으로서, 방사선측정기, 시료채취 및 처리기, 시료분석장비, 방사능 방호장비 및 제염용장비
㉣ **우리나라 선박**이 외국 정부의 허가를 받아 **외국 영해**에서 채집·포획한 **수산물**(이를 원료로 하여 우리나라 선박에서 제조하거나 가공한 것을 포함한다)
㉤ **우리나라 선박**이 외국의 선박과 협력하여 원양산업발전법 제6조(원양어업허가 및 신고)에 따라 **해양수산부장관**으로부터 **원양모선식 어업허가**를 받고 외국과의 협상 등에 의하여 **해외수역**에서 해당 외국의 국적을 가진 **자선**과 **공동**으로 수산물을 채집·포획하는 **원양어업방법**으로 채집·포획한 **수산물**로서 **해양수산부장관**이 추천하는 것.
㉥ **해양수산부장관**의 허가를 받은 자가 외국인과 합작하여 **채집·포획**한 **수산물** 중 **해양수산부장관**이 **기획재정부장관**과 협의하여 추천하는 것
㉦ **우리나라 선박** 등이 채집·포획한 **수산물**과 **수산물**의 **포장**에 사용된 물품으로서 재사용이 불가능한 것 중 우리나라 선박 등에 의하여 채집·포획된 수산물과 위의 ㉤ 및 ㉥에 따른 방법 또는 요건에 따라 채집·포획된 수산물을 포장한 관세율표 번호 제4819호의 **골판지 어상자**
㉧ 중소기업기본법 제2조(중소기업자의 범위)에 따른 **중소기업**이 **해외구매자**의 주문에 따라 제작한 기계·기구가 해당 **구매자**가 요구한 규격 및 성능에 일치하는지를 확인하기 위하여 하는 **시험생산**에 필요한 **원재료**로서 해당 중소기업에 외국인이 **무상**으로 공급하는 **물품**
㉨ **우리나라**를 방문하는 **외국**의 **원수**와 그 **가족** 및 **수행원**의 **물품**
㉩ **우리나라**의 선박 또는 그 밖의 **운송수단**이 **조난**으로 인하여 해체된 경우 그 **해체재** 및 **장비**
㉪ **우리나라**와 **외국** 간에 **건설**될 **교량**, **통신시설**, **해저통로**, 그 밖에 이에 준하는 시설의 건설 또는 수리에 필요한 **물품**
㉫ **우리나라 수출물품**의 품질, 규격, 안전도 등이 **수입국**의 권한 있는 기관이 정하는 조건에 적합한 것임을 표시하는 **수출물품**에 부착하는 증표로서 기획재정부령으로 정하는 **물품**
㉬ **우리나라**의 **선박**(**항공기**)이 해외에서 사고로 발생한 **피해**를 **복구**하기 위하여 외국의 **보험회사** 또는 **외국**의 **가해자** 부담으로 하는 **수리부분**에 해당하는 **물품**
㉭ **우리나라**의 **선박**(**항공기**)이 매매계약상의 **하자보수 보증기간** 중에 외국에서 발생한 고장에 대하여 외국의 **매도인**의 **부담**으로 하는 **수리부분**에 해당하는 **물품**
㈠ **국제올림픽·장애인올림픽·농아인올림픽** 및 **아시아운동경기·장애인아시아운동경기** 종목에 해당하는 **운동용구**(부분품을 포함한다)로서 관세가 면제되는 물품은 **국민체육진흥법**에 따라 설립된 **대한체육회·대한장애인체육회**가 수입하는 **물품**
㈡ **국립묘지**의 **건설·유지** 또는 **장식**을 위한 자재와 **국립묘지**에 안장되는 자의 **관·유골함** 및 **장례용 물품**
㈢ **피상속인**이 사망하여 국내에 주소를 둔 자에게 상속되는 **피상속인**의 **신변용품**

㉯ **박람회**, **국제경기대회**, 그 밖에 이에 준하는 행사에 사용하기 위하여 그 행사에 참가하는 자가 수입하는 물품 중에서 **관세**를 **면제**하는 물품은 다음에 해당하는 물품으로 한다.

㉠ **포뮬러원 국제자동차경주대회 지원법**에 따른 포뮬러원 국제자동차경주대회에 참가하는 자가 해당 대회와 관련하여 사용할 목적으로 수입하는 물품으로서 이 대회 조직위원회가 확인하는 **물품**
㉡ 2018 **평창 동계올림픽대회** 및 **장애인동계올림픽대회**(이하, 대회라 한다) **지원 등에 관한 특별법**(이하, 대회 특별법이라 한다)에 따른 대회 또는 이와 관련한 올림픽 사전 경기대회에 참가하는 **국제올림픽위원회·국제장애인올림픽위원회·국제경기연맹·국제장애인경기연맹·각국 올림픽위원회·각국 장애인올림픽위원회**가 그 소속 직원·선수 등 구성원, 다른 참가단체 소속 직원·선수 등 구성원 또는 대회 조직위원회에 제공하는 등 해당 대회와 관련하여 사용할 목적으로 수입하는 물품으로서 이들 조직위원회가 확인하는 **물품**
㉢ **국제올림픽위원회**에서 지정한 주관방송사가 대회 특별법에 따른 대회에서 사용할 방송용 기자재로서 이들 조직위원회가 확인하는 **물품**
㉣ **국제올림픽위원회**에서 지정한 후원업체가 대회 특별법에 따른 대회를 위하여 대회 조직위원회에 제공할 목적으로 수입하는 **물품**

㉰ **관세**가 면제되는 물품 중 해당 행사 외의 다른 용도로 사용하거나 양도하는 물품에 대해서는 **관세**를 **면제**하지 아니한다. 다만, 해당 행사 종료 후 다음에 해당하는 자에 **무상**으로 **양도**하는 물품은 **관세**를 **면제**한다.

㉠ **국가**, ㉡ **지방자치단체**, ㉢ **국민체육진흥법** 제2조 제11호[36]에 따른 **경기단체**, ㉣ 해당 **행사**의 **조직위원회**(해당 행사의 조직위원회가 **해산**된 후 해당 행사와 관련된 사업 및 자산을 관리하기 위한 법인이 설립된 경우에는 그 **법인**을 말한다)

㉱ 위의 ㉮-㉳의 요건은 **원양산업발전법** 제6조에 따라 **해양수산부장관**에게 외국인과 합작(총지분의 **49% 이상**을 확보한 경우를 말한다)하여 설립한 **해외현지법인**으로 **원양어업**을 하기 위하여 신고를 한 자가 **원양산업발전법** 제2조(정의) 제5호[37]에 따른 해외수역

36) 제2조(정의) 이 법에서 사용하는 용어의 뜻은 다음과 같다. 8. **운동경기부**란 선수로 구성된 학교나 직장 등의 **운동부**를 말한다. 9. **체육단체**란 체육에 관한 활동이나 사업을 목적으로 설립된 법인이나 단체를 말한다. 10. **도핑**이란 선수의 운동능력을 강화시키기 위하여 문화체육관광부장관이 고시하는 금지 목록에 포함된 약물 또는 방법을 복용하거나 사용하는 것을 말한다. 11. **경기단체**란 특정 경기 종목에 관한 활동과 사업을 목적으로 설립되고 **통합체육회**나 **대한장애인체육회**에 가맹된 법인이나 단체 또는 **문화체육관광부장관**이 지정하는 **프로스포츠 단체**를 말한다.

37) 제2조(정의) 이 법에서 사용하는 용어의 뜻은 다음과 같다. 1. **원양산업**이란 제2호의 원양어업과 제3호의 원양어업관련사업을 영위하는 것을 말한다. 2. **원양어업**이란 대한민국국민이 해외수역에서 단독 또는 외국인과 합작(대한민국국민이 납입한 자본금 또는 보유한 의결권 등이 대통령령으로 정하는 기준 이상인 경우에 한한다)으로 **수산동식물**을 포획·채취하는 사업을 말한다. 3. **원양어업관련사업**이

에서 **해양수산부장관**이 **기획재정부장관**과 협의하여 고시한 선박·어구 등의 생산수단을 투입하여 수산동식물을 채집·포획(**어획할당량 제한**[38])으로 불가피하게 **해외현지법인**이 직접 수산동식물을 채집·포획하지 못하게 되었을 때에는 생산수단을 실질적으로 운영하고 소요경비를 전액 부담하는 등 **해외현지법인**의 계산과 책임으로 합작 상대국 어업자를 통하여 수산동식물을 채집·포획하는 경우를 포함한다)하고 **직접 수출**하는 경우를 말한다.

㉮ **우리나라 수출물품**의 품질, 규격, 안전도 등이 **수입국**의 권한 있는 기관이 정하는 조건에 적합한 것임을 표시하는 **수출물품**에 부착하는 증표로서 그 **관세**가 **면제**되는 **증표**는 다음과 같다.

---

란 대한민국국민이 단독 또는 외국인과 합작으로 원양어업에서 생산된 수산물과 해외에서 대통령령으로 정하는 방법으로 투자하여 생산한 수산물을 운반·가공·유통·판매 등을 하는 사업(양식 및 이에 부대되는 사업을 포함한다)을 말한다. 4. **원양산업자**란 제2호에 따른 **원양어업**을 영위하는 자(원양어업자)와 제3호에 따른 원양어업관련사업을 영위하는 자(원양어업관련사업자다)를 말한다. 5. **원양산업종사자**란 원양어업자에게 고용되어 원양어업에 종사하는 자(원양어업종사자)와 원양어업관련사업자에게 고용되어 원양어업관련사업에 종사하는 자를 말한다. 6. **조업활동**이란 원양어업이나 원양어업에 관련된 탐색·집어(集魚), 어획물의 보관·저장·가공, 어획물 또는 그 제품의 운반(조업) 및 선박에 필요한 물건의 보급 등에 관한 행위를 말한다. 7. **국제수산기구**란 조약이나 국제적 협약·협정 등(국제법)에 따라 설립된 국제기구나 지역수산관리기구를 말한다. 8. **보존관리조치**란 국제법의 관련 규정에 따라 채택되고 적용된 하나 이상의 해양수산자원 종(種)의 보존 또는 관리를 위한 조치를 말한다. 9. **기국**이란 어선 등의 국적을 알리기 위하여 게양하는 국기가 나타내는 국가를 말한다. 10. **해외수역**이란 동해·서해 및 동중국해와 북위 25도선 이북(以北), 동경 140도선 이서(以西)의 태평양해역을 제외한 해역을 말한다. 11. **옵서버**란 국제적 조업기준 준수 여부를 감시·감독하거나 과학적 조사를 위하여 **승선활동**을 하는 자로서 해당 국가 또는 **국제수산기구**에서 지정한 자를 말한다. 12. **불법어업**이란 다음 각 목의 **어업활동**을 말한다. 가. 한 국가의 관할 수역에서 자국 또는 외국 선박이 해당 국가의 허가 없이 조업하거나 법규를 위반하여 행하는 어업활동, 나. **국제수산기구**의 가입국 선박이 해당 국제수산기구의 법적 구속력이 있는 보존관리조치 또는 관련 국제법의 규정을 위반하여 행하는 어업활동, 다. **국제수산기구**에 협력하는 국가를 포함하여 해당 국가의 국내법규 또는 국제적 의무를 위반하여 행하는 어업활동. 13. **비보고어업**이란 다음 각 목의 **어업활동**을 말한다. 가. 한 국가의 관할 수역에서 조업을 한 경우로서 해당 국가의 국내법규를 위반하여 관계 당국에 보고하지 아니하거나 거짓으로 보고하는 행위, 나. **국제수산기구** 관할 수역에서 조업을 한 경우로서 해당 **국제수산기구**에서 정한 보고를 하지 아니하거나 거짓으로 보고하는 행위. 14. **비규제어업**이란 다음 각 목의 어업활동을 말한다. 가. **국제수산기구** 관할 수역에서 무국적선박, 비가입국 또는 실질적인 비가입국의 **국적선**이 해당 **국제수산기구**의 보존관리조치에 벗어나게 행동하거나 이를 위반하여 행하는 어업활동, 나. 국제수산기구의 **보존관리조치**가 없는 수역이나 **어족자원**에 대하여 **국제법**에 따른 해양생물자원 보존을 위한 국가의 책임을 따르지 아니하는 방식으로 행하여지는 어업활동. 15. **연안국**이란 영토의 가장자리가 바다에 잇닿아 있는 국가를 말한다. 16. **해외수산자원**이란 원양산업에서 생산·가공 등을 하는 수산물(신에너지 및 재생에너지 개발·이용·보급 촉진법 제2조 제2호 바목에 따른 바이오에너지의 원료를 획득하기 위한 수산물을 포함한다)로서 해양수산부령으로 정하는 것을 말한다. 17. **전재**란 한 어선에서 보관하고 있는 수산물(수산물을 원료 또는 재료로 하여 제조·가공된 제품을 포함한다)의 전부 또는 일부를 다른 어선, 운반선 및 지원선 등으로 옮겨 싣는 것을 말한다.

38) **양도성개별할당**(Individual Transferable Quota : ITQ) 제도는 **총허용어획량**(Total Allowable Catch : TAC) **제도**를 바탕으로 한 어업관리 운영체계를 지닌다. 따라서 ITQ **제도**를 이해하기 위해서는 ITQ **제도**의 기본 어업관리인 TAC **제도**를 이해할 필요가 있다. TAC **제도**는 누구나 어업에 참여할 수 있으나, **자원보존**과 **지속적 어업**을 위하여 **어종** 또는 **어종군**마다 TAC를 정하여 어획량이 그 수준에 도달하면 전면적으로 어업을 정지시키는 어업관리 유형이다. 따라서 어업의 개시와 동시에 전반적인 어업활동에 대한 관리체계가 가동되어 어업자의 어획량에 대한 정확한 통제가 이루어지는 상시적, 일체적 어업관리체제이다. 이러한 TAC **어업관리**가 ITQ **제도**의 어업관리 근간이 된다(이상고 외(2012), "ITQ 어업자원관리제도 도입연구용역", 최종보고서, 농림수산식품부, p. 27).

> ㉠ **캐나다** 공인검사기관에서 발행하는 CSA **증표**, ㉡ **호주** 공인검사기관에서 발행하는 SAA **증표**, ㉢ **독일** 공인검사기관에서 발행하는 VDE **증표**, ㉣ **영국** 공인검사기관에서 발행하는 BSI **증표**, ㉤ **프랑스** 공인검사기관에서 발행하는 LCIE **증표**, ㉥ **미국** 공인검사기관에서 발행하는 UL **증표**, ㉦ **유럽경제위원회** 공인검사기관에서 발행하는 ECE **증표**, ㉧ **유럽공동시장** 공인검사기관에서 발행하는 EEC **증표**, ㉨ **유럽공동체** 공인검사기관에서 발행하는 EC **증표**

### ② 신청서 제출

㉮ **관세**를 면제받으려는 자는 신청서에 주무부처의 장 또는 그 위임을 받은 기관의 장의 확인을 받아야 한다. 다만, 다른 법령에 따라 **반입승인·수입승인** 등을 받은 물품의 경우 그 승인서에 의하여 해당 물품이 관세의 면제를 받은 용도에 사용될 것임을 확인할 수 있거나 관할지 **세관장**이 이를 확인한 경우에는 그러하지 아니하다.

㉯ **핵사고·방사능** 긴급사태 시 그 복구지원과 구호를 목적으로 외국으로부터 기증되는 물품으로서, 방사선측정기, 시료채취 및 처리기, 시료분석장비, 방사능 방호장비 및 제염용장비의 경우에 관세를 면제받으려는 자는 해당 기증사실을 증명하는 서류를 신청서에 첨부하여 제출하여야 하며, 해당 기증목적에 관하여 **원자력안전위원회**의 확인을 받아야 한다.

㉰ **우리나라 선박**이나 그 밖의 **운송수단**이 **조난**으로 인하여 해체된 경우그 **해체재** 및 **장비**에 대해 관세를 면제받으려는 자는 운수기관명·조난장소 및 조난연월일을 신청서에 적고 **주무부장관**이 확인한 서류를 첨부하여 제출하여야 한다.

㉱ **우리나라**와 **외국** 간에 **건설**될 **교량**, **통신시설**, **해저통로**, 그 밖에 이에 준하는 시설의 건설·수리에 필요한 **물품**에 대해 관세를 면제받으려는 자는 사용계획·사용기간과 공사장의 명칭 및 소재지를 신청서에 적어 제출하여야 한다.

㉲ **우리나라 수출물품**의 품질, 규격, 안전도 등이 **수입국**의 권한 있는 기관이 정하는 조건에 적합한 것임을 표시하는 **수출물품**에 부착하는 증표로서 물품에 대해 관세를 면제받으려는 자는 해당 증표 공급국의 권한 있는 기관과의 공급 및 관리에 관한 계약서 또는 이에 갈음할 서류를 신청서에 첨부하여 제출하여야 한다. 다만, **세관장**이 필요 없다고 인정하는 경우에는 해당 계약서 등의 첨부를 **생략**할 수 있다.

㉳ **우리나라**의 **선박(항공기)**이 해외에서 사고로 발생한 **피해**를 **복구**하기 위하여 외국의 **보험회사·가해자**의 부담으로 하는 **수리부분**에 해당하는 물품 및 **우리나라 선박(항공기)**이 매매계약상의 **하자보수보증기간** 중에 외국에서 발생한 고장에 대하여 외국의 **매도인 부담**으로 하는 **수리부분**에 해당하는 물품에 대해 관세를 면제받으려는 자는 **수리선박명·수리항공기명**을 신청서에 적고, 해당 수리가 외국의 **보험회사·가해자** 또는 **매도인 부**

**담**으로 행하는 것임을 증명하는 **서류**와 **수리인**이 발급한 수리사실을 증명하는 서류를 첨부하여 제출하여야 한다.

㈔ 위의 규정에 의한 확인 및 증명은 세관장이 해당 물품의 수량·가격을 참작하여 필요없다고 인정하는 때에는 이를 **생략**할 수 있다.

### 6) 소액물품의 면세

다음에 해당하는 **물품**이 **수입**될 때에는 그 **관세**를 **면제**할 수 있다.

① 우리나라의 **거주자**에게 수여된 **훈장·기장** 또는 이에 준하는 **표창장** 및 **상패**
② **기록문서** 또는 그 밖의 **서류**
③ **상용견품·광고용품**으로서, ㉮ **물품**이 천공·절단되었거나 통상적인 조건으로 판매할 수 없는 상태로 처리되어 **견품**으로 사용될 것으로 인정되는 **물품**, ㉯ 판매· 임대를 위한 물품의 **상품목록·가격표** 및 **교역안내서** 등, ㉰ **과세가격**이 **250달러 이하**인 물품으로서 **견품**으로 사용될 것으로 인정되는 **물품**, ㉱ 물품의 형상·성질 및 성능으로 보아 **견품**으로 사용될 것으로 인정되는 **물품**
④ 우리나라 **거주자**가 받는 **소액물품**으로서, ㉮ **물품가격**이 **150달러 이하**의 물품으로서 **자가사용 물품**으로 인정되는 것. 다만, 반복·분할하여 수입되는 물품으로서 **관세청장**이 정하는 기준에 해당하는 것을 제외한다. ㉯ **박람회** 기타 이에 준하는 행사에 참가하는 자가 **행사장**안에서 관람자에게 무상으로 제공하기 위하여 수입하는 물품(전시할 기계의 성능을 보여주기 위한 원료를 포함한다). 다만, 관람자 **1인당** 제공량의 정상도착가격이 **5달러** 상당액 이하의 것으로서 **세관장**이 타당하다고 인정하는 것에 한한다.

### 7) 여행자휴대품 및 이사물품의 면세

#### ① 여행자휴대품

㉮ 다음에 해당하는 물품이 수입될 때에는 그 **관세**를 면제할 수 있다.

㉠ **여행자**의 **휴대품·별송품**으로서 여행자의 입국 사유, 체재기간, 직업, 그 밖의 사정을 고려하여 **세관장**이 타당하다고 인정하는 다음 **물품**은 **관세**가 **면제**된다.

ⓐ **여행자**가 **휴대**하는 것이 통상적으로 필요하다고 인정하는 **신변용품** 및 **신변장식품**일 것, ⓑ **비거주자**인 여행자가 반입하는 **물품**으로서 본인의 **직업상** 필요하다고 인정되는 **직업용구**일 것, ⓒ **세관장**이 반출 확인한 **물품**으로서 **재반입**되는 물품일 것,ⓓ **물품**의 성질·수량·가격·용도 등으로 보아 통상적으로 **여행자**의 **휴대품·별송품**인 것으로 인정되는 **물품**일 것

㉡ **관세**의 **면제한도**는 **여행자** 1명의 **휴대품·별송품**으로서 각 물품의 과세가격 합계기

준으로 600달러 이하(기본면세 범위)로 한다. 다만, **농림축산물** 등 **관세청장**이 정하는 물품이 **휴대품·별송품**에 포함되어 있는 경우에는 **기본면세 범위**에서 해당 **농림축산물** 등에 대하여 **관세청장**이 따로 정한 **면세한도**를 적용할 수 있다.

㉯ 다만, **술·담배·향수**에 대해서는 **기본면세 범위**와 관계없이 다음 표에 따라 관세를 **면제**하되, 19세 미만인 사람이 반입하는 **술·담배**는 관세를 **면제**하지 아니한다. 이 경우 해당 물품이 다음 표의 **면세한도**를 초과하여 관세를 부과하는 경우에는 해당 물품의 가격을 **과세가격**으로 한다.

〈표-9〉 여행자 휴대품의 면세한도

| 구분 | 면세한도 | 비고 |
|---|---|---|
| 술 | 1병 | 1리터(ℓ) **이하**이고, 가격으로 400달러 **이하**인 것으로 한정한다. |
| 담배 | 궐련 200개비, 엽궐련 50개비, 전자담배 니코틴용액 20밀리리터(㎖), 그 밖의 담배는 250그램(g) | 2가지 **이상**의 **담배종**류를 반입하는 경우에는 **한 종류**로 한정한다. |
| 향수 | 60밀리리터(㎖) | |

㉰ **외국무역선(기)**의 **승무원**이 휴대하여 수입하는 물품으로서 **항행일수**, **체재기간**, 그 밖의 사정을 고려하여 **세관장**이 타당하다고 인정하는 물품은 **면세**된다. 다만, 다음에 해당하는 **물품**은 관세면제의 **제외물품**으로서 관세를 부과한다. 즉, 관세를 부과하는 물품은 **자동차**(이륜자동차와 삼륜자동차를 포함한다)·**선박(항공기)** 및 개당 **과세가격 50만원 이상**의 **보석·진주·별갑·산호·호박·상아** 및 이를 사용한 제품으로 한다.

㉱ **여행자**가 **휴대품·별송품**을 **자진신고**하는 경우에는 **15만원**을 넘지 아니하는 범위에서 해당 물품에 부과될 관세의 30/100에 상당하는 금액을 **경감**할 수 있다. **자진신고**는 **여행자**가 다음 구분에 따른 **여행자휴대품 신고서**를 작성하여 세관공무원에게 제출하는 것을 말한다.

> ⓐ **항공기**를 통하여 **입국**하는 경우: **별지 제42호서식**의 **여행자휴대품 신고서**, ⓑ **선박**을 통하여 **입국**하는 경우: **별지 제43호서식**의 **여행자휴대품 신고서**, ⓒ **외국무역선(기)**의 **승무원**이 휴대하여 수입하는 물품으로서 **항행일수**, **체재기간**, 그 밖의 사정을 고려하여 **세관장**이 타당하다고 인정하는 **물품**

㉲ **별송품·이사물품** 중 별도로 **수입**하는 **물품은 천재지변** 등 부득이한 사유가 있는 때를 제외하고는 **여행자·입국자**가 입국한 날부터 **6월 이내**에 도착한 것이어야 한다.

㉳ **별송품·이사물품** 중 별도로 수입하는 물품에 대하여 **관세**를 **면제**받으려는 자는 **휴대반입**한 주요 물품의 **통관명세서**를 입국지 관할 **세관장**으로부터 발급받아 세관장에게 제출하여야 한다. 다만, **세관장**은 관세를 면제받고자 하는 자가 **통관명세서**를 제출하지 아니한 경우로서 그 주요 물품의 **통관명세**를 입국지 관할 **세관장**으로부터 확인할 수 있는 경우에는 **통관명세서**를 제출하지 아니하게 할 수 있다.

### ② 이사물품

㉮ 우리나라로 **거주**를 이전하기 위하여 **입국**하는 자가 입국할 때 수입하는 **이사물품**으로서 거주 이전의 사유, 거주기간, 직업, 가족 수, 그 밖의 사정을 고려하여 다음 기준에 따라 **세관장**이 타당하다고 인정하는 **물품**으로 한다.

㉯ **관세**가 면제되는 물품은 우리나라 **국민**(**재외영주권자**를 제외한다)으로 외국에 주거를 설정하여 1년(**가족**을 동반한 경우에는 **6개월**) 이상 거주하였거나 **외국인** 또는 **재외영주권자**로서 우리나라에 주거를 설정하여 1년(**가족**을 동반한 경우에는 **6개월**) 이상 거주하려는 사람이 반입하는 다음에 해당하는 것으로 한다. 다만, **자동차**, **선박**, **항공기**와 개당 **과세가격**이 500만원 **이상**인 **보석·진주·별갑·산호·호박·상아** 및 이를 사용한 제품은 제외한다.

> ㉠ 해당 **물품**의 성질·수량·용도 등으로 보아 통상적으로 **가정용**으로 인정되는 것으로서 우리나라에 입국하기 전에 **3개월 이상** 사용하였고 입국한 후에도 계속하여 사용할 것으로 인정되는 것, ㉡ 우리나라에 **상주**하여 취재하기 위하여 **입국**하는 **외국국적**의 **기자**가 최초로 입국할 때에 **반입**하는 **취재용품**으로서 **문화체육관광부장관**이 취재용임을 확인하는 **물품**일 것, ㉢ 우리나라에서 **수출**된 **물품**(조립되지 아니한 물품으로서 법 별표 관세율표상의 **완성품**에 해당하는 번호로 분류되어 수출된 것을 포함한다)이 반입된 경우로서 **관세청장**이 정하는 사용기준에 적합한 **물품**일 것, ㉣ **외국**에 거주하던 우리나라 국민이 다른 외국으로 주거를 이전하면서 우리나라로 반입(송부를 포함한다)하는 것으로서 통상 **가정용**으로 **3개월 이상** 사용하던 것으로 인정되는 **물품**일 것

㉰ 위의 규정에도 불구하고 **사망**이나 **질병** 등 **관세청장**이 정하는 사유가 발생하여 반입하는 **이사물품**에 대해서는 **거주기간**과 관계없이 **관세**를 **면제**할 수 있다.

## 8) 재수출면세

### ① 의의

㉮ **재수출면세**는 **교역증진**, **외화절약**, **기술도입**, **관광객유치** 등의 목적으로 수입된 물품이 단기간 내에 재수출될 물품인 **용기**, **휴대품**, **운송기간** 등에 대하여 **면제**된다.

㉯ **수입신고 수리일**부터 다음 기간에 다시 수출하는 물품에 대하여는 그 **관세**를 **면제**할 수 있다.

> ㉠ 기획재정부령으로 정하는 물품: **1년 범위**에서 **세관장**이 정하는 기간. 다만, **세관장**은 부득이한 사유가 있다고 인정될 때에는 **1년 범위**에서 그 기간을 **연장**할 수 있다.
> ㉡ **1년**을 **초과**하여 수출하여야 할 부득이한 사유가 있는 물품으로서 기획재정부령으로 정하는 물품: **세관장**이 정하는 기간

㉰ **관세**를 면제받은 물품은 정한 **용도외 다른 용도에 사용**되거나 **양도**될 수 없다. 다만, 미리 **세관장** 승인을 받았을 때에는 그러하지 아니하다.

㉱ 다음에 해당하는 경우에는 **수출**하지 아니한 자, **용도외**에 **사용한 자** 또는 **양도**를 한 자로부터 면제된 **관세**를 **즉시 징수**하며, **양도인**으로부터 해당 관세를 징수할 수 없을 때에는 **양수인**으로부터 면제된 관세를 즉시 징수한다. 다만, 재해나 그 밖의 부득이한 사유로 **멸실**되었거나 미리 **세관장 승인**을 받아 **폐기**하였을 때에는 그러하지 아니하다.

> ㉠ **관세**를 면제받은 **물품**을 같은 항에 규정된 기간 내에 **수출**하지 아니한 경우, ㉡ **용도외 다른 용도에 사용**하거나 사용하려는 자에게 **양도**한 경우

㉲ **세관장**은 관세를 면제받은 물품 중 기간 내에 수출되지 아니한 경우에는 **500만원**을 넘지 아니하는 범위에서 해당 물품에 부과될 관세의 20/100에 상당하는 금액을 **가산세**로 징수한다.

#### ② 재수출면세기간

**세관장**은 **재수출면세기간**을 정하고자 하는 때에는 다음 기간을 **재수출면세기간**으로 한다. 이 경우 **재수출면세물품**이 행정당국에 의하여 압류된 경우에는 해당 **압류기간**은 **재수출면세기간**에 산입하지 아니한다.

> ㉮ **일시 입국**하는 자가 본인이 사용하고 **재수출**할 목적으로 직접 휴대하여 수입하거나 별도로 수입하는 **신변용품·취재용품** 및 이와 유사한 물품의 경우에는 **입국 후** 처음 **출국**하는 날까지의 **기간**
> ㉯ **박람회·전시회·품평회** 기타 이에 준하는 행사에 출품·사용하기 위하여 수입하는 물품은 박람회 등의 **행사기간종료일**에 해당 물품을 **재수출**하는데 필요한 기일을 더한 **기간**
> ㉰ **가공·수리**를 위한 물품 및 그 재료는 가공·수리에 소요되는 것으로 인정되는 **기간**
> ㉱ 기타의 **물품**은 해당 **물품의 반입계약**에 관한 **증빙서류**에 의하여 확인되는 기간으로 하되, **반입계약**에 관한 증빙서류에 의하여 확인할 수 없는 때에는 해당 물품의 성질·용도·수입자·내용연수 등을 고려하여 **세관장**이 정하는 **기간**

③ **재수출면세대상물품 및 가산세징수대상물품**

㉮ **1년 범위**에서 **세관장**이 정하는 기간에 따라 **관세**가 **면제**되는 **물품**과 **세관장**은 관세를 면제받은 물품 중 규정된 기간 내에 수출되지 아니한 경우에는 **500만원**을 넘지 아니하는 범위에서 해당 물품에 부과될 **관세**의 20/100에 상당하는 금액을 **가산세**로 징수하는 **물품**은 다음과 같다.

㉠ **수입물품**의 **포장용품**. 다만, **관세청장**이 지정하는 **물품**을 제외한다. ㉡ **수출물품**의 **포장용품**. 다만, **관세청장**이 지정하는 **물품**을 제외한다. ㉢ 우리나라에 **일시입국**하는 자가 본인이 사용하고 **재수출**할 목적으로 직접 휴대하여 반입하거나 별도로 반입하는 **신변용품**. 다만, 관세청장이 지정하는 **물품**을 제외한다. ㉣ 우리나라에 **일시입국**하는 자가 본인이 사용하고 **재수출**할 목적으로 직접 휴대하여 반입하거나 별도로 반입하는 직업용품 및 **신문 등의 자유와 기능보장에 관한 법률**(**신문 등의 진흥에 관한 법률**(**신문법**))에 따라 지국 또는 지사의 설치허가를 받은 자가 취재용으로 반입하는 방송용의 녹화되지 아니한 비디오테이프, ㉤ **관세청장**이 정하는 시설에서 국제해운에 종사하는 **외국선박**의 **승무원**의 후생을 위하여 반입하는 **물품**과 그 승무원이 숙박기간중 해당 시설에서 사용하기 위하여 선박에서 하역된 **물품**, ㉥ **박람회·전시회·공진회·품평회** 기타 이에 준하는 행사에 출품 또는 사용하기 위하여 그 주최자 또는 행사에 참가하는 자가 수입하는 물품중 해당 행사의 성격·규모 등을 감안하여 **세관장**이 타당하다고 인정하는 **물품**, ㉦ 국제적인 회의·회합 등에서 사용하기 위한 **물품**, ㉧ 국방과학연구소법에 따른 **국방과학연구소**에서 학술연구 및 교육훈련을 목적으로 사용하기 위한 **학술연구용품**, ㉨ 국방과학연구소법에 따른 국방과학연구소에서 과학기술연구 및 교육훈련을 위한 **과학장비용품**, ㉩ **주문수집**을 위한 **물품**, 시험용 물품 및 **제작용 견품**, ㉪ 수리를 위한 **물품**(수리를 위하여 수입되는 물품과 수리 후 수출하는 물품이 관세·통계통합품목분류표(**품목분류표**)상 **10단위**의 품목번호가 일치할 것으로 인정되는 물품만 해당한다), ㉫ 수출물품 및 수입물품의 검사·시험을 위한 기계·기구, ㉬ **일시입국자**가 입국할 때에 수송하여 온 본인이 사용할 **승용자동차·이륜자동차·캠핑카·캬라반·트레일러·선박** 및 **항공기**와 관세청장이 정하는 그 **부분품** 및 **예비품**, ㉭ **관세청장**이 정하는 **수출입물품·반송물품** 및 **환적물품**을 운송하기 위한 **차량**, ㈠ 이미 수입된 **국제운송**을 위한 컨테이너의 수리를 위한 **부분품**, ㈡ **수출인쇄물 제작원고용 필름**(빛에 노출되어 현상된 것에 한한다), ㈢ 광메모리매체 제조용으로 정보가 수록된 마스터테이프 및 니켈판(생산제품을 수출할 목적으로 수입되는 것임을 해당 업무를 관장하는 중앙행정기관의 장이 확인한 것에 한한다), ㈣ **항공기** 및 그 부분품의 **수리·검사** 또는 시험을 위한 **기계·기구**, ㈤ **항공** 및 **해상화물운송용 팔레트**, ㈥ **수출물품 사양확인용 물품**, ㈦ 항공기의 수리를 위하여 일시 사용되는 **엔진** 및 **부분품**, ㈧ 산업기계의 수리용 또는 정비용의 것으로서 **무상**으로 수입되는 **기계·장비**, ㈨ **외국인투자기업**이 **자체상표제품**을 생산하기 위하여 일시적으로 수입하는 **금형** 및 그 **부분품**

㉯ 1년을 **초과**하여 **수출**하여야 할 부득이한 **사유**가 있는 물품으로서 **관세**가 면제되는 **물품**과 **세관장**은 관세를 면제받은 물품 중 기간 내에 수출되지 아니한 경우에는 **500만원**을 넘지 아니하는 범위에서 해당 물품에 부과될 관세의 20/100에 상당하는 금액에 따라 **가산세**로 징수하는 물품은 다음과 같다.

ⓐ **수송기기**의 하자를 **보수**하거나 이를 **유지**하기 위한 **부분품**, ⓑ **외국인 여행자**가 **연 1회** 이상 **항해조건**으로 반입한 후 지방자치단체에서 **보관·관리**하는 **요트**(모터보트를 포함한다)

### ④ 신청서 제출

**재수출기간**을 연장받고자 하는 자는 해당 물품의 수입신고수리 연월일·신고번호·품명·규격 및 수량, **연장기간**과 **연장사유**를 기재한 신청서를 해당 물품의 **수입지세관장**에게 제출하여야 한다. 다만, **관세청장**이 정한 물품에 대하여는 수입지세관외의 세관에서도 **재수출기간**의 **연장승인**을 할 수 있다

## 9) 재수입면세

### ① 의의

㉮ 다음에 해당하는 **물품**이 **수입**될 때에는 그 **관세**를 **면제**할 수 있다.

㉠ 우리나라에서 **수출**(보세가공수출을 포함한다)된 **물품**으로서 해외에서 **제조·가공·수리** 또는 **사용**되지 아니하고 **수출신고 수리일**부터 **2년 내**에 다시 수입(**재수입**)되는 물품이 해당된다. 다만, 다음에 해당하는 경우에는 관세를 면제하지 아니한다.
- ⓐ 해당 **물품** 또는 **원자재**에 대하여 **관세**를 **감면**받은 경우
- ⓑ 이 법 또는 **수출용원재료에 대한 관세 등 환급에 관한 특례법**(이하, 특례법이라 한다)에 따른 **환급**을 받은 경우
- ⓒ 이 법 또는 특례법에 따른 **환급**을 받을 수 있는 자 외의 자가 해당 **물품**을 **재수입**하는 경우. 다만, **재수입**하는 물품에 대하여 **환급**을 받을 수 있는 자가 환급받을 권리를 **포기**하였음을 증명하는 서류를 **재수입**하는 자가 **세관장**에게 제출하는 경우는 **제외**한다.
- ⓓ **보세가공·장치기간경과물품**을 **재수출조건**으로 매각함에 따라 **관세**가 부과되지 아니한 경우

㉡ **수출물품**의 **용기**로서 다시 수입하는 **물품**
㉢ **해외시험** 및 **연구**를 목적으로 수출된 후 재수입되는 **물품**

㉯ 우리나라에서 **수출**(**보세가공수출**을 포함한다)된 물품으로서 해외에서 **제조·가공·수리** 또는 **사용**된 경우 **장기간**에 걸쳐 사용할 수 있는 물품으로서 **임대차계약·도급계약** 등에 따라 **해외**에서 일시적으로 사용하기 위하여 수출된 물품 중 **법인세법 시행규칙** 제15조(내용연수와 상각률)[39]에 따른 **내용연수**가 **3년**(**금형**의 경우에는 **2년**) 이상인 물품이

---

39) 제15조(내용연수와 상각률) ① 법 시행령 제28조 제1항 제1호의 규정에서 "기획재정부령이 정하는 **시험연구용자산**"이라 함은 별표 2에 규정된 **자산**을 말한다. ② 법 시행령 제28조 제1항 제1호에서 "

사용된 경우와 **박람회, 전시회, 품평회**, 그 밖에 이에 준하는 행사에 출품·사용된 경우는 제외한다.

② **신청서 제출**

**관세**를 감면받으려는 자는 그 물품의 **수출신고필증·반송신고필증** 또는 이를 갈음할 서류를 **세관장**에게 제출하여야 한다. 다만, **세관장**이 다른 자료에 의하여 그 물품이 **감면대상**에 해당한다는 사실을 인정할 수 있는 경우에는 그러하지 아니하다.

### (2) 감세

#### 1) 손상감세

① **의의**

㉮ **수입신고**한 물품이 수입신고가 수리되기 전에 **변질·손상**되었을 때에는 그 관세를 경감할 수 있다.

㉯ 이 법이나 그 밖의 법률 또는 조약·협정 등에 따라 관세를 **감면**받은 물품에 대하여 관세를 **추징**하는 경우 그 물품이 **변질·손상**되거나 사용되어 그 가치가 떨어졌을 때에는 그 **관세**를 **경감**할 수 있다.

㉰ 위의 규정에 의하여 경감하는 **관세액**은 다음 관세액 중 **많은 금액**으로 한다.

> ㉠ **수입물품**의 **변질·손상** 또는 **사용**으로 인한 가치의 감소에 따르는 **가격**의 **저하분**에 상응하는 **관세액**, ㉡ **수입물품**의 **관세액**에서 그 **변질·손상** 또는 **사용**으로 인한 가치의 감소 후의 성질 및 수량에 의하여 산출한 **관세액**을 **공제한 차액**

㉱ **수입물품**의 **변질·손상** 또는 **사용**으로 인한 **가치감소**의 산정기준은 **관세청장**이 정할 수 있다.

② **신청서 제출**

**관세**를 경감받고자 하는 자는 ㉮ 해당 **물품**의 **수입신고번호**와 **멸실·손상**의 **원인** 및 그 **정도**, ㉯ 해당 **물품**에 대하여 **관세**를 경감받고자 하는 **금액**과 그 **산출기초**를 **신청서**에 기재하여야 한다.

---

기획재정부령이 정하는 **내용연수**"라 함은 별표 2 및 별표 3에 규정된 **내용연수**를 말하고, 동호에서 "기획재정부령이 정하는 **상각방법별 상각률**"이라 함은 별표4에 규정된 **상각률**을 말한다. ③ 법 시행령 제28조 제1항 제2호에서 "기획재정부령으로 정하는 **내용연수범위**"란 별표 5 및. 별표 6에 규정된 **내용연수범위**를 말한다.

2) 해외임가공물품의 감세

① 의의

㉮ 다음에 해당하는 **물품**이 **수입**될 때에는 그 **관세**를 **경감**할 수 있다.

㉠ **원재료·부분품**을 수출하여 물품으로 **제조·가공한 물품**
㉡ **가공** 또는 **수리**할 목적으로 수출한 물품으로서 가공·수리하기 위하여 수출된 물품과 가공·수리 후 수입된 물품의 **품목분류표**상 **10단위 품목번호**가 일치하는 **물품**을 말한다.
㉢ 다만, **수율·성능** 등이 저하되어 **폐기물품**을 수출하여 **용융과정** 등을 거쳐 재생한 후 다시 수입하는 경우와 제품의 **제작일련번호** 또는 제품의 특성으로 보아 **수입물품**이 우리나라에서 수출된 물품임을 **세관장**이 확인할 수 있는 **물품**인 경우에는 **품목분류표**상 **10단위**의 **품목번호**가 일치하지 아니하더라도 관세를 **경감**할 수 있다.

㉯ **해외임가공물품**에 대한 **관세**를 경감하는 **관세액**은 다음과 같다.

㉠ **원재료·부분품**을 수출하여 물품으로 제조하거나 가공한 **물품** : **수입물품**의 제조·가공에 사용된 **원재료·부분품**의 수출신고가격에 해당 수입물품에 적용되는 **관세율**을 **곱한 금액**
㉡ **가공** 또는 **수리**할 목적으로 수출한 물품으로서 기준에 적합한 **물품** : 가공·수리물품의 **수출신고가격**에 해당 수입물품에 적용되는 **관세율**을 **곱한 금액**
㉢ 다만, 수입물품이 매매계약상의 **하자보수보증 기간**(수입신고수리 후 **1년**으로 한정한다) 중에 **하자**가 발견되거나 고장이 발생하여 외국의 **매도인 부담**으로 가공·수리하기 위하여 수출된 물품에 대하여는 다음 금액을 합한 금액에 해당 **수입물품**에 적용되는 **관세율**을 **곱한 금액**으로 한다. 즉, ⓐ **수출물품**의 **수출신고가격**, ⓑ **수출물품**의 **양륙항**까지의 **운임·보험료**, ⓒ **가공·수리** 후 물품의 **선적항**에서 국내 수입항까지의 **운임·보험료**, ⓓ **가공·수리**의 비용에 상당하는 **금액**이다.

㉰ **관세**가 감면되는 **해외임가공물품**은 법 별표 관세율표 제85류 및 제90류 중 제9006호에 해당하는 것으로 한다.

㉱ 그런데 **물품**이 다음에 해당하는 경우에는 그 **관세**를 **경감**하지 아니한다.

㉠ 해당 **물품·원자재**에 대하여 관세를 **감면**받은 경우. 다만, **가공·수리**할 목적으로 수출한 **물품**으로서 기준에 적합한 **물품**의 경우는 제외한다. ㉡ 이 법 또는 특례법에 따른 **환급**을 받은 경우, ㉢ **보세가공·장치기간경과물품**을 **재수출조건**으로 매각함에 따라 **관세**가 부과되지 아니한 경우

② **신청서 제출**

㉮ **관세**를 **감면**받고자 하는 자는 **해외임가공**할 물품을 **수출신고**할 때 미리 해외임가공

후 수입될 예정임을 **신고**하고, 감면신청을 할 때 수출국 및 적출지와 감면받고자 하는 **관세액**을 기재한 **신청서**에 **제조인·가공인** 또는 **수리인**이 발급한 **제조·가공** 또는 **수리사실**을 증명하는 서류와 해당 물품의 **수출신고필증** 또는 이에 갈음할 서류를 첨부하여 **세관장**에게 제출하여야 한다. 다만, **세관장**이 다른 자료에 의하여 그 물품이 **감면대상**에 해당한다는 사실을 인정할 수 있는 경우에는 **수출신고필증** 또는 이를 갈음할 **서류**를 첨부하지 아니할 수 있다.

㉯ 위의 규정에 의한 **제조·가공** 또는 **수리사실**을 증명하는 서류에는 다음 사항을 기재하여야 한다.

> ㉠ **원물품**의 품명·규격·수량 및 가격, ㉡ 제조·가공 또는 수리에 의하여 **부가·환치**된 물품의 품명·규격·수량 및 가격, ㉢ **제조·가공** 또는 **수리**에 의하여 소요된 비용, ㉣ **제조·가공** 또는 **수리**의 **명세**, ㉤ **감면**받고자 하는 **금액**과 그 **산출기초**, ㉥ 기타 **수입물품**이 국내에서 수출한 물품으로 **제조·가공** 또는 **수리**된 것임을 확인할 수 있는 자료

### (3) 감면세

#### 1) 학술연구용품의 감면세

##### ① 의의

다음에 해당하는 물품이 **수입**될 때에는 그 **관세**를 **감면**할 수 있다. 또한 **관세**를 감면하는 경우 그 **감면율**은 80/100으로 한다. 다만, **공공의료기관**(국립암센터 및 국립중앙의료원은 제외한다) 및 **학교부설의료기관**에서 사용할 물품에 대한 관세의 **감면율**은 50/100으로 한다.

㉮ **국가기관**, **지방자치단체** 및 기관에서 사용할 학술연구용품·교육용품 및 실험실습용품으로서 **관세**가 **감면**되는 것은 다음과 같다.

> ㉠ **표본**, **참고품**, **도서**, **음반**, **녹음테이프**, **녹화슬라이드**, **촬영필름**, **시험지**, **시약류**, 그 밖에 이와 **유사 물품** 및 **자료**
> ㉡ 다음에 해당하는 것으로서 국내에서 제작하기 곤란한 것 중 해당 **물품생산**에 관한 업무를 담당하는 **중앙행정기관**의 **장** 또는 그가 **지정**하는 자가 추천하는 **물품**
> ⓐ 개당·셋트당 과세가격이 **100만원 이상**인 **기기**
> ⓑ 위의 기기의 **부분품** 및 **부속품**
> ㉢ **부분품**(기기의 부분품을 제외하며, **학술연구용** 등에 직접 사용되는 것에 한한다)·**원재료** 및 **견품**

㉯ **학교, 공공의료기관, 공공직업훈련원, 박물관,** 그 밖에 이에 준하는 다음 기관에서 **학술연구용·교육용·훈련용·실험실습용** 및 **과학기술연구용**으로 사용할 물품 중 **기획재정부령**으로 정하는 **물품**은 감면된다.

1. **정부조직법** 제4조(부속기관의 설치) 또는 **지방자치단체**의 **조례**에 의하여 설치된 시험소·연구소·공공도서관·동물원·식물원 및 전시관(이들 기관에서 사용하기 위하여 중앙행정기관의 장이 수입하는 경우를 포함한다), 2. **대한무역투자진흥공사 전시관**, 3. **산업집적활성화 및 공장설립에 관한 법률** 제31조(산업단지관리공단 등)에 따라 설립된 **산업단지관리공단의 전시관**, 4. **정부출연연구기관** 등의 설립·운영 및 육성에 관한 법률 및 과학기술분야 정부출연연구기관 등의 설립·운영 및 육성에 관한 법률에 의하여 설립된 **연구기관**, 5. **수출조합전시관**(**산업통상자원부장관**이 면세추천을 한 것에 한정한다), 6. **중소기업진흥공단**(농가공산품개발사업을 위하여 개설한 **전시관**과 중소기업진흥에 관한 법률 제74조(사업) 제1항 제13호 및 제14호의 사업을 수행하기 위하여 수입하는 물품에 한한다), 7. 산업디자인진흥법 제11조(한국디자인진흥원의 설립 등)의 규정에 의하여 설립된 **한국디자인진흥원**(산업디자인진흥법 제11조 제4항 제1호·제2호 및 제5호의 사업을 수행하기 위하여 수입하는 물품에 한한다), 8. **수입물품**을 **실험·분석**하는 **국가기관**, 9. **도로교통공단**(도로교통법(사업) 제123조 제1호·제2호·제4호 및 제5호의 사업을 수행하기 위하여 수입하는 물품에 한한다), 10. 독립기념관법에 의한 **독립기념관**, 11. **한국소비자원**(소비자기본법 제35조(업무) 제1항 제2호·제3호 및 제6호의 업무를 수행하기 위하여 수입하는 물품에 한한다), 12. 한국산업안전보건공단법에 따라 설립된 **한국산업안전보건공단**(같은 법 제6조(사업)의 사업을 수행하기 위하여 수입하는 물품으로 한정한다), 13. 산업발전법에 의하여 설립된 **한국생산성본부**, 14. 전쟁기념사업회법에 의하여 설립된 **전쟁기념사업회**, 15. 교통안전공단법에 의하여 설립된 **교통안전공단**, 16. **교육부장관**이 인정하는 **사내기술대학** 및 **사내기술대학원**, 17. **고용노동부장관**의 인가를 받은 **중소기업협동조합부설 직업훈련원**, 18. 시설물의 안전관리에 관한 특별법에 의하여 설립된 **한국시설안전공단**, 19. 과학관육성법에 의한 **과학관**, 20. 한국교육방송공사법에 의하여 설립된 **한국교육방송공사**, 21. 지방자치단체의 행정기구와 정원기준 등에 관한 규정에 의하여 설치된 **농업기술원**, 22. 특정연구기관 육성법 제2조(특정연구기관)의 규정에 의한 **연구기관**, 23. 산업기술연구를 목적으로 민법 제32조(비영리법인의 설립과 허가) 및 협동조합기본법에 따라 설립된 **비영리법인**으로서 독립된 연구시설을 갖추고 있는 법인임을 **산업통상자원부장관, 미래창조과학부장관** 또는 **기획재정부장관**이 **확인·추천**하는 **기관**, 24. 산업기술혁신 촉진법 제42조(전문생산기술연구소의 설립 및 지원 등)에 따라 **산업통상자원부장관**의 허가를 받아 설립된 **연구소**, 25. 국립암센터법에 따라 설립된 **국립암센터** 및 국립중앙의료원의 설립 및 운영에 관한 법률에 따라 설립된 **국립중앙의료원**, 26. 방송통신발전 기본법 제34조(한국정보통신기술협회)에 따라 설립된 **한국정보통신기술협회**(한국정보통신기술협회에 설치된 시험연구소에서 사용하기 위하여 수입하는 물품으로 한정한다), 27. 산업교육진흥 및 산학협력촉진에 관한 법률에 의하여 설립된 **산학협력단**, 28. 경제자유구역 및 제주국제자유도시의 외국교육기관 설립·운영에 관한 특별법에 따라 설립된 **외국교육기관**, 29. 국가표준기본법 제4조의2(다른 법률과의 관계)에 따라 설립된 **한국화학융합시험연구원, 한국기계전기전자시험연구원** 및 **한국건설생활환경시험연구원**, 30. 산업기술혁신 촉진법 제21조(연구장비 ·시설 등의 확충 및 활용촉진) 제4항에 따라 **산업통상자원부장관**이 지정한 **연구장비관리 전문기관**(같은 법 제2조 제7호에 따른 **산업기술혁신사업**을 수행하는 데에 필요한 물품을 제1호부터 제29호까지의 규정에 따른 감면대상기관에서 사용하도록 하기 위하여 수입하는 경우를 포함한다)

㉰ 위의 기관에서 사용할 **학술연구용품·교육용품·훈련용품·실험실습용품** 및 **과학기술연구용품**으로서 **외국**으로부터 기증되는 **물품**은 감면된다. 다만, 기획재정부령으로 정하는 물품은 제외한다.

㉱ **기업부설 연구소·연구개발 전담부서**를 설치하고 있거나 설치를 위한 신고를 한 기업[40]과 **산업기술연구조합**[41]이 산업기술의 연구개발에 사용하기 위하여 수입하는 **물품**으로서 관세를 **감면**하는 물품은 다음과 같다.

> ㉠ **산업기술**의 **연구·개발**에 사용하기 위하여 수입하는 별표 1의 **물품**, ㉡ **시약** 및 **견품**, ㉢ 연구·개발 대상물품을 제조·수리하기 위하여 사용하는 **부분품** 및 **원재료**, ㉣ 위의 물품을 수리하기 위한 목적으로 수입하는 **부분품**

**② 신청서 제출**

㉮ 위의 기관에서 사용할 **학술연구용품·교육용품·훈련용품·실험실습용품** 및 **과학기술연구용품**으로서 외국으로부터 기증되는 **물품관세**를 감면받으려는 자는 해당 기증사실을 증명하는 서류를 신청서에 첨부하여 제출하여야 한다.

㉯ **산업기술연구개발**에 사용하기 위하여 수입하는 물품을 **관세감면대상물품**으로 지정받으려는 자는 다음 사항을 적은 신청서에 해당 물품의 상품목록 등 참고자료를 첨부하여 주무부처를 경유하여 **기획재정부장관**에게 제출하여야 한다. 이 규정에 의한 신청서는 **매년 2월 말일**까지 제출하여야 한다.

> ㉮ **신청인**의 주소·성명 및 상호, ㉯ **사업 종류**, ㉰ **법 별표 관세율표 번호(관세율표 번호)**·품명·규격·수량·가격·용도 및 구조

### 2) 환경오염방지물품에 대한 감면세

**① 의의**

㉮ 다음에 해당하는 물품으로서 **국내**에서 제작하기 **곤란**한 **물품**이 **수입**될 때에는 그 **관세**를 **감면**할 수 있다.

---

40) **기초연구진흥 및 기술개발지원에 관한 법률** 제14조(특정연구개발사업의 추진) 제1항 제2호에 따른 연구에 필요한 비용은 정부 또는 정부 외의 자의 **출연금**, 그 밖에 기업의 **연구개발비**로 충당한 것임을 **미래창조과학부장관**이 확인한 것으로 한정한다.

41) **산업기술연구조합 육성법**에 의한 **산업기술연구조합**으로서 기술개발을 위한 **공동연구시설**을 갖추고 자연계분야의 학사 이상의 학위를 가진 **연구전담요원 3인 이상**을 상시 확보하고 있음을 **미래창조과학부장관**이 확인한 **산업기술연구조합**에 한정한다.

㉠ **오염물질**(소음 및 진동을 포함한다)의 **배출방지·처리**를 위하여 사용하는 기계·기구·시설·장비
㉡ **폐기물처리**(재활용을 포함한다)를 위하여 사용하는 기계·기구. 폐기물처리(재활용을 포함한다)를 위하여 사용하는 기계·기구에 따른 **감면율**은 다음과 같다.
즉, **오염물질**(소음 및 진동을 포함한다)의 **배출방지·처리**를 위하여 사용하는 기계·기구·시설·장비 및 **폐기물처리**(재활용을 포함한다)를 위하여 사용하는 기계·기구에 따른 물품 : 중소기업기본법 제2조(중소기업자의 범위) 제1항에 따른 **중소기업**이 2017년 12월 31일까지 수입신고하는 분으로 한정하여 30/100
㉢ **기계·전자기술** 또는 **정보처리기술**을 응용한 **공장자동화 기계·기구·설비**(그 구성기기를 포함한다) 및 그 **핵심부분품. 기계·전자기술** 또는 **정보처리기술**을 응용한 **공장자동화 기계·기구·설비**(그 구성기기를 포함한다) 및 그 **핵심부분품**에 따라 관세를 감면하는 물품의 **감면율**은 다음 구분에 따른다.
ⓐ **중소제조업체**가 수입신고하는 경우: 30/100(2016년 12월 31일까지 수입신고하는 경우에는 50/100)
ⓑ 조세특례제한법 시행령 제10조(연구시험용시설의 범위 등) 제1항에 따른 **중견기업**으로서 통계법 제22조(표준분류)에 따라 **통계청장**이 고시하는 **한국표준산업분류표**상 제조업으로 분류되는 업체가 2016년 12월 31일까지 수입신고하는 경우: 50/100

㉯ 위의 ㉮-㉠ 및 ㉡에 따라 **관세**를 **감면**하는 물품은 다음에 해당하는 물품 중 **실수요자·시공자**(**공사수급인** 및 **하도급인**을 포함한다)가 **수입**하는 것으로 한다.

㉠ **오염물질 배출**을 방지하거나 **오염물질**을 처리하기 위하여 사용하는 별표 2의2의 **물품**, ㉡ **폐기물**을 처리하거나 재활용하기 위하여 사용하는 별표 2의3의 물품

### ② 신청서 제출

㉮ **환경오염방지물품** 등에 대한 **관세감면** 규정에 따른 물품을 **관세감면대상물품**으로 지정받으려는 자는 ㉠ **신청인**의 주소·성명 및 상호, ㉡ **사업종류**, ㉢ **관세율표 번호·품명·규격·수량·가격·용도** 및 **구조**를 적은 신청서에 해당 물품의 상품목록 등 참고자료를 첨부하여 주무부장관을 거쳐 **기획재정부장관**에게 제출하여야 한다.

㉯ 신청서의 제출기한(**기획재정부장관**에게 신청서를 제출하는 **기한**을 말한다)은 다음 구분에 따른다.

㉠ **오염물질**(소음 및 진동을 포함한다)의 배출 방지 또는 처리를 위하여 사용하는 기계·기구·시설·장비 및 **폐기물처리**(**재활용**을 포함한다)를 위하여 사용하는 기계·기구에 대한 것인 경우: **매년 4월말**까지
㉡ **기계·전자기술** 또는 **정보처리기술**을 응용한 **공장자동화 기계·기구·설비**(그 구성기기를 포함한다) 및 그 **핵심부분품**에 대한 것인 경우에는 다음 구분에 따른 **기한**으로 한다.
ⓐ 중소제조업체가 수입신고하는 경우(30/100)(2016년 12월 31일까지 **수입신고**하는 경우에는 50/100) : **매년 7월말**까지
ⓑ 조세특례제한법 시행령 제10조(연구시험용시설의 범위 등) 제1항에 따른 **중견기업**으로서 통계법 제22조(**표준분류**)에 따라 통계청장이 고시하는 **한국표준산업분류표** 상 **제조업**으로 분류되는 업체가 2016년 12월 31일까지 **수입신고**하는 경우(50/100) : 2014년 11월 30일까지

### 3) 재수출감면세

#### ① 의의

㉮ **공사용 기계, 기구·수리, 가공용 기계·기구**를 외국에서 빌려와 국내에서 사용하다가, 다시 **반송**하거나 외국으로부터 **선박**을 **임차**해 와서 사용하다가 다시 **반선**하는 때의 그 물품의 수입에 따른 **관세**는 **감면**된다.

㉯ **장기간**에 걸쳐 사용할 수 있는 **물품**으로서 그 수입이 **임대차계약**에 의하거나 **도급계약**의 이행과 관련하여 국내에서 일시적으로 사용하기 위하여 수입하는 물품 중 그 **수입신고 수리일**부터 **2년**(장기간의 사용이 부득이한 물품으로서 수입하기 전에 **세관장 승인**을 받은 것은 **4년** 범위에서 **세관장**이 정하는 **기간**을 말한다) **이내**에 **재수출**되는 것에 대하여는 다음 구분에 따라 그 관세를 **경감**할 수 있다. 다만, 외국과 체결한 조약·협정 등에 따라 수입되는 것에 대하여는 상호 조건에 따라 그 **관세**를 **면제**한다.

㉠ **재수출기간**이 **6개월 이내**인 경우: 해당 물품에 대한 **관세액**의 85/100
㉡ **재수출기간**이 **6개월 초과 1년 이내**인 경우: 해당 물품에 대한 **관세액**의 70/100
㉢ **재수출기간**이 **1년 초과 2년 이내**인 경우: 해당 물품에 대한 **관세액**의 55/100
㉣ **재수출기간**이 **2년 초과 3년 이내**인 경우: 해당 물품에 대한 **관세액**의 40/100
㉤ **재수출기간**이 **3년 초과 4년 이내**인 경우: 해당 물품에 대한 **관세액**의 30/100

㉰ **관세**가 **감면**되거나 **가산세**가 **징수**되는 물품은 다음 요건을 갖춘 물품으로서 국내제작이 곤란함을 해당 물품의 생산에 관한 업무를 관장하는 중앙행정기관의 장 또는 그 위임을 받은 자가 확인하고 추천하는 기관·기업이 **수입**하는 **물품**에 한한다.

㉠ 법인세법 시행규칙 제15조(내용연수와 상각률)의 규정에 의한 **내용연수**가 5년(**금형**의 경우에는 **2년**) 이상인 **물품**, ㉡ 개당·셋트당 관세액이 **500만원 이상**인 **물품**

㉣ **세관장**은 **4년 범위내**에서 **재수출 기간**을 정하고자 하는 때에는 해당 물품의 반입계약에 관한 증빙서류에 의하여 확인되는 기간을 기준으로 하여야 한다. 다만, 그 **증빙서류**에 의하여 확인되는 기간을 기준으로 하기에 적당하지 아니하거나 증빙서류에 의하여 확인할 수 없는 때에는 해당 **감면물품**의 성질·용도·**임대차기간** 또는 **도급기간** 등을 고려하여 타당하다고 인정되는 기간을 기준으로 할 수 있다.

**② 신청서 제출**

㉮ **관세감면**을 받은 물품을 해당 기간 내에 수출하고자 하는 자는 **수출신고시**에 해당 물품의 **수입신고필증** 또는 이에 대신할 **세관증명서**와 기타 참고서류를 제출하여야 한다. **세관장**은 물품이 수출된 때에는 세관에 제출된 **수입신고필증** 또는 이에 대신할 세관의 증명서에 수출된 사실을 기재하여 **수출신고인**에게 **교부**하여야 한다.

㉯ **관세감면**을 받고자 하는 자는 해당 물품의 **수출예정시기·수출지** 및 **수출예정세관명**을 신청서에 기재하여야 한다.

**4) 시설대여업자에 대한 감면**

① **여신전문금융업법**에 따른 **시설대여업자**가 이 법에 따라 관세가 **감면**되거나 **분할납부**되는 물품을 수입할 때에는 법 제19조(납세의무자)에도 불구하고 **대여시설이용자**를 **납세의무자**로 하여 수입신고를 할 수 있다. 이 경우 **납세의무자**는 **대여시설이용자**가 된다.

② **관세**를 감면받거나 **분할납부**를 승인받은 물품에 대하여 **관세**를 징수하는 경우 **납세의무자**인 **대여시설이용자**로부터 **관세**를 **징수**할 수 없을 때에는 **시설대여업자**로부터 징수한다.

## 5. 관세감면물품의 사후관리와 용도외 사용

### (1) 사후관리

1) 법 제89조(세율불균형물품의 면세), 법 제90조(학술연구용품의 감면세), 제91조(종교용품, 자선용품, 장애인용품 등의 면세)와 법 제93조(특정물품의 면세 등) 및 법 제95조(환경오염방지물품 등에 대한 감면세)에 따라 관세를 감면받은 물품은 **수입신고 수리일부**

터 3년 **범위**에서 **관세청장**이 정하는 기간에는 그 감면받은 **용도외 다른 용도에 사용**하거나 **양도**(**임대**를 포함한다)할 수 없다. 다만, **항공기**(부분품을 포함한다), **오염물질**(소음 및 진동을 포함한다)의 배출 방지·처리를 위하여 사용하는 기계·기구·시설·장비 중 **자동차 부분품**과 미리 **세관장 승인**을 받은 물품의 경우에는 그러하지 아니하다.

2) 다음에 해당하면 그 **용도외 다른 용도에 사용**한 자나 그 **양도인**(**임대인**을 포함한다)으로부터 **감면관세**를 **즉시 징수**하며, **양도인**으로부터 해당 관세를 징수할 수 없을 때에는 **양수인**(**임차인**을 포함한다)으로부터 **감면관세**를 징수한다. 다만, 재해나 그 밖의 부득이한 사유로 **멸실**되었거나 미리 **세관장 승인**을 받아 **폐기**하였을 때에는 그러하지 아니하다.

① **관세**를 **감면**받은 **물품**을 위에 따른 **기간**에 **감면**받은 **용도외 다른 용도에 사용**한 경우,
② **관세**를 **감면**받은 **물품**을 위에 따른 **기간**에 **감면**받은 **용도외 다른 용도에 사용**하려는 자에게 **양도**한 경우

### (2) 용도외 사용

#### 1) 의의

① 법령, 조약, 협정 등에 따라 **관세**를 **감면**받은 물품을 감면받은 **용도외 다른 용도에 사용**하거나 감면받은 **용도외 다른 용도에 사용**하려는 자에게 **양도**하는 경우[42]에는 법 제83조(용도세율의 적용) 제3항, 제88조(외교관용 물품 등의 면세) 제3항, 제97조(재수출면세) 제3항, 제98조(재수출감면세) 제2항, 제102조(관세감면물품의 사후관리) 제2항 또는 제109조(다른 법령 등에 따른 감면물품의 관세징수) 제2항에 따라 징수하여야 하는 **관세**를 **감면**할 수 있다. 다만, 이 법 외의 법령, 조약, 협정 등에 따라 그 **감면**된 **관세**를 **징수**할 때에는 그러하지 아니하다.

② 법 제98조(재수출감면세) 제2항과 제102조(관세감면물품의 사후관리) 제1항에도 불구하고 법 제90조(학술연구용품의 감면세), 제93조(특정물품의 면세 등), 제95조(환경오염방지물품 등에 대한 감면세) 또는 제98조(재수출감면세)에 따라 **관세**를 감면받은 물품은 **대·중소기업 상생협력 촉진에 관한 법률** 제2조(정의) 제4호[43]에 따른 수탁·위탁거

---

42) 해당 물품을 **다른 용도에 사용**하는 **자**나 해당 물품을 **다른 용도에 사용**하기 위하여 **양수**하는 **자**가 그 물품을 다른 용도로 사용하기 위하여 수입하는 경우에는 그 물품에 대하여 법령 또는 조약, 협정 등에 따라 **관세**를 **감면**받을 수 있는 경우로 한정한다.

43) 제2조(정의) 이 법에서 사용하는 용어의 뜻은 다음과 같다. 1. **중소기업**이란 중소기업기본법 제2조에 따른 **중소기업**을 말한다. 2. **대기업**이란 중소기업이 아닌 기업을 말한다. 3. **상생협력**이란 **대기업**과 **중소기업** 간, **중소기업 상호간** 또는 **위탁기업**과 **수탁기업** 간에 기술, 인력, 자금, 구매, 판로 등의 부문에서 서로 이익을 증진하기 위하여 하는 공동의 활동을 말한다. 4. **수탁·위탁거래**란 제조, 공사, 가공, 수리, 판매, 용역을 업으로 하는 자가 물품, 부품, 반제품 및 원료 등(이하 "물품 등"이라

래의 관계에 있는 기업에 **양도**할 수 있으며, 이 경우 제98조(재수출감면세) 제2항과 제102조(관세감면물품의 사후관리) 제2항에 따라 징수할 **관세**를 **감면**할 수 있다. 다만, 이 법 외의 법령, 조약, 협정 등에 따라 그 감면된 관세를 징수할 때에는 그러하지 아니하다.

③ **관세**를 **감면**받은 경우 그 **사후관리기간**은 당초의 **수입신고수리일**부터 계산한다. 법 제103조(관세감면물품의 용도외 사용)의 규정에 의하여 관세를 **감면**하는 경우에 새로운 용도에 따라 **감면**되는 **관세금액**이 당초에 **감면**된 **관세금액**보다 **적은** 경우에는 그 **차액**에 해당하는 **관세**를 **징수**한다.

#### 2) 감면물품의 용도외 사용의 금지기간

**관세청장**은 법 제83조(용도세율의 적용) 제2항·법 제88조(외교관용 물품 등의 면세) 제2항 또는 법 제102조(관세감면물품의 사후관리) 제1항의 규정에 의하여 관세감면물품의 **용도외 사용**의 **금지기간** 및 **양수·양도**의 **금지기간**(**사후관리기간**)을 정하고자 하는 때에는 다음 기준에 의하되, 각 **기준**을 적용한 결과 동일물품에 대한 **사후관리기간**이 다르게 되는 때에는 그 중 짧은 기간으로 할 수 있다.

① **물품**의 **내용연수**(법인세법 시행령 제28조(내용연수와 상각률)에 따른 **기준내용연수**를 말한다)를 기준으로 하는 **사후관리기간** : 다음 구분에 의한 기간으로 한다.
㉮ **내용연수**가 **5년 이상**인 **물품** : **3년**. 다만, 법 제90조(**학술연구용품**의 **감면세**)의 규정에 의하여 **관세감면**을 받는 물품의 경우는 **2년**으로 한다.
㉯ **내용연수**가 **4년**인 **물품** : **2년**
㉰ **내용연수**가 **3년 이하**인 **물품** : **1년 이내**

② **관세감면물품**이 다른 용도에 사용될 가능성이 적은 경우의 **사후관리기간** : **1년 이내**. 다만, 장애인 등 **특정인**만이 사용하거나 **금형**과 같이 성격상 다른 용도에 사용될 수 없는 물품의 경우에는 **수입신고수리일**까지로 하며, **박람회·전시회** 등 특정행사에 사용되는 물품의 경우에는 해당 **용도·행사**가 **소멸·종료**되는 때까지로 한다.

③ **관세감면물품**이 원재료·부분품 또는 견품인 경우의 **사후관리기간** : **1년 이내**. 다만, 원재료·부분품 또는 견품 등이 특정용도에 사용된 후 사실상 소모되는 물품인 경우에는 **감면용도**에 사용하기 위하여 사용장소에 반입된 사실이 확인된 날까지로 하며, 감면받은 용도에 사용되지 아니하고 **1년 이상** 보관하는 경우에는 해당 물품이 **최초 사용**되는 **날**까지로 한다.

④ **관세감면물품**에 대한 법 제50조(세율 적용의 우선순위)의 규정에 의한 **세율**에 **감면율**을 **곱한 율**을 기준으로 하는 사후관리기간 : **3% 이하**인 경우에는 **1년 이내**, **3% 초과 7% 이하**인 경우에는 **2년 이내**

한다)의 **제조**, **공사**, **가공**, **수리**, **용역** 또는 **기술개발**(이하 "제조"라 한다)을 다른 중소기업에 위탁하고, 제조를 위탁받은 **중소기업**이 전문적으로 물품 등을 제조하는 거래를 말한다.

### 3) 신청서 제출

① 법 제83조(용도세율의 적용) 제2항 단서·법 제88조(외교관용 물품 등의 면세) 제2항 단서·법 제97조(재수출면세) 제2항 단서(법 제98조(재수출감면세) 제2항에서 준용하는 경우를 포함한다) 또는 법 제102조(관세감면물품의 사후관리) 제1항 단서에 의하여 **세관장 승인**을 얻고자 하는 자는 다음 사항을 기재한 신청서를 해당 물품의 **소재지**를 관할하는 **세관장·관할지세관장**에게 제출하여야 한다. 다만, 법 제97조(재수출면세) 제2항 단서(법 제98조(재수출감면세) 제2항에서 준용하는 경우를 포함한다)의 규정에 해당하는 경우에는 해당 물품을 **최초**에 **수입신고**한 **세관**에서도 할 수 있다.

> ㉮ 해당 **물품**의 **품명·규격·수량·관세감면액** 또는 적용된 **용도세율·수입신고수리 연월일** 및 **수입신고번호**, ㉯ 해당 물품의 **통관세관명**, ㉰ **승인신청이유**, ㉱ 해당 **물품**의 **양수인**의 **사업 종류**, 주소·상호 및 성명(법인인 경우에는 대표자의 성명)

② **재해** 기타 부득이한 사유로 인하여 **멸실**된 **물품**에 대하여 법 제83조(용도세율의 적용) 제3항·법 제97조(재수출면세) 제3항 단서(법 제98조(재수출감면세) 제2항에서 준용하는 경우를 포함한다)·법 제102조(관세감면물품의 사후관리) 제2항 단서 또는 법 제109조(다른 법령 등에 따른 감면물품의 관세징수) 제2항 단서의 규정을 적용받고자 하는 자는 **멸실** 후 지체없이 다음 사항을 기재한 **신청서**에 그 사실을 증빙할 수 있는 서류를 첨부하여 **세관장**에게 제출하여야 한다.

> ㉮ **멸실**된 물품의 **품명·규격·수량·수입신고수리 연월일** 및 **수입신고번호**, ㉯ **멸실연월일** 및 **멸실장소**, ㉰ **멸실**된 물품의 **통관세관명**

③ 법 제83조(용도세율의 적용) 제3항 단서·법 제97조(재수출면세) 제3항 단서(법 제98조(재수출감면세) 제2항에서 준용하는 경우를 포함한다)·법 제102조(관세감면물품의 사후관리) 제2항 단서 또는 법 제109조(다른 법령 등에 따른 감면물품의 관세징수) 제2항 단서 규정에 의하여 **물품폐기**에 대한 **세관장 승인**을 얻고자 하는 자는 다음 사항을 기재한 **신청서**를 **세관장**에게 제출하여야 한다.

> ㉮ 해당 **물품**의 **품명·규격·수량·수입신고수리 연월일** 및 **수입신고번호**, ㉯ 해당 물품의 **통관세관명**, ㉰ **폐기**의 사유·방법 및 장소와 **폐기예정연월일**

④ 법 제103조(관세감면물품의 용도 외 사용)의 규정에 의하여 관세의 감면을 받고자 하는 자는 법 시행령 제109조(감면물품의 용도 외 사용 등에 대한 승인신청) 제1항 또는 법 시행령 제134조(다른 법령·조약 등에 의한 감면물품의 용도외 사용 등의 확인신청)의 규정에 의한 **승인** 또는 **확인신청시**에 다음 사항을 기재한 **신청서**에 그 새로운 용도에 사용하기 위하여 수입하는 때에 **관세감면**을 받기 위하여 필요한 서류를 첨부하여 **세관장**에게 제출하여야 한다.

> ㉮ 해당 물품의 **품명·규격·수량** 및 **가격**, ㉯ 해당 물품의 **수입신고번호·수입신고수리 연월일** 및 **통관세관명**, ㉰ 해당 물품의 당초의 용도, 사업의 종류, 설치 또는 **사용장소** 및 **관세감면**의 **법적 근거**, ㉱ 해당 물품의 새로운 **용도**, **사업의 종류**, **설치** 또는 **사용장소** 및 **관세감면**의 **법적 근거**

## 제 8 절 관세환급제도

### 1. 관세환급의 일반적 개념

#### (1) 의의

① **관세환급**이란 세관에서 징수한 **관세**를 특정한 요건에 해당하는 경우에 그 **전부** 또는 **일부**를 납세의무자, **수출자** 또는 **수출물품**의 **제조자**에게 되돌려 주는 것을 말한다.

② 현행 법령상 세관에서의 **관세환급**은 납세업무의 형평과 징세행정의 공정을 위한 법상의 환급(**과오납환급**과의 계약내용과 상이한 물품 등에 대한 **관세환급**)과 수출업체 지원을 위한 **특례법**상의 환급이 있으며 일반적으로 **관세환급**이라 함은 **수출용원재료**에 대한 환급을 말하며 **관세 등의 환급**으로 표현하고 있다.

③ **관세환급**은 **수출용원재료**를 수입하는 때에 관세 등을 납부하였거나 납부할 물품으로 **수출물품**을 생산(수출물품의 가공·조립·수리·재생 또는 개조하는 것 포함)하여 수출 등의 용도에 제공한 경우에 **수출자** 또는 **수출물품**의 **생산자**에게 관세 등을 되돌려 주는 것을 말한다.

〈그림-13〉 관세환급절차

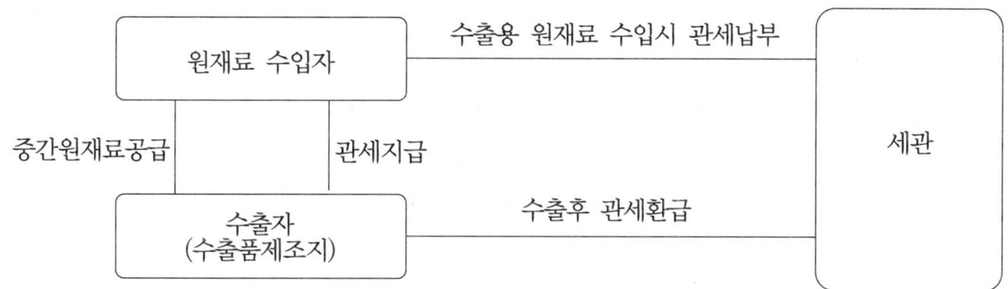


## (2) 특례법상 용어의 정리

### 1) 의의

특례법은 **수출용원재료**에 대한 **관세, 임시수입부가세, 개별소비세, 주세, 교통·에너지·환경세, 농어촌특별세** 및 **교육세**의 **환급**을 적정하게 함으로써 능률적인 수출 지원과 균형 있는 산업발전에 이바지하기 위하여 법, **임시수입부가세법, 개별소비세법, 주세법, 교통·에너지·환경세법, 농어촌특별세법, 교육세법, 국세기본법** 및 **국세징수법**에 대한 특례를 규정함을 목적으로 한다.

### 2) 용어의 정리

특례법에서 사용하는 용어는 다음과 같다.

① **관세 : 관세, 임시수입부가세, 개별소비세, 주세, 교통·에너지·환경세, 농어촌특별세** 및 **교육세**를 말한다.

② **수출 : 법, 임시수입부가세법, 개별소비세법, 주세법, 교통·에너지·환경세법, 농어촌특별세법** 및 **교육세법**의 규정에도 불구하고 특례법 제4조[44]에 해당하는 것을 말한다.

③ **수출물품 :** 수출 등의 용도에 제공되는 물품을 말한다.

④ **소요량 : 수출물품**을 생산(수출물품을 가공·조립·수리·재생 또는 개조하는 것을 포함한다)하는 것에 소요되는 **원재료의 양**으로서 생산과정에서 정상적으로 발생되는 **손모량**[45]을 포함한 것을 말한다.

---

44) 제4조(환급대상 수출 등) 수출용원재료에 대한 관세 등을 환급받을 수 있는 수출 등은 다음 각 호의 어느 하나에 해당하는 것으로 한다. 1. 법에 따라 **수출신고**가 수리된 **수출**. 다만, **무상**으로 **수출**하는 것에 대하여는 기획재정부령으로 정하는 **수출**로 한정한다. 2. 우리나라 안에서 **외화**를 획득하는 **판매** 또는 **공사** 중 기획재정부령으로 정하는 것, 3. 법에 따른 **보세구역** 중 기획재정부령으로 정하는 구역·자유무역지역법에 따른 **자유무역지역**의 **입주기업체**에 대한 공급, 4. 그 밖에 수출로 인정되어 기획재정부령으로 정하는 것.

45) **손모량**은 수출물품을 정상적으로 생산하는 과정에서 발생하는 원재료의 **손모량**을 말한다. 다음의 경우에는 **손모량**으로 인정되지 않는다. 즉, ① **천재지변, 화재** 등 재해에 의하여 손실·망실된 원재료,

⑤ **환급** : 특례법 제3조(환급대상 원재료)에 따른 **수출용원재료**를 수입하는 때에 납부하였거나 납부할 관세[46]를 **법** 등의 규정에도 불구하고 **특례법**에 따라 **수출자**나 **수출물품**의 생산자에게 되돌려 주는 것을 말한다.

⑥ **정산** : 특례법 제5조(수출용원재료에 대한 관세 등의 징수) 제2항[47]에 따라 제3조에 따른 **수출용원재료**에 대하여 일정 기간별로 **일괄납부**할 관세 등과 특례법 제16조(환급금의 지급) 제3항[48]에 따라 지급이 보류된 **환급금**을 상계하는 것을 말한다.

### (3) 관세환급의 특징

#### 1) 국제경쟁력강화에 기여

**관세환급금**은 **수출용원재료**에 대한 관세부담을 면제해줄 뿐만 아니라 국내산업보호를 위하여 설치된 관세장벽을 수출의 경우에는 제거하여 우리나라 수출물품의 경쟁력강화에 기여하고 있는 **수출지원제도**이다.

#### 2) 환급비용의 발생

**관세환급제도**의 운영에 있어 업체는 물론 **세관행정**에서도 많은 비용이 발생하고 있어 **비환급업체**와 **형평성** 문제도 제기되고 있다. 향후 장기적으로는 수익자 부담원칙에 따라 일정비율에 해당하는 만큼 공제하고 **환급금**을 지급하고 있다.

#### 3) 관세상의 혜택

**수출** 등에 제공한 **물품**에 대하여 관세 등을 환급하는 이론적 배경은 **관세** 등이 부과된 **수출용원재료**로 생산된 수출물품이 국내에서 소비되지 않는다는 점에서 찾아볼 수 있으며, **관세** 등은 **소비세**의 일종으로서 국내에서 소비되는 것을 전제로 부과되는 조세이기 때문이다.

---

② 다음과 같이 정상적인 생산과정이 아닌 부분에서의 원재료의 **손실량**의 경우이다. 즉, ㉮ **원재료**의 **자체불량**에 의한 **손실량**, ㉯ 운반 및 보관 등의 관리소홀로 인한 **손실량**, ㉰ 기계의 고장 등에 의한 **손실량**, ㉱ 작업 중의 부주의 및 과실에 의한 **손실량** 등이다.

46) 이는 **수출용원재료**의 유·무상 수입을 불문하고 **수입신고수리전**에 납부하였거나 수입신고수리 후에 납부한 관세 등과 **일괄납부**한 관세 등을 말한다.

47) 제5조(수출용원재료에 대한 관세 등의 징수) ② **세관장**은 법 등의 규정에도 불구하고 수출용원재료를 수입하는 자가 신청하는 경우에는 그 원재료에 대한 관세 등을 **6개월 범위**에서 대통령령으로 정하는 일정 기간(**일괄납부기간**)별로 **일괄납부**하게 할 수 있다. 이 경우 관세 등의 납부기한은 해당 **일괄납부기간**이 끝나는 날이 속하는 달의 **다음 달 15일**까지로 한다.

48) 제16조(환급금의 지급) ③ 제1항에도 불구하고 **세관장**은 관세 등의 **일괄납부업체**가 환급신청하여 결정된 **환급금**은 그 환급금 결정일이 속하는 **일괄납부 기간별**로 제7조 제1항에 따라 정산하는 날까지 지급을 **보류**한다.

#### 4) 외화획득행위에 대한 지원

특례법령에서는 국내에서 소비되는 경우에도 **환급대상 수출**로 인정하고 있는 것(국내외화판매 또는 공사)도 있고, 외국으로 수출되어도 **환급대상 수출**로 인정하지 않는 것도 있는 점을 볼 때에 **외화획득행위(외화가득주의)**를 지원하는데 중점을 두고 있는 것을 알 수 있다.

#### 5) 자국의 수출산업 지원

**수출물품** 생산에 사용된 **수출용원재료**에 대한 관세 등 **환급금**은 WTO의 수출보조금 지급금지규정에서 제외되어 있고,

WCO의 교토협약에서도 관세 등 환급절차가 규정되어 있어 세계 각국은 자국의 수출산업을 지원하기 위하여 **환급제도**를 운영하고 있다.

### (4) 관세상의 수출지원제도

1) 관세 상의 **수출지원제도**는 수출의 경우에 관세부담을 제거시키는 방법에 따라 **관세율인하, 보세공장제도, 자유항, 경제자유구역제도, 자유무역지역제도, 보세판매장제도, 종합보세구역제도, 수출용원재료**에 대한 **관세면제제도, 관세환급제도** 등이 있다.

2) **관세환급**은 수출물품의 생산에 소요된 **수입원재료 수입** 시에 납부하였거나 납부할 관세 등을 되돌려 주기 때문에 수출의 경우에는 **관세장벽**이 제거된다.

3) 게다가 **관세환급**은 수출물품 가격결정에 영향을 주어 수출기업 가격경쟁력 지원에 중요한 의미를 가지고 있다. 즉, 수출용 원재료에 대하여 관세 등이 부과되면 **수출물품**의 가격은 상승되어 **가격경쟁력**은 저하되고 수출이 억제되는 결과를 초래하게 되나, 반면 **관세환급금**은 수출물품의 가격을 낮출 수 있게 되어 가격경쟁력은 높아지고 수출이 증대될 수 있기 때문이다.

### (5) 계약내용과 상이한 물품과 자가사용물품에 대한 관세환급

#### 1) 계약내용과 다른 물품에 대한 관세환급

**① 의의**

㉮ **수입신고**가 수리된 물품이 계약 내용과 다르고 수입신고 당시의 성질·형태가 변경되지 아니한 경우 해당 물품이 **수입신고 수리일**부터 **1년 이내**에 다음에 해당하면 그 **관세를 환급**한다.

> ㉠ **외국**으로부터 **수입**된 **물품: 보세구역**(법 제156조(보세구역 외 장치의 허가) 제1항에 따라 세관장의 **허가**를 받았을 때에는 그 허가받은 장소를 포함한다)에 이를 **반입**하였다가 다시 **수출**하였을 것. 이 경우 수출은 **수입신고 수리일**부터 **1년**이 지난 후에도 할 수 있다.
> ㉡ **보세공장**에서 **생산**된 **물품: 보세공장**에 이를 다시 **반입**하였을 것

㉯ **수입물품**으로서 **세관장**이 **환급세액**을 산출하는 데에 지장이 없다고 인정하여 **승인**한 경우에는 그 **수입물품**의 **일부**를 수출하였을 때에도 그 **관세**를 **환급**할 수 있다.

㉰ **수입신고**가 수리된 물품이 **계약내용**과 상이하고 **수입신고 당시**의 성질·형태가 변경되지 아니한 경우 법 제106조(계약 내용과 다른 물품 등에 대한 관세 환급) 제1항 또는 제2항에 따라 해당 물품을 **수출**하거나 **보세공장**에 반입하려는 자는 **수출신고서** 또는 **보세공장 물품반입신고서**에 해당 물품의 품명·규격·수량·가격과 수출 또는 반입 사유를 적은 **사유서**, 해당 물품 수입에 관한 계약내용의 **증빙서류**와 **수입신고필증** 또는 이에 대신하는 **세관 증빙서류**를 첨부하여 **세관장**에게 제출하여야 한다.

㉱ 위의 ㉮ 규정에 의하여 **물품**을 **수출**하거나 **보세공장**에 반입하고 관세환급을 받고자 하는 자는 해당 물품의 품명·규격·수량·수입신고수리 연월일·수입신고번호와 **환급**받고자 하는 **관세액**을 기재한 신청서에 **수출신고필증·보세공장반입승인서** 또는 이에 대신하는 **세관증명서**를 첨부하여 **세관장**에게 제출하여야 한다.

㉲ 위 ㉯ 규정에 의하여 **환급**하는 **관세액**은 그 물품에 대하여 이미 납부한관세의 **전액**으로 하며, 그 물품의 **일부**를 **수출**하거나 **보세공장**에 **반입**한 경우에는 그 **일부물품**에 해당하는 **관세액**으로 한다.

㉳ 위의 ㉮과 ㉯에 따른 **수입물품**의 **수출**을 갈음하여 이를 **폐기**하는 것이 부득이하다고 인정하여 그 물품을 **수입신고 수리일**부터 **1년 내**에 **보세구역**에 반입하여 미리 **세관장 승인**을 받아 **폐기**하였을 때에는 그 **관세**를 **환급**한다.

#### ② 폐기물품의 관세환급

㉮ 법 제106조(계약 내용과 다른 물품 등에 대한 관세 환급) 제3항의 규정에 의하여 물품의 **폐기승인**을 얻고자 하는 자는 다음 사항을 기재한 **신청서**에 해당 물품의 **수입신고필증** 또는 이에 갈음하는 **세관증명서**와 해당 물품의 폐기가 부득이한 것을 증빙하는 서류를 첨부하여 **세관장**에게 제출하여야 한다.

㉠ 해당 **물품**의 **품명·규격·수량·수입신고수리 연월일·수입신고번호** 및 **장치장소**, ㉡ **폐기방법·폐기예정연월일** 및 **폐기예정장소**, ㉢ **폐기사유**

㉯ **승인**을 얻어 **폐기**한 **물품**에 대하여 법 제106조(계약내용과 다른 물품 등에 대한 관세환급) 제3항의 규정에 의하여 **관세**를 **환급**받고자 하는 자는 다음 사항을 기재한 신청서에 제1항의 규정에 의한 **폐기승인서**를 첨부하여 **세관장**에게 제출하여야 한다.

㉠ 해당 **물품**의 **품명·규격·수량·수입신고수리 연월일·수입신고번호** 및 **장치장소**, ㉡ **폐기연월일**, ㉢ 그 **폐기**에 의하여 생긴 **잔존물**의 품명·규격 및 수량

㉰ **환급**하는 **관세액**은 그 물품에 대하여 이미 납부한 그 **관세액**으로 한다. 다만, **잔존물**에 대하여는 그 폐기한 때의 해당 **잔존물**의 성질·수량 및 가격에 의하여 부과될 **관세액**을 **공제**한 금액으로 한다.

㉱ **수입신고**가 수리된 물품이 **수입신고 수리 후**에도 **지정보세구역**에 계속 장치되어 있는 중에 **재해**로 **멸실**되거나 **변질·손상**되어 그 가치가 떨어졌을 때에는 그 **관세**의 **전부** 또는 **일부**를 **환급**할 수 있다.

### ③ 멸실·변질·손상에 대한 관세환급

㉮ 법 제106조(계약내용과 다른 물품 등에 대한 관세환급) 제4항의 규정에 의하여 **관세**를 **환급**받고자 하는 자는 다음 사항을 기재한 **신청서**에 해당 물품의 **수입신고필증** 또는 이에 갈음할 **세관증명서**를 첨부하여 **세관장**에게 제출하여야 한다.

㉠ 해당 **물품**의 **품명·규격·수량·수입신고수리 연월일·수입신고번호** 및 **장치장소**, ㉡ **피해상황** 및 기타 **참고사항**, ㉢ **환급**받고자 하는 **관세액**과 그 **산출기초**

㉯ **환급**하는 **관세액**은 다음 구분에 의한 **금액**으로 한다.

㉠ **멸실**된 **물품** : 이미 **납부**한 **관세 전액**, ㉡ **변질·손상**된 **물품** : 법 시행령 제118조(변질·손상 등의 관세경감액)의 규정을 준용하여 **산출**한 **금액**

㉰ 해당 **수입물품**에 대한 **관세납부기한**이 **종료**되기 전이거나 **징수유예** 중 또는 **분할납부기간**이 끝나지 아니하여 해당 물품에 대한 **관세**가 징수되지 아니한 경우에는 **세관장**은 해당 **관세부과**를 **취소**할 수 있다.

**④ 관세가 미납된 계약내용이 상이한 물품의 부과취소신청**

법 제106조(계약내용과 다른 물품 등에 대한 관세환급) 제5항의 규정에 의하여 **관세부과**를 **취소**받고자 하는 자는 해당 **수입물품**에 대한 **관세납부기한**(**징수유예·분할납부**의 경우에는 **징수유예기간·분할납부기간**의 **종료일**을 말한다) 전에 **신청서**를 **세관장**에게 제출하여야 한다. 이 규정과 관련된 관세의 환급에 관하여는 법 제46조(관세환급금의 환급)와 제47조(과다환급관세의 징수)를 준용한다.

**2) 수입한 상태 그대로 수출되는 자가사용물품에 대한 관세환급**

① **수입신고**가 수리된 개인의 **자가사용물품**이 **수입**한 상태 그대로 **수출**되는 경우로서 다음에 해당하는 경우에는 **수입**할 때 납부한 관세를 **환급**한다. 이 경우 **수입**한 상태 그대로 **수출**되는 경우의 기준은 대통령령으로 정한다.

> ㉮ **수입신고 수리일**부터 **6개월 이내**에 **보세구역**에 **반입**하였다가 다시 **수출**하는 경우, ㉯ **수입신고 수리일**부터 **6개월 이내**에 **관세청장**이 정하는 바에 따라 **세관장**의 확인을 받고 다시 **수출**하는 경우

② **수입**한 상태 그대로 수출되는 **자가사용물품**은 다음 요건을 모두 갖춘 **물품**으로 한다.

> ㉮ 해당 **물품**이 **수입신고** 당시의 **성질·형태**가 **변경**되지 아니한 상태로 **수출**될 것, ㉯ 해당 **물품**이 국내에서 **사용**된 사실이 없다고 **세관장**이 인정할 것

③ **관세환급**에 관하여는 법 제46조(관세환급금의 환급), 제47조(과다환급관세의 징수) 및 법 제106조(계약내용과 다른 물품 등에 대한 관세환급) 제2항·제5항을 준용한다.

④ 법 제106조의2(수입한 상태 그대로 수출되는 자가사용물품에 대한 관세환급) 제1항에 따라 **관세환급**을 받으려는 자는 해당 물품의 품명·규격·수량·수입신고연월일·수입신고번호와 환급받으려는 **관세액**을 적은 **신청서**에 ㉮ 해당 **물품**의 **수입신고필증**, ㉯ 해당 **물품**의 **수출신고필증** 또는 이를 갈음하는 세관의 **증명서**를 첨부하여 **세관장**에게 제출하여야 한다.

⑤ 법 제106조의2(수입한 상태 그대로 수출되는 **자가사용물품**에 대한 관세환급) 제1항에 따라 환급하는 **관세액**은 다음 구분에 따른 금액으로 한다.

> ㉮ **물품**을 **전부 수출**하는 경우: 이미 **납부**한 **관세 전액**, ㉯ **물품**의 **일부**를 **수출**하는 경우: 그 **일부 물품**에 해당하는 **관세액**

## 2. 관세환급의 요건

**관세** 등을 납부하고 수입한 원재료가 **수출용원재료**에 해당되고, **수출이행기간**(2년) 이내에 **환급대상수출**에 제공하여야 하며 수출신고수리일로부터 2년 **이내**에 환급신청해야 환급이 가능하다.

〈표-14〉 관세환급의 요건

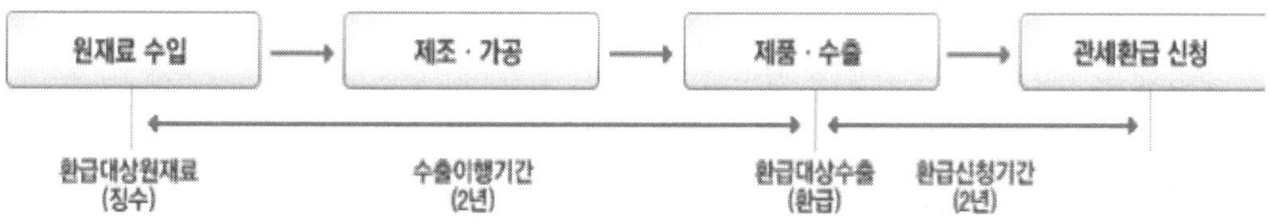


### (1) 관세환급 원재료

#### 1) 환급대상 원재료의 범위

① **관세** 등을 환급받을 수 있는 원재료(**수출용원재료**)는 다음에 해당하는 것으로 한다.

> ㉮ **수출물품**을 생산한 경우: 다음에 해당하는 것
> ㉠ 해당 **수출물품**에 **물리적·화학적**으로 **결합**되는 **물품**
> ㉡ 해당 **수출물품**을 생산하는 공정에 투입되어 **소모**되는 **물품**. 다만, **수출물품** 생산용 기계·기구 등의 작동 및 유지를 위한 물품 등 수출물품의 생산에 **간접적**으로 **투입**되어 소모되는 **물품**은 **제외**한다.
> ㉢ 해당 **수출물품**의 **포장용품**
> ㉯ **수입**한 상태 그대로 **수출**한 경우: 해당 **수출물품**

② **국내**에서 생산된 원재료와 수입된 원재료가 동일한 질과 특성을 갖고 있어 **상호 대체사용**이 가능하여 **수출물품**의 생산과정에서 이를 구분하지 아니하고 사용되는 경우에

는 **수출용원재료**가 사용된 것으로 본다.

#### 2) 환급대상원재료의 요건

① **관세** 등의 환급을 받을 수 있는 원재료는 수입하는 때에 '관세 등'을 납부하였거나 납부할 물품으로서 이에 대한 증빙서류는 **수입신고필증**이다. 외국으로부터 수입하는 때에 관세 등을 납부하였거나 환급한 것으로 **일괄납부승인**을 받은 물품이어야 한다.

② **환급대상**이 되는 **수출용원재료**는 수입하는 때에 관세 등을 납부하였거나 납부할 물품이라면 **정상**적인 **무역거래**에 의하여 수입되고 **물품대금**을 지급하는 **유환수입물품**은 물론 물품대금을 지급하지 않고 수입되는 **무환수입물품**까지도 **환급대상**이 될 수 있다. 다만, **무환수입물품**의 경우에는 **간이세율**이 아닌 **기본관세율** 등을 적용받아야 환급이 가능하다.

#### 3) 환급대상 아닌 원재료

① **환급대상 수입**이 아닌 **물품**은 다음과 같다.

> ㉮ **수출이행기간**이 경과하여 수출된 물품의 **원재료**, ㉯ **선수출 후 수입물품**, ㉰ **환특세율**(**환급에 갈음하는 인하세율**)을 적용하여 수입한 **물품**, ㉱ 수입시 **관세감면** 등을 받은 물품, ㉲ 국내에서 사용하다가 **수출**된 **물품**, ㉳ **추징물품**, ㉴ **공매물품**, ㉵ **가산세·가산금**이 징수된 **물품**, ㉶ **할당관세 적용물품**(탄력관세 적용물품으로 내수용에 한정한다는 조건이 붙은 물품) (**할당관세율**을 적용받은 물품은 그 용도가 특게되어 있는 경우 특게된 용도의 조건을 해제하고 **차액관세**를 납부하지 않는 한 환급을 받을 수 없다)

② **환급대상**이 아닌 **원재료**는 다음과 같다.

**환급에 갈음하는 세율적용물품**, **면세물품**(법 제99조 재수입면세물품 중 일부는 제외)과 수입 후 사용하다가 수출한 물품 및 **재수출조건부 국내매각물품**은 환급을 받을 수 없다.

> ㉮ **환급에 갈음하는 세율적용물품**(특례법 제19조) : **수출용원재료**에 대한 **관세환급**에 갈음하여 이미 **관세율**을 인하한 물품이므로 **환급대상** 아님, ㉯ **면세물품**(특례법 제2조 제5호) : 수입시 납부하였거나 납부한 **관세**가 없으므로 환급대상 아님, ㉰ 수입후 사용하다가 **수출**한 **물품**(특례법 제3조 제1항 제2호) : 수입한 상태 그대로 수출한 물품이 아니므로 **환급대상원재료**에 해당되지 아니함, ㉱ **재수출조건부 국내 매각물품**(환급특례법 제2조제5호) : **수입**시 납부하였거나 납부한 관세 등이 아님으로 **환급대상**이 아님

#### 4) 수출이행 기준일 및 수출이행기간

##### ① 수출이행기간 기준일

㉮ **세관장**은 물품이 수출 등에 제공된 경우에는 ㉠ **수출신고**를 **수리**한 날, ㉡ **수출·판매·공사** 또는 **공급**을 **완료**한 날이 속하는 달의 **말일**부터 소급하여 **2년 이내**에 수입된 해당 물품의 **수출용원재료**에 대한 관세 등을 환급한다.

㉯ 수출 등에 제공되는 데에 **장기간**이 소요되는 물품으로서 대외무역법 제32조(플랜트수출의 촉진 등) 제1항에 따른 **플랜트수출**에 제공되는 물품에 대하여 무역 상대국의 전쟁·사변, 천재지변 또는 중대한 정치적·경제적 위기로 인하여 불가피하게 수출 등이 지연되었다고 관세청장이 인정하는 경우에는 소급하여 **3년 이내**에 수입된 해당 **물품**의 **수출용원재료**에 대한 관세 등을 **환급**한다.

##### ② 수출이행기간

㉮ **관세** 등을 **환급**하는 **수출용원재료**는 **수출이행기간 기준일**부터 **소급**하여 **2년 이내**에 다음에 해당하는 수입신고수리·반출승인·즉시반출신고·거래 등이 행하여진 것이어야 한다.

> ㉠ 법 제248조(신고의 수리)에 따른 **수입신고수리**, ㉡ 법 제252조(수입신고수리전 반출)에 따른 **수입신고수리전 반출승인**, ㉢ 법 제253조(수입신고전의 물품 반출)에 따른 수입신고전 **즉시반출신고**, ㉣ **수출용원재료**가 **내국신용장** 등에 의하여 거래된 경우에는 **최후 거래**

㉯ **수출용원재료**가 **내국신용장** 등에 의하여 거래되고, 그 거래가 직전의 **내국신용장** 등에 의한 거래(직전의 **내국신용장** 등에 의한 거래가 없는 경우에는 수입을 말한다)가 있은 날부터 **1년 이내** 이루어진 경우에는 해당 **수출용원재료**가 **수입**된 날부터 내국신용장 등에 의한 최후의 거래가 있은 날까지의 기간은 기간에 **산입**하지 아니한다. 다만, **수출용원재료**가 수입된 상태 그대로 거래된 경우에는 그러하지 아니하다.

### (2) 환급대상수출

**환급대상**이 되기 위해서는 물품을 우선 수출 등에 제공하여야 하는 바, 이를 '**환급대상수출**'이라 한다. 특례법상의 환급대상수출은 **일반유상수출** 이외에도 **무상수출**, **국내**에서의 **외화판매·외화공사** 및 **보세공장** 등에의 **물품공급**까지를 포함하고 있으며, **수출신고**하여 **수출신고필증**이 교부된 물품은 선박(항공기)에 선(기)적하고 선(기)적 사실이 **관세청 전산시스템**으로 확인이 되어야 **환급신청**이 가능하다.

1) **법에 따라 수출신고가 수리된 수출. 다만, 무상으로 수출하는 것으로 다음의 수출에 한정함**

① **유상수출**

**유상수출**은 법의 규정에 의하여 **수출신고**가 수리된 수출을 말하며 이의 유형으로는, ① **신용장**에 의한 수출, ② **인수도 조건**(document against acceptance : D/A), **지급도 조건**(document against payment : D/P) 방식 등 **추심결제방식**에 의한 **유상수출**, ③ 수출 전에 미리 수출대금을 외화로 영수하는 **송금방식**에 의한 수출(T/T **방식**), ④ 수출입이 연계된 무역거래로서 **물물교환**, **구상무역**, **대응구매**의 형태로 이루어지는 **연계무역** 등이 있다.

② **무상수출**

㉮ **외국**에서 개최되는 **박람회·전시회·견본시장·영화제** 등에 출품하기 위하여 **무상**으로 반출하는 **물품의 수출**. 다만, 외국에서 외화를 받고 판매된 경우에 한한다.
㉯ **해외**에서 **투자·건설·용역·산업설비수출** 기타 이에 준하는 사업에 종사하고 있는 우리나라의 국민(법인을 포함한다)에게 **무상**으로 송부하기 위하여 반출하는 기계·시설자재 및 근로자용 생활필수품 기타 그 사업과 관련하여 사용하는 물품으로서 **주무부장관**이 지정한 기관의 장이 확인한 **물품**의 **수출**
㉰ **수출물품**이 계약조건과 서로 달라서 반품된 물품에 대체하기 위한 **물품**의 **수출**
㉱ **해외구매자**와의 **수출계약**을 위하여 **무상**으로 송부하는 **견본용 물품**의 **수출**
㉲ **외국**으로부터 **가공임·수리비**를 받고 국내에서 가공·수리를 할 목적으로 수입된 원재료로 **가공**하거나 **수리**한 물품의 수출 또는 해당 원재료 중 가공하거나 수리하는데 사용되지 아니한 **물품**의 **반환**을 위한 **수출**
㉳ **외국**에서 **위탁가공**할 목적으로 반출하는 **물품 수출**
㉴ **위탁판매**를 위하여 **무상**으로 반출하는 **물품 수출**(외국에서 외화를 받고 판매된 경우에 한한다)

2) 우리나라 안에서 외화를 획득하는 판매·공사로서 다음에 해당하는 것

① 우리나라 안에 주류하는 **미합중국군대(주한미군)**에 대한 물품의 **판매**
② 주한미군·법 제88조(외교관용 물품 등의 면세) 제1항 제1호 및 제3호의 규정에 의한 기관이 시행하는 **공사**
③ 법 제88조와 대한민국과 아메리카합중국 간의 상호방위조약 제4조에 의한 시설과 구역 및 대한민국에서의 합중국 군대의 지위에 관한 협정의 시행에 관한 민사특별법(**주한미군민사법**)에 의한 시설과 구역 및 대한민국에서의 합중국군대의 지위에 관한 협정에 의하여 수입하는 **승용자동차**에 대하여 **관세** 등의 면제를 받을 수 있는 자에 대한 **국산승용자동차**의 판매. 다만, 주무부장관의 면세추천서를 제출하는 경우에 한한다.
④ **외국인투자촉진법** 제5조(외국인투자 신고), 제6조(외국인투자 허가 등)에 의하여 외국인 투자·출자의 신고를 한 자에 대한 **자본재**(우리나라에서 생산된 것에 한한다)의 판매. 다만, 해당 **자본재**가 수입되는 경우 **조세특례제한법** 제121조의3(관세 등의 면제)의 규정에 의하여 관세가 면제되는 경우에 한한다.
⑤ **국제금융기구**로부터 제공되는 차관자금에 의한 **국제경쟁입찰**에서 **낙찰**(낙찰받은 자로부터 도급을 받는 경우를 포함한다)된 **물품**(우리나라에서 생산된 것에 한한다)의 판매. 다만, 해당 물품이 수입되는 경우 법에 의하여 관세가 감면되는 경우에 한한다.

3) 법에 따른 보세구역 중 다음에 정하는 구역 또는 자유무역지역법에 따른 자유무역지역의 입주기업체에 대한 공급

① 법 제183조(보세창고)의 규정에 의한 **보세창고**. 다만, 수출한 물품에 대한 수리·보수 또는 해외조립생산을 위하여 **부품**등을 반입하는 경우에 한한다.
② 법 제185조(보세공장)의 규정에 의한 **보세공장**. 다만, **수출용원재료**로 사용될 목적으로 공급되는 경우에 한한다.
③ 법 제196조(보세판매장)의 규정에 의한 **보세판매장**
④ 법 제197조(종합보세구역의 지정 등)의 규정에 의한 **종합보세구역**(수출용원재료로 공급하거나 수출한 물품에 대한 수리·보수 또는 해외조립생산을 위하여 부품 등을 반입하는 경우 또는 **보세구역**에서 판매하기 위하여 반입하는 경우에 한한다)

4) 그 밖에 수출로 인정되어 기획재정부령으로 정하는 것

① **우리나라**와 **외국**간을 왕래하는 **선박(항공기)**에 **선(기)용품**으로 사용되는 물품의 공급
② **원양산업 발전법** 제6조(원양어업허가 및 신고) 제1항, 제17조(시험어업 및 연구어업·교습어업) 제1항 및 제3항에 따라 **해양수산부장관**의 **허가·승인** 또는 **지정**을 받은 자가 그 **원양어선**에 무상으로 송부하기 위하여 반출하는 물품으로서 **해양수산부장관** 또는 **해양수산부장관**이 지정한 기관의 장이 확인한 물품의 수출

### (3) 수출의 사실확인

**수출** 등에 제공된 **물품**에 대하여 관세 등의 환급을 받으려는 자는 **관세청장**이 정하는 바에 따라 물품을 공급할 때 또는 환급을 신청할 때 **세관장**으로부터 수출 등의 사실을 확인받아야 한다.

### (4) 용도외 사용시 관세의 징수

1) **세관장**은 특례법 제4조 제2호(우리나라 안에서 외화를 획득하는 **판매·공사** 중 기획재정부령으로 정하는 것)의 용도에 제공되어 관세 등을 **환급**받은 **물품**이 그 용도에 제공된 날부터 **3년 범위**에서 **관세청장**이 정하는 기간에 관세 등을 환급받은 **용도외에 사용**된 경우에는 그 **용도외에 사용한 자**로부터 환급받은 관세 등을 **즉시 징수**한다. 다만, **재해** 등 부득이한 사유로 **멸실**되었거나 미리 **세관장 승인**을 받아 없애버린 경우에는 그러하지 아니하다.

2) **관세** 등의 환급을 받은 물품에 대한 **용도외 사용** 또는 **멸각승인**을 얻고자 하는 자는 다음 사항을 기재한 **신청서**를 해당 물품의 소재지를 관할하는 **세관장**에게 제출하여야 한다.

> ① 해당 물품의 **품명·규격 및 물량**, ② **용도외 사용·멸각승인신청**의 사유, ③ 해당 물품의 **공급자**, ④ 기타 신청인의 인적사항 등 **관세청장**이 정하는 **사항**

3) 특례법 제4조 제3호(법에 따른 **보세구역** 중 기획재정부령으로 정하는 구역 또는 **자유무역지역법**에 따른 FTZ의 **입주기업체**에 대한 공급)의 용도에 제공되어 관세 등을 환급받은 물품은 법 등을 적용할 때 **외국물품**으로 본다.

## 3. 수출용원재료에 대한 관세의 일괄납부 및 정산제도

### (1) 수출용원재료에 대한 관세의 일괄납부

#### 1) 의의

① **수출용원재료**에 대한 관세는 수입할 때에 징수하는 것이 원칙이나 수출업체의 금융비용절감 등 지원을 위하여 **수출용원재료**에 대한 관세를 **매수입 건별**로 수입신고수리시에 **징수**하지 않고 **일정기간**에 여러 건으로 수입된 원재료에 대한 **세액**을 **1건**으로 **일괄징수**하는 것이 **일괄납부제도**이다. 즉, **세관장**은 수출용원재료를 수입하는 자가 신청하는 경

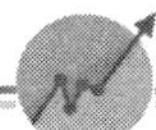

우 해당 원재료에 대한 관세를 **6월 범위내**에서 **일정기간(일괄납부기간)**별로 일괄하여 납부하게 할 수 있다. 이 경우 관세의 납부기한은 해당 일괄납부기간이 종료되는 날의 **다음 달 15일**까지로 한다.

② **수출용원재료**가 **내국신용장** 그 밖에 이와 유사한 서류(내국신용장 등)에 의하여 거래되는 것으로서 **관세청장**이 **관세**의 **일괄납부** 및 **환급액**의 **정산**이 가능하다고 인정하는 경우에는 내국신용장에 의하여 **수출용원재료**를 공급하는 것을 **수출**로, 공급받는 것을 **수입**으로 볼 수 있다.

③ **관세청장**은 관세 등의 **일괄납부**에 필요한 기준과 절차를 정할 수 있다.

#### 2) 일괄납부기간

##### ① 법상의 일괄납부기간

㉮ **일괄납부기간**은 **1개월·2개월** 또는 **3개월**로 한다. 다만, 정산업무를 효율적으로 수행하기 위하여 필요하다고 인정하여 **6개월 범위**에서 **일괄납부기간**을 다음과 같이 따로 정할 수 있다.

> ㉠ 주로 **수출**하는 **물품·수출물품**을 생산하는 자에게 공급하는 물품의 생산기간이 **3월 이상** 소요되는 업체가 수입하는 **수출용원재료**의 경우에는 **수출용원재료**의 **수입신고 수리일**이 속하는 **반기**
> ㉡ **중소기업기본법** 제2조(중소기업자의 범위)의 규정에 의한 **중소기업자**가 **수입**하는 **수출용원재료**의 경우에는 최초로 관세 등의 **일괄납부**를 신청한 날이 속하는 달의 1일부터 계산하여 **4월**. 다만, 해당 **중소기업자**가 특례법 시행령 제2조(관세 등의 일괄납부기간) 제1항 본문을 적용받고자 하는 경우에는 그러하지 아니하다.

㉯ **관세** 등의 **일괄납부**를 신청하고자 하는 자는 규정에 따른 **일괄납부기간** 중 어느 하나를 선택하여야 한다. 규정에 따른 **일괄납부기간**은 관세 등의 일괄납부를 신청하는 날이 속하는 달의 1일부터 기산한다. 선택한 **일괄납부기간**은 관세 등의 **일괄납부**를 신청하는 날이 속하는 달의 1일부터 1년이 경과하기 **전**에는 변경할 수 없다.

##### ② 수출용원재료에 대한 관세 등 환급사무처리에 관한 고시(제93조(수출용원재료에 대한 관세 등의 일괄납부기간))상의 일괄납부기간

㉮ **수출용원재료**에 대한 **관세** 등의 일괄납부기간은 1개월, 2개월, 3개월, 4개월, 반기로 할 수 있다.

㉯ **관할지세관장**은 **일괄납부기간**을 **4개월** 또는 **반기**로 하려는 경우에는 다음을 확인하여야 한다.

㉠ **일괄납부기간**을 **4개월**로 하는 경우에는 **수출용원재료**를 수입하는 자가 **중소기업기본법** 제2조에 따른 **중소기업자**에 해당하는지를 확인, ㉡ **일괄납부기간**을 **반기**로 하는 경우에는 **수출용원재료**를 수입하는 자의 **수출물품·내국신용장** 등에 의한 **국내공급물품의 생산기간**이 **3개월 이상** 소요되는지를 확인

㉰ **관할지세관장**은 위의 각 요건에 해당하는지를 확인하기 위하여 **일괄납부업체**에게 자료를 요구할 수 있다.

3) 일괄납부제한

**① 관세의 일괄납부 제한**

다음에 해당하는 **물품**은 **일괄납부**를 **승인**할 수 없다.

㉮ 법 제2절 세율의 조정(덤핑방지관세, 상계관세, 보복관세, 긴급관세), 제72조(계절관세), 제74조(편익관세의 적용기준 등)에 따른 **세율적용물품**, ㉯ 법 제39조(부과고지)에 따른 **부과고지대상물품**, ㉰ 법 제252조(수입신고수리전 반출)에 따른 **신고수리전 반출물품**, ㉱ 법 제17조(적용 법령)에 따른 **환급** 등이 **제한**되는 **물품**, ㉲ 법 제19조(납세의 무자)에 따른 환급에 갈음하는 관세 등의 **세율**이 **적용**되는 **물품**

**② 일괄납부의 제한기간**

**세관장**은 **직권정산**한 경우에는 **직권정산 대상업체**가 **직권정산일** 이후에 **수입**하는 **수출용원재료**에 대하여는 **3년 범위 내**에서 기획재정부령으로 정하는 기간 동안 특례법 규정을 적용하지 아니한다. 직권정산한 업체에 대하여 관세의 **일괄납부**를 **제한**하여야 할 **기간**은 다음과 같다.

㉮ **관세** 등의 **채권확보** 등을 위하여 필요하다고 인정하여 기획재정부령으로 따로 정하는 경우에 따라 직권정산한 경우 : **2년**
㉯ 특례법 제23조(벌칙) 또는 법 제268조의2(전자문서 위조·변조죄 등), 제269조(밀수출입죄), 제270조(관세포탈죄 등), 제270조의2(가격조작죄), 제271조(미수범 등), 제274조(밀수품의 취득죄 등), 제275조의2(체납처분면탈죄 등), 제275조의3(타인에 대한 명의대여죄) 및 제276조(허위신고죄 등)의 **위반**으로 **처벌**을 받은 경우, 관세 등의 체납이 발생된 경우(다만, 독촉기간내에 자진납부하는 경우를 제외한다), **파산선고·어음부도** 등으로 인하여 관세 등의 **채권확보**가 필요함에 따라 **직권정산**한 경우 : **3년**

#### 4) 일괄납부신청

① **수출용원재료**에 대한 **관세** 등을 **일괄납부**하려는 자는 해당 **수입신고서**에 수입신고서 작성요령에서 정한 **일괄납부 부호**를 기재하여 **수입신고**함으로써 **일괄납부신청**에 갈음한다. **수입신고**된 **수출용원재료**에 대한 **관세** 등은 해당 **수입신고 건**이 수리되면 **일괄납부**가 승인된 것으로 본다.

② **수출용원재료**에 대한 **관세** 등을 **일괄납부**하고자 하는 자는 **관세** 등에 상당한 **담보**를 제공하거나 **관할지세관장**으로부터 **일괄납부정산제도** 이용을 위한 **신용담보업체**로 지정을 받아야 한다.

#### 5) 일괄납부할 관세에 대한 담보제공

① **관세**를 **일괄납부**하고자 하는 자(**관세**의 **일괄납부업체**)는 일괄납부하고자 하는 세액에 상당하는 금액의 **담보**를 제공하여야 한다.

② **관세** 등의 **일괄납부업체**가 제공할 수 있는 **담보물 종류**는 다음과 같다.

> ㉮ **금전**, ㉯ **국가·지방자치단체**가 발행한 **채권** 및 **증권**, ㉰ **은행지급보증**, ㉱ **납세보증보험증권**, ㉲ 신용보증기금법·지역신용보증재단법의 규정에 의한 **신용보증**, ㉳ 기술신용보증기금법의 규정에 의한 **신용보증**

③ **수출용원재료**에 대한 관세 등의 담보를 제공하고자 하는 자는 제공할 담보의 종류·수량·금액 등을 기재한 **담보제공서**를 **세관장**에게 제출하여야 한다.

④ **담보**를 제공하는 자는 **일괄납부**하고자 하는 세액에 상당하는 담보를 포괄하여 **수입신고 전**에 제조장을 관할하는 **세관장**(주된 사무소에서 환급업무를 취급하는 경우에는 그 주된 사무소를 관할하는 **세관장**을 말하며, 이하 **관할지세관장**이라 한다)에게 제공하여야 한다.

⑤ **수입신고**할 때마다 관세 등에 대한 **담보**를 제공하고자 하는 자는 **수입신고시**에 **통관지세관장**에게 담보를 제공할 수 있다. **담보**의 제공 및 해제에 대한 절차 기타 필요한 사항은 **관세청장**이 정한다.

### (2) 신용담보업체

**신용담보업체**란 **세관장**이 납세의무자의 **환급실적**(**내국신용장** 등에 의하여 공급한 **수출용원재료**에 대한 **기초원재료납세증명서**(**기납증**)의 세액을 포함한다)을 고려하여 설정한 **한**

**도액 범위**에서 **담보제공** 없이 관세 등을 **일괄납부**할 수 있도록 지정된 자를 말한다.

### 1) 신용담보업체의 지정요건

① **수출용원재료**에 대한 관세 등의 **일괄납부**를 위한 **신용담보업체**로 지정받으려는 자는 다음 요건을 갖추어야 한다.

> ㉮ 최근 **3년간** 특례법 또는 법의 **위반**으로 **처벌**받은 사실이 없는 자. 다만, **세관장**이 재범의 우려가 없다고 인정하는 경우를 제외한다.
> ㉯ 최근 **2년 이상 관세** 등 제세의 체납이 없는 자. 다만, **관세 등에 대한 담보제공과 정산제도 운영에 관한 고시(담보고시)** 제4조(담보제공 대상) 제4호[49] 단서에 해당하는 경우를 제외한다.
> ㉰ 최근 **3년 이상** 계속하여 **수입실적**, **수출실적**(**내국신용장** 등에 의하여 공급한 **수출용원재료**에 대한 **기초원재료납세증명서**의 **공급실적서**를 포함한다), **환급실적** 등이 있는 **제조자**
> ㉱ 다음의 어느 하나에 해당하는 자
> ㉠ 최근 **2년간** 계속하여 이익이 발생한 **업체**
> ㉡ **한국거래소**에 일반종목으로 상장된 **법인**. 다만, **관리종목 상장법인**은 제외한다.
> ㉢ **5년 이상 제조업**을 영위한 업체

② 위의 사실 확인에 관해서는 담보고시 제12조(담보제공 생략대상 해당여부 확인 방법 등)를 준용한다.

③ **관할지세관장**은 **신용담보업체**가 **시설확장** 등으로 **사업장**을 신설하는 경우 동사업장에 대해서도 **신용담보업체 자격**에 따라 **신용담보업체**로 지정할 수 있다.

### 2) 신용담보업체의 지정신청

① **신용담보업체**로 지정받으려는 자는 **신용담보업체 지정신청서**에 **세관장**이 필요하다고 인정하는 서류를 첨부하여 **관할지세관장**에게 제출하여야 하며, 신청서류는 우편, FAX, 전자우편으로 제출할 수 있다.

② **신청**을 받은 **관할지세관장**은 **신용담보업체지정기준**에 적합한 경우 지정기간을 지정일부터 **2년**이 되는 달의 **말일**까지로 하고, **신용담보한도액**을 설정하여야 한다.

③ **관할지세관장**은 **신용담보업체**를 지정한 경우에는 즉시 그 내역을 **국가관세종합정보**

---

49) 제4조(담보제공 대상) 다음 각 호의 어느 하나에 해당하는 자는 제14조 각 호에 따른 담보를 제공하여야 한다. 4. 최근 **2년간 관세** 등 조세를 **체납**(정리보류한 것으로서 **소멸시효**가 완성되지 않은 것을 포함한다)한 사실이 있는 자. 다만 납부기한 경과 후 **30일 이내**에 체납된 관세 등을 납부한 때 또는 납세의무자가 수입신고 후 **10일 이내**에 **담보**를 제공하지 않아 세관장이 납세고지한 것으로 **보세구역**으로부터 해당 물품이 반출되지 않은 **체납**(**미통관 체납물품**인 경우에는 제외할 수 있다).

**망**에 등록하고, 신청인에게 **지정사실**을 통지하여야 한다.

④ **신용담보업체**의 지정신청자에게 다수의 사업장이 있는 경우에는 각 사업장 단위로 **지정신청**을 하거나 주된 사무소에서 일괄하여 신청하되, 환급업무 수행 등을 위하여 그룹별 지정이 필요한 경우에는 **법인단위**로 **지정신청**을 하여야 한다.

### 3) 신용담보한도액의 설정기준

① **신용담보한도액**은 **신용담보액 설정기준**에 따라 설정한다. 다만, 관할지세관장은 해당 업체의 **환급실적** 등의 증가로 최근 실적에 따라 **신용담보한도액**을 설정함이 합리적이라고 인정하는 경우에는 신청한 날이 속하는 월의 **전월**(전산시스템에 의한 확인이 곤란한 경우에는 **전전월**)부터 이전 **1년간 환급실적** 등을 기초로 **신용담보한도액**을 설정할 수 있다.

② **관세청장**은 관세체납의 증감·세수의 추이와 그 밖의 사항을 고려하여 필요한 경우 **신용담보한도액**의 설정·조정방법을 변경할 수 있다.

③ 각 사업장 단위로 **신용담보업체**의 지정신청을 하는 경우에 **환급실적** 등은 해당 법인의 전체 실적을 기준으로 할 수 있다. 다만, **신용담보한도액**은 해당 사업장의 **환급실적** 등을 기준으로 설정하여야 한다.

### 4) 신용담보한도액의 조정

① **신용담보업체**로 지정받은 자가 **계절적 요인** 등으로 **환급실적**이 현저하게 영향을 받아 이미 설정된 **신용담보한도액**이 **부족**한 경우에는 **관할지세관장**에게 **신용담보한도액 조정**을 요청할 수 있다. 이 경우 **관할지세관장**은 다음에 따라 **신용담보한도액**을 조정할 수 있다. 다만, 신규지정 및 기간갱신 승인시에는 그렇지 않다.

> ㉮ 최근 **3개월**(신청한 날이 속하는 월의 전월부터 이전 **3개월**. 다만, **전산시스템**에 의한 확인이 곤란한 경우는 **전전월**부터 이전 **3개월**)동안 또는 **전년도** 어느 분기 동안의 **환급실적** 등에 **4**를 **곱한** 금액을 적용하여 별표 14의 방법에 따라 **한도액 조정**
> ㉯ **조정 한도액**으로도 **부족**한 경우 해당 업체의 **시설개체** 및 **증설계획**과 **수출전망, 재무상태, 원자재** 등의 수입가격 상승에 따른 **납부세액 증가** 및 **수입물량 증가** 등을 고려하여 130/100 **범위**에서 **증액 조정**

② **관할지세관장**은 **신용담보한도액**을 조정한 때에는 즉시 그 내역을 **국가관세종합정보망**에 등록하고, 해당 업체에게 **통지**하여야 한다. **관할지세관장**은 증액 설정된 **신용담보한도액**의 **사용기간**이 만료된 때에는 해당 **증액분**을 전산에서 **차감**하여야 한다.

### 5) 신용담보사용의 일시정지

① **관할지세관장**은 **신용담보업체**가 어음법이나 수표법에 따른 **어음교환소**에서 **거래정지처분**을 받거나 **회사정리절차개시신청** 등의 사유로 **관세채권 확보**에 지장을 초래할 우려가 있는 경우에는 **신용담보업체**의 **지정 취소** 전에도 신용담보의 사용을 **일시 정지**하고 담보고시에 따라 **담보제공**을 요구할 수 있다.

② **관할지세관장**은 **일시정지 사유**가 **해소**되었음이 확인되면 **일시정지 해제** 처리할 수 있다. **세관장**은 즉시 **일시정지** 및 **해제처리**한 내역을 **국가관세종합정보망**에 등록하고 해당 업체에게 **통지**하여야 한다.

### 6) 신용담보업체 지정사항 변경신고

① **신용담보업체**는 대표자·주소·사업자등록번호 등 지정사항에 변경이 있거나 **일괄납부기간**을 변경하려는 경우에는 그 사실을 지체 없이 **관할지세관장**에게 **신고**하여야 한다.

② **관할지세관장**은 **신용담보지정업체**의 권리·의무를 **포괄적**으로 **승계**하는 조건으로 **신용담보지정업체**를 인수·합병하는 업체에 대하여는 **인수·합병**되는 **신용담보지정업체**의 **자격**과 **환급실적**을 인수·합병하는 업체에 **승계**하여 **신용담보한도액**을 설정할 수 있다. 다만, 신용담보업체 지정요건에 적합하지 않은 업체인 경우에는 제외한다.

③ 자신의 **수출입실적·환급실적** 등을 분리하여 **분할업체**
에 승계하려는 **신용담보업체**는 그 사실을 **관할지세관장**에게 제출하여야 한다. 이 경우 세관장은 다음에 따라 **분할업체**를 **신용담보업체**로 지정하고, 분할업체의 관할세관이 변경되는 경우에는 **신용담보업체 지정사항 변경신고수리서**를 즉시 분할업체의 관할지세관장에게 통보하여야 한다.

> ㉮ **분할업체**의 지정요건 **적정 확인**, ㉯ **모기업 실적**이 감액 조정되는 경우 모기업의 지정요건 **적정 확인**, ㉰ 승계하는 **실적분**에 의하여 **신용담보한도액**을 설정하고 **지정기간**은 **2년**으로 등록, ㉱ **분할업체**에게 **승계**한 **실적분** 및 **신용담보한도액**만큼 모기업의 **실적** 등 및 **신용담보한도액**에서 **감액 조정**

④ **지정사항 변경신고**를 받거나 **모기업**으로부터 **분할·분할합병**된 분할업체의 **관할세관**이 변경되었음을 **통보**받은 **관할지세관장**은 이를 확인하여 변동사항을 **전산 등록**하여야 한다. 다만, **변경신고사항** 중 상호의 변경 또는 기업의 합병 등으로 해당 업체가 **변경 전의 업체**를 승계할 수 없다고 인정되는 경우에는 다음에 따라 처리한다.

> ㉮ **변경 전 업체**가 **일괄납부**하여야 할 **관세** 등이 있는 경우에는 **정산처리**한다. ② 변경 전 업체를 **전산시스템**의 **신용담보업체지정내역**에서 **삭제 등록**한다. 다만, **세관장**이 필요하다고 인정하는 경우에는 이미 제공된 **담보액**이 인계·인수될 때까지 그 **삭제**를 **유예**할 수 있다.

⑤ **일괄납부기간**을 변경하려는 자는 **정산**을 **완료**하고 정산하는 달의 **말일**까지 **변경신고**하여야 한다.

#### 7) 신용담보업체의 지정취소

① **관할지세관장**은 **신용담보업체**로 지정받은 자가 **지정요건**에 적합하지 아니하거나, 특례법 제7조(**직권정산**)와 관련된 사유가 발생하는 경우에는 **신용담보업체**의 **지정**을 **취소**하여야 한다.

② **통관지세관장**은 **신용담보업체**가 **지정기준**에 적합하지 않는 사실이 발생된 경우에는 **즉시 관할지세관장**에게 **통지**하여야 한다. **관할지세관장**은 **신용담보업체**의 지정을 **취소**한 경우에는 그 내역을 즉시 **국가관세종합정보망**에 등록하고, 해당 업체에게 **통지**하여야 한다.

#### 8) 신용담보업체 지정기간갱신

① **신용담보업체**는 지정기간 만료 **1개월 전**까지 **신용담보업체 기간갱신 신청서**에 세관장이 필요하다고 인정하는 서류를 첨부하여 **관할지세관장**에게 제출하여야 한다.

② **기간갱신신청**을 받은 **관할지세관장**은 이를 심사하여 **신용담보한도액**을 설정하고, 직전 지정기간 만료일의 다음 일부터 **2년**이 되는 달의 **말일**까지로 지정기간을 정하여 **승인**하여야 한다.

③ **기간갱신**을 승인한 **관할지세관장**은 즉시 그 내역을 **국가관세종합정보망**에 등록하고, 해당 업체에게 **통지**하여야 한다.

#### 9) 신용담보업체의 담보사용 신청

**신용담보업체**로 지정된 자가 **수출용원재료**에 대한 관세 등의 **일괄납부**의 용도로 **담보**를 사용하려는 경우에는 **수입신고서**의 징수형태란에 **담보사용**에 관한 부호를 기재하는 것으로 **신용담보 사용신청**을 갈음한다.

#### 10) 신용담보업체의 담보제공 생략

**관할지세관장**은 관세채권의 확보에 지장이 없다고 인정하여 지정한 **신용담보업체**에 대하여는 **담보제공**을 **생략**하게 할 수 있다. 이 경우 **세관장**은 **담보제공** 없이 일괄납부할 수 있는 세액에 대한 **한도액**을 정하여야 한다. **신용담보업체**로서 **담보제공**을 **생략**받으려는 자는 다음 **요건**을 모두 갖추어야 한다.

① 최근 **3년 이상 관세청장**이 정하는 일정금액 이상의 **수출** 및 **환급실적**이 있는 자일 것, ② 최근 **2년 이상** 관세를 **체납**한 사실이 없는 자일 것, ③ 최근 **3년간** 특례법 제23조 또는 법 제268조의2, 제269조, 제270조, 제270조의2, 제271조, 제274조, 제275조의2, 제275조의3 및 제276조 **위반**으로 **처벌**받은 사실이 없는 자일 것, ④ 기획재정부령으로 정하는 기준에 따라 관세 등을 성실히 **납부**할 것으로 **인정**되는 자일 것

#### 11) 신용담보의 사용승인 및 전산관리

① **신용담보업체**로부터 **담보**의 사용신청을 받은 **세관장**은 해당 **신청액**이 **신용담보한도잔액 범위** 내인 때에는 해당 **수입신고**를 수리한다.

② **담보사용**이 **승인**되거나 **관세** 등 제세의 수납 등이 **종료**된 경우 다음과 같이 **전산시스템**으로 관리한다.

㉮ 다음의 경우에는 **신용담보한도액**에서 해당 **금액**을 차감한다.
　㉠ **담보사용**이 승인된 경우 그 **승인금액**
　㉡ **정산결과 관세** 등이 환급된 경우 그 **환급액**
㉯ **수출용원재료**에 대한 **관세** 등의 **일괄납부**의 용도에 **담보**를 사용한 자가 환급신청하여 그 **금액**이 **지급보류**된 경우 그 **지급보류** 금액 및 **정산결과** 해당 관세 등을 **납부**한 경우에는 그 납부금액을 **신용담보한도액**에 **가산**한다.

### (3) 사후정산

#### 1) 수출용원재료에 대한 관세의 납부세액과 환급액의 정산

##### ① 의의

**수출용원재료**를 수입할 때 관세 등을 징수하지 않고 수출기업이 납부해야 할 세액과 그 기업이 지급받아야 할 **환급금**을 분기별로 서로 **상계처리**하여 차액만 **징수·환급**하는 것이 **정산제도**이다.

㉮ **세관장**은 관세 등의 **일괄납부업체**가 **일괄납부**하여야 할 관세 등과 지급이 보류된 **환급금**을 정산하고, **일괄납부기간**이 종료되는 달의 **다음 달** 1일까지 관세 등의 **일괄납부업체**에 그 **정산결과**를 통지(**정산통지**)하여야 한다.

㉯ **세관장**은 정산 결과 징수하여야 할 관세 등이 있는 경우에는 **통지기한**까지 법 제39

조(부과고지)제3항에 따라 **납세고지**를 하여야 한다.

㉰ **납세고지**를 받은 **관세** 등의 **일괄납부업체**는 **일괄납부기간**이 끝나는 날이 속하는 달의 **다음 달** 15**일**까지 관세 등을 납부하여야 한다.

㉱ **세관장**은 정산결과 지급하여야 할 **환급금**이 있는 경우에는 해당 금액을 즉시 지급하여야 한다.

㉲ **세관장**은 **정산통지**를 한 후 **정산금액**에 **과부족**이 있는 것을 알았을 때에는 이를 **경정**할 수 있다.

**② 정산통지**

㉮ **세관장**은 ㉠ **일괄납부**하여야 할 **관세** 등의 내역, ㉡ 지급이 보류된 **환급금**의 내역, ㉢ **정산결과** 납부하여야 할 관세 등의 **세액** 또는 지급하여야 할 **환급액**이 포함된 **정산결과**를 관세 등의 **일괄납부업체**에 통지하여야 한다.

㉯ 관세 등의 **일괄납부업체**가 납부한 관세 등은 그 관세 등에 대한 **정산결과**를 통지한 **세관장**의 **세입금**으로 한다.

**2) 세관장의 직권정산**

**① 의의**

㉮ **세관장**은 관세 등의 **채권확보**를 위하여 필요한 경우 **납부기한 도래 전**에 관세 등과 지급보류된 **환급금**을 즉시 정산(**직권정산**)할 수 있다. 이 경우에는 관세 등의 **일괄납부**를 **제한**할 수 있다. **세관장**은 **직권정산**한 결과 지급하여야 할 **환급금**이 있는 경우 **즉시 환급금**을 지급하여야 한다.

㉯ **세관장**은 **직권정산**한 결과 지급하여야 할 **환급금**이 있는 경우에는 즉시 **환급금**을 지급하여야 한다.

㉰ **세관장**은 **직권정산**한 결과 징수하여야 할 **관세** 등이 있는 경우에는 **납세고지**를 하여야 한다. 이 경우 **납세고지**를 받은 자는 그 고지를 받은 날부터 **10일** 내에 해당 세액을 **세관장**에게 납부하여야 한다.

**② 직권정산절차**

㉮ **관할지세관장**이 **직권정산**하려는 경우에는 해당 업체에 **직권정산사유 발생통지**를 하고 **정산처리**한다.

㉯ **직권정산**한 **세관장**은 **직권정산결과**를 **전산시스템**에서 출력하여 해당 업체에 이를 송부하고 다음에 해당하는 조치를 하여야 한다.

> ㉠ 특례법 제8조(직권정산) 제2항 및 제3항[50]에 따른 **환급·납세고지**, ㉡ **신용담보업체**인 경우에는 그 **지정**을 취소하고 그 **취소내역을** 전산에 등록, ㉢ **포괄담보업체**인 경우에는 **전산시스템**에 등록된 **담보내역**을 삭제, ㉣ **세관장**은 **담보**를 제공한 관세 등의 **일괄납부업체**로서 **납세고지**를 받은 자가 납부기한이내에 해당 세액을 납부하지 아니한 경우에는 제공된 **담보물**을 **체납세액**에 충당.

### ③ 직권정산사유

㉮ **직권정산사유**의 주요 내용은 다음과 같다.

> ㉠ 특례법 제23조 또는 법 제268조의2, 제269조, 제270조, 제270조의2, 제271조, 제274조, 제275조의2, 제275조의3 및 제276조의 **위반**으로 **처벌**을 받은 경우
> ㉡ **관세** 등의 체납이 발생된 경우. 다만, **독촉기간내**에 **자진납부**하는 경우를 제외한다.
> ㉢ **파산선고·어음부도** 등으로 인하여 관세 등의 **채권확보**가 필요한 경우
> ㉣ 그 밖에 관세 등의 채권확보 등을 위하여 필요하다고 인정하여 **일괄납부업체**가 **세관장**에게 **일괄납부**의 적용제외를 **요청**하는 경우

㉯ **세관장**은 위의 사유가 발생하여 **직권정산**하고자 하는 경우에는 해당 **업체**에 그 사실을 **통지**하여야 한다.

## (4) 환급에 갈음하는 관세의 세율인하

### 1) 의의

**수출용원재료** 중 **수출용**으로만 사용될 것으로 예상되는 **특정품목**은 **기본관세율**보다 훨씬 세율을 **인하**하여 수입시에 이 **세율**을 적용하고 다음에 **환급**을 받지 않도록 하고 있는데 이것을 **환급에 갈음하는 관세의 세율인하(환특세율)**라고 한다. 수출 등에 제공되는 물품의 생산에 주로 사용하기 위하여 수입되는 물품에 대하여는 그 수출 등에 제공되는 **비율**을 고려하여 관세 등의 **세율**을 **인하**할 수 있다. 관세 등의 세율을 인하하는 **물품**과 **세율**은 대통령령으로 정하며, 관세 등의 세율이 인하된 물품에 대하여는 특례법에 따른 관세 등의 **일괄납부** 및 **환급**을 하지 아니한다.

---

50) 제8조(직권정산) ② **세관장**은 **직권정산**한 결과 지급하여야 할 **환급금**이 있는 경우에는 즉시 제16조에 따라 **환급금**을 **지급**하여야 한다. ③ **세관장**은 **직권정산**한 결과 징수하여야 할 **관세** 등이 있는 경우에는 법 제39조 제3항에 따라 **납세고지**를 하여야 한다. 이 경우 **납세고지**를 받은 자는 그 **고지**를 받은 날부터 **10일 내**에 해당 **세액**을 **세관장**에게 **납부**하여야 한다.

2) 세율인하의 요청과 통보

① **관계행정기관**의 장 또는 이해관계인은 해당 물품에 대한 다음 자료를 **기획재정부장관**에게 제출하여 관세 등의 **세율인하**를 요청할 수 있다.

㉮ 해당 물품의 **품명·규격 및 용도**, ㉯ **국내주요생산업체**의 최근 **1년간** 수출용·내수용별 **생산량** 및 **생산능력**, ㉰ 최근 1년간 수출용·내수용별 **월별 수입량** 및 **수입금액**, ㉱ 최근 **1년간 국내주요수요업체**의 **사용실적**, ㉲ 향후 **1년간 국내생산전망** 및 **수요전망**

② **기획재정부장관**은 환급에 갈음하는 관세 등의 **세율인하**에 관하여 필요한 사항을 조사하기 위하여 필요하다고 인정하는 경우에는 관계기관·수출자·수입자 기타 이해관계인 등에 대하여 관계자료의 제출 기타 필요한 **협조**를 요청할 수 있다.

③ **관계행정기관**의 장은 관세 등의 세율이 인하된 물품(**관세 등의 세율인하물품**)에 대하여 관계법령이 정하는 바에 의하여 관세 등의 세율인하의 기초가 된 **수출** 및 **내수비율**에 따라 **수출용·내수용별**로 **수입허가비율·승인비율**을 정할 수 있다.

④ **관계행정기관**의 장은 관세 등의 **세율인하물품**에 대하여 **수출용·내수용별 수입허가비율·승인비율** 기타 관세 등의 **세율인하**의 기초가 된 중요사항을 변경하고자 할 때에는 미리 기획재정부장관과 협의하여야 한다.

⑤ **관세청장**과 관세 등의 **세율인하물품**에 대한 수입을 허가·승인한 기관의 장은 관세 등의 **세율인하물품**에 관한 **수출용·내수용별 수입실적**과 **수입허가실적·승인실적**을 분기별로 기획재정부장관과 관계행정기관의 장에게 각각 **통보**하여야 한다.

⑥ **관세** 등의 세율이 인하되기 전에 **수입**한 **수출용원재료**를 관세 등의 세율이 인하된 후 수출 등에 제공하고 관세 등의 **환급**을 받고자 하는 자는 **수출용**으로 **수입**된 해당 물품의 물량과 **관세** 등의 **세액**을 관세 등의 세율이 인하된 날부터 **30일 이내**에 관할지세관장에게 신고하여 확인을 받아야 한다.

### (5) 수출용원재료의 재고신고

1) **수출용원재료**의 물량과 **관세** 등의 **세액**을 신고하고자 하는 자는 다음 사항을 기재한 **신청서**에 해당 물품의 **수입신고필증**을 첨부하여 **수출용**으로 수입된 해당 물품 또는 이를 생산한 물품의 소재지를 관할하는 **세관장**에게 제출하여야 한다. 다만, **기초원재료납세증명서·수입세액분할증명서(분증)**의 발급을 받은 경우에는 신고를 하지 아니할 수 있다.

① 해당 **물품**의 **품명·물량 및 관세** 등의 **세액**, ② 해당 **물품**의 **수입신고번호** 및 **수입신고수리일자**, ③ 기타 **신고인**의 **인적사항** 등 **관세청장**이 정하는 사항

2) **관세** 등의 **세율**이 **인하**된 **날**에 **신고인**이 보유하고 있는 **신고대상물품전량**을 **일괄**하여 **신고**하여야 한다. 다만, **관세청장**이 부득이한 사유가 있다고 인정하는 경우에는 그러하지 아니하다.

3) **신고**를 받은 **세관장**은 **관세청장**이 정하는 바에 따라 이를 확인하여야 하며, **신고**된 **물품**은 **관세청장**이 정하는 경우를 제외하고는 **세관장**이 확인할 때까지 다른 장소로 옮기거나 이를 사용할 수 없다.

## 4. 관세환급의 방법

### (1) 간이정액환급제도

#### 1) 의의

**간이정액환급제도**는 **중소기업**의 수출을 지원하고 **환급절차**를 **간소화**하기 위하여 도입된 제도로서 **중소기업**이 제조하여 수출한 물품(**내국신용장** 등 국내거래서류에 의한 **국내거래물품** 포함)에 대하여 **관세청**이 정하는 **일정금액**(**간이정액환급률표**상의 금액)을 수출물품 제조에 소요된 원재료의 수입시 **납부세액**으로 보고 **환급액**을 산출하여 지급하는 제도이다.

#### 2) 간이정액환급률의 책정

① **관세청장**은 중소기업의 수출물품에 적용하는 **정액환급률표**(**간이정액환급률표**)를 정할 때에는 최근 **6월 이상** 기간 동안의 **수출물품**의 **품목번호별 평균환급액·평균납부세액** 등을 기초로 하여 적정한 **환급액**을 정하여야 한다. 다만, 최근 **6월 이상**의 기간 동안 수출물품의 **품목번호별 환급실적**(**간이정액환급실적**을 제외)이 없거나 미미하여 해당 물품의 **품목번호별 평균환급액·평균납부세액** 등을 기초로 **간이정액환급률표**의 **환급액**을 정하는 것이 불합리한 것으로 판단되는 경우에는 **직전**의 **간이정액환급률표**의 **환급액**을 기초로 하여 적정한 **환급액**을 정할 수 있다.

② **간이정액환급률표**는 기획재정부령으로 정하는 자가 생산하는 수출물품에만 적용한다. 이 경우 **수출자**와 **수출물품**의 생산자가 다른 경우에는 **수출물품**의 생산자가 직접 관세 등의 **환급**을 신청하는 경우에 한한다.

### 3) 적용대상업체

중소기업기본법 제2조(중소기업자의 범위)의 규정에 **중소기업자**로서 다음 **요건**을 모두 갖춘 자를 말한다.

> ① **환급신청일**이 속하는 연도의 **직전 2년간** 매년도 **환급실적**(기초원재료납세증명서 발급실적을 포함한다. 이하 이 조에서 같다)이 **6억원 이하**일 것
> ② **환급신청일**이 속하는 **연도**의 **1월 1일부터 환급신청일**까지의 **환급실적**(해당 환급신청일에 **기초원재료납세증명서**의 발급을 신청한 금액과 환급을 신청한 금액을 포함한다)이 **6억원 이하**일 것

### 4) 적용대상물품

**적용대상물품**은 수출물품의 환급신청일 경우는 수출신고수리일, **기초원재료납세증명서** 발급신청일 경우는 물품의 **양도일**(**실거래일**)에 시행되는 **간이정액환급률표**에 게기된 HSK **10단위** 수출물품으로서 HSK **10단위**만 동일하면 되며, 품명·규격은 참고사항에 불과하다.

### 5) 정액환급률표의 고시

#### ① 정액환급률표

**관세청장**은 단일 수출용원재료에 의하여 **둘 이상**의 제품이 동시에 생산되는 등 **생산공정**이 특수한 수출물품과 **중소기업 수출물품**에 대한 관세 등의 환급 절차를 **간소화**하기 위하여 필요하다고 인정하는 경우에는 **수출용원재료**에 대한 **관세** 등의 **평균환급액·평균납부세액** 등을 기초로 **수출물품별**로 **정액환급률표**를 정하여 고시할 수 있다.

#### ② 정액환급의 기준

㉮ **정액환급률표**는 수출물품의 **품목번호**를 기준으로 정하되, 필요한 경우에는 수출물품의 품명 또는 규격별로 정할 수 있다.

㉯ **정액환급률표**를 정할 때에는 적정한 환급을 위하여 관세율 및 환율의 변동 등을 감안하여 일정률을 가감할 수 있다.

㉰ **수출물품·내국신용장** 등에 의하여 거래된 물품이 **정액환급률표**에 기재된 경우에는 수출 등에 제공된 날 또는 **내국신용장** 등에 의하여 거래된 날에 시행되는 **정액환급률표**에 정하여진 바에 따라 환급하거나 **기초원재료납세증명서**를 발급한다.

### ③ 정액환급률표의 고시

㉮ **정액환급률표**에 정하여진 금액은 해당 물품을 생산하는 데 소요되는 **수출용원재료**를 수입한 때에 납부하는 관세 등으로 보아 환급한다.

㉯ **정액환급률표**를 적용받을 수 있는 자는 **관세청장**에게 정액환급률표를 정하여 고시할 것을 요청할 수 있다.

㉰ **정액환급률표**의 고시를 요청하고자 하는 자는 다음 서류를 첨부한 신청서를 **관세청장**에게 제출하여야 한다.

> ㉠ **고시요청사유서**, ㉡ **수출물품**의 품목번호별 **소요원재료 내역**, ㉢ **원재료별** 최근 **1년 동안**의 **관세납부내역**, ㉣ 기타 **정액환급률표**의 고시요청의 필요성을 입증하는 서류 등 **관세청장**이 정하는 서류

㉱ **관세청장**은 정액환급률표의 고시를 요청받은 경우에는 **제출**된 **서류** 및 **환급실적** 등을 기초로 이를 고시하여야 한다. 다만, 해당 물품의 거래의 특수성 등으로 현저히 **과다·과소환급**의 우려가 있어 **정액환급 대상물품**으로 부적합하다고 인정되는 경우에는 이를 고시하지 아니할 수 있다.

㉲ **관세청장**은 **수출구조**, **원재료 수입구조**, **관세율** 및 **환율**의 **변동** 등으로 **정액환급률표**에 고시된 환급액이 많거나 적어 **정액환급률표**를 적용하는 것이 부적당하다고 인정하는 경우에는 그 적용을 중지하거나 **정액환급률표**의 전부 또는 일부를 조정하여 고시할 수 있다.

#### 6) 간이정액 비적용승인

① **수출물품·내국신용장**에 의하여 **거래물품**이 **정액환급률표**에 기재된 경우에는 **정액환급률표**에 정하여진 바에 따라 **환급**하거나 **기초원재료납세증명서**를 발급하지만, **정액환급률표**를 적용하지 아니하기로 승인(**비적용승인**)을 얻은 경우에는 그러하지 아니하다.

② **비적용승인**을 얻은 자가 **관세청장**이 정하는 바에 따라 **정액환급률표**의 적용을 신청하거나 **정액환급률표**의 적용승인을 얻은 자가 다시 **비적용승인**을 신청하는 경우에는 **비적용승인·적용승인**을 얻은 날부터 **2년 이내**에는 이를 신청할 수 없다. 다만, 다음에 해당하는 때에는 **관세청장**이 정하는 바에 따라 **2년 이내**에도 신청할 수 있다.

> ㉮ **생산공정**의 변경 등으로 인하여 **소요량계산서**의 작성이 곤란하게 된 때, ㉯ **정액환급률표**에 의한 환급액이 산출된 환급액의 70%에 **미달**하게 된 때

③ **관세청장**은 다음에 해당하는 경우에는 **기획재정부장관**과 미리 협의하여야 한다.

㉮ 특례법 제13조(정액환급률표) 제1항에 따라 **정액환급률표**를 정하여 **고시**하는 경우,
㉯ 특례법 제13조 제4항에 따라 **정액환급률표**의 **전부** 또는 **일부**를 **조정**하여 **고시**하는 경우

#### 7) 특수공정물품의 정액환급

① **관세청장**은 생산공정이 특수한 수출물품의 **정액환급률표(특수공정물품 정액환급률표)**를 정할 때에는 최근 **6월 이상** 기간 동안의 **수입** 또는 **내국신용장** 등에 의하여 매입한 원재료에 대한 **관세** 등의 **평균환급액·평균납부세액**을 기초로 하여야 한다.

② **관세청장**은 **특수공정물품 정액환급률표**를 정하거나 고시된 특수공정물품 정액환급률표의 조정을 위하여 필요한 경우에는 해당 물품의 **생산자**에게 관련자료의 제출을 요청할 수 있다.

③ **특수공정물품 정액환급률표**의 적용을 받는 자는 **수출물품별**로 수출용원재료에 대한 관세 등의 납부세액, 제조공정의 변동 등에 관한 사항을 **관세청장**에게 **신고**하여야 한다. 이 경우 **관세청장**은 신고된 자료를 기초로 **특수공정물품 정액환급률표**를 조정하여 **고시**할 수 있다.

④ 특례법 시행령 15조(특수공정물품의 정액환급)의 규정에 의한 **정액환급률표**가 적용되는 물품에 대하여는 특례법 시행령 제16조(간이정액환급)의 규정에 의한 **정액환급률표**를 적용하지 아니한다.

### (2) 개별환급제도

#### 1) 의의

**환급금**의 **산출방법** 중 **개별환급제도**란 수출품을 제조하는 데에 소요되는 원재료의 수입시 납부하였거나 납부할 관세 등의 세액을 **소요원재료 별**로 **확인·합계**하여 **환급금**을 산출하는 방법으로 **납부세액**을 정확하게 **환급**할 수 있는 제도이다.

#### 2) 개별환급의 적용대상

**개별환급방법**은 우선적으로 **간이정액환급율표**가 적용될 수 없는 **수출물품**, **간이정액환급율표**에 게기되지 않은 **수출물품** 및 **간이정액 비적용승인업체**의 **수출물품**에 적용된다.

3) 전산처리설비의 이용

① **세관장**은 **관세청장**이 정하는 바에 따라 **전산처리설비**를 이용하여 이 법에 따른 신고, 납부, 신청 등(**전자신고** 등)을 하게 하거나 통지, 납세고지, 교부, 발급, 지정, 승인 등(**전자송달**)을 할 수 있다.

② **전자신고** 등을 할 때에는 **관세청장**이 정하는 바에 따라 관계 서류를 전산처리설비를 이용하여 제출하게 할 수 있으며, 그 제출을 생략하거나 간단한 방법으로 하게 할 수 있다.

③ **전자신고** 등은 **관세청장**이 정하는 전산처리설비에 입력된 때에 세관에 접수된 것으로 보며, **전자송달**은 송달받을 자가 미리 지정한 컴퓨터에 입력된 때나 송달받을 자의 신청에 의하여 **관세청장**이 정하는 **전산처리설비**에 입력된 때에 그 송달을 받아야 할 자에게 도달된 것으로 본다. **전자송달**에 관하여는 법 제327조(국가관세종합정보망의 구축 및 운영) 제6항부터 제8항까지의 규정을 준용한다.

4) 환급금의 지급제한

① **수출물품**의 생산에 **국산원재료**의 사용을 촉진하기 위하여 필요하다고 인정되는 경우에는 관계행정기관의 장·이해관계인은 다음 자료를 **기획재정부장관**에게 제출하여 환급의 제한을 요청할 수 있다. 환급을 제한하는 물품과 그 제한비율은 기획재정부령으로 정한다.

> ㉮ 해당 **물품**의 **품명·규격** 및 **용도**, ㉯ **환급**을 제한하고자 하는 비율 및 그 이유, ㉰ 해당 연도와 전년도의 해당 **물품**에 대한 **국내수요·생산실적** 및 **생산능력**, ㉱ 최근 1년간 월별 수입가격·수입량 및 총수입금액, ㉲ 최근 1년간 월별 **주요국내제조업체별 공장도가격** 및 **출고실적**, ㉳ 향후 1년간 해당 **물품**에 대한 **국내생산전망** 및 **수요전망**

② **환급제한**을 요청받은 **기획재정부장관**은 관세 등 환급 제한에 관하여 필요한 사항을 조사하기 위하여 필요하다고 인정하는 경우에는 **관계기관·수출입자** 기타 **이해관계인** 등에 대하여 **관계자료**의 **제출** 기타 **필요**한 **협조**를 요청할 수 있다.

③ **세관장**은 관세 등의 환급이 제한되는 물품에 대하여는 환급이 제한된 세액을 공제하고 **기초원재료납세증명서** 등을 발급하여야 한다.

④ **관세환급**을 제한하는 물품과 그 **제한비율**은 별표와 같다. 다만, 법 제185조(보세공장)의 규정에 의한 **보세공장**과 **자유무역지역법** 제2조(정의) 제1호[51]에 따른 FTZ 안의

51) 제2조(정의) 이 법에서 사용하는 **용어**의 뜻은 다음과 같다. 1. **자유무역지역**이란 법, 대외무역법 등 **관계 법률**에 대한 **특례**와 **지원**을 통하여 자유로운 **제조·물류·유통** 및 **무역활동** 등을 보장하기 위한 지

**입주기업체**에서 생산하여 수입된 **수출용원재료**를 **제외**한다.

5) **평균세액증명**

① **의의**

**평균세액증명제도**란 **세관장**이 수출물품 제조업체에서 해당 **월**에 외국으로부터 수입하거나 **내국신용장** 등에 의하여 **국내**에서 **매입**한 **수입원재료**를 HSK 10**단위별**로 규격을 통합하고 **환급대상 전체물량**의 **평균세액**을 **산출**하여 증명해 주는 제도를 말한다. 환급신청 시 규격별로 **환급금**을 산출하지 아니하고 **단위당 평균세액**으로 **환급액**을 산출함으로써 **환급금 계산**이 간편하다. 이 제도는 **개별환급방법**에 의한 **환급금 산출**이 원재료별·규격별로 산출하는데 따른 불편을 해소하고 절차를 간소화하기 위하여 도입된 제도이다.

② **평균세액증명서의 발행**

㉮ **평균세액증명서(평세증)**란 매월 **수입·구매**한 **수출용원재료**의 **품목번호(관세·통계통합품목분류표상** HSK 10**단위**를 말한다)별 물량과 **1단위당 평균세액**을 증명한 서류로서, 특례법상의 **평균세액증명서**를 말한다.

㉯ **세관장**은 **수출용원재료**에 대한 관세 등의 **환급업무**를 간소화하기 위하여 필요하다고 인정하는 경우에는 **수출용원재료**를 수입(**내국신용장** 등에 의한 매입을 포함한다)하는 자의 신청에 의하여 그가 **매월 수입**한 **수출용원재료**의 **품목별 물량**과 **단위당 평균세액**을 증명하는 서류(**평세증**)를 발행할 수 있다. 이 경우 해당 **수출용원재료**에 대하여는 수입한 날이 속하는 달의 **1일**에 수입된 것으로 보아 이 법을 적용한다.

㉰ **세관장**은 ㉠ **수출용원재료 수입자**, ㉡ **관세사**(㉠에 해당하는 자로부터 **위임**받은 **자**로 한정한다) 중 **관세청장**이 정하는 **기준**에 해당되는 자에게 **평세증**을 발급하게 할 수 있다.

㉱ **세관장·관세사**로부터 **평세증**을 발급받은 자나 **평세증**을 발급한 자가 **평세증**에 기재된 **수출용원재료**와 HSK 10**단위 품목분류**가 동일한 물품으로서 수출 등에 제공할 목적 외의 목적으로 수입한 물품에 대하여는 **평세증**에 기재된 **수출용원재료**에 대한 관세 등의 환급이 끝난 경우에만 관세 등을 **환급**할 수 있다. 이 경우 물품별 **환급액**은 그 물품이 수입된 달의 **평세증**에 기재된 **수출용원재료**의 **평균세액**(수입된 달의 **평세증**에 기재된 **수출용원재료**가 없는 경우에는 해당 물품이 수입된 달부터 **소급**하여 최초로 그 물품과 품명이 같은 수출용원재료가 수입된 달의 **평세증**에 기재된 **수출용원재료**의 **평균세액**을 말한다)을 **초과**할 수 없다.

---

역으로서 제4조에 따라 **지정**된 **지역**을 말한다.

### ③ 평세증대상물품의 지정

㉮ **평세증**을 발급받고자 하는 자는 **관할지세관장**으로부터 **평세증** 대상 물품의 지정을 받아야 한다. 이 경우 **수출용원재료**의 **관세·통합품목분류표**의 **품목번호·소요량**이 달라지는 등 **평균세액 결정**이 곤란하다고 인정하여 **관세청장**이 정하는 물품에 대하여는 **평세증**의 발급대상으로 지정을 받을 수 없다.

㉯ **지정**받은 **물품**에 대하여 **평세증**을 발급받고자 하는 자는 나음 사항을 기재한 신청서에 관세청장이 정하는 **증빙서류**를 첨부하여 **수출용원재료**를 수입한 날 또는 **내국신용장** 등에 의하여 **매입**한 **날**이 속하는 달의 **다음 달 1일 이후**에 관할지세관장에게 제출하여야 한다.

> ㉠ **지정**받은 **물품별 수입량** 및 **관세** 등의 **세액**, ㉡ **지정**받은 물품별 **내국신용장** 등에 의한 매입량 및 관세 등의 **세액**, ㉢ 기타 **평균세액증명**과 관련된 사항으로서 **관세청장**이 정하는 사항

㉰ **지정**을 받은 **물품**에 대하여는 계속하여 **평세증**의 발급을 신청하여야 한다. **평세증**의 발급을 받아야 할 **수출용원재료**에 대한 **수입신고필증·기초원재료납세증명서** 등은 **관세** 등의 **환급신청** 또는 다음 **국내거래단계**에 따른 **기초원재료납세증명서** 등의 **발급신청자료**로 사용하지 못한다.

㉱ **세관장**은 **평세증**에 의하여 **환급** 또는 **기초원재료납세증명서** 등을 발급하는 것이 **수출용원재료**에 대한 **관세** 등의 **세액**과 현저한 차이가 있다고 인정하는 경우에는 **평세증발급대상물품**의 지정을 **취소**하여야 한다.

### ④ 평균세액증명서의 변경발급

㉮ **세관장**은 **평세증**을 발급한 후에 사항의 **전부** 또는 **일부**가 **변경**된 때에는 다음 규정에 의하여 이를 처리한다.

> ㉠ **평세증**을 **환급** 등에 사용하지 아니하였거나 일부만 사용한 경우에는 **평세증**을 **회수**하고 다시 **발급**한다. ㉡ **평세증**이 관세 등의 **환급**에 전부 사용된 경우에는 **다음 달**의 **평세증**을 발급할 때에 그 사실을 참작하여 **발급**한다. 다만, **다음 달**의 **평세증**(다음 달의 평세증이 관세 등의 환급에 전부 사용되었거나 없는 경우에는 그 **다음 달**의 **평세증**을 말한다)이 발급된 경우에는 이를 **회수**하고 다시 **발급**한다. ㉢ ㉠과 ㉡ 외에 평세증의 **변경발급**에 관하여는 **관세청장**이 정하는 바에 의한다.

㉯ **세관장**은 **평세증**을 발급한 후에 사항의 **전부** 또는 **일부**가 변경된 때에는 기획재정부령이 정하는 바에 따라 **평세증**을 **발급**하여야 한다.

### ⑤ 평균세액증명서 일괄발급신청의 예외

㉮ **평세증**은 **품목번호**를 기준으로 **매월 수입**하거나 **내국신용장** 등에 의하여 **매입**한 **수출용원재료 전량**에 대하여 **일괄신청**하여야 한다. 다만, 다음에 해당하는 경우에는 그러하지 않다.

> ㉠ **평세증**의 발급을 신청할 때에 **신청대상**에서 누락된 **수출용원재료**에 대하여 신청하는 것으로서 **관세청장**이 정하는 경우, ㉡ **평세증**의 발급을 받고자 하는 자의 **신청**에 의하여 **사업장·사업분야**별로 구분하여 발급신청할 수 있도록 **관세청장**으로부터 인정받아 그 **사업장·사업분야**별로 **일괄신청**하는 경우

㉯ **평세증**의 발급을 추가로 신청하는 경우에는 이미 발급받은 **평세증**을 첨부하여 신청하여야 한다. **평세증**의 **추가발급**은 다음에 따라 처리한다.

> ㉠ **제출**된 **평세증**이 관세 등의 **환급**이나 **기초원재료납세증명서·수입세액분할증명서**의 발급에 사용되지 아니하였거나 일부만 사용된 경우에는 사용되지 아니한 **수출용원재료**의 **물량** 및 **세액**과 추가발급신청된 **수출용원재료**의 **물량** 및 **세액**을 **합산**하여 **평균세액**을 산정하되, **평세증**은 **1부**만 발급한다.
> ㉡ **제출**된 **평세증**이 관세 등의 **환급**이나 **기초원재료납세증명서·수입세액분할증명서**의 발급에 전부 사용된 경우에는 **다음 달**의 **평세증**(**다음 달**의 **평세증**이 관세 등의 환급이나 **기초원재료납세증명서·수입세액분할증명서** 발급에 전부 사용되었거나 **평세증**의 **발급대상**이 되는 **수출용원재료**가 없는 경우에는 그 후 최초의 **평세증**을 말한다)의 물량 및 세액과 **추가발급신청**된 **수출용원재료**의 물량 및 세액을 합산하여 **평균세액**을 산정하되, **평세증**은 평균세액증명 대상 물품을 수입한 날이 속하는 **월별**로 발급한다.
> ㉢ ㉠과 ㉡ 외에 **평세증**의 **추가발급**에 관하여는 **관세청장**이 정하는 바에 의한다.

## 5. 소요량관리와 기초원재료납세증명

### (1) 소요량관리

#### 1) 의의

① **소요량**이란 수출물품을 생산하는데 **소요**되는 원재료의 종류별 양을 말하며, 소요량

은 수출물품 생산에 소요되는 원재료의 수입시 납부하였거나 납부하여야 할 관세 등을 **수출자**(또는 **생산자**)에게 되돌려 주는 **관세환급금**을 산출하는데 있어 가장 기본적인 요소이다.

② **관세환급 신청**시에 제출하는 **소요량계산서**는 **환급신청자**(수출자·생산자)가 수출물품 생산에 소요된 원재료의 소요량을 **관세청장**이 정한 소요량의 산정 및 관리에 대한 기준과 그 절차에 따라 산정한 '**자율소요량**'과 관세청장이 소요량계산업무의 간소화 등을 위하여 필요하다고 인정하는 경우 **수출물품별 평균소요량** 등을 기준으로 정한 **표준소요량**이 있다.

③ **관세청장**은 소요량 계산업무의 간소화 등을 위하여 필요하다고 인정하는 경우에는 **수출물품별 평균소요량** 등을 기준으로 한 **표준소요량**을 정하여 고시하고, 환급신청자에게 이를 선택적으로 적용하게 할 수 있다.

④ **소요량계산서**는 관세환급(개별)에 필요한 기본서류로서 **소요량의 산정 및 관리와 환급금의 심사에 관한 고시** 별지 제2호 서식으로 지정된 서류이며, **소요량계산서**에서 계산된 소요량은 **표준소요량**이나 **자율소요량**을 적용하여 계산한다.

⑤ **표준소요량**을 근거로 하는 **소요량계산**은 **기준소요량 고시**나 **단위소요량 책정내역표**상의 소요량 계산공식에 의하므로 대외무역관리규정에 의한 수출물품을 관장하는 중앙행정기관의 장이 고시한 **기준소요량 고시상**의 소요량 계산공식이나 **소요량 증명발급기관**에서 책정한 단위소요량 책정내역표상의 **소요량 계산공식**을 참조하면 된다.

### 2) 소요량계산서의 작성

① **환급신청자**는 수출물품에 대한 원재료의 **소요량계산서**를 작성하고 그 소요량계산서에 따라 환급금을 산출한다. 소요량계산서를 작성하고자 하는 자(**소요량계산서 작성업체**)는 다음 사항을 **관할지세관장**에게 신고하고 그 신고된 바에 따라 소요량을 계산하여야 한다.

> ㉮ **수출물품명**, ㉯ **소요량 산정방법**, ㉰ **소요량 산정**의 기준이 되는 **기간** 및 **적용기간**, ㉱ **수출물품**의 **제조공정** 및 **공정설명서**, ㉲ 그 밖에 **소요량계산**과 관련된 사항으로서 **관세청장**이 정하는 사항이다.

② **소요량계산서 작성업체**는 위의 내용을 변경하고자 하는 경우에는 그 내용을 즉시 관할지세관장에게 신고하여야 한다.

③ **환급신청자**와 **수출물품**의 **생산자**가 다른 경우 환급신청자는 해당 수출물품을 생산한 자가 산정한 소요량에 의하여 **소요량계산서**를 작성하여야 한다. 다만, 위의 규정에 의

하여 **표준소요량**을 적용하는 경우에는 그러하지 아니하다.

④ **소요량**의 **산정** 및 **관리**에 대한 기준과 그 절차에 관하여 필요한 사항은 관세청장이 정한다. **수출용원재료**를 사용하여 생산되는 물품이 **둘 이상**인 경우에는 생산되는 물품의 가격을 기준으로 **관세청장**이 정하는 바에 따라 관세 등을 환급한다.

⑤ **관세청장**은 다음에 해당하는 경우로서 **수출용원재료**를 수입할 때에 납부하는 세액보다 관세를 환급할 때 현저히 **과다·과소환급**이 발생할 우려가 있다고 인정되는 경우(수입된 원재료에 사유가 있으면 그 사유도 함께 고려되어야 한다)에는 환급받을 수 있는 **수입신고필증**의 유효기간을 정한 기간보다 **짧게** 정하여 환급하게 하거나, 업체별 수출용원재료의 재고 물량과 수출입 비율 등을 기준으로 하여 환급에 사용할 수 있는 **수출용원재료**의 물량을 정하여 **환급**하게 할 수 있다.

㉮ **수출용원재료**(수입된 원재료의 경우로 한정한다)에 대하여 다음에 해당하는 **사유**가 있는 경우. 즉, ㉠ **관세율 변동**, ㉡ **수입가격 변동**, ㉢ **둘 이상**의 **관세율** 적용이다. ㉯ **국내**에서 생산된 **원재료**와 **수입**된 **원재료**가 **수출용원재료**가 되는 경우로서 각 **원재료**가 생산과정에서 **수출물품**과 **국내공급 물품**에 구분하지 아니하고 사용되는 경우

### 3) 소요량의 산정방법

**관세청장**은 **자율소요량산정방법**으로 **단위실량 산정방법**, **단위설계소요량 산정방법**, **수출건별 총소요량 산정방법**, **일정기간별 단위소요량 산정방법**(**일정기간별 단위 소요량**, **제품**을 생산하는 과정에서 **원재료**가 물리적으로 **결합**되는 경우, 물품을 생산하는 과정에서 **원재료**가 **화학적**으로 **통합**되는 경우), **1회계년도 단위소요량 산정방법**(제품을 생산하는 과정에서 **원재료**가 **물리적 결합**을 하는 경우, 제품을 생산하는 과정에서 **원재료**가 **화학적 통합**되는 경우), **위탁건별 총소요량 산정방법** 등 6가지 **소요량 산정방법**을 정하고 업체에서 수출물품에 대하여 임의로 한 가지 방법을 선택하여 **소요량**을 산정할 수 있다.

### 4) 관세환급방법의 조정

**관세청장**이 환급을 받을 수 있는 **수입신고필증**의 유효기간 및 환급에 사용할 수 있는 **수출용원재료**의 **물량**을 따로 정하는 경우 관세율의 변동 정도, **수출물품**의 생산공정, 해당 업종의 재고자산 회전기간 및 수출입절차에 소요되는 기간 등을 종합적으로 참작하여 적정한 환급이 이루어지도록 하되, 그 내용이 다음에 해당하는 경우에는 미리 **기획재정부장관**과 협의를 하여야 한다.

① **수출용원재료**에 대하여 환급받을 수 있는 **수입신고필증**의 유효기간을 **6개월**보다 **짧게** 정하려는 경우, ② **업체별 수출용원재료**의 **재고물량, 수출비율·수입비율** 등을 기준으로 하여 **환급**에 사용할 수 있는 **수출용원재료**의 물량을 정하려는 경우

## (2) 기초원재료납세증명

### 1) 기초원재료납세증명제도의 개요

**기초원재료납세증명**은 **외국**으로부터 수입한 **원재료**를 제조·가공하지 않고 수입한 **원상태**대로 **수출용원재료**로 국내공급하는 경우에 **공급자**의 신청에 의거 세관장이 증명하는 제도를 말한다. **수입원재료**의 원상태 국내거래는 **수출물품**의 외화가득율 제고에 전혀 도움이 되지 아니하므로 수출이행기간의 연장 등 각종 지원조치의 대상이 되지 않는다. 따라서 **분할증명**에 의하여 공급되는 **원재료**의 **수출이행기간**은 **최초 수입신고수리일**로부터 계산된다.

### 2) 기초원재료납세증명서

#### ① 의의

㉮ **기초원재료납세증명서(기납증)**란 **내국신용장** 등에 의하여 공급된 **수출용원재료**의 **납부세액**을 증명한 서류를 말한다. **외국**으로부터 수입한 **원재료**를 제조·가공한 후 이를 수출물품 제조업체에 **수출용원재료**로 공급하는 때(**중간원재료**를 제조·가공하여 공급하는 경우 포함)에는 **국내거래공급업자**의 신청에 의거 이 **공급물품**에 포함되어 있는 **기초원재료**의 수입시 **납부세액**과 이 물품의 **공급사실**을 증명하는 제도로서 **양수자**가 **개별환급방법**에 의한 **관세환급** 또는 **기납증 발급신청**시 **납부세액증빙서류**로 사용하는 제도이다.

㉯ **세관장**은 **수출용원재료**가 **내국신용장**에 의하여 거래된 경우(특례법 제5조 제3항[52]의 규정을 적용받는 경우를 제외한다), **관세환급업무**를 효율적으로 수행하기 위하여 **제조·가공** 후 거래된 **수출용원재료**에 대한 **기납증**을 발급하거나 수입된 상태 그대로 거래된 **수출용원재료**에 대한 **납부세액**을 증명하는 서류(**분증**)를 발급할 수 있다.

#### ② 기납증의 발급대상

기납증의 발급대상은 다음과 같다.

---

52) **수출용원재료**가 **내국신용장** 그 밖에 이와 유사한 서류(**내국신용장** 등)에 의하여 거래되는 것으로써 **관세청장**이 관세의 **일괄납부** 및 **정산**이 가능하다고 인정하는 경우에는 법의 규정에 불구하고 **내국신용장**에 의하여 **수출용원재료**를 공급하는 것을 **수출**로, 공급받는 것을 **수입**으로 볼 수 있다.

㉮ **수입원재료**를 사용하여 생산한 **물품**을 **수입신고수리일**부터 **1년 이내**에 수출물품을 **생산**하는 자 또는 중간원재료를 생산하는 자에게 **양도**하는 경우, ㉯ **수입원재료**와 **중간원재료**를 사용하여 생산한 물품을 **수입신고수리일**(중간원재료의 경우는 구매일)부터 **1년 이내**에 생산자 또는 중간원재료 생산자에게 양도하는 경우, ㉰ **수출물품**의 중간원재료를 사용하여 생산한 **물품**을 그 **중간원재료**의 **구매일**부터 **1년 이내**에 **생산자** 또는 **중간원재료 생산자**에게 **양도**하는 경우, ㉱ **수입원재료** 또는 **중간원재료**(수입원재료와 중간원재료 포함)를 사용하여 생산한 제품을 수입신고수리일(중간원재료의 경우에는 구매일)부터 **1년 이내**에 수출하는 자에게 양도하는 것으로서 수출자가 환급받고자 하는 경우

### ③ 기납증의 발급요건

**기납증**을 발급받기 위해서는 국내거래대상 원재료가 **수출용원재료·수출완제품**으로 공급되어야 하고 공급물품이 **공급자**로부터 수입(또는 국내구입) 원재료로 제조·가공되어야 한다.

### ④ 양도세액 산출방법

**국내공급물품 제조**에 소요된 원재료의 수입시 **납부세액 산출방법**은 **환급액 산출방법**과 동일하다. **국내공급물품**의 **제조자**가 **간이정액대상자**이고 공급물품이 **정액환급율표**(간이정액 및 연산품 정액)에 게기된 물품이면 **정액환급율표**를 적용하여야 하며, 적용대상이 아닌 경우에는 **개별환급방법**에 의하여 **양도세액**을 산출하여야 한다.

### ⑤ 기납증 발급신청 및 구비서류

㉮ **기납증**의 발급신청시에는 **제조물품**을 수출물품 **제조용 원재료·수출완제품**으로 공급하였다는 국내거래 인정서류와 소요량계산서류, 납부세액 확인서류를 신청서에 첨부하여 제출하여야 한다.

㉯ 다만, **간이정액환급율표**에 의하여 **양도세액**을 산출하는 경우에는 **소요량계산서류**와 **납부세액 확인서류**(**수입신고필증** 등)를 제출하지 않아도 된다.

㉰ **국내거래**는 계약의 성립 후에 **물품공급**과 **대금지급**으로 완료되는 바, 제조·가공을 거친 국내거래의 경우의 **국내거래인정서류**는 다음과 같으며 **물품공급**과 **대금지급** 사실은 **내국신용장 물품수령증명서**(**내국신용장**의 경우) 또는 **양도자**가 발행한 **세금계산서**로 확인하고 있다.

㉠ **내국신용장**, ㉡ **구매확인서**(내국신용장에 준하여 외국환은행장이 발급한 것), ㉢ **수출신용장** 및 **수출계약서**(물품대금은 외화를 받고 물품은 외국인이 지정한 국내업체에 인도하는 경우), ㉣ **세관장**이 **수출물품**을 제조·가공하기 위하여 거래된 것임을 인정하는 **매매계약서**

## 6. 수입세액분할증명서와 기초원재료납세증명서분할증명서

### (1) 수입세액분할증명서

#### 1) 의의

**외국**으로부터 수입한 원재료를 제조·가공하지 않고 수입한 상태 그대로 **수출용 원재료**로 국내 공급하는 경우에 **공급자**의 신청에 의거 **세관장**이 **증명**하는 제도를 말한다. **수입원재료**의 원상태 국내거래는 **수출물품**의 **외화가득율 제고**에 전혀 도움이 되지 아니하므로 **수출이행기간**의 연장 등 각종 지원조치의 대상이 되지 않는다. 따라서 **분할증명**에 의하여 공급되는 원재료의 **수출이행기간**은 최초 수입신고수리일부터 계산된다.

#### 2) 발급대상

① **수입세액분할증명서**(**분증**)란 외국으로부터 수입한 원재료를 제조·가공하지 않고 **수입·구매**한 상태 그대로 **공급**된 물품에 대한 **납부세액**을 **증명**하기 위하여 **수입신고필증·평세증·기납증**을 **분할**하여 증명한 **서류**를 말한다. **분증**을 발급할 수 있는 경우는 다음과 같다.

㉮ 분증은 해당 **수입(매입)원재료**의 수입신고수리일부터 **2년 이내**에 수입(매입)한 상태 그대로 **수출자** 및 **수출물품**의 **생산자** 또는 **수출물품**을 생산하는데 사용할 **중간원재료**를 생산하는 자에게 **양도**한 경우
㉯ **평세증**은 **평세증**이 발급된 물품의 전부 또는 일부를 제조·가공하지 아니하고 **양도**한 경우로서 다음에 해당하는 경우
  ㉠ **수입원재료**만으로 **평세증**이 발급된 경우에는 수입한 날이 속하는 달의 초일부터 **2년 이내**에 거래된 경우
  ㉡ **국내생산원재료·수입원재료**와 **국내생산원재료**를 일괄하여 **평세증**이 발급된 경우에는 매입(수입)한 날이 속하는 달의 초일부터 **1년 이내**에 거래된 경우
  ㉢ **기납증**은 **국내생산원재료**를 매입한 날부터 **1년 이내**에 매입한 상태 그대로 위와 같이 양도한 경우

② 양도세액산출의 경우 **수입신고필증** 등 **분증**은 원상태로 공급하는 때에 발급하는 것이므로 **소요량계산서류**가 필요하지 아니하며 간이정액환급율표도 적용되지 않는다. **분증**의 양도세액 산출은 수입신고필증 상의 단위당 **납부세액**(**납부세액÷수입수량**)에 **공급수량**을 **곱하여** 산출한다.

### 3) 분증의 발급신청 및 제출서류

① **분증**의 발급신청 시 제출하여야 하는 **서류**는 다음과 같다.

㉠ **분할증명서**, ㉡ **국내거래 인정서류**, ㉢ **양도일자**를 확인할 수 있는 **서류**, ㉣ **수입신고필증** 등 **분할**하려는 **물품** 및 **납부세액**을 확인할 수 있는 **서류**. 다만, **세관장**이 **전산**으로 확인이 가능하여 제출할 필요가 없다고 **인정**하는 때에는 **제출**하지 아니할 수 있다.

② **분증발급신청**을 하려는 자는 **분할증명서 작성요령**에 따라 작성한 **전자문서**를 전송하고 접수통지를 받아 접수번호를 기재한 **분할증명서**를 **접수통지**받은 날부터 **3일 이내**에 **세관장**에게 **제출**하여야 한다.

③ **세관장**은 전송된 **전자문서내용**과 제출된 **서류**를 대조·확인하고 **분할증명세액**의 정확성 여부를 확인한 후 **분증**을 발급하여야 하며, **분증**을 발급한 후 **신청인**에게 되돌려 준다. **분증**은 **양수자**가 **관세환급시스템**에서 **확인**할 수 있도록 그 **내역**을 공개한다.

④ **신청인**이 요청하는 경우에는 **양수자**에게 **분증**을 **전자문서**로 **통보**할 수 있다. 이 경우 **양도자**는 제증명 **전자문서 전송업체**(**신규·변경**)**통보서**를 발급신청 전까지 **세관장**에게 통보하여야 하며 이를 **통보**받은 **세관장**은 **관세환급시스템**에 **등록**하여야 한다.

### 4) 분증발급에 따른 국내거래 인정서류

① 발급신청은 **국내거래 인정서류**와 **수입신고필증**(**분증** 포함)을 신청서에 첨부하여 제출하여야 하며, **국내거래 인정서류**에는 다음 중 하나를 구비하면 가능하다.

㉮ **내국신용장**, ㉯) **양도승인서**(대외무역법 제17조 제2항에 따라 **산업통상자원부장관**의 승인을 받은 것), ㉰ **구매확인서**(**내국신용장**에 준하여 **외국환은행장**이 발급한 것), ㉱ **수출신용장·수출계약서**(**물품대금**은 외화를 받고 물품은 **외국인**이 지정한 **국내업체**에 인도하는 경우로서 **신용장·수출계약서**와 물품을 인도받은 자가 기재된 것. 다만, **수출계약서**의 경우에는 **거래명세표** 등에 의하여 **물품인도사실**이 확인되고 **인도물품**이 **수출** 등에 제공할 것으로 인정되는 경우로 한정함), ㉲ **세관장**이 **수출물품**의 생산·수출 등에 제공하기 위하여 **거래된** 것임을 **인정**할 수 있는 **서류**로서 **매매계약서** 또는 이와 유사한 **소유권 이전**을 목적으로 하는 **계약서**, ㉳) **물품배정서**(조합이 **일괄구매**하여 **실수요자**에게 배정한 것으로서 **조합장**이 확인한 것), ㉴ **비축물자배정통지서**(**조달청장** 및 **조달청**의 **지청장**이 발급한 것)

② **동일업체 제조장간 공급물품**에 대한 **분증발급**의 경우 **세관장**은 **제조장별**로 **환급신청**하는 업체로서 **동일업체 제조장간 공급물품**에 대하여 **분증발급**이 필요하다고 인정하는 경우 **분증**을 발급할 수 있다.

### (2) 기초원재료납세증명서분할증명서

#### 1) 의의

① **기초원재료납세증명서분할증명서**(기납분증)는 **기납증**이 발급된 물품을 제조·가공하지 않고 매입한 상태 그대로 **수출용원재료**로 공급하는 경우에 공급자의 신청에 의거 세관장이 증명하는 서류이다.

② **기납분증**을 **분증**과 비교하면 **분증**은 수입원재료를 제조·가공하지 않고 수입한 상태 그대로 공급하는 때에 이용되는데 비하여, **기납분증**은 국내에서 제조· 가공된 물품을 **수출용원재료**로 공급하는 때에 발급됨이 다르고, 또한 **분증**은 **수출이행기간**의 계산기준일이 당초 수입신고수리일임에 비하여 **기납분증**은 해당 물품의 매입일(양도일)부터 **2년 이내**에 수출하면 되는 것이 다르다.

#### 2) 양도세액산출방법

**기납분증**도 **수입분증**과 같이 원상태로 공급하는 것이므로 **소요량계산서류**가 필요하지 아니하고 **간이정액환급율표**도 적용되지 않으며, 그 **세액**은 [(**기납증상**의 **양도물량**÷**기납증상**의 **양도세액**)×**공급수량**]으로 산출된다.

#### 3) 기납분증의 발급

① **기납분증**을 발급받고자 하는 자는 다음 사항을 기재한 **증명서발급신청서**를 **관할지**

**세관장**에게 제출하여야 한다.

> ㉮ **양도자** 및 **양수자**, ㉯ **양도일자**, ㉰ **품명** 및 **규격**, ㉱ **양도**한 **물량** 및 **세액**, ㉲ 그 밖에 **기납증** 등의 발급에 필요한 사항으로서 **관세청장**이 정하는 사항이다.

② **하나**의 **내국신용장** 등에 의하여 거래되는 물품이 **2회 이상 분할공급**되는 경우의 **기납분증** 등은 최초의 물품이 거래된 날에 해당 **수출용원재료**가 전부 거래된 것으로 보아 **기납분증** 등을 발급하여야 한다. 다만, **내국신용장** 등에 의하여 **수출용원재료**를 공급하는 자가 원하지 아니하는 경우에는 그러하지 아니하다.

③ **관세청장**은 **기납분증** 등의 발급업무를 효율적으로 수행하기 위하여 필요하다고 인정하는 경우에는 이를 발급하는 **세관장**을 따로 지정할 수 있다.

#### 4) 기납분증의 발급자

① **세관장**은, ㉮ **내국신용장**에 의한 **물품공급자**, ㉯ **관세사**(㉮에 해당하는 자로부터 **위임**받은 **자**에 한한다) 중 **관세청장**이 정하는 기준에 해당되는 자에 대하여 **기납분증**을 발급하게 할 수 있다.

② **기납증**을 발급할 때에 증명하는 세액은 **환급금 산출방법**에 의하며, **증명세액**의 정확여부의 심사에 대하여는 특례법 제14조(환급의 신청) 제2항 및 제3항의 규정을 준용한다.

#### 5) 기납분증 발급신청시 구비서류

**국내거래인정서류**와 **기납증**(**기납분증** 포함)을 신청서에 첨부하여야 하며 국내거래 인정서류는 다음 중 하나를 구비하면 된다.

> ① **물품수령증명서**가 첨부된 **내국신용장**, ② **수출신용장** 및 **수출계약서**(물품대금은 외화를 받고 물품은 외국인이 지정한 국내업체에 인도하는 경우), ③ **세금계산서**가 첨부된 **양도승인서**, **구매확인서**, **매매계약서**, **물품배정서·비축물자배정통지서**

## 7. P/L 발급업체

### (1) P/L 발급업체 지정

1) **세관장**은 다음에 해당하는 요건을 갖춘 자(**P/L 발급업체·P/L 발급관세사**)에게 **전산처리설비**를 이용하여 **기납증·분증·평세증**(이하, **기납증** 등이라 한다)을 **발급**하게 할 수 있다.

> ① **신용담보업체 지정요건**을 갖춘 업체, ② **외국인투자기업**(외국인투자촉진법 제5조부터 제8조까지 및 제8조의2에 따라 **외국인투자·출자**의 신고를 한 자), ③ **전체 환급업체**의 **성실도**와 **위험도**를 평가한 결과 **상위 30% 이내**에 해당하는 업체, ④ **관세사법** 제10조에 따라 **세관장**에게 **개업신고**를 한 **관세사**. 다만, 최근 **1년 이내**에 **수출입신고 오류방지**에 관한 고시에 따른 **수출입신고 P/L 제재**를 받은 **관세사**는 제외한다.

2) **기납증** 등의 P/L **발급업체**·P/L **발급관세사**로 지정 받으려는 자는 P/L **발급업체(관세사) 지정신청서**와 **지정요건**을 확인할 수 있는 서류를 첨부하여 **관할지세관장**에게 신청하여야 하며, 우편, 전자우편 및 인터넷통관포탈을 통하여 제출할 수 있다. 다만, **신청업체**가 **신용담보업체**로 지정된 경우 또는 **외국인투자기업**으로서 **관세환급시스템**에 의하여 지정요건 확인이 가능한 경우에는 **지정요건 확인서류**의 제출을 생략할 수 있다.

3) **지정신청**을 받은 **세관장**은 위의 기준에 적합할 경우 P/L **발급업체**·P/L **발급관세사**로 지정하고 그 내역을 **신청인**에게 **통지**한다.

4) **세관장**은 P/L **발급업체**·P/L **발급관세사**가 **수출입신고 오류방지에 관한 고시** 제9조(오류에 대한 제재) 제1항[53]에 따라 P/L **신고**가 **정지**된 경우에는 그 **정지기간** 동안 **기납증** 등의 P/L **발급**을 **정지**하고 서류를 제출받아 발급할 수 있다.

5) **관할지세관장**은 다음 사유가 발생된 경우 P/L **발급업체**·P/L **발급관세사**의 지정을 취소하고 해당 **업체·관세사**에게 그 사실을 **통지**하여야 한다. 다만, **관세청장**이 정하는 바에 따라 **지정취소**를 갈음하여 **6개월 범위내**에서 **기납증** 등의 P/L **발급**을 정지하게 할 수 있다.

> ㉮ 위의 정한 **기준**에 적합하지 아니한 사유가 발생한 경우, ㉯ **지정**받은 **자**의 요청이 있는 경우, ㉰ **환급업체**에 대한 **성실도**와 **위험도**를 평가한 결과 **지정기준**에 **미달**하는 경우

6) **관할지세관장**은 P/L **발급업체**·P/L **발급관세사**에 대하여 매년 **1회 이상** 다음에서 정한 사항을 **점검**하여야 한다.

---

53) 9조(오류에 대한 제재) ① **관할지세관장**은 **오류**를 발생시킨 **신고인** 및 **화주**에 대해서 제4조 및 제8조의 규정에 의거 **전분기 전국세관**에서 발생한 **오류점수**를 **수출·수입업무별**로 구분하여 **누적**한 **점수** 및 **오류점수비율별**로 P/L **제재**를 한다. 다만, **관세행정**의 원활한 운영을 위하여 **관세청장**이 필요하다고 인정하는 경우에는 P/L **제재**시 **오류점수** 및 **비율**을 경감하여 적용할 수 있다.

> ㉮ P/L **발급업체·P/L 발급관세사 지정기준**에 적합하지 아니한 사유가 발생하였는지 여부, ㉯ 사업장의 **폐업·주소변경·이전** 등 업체의 **변동사항** 발생 여부, ㉰ **P/L 발급제도 활용 여부**

### (2) P/L 발급업체의 기납증 발급

P/L **발급업체·P/L 발급관세사**로 **지정**받은 자는 ① **기납증**, ② **분증**, ③ **평세증**을 P/L **발급**할 수 있다. 다만, **정정** 또는 **추가 발급**받는 경우에는 그러하지 아니하다.

### (3) 기납증의 P/L 발급

① P/L **발급업체·P/L 발급관세사**로 지정을 받은 자가 **기납증** 등을 P/L **발급**하려면 기납증 등 작성요령에 따라 작성한 **전자문서**를 전송하고 **관세환급시스템**에서 통지하는 바에 따라 **기납증** 등을 발급한다. P/L **발급업체·P/L 발급관세사**가 **기납증** 등을 P/L **발급**하는 때에는 발급하는 기납증 등에 **"P/L 발급증명인"**을 날인하여야 한다. 다만, 제증명전자문서 **전송업체**의 경우에는 증명인 날인을 생략하고 **전자문서**에 의하여 **기납증** 등을 발급할 수 있다.

② P/L **발급관세사**는 **기납증** 등을 발급한 후에는 **기납증** 등 **발급신청업체**로부터 제출받은 서류 중 **신청서** 및 **소요량계산서류**를 제외한 나머지 서류는 **신청업체**에게 되돌려 준다.

## 8. 환급신청 및 서류보관

### (1) 환급신청 및 환급금심사

#### 1) 환급신청가능기간

① **관세** 등을 **환급**받으려는 자는 물품이 수출 등에 제공된 날부터 **2년 이내**에 관세청장이 지정한 세관에 **환급신청**을 하여야 한다. 다만, **수출** 등에 제공된 **수출용원재료**에 대한 관세 등의 세액에 대하여 다음에 해당하는 사유가 있은 때에는 그 사유가 있은 날부터 **2년 이내**에 **환급신청**을 할 수 있다.

> ㉮ 법 제38조의2(보정)에 따른 **보정**, ㉯ 법 제38조의3(수정 및 경정)에 따른 **수정·경정**, ㉰ 특례법 제21조(과다환급금의 징수 등)에 따른 **환급액**이나 **과다환급액**의 **징수** 또는 **자진신고·납부**

② **세관장**은 환급신청을 받았을 때에는 **환급신청서**의 기재 사항과 특례법에 따른 확인 사항 등을 **심사**하여 **환급금**을 결정하되, 환급금의 정확 여부에 대하여는 **환급** 후에 심사할 수 있다.

> ㉮ **세관장**은 **환급금결정사항**과 **환급금지급사항**을 매월 **관세청장**에게 보고하여야 하며 **관세청장**은 이를 종합하여 **기획재정부장관**에게 제출하여야 한다. ㉯ **세관장**은 **환급금결정액계산서**와 그 **증빙서류**를 감사원법 제25조(계산서 등의 제출)의 규정이 정하는 바에 따라 **감사원**에 제출하여야 한다. ㉰ **세관장**은 **과다환급**의 우려가 있는 경우로서 환급한 후에 심사하는 것이 부적당하다고 인정되어 기획재정부령으로 정하는 경우에는 **환급**하기 전에 이를 **심사**하여야 한다.

### 2) 환급신청가능자

① **관세** 등의 **환급신청**은 다음에 해당하는 자가 하여야 한다.

> ㉮ 특례법 제4조(환급대상 수출 등) 제1호의 수출인 경우에는 **수출자**(수출위탁의 경우에는 수출위탁자를 말한다) 또는 수출물품의 **생산자** 중에서 **수출신고필증**에 **환급신청인**으로 기재된 자
> ㉯ 특례법 제4조(환급대상 수출 등) 제2호 내지 제4호의 경우에는 **수출** 등에 제공한 사실을 확인하기 위하여 **관세청장**이 정하는 서류에 해당 물품을 **수출·판매** 또는 **공급** 등을 하거나 **공사**를 한 자로 기재된 자

② **관세** 등의 환급을 받고자 하는 자는 **관세청장**이 정하는 관세 등의 **환급신청서**에 다음 서류를 첨부하여 **관할지세관장**에게 제출하여야 한다. 다만, **정액환급률표**가 적용되는 **수출물품**에 대하여는 서류를 첨부하지 아니한다.

> ㉮ **수출** 등에 제공한 사실을 확인할 수 있는 **서류**, ㉯ **소요량계산서**, ㉰ **소요원재료**의 납부세액을 확인할 수 있는 **서류**, ㉱ 기타 **환급금**의 확인과 관련하여 **관세청장**이 정하는 **서류**

③ **관세**의 환급신청은 **수출물품**의 생산에 소요된 **원재료**에 대하여 일괄신청하여야 한다. 다만, **일괄신청**하는 것이 불합리하다고 인정하여 **관세청장**이 따로 정한 경우에는 그러하지 아니하다.

④ 특례법 제14조(환급신청) 제1항의 규정에 의한 관세 등의 **환급신청**은 다음에 해당하는 경우에 할 수 있다.

㉮ 특례법 제4조(환급대상 수출 등) 제1호의 규정에 의한 수출의 경우에는 **수출물품**이 **선(기)적**된 경우, ㉯ 특례법 제4조(환급대상 수출 등) 제2호 내지 제4호의 규정에 의한 **수출**의 경우에는 **수출물품**의 **수출·판매·공사** 또는 **공급** 등을 **완료**한 경우

⑤ 특례법 제14조(환급신청) 제1항의 규정에 의한 **관세** 등의 환급을 받고자 할 때에는 특례법 제4조 제1호의 경우는 **수출신고수리일**, 특례법 제4조 제2호 내지 제4호의 규정에 의한 **수출·판매·공사** 또는 **공급** 등을 한 경우는 해당 수출·판매·공사 또는 공급 등을 완료한 날부터 **2년 이내**에 신청하여야 한다.

⑥ **환급신청인**은 환급신청 전에 **관세청장**이 정하여 고시하는 바에 따라 계좌를 개설하고 **관할지세관장**에게 그 **계좌번호**를 **통보**하여야 한다. **세관장**은 **간이정액환급률표**가 적용되는 수출물품에 대하여는 **관세청장**이 정하는 바에 따라 **수출신고**시 수출신고서에 환급신청 사항을 간략히 기재함으로써 **환급신청**에 갈음할 수 있도록 할 수 있다.

### 3) 환급신청세관의 지정

**관세청장**은 관세 등의 **환급업무**를 효율적으로 수행하기 위하여 필요하다고 인정하는 경우에는 **환급신청인**의 **신청·직권**에 의하여 **관세** 등의 환급을 신청할 **세관**을 **지정**하거나 그 지정을 **변경**할 수 있다.

### 4) 환급금의 지급

① **관세** 등의 **환급금**은 국가재정법 제17조(예산총계주의)에도 불구하고 **한국은행법**에 따른 **한국은행**이 **환급금**의 **지급**을 결정한 세관장의 **소관세입금계정**에서 지급한다. 이 경우 지급 절차는 대통령령으로 정한다.

② **세관장**은 **소관세입금계정**의 **세입금**이 환급금을 지급하기에 부족하거나 부족이 생길 우려가 있는 때에는 **관세청장**에게 필요한 금액의 이체를 받을 수 있도록 조치할 것을 요청할 수 있다.

③ **요청**을 받은 **관세청장**은 **소관세입금계정**에 세입금의 여유가 있는 세관장(**이체하는 세관장**)으로 하여금 필요한 금액을 세입금의 이체를 요청한 세관장(**이체받는 세관장**)에게 이체할 것을 **한국은행**에 요구하도록 이체하는 **세관장**에게 지시하고 그 사실을 **이체받는 세관장**에게 통보하여야 한다.

④ **지시**를 받은 **세관장**은 **소관세입금계정**으로부터 해당 금액을 **이체받는 세관장**의 **소관세입금계정**으로 이체할 것을 **한국은행**에 요구하여야 한다. **한국은행**이 요구를 받은 때에는 지체없이 세입금을 이체하고 **이체받는 세관장**과 **이체하는 세관장**에게 각각 **통지**하

여야 한다. **관세청장**은 **세관장**의 **소관세입금계정**에 부족이 있는 경우에는 **세관장 소관세 입금계정** 간의 조정을 **한국은행**에 요청할 수 있다.

⑤ **세관장**은 관세 등의 **일괄납부업체**가 환급신청하여 결정된 환급금은 그 환급금 결정일이 속하는 **일괄납부기간별**로 정산하는 날까지 지급을 보류한다.

⑥ **세관장**은 **환급신청자**가 세관에 납부하여야 할 **체납관세** 등(**부가가치세**를 포함한다)과 **가산금**, **가산세** 및 **체납처분비**가 있는 경우에는 결정한 **환급금**을 체납된 관세 등과 가산금, 가산세 및 체납처분비에 우선 **충당**할 수 있으며, **충당**하고 남은 **금액**은 그 **신청자**에게 지급하여야 한다.

⑦ **세관장**은 **환급금지급**을 **보류**하거나 환급금을 **체납**한 관세 등과 **가산금·가산세** 및 **체납처분비**에 충당한 때에는 그 사실을 해당 **환급신청인**에게 **통지**하여야 한다. 다만, **환급신청인**의 요청에 의하여 충당한 경우에는 그 통지를 하지 아니할 수 있다.

### 5) 고유식별정보의 처리

**세관장**은 환급신청에 대한 심사·결정 및 **환급금 지급** 사무를 수행하기 위하여 불가피한 경우 **개인정보 보호법 시행령** 제19조(고유식별정보의 범위) 제1호 또는 제4호에 따른 **주민등록번호·외국인등록번호**가 포함된 자료를 처리할 수 있다.

### 6) 환급금의 이체 및 지급

① **환급금**은 **환급신청인**이 통보한 계좌에 입금하는 방법으로 지급한다. **환급금**을 지급하고자 하는 **세관장**은 해당 **환급금**을 **환급신청인**의 계좌에 입금할 것을 **한국은행**에 요구하여야 한다.

② **환급금**의 지급요구를 받은 **한국은행**은 지급을 요구한 **세관장**의 해당 연도 **소관 세입금계정**에서 즉시 해당 환급금을 이체하여 **환급신청인**의 **계좌**에 입금시키고 **이체** 및 **입금내역**을 해당 **세관장**에게 **통지**하여야 한다. **환급금**은 신청인의 계좌에 **입금**된 때에 지급된 것으로 본다.

### 7) 과다환급금의 징수 및 과소환급금의 환급

#### ① 과다환급금의 징수

##### ㉮ 과다환급금의 개요

㉠ **세관장**은 지급한 **환급금**이 다음에 해당하는 경우에는 그 **환급액·과다환급액**을 법 제47조(과다환급관세의 징수) 제1항에 따라 관세 등을 환급받은 자(**기납증·분증**을 발급받은 자를 포함한다)로부터 징수한다.

ⓐ 특례법에 따라 **환급**받아야 할 **금액**보다 **과다**하게 **환급**받은 경우, ⓑ **기납증·분증**에 관세 등의 **세액**을 **과다**하게 **증명**받은 경우로서 그 **기납증·분증**이 환급 등에 이미 사용되어 **수정·재발급**이 **불가능**한 경우, ⓒ **선(기)적**을 하지 아니하고 관세 등을 환급받은 경우. 다만, 해당 금액을 징수하기 전에 선(기)적된 경우에는 그러하지 아니하다. ⓓ **정액환급률표**를 적용할 수 없는 물품에 대하여 **정액환급률표**에 따라 환급받은 경우

㉡ **환급액·과다환급액**을 **징수**할 때에는 **환급**한 날의 **다음 날**부터 **징수결정**을 하는 날까지의 **기간**에 대하여 대통령령으로 정하는 **이율**에 따라 계산한 금액을 **환급액·과다환급액**에 **가산**하여야 한다. 다만, 법 제28조(잠정가격의 신고 등)에 따라 **잠정가격**을 기초로 **신고납부세액**과 **확정가격**에 따른 **세액**의 차액으로 인하여 **환급금액·과다환급액**을 징수하는 경우에는 **가산**하지 아니한다.

㉯ 미지급자금의 정리

㉠ **한국은행**은 지급을 요구받은 **환급금**중 신청인의 계좌에 입금시키지 못한 환급금이 있을 경우에는 그 사실을 즉시 해당 **세관장**에게 통지하여야 한다.

㉡ 통지를 받은 **세관장**은 즉시 **환급신청인**의 계좌 등을 조사하여 환급금 이 지급될 수 있도록 조치하여야 하며 **환급금결정일**부터 1**년**이 경과될 때까지 지급되지 아니한 **환급금**은 그 기간이 종료된 날이 속하는 **회계연도**의 세입에 편입되도록 조치하여야 한다.

㉢ **세관장**의 **세입금계정**에 편입된 환급금을 환급신청인이 수령하고자 할 때에는 ⓐ **환급**받고자 하는 **관세** 등의 **금액**, ⓑ **환급금결정일**부터 **1년 이내**에 **환급금**을 지급받지 못한 사유를 기재한 신청서를 **관할지세관장**에게 제출하여야 한다. 이 경우 **세관장**은 이를 조사·확인하여 그 지급에 필요한 조치를 하여야 한다.

㉣ **환급액·과다환급액** 및 이에 **가산**하여야 할 금액을 징수하려는 경우에는 미리 **관세** 등을 **환급**받은 자에게 그 내용을 서면으로 통지하여야 한다. 이 경우 법 제118조(과세전적부심사)를 준용한다.

㉤ **관세** 등을 **환급**받은 자 또는 **정산통지**를 받은 자는 그 사실을 알았을 때 또는 **정산통지**를 받은 후 납부하여야 할 **관세** 등이 부족하게 **정산**된 사실을 알았을 때에는 **세관장**에게 그 사실을 **자진신고**하고 그 **환급액·과다환급액**이나 관세 등을 납부할 수 있다. 다만, 다음에 해당하는 경우는 제외한다.

ⓐ **세관장**이 **환급액·과다환급액**에 대한 징수 내용을 서면으로 **통지**한 경우, ⓑ 법 제114조(관세조사의 사전통지와 연기신청) 제1항 본문에 따라 **관세조사**의 **통지**를 한 경우, ⓒ 법 제114조 제1항 단서에 따라 **조사**의 **통지**를 하지 아니하고 법 제110조(납세자권리헌장의 제정 및 교부) 제2항 각 호의 어느 하나에 해당하는 **조사**를 시작한 경우

㈐ 가산액

㉠ 특례법 제21조(과다환급금의 징수 등) 제2항 본문 및 특례법 제22조(과소환급금의 환급) 제2항에 따라 다음에 해당하는 금액에 가산할 금액의 **이율**은 1일 39/100,000로 한다.

ⓐ 특례법 제21조 제1항에 따라 **세관장**이 **징수**하는 **환급액·과다환급액(과다환급금)**, ⓑ 특례법 제22조 제1항에 따라 **세관장**이 **지급**하는 **과소환급금**

㉡ **과다환급금** 등을 자진신고하고 해당 관세 등을 납부하는 경우 과다환급금 등에 **가산**할 금액의 이율은 **환급**한 **날**의 **다음 날**부터 **자진신고**를 하는 날까지의 기간에 대하여 징수할 금액의 1일 10/100,000으로 한다. 다만, 환급받은 날부터 **3개월 이내**에 과다환급금 등을 **자진신고**하는 경우 가산할 금액의 이율은 **은행법**에 따른 인가를 받아 설립된 은행으로서 **서울특별시**에 본점을 둔 은행의 **1년 만기 정기예금 이자율**의 평균을 고려하여 **연(年)** 18/1,000을 **이자율**로 한다.

㉢ **환급액·과다환급액**이나 **관세** 등을 납부할 때에는 **기간** 및 **이율** 등에 따라 계산하는 금액을 **환급액·과다환급액**이나 **관세** 등에 **가산**하여 납부하여야 한다. 다만, 법 제28조(잠정가격의 신고 등)에 따라 **잠정가격**을 기초로 **신고납부세액**과 **확정가격**에 따른 세액의 차액으로 인하여 **환급액·과다환급액**이나 **관세** 등을 납부하는 경우에는 **가산**하지 아니한다.

㉣ **환급**받아야 할 금액보다 **과다**하게 **환급**받은 경우에 해당하여 **과다환급액**에 가산한 금액(**가산액**)을 납부한 자는 그 **가산액** 중 다음에 해당하는 금액에 대하여 기간 이내에 지급을 **신청**할 수 있다. 이 경우 다음 **가산액**의 지급신청 및 지급은 제14조(환급신청) 및 제16조(환급금의 지급) 제1항·제2항·제4항을 준용한다.

ⓐ **환급액**이나 **과다환급액**의 **징수** 또는 **자진신고·납부**에 해당하는 사유로 **환급신청**을 하는 **경우** 그 **환급분**에 해당하는 **가산액**, ⓑ **환급액**이나 **과다환급액**의 **징수** 또는 **자진신고·납부**에 해당하는 사유로 **환급**을 이미 받은 **경우** 그 **환급분**에 해당하는 **가산액**

㉤ **지급신청**이 거짓이나 그 밖의 부정한 방법으로 **과다**하게 **환급**을 받은 사유로 인하여

납부한 **가산액**과 관련된 경우에는 **세관장**은 그 **가산액**을 지급하지 아니할 수 있다.

㉱ 과다환급금에 대한 자진신고

㉠ **과다환급금** 등 또는 **부족**하게 **정산**된 **금액**을 **자진신고**하려는 자는 다음 사항을 기재한 신고서를 환급을 했거나 정산통지를 한 **세관장**에게 제출하여야 한다.

ⓐ **환급, 과다환급·부족정산**과 관련된 **환급신청** 등의 **내역**, ⓑ **환급, 과다환급·부족정산**된 세액의 **계산내역**, ⓒ **환급, 과다환급·부족정산**한 **사유**, ⓓ 그 밖에 **신고인**의 인적사항 등 **관세청장**이 정하는 **사항**

㉡ **자진신고**의 기간은 다음 구분에 따른 날부터 특례법 제21조(과다환급금의 징수 등) 제1항에 따른 **기간**이 지나기 전까지로 한다.

ⓐ **정산**이 **부족**하게 정산된 경우: 해당 **정산결과**를 **통지**받은 **날**, ⓑ 특례법에 따라 환급받아야 할 금액보다 **과다환급**받은 경우, **선(기)적**을 하지 아니하고 관세 등을 환급받은 경우 또는 **정액환급률표**를 적용할 수 없는 물품에 대하여 **정액환급률표**에 따라 환급받은 경우: 해당 **환급금**을 **지급**받은 **날**, ⓒ **기납증·분증**에 관세 등의 세액을 **과다**하게 증명받은 경우로서 그 **기납증·분증**이 **환급** 등에 이미 사용되어 **수정·재발급**이 불가능한 경우: 해당 **기납증** 등을 **발급**받은 **날**

㉢ **자진신고**한 관세 등은 신고한 날부터 **15일 이내**에 해당 세액을 납부하여야 한다.

**② 과소환급금의 환급**

㉮ **세관장**은 지급한 **환급금**이 이 법에 따라 환급하여야 할 금액보다 **과소**하게 환급된 사실을 알았을 때에는 지체 없이 해당 **과소환급금**을 지급하여야 한다.

㉯ **과소**하게 **환급**한 경우는 **환급신청인**이 신청한 **환급금**을 **세관장**의 귀책사유로 인하여 신청한 금액보다 적게 지급한 경우로 한다. **과소환급금**을 지급할 때에는 환급한 날의 **다음 날**부터 **과소환급금**의 지급을 결정하는 날까지의 기간에 대하여 일정한 이율로 계산한 금액을 **과소환급금**에 가산하여야 한다.

### 8) 환급금심사

**환급금심사**란 **환급신청** 등에 대하여 **환급금** 등이 정확한지 여부를 **세관장**이 **심사**하는 것을 말하며 다음과 같이 구분한다(**수출용원재료에 대한 관세 등 환급사무처리에 관한 고시** 제2조(정의) 제10호).

① **환급전 심사**

㉮ **세관장**은 **과다환급**의 우려가 있는 경우로서 **환급**한 **후**에 심사하는 것이 부적당하다고 인정되어 다음에 해당하는 경우에는 **환급금** 등을 지급(**기납증·분증**의 경우 발급)하기 **전**에 환급금 등이 정확한지 여부를 제출된 서류 등에 의하여 **심사**하여야 한다.

> ㉠ 특례법 제23조(벌칙)의 규정을 **위반**하여 **처벌**을 받은 자가 **관세** 등의 **환급**을 신청하거나 **기납증·분증**의 발급을 신청하는 경우, ㉡ **수출용원재료 소요량산출**의 특수성 등으로 인하여 **과다·부정환급**의 우려가 있다고 인정하여 **관세청장**이 따로 정한 **품목**의 **관세** 등의 환급을 신청하거나 **기납증·분증**의 발급을 신청하는 경우, ㉢ 특례법 시행령 제11조(소요량의 계산 등) 제1항 및 제2항의 규정에 의한 신고를 하지 아니하고 **관세** 등의 **환급**을 신청하거나 **기납증·분증**의 발급을 신청한 것이 **확인**되는 경우, ㉣ 그 밖에 **세관장**이 **환급** 후나 **기납증·분증**의 발급 후에 **심사**하는 것이 적합하지 아니하다고 **인정**하는 경우

㉯ 위의 ㉠ 및 ㉢의 **적용기간**은 **2년 범위내**에서 **관세청장**이 정한다.

② **환급금의 사후심사**

㉮ **세관장**은 환급금의 정확 여부를 심사할 필요가 있는 경우에는 **환급신청서** 및 그 **첨부서류**·제출받은 서류나 **현지(실지)조사**에 의하여 정확 여부를 심사한다.

㉯ **환급금** 등을 지급(**기납증·분증**의 경우 발급)한 후에 **관세환급시스템**에 의하여 **선별**되거나 자체 선별한 **환급신청** 등에 대하여 **환급금** 등이 **정확**한지 여부를 **심사**한다.

㉰ **심사**는 **환급신청일**부터 **5년 이내**에 완료하여야 한다. 다만, **관세청장**이 조사기간을 따로 정하는 경우에는 그러하지 아니하다. 심사의 절차·방법과 그 밖에 필요한 사항은 **관세청장**이 정한다.

### (2) 서류의 보관과 벌칙

#### 1) 서류의 보관과 제출

① **신청서·통지서·지시서** 및 기타 **서식**은 **관세청장**이 정한다. 보관하여야 할 서류와 그 기간은 다음과 같다.

㉮ **수출물품별 원재료**의 **소요량계산근거서류** 및 **계산내역**에 대한 **서류는 환급신청일**부터 5년. 다만, 중소기업기본법 제2조 제1항의 규정에 의한 중소기업자가 보관하여야 하는 **원재료수불대장** 및 **수출물품수불대장**의 보관기간은 **3년**으로 한다.
㉯ **내국신용장** 등 수출용원재료의 거래관계서류는 해당 물품의 **기납증** 등의 **발급일**부터 3년
㉰ **수출신고필증** 등 수출사실을 증명할 수 있는 **서류**는 **환급신청일**부터 3년
㉱ **수입신고필증** 등 원재료의 납부세액을 증명할 수 있는 **서류**는 환급신청 등에 사용한 날부터 3년
㉲ 기타 **관세청장**이 정하는 서류는 **환급신청** 등에 사용한 날부터 3년

② **관세청장** 및 **세관장**은 관계서류 또는 자료의 제출을 요구할 때에는 문서로 이를 하여야 한다. **관세청장**이 정하는 바에 따라 마이크로필름, 광디스크, 그 밖의 자료보존 매체에 의하여도 **보관**할 수 있다. **관세청장**이나 **세관장**은 환급금의 정확 여부를 심사하는데 필요하다고 인정하는 경우에는 **환급**받은 자, **수출용원재료 수입자**, **내국신용장** 등에 의한 수출용원재료의 **공급자**, 그 밖에 이와 관련된 자에게 서류나 그 밖의 관계 자료의 제출을 요구할 수 있다.

### 2) 벌칙 및 조사와 처분

#### ① 벌칙

㉮ **거짓**이나 그 밖의 **부정**한 **방법**으로 관세 등을 환급받은 자는 **3년 이하**의 징역 또는 환급받은 세액의 **5배 이하**에 상응하는 벌금에 처한다.

㉯ 다음에 해당하는 자는 **3년 이하**의 **징역** 또는 **2,000만원 이하**의 **벌금**에 처한다.

㉠ **소요량계산서**를 거짓으로 작성한 자, ㉡ 거짓이나 그 밖의 부정한 방법으로 **세관장·관세사**로부터 **기납증·분증**을 발급받은 자, ㉢ **기납증·분증**을 발급하는 자로서 기납증·분증을 거짓으로 발급한 자

㉰ **정당**한 **사유** 없이 특례법 제20조 제1항[54]을 위반한 자는 **2,000만원** 이하의 벌금에 처한다.

㉱ **정당**한 **사유** 없이 특례법 제20조 제3항[55]에 따라 **관세청장**이나 **세관장**이 요청한

54) 제20조(서류의 보관 및 제출 등) ① 이 법에 따른 **관세** 등의 **환급**에 관한 **서류**로서 대통령령으로 정하는 서류는 **환급** 등의 **신청일**부터 **5년 범위**에서 대통령령으로 정하는 기간 동안 **보관**하여야 한다.
55) 제20조(서류의 보관 및 제출 등) ③ **관세청장·세관장**은 제14조에 따른 **환급금**의 정확 여부를 **심사**하는 데 필요하다고 인정하는 경우에는 **환급**받은 자, **수출용원재료 수입자**, **내국신용장** 등에 의한 **수출용원재료**의 **공급자**, 그 밖에 이와 관련된 자에게 제1항에 따른 **서류**나 그 밖의 관계 자료의 **제출**을

서류나 그 밖의 관계 자료를 제출하지 아니한 자는 **1,000만원** 이하의 벌금에 처한다.

㉤ **세관장**은 위에 해당하는 자에 대하여는 그가 **환급**받은 **관세** 등을 **즉시 징수**한다.

㉥ 벌칙의 주요 내용은 다음과 같다.

> ㉠ **미수범** 등은 다음과 같이 나누어진다.
> ⓐ 그 **정황**을 알면서 특례법 제23조 제1항 또는 제2항에 따른 행위를 **교사**하거나 **방조**한 자는 **정범**에 준하여 처벌한다.
> ⓑ 특례법 제23조 제1항의 **미수범**은 본죄에 준하여 처벌한다.
> ⓒ 특례법 제23조 제1항의 죄를 범할 목적으로 **예비**를 한 자에게는 **본죄**에 정한 형의 **1/2을 감경**하여 처벌한다.
> ㉡ **징역**과 **벌금**의 **병과** :특례법 제23조(벌칙) 제1항 또는 제2항의 죄를 범한 자에게는 정상에 따라 **징역**과 **벌금**을 병과할 수 있다.
> ㉢ **형법 적용**의 **일부 배제** : 특례법에 따른 벌칙에 해당하는 행위를 한 자에게는 형법 제38조(경합범과 처벌례) 제1항 제2호 중 **벌금경합**에 관한 **제한가중규정**을 적용하지 아니한다.
> ㉣ **양벌규정** : 법인의 대표자나 법인·개인의 대리인, 사용인, 그 밖의 종업원이 그 법인·개인의 업무에 관하여 특례법 제23조(벌칙)의 **위반행위**를 하면 그 행위자를 벌하는 외에 그 법인·개인에게도 해당 조문의 벌금형을 과한다. 다만, 법인·개인이 그 **위반행위**를 방지하기 위하여 해당 업무에 관하여 상당한 주의와 감독을 게을리 하지 아니한 경우에는 그러하지 아니하다.

#### ② 조사와 처분

특례법 제23조(벌칙) 제1항부터 제4항까지의 규정에 해당하는 자에 대하여는 법 제283조(관세범)부터 제319조(준용)까지의 규정을 적용한다.

## 제 9 절 분할납부제도

### 1. 의의

**관세**의 **분할납부제도**는 **특정상품**에 대하여 **수입신고수리** 시에 **관세전액**을 징수하지 않고 **일정기간 분할**하여 납부하도록 하는 제도이다. **관세**는 수입신고수리 후 **15일 이내 납부**하는 것이 원칙이나, 산업시설에 소요되는 자금부담을 분산하여 완화시킴으로써 중요 산업건설을 지원하고 정부, 지자체, 학교, 직업훈련원, 비영리법인 등의 **예산사정**을 고려하여 **자금부담**을 완화하는데 목적이 있다.

---

요구할 수 있다.

## 2. 관세분할납부의 요건

(1) **세관장**은 **천재지변**이나 그 밖의 사유로 이 법에 따른 신고, 신청, 청구, 그 밖의 서류의 제출, 통지, 납부 또는 징수를 정하여진 기한까지 할 수 없다고 인정될 때에는 1**년**을 넘지 아니하는 기간을 정하여 관세를 분할하여 납부하게 할 수 있다.

(2) **관세**를 분할납부하고자 하는 자는 다음 사항을 기재한 **신청서**를 **납부기한내**에 **세관장**에게 제출하여야 한다.

> 1) **납세의무자**의 성명·주소 및 상호, 2) **분할납부**를 하고자 하는 **세액** 및 해당 물품의 신고일자·신고번호·품명·규격·수량·가격, 3) **분할납부**하고자 하는 사유 및 기간, 4) **분할납부금액** 및 **횟수**

(3) **세관장**은 위의 규정에 의하여 **분할납부**를 하게 하는 경우에는 **분할납부 승인 규정**을 준용한다.

## 3. 분할납부의 승인

(1) **관세**의 **분할납부승인**을 얻고자 하는 자는 해당 물품의 **수입신고시**부터 **수입신고수리 전**까지 그 물품의 품명·규격·수량·가격·용도·사용장소와 사업의 종류를 기재한 신청서를 **세관장**에게 제출하여야 한다.

(2) **관세**의 **분할납부승인**을 하는 경우의 **납부기간**과 **납부방법**은 별표 5와 같다. 다만, 수입신고 건당 **관세액**이 **30만원 미만**인 물품을 제외한다.

(3) 다음에 해당하는 물품이 수입될 때에는 세관장은 **5년**을 넘지 아니하는 기간을 정하여 **관세**의 **분할납부**를 **승인**할 수 있다.

1) **시설기계류, 기초설비품, 건설용 재료** 및 그 **구조물**과 **공사용 장비**로서 기획재정부장관이 고시하는 물품으로서 관세를 **분할납부**할 수 있는 물품은 다음 요건을 갖추어야 한다. ① **법 별표 관세율표**에서 부분품으로 분류되지 아니할 것, ② 법 기타 관세에 관한 법률 또는 조약에 의하여 **관세**를 **감면**받지 아니할 것, ③ 해당 관세액 이 500**만원 이상**일 것. 다만, **중소기업기본법** 제2조(중소기업자의 범위) 제1항의 규정에 의한 **중소기업**이 수입하는 경우에는 **100만원 이상**일 것, ④ 법제51조(덤핑방지관세의 부과대상) 내지 제72조(계절관세)의 규정을 적용받는 물품이 아닐 것. 다만, 기획재정부령으로 정하는 업종에 소요되는 물품은 제외한다.
2) **정부·지방자치단체**가 **수입**하는 **물품**으로서 기획재정부령으로 정하는 물품
3) **학교·직업훈련원**에서 수입하는 물품과 **비영리법인**이 공익사업을 위하여 **수입**하는 물품으로서 기획재정부령으로 정하는 물품
4) **의료기관** 등 기획재정부령으로 정하는 **사회복지기관** 및 **사회복지시설**에서 수입하는 물품으로서 **기획재정부장관**이 고시하는 물품
5) **기업부설연구소, 산업기술연구조합** 및 **비영리법인**인 **연구기관**, 그 밖에 이와 유사한 **연구기관**에서 수입하는 **기술개발연구용품** 및 **실험실습용품**으로서 **기획재정부장관**이 고시하는 물품
6) **중소제조업체**가 직접 사용하려고 수입하는 물품. 다만, 기획재정부령으로 정하는 기준에 적합한 물품이어야 한다. **관세분할납부**의 승인을 얻을 수 있는 **중소제조업체**는 중소기업기본법 제2조의 규정에 의한 중소기업자로서 **한국표준산업분류표**상 제조업으로 분류되는 업체에 한한다.
7) **기업부설 직업훈련원**에서 직업훈련에 직접 사용하려고 수입하는 **교육용품** 및 **실험실습용품** 중 국내에서 제작하기가 곤란한 물품으로서 **기획재정부장관**이 고시하는 물품
8) 위의 2)-5)의 규정에 의하여 관세를 **분할납부**하는 물품 및 기관은 별표 4와 같다.

(4) **관세**를 **분할납부**할 수 있는 **물품**은 법 별표 관세율표 제84류·제85류 및 제90류에 해당하는 물품으로서 다음 요건을 갖추어야 한다.

① 법 기타 **관세**에 관한 법률·조약에 의하여 **관세감면**을 받지 아니할 것, ② 해당 관세액이 **100만원 이상**일 것, ③ 법 제51조(덤핑방지관세의 부과대상) 내지 제72조(계절관세)의 규정을 적용받는 **물품**이 아닐 것, ④ **국내**에서 제작이 곤란한 **물품**으로서 해당 물품의 생산에 관한 사무를 관장하는 주무부처의 장 또는 그 위임을 받은 기관의 장이 **확인**한 것일 것, ⑤ 법 제107조(관세의 분할납부) 제2항 제2호 내지 제5호 및 제7호의 규정에 의하여 관세를 **분할납부**할 수 있는 물품은 법 기타 관세에 관한 법률·조약에 의하여 관세를 **감면**받지 아니한 것이어야 한다.

## 4. 관세감면 · 분할납부 승인물품의 반입 및 변경신고

### (1) 물품의 용도변경 또는 양도

1) **관세**의 **분할납부**를 **승인**받은 자가 해당 물품의 용도를 **변경**하거나 그 **물품**을 **양도**

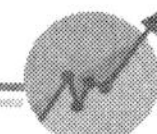

하려는 경우에는 미리 **세관장 승인**을 받아야 한다.

2) **세관장 승인**을 얻고자 하는 자는 다음 사항을 기재한 신청서에 해당 물품의 **양도·양수**에 관한 계약서의 사본을 첨부하여 그 물품의 관할지 **세관장**에게 제출하여야 한다.

> ① 해당 물품의 **품명·규격·수량·가격·통관지세관명·수입신고수리 연월일·수입신고번호**, ② **분할납부**하고자 하는 **관세액**과 이미 납부한 **관세액**, ③ **양수인**, ④ **승인**을 받고자 하는 사유

### (2) 법인의 합병·분할·분할합병 또는 해산, 파산

1) **관세**의 **분할납부**를 승인받은 법인이 **합병·분할·분할합병** 또는 **해산**을 하거나 파산선고를 받은 경우 또는 **관세**의 **분할납부**를 승인받은 자가 **파산선고**를 받은 경우에는 그 관세를 납부하여야 하는 자는 지체 없이 그 사유를 **세관장**에게 **신고**하여야 한다. **관세**의 **분할납부**를 **승인**받은 자가 **파산선고**를 받은 경우에는 그 **파산관재인**이 **관세**를 납부하여야 한다.

2) **관세**의 **분할납부**를 승인받은 법인이 **합병·분할** 또는 **분할합병**된 경우에는 합병·분할 또는 분할합병 후에 존속하거나 합병·분할 또는 분할합병으로 설립된 법인이 **연대**하여 **관세**를 납부하여야 한다. **관세**의 **분할납부**를 승인받은 법인이 해산한 경우에는 그 **청산인**이 **관세**를 납부하여야 한다.

### (3) 관세감면 및 분할납부 승인물품의 반입

1) 법 제83조(용도세율의 적용)·법 제89조(세율불균형물품의 면세) 제1항 제2호·법 제90조(학술연구용품의 감면세)·법 제91조(종교용품, 자선용품, 장애인용품 등의 면세)·법 제93조(특정물품의 면세 등)·법 제95조(환경오염방지물품 등에 대한 감면세), 법 제98조(재수출감면세) 및 법 제107조(관세의 분할납부)의 규정에 의하여 **용도세율**의 적용, **관세**의 **감면·분할납부**의 **승인**을 얻은 자는 설치·사용할 장소에 해당 물품을 **수입신고수리일**부터 **1월 내**에 반입하여야 한다.

2) 법 제83조·법 제89조 제1항 제2호·법 제90조·법 제91조·법 제93조·법 제95조 및 법 제98조의 규정에 의하여 **용도세율** 적용을 **승인**받은 **물품·관세**의 **감면**을 받은 **물품**을 해당 조항에 규정하는 기간 내에, 법 제107조(관세의 분할납부)의 규정에 의하여 **관세**의 **분할납부 승인**을 얻은 물품을 그 **분할납부기간 만료 전**에 그 설치·사용장소를 변경하고자 하는 때에는 변경전의 관할지 **세관장**에게 다음 사항을 기재한 **설치·사용장소변경신고**

서를 제출하고, 제출일부터 **1월 내**에 변경된 설치·사용장소에 이를 반입하여야 한다.

> ① 해당 **물품**의 **품명·규격** 및 **수량**, ② 해당 **물품**의 **가격** 및 적용된 **용도세율**, **면세액·분할납부승인액**과 그 법적 근거, ③ 해당 **물품**의 수입신고번호 및 통관지 세관명, ④ **설치·사용장소**에 반입한 연월일과 사용개시 연월일, ⑤ **설치·사용장소**와 **신고자**의 성명·주소

3) 다만, **재해·노사분규** 등의 **긴급**한 **사유**로 자기소유의 국내의 다른 장소로 해당 물품의 **설치·사용장소**를 변경하고자 하는 경우에는 관할지 **세관장**에게 **신고**하고, 변경된 설치·사용장소에 반입한 후 **1월 이내**에 **설치·사용장소 변경신고서**를 제출하여야 한다.

### (4) 용도외 다른 용도에 사용

1) **관세**의 **분할납부**를 승인받은 물품을 **동일 용도**로 사용하려는 자에게 양도한 경우에는 그 **양수인**이 관세를 납부하여야 하며, 해당 **용도외 다른 용도에 사용**하려는 자에게 **양도**한 경우에는 그 **양도인**이 관세를 납부하여야 한다. 이 경우 **양도인**으로부터 해당 관세를 징수할 수 없을 때에는 그 **양수인**으로부터 징수한다.

2) 위의 규정에 의하여 **설치·사용**할 장소에 물품을 **반입**한 자는 해당 장소에 다음 사항을 기재한 장부를 비치하여야 한다.

> ① 해당 **물품**의 **품명·규격** 및 **수량**, ② 해당 **물품**의 가격과 **용도세율**의 적용, **관세**의 **감면·분할납부**에 관한 사항, ③ 해당 **물품**의 수입신고번호·수입신고수리 연월일과 통관지세관명, ④ **설치·사용장소**에 반입한 연월일과 사용개시 연월일, ⑤ **설치· 사용장소**와 **사용상황**

## 5. 관세의 분할납부고지

(1) **세관장**은 법 시행령 제126조(관세의 분할납부 승인신청)의 규정에 의하여 관세의 **분할납부**를 승인한 때에는 **납부기한** 별로 법 제39조(부과고지)의 규정에 의한 **납세고지**를 하여야 한다.

(2) **세관장**은 법 제107조(관세의 분할납부) 제9항의 규정에 의하여 관세의 **분할납부**를 **승인**한 때에는 **납부기한** 별로 법 제39조(**부과고지**)의 규정에 의한 **납세고지**를 하여야 한다.

(3) 위의 (1)의 규정에 의하여 고지한 **관세**로서 그 **납부기한**이 (2)의 규정에 의한 납부

**기한 이후**인 것의 **납세고지**는 이를 **취소**하여야 한다.

(4) 다음에 해당하는 경우에는 납부하지 아니한 **관세 전액**을 **즉시 징수**한다.

> 1) **관세**의 **분할납부**를 승인받은 물품을 정한 기간에 해당 **용도외 다른 용도에 사용**하거나 사용하려는 자에게 **양도**한 경우, 2) **관세**를 지정된 기한까지 **납부**하지 아니한 경우. 다만, **관세청장**이 부득이한 사유가 있다고 인정하는 경우는 **제외**한다. 3) **파산선고**를 받은 경우, 4) **법인**이 **해산**한 경우

## 6. 담보제공 및 사후관리

### (1) 담보의 제공

1) **세관장**은 필요하다고 인정될 때에는 **관세청장**이 정하는 바에 따라 이 법이나 그 밖의 법령·조약·협정 등에 따라 **관세**를 **감면**받거나 **분할납부**를 **승인**받은 물품에 대하여 그 물품을 수입할 때에 감면받거나 분할납부하는 관세액(법 제97조(재수출면세) 제4항 및 제98조(재수출감면세) 제2항에 따른 **가산세**는 제외한다)에 상당하는 **담보**를 제공하게 할 수 있다.

2) 법 제108조(담보 제공 및 사후관리) 제1항의 규정에 의한 **담보**의 제공여부는 물품의 성질 및 종류, 관세채권의 확보가능성 등을 기준으로 하여 정하되, ① 법 제97조 또는 법 제98조의 규정에 의하여 **관세**를 **감면**받은 경우, ② 법 제107조(관세의 분할납부)의 규정에 의하여 **분할납부승인**을 받은 경우에 한하여야 한다.

3) 법 제108조(담보 제공 및 사후관리) 제1항에 따라 **세관장**은 수입신고를 수리하는 때까지 **담보**를 제공하게 할 수 있다. 다만, 긴급한 사유로 공휴일(근로자의 날 제정에 관한 법률에 따른 **근로자**의 **날** 및 **토요일**을 포함한다) 등 금융기관이 업무를 수행할 수 없는 날에 수입하는 물품으로서 **긴급성**의 정도 등을 고려하여 **관세청장**이 정하여 고시하는 물품에 대하여는 **수입신고**를 수리하는 때 이후 최초로 금융기관이 업무를 수행하는 날까지 **담보**를 제공하게 할 수 있다.

### (2) 용도세율 적용물품의 사후관리

1) 법이나 그 밖의 법률·조약·협정 등에 따라 **용도세율**을 적용받거나 관세의 **감면·분할납부**를 **승인**받은 자는 해당 조건의 이행 여부를 확인하는 데에 필요한 서류를 **세관장**에게 제출하여야 한다.

2) **세관장**은 **용도세율 적용**, **관세감면·분할납부 승인**을 받은 물품에 대하여 **관세청장**

이 정하는 바에 따라 해당 조건의 이행을 확인하기 위하여 필요한 조치를 할 수 있다.

3) 법 제108조(담보제공 및 사후관리) 제2항에 규정하는 서류는 **관세청장**이 정하는 바에 따라 **통관세관장·관할지세관장**에게 제출하여야 한다.

4) **용도세율**을 적용받거나 **관세**를 **감면**받은 **물품**을 **세관장 승인**을 받아 수출한 경우에는 이 법을 적용할 때 **용도외 사용**으로 보지 아니하고 **사후관리**를 **종결**한다. 다만, **용도세율**을 적용받거나 **관세를 감면**받은 **물품**을 가공하거나 수리할 목적으로 **수출**한 후 다시 **수입**하거나 해외시험 및 연구를 목적으로 **수출**한 후 다시 **수입**하여 법 제99조(재수입면세) 제3호 또는 제101조(해외임가공물품 등의 감세) 제1항 제2호에 따른 **감면**을 받은 경우에는 **사후관리**를 계속한다.

### (3) 사후관리의 위탁

1) **관세청장**은 법, 그 밖의 법률·조약·협정 등에 따라 **용도세율**을 적용받거나 관세의 **감면·분할납부**를 **승인**받은 자는 해당 조건의 이행 여부를 확인하기 위하여 필요할 때에는 해당 물품의 **사후관리**에 관한 사항을 **주무부장관**에게 **위탁**할 수 있다.

2) **관세청장**은 **용도세율 적용**, **관세감면** 또는 **분할납부 승인**을 받은 물품에 대한 해당 조건의 이행을 확인하기 위하여 필요한 경우에는 법 제108조(담보 제공 및 사후관리) 제3항에 따라 다음 구분에 따라 그 **사후관리**에 관한 사항을 **위탁**한다.

> ① 법 제109조(다른 법령 등에 따른 감면물품의 관세징수) 제1항의 경우: 해당 법률·조약 등의 **집행**을 **주관**하는 부처의 장, ② 법 제83조(용도세율의 적용) 제1항, 제90조(학술연구용품의 감면세), 제91조(종교용품, 자선용품, 장애인용품 등의 면세), 제93조(특정물품의 면세 등), 제95조(환경오염방지물품 등에 대한 감면세) 제1항 제1호부터 제3호까지 또는 제107조(관세의 분할납부)의 경우: 해당 **업무**를 **주관**하는 부처의 장

3) **사후관리**를 **위탁**받은 부처의 장은 **용도세율 적용**, **관세감면·분할납부 승인**을 받은 물품에 대한 **관세 징수사유**가 발생한 것을 확인한 때에는 지체없이 해당 물품의 **관할지세관장**에게 ① **수입신고번호**, ② **품명** 및 **수량**, ③ **감면·분할납부**의 **승인**을 받은 **관세**의 징수사유, ④ **화주**의 주소·성명을 기재한 **통보서**를 송부하여야 한다.

4) **위탁물품**에 대한 **사후관리**에 관한 사항은 **위탁**받은 **부처**의 **장**이 **관세청장**과 협의하여 정한다.

### (4) 사후관리 대상물품의 이관 및 관세의 징수

1) 법 제83조(용도세율의 적용)·법 제89조(세율불균형물품의 면세) 제1항 제2호·법 제90조(학술연구용품의 감면세)·법 제91조(종교용품, 자선용품, 장애인용품 등의 면세)·법 제93조(특정물품의 면세 등)·법 제95조(환경오염방지물품 등에 대한 감면세), 법 제98조(재수출감면세) 및 법 제107조(관세의 분할납부)에 따라 **용도세율 적용**, **관세감면** 또는 **분할납부 승인**을 받은 물품의 **통관세관·관할지세관**이 서로 다른 경우에는 **통관세관장**은 **관세청장**이 정하는 바에 따라 **관할지세관장**에게 해당 물품에 대한 관계서류를 인계하여야 한다.

2) **통관세관장**이 **관할지세관장**에게 관계서류를 인계한 물품에 대하여 법 제97조(재수출면세) 제3항(법 제98조(재수출감면세) 제2항에서 준용하는 경우를 포함한다) 및 법 제102조(관세감면물품의 사후관리) 제2항의 규정에 의하여 징수하는 관세는 **관할지세관장**이 이를 **징수**한다.

## 7. 다른 법령에 따른 감면물품의 관세징수

(1) 법 외의 법령이나 조약·협정 등에 따라 **관세**가 **감면**된 물품을 그 **수입신고 수리일**부터 **3년 내**에 해당 법령이나 조약·협정 등에 규정된 **용도외 다른 용도에 사용**하거나 **양도**하려는 경우에는 **세관장**의 확인을 받아야 한다. 다만, 해당 법령이나 조약·협정 등에 다른 용도로 사용하거나 양도한 경우에 해당 관세의 **징수**를 **면제**하는 규정이 있을 때에는 그러하지 아니하다.

(2) 법 제109조(다른 법령 등에 따른 감면물품의 관세징수) 제1항의 규정에 의한 확인을 받고자 하는 자는 제102조(관세감면물품의 사후관리) 제1항에 정하는 사항과 해당 물품의 **관세감면**의 근거가 되는 법령·조약 또는 협정 및 그 조항을 기재한 **확인신청서**에 동 법령·조약 또는 협정의 규정에 의하여 해당 물품의 **용도외 사용** 또는 **양도**에 필요한 요건을 갖춘 것임을 증빙하는 서류를 첨부하여 **관할지세관장**에게 제출하여야 한다.

(3) **세관장**의 확인을 받아야 하는 물품에 대하여는 해당 **용도외 다른 용도에 사용**한 자 또는 그 **양도**를 한 자로부터 감면된 관세를 즉시 징수하여야 하며, 양도인으로부터 해당 관세를 징수할 수 없을 때에는 그 **양수인**으로부터 감면된 관세를 **즉시 징수**한다. 다만, 그 물품이 재해나 그 밖의 **부득이**한 **사유**로 멸실되었거나 미리 **세관장 승인**을 받아 그 **물품**을 **폐기**하였을 때에는 **예외**로 한다.

# 납세자의 권리

## 제 1 절 납세자권리헌장과 통합조사의 원칙

### 1. 납세자권리헌장의 제정 및 교부

(1) **관세청장**은 법 제111조(관세조사권 남용 금지), 제112조(관세조사의 경우 조력을 받을 권리), 제113조(납세자의 성실성 추정 등), 제114조(관세조사의 사전통지와 연기신청), 제115조(관세조사의 결과 통지), 제116조(비밀유지), 제116조의2(고액·상습체납자의 명단공개) 및 제117조(정보의 제공)에서 규정한 사항과 그 밖에 **납세자권리보호**에 관한 사항을 포함하는 **납세자권리헌장**을 제정하여 고시하여야 한다.

(2) **세관공무원**은 다음에 해당하는 경우에는 **납세자권리헌장**의 내용이 수록된 문서를 **납세의무자**에게 내주어야 한다. 한편 납세의무자는 다음에 해당하여 **세관공무원**에게 조사를 받는 경우에 **변호사, 관세사**에게 조사에 참여하게 하거나 의견을 진술하게 할 수 있다.

1) 법 제270조(관세포탈죄 등)에 따라 **관세포탈, 부정감면·부정환급(수출용원재료에 대한 관세 등 환급에 관한 특례법** 제23조(벌칙) 제1항[1]에 따른 **부정환급**을 포함한다)에 대한 **범칙사건**을 조사하는 경우
2) **관세**의 과세표준과 세액의 **결정·경정**을 위하여 **납세의무자**를 방문·서면으로 조사(법 제110조의2(통합조사의 원칙)에 따른 **통합조사**를 포함한다. 이하, **관세조사**라 한다)하는 경우
3) **징수권**의 확보를 위하여 **압류**를 하는 경우
4) **보세판매장**에 대한 **조사**를 하는 경우

(3) **세관공무원**은 **납세의무자**를 긴급히 **체포·압수·수색**하는 경우 또는 **현행범**인 **납세의무자**가 도주할 우려가 있는 등 **조사목적**을 달성할 수 없다고 인정되는 경우에는 **납세자 권리헌장**을 내주지 아니할 수 있다.

## 2. 통합조사의 원칙

**세관공무원**은 다음의 경우를 제외하고는 **신고납부세액**과 법 및 다른 법령에서 정하는 수출입 관련 의무 이행과 관련하여 그 권한에 속하는 사항을 통합하여 조사(**통합조사**)하는 것을 원칙으로 한다.

> ※ **통합조사원칙**의 **예외사항**
> (1) **세금탈루 혐의**, **수출입 관련 의무위반 혐의**, **수출입자** 등의 업종·규모 등을 고려하여 특정 사안만을 조사할 필요가 있는 경우, (2) **조세채권**의 **확보** 등을 위하여 긴급히 조사할 필요가 있는 경우, (3) 그 밖에 **조사**의 **효율성**, **납세자**의 **편의** 등을 고려하여 특정 분야만을 조사할 필요가 있는 경우로서 기획재정부령으로 정하는 경우

# 제 2 절 관세조사

## 1. 관세조사의 대상자선정

(1) **세관장**은 다음에 해당하는 경우에 **정기적**으로 신고의 적정성을 검증하기 위하여 대상을 선정(**정기선정**)하여 조사를 할 수 있다. 이 경우 **세관장**은 객관적 기준에 따라 공정하게 그 대상을 선정하여야 한다.

> 1) **관세청장**이 수출입자의 신고 내용에 대하여 정기적으로 **성실도**를 분석한 결과 **불성실 혐의**가 있다고 인정하는 경우
> 2) 최근 **4년 이상** 조사를 받지 아니한 **납세의무자**에 대하여 업종, 규모 등을 고려하여 신고 내용이 적정한지를 **검증**할 필요가 있는 경우. **장기 미조사자**에 대한 **관세조사** 기준에 따라 실시하는 조사는 **수출입자** 등의 업종, 규모, 이력 등을 고려하여 **관세청장**이 정하는 기준에 따른다.
> 3) **무작위추출방식**으로 **표본조사**를 하려는 경우

1) 제23조(벌칙) ① **거짓**이나 그 밖의 **부정**한 **방법**으로 **관세** 등을 환급받은 자는 **3년 이하**의 **징역** 또는 **환급**받은 세액의 **5배 이하**에 상응하는 **벌금**에 처한다.

(2) **세관장**은 **정기선정**에 의한 조사 외에 다음에 해당하는 경우에는 **조사**를 할 수 있다.

> 1) **납세의무자**가 이 법에서 정하는 **신고·신청**, **과세가격결정자료**의 제출 등의 **납세협력의무**를 이행하지 아니한 경우, 2) **수출입자**에 대한 구체적인 **탈세제보** 등이 있는 경우, 3) **신고내용**에 탈세나 오류의 혐의를 인정할 만한 **자료**가 있는 경우

(3) **세관장**은 부과고지를 하는 경우 **과세표준**과 **세액**을 결정하기 위한 조사를 할 수 있다.

(4) **세관장**은 최근 **2년간** 수출입신고 실적이 **일정금액** 이하인 경우 등 다음 요건을 충족하는 자에 대해서는 **조사**를 하지 아니할 수 있다. 다만, 객관적인 증거자료에 의하여 **과소신고**한 것이 명백한 경우에는 그러하지 아니하다.

> 1) 최근 **2년간 수출입신고 실적**이 **30억원** 이하일 것, 2) 최근 **4년 이내**에 다음에 해당하는 사실이 없을 것. ① 수출입 관련 법령을 위반하여 **통고처분**을 받거나 **벌금형** 이상의 형의 선고를 받은 사실, ② **관세** 및 **내국세**를 체납한 사실, ③ **신고납부**한 세액이 **부족**하여 **세관장**으로부터 **경정**을 받은 사실

## 2. 관세조사권의 남용금지

(1) **세관공무원**은 적정하고 **공평**한 **과세**를 실현하고 **통관**의 적법성을 보장하기 위하여 필요한 **최소한**의 **범위**에서 **관세조사**를 하여야 하며 다른 목적 등을 위하여 **조사권**을 남**용**하여서는 아니 된다.

(2) **세관공무원**은 다음에 해당하는 경우를 제외하고는 해당 사안에 대하여 이미 조사받은 자를 다시 조사할 수 없다(**중복조사 금지**).

> 1) **관세포탈** 등의 혐의를 인정할 만한 명백한 자료가 있는 경우, 2) 이미 조사받은 자의 **거래상대방**을 조사할 필요가 있는 경우, 3) 법에 따른 **이의신청·심사청구** 또는 **심판청구**가 이유 있다고 인정되어 내려진 필요한 처분의 결정에 따라 조사하는 경우, 4) 그 밖에 **밀수출입**, **부정·불공정무역** 등 **경제질서 교란** 등을 통한 **탈세혐의**가 있는 자에 대하여 **일제조사**를 하는 경우를 말한다.

## 3. 납세자의 성실성 추정

(1) **세관공무원**은 납세자가 법에 따른 **신고** 등의 의무를 이행하지 아니한 경우 또는 **납세의무자**에게 구체적인 관세포탈 등의 혐의가 있는 경우 등 다음에 해당하는 제외하고는 납세의무자가 **성실**하며 납세의무자가 제출한 **신고서** 등이 진실한 것으로 **추정**하여야 한다.

> 1) **납세의무자**가 법에서 정하는 신고 및 신청, **과세자료**의 제출 등의 **납세협력의무**를 이행하지 아니한 경우, 2) **납세의무자**에 대한 구체적인 **탈세정보**가 있는 경우, 3) **신고내용**에 탈루나 오류의 혐의를 인정할 만한 명백한 자료가 있는 경우, 4) **납세의무자**의 신고내용이 **관세청장**이 정한 기준과 비교하여 **불성실**하다고 인정되는 경우

(2) **세관공무원**이 납세의무자가 제출한 **신고서** 등의 내용에 관하여 질문을 하거나 신고한 물품에 대하여 확인을 하는 행위 등 1) **세액심사**를 위한 질문이나 **자료제출**의 요구, 2) **물품검사**, 3) **장부·자료**의 제출, 4) 그 밖의 법(특례법을 포함한다)에 따른 **자료조사**나 **자료제출**의 요구에 해당하는 행위를 하는 것을 **제한**하지 아니한다.

## 4. 관세조사의 사전통지와 연기신청

### (1) 관세조사의 사전통지

1) **세관공무원**은 ① **범칙사건**에 대하여 조사하는 경우, ② **사전**에 **통지**하면 **증거인멸** 등으로 조사 목적을 달성할 수 없는 경우에 해당하는 조사를 하기 위하여 해당 **장부**, **서류**, **전산처리장치** 또는 그 밖의 **물품** 등을 조사하는 경우에는 조사를 받게 될 **납세의무자**(그 위임을 받은 자를 포함한다)에게 조사 시작 **7일 전**에 조사 대상, 조사 사유, 그 밖에 대통령령으로 정하는 사항을 통지하여야 한다. 다만, 다음에 해당하는 경우에는 그러하지 아니하다.

2) **납세의무자**·그 위임을 받은 자에게 **관세조사**에 관한 **사전통지**를 하는 경우에는 ① **납세의무자**·그 위임을 받은 **자**의 성명과 주소 또는 거소, ② **조사기간**, ③ **조사대상** 및 **조사사유**, ④ **조사공무원**의 인적사항, ⑤ 기타 필요한 사항을 적은 **문서**로 하여야 한다.

### (2) 관세조사기간

1) **조사기간**은 조사대상자의 수출입 규모, 조사 인원·방법·범위 및 난이도 등을 종합

적으로 고려하여 최소한이 되도록 하되, 방문하여 조사하는 경우에 그 조사기간은 20일 **이내**로 한다.

2) 다음에 해당하는 경우에는 **20일 이내**의 범위에서 조사기간을 **연장**할 수 있다. 이 경우 **2회 이상 연장**하는 경우에는 **관세청장 승인**을 받아 각각 **20일 이내**에서 **연장**할 수 있다.

> ① **조사대상자**가 **장부·서류** 등을 은닉하거나 그 제출을 지연·거부하는 등 조사를 **기피**하는 행위가 명백한 경우, ② **조사범위**를 다른 **품목**이나 **거래상대방** 등으로 확대할 필요가 있는 경우, ③ **천재지변·노동쟁의**로 조사가 **중단**되는 경우, ④ 위에 준하는 사유로 **사실관계**의 **확인**이나 **증거확보** 등을 위하여 **조사기간**을 **연장**할 필요가 있는 경우

3) **세관공무원**은 납세의무자가 자료의 제출을 지연하는 등 다음에 해당하는 사유로 **조사**를 진행하기 **어려운** 경우에는 조사를 **중지**할 수 있다. 이 경우 그 중지기간은 **조사기간** 및 **조사연장기간**에 산입하지 아니한다.

> ① **납세의무자**가 **천재지변**이나 **관세조사 연기신청 사유**에 해당하는 사유가 있어 **조사중지**를 신청한 경우, ② **납세의무자**가 장부·서류 등을 **은닉**하거나 그 제출을 지연 또는 거부하는 등으로 인하여 조사를 **정상적**으로 **진행**하기 어려운 경우, ③ **노동쟁의** 등의 발생으로 **관세조사**를 정상적으로 진행하기 어려운 경우, ④ 그 밖에 **관세조사**를 **중지**하여야 할 특별한 사유가 있는 경우로서 **관세청장**이 정하는 경우

4) **세관공무원**은 **관세조사**를 **중지**한 경우에는 그 **중지사유**가 **소멸**하면 즉시 조사를 재개하여야 한다. 다만, **관세채권 확보** 등 긴급히 조사를 재개하여야 할 필요가 있는 경우에는 그 **중지사유**가 **소멸**하기 **전**이라도 관세조사를 **재개**할 수 있다.

5) **세관공무원**은 조사기간을 **연장**, **중지·재개**하는 경우에는 그 사유, 기간 등을 **문서**로 **통지**하여야 한다.

### (3) 관세조사의 연기

1) 위의 **통지**를 받은 **납세의무자**가 **천재지변**이나 그 밖에 다음 사유로 조사를 받기가 곤란한 경우에는 해당 **세관장**에게 조사를 **연기**하여 줄 것을 신청할 수 있다.

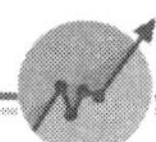

① **화재**나 그 밖의 **재해**로 사업상 심한 어려움이 있는 경우, ② **납세의무자**·그 위임을 받은 자의 **질병, 장기출장** 등으로 **관세조사**가 곤란하다고 판단되는 경우, ③ **권한** 있는 **기관**에 의하여 **장부** 및 **증빙서류**가 **압수** 또는 **영치**된 경우, ④ 그 밖에 위의 규정에 준하는 **사유**가 있는 경우

2) **관세조사 연기**를 받고자 하는 자는 다음 사항을 기재한 문서를 해당 **세관장**에게 제출하여야 한다.

① **관세조사 연기**를 받고자 하는 **자**의 성명과 주소 또는 거소, ② **관세조사 연기**를 받고자 하는 **기간**, ③ **관세조사 연기**를 받고자 하는 **사유**, ④ 기타 필요한 사항

3) **관세조사 연기**를 신청받은 **세관장**은 연기신청 승인 여부를 결정하고 그 결과를 **조사 개시 전**까지 신청인에게 **통지**하여야 한다.

## 5. 관세조사의 결과통지

**세관공무원**은 다음에 해당하는 조사를 **종료**하였을 때에는 그 조사 결과를 **서면**으로 **납세의무자**에게 **통지**하여야 한다. 다만, **납세의무자**가 **폐업**한 경우 등 다음에 정하는 경우에는 그러하지 아니하다.

(1) **납세의무자**에게 **통고처분**을 하는 경우, (2) **범칙사건**을 **고발**하는 경우, (3) **폐업**한 경우, (4) **납세의무자**의 주소 및 거소가 불명하거나 그 밖의 사유로 **통지**를 하기 곤란하다고 인정되는 경우

# 제 3 절 과세정보 비밀유지와 고액·상습체납자명단공개

## 1. 비밀유지

(1) **세관공무원**은 **납세의무자**가 법에서 정한 납세의무를 이행하기 위하여 제출한 **자료**

나 **관세**의 **부과·징수** 또는 **통관**을 목적으로 업무상 취득한 **자료** 등(**과세정보**)을 **타인**에게 **제공**하거나 **누설**하여서는 아니 되며, **사용목적외 용도에 사용**하여서도 아니 된다. 다만, 다음에 해당하는 경우에는 그 사용 목적에 맞는 범위에서 **납세의무자**의 **과세정보**를 제공할 수 있다.

> 1) **국가기관**이 관세에 관한 쟁송이나 **관세법**에 대한 소추를 목적으로 **과세정보**를 요구하는 경우, 2) **법원**의 **제출명령**이나 법관이 발부한 영장에 따라 **과세정보**를 요구하는 경우, 3) **세관공무원** 상호간에 관세를 **부과·징수**, **통관** 또는 **질문·검사**하는 데에 필요하여 **과세정보**를 요구하는 경우, 4) 다른 **법률**에 따라 **과세정보**를 요구하는 경우

⑵ **과세정보**의 **제공**을 요구하는 자는 문서로 해당 **세관장**에게 요구하여야 한다. **세관공무원**은 위반되게 과세정보의 제공을 요구받으면 이를 거부하여야 한다. **과세정보**를 알게 된 자는 타인에게 **제공**하거나 **누설**하여서는 아니 되며, 그 **목적외의 용도**로 사용하여서도 아니 된다. **과세정보**를 제공받아 알게 된 자 중 **공무원**이 아닌 자는 형법이나 그 밖의 법률에 따른 벌칙을 적용할 때 **공무원**으로 본다.

## 2. 고액·상습체납자 명단공개

### 1) 의의

① **관세청장**은 **체납발생일**부터 1년이 지난 관세 및 내국세 등(**체납관세** 등)이 **3억원 이상**인 **체납자**에 대하여는 그 **인적사항**과 **체납액** 등을 **공개**할 수 있다. 다만, 체납관세 등에 대하여 **이의신청·심사청구** 등 **불복청구**가 진행 중이거나 체납액의 일정금액 이상을 납부한 경우 등 다음 사유에 해당하는 경우에는 그러하지 아니하다.

> ㉮ **체납액**의 30/100 **이상**을 납부한 경우
> ㉯ **채무자 회생 및 파산에 관한 법률(채무자회생법)** 제243조(회생계획인가의 요건)에 따른 **회생계획**인가의 결정에 따라 체납된 세금의 **징수**를 유예받고 그 유예기간 중에 있거나 체납된 세금을 **회생계획**의 **납부일정**에 따라 납부하고 있는 경우
> ㉰ **재산상황, 미성년자** 해당 여부 및 그 밖의 사정 등을 고려할 때 **관세정보공개심의위원회**가 공개할 실익이 없거나 **공개**하는 것이 부적절하다고 인정하는 경우

② **체납자**의 **인적사항**과 **체납액** 등에 대한 공개 여부를 심의하거나 재심의하기 위하여 **관세청**에 **관세정보공개심의위원회**를 둔다.

③ **관세청장**은 심의위원회의 심의를 거친 **공개대상예정자**에게 체납자 명단 공개대상 예정자임을 통지하여 소명할 기회를 주어야 한다. **관세청장**은 공개대상예정자에게 체납자 명단공개 대상예정자임을 통지하는 때에는 그 체납된 세금의 납부촉구와 명단공개 제외사유에 해당되는 경우 이에 관한 **소명자료**를 제출하도록 각각 안내하여야 한다.

④ **관세청장**은 통지한 날부터 **6개월**이 지나면 **관세정보공개심의위원회**로 하여금 체납액의 납부이행 등을 고려하여 체납자의 명단공개 여부를 재심의하게 한다.

⑤ **체납자 명단공개**시 공개할 사항은 체납자의 성명·상호(법인의 명칭을 포함한다)·연령·직업·주소, 체납액의 세목·납기 및 체납요지 등으로 하고, 체납자가 법인인 경우에는 **법인**의 **대표자**를 함께 공개한다. **공개**는 관보에 게재하거나 **관세청장**이 지정하는 정보통신망 또는 관할 세관의 게시판에 게시하는 방법으로 한다.

⑥ 체납자 명단공개 및 심의위원회의 구성·운영 등에 필요한 사항은 대통령령으로 정한다.

#### 2) 관세정보공개심의위원회

⑴ **관세정보공개심의위원회**의 위원장은 관세청 차장이 되고, 위원은 다음의 자가 된다.

> 1) **관세청**의 고위공무원단에 속하는 일반직공무원 중에서 **관세청장**이 임명하는 자 4인,
> 2) 법률 또는 재정·경제에 관한 학식과 경험이 풍부한 자 중에서 **관세청장**이 위촉하는 자 6인

⑵ **위촉위원**의 **임기**는 2년으로 하되, 연임할 수 있다. **위원회**의 회의는 위원장을 포함한 재적위원 과반수의 출석으로 개의하고, 출석위원 과반수의 찬성으로 의결한다. 위원회의 구성 및 운영에 관하여 필요한 사항은 **관세청장**이 정한다.

## 제 4 절 납세증명서의 발급과 유효기간 및 정보제공

### 1. 납세증명서의 발급과 유효기간

#### (1) 납세증명서의 제출 및 발급

1) **납세의무자**(미과세된 자를 포함한다)는 다음에 해당하는 경우에는 대통령령으로 정

하는 바에 따라 **납세증명서**를 제출하여야 한다.

> ① **국가, 지방자치단체·감사원법** 제22조(필요적 검사사항) 제1항 제3호 및 제4호에 따라 **감사원 회계검사**의 대상이 되는 **법인·단체**로부터 **대금**을 지급받을 경우, ② 관세를 납부할 의무가 있는 **외국인**이 출국할 경우, ③ **내국인**이 외국으로 이주하거나 **1년**을 초과하여 외국에 체류할 목적으로 **외교부장관**에게 거주목적의 **여권**을 신청하는 경우

2) **세관장**은 납세의무자로부터 **납세증명서**의 발급신청을 받았을 때에는 그 사실을 확인하고 즉시 **납세증명서**를 발급하여야 한다. **납세증명서**의 내용과 납세증명서의 제출 등에 관하여는 **국세징수법시행령** 제2조(납세증명서)[2](제1호는 제외한다), 제4조(납세증명서의 제출)[3] 및 제5조(납세증명서 제출의 예외)를 준용한다. 이 경우 국세징수법시행령 제5조 제2항[4] 중 **국세청장**(국세정보통신망을 통한 조회만 해당한다) 또는 **세무서장**은 **관세청장·세관장**으로 본다.

3) **납세증명서**를 발급받으려는 자는 서식에 따른 신청서를 **세관장**에게 제출하여야 한다. 납세증명서의 발급 신청서는 별지 제1호 서식과 같다.

### (2) 납세증명서의 유효기간

**납세증명서**의 유효기간은 그 증명서를 발급한 날부터 **30일**로 한다. 다만, 발급일 현재 납부기한이 진행 중인 관세 및 내국세 등이 있는 경우에는 그 **납부기한**까지로 할 수 있다. **세관장**은 유효기간을 정할 경우에는 해당 **납세증명서**에 그 **사유**와 **유효기간**을 분명하게 적어야 한다.

---

2) 제2조(납세증명서) 국세징수법(이하 "법"이라 한다) 제5조에 따른 **납세증명서**는 발급일 현재 다음 각 호의 금액을 제외하고는 다른 **체납액**이 없다는 사실을 증명하는 것으로 한다. 1. 법 제15조부터 제17조까지의 규정에 따른 **징수유예액**. 2. 법 제85조의2에 따른 **체납처분유예액**. 3. 채무자 회생 및 파산에 관한 법률 제140조에 따른 **징수유예액·체납처분**에 따라 압류된 재산의 **환가유예**에 관련된 **체납액**

3) 제4조(납세증명서의 제출) 법 제5조 제1호에 따른 대금을 지급받는 자가 원래의 계약자 외의 자인 경우에는 다음 각 호의 구분에 따라 **납세증명서**를 제출하여야 한다. 1. **채권양도**로 인한 경우: 양도인과 양수인의 **납세증명서**. 2. 법원의 **전부명령**에 따르는 경우: **압류채권자**의 **납세증명서**. 3. 하도급거래 공정화에 관한 법률 제14조 제1항 제1호 및 제2호에 따라 **건설공사**의 하도급대금을 직접 지급받는 경우: 수급사업자의 **납세증명서**

4) 국세징수법 시행령 제5조(납세증명서 제출의 예외) ② **납세의무자**가 법 제5조 각 호의 어느 하나에 해당하여 **납세증명서**를 제출하여야 하는 경우에 해당 주무관서 등은 **국세청장**(국세정보통신망을 통한 조회만 해당한다)·**세무서장**에게 조회하거나 납세의무자의 동의를 받아 전자정부법 제36조 제1항에 따른 행정정보의 공동이용을 통하여 그 체납사실 여부를 확인함으로써 **납세증명서**의 제출을 갈음하여야 한다.

## 2. 정보제공

**세관공무원**은 납세자가 납세의무자의 **권리행사**에 필요한 정보를 요구하면 신속하게 **제공**하여야 한다. 이 경우 세관공무원은 납세의무자가 요구한 정보와 관련되어 있어 **관세청장**이 정하는 바에 따라 납세의무자가 반드시 알아야 한다고 판단되는 그 밖의 정보도 함께 제공하여야 한다.

# 제 5 절 과세전 적부심사

## 1. 의의

**세관장**은 **납부세액**이나 납부하여야 하는 **세액**에 미치지 못한 금액을 징수하려는 경우에는 미리 **납세의무자**에게 그 내용을 **서면**으로 **통지**하여야 한다. 다만, 다음에 해당하는 경우에는 그러하지 아니하다.

(1) **통지**하려는 날부터 **3개월 이내**에 관세부과의 **제척기간**이 **만료**되는 경우
(2) **납세의무자**가 확정가격을 **신고**한 경우
(3) **수입신고 수리 전**에 세액을 **심사**하는 경우로서 그 결과에 따라 **부족세액**을 징수하는 경우
(4) **감면**된 **관세**를 **징수**하는 경우
(5) **관세포탈죄**로 고발되어 **포탈세액**을 **징수**하는 경우
(6) 그 밖에 관세의 징수가 곤란하게 되는 등 **사전통지**가 적당하지 아니한 경우로서 다음에 해당하는 경우
  1) **납부세액**의 계산착오 등 명백한 오류에 의하여 부족하게 된 세액을 **징수**하는 경우
  2) 감사원법 제33조(시정 등의 요구)에 따른 감사원의 **시정요구**에 따라 **징수**하는 경우
  3) **납세의무자**가 **부도·휴업·폐업** 또는 **파산**한 경우
  4) **관세품목분류위원회**의 의결에 따라 결정한 **품목분류**에 의하여 **수출입물품**에 적용할 **세율**이나 **품목분류**의 **세번**이 변경되어 **부족**한 **세액**을 **징수**하는 경우

## 2. 과세전 적부심사 청구

### (1) 세관장에게 청구

**납세의무자**는 통지를 받았을 때에는 그 통지를 받은 날부터 **30일 이내**에 **세관장**에게

통지 내용이 적법한지에 대한 심사(**과세전 적부심사**)를 청구할 수 있다. 과세전 적부심사를 청구하는 **세관장**은 다음 구분에 의한다.

1) 인천세관장·평택세관장·김포공항세관장·인천공항국제우편세관장·수원세관장 및 안산세관장의 통지에 대한 **과세전 적부심사**인 경우: **인천세관장**
2) 서울세관장·안양세관장·천안세관장·청주세관장·성남세관장 및 파주세관장의 통지에 대한 **과세전 적부심사**인 경우: **서울세관장**
3) 부산세관장·김해공항세관장·북부산세관장·양산세관장·창원세관장·마산세관장·경남남부세관장 및 경남서부세관장의 통지에 대한 **과세전 적부심사**인 경우: **부산세관장**
4) 대구세관장·울산세관장·구미세관장·포항세관장·속초세관장 및 동해세관장의 통지에 대한 **과세전 적부심사**인 경우: **대구세관장**
5) 광주세관장·광양세관장·목포세관장·대전세관장·여수세관장·군산세관장·제주세관장 및 전주세관장의 통지에 대한 **과세전 적부심사**인 경우: **광주세관장**

### (2) 관세청장에게 청구

다만, 다음의 경우에는 통지 내용이 적법한지에 대한 심사를 **관세청장**에게 청구할 수 있다.

1) **관세청장**의 훈령·예규·고시 등과 관련하여 **새로운 해석**이 필요한 경우
2) **관세청장**의 업무감사결과 또는 업무지시에 따라 **세액**을 **경정**하거나 부족한 세액을 **징수**하는 경우
3) **관세평가분류원장**의 **품목분류** 및 **유권해석**에 따라 수출입물품에 적용할 세율이나 물품분류의 관세율표 번호가 변경되어 **세액**을 **경정**하거나 **부족**한 **세액**을 **징수**하는 경우
4) 동일 **납세의무자**가 동일한 사안에 대하여 **둘 이상**의 **세관장**에게 **과세전 적부심사**를 청구하여야 하는 경우
5) 위의 규정에 해당하지 아니하는 경우로서 **과세전 적부심사 청구금액**이 **5억원 이상**인 것

## 3. 관세심사위원회의 심사에 대한 생략사유

**과세전 적부심사**를 청구받은 **세관장**이나 **관세청장**은 그 청구를 받은 날부터 **30일 이내**에 **관세심사위원회**의 심사를 거쳐 **결정**을 하고, 그 결과를 청구인에게 통지하여야 한다. 다만, 다음 사유에 해당하는 경우에는 **관세심사위원회**의 심사를 거치지 아니하고 결정할 수 있다.

※ 관세심사위원회의 심사를 생략할 수 있는 사유
(1) **과세전 적부심사 청구기간**이 지난 후 **과세전 적부심사청구**가 제기된 경우
(2) 법 제118조(과세전 적부심사) 제1항 각 호 외의 부분 본문에 따른 **통지**가 없는 경우
(3) 법 제118조(과세전 적부심사) 제1항 각 호 외의 부분 본문에 따른 통지가 **청구인**에게 한 것이 아닌 경우
(4) **보정기간** 내에 보정을 하지 아니한 경우
(5) **과세전 적부심사청구의** 대상이 되는 통지의 내용이나 쟁점 등이 이미 **관세심사위원회**의 심의를 거쳐 **결정**된 사항과 동일한 경우

## 4. 과세전 적부심사 청구에 대한 결정

(1) **과세전 적부심사 청구**에 대한 결정은 다음 구분에 따른다.

1) **청구**가 **이유 없다**고 인정되는 경우: **채택**하지 아니한다는 **결정**
2) **청구**가 **이유 있다**고 인정되는 경우: **채택**한다는 **결정**. 다만, 청구의 일부가 이유 있다고 인정되는 경우에는 **일부**를 **채택**하는 **결정**을 할 수 있다.
3) **청구기간**이 지났거나 **보정기간** 내에 **보정**하지 아니하는 경우: **심사**하지 아니한다는 **결정**

(2) **통지**를 받은 자는 **과세전 적부심사**를 청구하지 아니하고 통지를 한 **세관장**에게 통지받은 내용의 전부 또는 일부에 대하여 조기에 **경정**해 줄 것을 신청할 수 있다. 이 경우 해당 세관장은 즉시 신청받은 대로 **세액**을 **경정**하여야 한다.

(3) **과세전 적부심사**에 관하여는 제122조(심사청구절차) 제2항, 제123조(심사청구서의 보정), 제126조(대리인) 및 제130조(서류의 열람 및 의견 진술)를 준용한다.

(4) **과세전 적부심사**에 관하여는 행정심판법 제15조(선정대표자), 제16조(청구인의 지위 승계), 제20조(심판참가), 제21조(심판참가의 요구), 제22조(참가인의 지위), 제29조(청구의 변경), 제39조(직권심리) 및 제40조(심리의 방식)를 준용한다. 이 경우 **위원회**는 **관세심사위원회**로 본다.

(5) **과세전 적부심사**의 방법과 그 밖에 필요한 사항은 대통령령으로 정한다.

# 심사와 심판제도

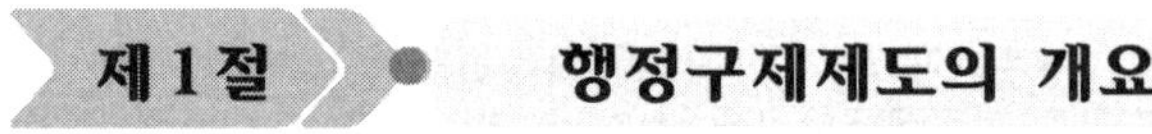


### 1. 의의

'**행정구제제도**'라 함은 **행정청**의 **위법**, 부당한 **공권력**의 **행사** 또는 **불법행사**로 인한 **국민**의 **권리·이익**의 **침해**를 **구제**하기 위한 제도로서, **행정청**의 **직권**에 의한 **구제**와 **납세의무자**의 **불복청구**에 의한 **구제**로 대별되며, **불복청구**에 의한 구제는 다시 심판기준에 따라 **행정적 구제**(행정심판법, 관세법 등에 의한 구제, 감사원법에 의한 구제) 및 **사법적 구제**(행정소송, 민사소송)로 나눌 수 있다.

### 2. 구제제도의 특징

(1) 일반적으로 **사법구제제도**는 변호사 수임에 따른 많은 비용이 지급되고 장기간이 소요되는 단점이 있는 반면 행정청이 아닌 제3의 기관에 의한 객관적 관점에서 판단을 받을 수 있는 장점이 있다.

(2) 이에 반하여 **행정구제제도**는 행정의 전문기관에 의하여 신속하게 구제를 받을 수 있고 비용이 소요되지 않는 **장점**이 있는 반면, 객관적인 관점에서 판단하려고 **심사위원회제도**를 도입하는 등 각종 노력을 하여도 **사법구제제도**에 비하여 행정청 자신의 처분을 옹호하려는 경향이 있음이 **단점**이다.

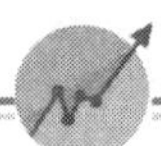

## 제 2 절 관세심판제도

### 1. 불복의 신청

(1) **위법**한 **처분·부당**한 **처분**에 대하여 권리·이익을 침해당한 자[1]가 **불복청구**를 하는 경우 **과세관청**은 자기가 처분한 것에 대하여 스스로 **반성**하는 **기회**를 가지고 국민의 침해된 권리를 **구제**해 주면서 **관세행정**의 **적법성**과 **합목적성**을 동시에 보장하고 있다. 또한 **관세심판**은 행정기관 내부의 전문적이고 기술적인 지식을 활용하여 신속, 저렴하게 **납세의무자**의 권익을 보호한다는 측면에서 사법적 기능을 보완하고 있다.

(2) 법이나 그 밖의 **관세**에 관한 법률·조약에 따른 처분으로 **권리**나 **이익**을 침해받게 되는 **제2차 납세의무자** 등 다음의 이해관계인은 그 처분에 대하여 **심사청구·심판청구**를 하여 그 처분의 **취소**[2]**·변경**이나 그 밖에 필요한 **처분**을 **청구**할 수 있다.

> 1) **제2차 납세의무자**로서 **납부통지서**를 받은 **자**, 2) **물적 납세의무**를 지는 **자**로서 **납부통지서**를 받은 **자**, 3) **납세보증인**, 4) 그 밖에 기획재정부령으로 정하는 **자**

(3) 다만, **관세청장**이 **조사결정**한 처분·처리하였거나 처리하였어야 하는 처분인 경우를 제외하고는 그 처분에 대하여 **심사청구·심판청구**에 앞서 **이의신청**을 할 수 있다. 즉, 그 특성으로는 **심사청구·심판청구**의 **제1심제**를 원칙으로 하고 있지만, **납세의무자**가 원하는 경우에만 **심사청구·심판청구** 이전에 **이의신청**[3]을 할 수 있도록 하는 **선택적 제2심제**를 채택하고 있다. 그런데 동일한 처분에 대하여는 **심사청구**와 **심판청구**를 **중복**하여 제기할 수 없다.

(4) 다음 **처분**은 위의 **처분**에 포함되지 아니한다.

---

1) **권리·이익**을 **침해**당한 **자**란 **위법부당**한 **처분**을 받았거나 **필요**한 **처분**을 받지 못한 직접적인 당사자를 말한다. 제3자적 지위에 있는 자도 해당 **위법부당**한 **처분**으로 인해 **권리·이익**의 **침해**를 당한 경우에는 **불복청구**를 할 수 있다. 다만, 단순히 **반사적**인 **이익**의 침해를 받는 자는 **제외**한다.

2) 어떠한 **행정처분**을 일단 취소한 후에는 그 **취소처분**을 취소함으로써 당초 행정처분의 **효력**을 회복시킬 수 있다. 다만, 그 **취소처분**의 하자가 중대하고도 명백하여 해당 처분이 **무효**인 경우 이에 대한 **무효** 선언으로서 이를 취소하거나 **행정쟁송절차**에 의하여 **취소**된 경우에는 그러하지 아니하다.

3) **동일**한 **처분**에 대하여 **이의신청**과 **심사청구**를 중복 제기하였을 경우에는 **심사청구**를 제기한 것으로 본다. 다만, **심사청구**가 **청구기간**을 경과한 때에는 **청구기간내**에 제기된 **이의신청**을 심리한다.

1) **이의신청·심사청구·심판청구**에 대한 처분(당초 처분의 적법성에 관하여 **재조사**하여 그 결과에 따라 **과세표준**과 **세액**을 **경정**하거나 당초 처분을 유지하는 등의 처분을 하도록 하는 **결정**에 따른 처분을 포함한다). 다만, **이의신청**에 대한 처분에 대하여 **심사청구·심판청구**를 하는 경우는 **제외**한다. 2) **통고처분**, 3) 감사원법에 따라 **심사청구**를 한 처분이나 그 **심사청구**에 대한 **처분**

(5) **심사청구**는 그 처분을 한 것을 안 날(처분의 통지를 받았을 때에는 그 통지를 받은 날을 말한다)부터 **90일 이내**에 하여야 한다. **심사청구**를 거친 처분에 대한 행정소송은 행정소송법 제18조(행정심판과의 관계) 제2항·제3항 및 같은 법 제20조(제소기간) 에도 불구하고 그 심사청구에 대한 결정을 통지받은 날부터 **90일 내**에 처분청을 당사자로 하여 제기하여야 한다. 이 기간은 **불변기간**으로 한다.

(6) **수입물품**에 부과하는 내국세 등의 부과, 징수, 감면, 환급 등에 관한 **세관장**의 처분에 불복하는 자는 **이의신청·심사청구** 및 **심판청구**를 할 수 있다.

## 2. 행정소송법과의 관계

(1) 위의 처분에 대하여는 **행정심판법**을 적용하지 아니한다. 다만, **심사청구·심판청구**에 관하여는 **행정심판법** 제15조(선정대표자), 제16조(청구인의 지위 승계), 제20조(심판참가), 제21조(심판참가의 요구), 제22조(참가인의 지위), 제29조(청구의 변경), 제39조(직권심리), 제40조(심리의 방식), 제42조(심판청구 등의 취하) 및 제51조(행정심판 재청구의 금지)를 **준용**하며, 이 경우 **위원회**는 **관세심사위원회, 조세심판관회의·조세심판관합동회의**로 본다.

(2) 위에 따른 **위법**한 **처분**에 대한 **행정소송**은 행정소송법 제18조(행정심판과의 관계) 제1항 본문, 제2항 및 제3항에도 불구하고 법에 따른 **심사청구·심판청구**와 그에 대한 결정을 거치지 아니하면 제기할 수 없다.

(3) **행정소송**은 행정소송법 제20조(제소기간)에도 불구하고 **심사청구·심판청구**에 따른 결정을 통지받은 날부터 **90일 이내**에 제기하여야 한다. 다만, **결정기간** 내에 **결정**을 통지받지 못한 경우에는 결정을 통지받기 전이라도 그 **결정기간**이 지난날부터 **행정소송**을 제기할 수 있다. 이 기간은 **불변기간**으로 한다.

(4) 위에 따른 **심사청구**를 거친 경우에는 법에 따른 **심사청구·심판청구**를 거친 것으로 보고 위의 (2)를 준용한다.

## 3. 관세심판제도의 종류 및 내용

### (1) 이의신청

1) **이의신청**은 **불복 사유**를 갖추어 해당 처분을 하였거나 하였어야 할 **세관장**에게 하여야 한다. 이 경우 **결정사항·세액**에 관한 **이의신청**은 해당 결정사항 또는 세액에 관한 통지를 직접 우송한 **우체국**의 장에게 **이의신청서**를 제출함으로써 할 수 있고, **우체국**의 장이 **이의신청서**를 접수한 때에 **세관장**이 접수한 것으로 본다.

2) **이의신청**을 받은 **세관장**은 **관세심사위원회**의 심의를 거쳐 결정하여야 한다. **세관** 및 **관세청**에 **과세전 적부심사, 심사청구** 및 **이의신청**을 심의하기 위하여각각 **관세심사위원회**를 둔다. **관세심사위원회**의 조직과 운영, 심의사항 및 그 밖에 필요한 사항은 대통령령으로 정한다.

3) **이의신청**에 관하여는 법 제121조(심사청구기간), 제122조(심사청구절차) 제2항, 제123조(심사청구서의 보정), 제127조(결정절차) 및 제128조(결정)를 준용한다. 다만, 법 제128조(결정) 제2항 중 **"90일"**은 **"30일"**로 본다.

### (2) 심사청구

#### 1) 심사청구기간

① **심사청구**는 해당 처분을 한 것을 안 날(처분하였다는 통지를 받았을 때에는 통지를 받은 날을 말한다)부터 **90일 이내**에 제기하여야 한다.

② **이의신청**을 거친 후 **심사청구**를 하려는 경우에는 이의신청에 대한 결정을 통지받은 날부터 **90일 이내**에 하여야 한다. 다만, **결정기간** 내에 결정을 통지받지 못한 경우에는 결정을 통지받기 전이라도 그 결정기간이 **지난날**부터 **심사청구**를 할 수 있다.

③ **우편**으로 제출(국세기본법 제5조의2(우편신고 및 전자신고)에서 정한 날을 기준으로 한다)한 **심사청구서**가 청구기간이 지나 **세관장·관세청장**에게 도달한 경우에는 그 기간의 **만료일**에 청구된 것으로 본다.

④ **심사청구인**이 법 제10조(천재지변 등으로 인한 기한의 연장)에서 규정하는 사유(신고, 신청, 청구, 그 밖의 서류의 제출 및 통지에 관한 기한 연장 사유로 한정한다)로 정한 기간 내에 **심사청구**를 할 수 없을 때에는 그 사유가 **소멸**한 날부터 **14일 이내**에 **심사청구**를 할 수 있다. 이 경우 심사청구인은 그 기간 내에 심사청구를 할 수 없었던 사유, 그 사유가 발생한 날과 소멸한 날, 그 밖에 필요한 사항을 적은 문서를 함께 제출하여야 한다.

### 2) 심사청구서의 기재사항

**심사청구**를 하는 때에는 **관세청장**이 정하는 **심사청구서**에 다음 사항을 기재하여야 한다. 이 경우 관계증거서류·증거물이 있는 때에는 이를 첨부할 수 있다.

> ① **심사청구인**의 **주소·거소**와 **성명**, ② **처분**이 있은 것을 안 **연월일**(처분의 통지를 받은 경우에는 그 받은 연월일), ③ **처분 내용**, ④ **심사청구**의 **요지**와 **불복**의 **이유**

### 3) 심사청구절차

① **심사청구**는 불복하는 사유를 **심사청구서**에 적어 해당 처분을 하였거나 하였어야 하는 **세관장**을 거쳐 **관세청장**에게 하여야 한다.

② **심사청구서**가 세관장외의 **세관장·관세청장**에게 제출된 때에는 해당 **청구서**를 관할 세관장에게 지체없이 송부하고 그 뜻을 해당 청구인에게 통지하여야 한다.

③ **심사청구기간**을 계산할 때에는 해당 **심사청구서**가 **세관장**에게 제출된 때에 심사청구가 된 것으로 본다. 해당 심사청구서가 세관장 외의 세관장·관세청장에게 제출된 경우에도 또한 같다.

④ **심사청구서**를 제출받은 **세관장**은 이를 받은 날부터 **7일 내**에 그 심사청구서에 의견서를 첨부하여 **관세청장**에게 보내야 한다.

⑤ **세관장·관세청장**은 심사청구에 관한 의견서 작성 또는 심의·결정을 위하여 필요하다고 인정하는 경우에는 **직권**으로 또는 **심사청구인**의 신청에 따라 해당 청구의 대상이 된 처분에 관계되는 **통관절차** 등을 대행한 **관세사**(합동사무소·관세사법인 및 통관취급법인을 포함한다)에게 통관경위에 관하여 질문하거나 관련 자료를 제출하도록 요구할 수 있다.

⑥ **관세청장**은 송부받은 의견서의 **부본**을 지체없이 해당 **청구인**에게 교부하여야 한다. **심사청구인**은 **관세청장**에게 교부받은 의견서에 대하여 반대되는 증거서류 또는 증거물을 제출할 수 있다.

### 4) 심사청구서의 보정

① **관세청장**은 **심사청구**의 내용이나 절차가 이 절에 적합하지 아니하지만 보정할 수 있다고 인정되는 경우에는 **20일 이내**의 기간을 정하여 해당 사항을 **보정**할 것을 요구할 수 있다. 다만, 보정할 사항이 **경미**한 경우에는 **직권**으로 보정할 수 있다. **보정기간**은 **심사청구기간**에 산입하지 아니한다.

② **심사청구**의 내용이나 절차의 **보정**을 요구하는 때에는 ㉮ **보정**할 사항, ㉯ **보정**을 요

구하는 이유, ㉰ **보정**할 기간, ㉱ 기타 필요한 사항을 기재한 문서에 의하여야 한다.

### 5) 관세심사위원회

#### ① 관세심사위원회의 기능 및 구성

㉮ **관세심사위원회**의 **심의사항**은 다음 구분에 따른다.

> ㉠ **관세청**에 두는 **관세심사위원회**: 법 제118조(과세전 적부심사) 제2항 단서에 따라 **관세청장**에게 제기된 **과세전 적부심사청구**와 법 제122조(심사청구절차)에 따라 관세청장에게 제기된 **심사청구사항**
> ㉡ 인천세관·서울세관·부산세관·대구세관 및 광주세관(**본부세관**)에 두는 **관세심사위원회**: 법 제118조 제2항 본문에 따른 **과세전 적부심사청구** 및 법 제132조(이의신청)에 따른 **이의신청사항**
> ㉢ 제2호의 본부세관 외의 세관(**일선세관**)에 두는 **관세심사위원회**: 법 제132조에 따른 **이의신청사항**

㉯ **관세심사위원회는** 위원장 1명을 포함하여 다음 구분에 따른 위원으로 **구성**한다.

> ㉠ **관세청**에 두는 관세심사위원회: 29명 이내의 위원, ㉡ **본부세관**에 두는 관세심사위원회: 22명 이내의 위원, ㉢ **일선세관**에 두는 관세심사위원회: 15명 이내의 위원

㉰ **관세심사위원회**의 위원장은 다음 구분에 따른 사람이 된다.

> ㉠ **관세청**에 두는 **관세심사위원회**: **관세청차장**, ㉡ **본부세관**에 두는 **관세심사위원회**: **본부세관장**, ㉢ **일선세관**에 두는 **관세심사위원회**: **일선세관장**

㉱ **관세심사위원회**의 위원은 다음 구분에 따른 사람이 된다.

㉠ **관세청**에 두는 **관세심사위원회**

> ⓐ **관세청**의 3급 또는 고위공무원단에 속하는 공무원 중에서 관세청장이 지정하는 **8명** 이내의 사람, ⓑ 법률·재정·경제에 관한 학식과 경험이 풍부한 사람 중에서 관세청장이 위촉하는 **20명** 이내의 사람

㉡ **본부세관**에 두는 **관세심사위원회**

> ⓐ **본부세관**의 3급부터 5급까지의 공무원 중에서 위원장이 지정하는 **6명** 이내의 사람, ⓑ 법률·재정·경제에 관한 학식과 경험이 풍부한 사람 중에서 위원장이 위촉하는 **15명** 이내의 사람

㉢ **일선세관**에 두는 **관세심사위원회**

> ⓐ **일선세관**의 5급 또는 6급 공무원 중에서 위원장이 지정하는 **4명** 이내의 사람, ⓑ 법률·재정·경제에 관한 학식과 경험이 풍부한 사람 중에서 위원장이 위촉하는 **10명** 이내의 사람

㉮ **관세심사위원회**의 위원장은 관세심사위원회를 대표하고, 관세심사위원회 의 업무를 총괄한다. **관세심사위원회**의 위원장이 부득이한 사유로 직무를 수행할 수 없는 경우에는 위원 중 **관세심사위원회**의 위원장(관세청에 두는 관세심사위원회의 경우에는 **관세청장**을 말한다)이 미리 지명한 위원이 그 직무를 대행한다.

㉯ 위원 중 **관세심사위원회**의 위원장이 위촉하는 위원(민간위원)의 임기는 **2년**으로 한다. **관세심사위원회**의 위원장은 민간위원이 심신장애, 직무태만, 품위손상, 그 밖의 사유로 위원으로 적합하지 아니하다고 인정되는 경우에는 임기 중이라도 위촉을 해제할 수 있다.

### ② 관세심사위원회의 회의

㉮ **관세심사위원회**의 위원장은 심의가 필요한 경우 기일을 정하여 관세심사위원회의 회의를 소집하고 그 의장이 된다. **관세심사위원회**의 회의는 위원장과 다음 구분에 따라 위원장이 회의마다 지정하는 사람으로 구성하되, 민간위원이 1/2 **이상** 포함되어야 한다.

> ㉠ **관세청**에 두는 **관세심사위원회**: **10명**, ㉡ **본부세관**에 두는 **관세심사위원회**: **8명**, ㉢ **일선세관**에 두는 **관세심사위원회**: **6명**

㉯ **관세심사위원회**의 위원장은 기일을 정하였을 때에는 그 기일 **7일 전**까지 지정된 위원 및 해당 **청구인·신청인**에게 통지하여야 한다. **관세심사위원회**의 회의는 구성원 **과반수 출석**으로 **개의**하고, **출석위원과반수**의 **찬성**으로 **의결**한다.

㉰ **관세심사위원회**의 위원장과 위원은 자기의 이해에 관한 의사에 참석하지 못한다.

**관세심사위원회**의 회의에서 의결한 사항은 **위원장**이 **관세청장**에게 보고하여야 한다. **관세심사위원회**에 그 서무를 처리하게 하기 위하여 간사 **1명**을 두고, 간사는 위원장이 소속공무원 중에서 지명한다.

㉱ **관세심사위원회**의 회의에 출석한 **공무원**이 아닌 위원에 대하여는 예산의범위 안에서 **수당**을 지급할 수 있다.

#### 6) 심사청구가 집행에 미치는 효력과 대리인선임

① 심사청구가 효력에 미치는 영향

**이의신청·심사청구** 또는 **심판청구**는 법령에 특별한 규정이 있는 경우를 제외하고는 해당 처분 집행에 효력을 미치지 아니한다. 다만, 해당 **재결청**이 필요하다고 인정할 때에는 그 **처분 집행**을 **중지**하게 하거나 **중지**할 수 있다.

② 대리인 선임과 관련된 것은 다음과 같다.

> ㉮ **이의신청인·심사청구인** 또는 **심판청구인**은 **변호사**나 **관세사**를 대리인으로 **선임**할 수 있다. ㉯ **대리인**의 권한은 **서면**으로 **증명**하여야 한다. ㉰ **대리인**은 본인을 위하여 **청구**에 관한 모든 **행위**를 할 수 있다. 다만, **청구**의 취하는 특별한 **위임**을 받은 경우에만 할 수 있다. ㉱ **대리인**을 해임하였을 때에는 그 뜻을 **서면**으로 해당 재결청에 **신고**하여야 한다.

### (3) 심판청구

1) **심판청구**에 관하여는 **국세기본법** 제7장 제3절(심판)(제67조(조세심판원)–제81조(심사청구에 관한 규정의 준용))을 준용한다. 이 경우 **국세기본법** 중 **세무서장**은 **세관장**으로, **국세청장**은 **관세청장**으로 본다.

2) 국세기본법 제68조(청구기간)는 심판청구는 해당 처분이 있음을 안 날(처분의 통지를 받은 때에는 그 받은 날)부터 **90일 이내**에 제기하여야 한다. 이의신청을 거친 후 심판청구를 하는 경우의 청구기간에 관하여는 국세기본법 제61조(청구기간) 제2항[4]을 준용한다.

3) 국세기본법 제69조(청구절차)는 다음과 같다.

① **심판청구**는 **불복 사유**를 갖추어 그 처분을 하였거나 하였어야 할 **세무서장(세관장)**

---

4) 국세기본법 제61조(청구기간) ② **이의신청**을 거친 후 **심사청구**를 하려면 **이의신청**에 대한 결정의 통지를 받은 날부터 **90일 이내**에 제기하여야 한다. 다만, 제66조 제6항 후단에 따른 결정기간 내에 결정의 통지를 받지 못한 경우에는 결정의 **통지**를 받기 전이라도 그 **결정기간**이 지난날부터 **심사청구**를 할 수 있다.

을 거쳐 **조세심판원장**에게 하여야 한다.

② **심판청구**기간을 계산할 때에는 세무서장(세관장)에게 해당 청구서가 제출된 때에 **심판청구**를 한 것으로 한다. 해당 **청구서**가 세무서장(**세관장**) 외의 세무서장(세관장), 지방국세청장, 국세청장(**관세청장**)·**조세심판원장**에게 제출된 경우에도 또한 같다.

③ 해당 **청구서**를 받은 세무서장(세관장)은 이를 받은 날부터 **10일 이내**에 그 청구서에 답변서를 첨부하여 **조세심판원장**에게 송부하여야 한다. 다만, 국세기본법 제55조(불복) 제3항 및 국세기본법 제62조(청구 절차) 제3항 단서에 해당하는 처분의 경우에는 국세청장(관세청장)·지방국세청장의 답변서를 첨부하여야 한다.

④ 위의 **답변서**에는 **이의신청**에 대한 **결정서**(이의신청에 대한 결정을 한 경우에만 해당한다), 처분의 근거·이유 및 처분의 이유가 된 사실을 증명할 서류, 청구인이 제출한 증거서류 및 증거물, 그 밖의 심리자료 일체를 첨부하여야 한다.

⑤ 위의 답변서가 제출되면 **조세심판원장**은 지체 없이 그 부본을 해당 **심판청구인**에게 송부하여야 한다.

## 4. 관세법상 불복대상 및 예외

### (1) 의의

법, 그 밖의 관세에 관한 법률·조약에 의한 처분으로서 **위법·부당**한 **처분**을 받거나 필요한 처분을 받지 못함으로써 권리·이익의 침해를 당한 자는 **심사청구·심판청구**를 하여 그 처분의 **취소·변경**이나 필요한 처분을 청구할 수 있다. 그 처분대상은 관세의 부과·징수·감면·환급은 물론 양허세율적용, GATT **협정세율 적용** 등 **세관장**의 처분과 세관장이 수입물품에 부과하는 **내국세**(부가가치세, 특별소비세, 주세, 교육세 등)에 관한 부과·징수처분도 불복청구를 할 수 있다.

### (2) 불복방법의 통지

1) **이의신청·심사청구** 또는 **심판청구**의 **재결청**은 결정서에 다음 구분에 따른 사항을 함께 적어야 한다.

> ① **이의신청**인 경우: **결정서**를 받은 날부터 **90일 이내**에 **심사청구·심판청구**를 제기할 수 있다는 뜻, ② **심사청구·심판청구**인 경우: **결정서**를 받은 날부터 **90일 이내**에 **행정소송**을 제기할 수 있다는 뜻

2) **이의신청·심사청구** 또는 **심판청구**의 **재결청**은 해당 신청·청구에 대한 결정기간이 지날 때까지 결정을 하지 못한 경우에는 지체 없이 신청인이나 청구인에게 다음 사항을 **서면**으로 **통지**하여야 한다.

> ① **이의신청**인 경우: 결정을 통지받기 전이라도 그 **결정기간**이 **지난날부터 심사청구·심판청구**를 제기할 수 있다는 뜻, ② **심사청구·심판청구**인 경우: 결정을 통지받기 **전**이라도 그 **결정기간**이 **지난 날**부터 **행정소송**을 제기할 수 있다는 뜻

### (3) 불복방법의 통지를 잘못한 경우의 구제

**불복방법**의 통지에 있어 **불복청구**를 할 기관을 잘못 통지하였거나 누락한 경우 그 통지된 기관·해당 처분기관에 불복청구를 한 때에는 **정당**한 **기관**에 해당 청구를 한 것으로 본다. 청구를 받은 기관은 정당한 기관에 지체 없이 이를 이송하고, 그 뜻을 그 **청구인**에게 통지하여야 한다.

## 5. 결정

### (1) 의의

1) **심사청구**에 대한 결정은 다음 구분에 따른다.

> ① **심사청구**가 기간이 지난 후 제기되었거나 **심사청구**를 제기한 후 **보정기간** 내에 필요한 보정을 하지 아니한 경우: 그 **청구**를 **각하**하는 결정, ② **심사청구**가 이유 없다고 인정되는 경우: 그 **청구**를 **기각**하는 결정, ③ 심사청구가 이유 있다고 인정되는 경우: 그 청구의 대상이 된 처분의 **취소·경정** 또는 필요한 **처분**의 결정

2) **결정**은 **심사청구**를 받은 날부터 **90일 이내**에 하여야 한다. 다만, 부득이한 사유가 있을 때에는 그러하지 아니하다. **결정**을 하였을 때에는 **결정기간** 내에 그 이유를 적은 **결정서**를 심사청구인에게 통지하여야 한다. **보정기간**은 **결정기간**에 산입하지 아니한다.

### (2) 결정절차

1) **심사청구**가 있으면 **관세청장**은 **관세심사위원회**의 심의를 거쳐 이를 결정하여야 한

다. 다만, **심사청구기간**이 지난 후 **심사청구**가 제기된 경우 등 다음 사유에 해당하는 경우에는 그러하지 아니하다.

> ① **심사청구기간**이 지난 경우, ② **심사청구**의 대상이 되는 처분이 **존재**하지 아니하는 경우, ③ 해당 처분으로 권리·이익을 침해당하지 아니한 자가 **심사청구**를 제기한 경우, ④ **심사청구**의 대상이 되지 아니하는 처분에 대하여 **심사청구**가 제기된 경우, ⑤ **보정기간** 내에 필요한 **보정**을 하지 아니한 경우, ⑥ **심시청구**의 대상이 되는 처분의 내용·쟁점·적용법령 등이 이미 **관세심사위원회**의 심의를 거쳐 결정된 사항과 동일한 경우, ⑦ 그 밖에 신속히 결정하여 상급심에서 심의를 받도록 하는 것이 **권리구제**에 도움이 된다고 판단되는 경우

2) **관세심사위원회**의 회의는 **공개**하지 아니한다. 다만, 관세심사위원회의 위원장이 필요하다고 인정할 때에는 공개할 수 있다.

## 6. 서류열람 및 의견진술

### (1) 서류열람

**이의신청인·심사청구인·심판청구인** 또는 **처분청**(처분청의 경우 심판청구에 한정한다)은 그 청구와 관계되는 서류를 열람할 수 있으며 대통령령으로 정하는 바에 따라 해당 **재결청**에 의견을 진술할 수 있다.

### (2) 의견진술

1) **의견**을 **진술**하고자 하는 자는 그 주소 또는 거소 및 성명과 진술하고자 하는 요지를 기재한 신청서를 해당 **재결청**에 제출하여야 한다.

2) **신청**을 받은 **재결청**은 ① **심사청구**의 대상이 된 사항이 **경미**한 때, ② **심사청구**의 대상이 된 사항이 오로지 **법령해석**에 관한 것인 때에 해당하는 경우로서 **심사청구인**의 의견진술이 필요없다고 인정되는 때를 제외하고는 출석일시 및 장소와 진술시간을 정하여 **관세심사위원회** 회의 개최예정일 **3일전**까지 **심사청구인**에게 **통지**하여야 한다.

3) 신청을 받은 **재결청**은 **심사청구인**의 **의견진술**이 필요없다고 인정되는 때에는 이유를 명시한 문서로 그 뜻을 해당 **심사청구인**에게 통지하여야 한다.

4) **의견진술**은 진술하고자 하는 내용을 기재한 **문서 제출**로 갈음할 수 있다.

# 세관공무원의 자료제출요청

## 제 1 절 세관공무원 직권의 개요

법에서 규정하고 있는 넓은 의미에서 **세관공무원 직권** 중 중요사항을 살펴보면 **관세의 부과징수**, **휴대품** 등에 대한 **관세**의 **현장수납권**, **외국무역선(기)**에 대한 **물품**의 **적재·하선(기)확인권**, **특허보세구역**의 **운영특허권**, **장치기간 경과 외국물품(체화물품)**의 **매각처분권** 및 **국고귀속권**, **수출입** 또는 **반송신고**의 **수리권**, **수출입물품**에 대한 **검사권**, **관세법**의 **조사**와 **통고처분권** 등이 있다.

위에 열거한 내용은 법 각 조문에서 **세관공무원 직권**으로 규정하고 있으나, 일반적으로 좁은 의미에서 세관공무원의 **직무상 권한**을 말한다.

## 제 2 절 세관장의 과세자료 요청

### 1. 운송수단의 출발중지

(1) **관세청장·세관장**은 법 또는 법에 따른 명령을 집행하기 위하여 필요하다고 인정될 때에는 **운송수단**의 출발을 **중지**시키거나 그 진행을 **정지**시킬 수 있다.

(2) **관세청장**이나 **세관장**은 법(특례법을 포함한다) 또는 법에 따른 명령을 집행하기 위하여 필요하다고 인정될 때에는 **물품·운송수단** 또는 **장치장소**에 관한 서류의 제출·보고

또는 그 밖에 필요한 사항을 명하거나, **세관공무원**에게 수출입자·판매자 또는 그 밖의 관계자에 대하여 관계 자료를 조사하게 할 수 있다.

## 2. 과세자료의 범위 및 제출시기

### (1) 과세사료의 요청

**관세청장**은 국가기관 및 지방자치단체 등 관계기관 등에 대하여 관세의 부과·징수 및 통관에 관계되는 자료 또는 통계를 **요청**할 수 있다.

### (2) 과세자료 제출기관과 과세자료의 제출시기 · 방법

#### 1) 과세자료 제출기관

#### ① 주요 기관

㉮ **중앙관서**(중앙관서의 업무를 위임받거나 위탁받은 기관을 포함한다)와 그 **하급행정기관 및 보조기관**
㉯ **지방자치단체**(지방자치단체의 업무를 위임받거나 위탁받은 기관과 지방자치단체조합을 포함한다)
㉰ **공공기관**, **정부**의 **출연·보조**를 받는 기관이나 단체, 지방공기업법에 따른 **지방공사·지방공단** 및 **지방자치단체**의 출연·보조를 받는 기관이나 단체
㉱ **민법** 외의 다른 법률에 따라 설립되거나 **국가·지방자치단체**의 지원을 받는 기관이나 단체로서 그 업무에 관하여 기관으로부터 감독 또는 감사·검사를 받는 기관이나 단체, 그 밖에 공익 목적으로 설립된 **기관·단체** 중 대통령령으로 정하는 **기관**이나 **단체**
㉲ **여신전문금융업법**에 따른 **신용카드업자**와 **여신전문금융업협회**

#### ② 과세자료제출기관의 책임

**과세자료 제출기관**의 장은 그 **소속공무원**이나 임직원이 이 법에 따른 과세자료의 제출의무를 성실하게 이행하는지를 수시로 점검하여야 한다. **관세청장**은 과세자료제출기관 또는 그 소속공무원이나 임직원이 법에 따른 **과세자료**의 제출의무를 이행하지 아니하는 경우 그 기관을 **감독** 또는 **감사·검사**하는 기관의 장에게 그 사실을 **통보**하여야 한다.

#### 2) 과세자료의 제출시기

① **과세자료 제출기관**이 제출하여야 하는 과세자료의 범위, 과세자료를 제출받을 기관 및 제출시기는 별표 3과 같다. **과세자료 제출기관**의 장은 **관세청장·세관장**으로부터 과세

자료의 추가 또는 보완을 요구받은 경우에는 정당한 사유가 없으면 그 요구를 받은 날부터 **15일 이내**에 그 요구에 따라야 한다.

② **과세자료 제출기관**은 **관세청장·세관장**과 협의하여 **과세자료**를 이동식 저장장치 또는 광디스크 등 전자적 기록매체에 수록하여 제출하거나 **정보통신망**을 이용하여 제출할 수 있다.

### 3) 과세자료의 범위

**과세자료 제출기관**이 제출하여야 하는 과세자료는 다음에 해당하는 자료로서 관세의 부과·징수와 통관에 직접적으로 필요한 자료로 한다. 과세자료의 구체적인 범위는 **과세자료 제출기관별**로 대통령령으로 정한다.

㉮ 수입하는 물품에 대하여 **관세·내국세** 등을 **감면**받거나 **낮은 세율**을 적용받을 수 있도록 허가, 승인, 추천 등을 한 경우 그에 관한 **자료**
㉯ **과세자료 제출기관**이 법률에 따라 신고·제출받거나 작성하여 보유하고 있는 **자료**(각종 보조금·보험급여·보험금 등의 지급 현황에 관한 자료를 포함한다) 중 **신고내용**의 **확인** 또는 **관세감면** 여부의 확인을 위하여 필요한 **자료**
㉰ 허가·승인·표시 또는 그 밖의 조건을 증명할 필요가 있는 물품에 대하여 **과세자료 제출기관**이 허가 등을 갖추었음을 확인하여 준 경우 그에 관한 **자료**
㉱ **체납**된 관세 등의 징수를 위하여 필요한 **자료**
㉲ **중앙관서** 중 **중앙행정기관** 외의 기관이 보유하고 있는 자료로서 **관세청장**이 관세의 부과·징수와 통관에 필요한 최소한의 범위에서 해당 기관의 장과 미리 협의하여 정하는 **자료**
㉳ 거주자의 **여신전문금융업법**에 따른 **신용카드** 등의 대외지급(물품구매 내역에 한한다) 및 외국에서의 **외국통화 인출 실적**

### 4) 과세자료의 제출방법

① **과세자료 제출기관**의 장은 분기별로 분기만료일이 속하는 달의 **다음 달 말일**까지 대통령령으로 정하는 바에 따라 **관세청장·세관장**에게 과세자료를 제출하여야 한다. 다만, 과세자료의 발생빈도와 활용시기 등을 고려하여 그 과세자료의 제출시기를 달리 정할 수 있다.

② **과세자료 제출기관**의 장이 **과세자료**를 제출하는 경우에는 그 기관이 접수하거나 작성한 자료의 목록을 함께 제출하여야 한다.

③ **과세자료 목록**을 제출받은 **관세청장·세관장**은 이를 확인한 후 제출받은 과세자료에 누락이 있거나 보완이 필요한 경우 그 과세자료를 제출한 기관에 대하여 추가하거나 보완하여 제출할 것을 요청할 수 있다. **과세자료 제출서식** 등 제출방법에 관하여 그 밖

에 필요한 사항은 기획재정부령으로 정한다.

### (3) 과세자료의 수집에 관한 협조

1) **관세청장·세관장**으로부터 과세자료의 제출을 요청받은 **기관** 등의 장은 다른 법령에 특별한 제한이 있는 경우 등 정당한 사유가 없으면 이에 **협조**하여야 한다.

2) **관세청장·세관장**은 자료 외의 자료로서 관세의 부과·징수 및 통관을 위하여 필요한 경우에는 해당 자료를 보유하고 있는 **과세자료 제출기관**의 장에게 그 자료의 수집에 협조하여 줄 것을 요청할 수 있다.

### (4) 과세자료의 관리 및 활용

**관세청장**은 이 법에 따른 **과세자료**의 효율적인 관리와 활용을 위한 **전산관리체계**를 구축하는 등 필요한 조치를 마련하여야 한다. **관세청장**은 이 법에 따른 **과세자료**의 제출·관리 및 활용 상황을 수시로 점검하여야 한다.

### (5) 비밀유지의무

#### 1) 의의

① **관세청** 및 **세관소속 공무원**은 제출받은 과세자료를 타인에게 **제공·누설**하거나 **목적외 용도에 사용**하여서는 아니 된다. 다만, 법 제116조(비밀유지) 제1항 단서 및 제116조 제2항에 따라 제공하는 경우에는 그러하지 아니하다.

② **관세청** 및 **세관소속 공무원**은 위의 규정을 **위반**하는 **과세자료**의 **제공**을 요구받으면 이를 거부하여야 한다. **과세자료**를 제공받은 자는 이를 타인에게 제공 또는 누설하거나 목적 외의 용도로 사용하여서는 아니 된다.

#### 2) 과세자료 비밀유지의무 위반에 대한 처벌

법 제264조의8(비밀유지의무) 제1항 또는 제3항을 위반하여 **과세자료**를 타인에게 제공 또는 누설하거나 목적 외의 용도에 사용한 자는 **3년 이하**의 **징역** 또는 1,000**만원 이하**의 **벌금**에 처한다. 위에 따른 **징역**과 **벌금**은 **병과**할 수 있다.

# 제 3 절 세관공무원의 물품검사

## 1. 물품 또는 운송수단에 대한 검사

**세관공무원**은 이 법 또는 이 법에 따른 명령(대한민국이 체결한 조약 및 일반적으로 승인된 국제법규에 따른 의무를 포함한다)을 위반한 행위를 방지하기 위하여 필요하다고 인정될 때에는 **물품**, **운송수단**, **장치장소** 및 관계 장부·서류를 검사 또는 봉쇄하거나 그 밖에 필요한 **조치**를 할 수 있다.

## 2. 장부 또는 자료의 제출

### (1) 장부, 서류 등 관계자료 또는 물품조사

1) **세관공무원은** 법에 따른 직무를 집행하기 위하여 필요하다고 인정될 때에는 **수출입자·판매자** 또는 그 밖의 관계자에 대하여 질문하거나 문서화·전산화된 장부, 서류 등 관계 자료·물품을 조사하거나, 그 제시·제출을 요구할 수 있다.

2) **상설영업장**을 갖추고 외국에서 생산된 물품을 판매하는 자로서 아래 (2)의 기준에 해당하는 자는 해당 물품에 관하여 부가가치세법 제32조(세금계산서 등) 및 제35조(수입세금계산서)에 따른 **세금계산서**나 수입 사실 등을 **증명**하는 **자료**를 영업장에 갖춰 두어야 한다.

### (2) 자료를 갖춰 두어야 하는 영업장

1) **자료**를 갖춰 두어야 하는 **영업장**이란 다음에 해당하는 **상설영업장**을 갖추고 **외국**에서 생산된 물품을 **판매**하는 **자**를 말한다.

> ① **백화점**, ② 최근 1년간 **수입물품 매출액**이 **5억원 이상**인 **수입물품**만을 취급하거나 **수입물품**을 **할인판매**하는 **상설영업장**, ③ **통신판매**하는 자로서 최근 1년간 **수입물품 매출액**이 10억원 이상인 **상설영업장**, ④ **관세청장**이 정하는 물품을 판매하는 자로서 최근 1년간 **수입물품 매출액**이 전체 매출액의 **30%**를 초과하는 **상설영업장**, ⑤ **상설영업장**의 판매자 또는 그 대리인이 최근 **3년 이내**에 법 또는 관세사법위반으로 처벌받은 사실이 있는 경우 그 **상설영업장**

2) **관세청장·세관장**은 법 또는 법에 따른 명령을 집행하기 위하여 필요하다고 인정될 때에는 **상설영업장**의 **판매자**나 그 밖의 관계인으로 하여금 영업에 관한 보고를 하게 할 수 있다.

### (3) 영업에 관한 보고

**관세청장·세관장**은 **상설영업장**을 갖추고 외국에서 생산된 물품을 판매하는 자, 그 **대리인** 기타 관계인에 대하여 **판매물품**에 관한 다음 사항에 관한 보고서의 제출을 명할 수 있다.

> 1) **판매물품**의 품명·규격 및 수량, 2) **수입대상국**과 **생산국** 또는 **원산지**, 3) **수입가격·구입가격**, 4) **수입자·구입처**, 5) **구입일자**, 해당 영업장에의 **반입일자**, 6) **판매일자**

## 3. 총기의 휴대 및 사용

**관세청장·세관장**은 직무를 집행하기 위하여 필요하다고 인정될 때에는 그 **소속공무원**에게 **총기**를 휴대하게 할 수 있다. **세관공무원**은 그 직무를 집행할 때 특히 자기나 다른 사람의 생명·신체를 보호하고 공무집행에 대한 방해 또는 저항을 억제하기 위하여 필요한 상당한 이유가 있는 경우 그 사태에 응하여 부득이하다고 판단될 때에는 **총기**를 **사용**할 수 있다.

## 4. 관계기관의 장에 대한 협조 요구

(1) **세관공무원**은 해상에서 직무를 집행하기 위하여 필요하다고 인정될 때에는 1) **육군·해군·공군**의 각 **부대장**, 2) **국가경찰관서**의 장, 3) **해양경비안전관서**의 장에게 **협조**

를 요청할 수 있다.

(2) 협조 요청을 받은 자는 **밀수** 관련 **혐의**가 있는 선박에 대하여 **추적감시** 또는 **진행정지명령**을 하거나 **세관공무원**과 협조하여 해당 선박에 대하여 **검문·검색**을 할 수 있으며, 이에 따르지 아니하는 경우 **강제**로 그 **선박**을 **정지**시키거나 **검문·검색**을 할 수 있다.

## 5. 명예세관원

(1) **관세청장**은 밀수감시단속 활동의 효율적인 수행을 위하여 필요한 경우에는 수출입 관련 분야의 **민간종사자** 등을 **명예세관원**으로 위촉하여 1) 공항·항만에서의 **밀수 감시**, 2) **정보 제공**과 **밀수 방지**의 **홍보 활동**을 하게 할 수 있다.

(2) **명예세관원**의 자격요건, 임무, 그 밖에 사항 : **명예세관원**은 다음에 해당하는 자 중에서 위촉한다. 관세청장은 필요한 경우 **명예세관원**에게 활동경비 등을 지급할 수 있다. **명예세관원**의 위촉·해촉 그 밖에 필요한 사항은 **관세청장**이 정한다.

> 1) **수출입물품**과 같은 종류의 물품을 생산·유통·보관 및 판매하는 등의 **업무**에 종사하는 **자** 및 **관련단체의 임직원**, 2) **소비자 관련단체**의 **임직원**, 3) **관세행정 발전**에 기여한 **공로**가 있는 자, 4) **수출입물품**의 **유통**에 관심이 있고 **명예세관원**의 임무를 성실히 수행할 수 있는 자

(3) **명예세관원**의 임무는 다음과 같다.

> 1) **세관**의 **조사·감시** 등 **관세행정**과 관련한 **정보제공**, 2) **밀수방지** 등을 위한 **홍보 활동 지원** 및 **개선 건의**, 3) 세관직원을 보조하여 공항, 항만 또는 유통단계의 감시 등 **밀수단속 활동지원**, 4) **세관직원**을 보조하여 원산지표시 위반, 지식재산권 침해 등에 대한 **단속활동지원**

# 벌칙

## 제 1 절 관세범의 개요

### 1. 관세범의 개요

#### (1) 관세범의 개념

관세범은 법 또는 법에 의한 명령에 위반하는 행위로서 법에 의하여 **형사처벌**되거나 **통고처분**되는 것을 말한다. **관세범**은 **형벌**이 과해진다는 점에서 일반형사범과는 동일하지만 **재산형**이 주종을 이루는 **재정범**이라는 점에서 구별되며 **조세범**, **행정범**이라고도 한다.

#### (2) 관세범의 분류

1) 실질범과 형식범

① **실질범**

**법익**의 침해 또는 위험의 결과의 발생을 구성요건의 내용으로 하는 범죄를 말한다. 따라서 범죄의 구성요건의 내용으로서 일정한 행위를 한 것 외에 그 행위에 의한 **일정**한 **결과**의 발생을 필요로 한다. 그 결과가 나타나지 아니한 때에는 **미수범**이 된다. **관세범** 중 **밀수출입죄**, **관세포탈죄**, **밀수장물죄**는 **실질범**에 해당되며 이들 **관세범**을 일반적으로 **밀수범**이라고도 한다. 또한 **전자문서 위조·변조죄** 등도 **실질범**에 해당한다.

### ② 형식범

**일정**한 **행위**만을 필요로 하고 그 결과의 발생을 필요로 하지 아니하는 것을 구성요건의 내용으로 하는 **범죄**를 말한다. 즉, 일정한 행위에 의한 실질적 피해 또는 위험상태가 발생한 것을 요건으로 하지 아니하는 **범죄**를 말한다. **관세범** 중 **실질범**을 제외한 여타의 **관세범**은 모두 이에 해당되며 이 **형식범**을 일반적으로는 **질서범**으로 통칭되고 있다.

## 2) 교사범과 미수범

### ① 교사범 · 종범

㉮ 교사범

㉠ 형법 : **교사범**이라 함은 타인을 교사하여 범죄를 실행하게 하는 **범인**을 말한다. 교사범은 타인을 교사하여 죄를 범하게 하는 점에서 **공동정범**과 구별되며, 타인의 범죄의 실행을 방조하지 않고 유발하게 하는 점에서 **종범**과 구별된다.

**형법**에서 **교사범**은 **정범**과 동일한 형으로 처벌한다고 규정하고 있지만, **선고형**이 동일하여야 한다는 것은 아니기 때문에 **교사범**과 **정범**은 그 범행의 정황에 따라 형의 양정을 달리하고 있다.

㉡ 법 : 법에서는 **밀수출입죄·관세포탈죄**를 **교사**한 자는 **정범**에 준하여 처벌한다고 규정하고 있다. 법에서 **교사범**은 **정범**에 준하여 처벌한다. 교사범에 관하여 특별규정을 정하고 있는 이들 **관세범** 이외의 관세범에 대하여는 **교사범**에 관한 형법의 규정이 적용되며, 교사를 받은 자가 범죄의 실행을 승낙하고 실행의 착수에 이르지 아니한 때와 교사를 받은 자가 범죄의 실행을 승낙하지 아니한 때의 처벌에 관하여는 모든 **관세범**에 대하여 **형법**의 교사범에 관한 규정을 적용한다.

㉯ 종범

㉠ 형법 : **종범**이라 함은 타인의 범죄실행을 **방조**한 **범인**을 말하며 **방조범**이라고도 한다. 이 **종범**에 관하여 형법에서는 종범은 처벌하되 **정범**의 형보다 **감경**한다고 규정하고 있다. 형을 감경한다는 것은 종범은 정범의 **법정형**에 대하여 법률상의 감경을 한 형으로 처벌한다는 뜻이다.

㉡ 법 : 법에서는 정황을 알고 **밀수출입죄·관세포탈죄**를 방조한 자는 정범에 준하여 처벌한다고 규정하고 있다. 따라서 이들 **관세범**의 **종범**에 대하여는 **정범**의 형보다 **감경**할 수 없고, 정범에 준하여 처벌하여야 하되, 이들 **관세범** 이외의 관세범의 종범에 대하여는 형법의 종점에 관한 규정이 적용되므로 정범의 형보다 **감경**한다.

② **예비범 · 미수범**

㉮ 예비범

㉠ 형법 : **예비범**이라 함은 범죄를 실행하기 위한 물적 형태의 준비를 하였으나 실행의 착수에 이르지 아니한 **범인**을 말한다. 이 예비범에 관하여 **형법**에서는 법률에 특별한 규정이 없는 한 벌하지 아니한다고 규정하고 있으며 형법에서는 **예비범**의 형벌은 본죄의 형벌보다 현저히 가볍게 규정하고 있다.

㉡ 법 : 법에서는 **전자문서 위조·변조죄, 밀수출입죄·관세포탈죄**의 **예비범**은 본죄의 1/2을 감경하여 처벌한다고 규정하고 있다.

㉯ 미수범

㉠ 형법 : **미수범**이라 함은 범죄의 실행에 착수하여 행위를 종료하지 못하였거나 결과가 발생하지 아니한 경우의 범인을 말한다. **미수**라 함은 범죄의 실행에 착수하였으나, 그 **범죄**의 **완성**에 이르지 못한 경우로서 실행의 착수 이전의 행위인 예비 ·음모와 구별된다. 이 **미수범**에 관하여 형법의 각 본죄에 그 처벌을 정한 경우에 한하여 처벌하되 그 형은 기수범보다 감경할 수 있다고 규정하고 있다.

㉡ 법 : 법에서는 **전자문서 위조·변조죄, 밀수출입죄·관세포탈죄**에 대한 **미수범**은 본죄에 준하여 처벌한다고 규정하고 있다. 따라서 이들 **관세범**의 **미수범**에 대하여는 **기수범**의 형보다 감경할 수 없고 **기수범**에 준하여 처벌하여야 한다. 이들 **관세범** 이외에 관세범의 **미수범 처벌**에 관하여는 **법**의 각조에 규정이 있을 때 그에 의하되 형법의 총칙을 적용한다.

## 제 2 절 관세형벌과 관세질서벌

### 1. 관세행정벌의 개요

#### (1) 의의

1) 법상 의무위반에 대한 제재로서 일반 통치권에 의하여 과하는 처벌을 **관세행정벌**이라 하며, 그 처벌내용은 **관세형벌**과 **관세질서벌**로 구분한다. **관세행정벌**은 **행정벌**로서 행정벌 중 **재정벌**에 해당된다.

2) **관세형벌**이란 형법상의 형명인, ① 사형, ② 징역, ③ 금고, ④ 자격상실, ⑤ 자격

정지, ⑥ 벌금, ⑦ 구류, ⑧ 과료[1], ⑨ 몰수의 9가지를 과하는 **행정벌**을 말한다.

3) **관세질서벌**은 법상의 의무위반에 대한 제재이지만 형법상 형명이 없는 벌, 즉 **과태료**를 부과하는 것으로서 이는 직접적으로 관세행정 목적을 침해하는 것이 아니고 일정한 **보고**, **신고**, **등록** 등의 의무를 태만히 함으로써 간접적으로 행정목적 달성에 장애를 미치는 위험성이 있는 행위, 즉 **관세행정질서**를 문란하게 하는 행위에 대한 제재로서 과하여 지는 것이다.

4) 법은 **관세행정벌**에 대하여 **형법총칙**에 대한 **특례규정**이 있는 경우에는 그에 따르고 그러하지 아니한 경우에는 **관세행정벌**에 대하여 **형법총칙**을 적용한다. 다만, **행정질서벌**의 경우는 **형벌**이 아닌 **과태료**를 과하므로 **형법총칙**을 적용하지 아니한다.

5) **과태료**는 **형벌**이 아니다. **행정질서벌**은 **형법**이 적용되지 않기 때문에 고의, 과실, 착오 등을 고려할 필요가 없이 법 위반사실 자체에 대하여 부과되는 **행정벌**이며 **과태료 부과**에 대하여 분쟁이 있는 경우에는 **형사소송법**에 따르지 않고 **비송사건절차법**이 정하는 바에 따른다.

6) 형법상의 형벌이 아닌 **과태료**를 부과하는 **관세질서벌**에 대하여는 **형법총칙**이나 **형법이론**이 적용될 여지가 없는 것이며 법상의 **양벌**이나 **법인처벌**을 할 수 없다.

### (2) 행정벌과 형사벌의 관계

**행정벌**과 **형사벌**의 구별에서는 행정벌 중 **행정질서벌**은 **형벌**이 아닌 **과태료**가 과해지

---

1) **과료(科料)**와 **과료(過料)**의 경우 구분하기가 매우 어렵지만, 이 두 용어는 명확히 구별되어 사용되고 있다. **과료(科料)**는 **형벌**의 일종이지만, **과료(過料)**는 일종의 **행정처분**이며, **형벌**이 아니다. 전자의 **과료**는 형법 제41조에 의하면 형의 종류에 **과료**를 포함하고 있으므로 과료는 **벌금**과 함께 **재산형**의 일종이며, 형으로서는 가벼운 것이다. 그러나 가벼워도 형벌이므로 그 법령에 특별한 규정이 없는 한 형법총칙의 규정이 적용된다. 형법 제47조에 의하면 과료는 '**2,000원 이상 50,000원 미만**으로 한다'고 되어 있으나, 벌금 등 임시조치법 제3조 제2항에 의하여 '**2,000원 이상 30,000원** 미만으로 한다'고 되어 있다. 이에 대하여 후자의 **과료(過料)**는 **형벌**이 아니므로 형법총칙의 규정의 적용은 없다. 양자의 차이는 **형벌**인가 아닌가의 차이이며, **벌금**과 **과료**의 차이와 같이 그 과하여지는 금액에 의한 차이는 없다. 또 과료를 과한 경우, 그것이 집행되는 절차는 전자인 **과료**는 **형벌**의 일종이기 때문에 형사소송절차에 의하여 검사의 명령에 의하여 집행된다. 이에 대하여 후자인 **과료**의 처분절차에는 형사소송법은 적용되지 아니하고, **과태료**에 관한 절차를 정한 일반적 규정인 **비송사건절차법** 제247조에서 제251조까지의 적용이 있다. 그리고 '과료'와 같은 의미의 법령용어로서 **과태료**라고 하는 것이 있다. **과태료**라고 하는 용어가 사용되고 있는 예로서는 '법인의 이사, 감사 또는 청산인은 다음에는 500만원 이하의 과태료에 처한다'(민97), '다음에 해당하는 자는 10만원 이하의 과태료에 처한다'(국민연107), '가입자 및 피부양자 또는 가입자 및 피부양자이었던 자가 그 자격을 잃은 후 그 자격을 증명하던 서류를 사용하여 보험급여를 받은 때에는 그 급여에 상당하는 금액 이하의 **과태료**에 처한다'(국민건보98①)고 하는 것 등을 들 수가 있다. 가장 예가 많은 것은 **질서죄**로서의 **과태료**이다. **질서죄**로서의 **과태료**는 법률질서를 유지하기 위하여 법령에 위반한 자에 대한 제재로서 과해지는 것이며, 사법·공법의 각 분야에 걸쳐서 많이 찾아볼 수가 있다. 그리고 **과태료**에는 **징계벌**, 즉 특정된 신분관계에서의 규율을 유지하기 위하여 일정한 의무위반에 대하여 과하는 **과태료**가 있다. 이에 대하여 **과태금**이라고 하는 것은 농업협동조합이나 수산업협동조합과 같은 단체가 그 자치적 통제를 유지하기 위하여 구성원의 **통제위반**에 대한 제재로서 부과하는 금전을 말한다. 그리고 **과태금**의 강제징수에 관하여는 통상의 민사소송의 절차에 의하게 된다.

는 점에서 **형사벌**과는 구별된다고 할 수 있다. 즉, **형사범**은 국가의 명령금지 없이 그 자체가 **반도덕성·반사회성·범죄성**이 있기 때문에 처벌되는 행위인데 비하여, **행정범**은 그 자체가 원래 반사회성을 가졌기 때문에 아니라 **행정목적 실현**을 위한 **국가**의 **명령금지**, 즉 **행정법상 의무**를 위반하였기 때문에 범죄로서 처벌되는 행위라는 점에서 상대적이지만 차이가 있다고 할 수 있다. 그러나 **행정범**도 시간의 경과에 따라 새로운 도덕감정을 형성하여 **형사범**으로 전환된다고 할 수 있으므로 양자의 구별은 절대적인 것이 아니라 **상대적·유동적**이라 할 수 있다.

## 2. 관세형벌

### (1) 형법적용의 일부 배제

#### 1) 관세범

**형법** 규정중 일부의 적용을 배제하되, 징역형에 처할 때에는 예외로 하도록 규정하고 있으므로 **관세범**을 **벌금형**에 처할 때에는 형법 규정의 벌금경합에 관한 **제한가중규정**을 적용하지 아니한다.

#### 2) 형사미성년자의 처벌

현행법상 14세 미만의 아동[2], 청소년은 **형사미성년자**로서 형사상 **책임무능력자**로 인정하여 형사처벌의 대상에서 제외되지만 **관세범**에 대하여는 만 14세 미만인 자도 **징역형**이 아닌 **벌금형**으로 처벌된다.

#### 3) 심신미약자에 대한 불경감

**형법**상에는 심신장애로 인하여 사물을 판별할 능력과 의사를 결정할 능력이 미약한 자의 행위는 형을 **감경**하도록 규정하고 있지만, **관세범**을 **벌금형**에 처할 때에는 형을 **감경**하지 않지만 **심신상실자**에 대하여는 형법규정대로 벌하지 아니한다[3].

---

2) 우리나라 청소년정책의 기초가 되는 **청소년기본법**이 정의하는 청소년의 연령은 **9-24세**까지로, **민법상** 성인에 해당하는 **19세-24세**도 청소년의 범주에 포함하고 있다. 청소년보호법상 청소년은 19세 미만, 아동복지법상 아동은 **18세 미만**, 근로기준법상 근로연소자는 **15-18세 미만**, 소년법상 소년은 **19세 미만**, 형법상 **형사미성년자는14세 미만**이며, 민법상 **미성년자**는 **19세 미만**으로 되어 있다.

3) **심신장애자**는 그 정도에 따라 **심신상실자**와 **심신미약자·심신박약자**로 구분된다. **심신상실자**(판단력 등을 완전히 상실한 상태를 심신상실)의 행위는 **범죄**가 아니며, **심신미약자**(판단력 등이 있긴 있는데 부실한 경우를 심신미약)의 행위는 범죄이긴 하지만 그 형이 **감경**된다. 이는 형법이 취하고 있는 **책임주의**와 밀접하게 관련이 있다. "책임 없는 곳에 형벌 없다."는 법언이 말해주듯, 책임이 없으면 처벌할 수 없고, 책임이 부족하면 처벌도 그만큼 가벼워야 한다.

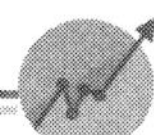

### 4) 청각장애인·언어장애인에 대한 불경감

형법상 **청각장애인·언어장애인**의 행위는 형을 **감경**한다고 규정하고 있지만, **관세범**을 벌금형으로 처할 때에는 **감경**하지 아니한다.

### 5) 종범에 대한 불경감

**형법**상 **종범**의 형을 **정범**의 형보다 **감경**하도록 규정하고 있지만, **관세범**을 벌금형에 처할 때에는 **감경**하지 아니한다.

### 6) 형의 작량 감경의 불인정

**형법**상 형을 양정함에 있어 **범죄**의 **정상**을 고려할 만한 사유가 있는 때에는 **작량**하여 그 형을 **감경**할 수 있다고 규정하고 있지만, **관세범**을 벌금형으로 처벌할 때에는 작량 **감경**이 인정되지 아니한다.

### 7) 법률의 착오 불인정

**형법**상 자기의 행위가 법령에 의하여 죄가 되지 아니하는 것으로 **오인**한 **행위**는 그 오인에 정당한 이유가 있는 때에 한하여 벌하지 않지만, **관세범**을 **벌금형**으로 처벌할 때에는 그 법률의 착오에 정당한 이유를 불문하고 **처벌**한다.

## (2) 징역과 벌금의 병과

각 처벌규정에는 몇 년의 **징역** 또는 얼마의 **벌금**이란 형식으로 규정되어 **자유형**과 **재산형**을 선택적으로 과할 수 있게 하고 있지만, **밀수범** 등 악질범죄에 대하여는 한 가지 형태의 처벌만으로 불충분할 경우에는 **자유형**과 **재산형**을 **병과**하여 그 처벌의 실효를 거두려고 한 것이다. 즉, ① **밀수출입죄**, ② **관세포탈죄**, ③ **미수범**, ④ **밀수품취득죄**를 범한 자는 정상에 따라 **징역**과 **벌금**을 **병과**할 수 있다.

## (3) 양벌규정

### 1) 의의

법상 **규제대상**에 관련되는 업무를 하는 자의 **사용인**이 그 업무를 수행함에 있어 행한 행위가 **관세범**에 의한 처벌대상이 될 경우에는 그 **사용인**을 처벌하는 동시에 업무주체인 **본인**도 처벌하고 있는데 이와 같이 **행위자**와 **업무주체**를 **양벌**하는 것은 업무주체에게 **주**

**의감독**의 **책임**을 부담시켜 **범죄**의 **미연방지**를 도모하자는 데 그 목적이 있다.

#### 2) 적용대상

**개인**은 다음에 해당하는 사람으로 한정한다.

> ① **특허보세구역·종합보세사업장**의 **운영인**, ② **수출**(특례법 제4조에 따른 수출 등을 포함한다)**·수입** 또는 **운송**을 업으로 하는 사람, ③ **관세사**, ④ **개항** 안에서 **물품** 및 **용역**의 공급을 업으로 하는 사람, ⑤ **국가관세종합정보망 운영사업자** 및 **전자문서중계사업자**

#### 3) 처벌 및 면책

업무주 본인의 형벌에 대해 타인의 위법행위에 대한 **과실책임**을 묻는 것이므로 **고의범**에 대하여 과하여지는 **체형**을 과할 수 없고 **재산형**인 벌금을 과한다. 다만, **법인·개인**이 그 위반행위를 방지하기 위하여 해당 업무에 관하여 **상당**한 **주의**와 감독을 게을리하지 아니한 경우에는 **벌**하지 아니한다. 이는 **위반행위**를 방지하고 **방도**가 없었다는 것은 **통상**의 **주의**를 게을리 하지 아니하고 감독을 하였음에도 그 **위법행위**를 **방지**할 수가 없는 경우를 말하며 그 증명은 본인이 하여야 한다.

#### 4) 법인의 처벌

**법인**의 **대표자**나 **법인·개인**의 **대리인**, **사용인**, 그 밖의 **종업원**이 그 **법인·개인**의 업무에 관하여 법 제11장(벌칙)에서 규정한 벌칙(법 제277조(과태료)는 제외한다)에 해당하는 **위반행위**를 하면 그 **행위자**를 벌하는 외에 그 **법인·개인**에게도 해당 조문의 **벌금형**을 과한다.

### (4) 관세형벌의 주요내용

#### 1) 전자문서 위조 · 변조죄

① **국가관세종합정보망**이나 **전자문서중계사업자**의 **전산처리설비**에 기록된 전자문서 등 관련 정보를 **위조·변조**하거나 위조·변조된 정보를 행사한 자는 **1년 이상 10년 이하**의 **징역** 또는 **1억원 이하**의 **벌금**에 처한다.

② 다음에 해당하는 자는 **5년 이하**의 **징역** 또는 **5,000만원 이하**의 **벌금**에 처한다.

㉮ **지정**을 받지 아니하고 **국가관세종합정보망**을 운영하거나 **관세청장**의 지정을 받지 아니하고 **전자문서중계업무**를 행한 자
㉯ **국가관세종합정보망·전자문서중계사업자**의 **전산처리설비**에 기록된 전자문서 등 관련 정보를 훼손하거나 그 **비밀**을 **침해**한 자
㉰ 업무상 알게 된 **전자문서** 등 관련 정보에 관한 **비밀**을 **누설**하거나 **도용**한 **국가관세종합정보망 운영사업자·전자문서중계사업자의 임직원·임직원**이었던 자

### 2) 밀수출입죄

#### ① 의의

본 죄는 법상 **수출입**이 **금지**된 물품을 **수출입**함으로써 성립되는 범죄로서 국가의 안전과 사회공공의 안녕 및 미풍양속을 해할 물품이 외국으로부터 유입되거나 유출되는 것을 방지하여 **국가안보** 및 **사회공공**의 안정을 확보하는데 그 목적이 있다.

객체는 다음의 **수출입금지품**으로서, 헌법질서를 문란하게 하거나 공공의 안녕질서 또는 풍속을 해치는 서적·간행물·도서·영화·음반·비디오물·조각물, 그 밖에 이에 준하는 물품, 정부의 기밀을 누설하거나 첩보활동에 사용되는 물품, 화폐·채권, 그 밖에 **유가증권**의 **위조품·변조품** 또는 **모조품** 등을 말한다.

② 밀수출입과 관련하여 그 죄를 범한 경우에는 다음과 같은 죄를 과한다.

㉮ **수출입금지 물품을 수출입**한 **자는 7년 이하**의 **징역** 또는 **7,000만원** 이하의 **벌금**에 처한다.
㉯ 다음에 해당하는 자는 **5년 이하**의 **징역** 또는 **관세액**의 **10배**와 **물품원가** 중 높은 금액 이하에 상당하는 벌금에 처한다.
ⓐ 신고를 하지 아니하고 물품을 **수입**한 **자**. 다만, 제253조(**수입신고전**의 **물품 반출**) 제1항에 따른 **반출신고**를 한 자는 제외한다.
ⓑ 해당 **수입물품**과 다른 물품으로 신고하여 수입한 자
㉰ 다음에 해당하는 자는 **3년 이하**의 **징역** 또는 **물품원가 이하**에 상당하는 **벌금**에 처한다.
ⓐ **신고**를 하지 아니하고 **물품**을 **수출·반송**한 자
ⓑ 신고를 하였으나 해당 **수출물품·반송물품**과 다른 물품으로 신고하여 수출하거나 반송한 자

### 3) 관세포탈죄

#### ① 의의

㉮ **수입신고서상**의 신고구분란을 **허위기재**하고 **과세가격**을 **누락**한 행위에 대한 가별성 여부와 관련하여 **관세포탈죄**가 성립하려면 **관세탈루**의 목적이 인정되어야 하고, **허위**

**신고죄**가 성립하려면 허위신고의 고의가 존재하여야 한다. 따라서 피의자의 자백 및 제반사정을 종합판단하여 관세포탈의 목적 및 허위신고의 고의가 인정된다면 **상상적 경합**에 따라 처리하고 관세포탈의 목적은 없으나 허위신고의 고의가 인정된다면 허위신고죄로 처벌하여야 한다.

㉯ 수입신고를 한 자 중 다음에 해당하는 자는 **3년 이하**의 **징역** 또는 **포탈**한 **관세액**의 **5배**와 **물품원가** 중 **높은** 금액 이하에 상당하는 벌금에 처한다. 이 경우 물품원가는 전체 물품 중 포탈한 세액의 전체 세액에 대한 **비율**에 해당하는 물품만의 원가로 한다.

> ㉠ **세액결정**에 영향을 미치기 위하여 **과세가격·관세율** 등을 거짓으로 신고하거나 신고하지 아니하고 수입한 자
> ㉡ **세액결정**에 영향을 미치기 위하여 거짓으로 서류를 갖추어 법 제86조(특정물품에 적용될 품목분류의 사전심사) 제1항·제3항에 따른 **사전심사·재심사** 및 법 제87조(특정물품에 적용되는 품목분류의 변경 및 적용) 제3항에 따른 **재심사**를 신청한 자
> ㉢ 법령에 따라 수입이 제한된 사항을 회피할 목적으로 **부분품**으로 **수입**하거나 주요 특성을 갖춘 **미완성·불완전**한 **물품**이나 **완제품**을 **부분품**으로 **분할**하여 수입한 자

#### ② 부정수출입죄

㉮ **수입신고**를 한 자 중 법령에 따라 수입에 필요한 **허가·승인·추천·증명** 또는 그 밖에 조건을 갖추지 아니하거나 부정한 방법으로 수입한 자는 **3년 이하**의 **징역** 또는 3,000**만원 이하**의 벌금에 처한다.

㉯ **수출신고**를 한 자 중 법령에 따라 수출에 필요한 **허가·승인·추천·증명** 또는 그 밖의 조건을 갖추지 아니하거나 **부정**한 **방법**으로 **수출**한 자는 **1년 이하**의 **징역** 또는 2,000**만원 이하**의 **벌금**에 처한다.

#### ③ 부정감면죄

**부정**한 **방법**으로 **관세**를 **감면**받거나 **관세**를 **감면**받은 **물품**에 대한 **관세징수**를 면탈한 자는 **3년 이하**의 **징역**에 처하거나, 감면받거나 면탈한 **관세액**의 **5배 이하**에 상당하는 **벌금**에 처한다.

#### ④ 부정환급죄

**부정**한 **방법**으로 **관세**를 **환급**받은 **자**는 3년 **이하**의 **징역** 또는 **환급**받은 **세액**의 **5배 이하**에 상당하는 **벌금**에 처한다. 이 경우 세관장은 부정한 방법으로 환급받은 세액을 즉시 징수한다.

⑤ **가격조작죄**

다음과 같은 내용을 **신청·신고**를 할 때, 물품의 가격을 조작하여 **부당**하게 재물이나 재산상 이득을 취득하거나 제3자에게 이를 취득하게 한 자는 **2년 이하**의 **징역** 또는 **물품원가**와 5,000만원 중 **높은** 금액 이하의 **벌금**에 처한다.

> ㉮ 법 제38조의2(보정) 제1항·제2항에 따른 **보정신청**, ㉯ 법 제38조의3(수정 및 경정) 제1항에 따른 **수정신고**, ㉰ 법 제241조(수출·수입 또는 반송의 신고) 제1항·제2항에 따른 **신고**, ㉱ 법 제244조(입항전수입신고)제1항에 따른 **신고**

4) 밀수전용 운반기구의 몰수

**밀수출입죄**에 전용되는 선박·자동차나 그 밖의 **운송수단**은 그 소유자가 범죄에 사용된다는 정황을 알고 있고, 다음에 해당하는 경우에는 **몰수**한다.

> ① **범죄물품**을 적재하거나 **적재**하려고 한 경우, ② **검거**를 기피하기 위하여 권한 있는 **공무원**의 **정지명령**을 받고도 **정지**하지 아니하거나 적재된 **범죄물품**을 해상에서 투기·파괴 또는 훼손한 경우, ③ **범죄물품**을 해상에서 **인수·취득**하거나 인수 또는 취득하려고 한 경우, ④ **범죄물품**을 **운반**한 경우

5) 범죄에 사용된 물품의 몰수

① **밀수출입**에 사용하기 위하여 특수한 가공을 한 **물품**은 누구의 소유이든지 몰수하거나 그 효용을 소멸시킨다.

② **밀수출입죄**에 해당되는 물품이 다른 **물품** 중에 포함되어 있는 경우 그 물품이 범인의 소유일 때에는 그 다른 물품도 **몰수**할 수 있다.

6) 밀수품의 취득죄

① 본죄는 **금지품수출입**, **무신고수출입** 및 **부정수출입 행위**로 발생한 **범죄물품**을 **취득·양여·운반·보관·알선·감정**한 경우에 성립되는 범죄로서 본죄의 **조장·유발**을 용이하게 하는 행위를 처벌하려는 데 그 목적이 있다.

② 다음에 해당되는 물품을 취득·양도·운반·보관 또는 알선하거나 감정한 자는 **3년 이하**의 **징역** 또는 **물품원가 이하**에 상당하는 **벌금**에 처한다.

> ㉮ **밀수출입죄**에 해당되는 **물품**, ㉯ 법 제270조(관세포탈죄 등) 제1항 제3호, 제270조 제2항 및 제3항에 해당되는 **물품**

③ 위의 ②에 규정된 죄의 **미수범**은 본죄에 준하여 **처벌**한다. 위의 ②에 규정된 죄를 범할 목적으로 그 **예비**를 한 자는 본죄의 1/2을 **감경**하여 처벌한다.

#### 7) 체납처분면탈죄

① **납세의무자·납세의무자**의 재산을 점유하는 자가 **체납처분**의 집행을 **면탈**할 목적 또는 면탈하게 할 목적으로 그 재산을 **은닉·탈루**하거나 **거짓 계약**을 하였을 때에는 **3년 이하**의 **징역** 또는 **3,000만원 이하**의 **벌금**에 처한다.

② **압수물건**의 **보관자** 또는 압류물건의 보관자가 그 보관한 물건을 은닉·탈루, 손괴 또는 소비하였을 때에도 **3년 이하**의 **징역** 또는 **3,000만원 이하**의 **벌금**에 처한다.

③ 위의 사정을 알고도 이를 방조하거나 거짓 계약을 승낙한 자는 **2년 이하**의 **징역** 또는 **2,000만원 이하**의 **벌금**에 처한다.

#### 8) 타인에 대한 명의대여죄

**관세**(세관장이 징수하는 **내국세** 등을 포함한다)의 **회피** 또는 **강제집행**의 면탈을 목적으로 타인에게 자신의 명의를 사용하여 **납세신고**를 할 것을 허락한 자는 **1년 이하**의 **징역** 또는 **1,000만원 이하**의 **벌금**에 처한다.

**〈표-10〉 관세범죄의 위반내용과 처벌사항**

| 구분 | 위반 내용 | 처벌 |
|---|---|---|
| 전자문서의 위조·변조 | 전산처리설비에 기록된 전자문서 등 관련 정보를 위조 또는 변조하거나 위조 또는 변조된 정보를 행사 | - 1년 이상 10년 이하 징역 또는 1억원 이하 벌금<br>- 5년 이하 징역 또는 5,000만원 이하 벌금 |
| | 관세청장의 지정을 받지 아니하고 전자문서중계업무, 전산처리설비에 기록된 전자문서 등 관련 정보를 훼손하거나 그 비밀을 침해, 전자문서 등 관련 정보에 관한 비밀을 누설하거나 도용 | - 5년 이하 징역 또는 5,000만원 이하 벌금 |
| 수출입 금지품 | 수출입금지품(음란물, 위조 화폐 ·채권 등)을 수출 | - 7년 이하 징역 또는 7,000만원 이하 벌금 |

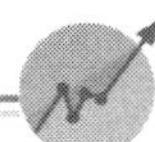

| | | |
|---|---|---|
| 밀수입 | 수입신고를 하지 않거나, 신고한 물품과 다른 물품을 수입 | - 5년 이하 징역 또는 관세액 10배와 물품원가 중 높은 금액 이하의 벌금 |
| 밀수출 | 수출(반송)신고를 하지 않거나, 신고한 물품과 다른 물품을 수출 | - 3년 이하 징역 또는 물품원가 이하 벌금 |
| 관세포탈 | 과세가격 또는 관세율을 허위로 신고하거나 신고하지 않고 수입 | - 3년 이하 징역 또는 포탈한 관세 5배와 물품원가 중 높은 금액 이하의 벌금 |
| 부정 수출입 | 수입에 필요한 조건을 갖추지 않거나 부정하게 갖추어 수출입 또는 수입이 제한된 완제품을 부분품으로 분할수입 | - (부정수입) 3년 이하 징역 또는 3,000만원 이하 벌금<br>- (부정수출) 1년 이하 징역 또는 2,000만원 이하 벌금<br>- (분할수입) 3년 이하 징역 또는 포탈한 관세액의 5배와 물품원가 중 높은 금액 이하에 상당하는 벌금 |
| 부정감면 | 부정하게 관세를 감면받거나, 관세감면 물품의 관세 징수를 면탈 | - 3년 이하 징역 또는 감면받은(면탈한) 관세액의 5배 이하 벌금 |
| 부정환급 | 부정한 방법으로 관세를 환급 | - 3년 이하 징역 또는 환급받은 세액의 5배 이하 벌금 |
| 가격조작 | 부당하게 재물이나 재산상 이득을 취득하거나 제3자로 하여금 이를 취득하게 할 목적으로 물품의 가격을 조작하여 신청 또는 신고 | - 2년 이하 징역 또는 물품원가와 5,000만원 중 높은 금액 이하의 벌금 |
| 밀수품 취득 | 밀수품(또는 부정수출입 물품)을 취득·양여·운반·보관·알선·감정 | - 3년 이하 징역 또는 물품원가 이하 벌금 |
| 체납처분 면탈 | 체납처분의 집행을 면탈할 목적 또는 면탈하게 할 목적으로 그 재산을 은닉·탈루하거나 거짓 계약 | - 3년 이하 징역 또는 3,000만원 이하 벌금 |
| | 압수물건의 보관자 또는 압류물건의 보관자가 그 보관한 물품을 은닉·탈루, 손괴 또는 소비 | - 3년 이하 징역 또는 3,000만원 이하 벌금 |
| | 위의 내용을 방조하거나 거짓 계약의 승낙 | - 2년 이하 징역 또는 2,000만원 이하 벌금 |
| 타인에 대한 명의대여 | 관세의 회피 또는 강제집행의 면탈을 목적으로 타인에게 자신의 명의를 사용하게 함 | - 1년 이하 징역 또는 1,000만원 이하 벌금 |

자료: 관세청, "관세범죄", http://www.customs.go.kr/ kcshome/main/content/ContentView.do?contentId=CONTENT_000000000187&layoutMenuNo=121를 활용하여 일부 보완·수정함.

9) 허위신고죄

① 다음에 해당하는 자는 **물품원가** 또는 **2,000만원** 중 **높은** 금액 이하의 **벌금**에 처한다.

㉮ **종합보세사업장**의 설치·운영에 관한 신고를 하지 아니하고 **종합보세기능**을 수행한 **자**, ㉯ **세관장**의 중지조치를 위반하여 **종합보세기능**을 수행한 **자**, ㉰ **보세구역 반입명령**에 대하여 반입대상 물품의 전부 또는 일부를 반입하지 아니한 **자**, ㉱ 법 제241조(수출·수입 또는 반송의 신고) 제1항·제2항 또는 법 제244조(입항전수입신고) 제1항에 따른 **신고**를 할 때 법 제241조(수출·수입 또는 반송의 신고) 제1항에 따른 사항을 **신고**하지 아니하거나 **허위신고**를 한 **자**, ㉲ 법 제38조의2(보정) 제1항 및 제2항, 법 제38조의3(수정 및 경정) 제1항에 따른 **보정신청·수정신고**를 할 때 법 제241조(수출·수입 또는 반송의 신고) 제1항에 따른 사항을 **허위**로 **신청**하거나 **신고**한 **자**, ㉳ 법 제248조(신고의 수리) 제3항을 위반한 **자**

② 다음에 해당되는 자는 **2,000만원 이하**의 **벌금**에 처한다. 다만, **과실**로 ㉯, ㉰ 또는 ㉲에 해당하게 된 경우에는 **300만원 이하**의 **벌금**에 처한다.

㉮ **부정**한 **방법**으로 **적하목록**을 **작성**하였거나 **제출**한 **자**
㉯ 법 제12조(신고 서류의 보관기간)(법 제277조(과태료) 제5항 제2호에 해당하는 경우는 제외한다), 법 제98조(재수출감면세)제2항, 법 제109조(다른 법령 등에 따른 감면물품의 관세징수)제1항(제277조(과태료) 제4항 제3호에 해당하는 경우는 제외한다), 법 제134조(개항 등에의 출입) 제1항, 법 제136조(출항절차) 제2항, 법 제148조(관세통로) 제1항, 법 제149조(국경출입차량의 도착절차), 법 제222조(보세운송업자등의 등록 및 보고) 제1항(법 제146조(그 밖의 선박 또는 항공기) 제1항에서 준용하는 경우를 포함한다) 또는 법 제225조(보세화물 취급 선박회사 등의 신고 및 보고) 제1항 전단을 **위반**한 **자**
㉰ 법 제83조(용도세율의 적용) 제2항, 법 제88조(외교관용 물품 등의 면세) 제2항, 법 제97조(재수출면세) 제2항 및 법 제102조(관세감면물품의 사후관리) 제1항을 **위반**한 **자**. 다만, 법 제277조(과태료) 제4항 제3호에 해당하는 자는 제외한다.
㉱ **특허보세구역**의 **설치·운영**에 관한 **특허**를 받지 아니하고 **특허보세구역**을 **운영**한 **자**
㉲ 법 제227조(과태료)에 따른 세관장의 의무 이행 요구를 **이행**하지 아니한 **자**
㉳ 법 제38조(신고납부) 제3항 후단에 따른 **자율심사 결과**를 **거짓**으로 작성하여 **제출**한 **자**
㉴ 법 제178조(반입정지 등과 특허의 취소) 제2항 제1호·제5호 및 법 제224조(보세운송업자 등의 행정제재) 제1항 제1호에 **해당**하는 **자**

③ 다음에 해당하는 자는 **1,000만원 이하**의 **벌금**에 처한다. 다만, 과실로 ㉯부터 ㉱까지의 규정에 해당하게 된 경우에는 **200만원 이하**의 **벌금**에 처한다.

㉮ **세관공무원**의 질문에 대하여 **거짓**의 **진술**을 하거나 그 **직무**의 **집행**을 **거부·기피**한 자
㉯ **입항보고**를 **거짓**으로 하거나 **출항허가**를 **거짓**으로 받은 **자**
㉰ 법 제135조(입항절차) 제1항(법 제146조(그 밖의 선박 또는 항공기) 제1항에서 준용하는 경우를 포함하며 법 제277조(과태료) 제4항 제4호에 해당하는 자는 제외한다), 법 제136조(출항절차) 제1항(법 제146조(그 밖의 선박 또는 항공기) 제1항에서 준용하는 경우를 포함한다), 법 제137조의2(승객예약자료의 요청) 제1항 각 호 외의 부분 후단(법 제277조(과태료) 제4항 제4호에 해당하는 자는 제외한다), 법 제140조(물품의 하역) 제1항·제2항·제4항(법 제146조(그 밖의 선박 또는 항공기) 제1항에서 준용하는 경우를 포함한다), 법 제141조(외국물품의 일시양륙 등) 제1호·제3호(법 제146조(그 밖의 선박 또는 항공기) 제1항에서 준용하는 경우를 포함한다), 법 제142조(항외 하역) 제1항(제146조(그 밖의 선박 또는 항공기) 제1항에서 준용하는 경우를 포함한다), 법 제144조(외국무역선의 내항선으로의 전환 등)(법 제146조(그 밖의 선박 또는 항공기) 제1항에서 준용하는 경우를 포함한다), 법 제150조(국경출입차량의 출발절차), 법 제151조(물품의 하역 등) 또는 법 제213조(보세운송의 신고) 제2항을 **위반한 자**
㉱ 법 제135조(입항절차) 제2항(법 제146조(그 밖의 선박 또는 항공기) 제1항에서 준용하는 경우를 포함하며 법 제277조(과태료) 제4항 제4호에 해당하는 자는 제외한다), 법 제200조(반출입물품의 범위 등) 제3항, 법 제203조(종합보세구역에 대한 세관의 관리 등) 제1항 또는 법 제262조(운송수단의 출발 중지 등)에 따른 **관세청장** · **세관장**의 조치를 **위반**하거나 **검사**를 거부·방해 또는 **기피**한 **자**
㉲ **부정**한 **방법**으로 법 제248조(신고의 수리) 제1항 단서에 따른 **신고필증**을 **발급**받은 **자**
㉳ 법 제263조(서류의 제출 또는 보고 등의 명령)를 위반하여 서류의 제출·보고 또는 그 밖에 필요한 사항에 관한 **명령**을 **이행**하지 아니하거나 **거짓 보고**를 한 **자**
㉴ 법 제265조(물품 또는 운송수단 등에 대한 검사 등)에 따른 **세관장·세관공무원**의 조치를 **거부·방해**한 **자**
㉵ 법 제266조(장부 또는 자료의 제출 등) 제1항에 따른 **세관공무원**의 **장부·자료**의 제시요구 또는 제출요구를 **거부**한 **자**

④ 제165조(보세사의 자격 등) 제2항을 위반한 자는 **500만원 이하**의 벌금에 처한다.

### 10) 몰수·추징

#### ① 형법

㉮ **몰수**는 다른 형에 부가하여 과하는 것을 원칙으로 하는 **재산형**이다. 그러나 **행위자**에게 **유죄 재판**을 내리지 않을 때에도 **몰수**의 요건이 있는 때에는 몰수만을 선고할 수 있다.

㉯ **몰수**에 관하여 범죄행위에 제공하였거나 제공하려고 한 물건, 범죄행위로 생긴 물건 등에 대한 사회적 유통을 억제하고 범죄로 인한 재산적 이익을 회수하기 위하여 그 소유권을 박탈하는 재산형의 일종으로서 **주형**에 부가하여 과하는 것이 원칙이나 예외적으로 **몰수불능**일 때에는 그 가액에 대해 과하는 것을 **추징**이라 한다. **형법**에서는 범인 또는

정황을 아는 제3자가 받은 **뇌물** 또는 뇌물에 제공할 금품은 **몰수**한다고 규정하고 있다.

㉰ **형법**에서는 **몰수**의 요건을 **몰수대상물품**이 범인 이외의 자의 소유에 속하지 아니하거나 범죄 후 범인 이외의 자가 정황을 알면서 **취득물품**으로 하고 있는데, 법에서는 이 요건에 해당하지 아니하는 것도 **몰수**할 수 있는 경우가 있다. 또한 **형법**에서는 **몰수**의 여부는 원칙적으로 법관의 재량에 의하는 **임의적 몰수**이고 예외적으로 **필요적 몰수**를 인정하고 있는데, **법**에서는 원칙적으로 **필요적 몰수**이고, 예외적으로 **임의적 몰수**를 한다.

그러나 **관세범** 중 법상 **몰수형**에 관한 특별규정이 없는 **관세범**에 대하여는 **형법**의 몰수에 관한 규정을 적용한다.

### ② 법

#### ㉮ 몰수

㉠ 법에서는 **밀수출입죄**에 전용되는 선박·자동차, 그 밖의 운반기구의 소유자가 이들을 **범죄**에 사용하는 정황을 알게 되었을 경우 다음에 해당하는 경우에는 그 물품을 **몰수**한다고 규정하고 있다.

ⓐ 헌법질서를 문란하게 하거나하거나 **공공**의 **안녕질서** 또는 **풍속**을 해치는 **서적**·간행물·도화, 영화·음반·비디오물·조각물 또는 그 밖에 이에 준하는 물품, ⓑ **정부 기밀**을 누설하거나 첩보활동에 사용되는 물품, ⓒ **화폐·채권**이나 그 밖의 **유가증권**의 **위조품·변조품** 또는 **모조품**, ⓓ **신고**를 하지 아니한 **물품**. 다만, **반출신고**를 한 물품은 제외한다. ⓔ **범인**이 소유·점유하는 **물품**의 경우에는 이를 몰수한다고 규정하고 있다. ⓕ **밀수출입죄**중 수출입금지품을 수출입한 경우에는 그 물품, ⓖ **밀수출입죄** 중 수출입·반송신고를 하지 아니하고 물품을 **수출입·반송**한 것, ⓗ **실제물품**과 다른 물품으로 수출입·반송신고하여 수출수입·반송한 것, ⓘ **밀수품 취득죄** 등의 경우에는 **범인**이 소유·점유하는 그 물품

㉡ 한편 법상 **몰수**제외 **물품**에 대해서는 다음과 같이 규정하고 있다.

ⓐ **보세구역**에 물품의 반출입 규정에 따라 신고를 한 후 반입한 **외국물품**, ⓑ **세관장**의 허가를 받아 보세구역이 아닌 장소에 장치한 **외국물품**

#### ㉯ 추징

㉠ **몰수**할 물품의 전부 또는 일부를 몰수할 수 없을 때에는 그 **몰수**할 수 없는 물품의 범칙 당시의 **국내도매가격**(도매업자가 수입물품을 무역업자로부터 매수하여 국내도매시장에서 공정한 거래방법에 의하여 공개적으로 판매하는 가격)에 상당한 금액을 **범인**으로

부터 **추징**한다.

㉡ 한편 법상 추징을 제외하는 경우는 다음과 같다.

> ⓐ **신고**를 하지 아니하고 물품을 **수입한 자**. 다만, **반출신고**를 한 자는 제외한다. ⓑ **신고**를 하였으나 해당 수입물품과 다른 물품으로 신고하여 수입한 자의 물품을 **감정**한 자는 제외한다.

㉢ 법 제279조(양벌 규정)의 개인 및 법인은 위의 규정을 적용할 때에는 이를 **법인**으로 본다.

## 3. 관세질서벌

### (1) 의의

1) **행정질서벌**인 **과태료**는 과태료에 처할 자의 주소지를 관할하는 지방법원이 **비송사건절차법**에 따른 재판절차에 의하여 과하는 것이 원칙이나 **관세질서벌**의 경우에는 **과태료 규정**에 **특례규정**을 두어 일차적으로 **세관장**이 **과태료**를 부과, 징수하도록 하고 **불복**이 있는 경우에는 법원에 통보하여 **비송사건절차법**에 따라 재판을 받도록 하고 있다.

2) **세관장**은 **과태료**를 부과하고자 하는 경우에는 **10일 이상**의 기간을 정하여 동 처분대상자에게 구술·서면에 의한 **의견진술**의 기회를 주어야 하며 지정된 기일까지 **의견진술**이 없는 경우에는 의견이 없는 것으로 간주한다.

3) **불복**이 있는 자는 그 처분의 고지를 받은 날로부터 **30일** 이내에 **세관장**에게 이의를 제기할 수 있으며, **이의제기**가 있는 때에는 **세관장**은 지체없이 관할법원에 그 사실을 **통보**하여야 하며 그 통보를 받은 관할법원은 **비송사건절차법**에 의한 재판절차에 들어간다. **과태료 처분**을 받은 자가 소정기간 내에 이의를 제기하지 아니하고 **과태료**도 납부하지 아니한 때에는 **국세기본법**과 **국세징수법**의 예에 의하여 징수한다.

### (2) 과태료부과

1) **자료제출**을 요구받은 **특수관계**에 있는 자가 정당한 사유 없이 정한 **기한**까지 자료를 제출하지 아니하거나 **거짓 자료**를 제출하는 경우에는 **1억원** 이하의 **과태료**를 부과한다. 이 경우 법 제276조(허위신고죄 등)는 적용되지 아니한다.

2) 다음에 해당하는 자에게는 **1,000만원** 이하의 **과태료**를 부과한다.

① 법 제139조(외국기착의 보고)(법 제146조(그 밖의 선박 또는 항공기) 제1항에서 준용하는 경우를 포함한다), 법 제143조(선용품 및 기용품의 하역 등) 제1항(법 제146조(그 밖의 선박 또는 항공기) 제1항에서 준용하는 경우를 포함한다), 법 제152조(도로차량의 국경출입) 제1항, 법 제155조(물품의 장치) 제1항, 법 제156조(보세구역 외 장치의 허가)제1항, 법 제159조(해체·절단 등의 작업) 제2항, 법 제160조(장치물품의 폐기) 제1항, 법 제161조(견본품 반출) 제1항, 법 제186조(사용신고 등)제1항(법 제205조(준용규정)에서 준용하는 경우를 포함한다), 법 제192조(사용 전 수입신고)(법 제205조(준용규정)에서 준용하는 경우를 포함한다), 법 제200조(반출입물품의 범위 등) 제1항, 법 제201조(운영인의 물품관리) 제1항·제3항, 법 제219조(조난물품의 운송) 제2항 또는 법 제266조(장부 또는 자료의 제출 등) 제2항을 **위반**한 **자**, ② 법 제187조(보세공장 외 작업 허가) 제1항(법 제89조(외교관용 물품 등의 면세) 제5항에서 준용하는 경우를 포함한다) 또는 법 제195조(보세건설장 외 작업 허가) 제1항에 따른 허가를 받지 아니하거나 법 제202조(설비의 유지의무 등) 제2항에 따른 신고를 하지 아니하고 **보세공장·보세건설장·종합보세구역** 또는 **지정공장외 장소**에서 **작업**을 한 **자**

3) 다음에 해당하는 자에게는 500**만원 이하**의 **과태료**를 부과한다.

① 법 제240조의2(통관 후 유통이력 신고) 제1항을 위반하여 **유통이력**을 **신고**하지 아니하거나 **거짓 신고**한 **자**, ② 법 제240조의2(통관 후 유통이력 신고) 제2항을 위반하여 **장부기록 자료**를 **보관**하지 아니한 **자**

4) 다음에 해당하는 자에게는 **200만원 이하**의 **과태료**를 부과한다.

① **특허보세구역**의 **특허사항**을 **위반한 운영인**
② 법 제38조(신고납부) 제3항, 법 제83조(용도세율의 적용) 제1항, 법 제107조(관세의 분할납부) 제3항, 법 제140조(물품의 하역) 제3항, 법 제157조(물품의 반입·반출) 제1항, 법 제158조(보수작업) 제2항·제4항, 법 제172조(물품에 대한 보관책임) 제3항, 법 제194조(보세건설물품의 가동 제한)(법 제205조(준용규정)에서 준용하는 경우를 포함한다), 법 제198조(종합보세사업장의 설치·운영에 관한 신고 등) 제3항, 법 제199조(종합보세구역에의 물품의 반출입 등) 제1항, 법 제202조(설비의 유지의무 등) 제1항, 법 제214조(보세운송의 신고인), 법 제215조(보세운송 보고), 법 제219조(조난물품의 운송) 제4항 및 법 제221조(내국운송의 신고) 제2항에서 준용하는 경우를 포함한다), 법 제216조(보세운송통로) 제2항(법 제219조(조난물품의 운송) 제4항 및 법 제221조(내국운송의 신고) 제2항에서 준용하는 경우를 포함한다), 법 제221조(내국운송의 신고) 제1항, 법 제222조(보세운송업자등의 등록 및 보고) 제3항, 법 제225조(보세화물 취급 선박회사 등의 신고 및 보고) 제1항 후단 또는 법 제251조(수출신고수리물품의 적재 등) 제1항을 **위반한 자**
③ 법 제83조(용도세율의 적용) 제2항, 법 제88조(외교관용 물품 등의 면세)조 제2항, 법 제97조(재수출면세) 제2항, 법 제102조(관세감면물품의 사후관리) 제1항 및 법 제109조(다른 법령 등에 따른 감면물품의 관세징수) 제1항을 위반한 자 중 해당 물품을 직접 수입한 경우 관세를 감면받을 수 있고 수입자와 동일한 용도에 사용하려는 자에게 **양도**한 **자**
④ 법 제135조(입항절차) 제1항·제2항 또는 법 제137조의2(승객예약자료의 요청) 제1항 각 호 외의 부분 후단을 위반한 자 중 과실로 여객명부·승객예약자료를 **제출**하지 아니한 **자**
⑤ 법 제159조(해체·절단 등의 작업) 제4항, 법 제180조(특허보세구역의 설치·운영에 관한 감독 등) 제3항(법 제205조(준용규정)에서 준용하는 경우를 포함한다), 법 제196조(보세판매장) 제2항, 법 제216조(보세운송통로) 제1항(법 제219조(조난물품의 운송) 제4항 및 법 제221조(내국운송의 신고) 제2항에서 준용하는 경우를 포함한다), 법 제222조(보세운송업자등의 등록 및 보고) 제4항, 법 제225조(보세화물 취급 선박회사 등의 신고 및 보고) 제2항, 법 제228조(통관표지) 또는 법 제266조(장부 또는 자료의 제출 등) 제3항에 따른 **관세청장· 세관장**의 조치를 **위반한 자**
⑥ 법 제321조(세관의 업무시간·물품취급시간) 제2항 제2호를 위반하여 운송수단에서 물품을 **취급한 자**

5) 다음에 해당하는 자에게는 **100만원 이하**의 **과태료**를 부과한다.

① 적재물품과 일치하지 아니하는 **적하목록**을 작성하였거나 **제출**한 **자**. 다만, 다음에 해당하는 자가 투입 및 봉인한 것이어서 **적하목록**을 제출한 자가 해당 **적재물품**의 내용을 확인하는 것이 불가능한 경우에는 해당 적하목록을 제출한 자는 제외한다.
㉮ 법 제276조(허위신고죄 등) 제3항 제1호에 **해당**하는 **자**
㉯ **적재물품**을 **수출**한 **자**
㉰ 다른 **선박회사(항공사)** 및 **국제물류주선업자**
② **신고필증**을 **보관**하지 아니한 **자**
③ **신고**를 하지 아니한 **자**
④ 법 제107조(관세의 분할납부) 제4항, 법 제108조(담보제공 및 사후관리) 제2항, 법 제138조(재해나 그 밖의 부득이한 사유로 인한 면책) 제2항·제4항, 법제141조(외국물품의 일시양륙 등) 제2호, 법 제157조의2(수입신고수리물품의 반출), 법 제162조(물품취급자에 대한 단속), 법 제179조(특허의 효력상실 및 승계) 제2항, 법 제182조(특허의 효력상실 시 조치 등) 제1항(법 제205조(준용규정)에서 준용하는 경우를 포함한다), 법 제183조(보세창고) 제2항·제3항, 법제184조(장치기간이 지난 내국물품)(법 제205조(준용규정)에서 준용하는 경우를 포함한다), 법 제185조(보세공장)제2항(법 제205조(준용규정)에서 준용하는 경우를 포함한다), 법 제245조(수출·수입·반송 등의 신고인) 제3항 또는 법 제254조의2(탁송품의 특별통관) 제2항 및 제3항을 **위반**한 **자**
⑤ 법 제160조(장치물품의 폐기) 제4항(법 제207조(유치 및 예치 물품의 보관) 제2항에서 준용하는 경우를 포함한다)에 따른 **세관장**의 명령을 이행하지 아니한 **자**
⑥ 법 제177조(장치기간)제2항(법 제205조(준용규정)에서 준용하는 경우를 포함한다), 법 제180조(특허보세구역의 설치·운영에 관한 감독 등)제4항(법 제205조(준용규정)에서 준용하는 경우를 포함한다) 또는 법 제249조(신고사항의 보완)에 따른 **세관장**의 **명령**이나 **보완조치**를 **이행**하지 아니한 **자**
⑦ 법 제180조(특허보세구역의 설치·운영에 관한 감독 등) 제1항(법 제205조(준용규정)에서 준용하는 경우를 포함한다)·제2항(법 제89조(세율불균형물품의 면세) 제5항에서 준용하는 경우를 포함한다), 법 제193조(반입물품의 장치 제한)(법 제205조(준용규정)에서 준용하는 경우를 포함한다) 또는 법 제203조(종합보세구역에 대한 세관의 관리 등) 제2항에 따른 **세관장**의 **감독·검사·보고지시** 등에 응하지 아니한 **자**

6) 위의 규정에 따른 **과태료**는 **세관장**이 부과·징수한다.

# 조사와 처분

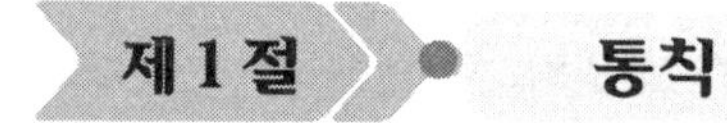


## 1. 개념

(1) **관세범**이란 법에 따른 명령을 위반하는 행위를 한 자를 말하며, 관세범에 관한 조사・처분은 세관공무원이 한다. **관세범**에 대한 **1차적 조사·처분권**은 **관세청장·세관장** 및 **관세공무원**에게 있는데, 일반 형사범에 대하여는 검사와 그 지휘를 받는 사법경찰관리의 수사를 거쳐 **공소**를 제기하여 법관의 재판을 통하여 처벌을 받게 된다. 그런데 **관세범**은 그 범죄의 특질 때문에 전문지식을 가진 **세관공무원**에게 조사를 하게하고 조사결과 범칙사실이 확인되면 **관세청장·세관장**이 **행정처분**인 **통고처분**을 하여 통고된 **벌금형**을 이행하면 그것으로 **처벌**이 끝나게 된다.

(2) **관세청장·세관장**은 **통고**를 이행하지 않으면 **고발**을 하고 **검사**가 **공소**를 제기하여 법관의 재판을 받게 되는 것이다. 따라서 **검사**는 **관세청장·세관장**의 고발이 없으면 원칙적으로 **공소**를 제기할 수 없으며, 다른 기관이 **관세범**에 관한 사건을 발견하거나 **피의자**를 **체포**하였을 때에는 즉시 **관세청장·세관**에 인계하여야 한다.

(3) 그러나 **특정범죄가중처벌법** 대상인 **중죄**인 **관세범**은 **관세청장·세관장**의 고발없이 **공소제기**가 가능하며, **관세청장·세관장**이 **고발**할 수 있는 경우는 **통고처분**에 **불복**한 경우, **통고**를 받은 자가 **무자력자**로 이행능력이 없는 경우, 범죄의 정상이 **징역**에 처할 것으로 인정된 경우에 하도록 되어 있다.

## 2. 관세범에 대한 공소시효

### (1) 의의

**공소시효**는 검사가 일정 기간 동안 **공소**를 제기하지 않고 방치하는 경우에 국가의 소추권 및 형벌권을 소멸시키는 제도를 의미한다. **공소시효**는 확정판결 전에 국가의 소추권을 **소멸**시킨다는 점에서 **형**의 **시효**가 확정된 형벌권을 **소멸**시키는 형의 시효와 차이가 있다. **공소시효**가 완성된 때에는 면소의 판결을 해야 하지만, 형의 시효가 완성된 때에는 형의 집행이 **면제**될 뿐이다. **형**의 **시효**는 **형법**에서(형법 제77조(시효의 효과)내지 제80조(시효의 중단)), **공소시효**는 **형사소송법**에서 규정하고 있다(형사소송법 제249조(시효의 중단)).

### (2) 공소시효의 필요성

1) **재판**의 **공정성** 때문에 **공소시효**를 둔다. 범죄가 발생한 후 오랜 시간이 지나면, 사건 당사자들의 사건에 대한 기억이 부정확해지고 증거가 제대로 보존되지 않을 수 있기 때문이다.

2) **처벌**의 **필요성**이 **감소**하기 때문이다. 오랜 시간이 지나면 범죄에 대한 피해자의 감정이나 사회적 감정이 진정된다. 시간이 흐를수록 형성된 사실 상태를 존중하여 사회와 개인생활의 안정을 도모할 필요는 증가하는데 반해 처벌의 필요성은 줄어든다.

3) **범인**은 장기간의 도피생활로 인해 처벌받은 것과 유사한 상태에 있었을 것이며, **국가**의 **태만**으로 인한 책임을 범인에게만 돌리는 것은 **부당**하다는 주장이 있다.

4) 주로 **수사기관**의 입장에서 계속 **미해결사건**에만 매달려서 수사할 수 없다는 주장이 있다. 범죄는 지속적으로 발생하는데 오래 전에 발생한 범죄에 대하여 수사를 지속하여 **수사기관**이 이에 매달리는 것은 **수사**의 **효율성**과 **적정성**을 떨어뜨린다는 것이다.

### (3) 우리나라의 공소시효

**공소시효**는 범죄가 끝난 때를 기점으로 하여 시작된다. 시효는 해당 사건에 대한 공소제기가 있을 때에는 정지되고 **공소기각** 또는 **재판**이 **확정**된 때부터 다시 진행된다. 또한 범인이 형사처분을 면하기 위해 국외에 체류하는 경우 공소시효가 정지된다.

### (4) 관세범에 대한 공소시효의 기간

**관세범**에 대한 **공소시효**의 기간에 관하여 특별한 규정이 없는 한 **형사소송법**을 준용하

여야 하고 이에 따른 **공소시효**의 기간은 다음과 같다. 즉, 공소시효는 다음 기간의 경과로 완성한다. 즉, ① 사형에 해당하는 범죄 : 25년, ② 무기징역 또는 무기금고에 해당하는 범죄: 15년, ③ 장기 10년 이상의 징역 또는 금고에 해당하는 범죄 : 10년, ④ 장기 10년 미만의 징역 또는 금고에 해당하는 범죄 : 7년, ⑤ 장기 5년 미만의 징역 또는 금고, 장기 10년 이상의 자격정지 또는 벌금에 해당하는 범죄 : 5년, ⑥ 장기 5년 이상의 자격정지에 해당하는 범죄 : 3년, ⑦ 장기 5년 미만의 자격정지, 구류, 과료 또는 몰수에 해당하는 범죄 : 1년으로 되어 있다.

## 3. 관세범에 관한 서류처리

### (1) 관세범에 관한 서류

**관세범**의 조사와 처분에 관한 서류에는 **장**마다 **간인**하여야 한다. **문자**를 **추가**하거나 삭제할 때와 난의 바깥에 기입할 때에는 **날인**하여야 한다. **문자**를 **삭제**할 때에는 그 문자 자체를 그대로 두고 그 **글자 수**를 적어야 한다.

### (2) 조서의 서명

**관세범**에 관한 서류에 **서명날인**하는 경우 본인이 서명할 수 없을 때에는 다른 사람에게 대서하게 하고 **도장**을 찍어야 한다. 이 경우 도장을 지니지 아니하였을 때에는 **손도장**을 찍어야 한다. 다른 사람에게 **대서**하게 한 경우에는 **대서자**가 그 사유를 적고 **서명날인**하여야 한다.

### (3) 서류의 송달

**관세범**에 관한 서류는 **인편·등기우편**으로 송달하여야 하며, **관세범**에 관한 서류를 송달한 때에는 **수령증**을 받아야 한다.

## 제 2 절 조사

### 1. 관세범 조사

**세관공무원**은 **관세범**의 범죄사실이 있다고 인정할 때에는 **범인**, **범죄사실** 및 **증거**를 조사하여야 한다. 관세범 조사라 함은 범죄사실을 확인하고 증거를 수립하는 행위를 말하는 것이며, 조사방법으로 **임의조사**와 **강제조사**의 두 가지가 있다. **임의조사**란 피조사자의 자발적 동의하에 하는 조사를 말하는 것으로 **출석요구, 조사, 검증수색** 등을 말하며, **강제조사**란 피조사자의 의사에 구애됨이 없이 조사자의 일방적인 강제력에 의하여 조사하는 것으로 **수색·압수·체포·구속** 등을 말한다.

### 2. 조사

**세관공무원**이 **관세범** 조사상 필요하다고 인정할 때에는 **피의자**, **증인·참고인**을 조사할 수 있고 피의자를 조사함에 있어서는 **진술거부권(묵비권)**이 있음을 미리 알려야 하고, 피의자에게 불이익한 사실뿐만 아니라 이익이 되는 사실을 진술할 기회도 부여하여야 하며, **공갈·협박·고문** 등으로 자백을 **강요**하여 인권을 유린하는 일이 있어서는 안 된다.

### 3. 조서작성

(1) **세관공무원**이 **피의자·증인** 또는 **참고인**을 조사한 때에는 **조서**를 작성하여야 한다. 조서는 **세관공무원**이 진술자에게 읽어주거나 열람하게 하여 그 기재사실에 서로 다른 점이 있는지 물어보아야 한다. **진술자**가 조서내용의 증감변경의 청구를 한 때에는 그 진술을 조서에 기재하여야 한다.

(2) **조서**에는 연월일과 장소를 기재하고 1) **조사자**, 2) **진술자**, 3) **참여자**와 함께 서명·날인하여야 한다.

## 4. 조서의 대용

**현행범인**에 대한 **조사**로서 긴급히 처리할 필요가 있을 때에는 그 주요 내용을 적은 **서면**으로 조서를 **대신**할 수 있다. **서면**에는 **연월일시**와 **장소**를 적고 조사를 한 사람과 피의자가 이에 **서명날인**하여야 한다.

## 5. 출석요구

(1) **세관공무원**이 **관세범 조사**에 필요하다고 인정할 때에는 **피의자·증인** 또는 **참고인**의 출석을 요구할 수 있다.

(2) **세관공무원**이 **관세범 조사**에 필요하다고 인정할 때에는 지정한 장소에 **피의자·증인** 또는 **참고인**의 **출석**이나 **동행**을 명할 수 있다. **피의자·증인** 또는 **참고인**에게 출석 요구를 할 때에는 **출석요구서**를 발급하여야 한다.

## 6. 사법경찰권

**세관공무원**은 관세범에 관하여 **사법경찰관리**의 직무를 수행할 자와 그 직무범위에 관한 법률에서 정하는 바에 따라 **사법경찰관리**의 직무를 수행한다.

## 7. 수색·압수영장

법에 따라 **수색·압수**를 할 때에는 **관할 지방법원 판사**의 **영장**을 받아야 한다. 다만, 긴급한 경우에는 사후에 영장을 발급받아야 한다. **소유자·점유자** 또는 **보관자**가 임의로 제출한 물품이나 남겨 둔 물품은 영장 없이 압수할 수 있다.

## 8. 현행범의 체포

### (1) 의의

**세관공무원**이 **관세범**의 **현행범인**을 발견하였을 때에는 **즉시 체포**하여야 한다. 또한 **관세범**의 현행범인이 그 장소에 있을 때에는 누구든지 **체포**할 수 있다. **범인**을 체포한 자는 지체 없이 **세관공무원**에게 **범인**을 인도하여야 한다.

### (2) 피의자의 구속

**사법경찰관리**의 직무를 행하는 **세관공무원**이 법령에 의하여 **피의자**를 구속하는 때에는 세관관서·국가경찰관서 또는 교도관서에 **유치**하여야 한다.

## 9. 압수물품의 국고귀속

**세관장**은 압수된 물품에 대하여 그 **압수일**부터 **6개월 이내**에 해당 물품의 소유자 및 범인을 알 수 없는 경우에는 해당 물품을 **유실물**로 간주하여 유실물 공고를 하여야 한다. 공고일부터 1년이 지나도 소유자 및 범인을 알 수 없는 경우에는 해당 물품은 **국고**에 **귀속**된다.

## 10. 검증수색과 참여

### (1) 검증수색

**세관공무원**은 **관세범 조사**에 필요하다고 인정할 때에는 **선박·차량·항공기·창고** 또는 그 밖의 장소를 **검증**하거나 수색할 수 있다.

### (2) 신변수색

**세관공무원**은 범죄사실을 증명하기에 충분한 물품을 피의자가 **신변**에 **은닉**하였다고 인정될 때에는 이를 내보이도록 요구하고, 이에 따르지 아니하는 경우에는 **신변**을 **수색**할 수 있다. 다만, **여성**의 신변을 수색할 때에는 **성년 여성**을 참여시켜야 한다.

### (3) 참여

**세관공무원**이 수색을 할 때에는 다음에 해당하는 **사람**을 **참여**시켜야 한다. 다만, 이들이 모두 부재중일 때에는 **공무원**을 참여시켜야 한다. 다음 규정에 따른 사람은 **성년자**이어야 한다.

> ① **선박·차량·항공기·창고** 또는 그 밖의 장소의 **소지인·관리인**, ② **동거**하는 **친척**이나 **고용된 사람**, ③ **이웃에 거주하는 사람**

## 11. 압수·보관과 압수물품의 폐기

### (1) 물품의 압수 및 보관

1) **세관공무원**은 관세범 조사에 의하여 발견한 물품이 범죄의 사실을 증명하기에 충분하거나 **몰수**하여야 하는 것으로 인정될 때에는 이를 **압수**할 수 있다.

2) **물품**을 **압수**하는 때에는 해당 물품에 **봉인**하여야 한다. 다만, 물품의 성상에 따라 봉인할 필요가 없거나 봉인이 곤란하다고 인정되는 때에는 그러하지 아니하다. 물품을 압수하는 때에는 해당 물품에 봉인하여야 한다. 다만, **물품**의 성상에 따라 봉인할 필요가 없거나 **봉인**이 곤란하다고 인정되는 때에는 그러하지 아니하다.

3) **압수물품**은 편의에 따라 소지자나 시·군·읍·면사무소에 보관시킬 수 있다. **몰수**에 해당하는 물품으로서 시·군·읍·면사무소에서 보관한 것은 그대로 납부절차를 행할 수 있다.

4) **압수물품**을 보관시키는 때에는 수령증을 받고 그 요지를 **압수** 당시의 소유자에게 통지하여야 한다.

5) **관세청장·세관장**은 압수물품이 다음에 해당하는 경우에는 피의자나 관계인에게 **통고**한 후 매각하여 그 대금을 보관하거나 **공탁**할 수 있다. 다만, **통고**할 여유가 없을 때에는 **매각**한 후 통고하여야 한다.

> ① **부패·손상**되거나 그 밖에 사용할 수 있는 기간이 지날 우려가 있는 경우, ② **보관**하기가 극히 불편하다고 인정되는 경우, ③ **처분**이 지연되면 **상품가치**가 크게 떨어질 우려가 있는 경우, ④ **피의자**나 관계인이 매각을 요청하는 경우

6) **통고** 및 **매각**에 관하여는 법 제160조(장치물품의 폐기) 제5항(**통고**를 할 때 화주 등의 주소나 거소를 알 수 없거나 그 밖의 사유로 통고할 수 없는 경우에는 **공고**로서 이를 갈음할 수 있다.) 및 법 제326조(몰수품 등의 처분)를 준용한다.

### (2) 압수물품의 폐기

**관세청장·세관장**은 압수물품 중 ① **사람**의 **생명**이나 **재산**을 **해칠 우려**가 있는 것, ② **부패·변질**된 것, ③ **유효기간**이 지난 것, ④ **상품가치**가 없어진 것은 피의자나 관계인에게 통고한 후 **폐기**할 수 있다. 다만, **통고**할 여유가 없을 때에는 폐기한 후 **즉시 통고**하여야 한다. 다음의 통고에 관하여는 법 제160조(장치물품의 폐기) 제5항을 준용한다.

### (3) 압수조서의 작성

1) **검증·수색** 또는 **압수**를 하였을 때에는 **조서**를 작성하여야 한다. **검증·수색** 또는 **압수조서**에는 다음 사항을 기재하여야 한다.

> ① 해당 **물품**의 **품명** 및 **수량**, ② **포장**의 **종류·기호·번호** 및 **개수**, ③ **검증·수색** 또는 **압수**의 장소 및 일시, ④ **소유자·소지자**의 주소·거소와 성명, ⑤ **보관장소**

2) **검증·수색** 또는 **압수조서**에 관하여는 법 제292조(조서 작성) 제2항 및 제3항을 준용한다. **현행범인**에 대한 **수색**이나 **압수**로서 긴급한 경우의 **조서작성**에 관하여는 법제293조(조서의 대용)를 준용한다.

### (4) 야간집행의 제한과 조사결과의 보고

#### 1) 야간집행의 제한

**해 진 후**(일몰 후)부터 **해 뜨기 전**(일출 전)까지는 **검증·수색** 또는 **압수**를 할 수 없다. 다만, **현행범**인 경우에는 그러하지 아니하다. 이미 시작한 **검증·수색** 또는 **압수**는 **계속**할 수 있다.

#### 2) 조사 중 출입금지

**세관공무원**은 **피의자·증인** 또는 **참고인**에 대한 **조사·검증·수색** 또는 **압수** 중에는 누구를 막론하고 그 장소에의 출입을 금할 수 있다.

#### 3) 신분증명

**세관공무원**은 **조사·검증·수색** 또는 **압수**를 할 때에는 **제복**을 착용하거나 그 신분을 증명할 증표를 지니고 그 **처분**을 받을 자가 요구하면 이를 보여 주어야 한다. **세관공무원**이 제복을 착용하지 아니한 경우로서 그 **신분**을 증명하는 **증표**제시 요구에 응하지 아니하는 경우에는 **처분**을 받을 자는 그 처분을 거부할 수 있다.

#### 4) 경찰관의 원조

**세관공무원**은 **조사·검증·수색** 또는 **압수**를 할 때 필요하다고 인정하는 경우에는 **국가경찰공무원**의 원조를 요구할 수 있다.

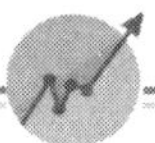

### 5) 조사 결과의 보고

**세관공무원**은 조사를 종료하였을 때에는 **관세청장·세관장**에게 **서면**으로 그 결과를 보고하여야 한다. **세관공무원**은 보고를 할 때에는 **관계서류**를 함께 제출하여야 한다.

## 제 3 절 처분

## 1. 통고처분

### (1) 의의

1) **통고처분**은 비교적 경미하고 대량으로 발생하는 범죄들을 간이·신속하게 처리하기 위한 절차로, **법원**에 의하여 **자유형·재산형**에 처하는 과벌제도에 갈음하여 행정관청이 법규위반자에게 **범칙금**이라는 금전적 제재를 **통고**하고 기간내에 이를 이행한 경우에는 해당 위반행위에 대한 소추를 면하게 하는 제도이다.

2) 이러한 **통고처분**은 매우 특이한 점을 지닌다. 왜냐하면 그의 효과가 선택적으로 존재하고 **선택권**은 통고처분의 상대방에게 부여된다고 하는 일반 행정작용에서는 볼 수 없는 구조를 가지고 있기 때문이다. **통고처분**을 **행정소송**의 대상이 되지 않는다고 보는 논거로서 "상대방의 임의의 승복에 맡겨져 있다."고 하는 설명은 이러한 특징을 함축하고 있다. **통고처분**은 통고처분대로 이행을 하여 더 이상의 제재를 받지 않을 것인가 아니면 이행하지 아니하여 **형사절차**에 의한 처벌을 받을 것인가의 선택이 주어지고 **통고처분**의 상대방에게 그에 대한 선택의 권리가 부여되어 있는 것이다.

3) 이에 반해 **과태료**는 **공법상**의 의무 이행을 태만히 한 사람에게 물게 하는 돈을 말하며, **벌금**과 달리 **형벌**의 성질을 가지지 않는 법령 위반에 대하여 부과하는 것이다.

### (2) 법상의 의미

1) **통고처분**을 할 수 있는 자는 **관세청장·세관장**이 되며, 범죄의 확증이 있어야 **통고처분**을 할 수 있다. **통고처분**은 **벌금, 몰수·추징금**과 같은 **형사처벌**을 직접하는 것을 말하는 것이 아니고, ① **벌금**에 해당하는 **금액**, ② **몰수**에 해당하는 **물품**, ③ **추징금**에 상당한 금액을 납부할 것을 **통고**하는 **처분**으로서 하나의 **행정처분**이지 **사법처분**은 아니다.

2) **통고처분**은 **사법적 절차**에 의한 번잡한 절차와 장기간에 걸쳐 완결되는 번거로움을

경감하면서 징벌의 효과는 충분히 거둘 수 있다. **관세청장·세관장**은 **통고처분**을 받는 자가 **벌금·추징금**에 상당한 금액을 예납하려는 경우에는 이를 예납시킬 수 있다.

3) **관세청장·세관장**은 **관세범**을 조사한 결과 범죄의 확증을 얻었을 때에는 그 이유를 구체적으로 밝히고 다음에 해당하는 금액이나 물품을 납부할 것을 통고할 수 있다.

㉮ **벌금**에 상당하는 금액은 해당 **벌금 최고액**의 20/100으로 한다. 다만, 별표 4에 해당하는 범죄로서 해당 물품의 원가가 해당 **벌금**의 **최고액 이하**인 경우에는 해당 물품 원가의 20/100으로 한다. ㉯ **몰수**에 해당하는 물품, ㉰ **추징금**에 해당하는 금액, ㉱ **관세청장·세관장**은 통고처분을 받는 자가 벌금이나 **추징금**에 상당한 금액을 예납하려는 경우에는 이를 예납시킬 수 있다. ㉲ **통고**가 있는 때에는 **공소의 시효**는 **정지**된다. **벌금**에 상당하는 금액의 부과기준은 대통령령으로 정한다. ㉳ **관세청장·세관장**은 관세범이 조사를 방해하거나 증거물을 은닉·인멸·훼손한 경우 등 **관세청장**이 정하여 고시하는 사유에 해당하는 경우에는 금액의 50/100 범위에서 **관세청장**이 정하여 고시하는 비율에 따라 그 **금액**을 늘릴 수 있다. ㉴ **관세청장·세관장**은 **관세범**이 조사 중 해당 사건의 **부족세액**을 자진하여 납부한 경우, **심신미약자**인 경우 또는 자수한 경우 등 **관세청장**이 정하여 고시하는 사유에 해당하는 경우에는 금액의 50/100 범위에서 **관세청장**이 정하여 고시하는 비율에 따라 그 금액을 줄일 수 있다. ㉵ **관세범**이 위의 사유에 2**가지 이상** 해당하는 경우에는 각각의 **비율**을 **합산**하되, 합산한 비율이 50/100을 초과하는 경우에는 50/100으로 한다.

### (3) 벌금 또는 추징금의 예납신청

① **벌금·추징금**에 상당한 금액을 예납하고자 하는 자는 ㉮ **주소** 및 **성명**, ㉯ **예납금액**, ㉰ **신청사유**를 기재한 신청서를 **관세청장·세관장**에게 제출하여야 한다.

② **예납금**을 받은 **관세청장·세관장**은 그 보관증을 **예납자**에게 교부하여야 한다. **관세청장·세관장**은 보관한 **예납금**으로서 **예납자**가 납부해야 하는 **벌금·추징금**에 상당하는 금액에 충당하고 **잔금**이 있는 때에는 지체없이 예납자에게 **환급**하여야 한다.

## 2. 고발

### (1) 즉시고발

**관세청장·세관장**은 범죄의 정상이 **징역형**에 처할 것으로 인정될 때에는 **통고처분** 규정에도 불구하고 **즉시 고발**하여야 한다.

### (2) 통고불이행과 고발

**관세범인**이 **통고서**의 **송달**을 받았을 때에는 그 날부터 **15일 이내**에 이를 이행하여야 하며, 이 기간 내에 이행하지 아니하였을 때에는 **관세청장·세관장**은 **즉시 고발**하여야 한다. 다만, 15일이 지난 후 고발이 되기 전에 **관세범인**이 통고처분을 이행한 경우에는 그러하지 아니하다.

### (3) 무자력 고발

**관세청장·세관장**은 다음에는 법 제311조(통고처분) 제1항에도 불구하고 즉시 **고발**하여야 한다.

> 1) **관세범인**이 **통고**를 이행할 수 있는 **자금능력**이 없다고 인정되는 경우, 2) **관세범인**의 주소 및 거소가 분명하지 아니하거나 그 밖의 사유로 **통고**를 하기 곤란하다고 **인정**되는 경우

## 3. 압수물품의 인계와 반환

### (1) 압수물품의 인계

**관세청장·세관장**은 **관세범**을 고발하는 경우 **압수물품**이 있는 때에는 **압수물품조서**를 첨부하여 인계하여야 한다. **관세청장·세관장**은 **압수물품**을 편의에 따라 소지자나 시·군·읍·면사무소에 보관시킬 때에는 해당 보관자에게 인계의 요지를 통지하여야 한다.

### (2) 압수물품의 반환

1) **관세청장·세관장**은 압수물품을 몰수하지 아니할 때에는 그 **압수물품**이나 그 물품의 **환가대금**을 반환하여야 한다. **물품**이나 그 **환가대금**을 **반환**받을 자의 주소 및 거소가 분명하지 아니하거나 그 밖의 사유로 반환할 수 없을 때에는 그 **요지**를 **공고**하여야 한다.

2) **공고**를 한 날부터 **6개월**이 지날 때까지 **반환청구**가 없는 경우에는 그 물품이나 그 **환가대금**을 **국고**에 **귀속**시킬 수 있다. 물품에 대하여 **관세**가 **미납**된 경우에는 반환받을 자로부터 해당 관세를 **징수**한 후 그 물품이나 그 **환가대금**을 **반환**하여야 한다.

## 4. 통고서

### (1) 통고서의 작성

**통고처분**을 할 때에는 **통고서**를 작성하여야 하며, **통고서**에는 다음 사항을 적고 처분을 한 자가 **서명날인**하여야 한다.

> ① **처분**을 받을 자의 성명, 나이, 성별, 직업 및 주소, ② **벌금**에 상당한 **금액**, **몰수**에 해당하는 **물품·추징금**에 상당한 **금액**, ③ **범죄사실**, ④ **적용 법조문**, ⑤ **이행 장소**, ⑥ **통고처분 연월일**

### (2) 통고서의 송달

통고처분의 고지는 통고서를 송달하는 방법으로 하여야 한다.

### (3) 관세범 조사에 관한 통지

관세청장·세관장의 **조사위촉**을 받은 수사기관의 장은 그 **조사전말**을 **관세청장·세관장**에게 **통지**하여야 한다.

### (4) 일사부재리

**관세범인**이 통고의 요지를 이행한 때에는 동일 사건에 대하여 다시 처벌을 받지 아니한다.

## 5. 준용규정

**관세범**에 관하여는 법에 특별한 규정이 있는 것을 제외하고는 **형사소송법**을 준용한다.

제 3 편

# 수출입통관

# 수출입물품의 관리

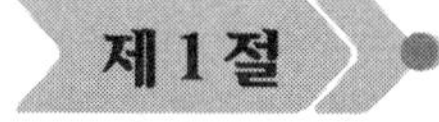


## 무역관리제도

### 1. 수출입물품의 관리제도

#### (1) 의의

1) **무역관리**란 국제수지균형, 유치산업보호, 국내물자수급의 원활화, 소비형태의 건전화, 환율의 안정, 재정수입의 확보 등을 목적으로 국가가 행하는 무역거래의 개입이다. 따라서 이러한 **무역관리**는 **법규**나 **제도**를 통하여 구체화된다.

2) 우리나라 **무역관리법규**에는 무역의 **3대 기본법**이라고 할 수 있는 **대외무역법**, **법**, **외국환거래법**이 있고, 이외에도 무역보험법, 외국인투자촉진법, 경제자유구역법, 자유무역지역법, 특례법 등이 있다.

3) **대외무역법**은 대외무역을 진흥하고 공정한 거래질서를 확립하여 국제수지의 균형과 통상의 확대를 도모함으로써 국민경제의 발전에 이바지함을 목적으로 한다. 대외무역법은 과거 1967년 제정된 **무역거래법**을 대체하여 1986년 제정된 것으로, 무역환경변화를 수용하여 수차례 개정되어 오늘에 이르고 있다.

4) 한편 **대외무역법** 제2조(정의) 제1항에서 "무역이라 함은 물품과 용역 또는 전자적 형태의 **무체물**의 **수출입**을 말한다."라고 규정하고 있다. 전자적 형태의 **무체물**이란 **물품**의 형태를 갖추고 있지 않은 것으로 소프트웨어, 영상물, 음향·음성물, 전자서적, 데이터베이스를 말한다. 따라서 **전자적 형태**의 **무체물**도 수출입의 범위에 포함되어 **무역금융**

이나 **세제지원** 등 각종 제도적 지원을 받을 수 있다.

5) **법**은 **관세**의 **부과**, **징수** 및 **수출입물품**의 **통관**을 적정하게 하여 국민경제의 발전에 기여하고 **관세수입**의 확보를 기함을 목적으로 한다. **법**은 1967년 제정되어 수차례의 개정을 거쳤으며, 2001년 전면 개정되었다. 법의 주요 내용은 **과세가격**의 **결정** 및 **부과**, **세율** 및 **품목분류**, **관세감면·환급** 및 **분할납부**, **납세의무자**의 **권리** 및 **불복절차** 등에 관한 규정이다. 따라서 법은 **수출입통관**과 **수입물품**에 대한 **관세부과**가 가장 중요한 기능이라 할 수 있다.

6) **외국환거래법**은 외국환거래 기타 대외거래의 자유를 보장하고 시장기능을 활성화하여 **대외거래**의 원활화 및 **국제수지**의 균형과 **통화가치**의 안정을 도모함으로써 국제경제의 건전한 발전에 이바지함을 목적으로 한다. 현행 **외국환거래법**은 1961년 제정된 **외국환관리법**을 대체하여 1998년에 제정되었다.

### (2) 법에 의한 수출입물품관리

법은 **관세**의 **부과**, 징수 및 **수출입상품**의 **통관**을 적정하게 하여 국민경제 발전에 기여하고 **관세수입**의 확보를 목적으로 한다. 즉, 법은 우리나라의 관문인 세관을 통하여 물품이 국내외간에 이동하는 **통관절차**, **수입물품**에 대한 **과세절차**, **관세환급제도** 등을 규정하고 있다[1].

## 제 2 절 운송수단

## 1. 개항과 불개항

### (1) 개항

#### 1) 의의

**개항**이란 국내의 항구(공항) 중에서 **외국무역선(기)**이 자유로이 출입할 수 있는 **항구(공항)**를 말한다. 외국무역선(기)는 **개항**에 한하여 운항할 수 있다.

1) 이원정(2011), "1-3 무역관리제도", http://elearning.kocw.net/document/lec/2011_2/dunksung/LeeWonJeong1/03.pdf

2) 개항의 지정

① 현재 **개항**은 다음 표와 같이 **지정**되어 있다.

〈표-11〉 개항의 구분과 개항명

| 구분 | 개항명 |
|---|---|
| **항구** | 인천항, 부산항, 마산항, 여수항, 목포항, 군산항, 제주항, 동해, 묵호항, 울산항, 통영항, 삼천포항, 장승포항, 포항항, 장항항, 옥포항, 광양항, 평택·당진항, 대산항, 삼척항, 진해항, 완도항, 속초항, 고현항, 경인항 |
| **공항** | 인천공항, 김포공항, 김해공항, 제주공항, 청주공항, 대구공항, 무안공항, 양양공항 |

② **개항**의 **항계는** 항만법 시행령 별표 1(항만의 명칭·위치, 구역)에 따른 **항만**의 **수상구역** 또는 항공법 제2조(정의)[2]에 의한 **범위**로 한다.

③ **개항**의 **지정요건**은 다음과 같다.

㉮ **선박**의 입출항 등에 관한 법률 또는 항공법에 의하여 **외국무역선(기)**이 상시 입출항할 수 있을 것
㉯ **국내선**과 구분되는 **국제선 전용통로** 및 그 밖에 출입국업무를 처리하는 행정기관의 업무수행에 필요한 인력·시설·장비를 확보할 수 있을 것
㉰ **항구(공항)**의 **화물량·여객수** 등에 관한 다음 구분에 따른 기준을 갖출 것
　㉠ **항구**의 경우: 외국무역선인 **5,000톤**급 이상의 선박이 연간 **50회 이상** 입항하거나 입항할 것으로 예상될 것
　㉡ **공항**의 경우: 다음의 어느 하나의 요건을 갖출 것
　　ⓐ **정기여객기**가 주 **6회** 이상 입항하거나 입항할 것으로 예상될 것
　　ⓑ **여객기**로 입국하는 **여객수**가 연간 40,000명 이상일 것

## (2) 불개항

1) 의의

**불개항**이란 **개항**으로 지정되지 아니한 항구(공항), 그 밖의 장소를 말한다. 개항은 법에 의해 지정되는 것이므로 개항질서법·항공법상 개항지정이 되었다 하더라도 법상 개

2) 항공법 제2조(정의) 이 법에서 사용하는 용어의 뜻은 다음과 같다. 8. **공항시설**이란 **항공기**의 이륙·착륙 및 여객·화물의 운송을 위한 시설과 그 **부대시설** 및 **지원시설**로서 **공항구역**에 있는 **시설**과 **공항구역** 밖에 있는 시설 중 대통령령으로 정하는 시설로서 **국토교통부장관**이 지정한 시설을 말한다. 9. **공항구역**이란 공항으로 사용되고 있는 지역으로서 국토의 계획 및 이용에 관한 법률 제30조 및 제43조에 따라 도시계획시설로 결정된 지역을 말한다.

항지정이 아니면 **불개항**이 된다.

2) 불개항에 대한 출입허가

① **외국무역선**(기)은 **개항**에 한정하여 운항할 수 있지만, 다만 **개항**이 아닌 지역에 대한 출입의 허가를 받은 경우에는 그러하지 아니하다.

② **개항**이 아닌 지역에 대한 출입의 허가를 받고자 하는 자는 다음 사항을 기재한 **신청서**를 해당 지역을 관할하는 세관장에게 제출하여야 한다. 다만, 외국무역선(기)의 항행의 편의도모 기타 특별한 사정이 있는 때에는 다른 **세관장**에게 제출할 수 있다.

> ㉮ 선박(항공기)의 **종류·명칭·등록기호·국적**과 **총톤수** 및 **순톤수·자체무게**, ㉯ **지명**, ㉰ 해당 **지역**에 머무는 **기간**, ㉱ 해당 **지역**에서 **하역**하고자 하는 물품의 **내외국물품별 구분**, 포장의 **종류·기호·번호** 및 **개수**와 품명·수량 및 **가격**, ㉲ 해당 지역에 **출입하고자** 하는 사유

③ **출입허가**를 한 **세관장**은 지체없이 이를 해당 지역을 관할하는 **세관장**에게 **통보**하여야 한다.

3) 불개항에 대한 출입허가수수료

① **외국무역선**(기)의 선(기)장은 허가를 받으려면 **허가수수료**를 납부하여야 한다.

② **개항**이 아닌 지역에 출입하기 위하여 내야 하는 **수수료**는 다음 표와 같다. 다만, 이 경우 수수료의 총액은 500,000원을 초과하지 못한다.

〈표-12〉 불개항 출입 수수료

| 구분 | 출입횟수 기준 | 적용무게기준 | |
|---|---|---|---|
| 외국무역선 | 1회 | 해당 선박의 **순톤수** 1톤 | 100원 |
| 외국무역기 | 1회 | 해당 항공기의 **자체 무게** 1톤 | 1,200원 |

③ **세관장**은 다음에 해당하는 사유가 있는 때에는 **출입허가수수료**를 **징수**하지 아니한다.

> ㉮ 법령의 규정에 의하여 **강제**로 **입항**하는 경우, ㉯ **급병환자**, 항해중 발견한 **밀항자**, 항해중 구조한 **조난자·조난선박·조난화물** 등의 하역·인도를 위하여 **일시입항**하는 경우, ㉰ **위험물품·오염물품** 기타 이에 준하는 **물품취급**, **유조선 청소** 또는 **가스발생선박**의 **가스제거작업**을 위하여 법령 또는 권한 있는 행정관청이 정하는 일정한 장소에 **입항**하는 경우, ㉱ **개항**의 **협소** 등 입항여건을 고려하여 **관세청장**이 정하는 일정한 장소에 **입항**하는 경우

④ **세관장**은 기간의 개시일까지 해당 출입허가를 취소한 경우에는 징수한 **수수료**를 **반환**한다.

## 2. 선박과 항공기

### (1) 입출항절차

#### 1) 입항절차

**① 의의**

㉮ **외국무역선(기)**이 개항(개항이 아닌 지역도 출입허가를 받은 지역을 포함한다)에 입항하였을 때에는 **선(기)장**은 **선(기)용품**의 목록, **여객명부**, **승무원명부**, **승무원 휴대품목록**과 **적하목록**을 첨부하여 지체 없이 **세관장**에게 **입항보고**를 하여야 하며, **외국무역선**은 **선박국적증서**와 **최종 출발항**의 **출항면장**이나 이를 갈음할 서류를 제시하여야 한다. 다만, **세관장**은 감시·단속에 지장이 없다고 인정될 때에는 선(기)용품의 목록이나 승무원 휴대품목록의 첨부를 **생략**하게 할 수 있다.

㉯ **세관장**은 신속한 입항 및 통관절차의 이행과 효율적인 감시·단속을 위하여 필요할 때에는 **관세청장**이 정하는 바에 따라 입항하는 해당 선박(항공기)이 소속된 **선박회사(항공사)**(그 업무를 대행하는 자를 포함한다)로 하여금 여객명부·적하목록 등을 입항하기 전에 **제출**하게 할 수 있다. 다만, **화물운송주선업자(탁송품운송업자**로 한정한다)(**물류정책기본법**에서는 **국제물류주선업자**로 표현하고 있으므로 여기서도 **국제물류주선업자**라고 한다)로서 다음에 정하는 요건을 갖춘 **자**가 작성한 적하목록은 **관세청장**이 정하는 바에 따라 해당 **국제물류주선업자**에게 제출하게 할 수 있다.

> ㉠ **수출입 안전관리 우수공인업체**로 공인된 업체, ㉡ **준수도 측정·평가**의 결과가 우수한 자, ㉢ **국제물류주선 실적(선하증권(B/L)·항공화물운송장(AWB)**을 기준으로 한다)이 직전 연도 총 **60만 건 이상**인 자

② **입항보고서 등의 기재사항**

㉮ **선박**의 **입항보고서**에는 다음 사항을 기재하여야 한다.

> ㉠ 선박의 **종류·등록기호·명칭·국적·선적항·총톤수** 및 **순톤수**, ㉡ **출항지·기항지·최종기항지·입항일시·출항예정일시** 및 **목적지**, ㉢ **적재물품**의 개수 및 톤수와 **여객·승무원**의 수 및 **통과여객수**

㉯ **선용품목록**에는 다음 사항을 기재하여야 한다.

> ㉠ 선박의 **종류·등록기호·명칭·국적** 및 **입항연월일**, ㉡ **선용품**의 **품명·수량** 및 **가격**

㉰ 선박의 **여객명부**에는 다음 사항을 기재하여야 한다.

> ㉠ 선박의 **종류·등록기호·명칭·국적** 및 **입항연월일**, ㉡ 여객의 **국적·성명·생년월일·여권번호·승선지** 및 **상륙지**

㉱ 선박의 **승무원명부**에는 다음 사항을 기재하여야 한다.

> ㉠ 선박의 **종류·등록기호·명칭·국적** 및 **입항연월일**, ㉡ **승무원**의 **국적·성명·승무원수첩번호** 또는 **여권번호·승선지** 및 **상륙지**

㉲ 선박의 **승무원 휴대품목록**에는 다음 사항을 기재하여야 한다.

> ㉠ 선박의 **종류·등록기호·명칭·국적** 및 **입항연월일**, ㉡ **선원**의 **국적·성명·승무원수첩번호** 또는 **여권번호**, ㉢ **품명·수량** 및 **가격**

㉳ **적하목록**에는 다음 사항을 기재하여야 한다.

㉠ 선박명 및 적재항, ㉡ 품명 및 수하인·송하인, ㉢ 그 밖의 선박운항 및 화물에 관한 정보로서 관세청장이 필요하다고 인정하는 것

㉳ 항공기의 입항보고서에는 다음 사항을 기재하여야 한다.

㉠ 항공기의 종류·등록기호·명칭·국적·출항지 및 입항일시, ㉡ 적재물품의 적재지·개수 및 톤수, ㉢ 여객·승무원·통과여객의 수

㉴ 항공기의 기용품목록, 여객명부, 승무원명부, 승무원 휴대품목록 및 적하목록에 관하여는 위의 규정을 준용한다.

2) 출항절차

① 의의

외국무역선(기)이 개항을 출항하려면 선(기)장은 출항하기 전에 세관장에게 출항허가를 받아야 한다.

② 출항신청서의 기재사항

선박이 출항하고자 하는 때에는 다음 사항을 기재한 신청서를 세관장에게 제출하여야 한다.

㉮ 선박의 종류·등록기호·명칭·국적·총톤수 및 순톤수, ㉯ 여객·승무원·통과여객의 수, ㉰ 적재물품의 개수 및 톤수, ㉱ 선적지·목적지 및 출항일시

③ 항공기의 출항신청서 제출

㉮ 항공기의 종류·등록기호·명칭 및 국적, ㉯ 여객·승무원·통과여객의 수, ㉰ 적재물품의 개수 및 톤수, ㉱ 선적지·목적지 및 출항일시

④ **물품목록의 제출**

**물품목록**에 관하여는 관세청장이 정하는 바에 의한다. **선(기)장**은 출항허가를 받으려면 그 **개항**에서 적재한 물품목록을 제출하여야 한다. 다만, **세관장**이 출항절차를 신속하게 진행하기 위하여 필요하다고 인정하여 출항허가 후 **7일** 범위에서 따로 기간을 정하는 경우에는 그 **기간** 내에 그 목록을 제출할 수 있다.

3) 간이 입출항절차

① 외국무역선(기)이 **개항**에 입항하여 물품(**선(기)용품**과 **승무원휴대품**은 제외한다)을 하역하지 아니하고 입항한 때부터 **24시간 이내**에 출항하는 경우 세관장은 **적하목록**, 선(기)용품의 목록, 여객명부, 승무원명부, 승무원 휴대품목록 또는 적재물품의 목록의 제출을 **생략**하게 할 수 있다.

② **세관장**은 외국무역선(기)이 **개항**에 입항하여 절차를 마친 후 다시 우리나라의 다른 **개항**에 입항할 때에는 **서류제출**의 **생략** 등 간소한 절차로 입출항하게 할 수 있다.

4) 승객예약자료의 요청

① **의의**

**세관장**은 다음에 해당하는 업무를 수행하기 위하여 필요한 경우 **입출항**하거나 선박(항공기)가 소속된 선박회사(항공사)가 운영하는 **예약정보시스템**의 **승객예약자료**를 **정보통신망**을 통하여 열람하거나 시한 내에 제출하여 줄 것을 **선박회사(항공사)**에 요청할 수 있다. 이 경우 해당 선박회사(항공사)는 이에 따라야 한다.

> ㉮ **수출입금지물품**을 **수출입**한 자 또는 **수출입**하려는 자에 대한 **검사업무**, ㉯ 법 제241조(수출입 또는 반송의 신고) 제1항·제2항을 위반한 자 또는 제241조 제1항·제2항을 위반하여 다음 물품을 수출입하거나 반송하려는 자에 대한 **검사업무**. ㉠ **마약류관리에 관한 법률**에 따른 **마약류**, ㉡ 총포·도검·화약류 등 단속법에 따른 **총포·도검·화약류·분사기·전자충격기** 및 **석궁**

② **승객예약자료의 열람**

㉮ **세관장**은 제공받은 **승객예약자료**를 열람할 수 있는 **세관공무원**(법 제137조의2(승객예약자료의 요청) 제3항에 따라 지정받은 자를 말한다)에게 **관세청장**이 정하는 바에 따라 **개인식별 고유번호**를 부여하는 등의 조치를 하여 권한 없는 자가 **승객예약자료**를 열람하는 것을 방지하여야 한다.

㉯ **세관장**은 승객이 입항 또는 출항한 날(입·출항일)부터 **1월**이 경과한 때에는 해당 승객의 승객예약자료를 다른 승객의 **승객예약자료**(승객의 입·출항일부터 **1월**이 경과하지 아니한 **승객예약자료**를 말한다)와 구분하여 관리하여야 한다.

㉰ **세관장**은 구분하여 관리하는 승객예약자료(**보존승객예약자료**)를 해당 승객의 입·출항일부터 기산하여 **3년간** 보존할 수 있다. 다만, 다음에 해당하는 자에 대한 **보존승객예약자료**는 5년간 보존할 수 있다.

> ㉠ 법 제234조(수출입 또는 반송의 신고)를 위반하여 **수출입금지물품**을 **수출입**한 자 또는 **수출입**하려고 하였던 자로서 **관세청장·세관장**의 **통고처분**을 받거나 **벌금형 이상**의 형의 선고를 받은 사실이 있는 자, ㉡ 법 제241조(수출입 또는 반송의 신고) 제1항·제2항을 **위반**하였거나 법 제241조 제1항·제2항을 위반하여 다음 각 목의 어느 하나의 물품을 **수출입·반송**하려고 하였던 자로서 **관세청장·세관장**의 **통고처분**을 받거나 **벌금형 이상**의 **형**의 선고를 받은 사실이 있는 자. ⓐ 마약류 관리에 관한 법률에 따른 **마약류**, ⓑ 총포·도검·화약류 등의 안전관리에 관한 법률에 따른 **총포·도검·화약류·전자충격기** 및 **석궁**

㉱ **수사기관** 등으로부터 제공받은 정보나 **세관장**이 수집한 정보 등에 근거하여 다음에 해당하는 행위를 할 우려가 있다고 인정되는 자로서 **관세청장**이 정하는 기준에 해당하는 자

> ㉠ 법 제234조(수출입의 금지)를 위반하여 **수출입금지물품**을 수출입하는 행위, ㉡ 법 제241조(수출·수입 또는 반송의 신고) 제1항 또는 제2항을 **위반**하여 다음의 어느 하나의 **물품**을 **수출입·반송**하는 행위. ⓐ **마약류 관리에 관한 법률**에 따른 **마약류**, ⓑ 총포·도검·화약류 등의 안전관리에 관한 법률에 따른 **총포·도검·화약류·전자충격기** 및 **석궁**

㉲ **세관공무원**은 **보존승객예약자료**를 열람하려는 때에는 **관세청장**이 정하는 바에 따라 미리 **세관장 승인**을 얻어야 한다.

㉳ 제공받은 **승객예약자료**를 열람할 수 있는 사람은 **관세청장**이 지정하는 세관공무원으로 한정한다.

㉴ **세관공무원**은 직무상 알게 된 **승객예약자료**를 누설 또는 권한 없이 처리하거나 타인이 이용하도록 제공하는 등 부당한 목적을 위하여 사용하여서는 아니 된다. 제공받은 **승객예약자료**의 열람방법, 보존기한 등에 관하여 필요한 사항은 대통령령으로 정한다.

### ③ **승객예약자료 제출시한**

㉮ 의의

**승객예약자료**의 **제출시한**은 다음 구분에 의한다.

> ㉠ **출항**하는 선박(항공기)의 경우: **출항 후 3시간 이내**, ㉡ **입항**하는 선박(항공기)의 경우: **입항** 1시간 **전까지**. 다만, 운항예정시간이 **3시간 이내**인 경우에는 입항 **30분 전까**지 할 수 있다.

㉯ 열람·제출을 요청할 수 있는 승객예약자료

**세관장**이 열람이나 제출을 요청할 수 있는 **승객예약자료**는 다음 자료로 한정한다.

> ㉠ **국적**, **성명**, **생년월일**, **여권번호** 및 **예약번호**, ㉡ **주소** 및 **전화번호**, ㉢ **예약** 및 **탑승수속** 시점, ㉣ **항공권·승선표**의 **번호·발권일·발권도시** 및 **대금결제방법**, ㉤ **여행경로** 및 **여행사**, ㉥ **동반탑승자** 및 **좌석번호**, ㉦ **수하물** 자료, ㉧ **선박회사(항공사)**의 회원으로 가입한 경우 그 **회원번호** 및 **등급**과 **승객주문정보**

## (2) 재해나 그 밖의 부득이한 사유로 인한 면책

### 1) 의의

① 제134조(개항 등에의 출입)부터 제137조(간이 입출항절차)까지 및 제140조(물품의 하역)부터 제143조(선용품 및 기용품의 하역 등)까지의 규정은 **재해**나 그 밖의 부득이한 **사유**에 의한 경우에는 적용하지 아니한다.

② 선(기)장은 지체 없이 그 이유를 **세관공무원·국가경찰공무원**(세관공무원이 없는 경우로 한정한다)에게 **신고**하여야 한다. 신고를 받은 **국가경찰공무원**은 지체 없이 그 내용을 세관공무원에게 **통보**하여야 한다. **선(기)장**은 재해나 그 밖의 부득이한 사유가 종료되었을 때에는 지체 없이 세관장에게 그 경과를 **보고**하여야 한다.

### 2) 재해로 인한 행위의 보고

법 제138조(재해나 그 밖의 부득이한 사유로 인한 면책) 제4항의 규정에 의한 **경과보고**는 다음 사항을 기재한 보고서에 의하여야 한다.

① **재해** 등의 **내용·발생일시·종료일시**, ② **재해** 등으로 인하여 행한 **행위**, ③ 법 시행령 제166조(선용품 또는 기용품 등의 하역 또는 환적) 제1항 제2호 및 제3호의 사항

3) 외국기착의 보고

① 의의

**재해**나 그 밖의 부득이한 **사유**로 **내항선(기)**이 외국에 기착하고 우리나라로 되돌아왔을 때에는 **선(기)장**은 지체 없이 그 사실을 **세관장**에게 보고하여야 하며, 외국에서 적재한 물품이 있을 때에는 그 목록을 제출하여야 한다.

② 외국기착의 보고내용

㉮ 법 제139조(외국기착의 보고)의 규정에 의한 **보고**는 다음 사항을 기재한 보고서에 의하여야 한다.

㉠ 선박(항공기)의 **종류·명칭** 또는 **등록기호·국적·총톤수** 및 **순톤수·자체무게**, ㉡ **기착항명**, ㉢ **기착항**에 머무른 기간, ㉣ **기착사유**, ㉤ **기착항**에서의 적재물품 유무

㉯ **물품목록**에 관하여는 법 시행령 제158조(출항허가의 신청) 제3항의 규정을 준용한다.

## (3) 물품하역

1) 의의

① **외국무역선(기)**은 입항절차를 마친 후가 아니면 **물품**을 **하역·환적**할 수 없다. 다만, **세관장 허가**를 받은 경우에는 그러하지 아니하다.

② **외국무역선(기)**에 물품을 하역하거나 환적하려면 **세관장**에게 신고하고 현장에서 세관공무원의 확인을 받아야 한다. 다만, **세관공무원**이 확인할 필요가 없다고 인정하는 경우에는 그러하지 아니하다.

③ **세관장**은 감시·단속을 위하여 필요할 때에는 물품을 하역하는 장소 및 통로(**하역통로**)와 기간을 제한할 수 있다. **외국무역선(기)**에는 **내국물품**을 적재할 수 없으며, **내항선(기)**에는 **외국물품**을 적재할 수 없다. 다만, **세관장 허가**를 받았을 때에는 그러하지 아니하다.

2) **물품하역의 허가신청**

① 물품을 **하역·환적**하기 위하여 허가를 받고자 하는 자는 다음 사항을 기재한 **신청서**를 **세관장**에게 제출하여야 한다.

> ㉮ 선박(항공기)의 **종류·명칭·국적** 및 **입항연월일**, ㉯ **물품**의 **내외국물품별 구분**과 **품명·수량** 및 **가격**, ㉰ 포장의 **종류·기호·번호** 및 **개수**, ㉱ **신청사유**

② 물품을 **하역·환적**하고자 하는 자는 다음 사항을 기재한 **신고서**를 **세관장**에게 제출하고 그 신고필증을 **현장세관공무원**에게 제시하여야 한다. 다만, **수출물품**의 경우에는 **관세청장**이 정하는 바에 따라 **물품목록**의 제출로서 이에 갈음할 수 있으며, **항공기**인 경우에는 현장세관공무원에 대한 말로서 신고하여 이에 갈음할 수 있다.

> ㉮ **선박(항공기)**의 **명칭**, ㉯ **물품**의 **품명·개수** 및 **중량**, ㉰ **승선자 수·탑승자 수**, ㉱ **선박(항공기) 대리점**, ㉲ **작업구분**과 **작업예정기간**

③ **하역통로**는 **세관장**이 지정하고 이를 공고하여야 한다. **허가**를 받고자 하는 자는 다음 사항을 기재한 **신청서**를 **세관장**에게 제출하여야 한다.

> ㉮ 물품의 **내외국물품별 구분**과 **품명** 및 **수량**, ㉯ **포장**의 **종류** 및 **개수**, ㉰ **적재선박(항공기)**의 **명칭**, **적재기간**, ㉱ **화주**의 주소 및 성명, ㉲ **신청사유**

④ **세관장**은 다음에 해당하는 허가를 하거나 신고를 한 때에는 **외국무역선(기)**에 **내국물품**을 적재하거나 **내항선(기)**에 **외국물품**을 적재하게 할 수 있다.

> ㉮ **하역허가**를 받은 경우, ㉯ **보세운송신고**를 하거나 **보세운송승인**을 받은 경우, ㉰ **내국운송신고**를 하는 경우, ㉱ **수출신고**가 수리된 경우

3) **외국물품의 일시양륙**

① **의의**

다음에 해당하는 행위를 하려면 **세관장**에게 신고를 하고, 현장에서 세관공무원의 확인

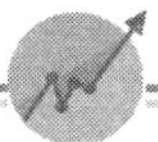

을 받아야 한다. 다만, **관세청장**이 감시·단속에 지장이 없다고 인정하여 따로 정하는 경우에는 간소한 방법으로 신고·확인하거나 이를 **생략**하게 할 수 있다.

㉮ **외국물품**을 운송수단으로부터 일시적으로 육지에 내려놓으려는 경우, ㉯ 해당 **운송수단**의 **여객·승무원** 또는 **운전자**가 아닌 자가 타려는 경우, ㉰ **외국물품**을 적재한 **운송수단**에서 다른 **운송수단**으로 물품을 **환적·복합환적**하거나 사람을 이동시키는 경우

### ② 신고서 제출

**외국물품**을 일시적으로 육지에 내려놓고자 하는 경우에는 다음 사항을 기재한 **신고서**를 **세관장**에게 제출하고 그 **신고필증**을 **현장 세관공무원**에게 제시하여야 한다. 육지에 내려놓고자 하는 **외국물품**을 장치할 수 있는 장소의 범위 등에 관하여는 **관세청장**이 정한다.

㉮ 선박(항공기)의 **종류·명칭·국적**, ㉯ **입항연월일**, ㉰ **육지**에 내려놓고자 하는 **일시** 및 **기간**, ㉱ **육지**에 내려놓고자 하는 **물품**의 **품명·수량** 및 **가격**과 그 **포장**의 **종류·기호·번호·개수**, ㉲ **육지**에 내려놓고자 하는 **물품**의 **최종도착지**, ㉳ **육지**에 내려놓고자 하는 **장소**

### ③ 승선 또는 탑승신고

**승선·탑승**을 하고자 하는 자는 ㉮ **선박(항공기)**의 **명칭**, ㉯ **승선자·탑승자**의 **성명·국적** 및 **생년월일**, ㉰ **승선·탑승**의 **이유** 및 **기간**을 기재한 **신고서**를 **세관장**에게 제출하고 그 **신고필증**을 현장 **세관공무원**에게 제시하여야 한다.

### ④ 환적 및 이동의 신고

물품을 **환적·복합환적**하거나 사람을 이동시키고자 하는 자는 다음 사항을 적은 **신고서**를 **세관장**에게 제출하고 그 **신고필증**을 **현장 세관공무원**에게 제시하여야 한다.

㉮ 각 **운송수단**의 **종류·명칭** 및 **국적**, ㉯ **환적**하는 물품의 **내외국물품별 구분**, ㉰ **환적**하는 **물품**의 **품명·수량** 및 **가격**과 그 **포장**의 **종류·기호·번호** 및 **개수**, ㉱ 이동하는 사람의 **성명·국적·생년월일·승선지** 및 **상륙지**, ㉲ **신고사유**

#### 4) 항외하역

##### ① 의의

**외국무역선**이 **개항**의 바깥에서 물품을 **하역·환적**하려는 경우에는 **선장**은 **세관장 허가**를 받아야 한다.

##### ② 신청서 제출

**개항**의 바깥에서 **하역·환적**하기 위하여 허가를 받고자 하는 자는 다음 사항을 기재한 **신청서**를 **세관장**에게 제출하여야 한다.

> ㉮ **개항**의 바깥에서 **하역·환적**하고자 하는 장소 및 일시, ㉯ **선박**의 **종류·명칭·국적·총톤수** 및 **순톤수**, ㉰ 해당 **물품**의 **내외국물품별 구분**과 **품명·수량** 및 **가격**, ㉱ 해당 **물품의 포장**의 **종류·기호·번호** 및 **개수**, ㉲ **신청사유**

##### ③ 허가수수료의 납부

**선장**은 허가를 받으려면 **허가수수료**를 납부하여야 한다. 납부하여야 하는 항외하역에 관한 허가수수료는 하역 **1일**마다 40,000**원**으로 한다. 다만, 수출물품(**보세판매장**에서 판매하는 물품과 **보세공장**, 자유무역지역법에 의한 **FTZ**에서 제조·가공하여 외국으로 반출하는 물품을 포함한다)에 대한 하역인 경우에는 하역 **1일**마다 10,000**원**으로 한다.

#### 5) 선용품 및 기용품의 하역

##### ① 의의

㉮ **선(기)용품**, **외국무역선(기)** 내의 **판매물품**을 외국무역선(기)에 **하역·환적**하려면 **세관장**의 **허가**를 받아야 하며, **하역** 또는 **환적허가**의 내용대로 **하역·환적**하여야 한다.

㉯ 위의 하나에 해당하는 물품이 외국으로부터 우리나라에 도착한 **외국물품**일 때에는 **보세구역**으로부터 **외국무역선(기)**에 적재하는 경우에만 그 외국물품을 그대로 적재할 수 있다.

㉰ **물품**의 종류와 수량은 선박(항공기)의 종류, 톤수·무게, 항행일수·운행일수, 여객과 승무원의 수 등을 고려하여 **세관장**이 타당하다고 인정하는 범위이어야 한다.

㉱ **외국물품**인 **선(기)용품**과 **외국무역선(기)** 안에서 판매할 물품이 **하역·환적허가**의 내용대로 운송수단에 적재되지 아니한 경우에는 해당 허가를 받은 자로부터 즉시 그 **관세**를 징수한다. 다만, 다음에 해당하는 경우에는 그러하지 아니하다.

㉠ **세관장**이 지정한 기간 내에 그 물품이 다시 **보세구역**에 반입된 경우, ㉡ **재해**나 그 밖의 부득이한 사유로 **멸실**된 경우, ㉢ 미리 **세관장 승인**을 받고 **폐기**한 경우

㉤ **허가**를 받아야 하는 물품의 종류와 수량, 사용 또는 **판매내역관리**, **하역·환적절차** 등에 관하여 필요한 사항은 **관세청장**이 정하여 고시한다.

### ② 신청서 제출

㉮ **외국무역선(기)**에 **물품**을 **하역·환적**하기 위하여 허가를 받고자 하는 자는 다음 사항을 기재한 신청서를 **세관장**에게 제출하여야 한다.

㉠ 선박(항공기)의 **종류·등록기호·명칭·국적**과 **여객** 및 **승무원**의 **수**, ㉡ 해당 **물품**의 **내외국물품별 구분**과 **품명·규격·수량** 및 **가격**, ㉢ 해당 **물품**의 **포장**의 **종류·기호·번호** 및 **개수**, ㉣ 해당 **물품**의 **하역** 또는 **환적예정연월일**과 **방법** 및 **장소**

㉯ 해당 물품이 **외국물품**인 때에는 위의 사항 외에 다음 사항을 함께 쓰고 그 물품에 대한 **송품장** 또는 **과세가격결정**에 필요한 서류를 첨부하여야 한다.

㉠ 해당 **물품**의 **선하증권(B/L)번호·항공화물운송장(AWB)번호**, ㉡ 해당 **물품**의 **장치장소**(**보세구역**인 경우에는 그 명칭)와 **반입연월일**

㉰ **세관장**은 허가를 함에 있어서 필요하다고 인정되는 때에는 **소속공무원**으로 하여금 해당 물품을 검사하게 할 수 있다. **허가**를 받은 자가 허가를 받은 사항을 **변경**하고자 하는 때에는 변경하고자 하는 사항과 **변경사유**를 기재한 신청서를 **세관장**에게 제출하여 허가를 받아야 한다.

㉱ **허가**를 받은 자는 허가내용에 따라 **하역·환적**을 완료한 때에는 해당 **허가서**에 그 사실과 하역 또는 환적일자를 기재하여 해당 선박(항공기)의 장의 서명을 받아 보관하여야 한다. 이 경우 **세관장**은 필요하다고 인정하는 물품에 대하여는 **세관공무원**의 확인을 받게 할 수 있으며, 해당 **선박(항공기)**의 장이 적재한 사실을 확인하여 서명한 **허가서** 등을 제출하게 할 수 있다.

㉲ **허가**를 받은 자는 기간내에 허가받은 물품을 적재하지 아니하고 다시 **보세구역**에 반입한 때에는 지체없이 해당 **허가서**에 그 사실과 **반입연월일**을 기재하여 이를 확인한 **세**

**관공무원**의 서명을 받아 해당 허가를 한 **세관장**에게 제출하여야 한다.

㉶ **허가**를 받은 자는 해당 물품이 재해 기타 부득이한 사유로 **멸실**된 때에는 지체없이 해당 물품에 관하여 해당 물품의 **내외국물품별** 구분과 품명·규격·수량 및 가격과 멸실연월일·장소 및 사유를 기재한 **신고서**에 **허가서**를 첨부하여 해당 허가를 한 **세관장**에게 제출하여야 한다.

㉷ **승인**을 얻고자 하는 자는 **폐기**하고자 하는 물품에 관하여 다음 사항을 기재한 신청서를 해당 허가를 한 **세관장**에게 제출하여야 한다.

> ㉠ 해당 **물품**의 **내외국물품별 구분**과 **품명·규격·수량** 및 **가격**, ㉡ 해당 **물품**이 있는 **장소**, ㉢ **폐기예정연월일·폐기방법** 및 **폐기이유**

## (4) 외국무역선의 내항선으로의 전환

### 1) 의의

**외국무역선(기)**을 **내항선(기)**로 **전환**하거나, **내항선(기)**를 **외국무역선(기)**로 전환하려면 **선(기)장**은 **세관장 승인**을 받아야 한다.

### 2) 신청서 제출

① **승인**을 얻고자 하는 자는 다음 사항을 기재한 **신청서**를 **세관장**에게 제출하여야 한다.

> ㉮ 선박(항공기)의 **명칭·종류·등록기호·국적·총톤수** 및 **순톤수·자체무게·선적항**, ㉯ 선박(항공기)의 소유자의 **주소·성명**, ㉰ **내항선(기)·외국무역선(기)**에의 해당 여부, ㉱ **전환**하고자 하는 **내용** 및 **사유**

② **세관장**은 신청이 있는 때에는 해당 **선박(항공기)**에 적재되어 있는 물품을 검사할 수 있다.

### 3) 선장의 직무대행자

**선(기)장**이 하여야 할 직무를 **대행**하는 **자**에게도 법 제134조(개항 등에의 출입) 제2항, 제135조(입항절차) 제1항, 제136조(출항절차), 제138조(재해나 그 밖의 부득이한 사유로 인한 면책) 제2항·제4항, 제139조(외국 기착의 보고), 제142조(항외 하역) 및 제144조(외국무역선의 내항선으로의 전환 등)를 적용한다.

#### 4) 그 밖의 선박 또는 항공기

① 다음에 해당하는 **선박(항공기)**은 **외국무역선(기)**에 관한 규정을 준용한다. 다만, ㉮ **군함** 및 **군용기**, ㉯ **국가원수·정부**를 대표하는 외교사절이 전용하는 **선박(항공기)**에 대하여는 그러하지 아니하다.

> ㉮ **외국무역선(기)** 외의 선박(항공기)으로서 외국에 운항하는 **선박(항공기)**, ㉯ **외국**을 왕래하는 **여행자**와 **물품**을 전용으로 운송하기 위하여 국내에서만 운항하는 **항공기(환승전용내항기)**

② **환승전용내항기**에 대해서는 법 제143조(선용품 및 기용품의 하역 등) 제2항은 적용하지 아니하며 효율적인 통관 및 감시·단속을 위하여 필요한 사항은 대통령령으로 따로 정할 수 있다.

#### 5) 환승전용내항기의 관리

**세관장**은 다음에 해당하는 사항에 대하여 **관세청장**이 정하는 바에 따라 그 절차를 간소화하거나 그 밖에 필요한 조치를 할 수 있다.

> ① 법 제135조(입항절차) 제1항에 따른 **입항보고**, ② 법 제136조(출항절차) 제1항에 따른 **출항허가 신청**, ③ 그 밖에 **환승전용내항기** 및 해당 항공기에 탑승하는 외국을 왕래하는 **여행자**와 법 제241조(수출·수입 또는 반송의 신고) 제2항 제1호에 따른 물품의 **통관** 및 **감시**에 필요한 사항

#### 6) 국경하천의 운항선박

**국경하천**만을 운항하는 **내국선박**에 대하여는 **외국무역선**에 관한 규정을 적용하지 아니한다.

## 3. 차량

### (1) 관세통로

**국경**을 출입하는 차량(**국경출입차량**)은 **관세통로**를 경유하여야 하며, **통관역·통관장**에 정차하여야 한다. **관세통로**는 육상국경으로부터 **통관역**에 이르는 철도와 **육상국경**으로

부터 통관장에 이르는 육로·수로 중에서 **세관장**이 지정한다. **통관역**은 국외와 연결되고 국경에 근접한 철도역 중에서 **관세청장**이 지정한다. **통관장**은 **관세통로**에 접속한 장소 중에서 **세관장**이 지정한다.

### (2) 국경출입차량의 도착절차

#### 1) 의의

**국경출입차량**이 **통관역·통관장**에 도착하면 **통관역장·도로차량**(선박·철도차량 또는 항공기가 아닌 운송수단을 말한다)의 운전자는 차량용품목록·여객명부·승무원명부 및 승무원 휴대품목록과 **관세청장**이 정하는 적하목록을 첨부하여 지체 없이 **세관장**에게 도착보고를 하여야 하며, 최종 출발지의 **출발허가서** 또는 이를 갈음하는 서류를 제시하여야 한다. 다만, **세관장**은 감시·단속에 지장이 없다고 인정될 때에는 **차량용품목록·승무원휴대품목록**의 첨부를 생략하게 할 수 있다.

#### 2) 도착도보고서의 기재

① 도착보고서에는 다음 사항을 기재하여야 한다.

> **㉮ 차량의 회사명·국적·종류·등록기호·번호·총화차수·총객차수, ㉯ 차량의 최초출발지·경유지·최종출발지·도착일시·출발예정일시 및 목적지, ㉰ 적재물품의 내용·개수 및 중량, ㉱ 여객 및 승무원의 수, 통과여객의 수**

② **차량용품목록·여객명부·승무원명부** 및 **승무원휴대품목록**에 관하여는 제157조(물품의 반입·반출) 제2항 내지 제5항의 규정을 준용한다.

③ **세관장**은 신속한 입국 및 통관절차의 이행과 효율적인 감시·단속을 위하여 필요한 경우에는 **관세청장**이 정하는 바에 따라 도착하는 해당 차량이 소속된 회사(그 업무를 대행하는 자를 포함한다)로 하여금 **여객명부·적하목록** 등을 **도착**하기 **전**에 제출하게 할 수 있다.

④ ㉮ 모래·자갈 등 **골재**, ㉯ 석탄·흑연 등 **광물**의 경우 일정 기간에 **일정량**으로 나누어 **반복적**으로 운송하는 데에 사용되는 **도로차량**의 운전자는 **사증**을 받는 것으로 **도착보고**를 대신할 수 있다. 다만, **최종 도착보고**의 경우는 제외한다. **사증**을 받는 것으로 **도착보고**를 대신하는 **도로차량**의 운전자는 최종 도착보고를 할 때에 서류를 한꺼번에 제출하여야 한다.

### (3) 국경출입차량의 출발절차

#### 1) 의의

① **국경출입차량**이 **통관역·통관장**을 출발하려면 **통관역장·도로차량**의 운전자는 출발하기 전에 **세관장**에게 출발보고를 하고 출발허가를 받아야 한다. **통관역장·도로차량**의 운전자는 허가를 받으려면 그 통관역 또는 통관장에서 적재한 물품의 목록을 제출하여야 한다.

② 제출하는 물품의 목록은 **관세청장**이 정하는 바에 따라 **세관장**에게 제출하여야 한다. 그런데 ㉮ 모래·자갈 등 **골재**, ㉯ 석탄·흑연 등 **광물**을 일정 기간에 일정량으로 나누어 **반복적**으로 운송하는 데에 사용되는 **도로차량**의 **운전자**는 **사증**을 받는 것으로 출발보고 및 출발허가를 대신할 수 있다. 다만, 최초 출발보고와 최초 출발허가의 경우는 제외한다.

#### 2) 국경출입차량의 출발보고

**출발보고서**에는 다음 사항을 기재하여야 한다.

> ① 차량의 **회사명·종류·등록기호·번호·총화차수·총객차수**, ② 차량의 **출발지·경유지·최종목적지·출발일시** 및 **도착일시**, ③ **적재물품**의 **내용·개수** 및 **중량**, ④ **여객** 및 **승무원의 수**, **통과여객의 수**

#### 3) 반복운송 도로차량의 신고

**도로차량**을 운행하려는 운전자는 다음 사항을 기재한 **신고서**를 **세관장**에게 제출하여야 한다. **도로차량**을 운행하려는 자는 **세관장**에게 신고하여야 한다.

> ① 차량의 **회사명·종류** 및 **차량등록번호**, ② 차량의 **출발지**, **경유지**, **최종목적지**, **최초 출발일시**, **최종 도착일시** 및 **총운행횟수**, ③ **운송대상 물품**의 **내용** 및 **총중량**

### (4) 물품의 하역

#### 1) 의의

① **통관역·통관장**에서 외국물품을 차량에 하역하려는 자는 **세관장**에게 신고를 하고, 현장에서 **세관공무원**의 확인을 받아야 한다. 다만, 세관공무원이 확인할 필요가 없다고

인정할 때에는 그러하지 아니하다.

② **차량용품**과 **국경출입차량** 안에서 판매할 물품을 해당 차량에 **하역·환적**하는 경우에는 법 제143조(선(기)용품의 하역 등)를 준용한다.

#### 2) 물품의 하역신고

**물품**을 하역하고자 하는 자는 ① **차량번호**, ② 물품의 **품명·개수** 및 **중량**, ③ **작업구분**과 **작업예정기간**을 기재한 신고서를 **세관장**에게 제출하고 그 신고필증을 현장 **세관공무원**에게 제시하여야 한다.

#### 3) 차량용품의 하역·환적

**차량용품·국경출입차량**에서 판매할 물품에 대하여는 법 시행령 제166조(선용품 또는 기용품 등의 하역 또는 환적)의 규정을 준용한다.

### (5) 국경출입차량의 국내운행차량으로의 전환

1) **국경출입차량**을 국내에서만 운행하는 차량(국내운행차량)으로 **전환**하거나 **국내운행차량**을 **국경출입차량**으로 **전환**하려는 경우에는 **통관역장·도로차량**의 운전자는 **세관장 승인**을 받아야 한다. 다만, 기획재정부령으로 정하는 차량의 경우에는 그러하지 아니하다.

2) **통관역장·도로차량**의 **운전자**가 하여야 할 직무를 **대행**하는 **자**에게도 법 제149조(국경출입차량의 도착절차) 제1항, 제150조(국경출입차량의 출발절차), 제151조의2(국경출입차량의 국내운행차량으로의 전환 등) 및 제152조(도로차량의 국경출입)를 적용한다.

### (6) 도로차량의 국경출입

#### 1) 의의

**국경**을 출입하려는 도로차량의 **운전자**는 해당 도로차량이 **국경**을 출입할 수 있음을 증명하는 서류를 **세관장**으로부터 발급받아야 한다.

#### 2) 교부신청

**국경**을 출입할 수 있는 **도로차량**임을 증명하는 서류를 교부받으려는 자는 ① **차량**의 **종류** 및 **차량등록번호**, ② **적재량·승차정원**, ③ **운행목적·운행기간** 및 **운행경로**를 기재한 신청서를 **세관장**에게 제출하여야 한다.

### 3) 사증발급

**국경**을 출입하는 **도로차량**의 운전자는 출입할 때마다 서류를 **세관공무원**에게 제시하고 **사증**을 받아야 한다. 이 경우 **전자적 방법**으로 서류의 제시 및 **사증 발급**을 대신할 수 있다. **사증**을 받으려는 자는 **사증수수료**를 **400원** 납부하여야 한다. 다만, 기획재정부령으로 정하는 차량은 수수료를 **면제**한다.

# 보세제도

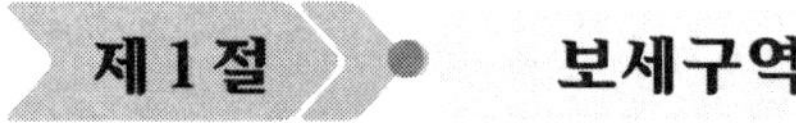

## 제 1 절 보세구역

### 1. 보세제도의 의의와 기능

#### (1) 의의

1) **보세제도**란 **수입신고**를 받기 **전**에 **관세**가 **유보**된 상태에서 **외국물품**을 반입, 장치, 검사, 가공, 건설, 전시, 판매, 운송하는 제도이다. **보세제도**에는 **정적인 보세제도**인 **보세구역**과 **동적인 보세제도**인 보세운송이 있다. **보세**란 외국물품의 수입신고수리전 상태를 말하며, **보세구역**이란 수입신고가 수리되기 전의 상태인 **외국물품**을 장치, 보세가공, 전시, 건설 및 판매 등을 할 수 있고, 또한 **통관절차**를 이행하려는 **내국물품**을 장치할 수 있는 장소·구역으로 **세관장**이 지정하거나 특허한 구역을 말하며, **보세운송**은 외국물품이 수입신고 수리 미필상태로 국내에서 운송되는 것을 말한다.

2) **보세구역**은 관세채권 확보와 통관절차의 편의를 위해 일시적으로 물품을 관리하는 **지정보세구역**과 통관절차를 유예하고 전시, 판매, 제조, 가공을 허용함으로써 수출증진과 투자유치를 지원하는 **특허보세구역**이 있다. 이 외에도 **종합보세구역**이 있다.

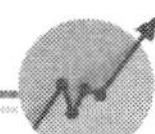

### (2) 기능

#### 1) 관세징수권의 확보

**세관**의 엄격한 통제하에 있는 상태로서, **관세담보**를 제공토록 하여 **관세채권**을 확보하고 있다.

#### 2) 통관업무의 효율화

**세관**의 감시와 단속이 용이하며, 화물을 집중 반입하게 함으로써 일괄적인 **통관절차**를 수행하기 용이하다.

#### 3) 수출 및 산업지원

**외국물품**을 관세납부하지 않고 원재료를 **보세가공**하여 외국에 반출함으로써 가공무역의 진출 등 수출을 지원한다. 또한 **외국물품**을 그대로 사용하도록 함으로써 **산업시설**을 건설할 수 있어 국내산업의 발전 및 건설을 지원한다.

## 2. 통칙

### (1) 보세구역의 종류 및 장치물품의 제한

#### 1) 보세구역의 종류 및 설치목적에 따른 구분

##### ① 보세구역의 종류

㉮ **지정보세구역** : **세관·국가·지방자치단체** 또는 **공공단체시설** 중에서 **세관장**이 **지정**한 구역

㉯ **특허보세구역** : **민간인**이 **영리**를 목적으로 하는 시설 중에서 신청에 의하여 **세관장**이 **특허**한 구역

㉰ **종합보세구역** : **관세청장**이 일정한 지역전체를 **보세구역**으로서 지정한 곳으로서 **외국물품**을 통관하지 않은 상태에서 장치·보관·제조·전시·판매 등을 할 수 있는 구역

##### ② 설치목적에 따른 구분

㉮ **소극적 보세구역** : **수출입통관 절차**의 편의를 위하여 물품을 일시 세관의 감독하에 두어야 할 필요에 의하여 설치한 **보세구역**을 말하는데, 이에는 **지정보세구역** 등이 있다.

㉯ **적극적 보세구역** : 물품의 제조·가공·판매·산업시설건설 등 무역진흥의 적극적인

활동을 할 수 있는 **보세구역**을 말하는데, 이에는 **특허보세구역** 및 **종합보세구역** 등이 있다.

〈표-13〉 보세구역의 구분

| 구분 | 개념 | 종류 | 설치목적 | 특징 |
|---|---|---|---|---|
| 지정 | – 국가·지자체·공항(항만) 시설 관리 법인의 자가 소유 또는 관리하는 토지·건물 기타의 시설을 지정<br>– 지정권자 : 세관장 | – 지정장치장<br>– 세관검사장 | – 통관편의, 일시장치 및 검사목적<br>– 행정상 공공의 목적 | 소극적 |
| 특허 | – 사인 토지, 건물 중 신청<br>– 특허권자 : 세관장 | – 보세창고<br>– 보세공장<br>– 보세건설장<br>– 보세전시장<br>– 보세판매장 | – 장치, 제조, 전시, 건설 및 판매목적<br>– 사인의 이익추구 | 적극적 |
| 종합 | – 특정지역 중 지정<br>– 지정권자 : 관세청장 | – 종합보세구역 | – 수출 및 물류촉진<br>– 개인 및 공공이익 (투자촉진등 조화) | 적극적 |

자료 : 관세청, "보세구역", http://www.customs.go.kr/kcshome/main/content/ContentView.do?contentId=CONTENT_000000000500&layoutMenuNo=12

#### 2) 보세구역장치물품의 제한

**보세구역**에는 인화질 또는 폭발성의 물품을 장치하지 못하며, **보세창고**에는 부패할 염려가 있는 물품 또는 살아있는 동물이나 식물을 장치하지 못한다. 그런데 해당 물품을 장치하기 위하여 특수한 설비를 한 **보세구역**에 관하여는 이를 적용하지 아니한다.

### (2) 물품의 장치

#### 1) 의의

**외국물품**과 **내국운송**의 신고를 하려는 **내국물품**은 **보세구역**이 아닌 장소에 장치할 수 없다. 다만, 다음에 해당하는 물품은 그러하지 아니하다.

① **수출신고**가 **수리**된 **물품**, ② **크기·무게**의 **과다**나 그 밖의 사유로 **보세구역**에 장치하기 **곤란**하거나 **부적당**한 물품, ③ **재해**나 그 밖의 부득이한 사유로 **임시**로 장치한 물품, ④ **검역물품**, ⑤ **압수물품**, ⑥ **우편물품**

### 2) 장치물품의 멸실신고

**보세구역** 또는 **보세구역**이 아닌 장소에 장치된 **외국물품**이 **멸실**된 때에는 다음 사항을 기재한 신고서를 **세관장**에게 제출하여 그 확인을 받아야 한다.

> ㉮ 법 시행령 제175조(보세구역 외 장치의 허가신청)의 사항, ㉯ **장치장소**, ㉰ **멸실연월일** 및 **멸실원인**, ㉱ 위의 규정에 의한 신고는 **특허보세구역 장치물품**인 경우에는 **운영인**의 명의로, **특허보세구역 장치물품**이 아닌 경우에는 **보관인**의 명의로 하여야 한다.

### 3) 물품의 도난 또는 분실의 신고

① **보세구역** 또는 **보세구역**이 아닌 장소에 장치된 **물품**이 **도난**당하거나 **분실**된 때에는 다음 사항을 기재한 **신고서**를 **세관장**에게 제출하여야 한다.

> ㉮ 법 시행령 제175조(보세구역 외 장치의 허가신청)의 사항, ㉯ **장치장소**, ㉰ **도난** 또는 **분실연월일**과 **사유**

② 법 시행령 제180조(장치물품의 멸실신고) 제2항의 규정은 위의 **신고**에 관하여 이를 준용한다.

### 4) 물품이상의 신고

① **보세구역** 또는 **보세구역**이 아닌 장소에 장치된 **물품**에 **이상**이 있는 때에는 다음 사항을 기재한 **신고서**를 **세관장**에게 제출하여야 한다.

> ㉮ 법 시행령 제175조(보세구역 외 장치의 허가신청)의 사항, ㉯ **장치장소**, ㉰ **발견연월일**, ㉱ 이상의 **원인** 및 **상태**

② 법 시행령 제180조(장치물품의 멸실신고) 제2항의 규정은 제1항의 **신고**에 관하여 이를 준용한다.

### 5) 준용규정

위의 내용에 해당되는 **물품**에 대하여는 법 제157조(물품의 반입·반출), 제158조(보수작업), 제159조(해체·절단 등의 작업), 제160조(장치물품의 폐기), 제161조(견본품 반출),

제163조(세관공무원의 파견), 제172조(물품에 대한 보관책임), 제177조(장치기간), 제208조(매각대상 및 매각절차), 제209조(통고), 제210조(매각방법), 제211조(잔금처리), 제212조(국고귀속) 및 제321조(세관의 업무시간·물품취급시간)를 준용한다.

### (3) 보세구역외 장치허가

#### 1) 의의

**물품**을 **보세구역**이 아닌 장소에 장치하려는 자는 **세관장 허가**를 받아야 한다. **세관장**은 **외국물품**에 대하여 **허가**를 하려는 때에는 그 물품의 관세에 상당하는 **담보제공**, 필요한 **시설설치** 등을 명할 수 있다. **세관장 허가**를 받으려는 자는 정하는 금액과 방법 등에 따라 **수수료**를 납부하여야 한다.

#### 2) 보세구역외 장치허가신청

**세관장 허가**를 받으려는 자는 해당 물품에 관하여 다음 사항을 기재한 신청서에 **송품장**과 **선하증권**(B/L)·**항공화물운송장**(AWB) 또는 이에 갈음하는 서류를 첨부하여 **세관장**에게 제출하여야 한다.

> ① **장치장소** 및 **장치사유**, ② **수입물품**의 경우 해당 **물품**을 외국으로부터 **운송**하여 온 선박(항공기)의 **명칭** 또는 **등록기호**·**입항예정연월일**·**선하증권**(B/L)**번호** 또는 **항공화물운송장**(AWB)**번호**, ③ 해당 **물품**의 **내외국물품별 구분**과 **품명**·**규격**·**수량** 및 **가격**, ④ 해당 **물품**의 **포장**의 **종류**·**번호** 및 **개수**

#### 3) 보세구역외 장치허가수수료

① **보세구역외 장치허가**와 관련하여 납부하여야 하는 **보세구역외 장치허가수수료**는 18,000**원**으로 한다. 이 경우 동일한 **선박**(**항공기**)로 수입된 **동일 화주**의 **화물**을 동일한 장소에 반입하는 때에는 1건의 **보세구역외 장치허가신청**으로 보아 **허가수수료**를 징수한다.

② **국가**·**지방자치단체**가 수입하거나 협정에 의하여 관세가 면제되는 물품을 수입하는 때에는 **보세구역외 장치허가수수료**를 **면제**한다. **보세구역외 장치허가수수료**를 납부하여야 하는 자가 **관세청장**이 정하는 바에 의하여 이를 따로 납부한 때에는 그 사실을 증명하는 **증표**를 **허가신청서**에 첨부하여야 한다.

③ **세관장**은 **전산처리설비**를 이용하여 **보세구역외 장치허가**를 신청하는 때에는 그 **허가수수료**를 **일괄고지**하여 납부하게 할 수 있다.

### (4) 물품의 반입·반출

#### 1) 의의

**보세구역**에 물품을 **반출입**하려는 자는 **세관장**에게 **신고**하여야 한다. 보세구역에 물품을 **반출입**하려는 경우에는 **세관장**은 세관공무원을 **참여**시킬 수 있으며, 세관공무원은 해당 물품을 검사할 수 있다. **세관장**은 보세구역에 반입할 수 있는 물품의 종류를 **제한**할 수 있다.

#### 2) 물품의 반출입신고

① **물품**의 **반입신고**는 다음 사항을 기재한 **신고서**에 의하여야 한다.

> ㉮ **수입물품**의 경우
> ㉠ 해당 **물품**을 외국으로부터 운송하여 온 **선박(항공기)**의 명칭·입항일자·입항세관·적재항
> ㉡ **물품**의 **반입일시**, **선하증권(B/L)번호·항공화물운송장(AWB)번호**와 **화물관리번호**
> ㉢ **물품**의 품명, 포장의 종류, 반입개수와 장치위치
> ㉯ **내국물품**(수출신고가 수리된 물품을 포함한다)의 경우
> ㉠ **물품**의 반입일시
> ㉡ **물품**의 품명, 포장의 종류, 반입개수, 장치위치와 장치기간

② **반입신고**된 **물품**의 **반출신고**는 다음 사항을 기재한 **신고서**에 의하여야 한다.

> ㉮ **반출신고번호·반출일시·반출유형·반출근거번호**, ㉯ **화물관리번호**, ㉰ **반출개수** 및 **반출중량**

③ **세관장**은 다음에 해당하는 경우에는 신고서의 제출을 **면제**하거나 기재사항의 일부를 **생략**하게 할 수 있다. **세관장**은 아래의 규정에 의한 검사를 함에 있어서 **반입신고서·송품장** 등 검사에 필요한 서류를 제출하게 할 수 있다.

> ㉮ 다음에 해당하는 서류를 제출하여 **반출입**하는 경우. ㉠ **적하목록**, ㉡ **보세운송신고서 사본·수출신고필증**, ㉢ 내국물품장치신고서. ㉯ **자율관리보세구역**으로 지정받은 자가 위의 물품에 대하여 **장부**를 비치하고 반출입사항을 **기록관리**하는 경우

### 3) 수입신고수리물품의 반출

**관세청장**이 정하는 **보세구역**에 반입되어 **수입신고**가 수리된 물품의 **화주·반입자**는 그 수입신고 수리일부터 **15일 이내**에 해당 물품을 **보세구역**으로부터 반출하여야 한다. 다만, **외국물품**을 장치하는 데에 방해가 되지 아니하는 것으로 인정되어 **세관장**으로부터 해당 반출기간의 **연장승인**을 받았을 때에는 그러하지 아니하다.

### 4) 반출기간 연장신청

위의 **연장승인**을 얻고자 하는 자는 ① 법 시행령 제175조(보세구역외 장치의 허가신청) 제2호에 규정된 사항, ② **장치장소**, ③ **신청사유**를 기재한 **신청서**를 **세관장**에게 제출하여야 한다.

## (5) 보수작업

### 1) 의의

**보세구역**에 장치된 물품은 그 현상을 유지하기 위하여 필요한 **보수작업**과 그 성질을 변하지 아니하게 하는 범위에서 포장을 바꾸거나 **구분·분할·합병**을 하거나 그 밖의 비슷한 보수작업을 할 수 있다. 이 경우 **보세구역**에서의 보수작업이 곤란하다고 **세관장**이 인정할 때에는 기간과 장소를 지정받아 보세구역 밖에서 보수작업을 할 수 있다. **보수작업**을 하려는 자는 **세관장 승인**을 받아야 한다.

### 2) 보수작업의 승인신청

① **보수작업 승인**을 받으려는 자는 다음 사항을 기재한 신청서를 **세관장**에게 제출하여야 한다.

> ㉮ 법 시행령 제175조(보세구역외 장치허가신청)의 사항, ㉯ 사용할 재료의 **품명·규격·수량** 및 **가격**, ㉰ **보수작업**의 목적·방법 및 예정기간, ㉱ **장치장소**, ㉲ 그 밖의 참고사항

② **보수작업 승인**을 받은 자는 **보수작업**을 완료한 경우에는 다음 사항을 기재한 보고서를 **세관장**에게 제출하여 그 확인을 받아야 한다.

> ㉮ 해당 **물품**의 품명·규격·수량 및 가격, ㉯ **포장**의 종류·기호·번호 및 개수, ㉰ 사용한 재료의 품명·규격·수량 및 가격, ㉱ **잔존재료**의 품명·규격·수량 및 가격, ㉲ **작업완료연월일**

③ **보수작업**으로 **외국물품**에 부가된 **내국물품**은 **외국물품**으로 본다. 외국물품은 수입될 물품의 보수작업의 재료로 사용할 수 없다. **보수작업**을 하는 경우 해당 물품에 관한 **반출검사** 등에 관하여는 법 제187조(보세공장외 작업허가) 제3항·제4항 및 제6항을 준용한다.

### (6) 해체·절단 등의 작업

#### 1) 의의

**보세구역**에 장치된 물품에 대하여는 그 **원형**을 **변경**하거나 **해체·절단** 등의 **작업**을 할 수 있다. 이들 작업을 할 수 있는 물품의 종류는 **관세청장**이 정한다. **세관장**은 수입신고한 물품에 대하여 필요하다고 인정될 때에는 화주 또는 그 위임을 받은 자에게 작업을 명할 수 있다. 이들 작업을 하려는 자는 **세관장 허가**를 받아야 한다.

#### 2) 허가신청

① **해체·절단** 등의 작업의 허가를 받고자 하는 자는 다음 사항을 기재한 **신청서**를 **세관장**에게 제출하여야 한다.

> ㉮ 해당 **물품**의 품명·규격·수량 및 가격, ㉯ **작업**의 목적·방법 및 예정기간, ㉰ 기타 참고사항

② **작업**을 완료한 때에는 다음 사항을 기재한 **보고서**를 **세관장**에게 제출하여 그 확인을 받아야 한다.

> ㉮ **작업후**의 물품의 품명·규격·수량 및 가격, ㉯ **작업개시** 및 **종료연월일**, ㉰ **작업상황**에 관한 검정기관의 증명서(세관장이 특히 지정하는 경우에 한한다), ㉱ 기타 참고사항

## (7) 장치물품의 폐기

### 1) 의의

① **부패·손상**되거나 그 밖의 사유로 **보세구역**에 장치된 물품을 폐기하려는 자는 **세관장**의 **승인**을 받아야 한다. **보세구역**에 장치된 외국물품이 **멸실·폐기**되었을 때에는 그 **운영인·보관인**으로부터 즉시 그 관세를 징수한다. 다만, 재해나 그 밖의 부득이한 사유로 멸실된 때와 미리 **세관장 승인**을 받아 폐기한 때에는 예외로 한다.

② **승인**을 받은 외국물품 중 폐기 후에 남아 있는 부분에 대하여는 폐기 후의 성질과 수량에 따라 관세를 부과한다. **세관장**은 **보세구역**에 장치된 물품 중 다음에 해당하는 것은 화주, 반입자, 화주·반입자의 위임을 받은 자나 **제2차 납세의무자**(화주 등)에게 이를 반송·폐기할 것을 명하거나 화주 등에게 통고한 후 폐기할 수 있다. 다만, 급박하여 통고할 여유가 없는 경우에는 폐기한 후 **즉시 통고**하여야 한다.

> ㉮ **사람**의 생명이나 재산에 해를 끼칠 우려가 있는 물품, ㉯ **부패·변질**된 물품, ㉰ **유효기간**이 지난 물품, ㉱ **상품가치**가 없어진 물품, ㉲ 위의 **물품**에 준하는 물품으로서 **관세청장**이 정하는 물품

③ **통고**를 할 때 화주 등의 주소·거소를 알 수 없거나 그 밖의 사유로 통고할 수 없는 경우에는 공고로서 이를 갈음할 수 있다. **세관장**이 물품을 폐기하거나 **화주** 등이 물품을 **폐기·반송**한 경우 그 비용은 **화주** 등이 부담한다.

### 2) 장치물품의 폐기승인신청

① **승인**을 얻고자 하는 자는 ㉮ 법 시행령 제175조(보세구역 외 장치의 허가신청)의 사항, ㉯ **장치장소**, ㉰ **폐기예정연월일·폐기방법** 및 **폐기사유**를 기재한 **신청서**를 **세관장**에게 제출하여야 한다.

② **승인**을 얻은 자는 **폐기작업**을 **종료**한 때에는 잔존하는 물품의 품명·규격·수량 및 가격을 **세관장**에게 보고하여야 한다.

## (8) 견본품 반출

### 1) 의의

**보세구역**에 장치된 외국물품의 전부 또는 일부를 **견본품**으로 반출하려는 자는 **세관장**

의 **허가**를 받아야 한다. **세관공무원**은 보세구역에 반입된 물품에 대하여 검사상 필요하면 그 물품의 일부를 견본품으로 채취할 수 있다. 채취된 물품이 사용·소비된 경우에는 **수입신고**를 하여 관세를 납부하고 **수리**된 것으로 본다.

#### 2) 견품반출의 허가신청

① **허가**를 받고자 하는 자는 ㉮ 제175조 각호의 사항, ㉯ **장치장소**, ㉰ **반출목적** 및 **반출기간**을 기재한 신청서를 **세관장**에게 제출하여야 한다.

② **세관공무원**은 보세구역에 반입된 물품에 대하여 검사상 필요하면 그 물품의 일부를 견본품으로 채취할 수 있다. 채취된 물품이 사용·소비된 경우에는 **수입신고**를 하여 관세를 납부하고 수리된 것으로 본다.

### (9) 세관공무원의 파견

#### 1) 물품취급자에 대한 단속

① 법 제155조(물품의 장치) 제1항의 **물품**을 **취급**하는 자, ② **보세구역**에 출입하는 자는 **물품** 및 **보세구역감시**에 관한 세관장의 명령을 준수하고 세관공무원의 지휘를 받아야 한다.

#### 2) 세관공무원의 파견

**세관장**은 **보세구역**에 세관공무원을 파견하여 세관사무의 일부를 처리하게 할 수 있다.

### (10) 보세구역의 자율관리

#### 1) 의의

**보세구역** 중 물품의 관리 및 세관감시에 지장이 없다고 인정하여 **관세청장**이 정하는 바에 따라 **세관장**이 지정하는 보세구역(**자율관리보세구역**)에 장치한 물품은 세관공무원의 **참여**와 법에 따른 절차 중 **관세청장**이 정하는 절차를 생략한다. 보세구역의 화물관리인이나 운영인은 자율관리보세구역의 지정을 받으려면 **세관장**에게 지정을 **신청**하여야 한다.

#### 2) 자율관리보세구역의 지정

① **자율관리보세구역**의 지정을 받고자 하는 자는 ㉮ **보세구역**의 종류·명칭·소재지·구조·동수 및 면적, ㉯ **장치**하는 **물품**의 종류 및 수용능력을 기재한 신청서에 채용된 **보세**

사의 **보세사등록증**과 **관세청장**이 정하는 서류를 첨부하여 **세관장**에게 지정신청을 하여야 한다.

② **자율관리보세구역**의 관리에 관하여 필요한 사항은 관세청장이 정한다. **자율관리보세구역**의 지정을 신청하려는 자는 해당 보세구역에 장치된 물품을 관리하는 사람(**보세사**)을 채용하여야 한다.

③ **세관장**은 지정신청을 받은 경우 해당 **보세구역**의 위치와 시설상태 등을 확인하여 **자율관리보세구역**으로 적합하다고 인정될 때에는 해당 **보세구역**을 자율관리보세구역으로 지정할 수 있다. **자율관리보세구역**의 지정을 받은 자는 물품의 반출입 상황을 장부에 기록하여야 한다.

④ **세관장**은 **자율관리보세구역**의 지정을 받은 자가 이 법에 따른 의무를 위반하거나 세관감시에 지장이 있다고 인정되는 사유가 발생한 경우에는 지정을 **취소**할 수 있다.

### (11) 보세사의 자격 및 명의대여의 금지

#### 1) 보세사의 직무

① **보세사**의 직무는 다음과 같다.

㉮ **보세화물** 및 **내국물품**의 반출입에 대한 입회 및 확인, ㉯ **보세구역**안에 장치된 물품의 관리 및 취급에 대한 입회 및 확인, ㉰ **보세구역출입문**의 개폐 및 열쇠관리의 감독, ㉱ **보세구역**의 **출입자관리**에 대한 감독, ㉲ 견품의 반출 및 회수, ㉳ 기타 **보세화물**의 관리를 위하여 필요한 업무로서 **관세청장**이 정하는 업무

② **보세사**로 등록하려는 자는 등록신청서를 **세관장**에게 제출하여야 한다. **세관장**은 신청을 한 자가 요건을 갖춘 경우에는 **보세사등록증**을 교부하여야 한다. 보세사는 관세청장이 정하는 바에 의하여 그 업무수행에 필요한 교육을 받아야 한다.

③ **관세청장**은 **보세화물**의 관리업무에 관한 전형을 실시할 때에는 그 전형의 일시, 장소, 방법 및 그 밖에 필요한 사항을 전형 시행일 **90일 전**까지 공고하여야 한다.

#### 2) 보세사의 자격

① **보세사**는 법 제175조(운영인의 결격사유) 제175조 제1호부터 제7호까지의 어느 하나에 해당하지 아니하는 사람으로서 다음 해당하는 사람이어야 한다.

㉮ **일반직공무원**으로서 **5년 이상** 관세행정에 종사한 경력이 있는 사람, ㉯ **보세화물**의 관리업무에 관한 전형에 합격한 사람

② 자격을 갖춘 사람이 보세사로 근무하려면 해당 **보세구역**을 관할하는 **세관장**에게 등록하여야 한다.

③ **세관장**은 등록을 한 사람이 다음에 해당하는 경우에는 **등록취소, 6개월 이내의 업무정지** 또는 그 밖에 필요한 조치를 할 수 있다. 다만, 아래의 ㉮와 ㉯에 해당하면 **등록을 취소**하여야 한다.

㉮ 법 제175조(**운영인의 결격사유**) 제1호부터 제7호까지의 어느 하나에 해당하게 된 경우, ㉯ **사망**한 경우, ㉰ 이 법이나 이 법에 따른 명령을 **위반**한 경우

④ **관세청장**은 ㉮ **부정**한 **방법**으로 **전형**에 응시한 사람, ㉯ **전형**에서 **부정**한 **행위**를 한 사람에 대하여는 해당 전형을 **정지**시키거나 **무효**로 하고, 그 처분이 있는 날부터 **5년간** 전형 응시자격을 정지한다.

⑤ **보세사**의 직무, **보세사**의 전형 및 등록절차와 그 밖에 필요한 사항은 대통령령으로 정한다.

#### 3) 보세사의 명의대여 금지

**보세사**는 다른 사람에게 자신의 성명·상호를 사용하여 **보세사** 업무를 하게 하거나 그 **자격증·등록증**을 빌려주어서는 아니된다.

## 3. 지정보세구역

### (1) 통칙

#### 1) 지정보세구역의 지정

① **세관장**은 ㉮ **국가**, ㉯ **지방자치단체**, ㉰ **공항시설**(**항만시설**)을 관리하는 **법인**에 해당하는 자가 소유하거나 관리하는 토지·건물 또는 그 밖의 시설(토지 등)을 **지정보세구역**으로 **지정**할 수 있다.

② **세관장**은 해당 세관장이 관리하지 아니하는 토지 등을 **지정보세구역**으로 지정하려

면 해당 토지 등의 소유자나 관리자의 동의를 받아야 한다. 이 경우 세관장은 **임차료** 등을 지급할 수 있다.

#### 2) 지정보세구역의 지정취소

**세관장**은 수출입물량이 감소하거나 그 밖의 사유로 **지정보세구역**의 전부 또는 일부를 **보세구역**으로 존속시킬 필요가 없어졌다고 인정될 때에는 그 지정을 **취소**하여야 한다.

#### 3) 지정보세구역의 처분

① **지정보세구역**의 지정을 받은 토지 등의 소유자나 관리자는 다음에 해당하는 행위를 하려면 미리 **세관장**과 협의하여야 한다. 다만, 해당 행위가 **지정보세구역**으로서의 사용에 지장을 주지 아니하거나 **지정보세구역**으로 지정된 토지 등의 소유자가 국가·지방자치단체인 경우에는 그러하지 아니하다.

> ㉮ 해당 **토지** 등의 양도, 교환, 임대 또는 그 밖의 **처분**이나 **그 용도**의 **변경**, ㉯ 해당 **토지**에 대한 **공사**나 해당 토지 안에 건물 또는 그 밖의 시설의 **신축**, ㉰ 해당 **건물** 또는 그 밖의 **시설**의 개축·이전·철거나 그 밖의 공사

② **세관장**은 협의에 대하여 정당한 이유 없이 이를 **거부**하여서는 아니 된다.

### (2) 지정장치장

#### 1) 의의

**지정장치장**은 통관을 하려는 물품을 **일시 장치**하기 위한 장소로서 **세관장**이 지정하는 구역으로 한다.

#### 2) 장치기간

**지정장치장**에 **물품장치**의 **기간**은 **6개월 범위**에서 관세청장이 정한다. 다만, **관세청장**이 정하는 기준에 따라 **세관장**은 **3개월 범위**에서 그 **기간**을 **연장**할 수 있다.

#### 3) 물품에 대한 보관책임

① **지정장치장**에 반입한 물품은 화주 또는 반입자가 그 보관의 책임을 진다.
② **세관장**은 **지정장치장**의 질서유지와 화물의 안전관리를 위하여 필요하다고 인정할

때에는 화주를 갈음하여 보관의 책임을 지는 **화물관리인**을 지정할 수 있다. 다만, 세관장이 관리하는 시설이 아닌 경우에는 세관장은 해당 시설의 소유자나 관리자와 협의하여 화물관리인을 지정하여야 한다.

③ **지정장치장**의 화물관리인은 화물관리에 필요한 비용(**세관설비 사용료**를 포함한다)을 화주로부터 징수할 수 있다. 다만, 그 요율에 대하여는 **세관장 승인**을 받아야 한다.

④ **지정장치장**의 화물관리인은 징수한 비용 중 **세관설비 사용료**에 해당하는 금액을 **세관장**에게 납부하여야 한다.

⑤ **세관장**은 불가피한 사유로 **화물관리인**을 지정할 수 없을 때에는 화주를 대신하여 직접 화물관리를 할 수 있다. 이 경우 화물관리에 필요한 비용을 화주로부터 징수할 수 있다. **화물관리인**의 지정기준, 지정절차, 지정의 유효기간, 재지정 및 지정 취소 등에 필요한 사항은 대통령령으로 정한다.

### 4) 화물관리인의 지정

① **화물관리인**으로 지정받을 수 있는 자는 다음에 해당하는 자로 한다.

> ㉮ 직접 **물품관리**를 하는 국가기관의 장, ㉯ **관세행정·보세화물관리**와 관련 있는 **비영리법인**, ㉰ 해당 시설의 **소유자·관리자**가 요청한 자(**화물관리인**을 지정하는 경우로 한정한다)

② **세관장**은 다음 구분에 따라 **화물관리인**을 지정한다.

> ㉮ **직접 물품관리**를 하는 국가기관의 장 : **세관장**이 요청한 후 해당하는 자가 승낙한 경우에 지정한다.
> ㉯ **관세행정** 또는 **보세화물**의 관리와 관련 있는 **비영리법인**, 해당 시설의 **소유자·관리자**가 요청한 자 : **세관장**이 이들 자로부터 지정신청서를 제출받아 이를 심사하여 지정한다. 이 경우 해당 시설의 소유자·관리자가 요청한 자는 해당 시설의 소유자·관리자를 거쳐 제출하여야 한다. **세관장**이나 해당 시설의 **소유자·관리자는 화물관리인**을 지정하려는 경우에는 **지정예정일 3개월 전**까지 지정 계획을 공고하여야 한다.

③ 또한 **화물관리인**으로 지정을 받으려는 자는 **지정신청서**를 공고일부터 30일 내에 세관장이나 해당 시설의 소유자 또는 관리자에게 제출하여야 한다.

④ 위의 ①과 ②에서 규정한 사항 외에 **화물관리인**의 지정절차 등에 관하여 필요한 사항은 **관세청장**이 정한다. **화물관리인**을 지정할 때에는 다음 사항에 대하여 **관세청장**이

정하는 심사기준에 따라 평가한 결과를 반영하여야 한다.

> ㉮ **보세화물** 취급경력 및 화물관리시스템 구비 사항, ㉯ **보세사**의 보유에 관한 사항, ㉰ **자본금, 부채비율** 및 **신용평가등급** 등 **재무건전성**에 관한 사항, ㉱ 지게차, 크레인 등 화물관리에 필요한 **시설장비 구비 현황**, ㉲ **수출입 안전관리 우수공인업체**로 공인을 받았는지 여부, ㉳ 그 밖에 **관세청장**이나 해당 시설의 소유자 또는 관리자가 정하는 사항

⑤ **화물관리인 지정**의 **유효기간**은 **5년 이내**로 한다. **화물관리인**으로 재지정을 받으려는 자는 유효기간이 끝나기 **1개월 전**까지 세관장에게 **재지정**을 신청하여야 한다. 이 경우 재지정의 기준 및 절차는 위의 규정을 준용한다.

⑥ **세관장**은 지정을 받은 자에게 재지정을 받으려면 지정의 **유효기간**이 끝나는 날의 **1개월** 전까지 재지정을 신청하여야 한다는 사실과 재지정 절차를 지정의 **유효기간**이 끝나는 날의 **2개월 전**까지 휴대폰에 의한 문자전송, 전자메일, 팩스, 전화, 문서 등으로 미리 알려야 한다. **화물관리인** 지정 또는 재지정의 심사기준, 절차 등에 관하여 필요한 세부사항은 기획재정부령으로 정한다.

#### 5) 화물관리인의 지정취소

**세관장**은 다음에 해당하는 사유가 발생한 경우에는 **화물관리인**의 지정을 취소할 수 있다. 이 경우 해당하는 자에 대한 **지정**을 **취소**할 때에는 해당 시설의 소유자 또는 관리자에게 미리 그 사실을 **통보**하여야 한다. **세관장**은 화물관리인의 지정을 취소하려는 경우에는 **청문**을 하여야 한다.

> ㉮ **거짓**이나 그 밖의 **부정**한 방법으로 **지정**을 받은 경우, ㉯ **화물관리인**이 법 제175조(운영인의 결격사유)에 해당하는 경우, ㉰ **화물관리인**이 **세관장** 또는 해당 시설의 **소유자·관리자**와 맺은 **화물관리업무**에 관한 약정을 위반하여 해당 **지정장치장**의 **질서유지** 및 **화물**의 **안전관리**에 중대한 지장을 초래하는 경우, ㉱ **화물관리인**이 그 **지정**의 **취소**를 요청하는 경우

#### 6) 화물관리인의 보관책임

**보관책임**은 **보관인**의 **책임**과 해당 화물의 보관과 관련한 하역·재포장 및 경비 등을 수행하는 책임으로 한다.

### (3) 세관검사장

**세관검사장**은 통관하려는 물품을 검사하기 위한 장소로서 **세관장**이 지정하는 지역으로 하며, **세관장**은 **관세청장**이 정하는 바에 따라 검사를 받을 물품의 전부 또는 일부를 **세관검사장**에 반입하여 검사할 수 있다. 또한 **세관검사장**에 반입되는 물품의 채취·운반 등에 필요한 비용은 **화주**가 부담한다.

## 4. 특허보세구역

### (1) 통칙

#### 1) 특허보세구역의 설치·운영 특허

**① 의의**

**특허보세구역**을 설치·운영하려는 자는 **세관장**의 **특허**를 받아야 한다. 기존의 특허를 **갱신**하려는 경우에도 또한 같다. **특허보세구역**의 설치·운영에 관한 특허를 받으려는 자, 특허보세구역을 설치·운영하는 자, 이미 받은 특허를 갱신하려는 자는 **수수료**를 납부하여야 한다. 특허를 받을 수 있는 요건은 보세구역의 종류별로 대통령령으로 정하는 기준에 따라 **관세청장**이 정한다.

**② 특허수수료**

㉮ 납부하여야 하는 특허신청의 **수수료**는 45,000**원**으로 한다. 납부하여야 하는 **특허보세구역**의 설치·운영에 관한 수수료(**특허수수료**)는 다음 구분에 의한 **금액**으로 한다. 다만, **보세공장**과 **목재**만 장치하는 수면의 보세창고에 대하여는 각각의 구분에 의한 금액의 1/4로 한다.

㉠ **특허보세구역**의 연면적이 1,000제곱미터 미만인 경우 : 매 분기당 72,000원
㉡ **특허보세구역**의 연면적이 1,000**제곱미터 이상** 2,000**제곱미터** 미만인 경우 : 매 분기당 108,000원
㉢ **특허보세구역**의 연면적이 2,000**제곱미터 이상** 3,500**제곱미터 미만**인 경우 : 매 분기당 144,000원
㉣ **특허보세구역**의 연면적이 3,500**제곱미터 이상** 7,000**제곱미터 미만**인 경우 : 매 분기당 180,000원
㉤ **특허보세구역**의 연면적이 7,000**제곱미터 이상** 15,000**제곱미터 미만**인 경우 : 매 분기당 225,000원
㉥ **특허보세구역**의 연면적이 15,000**제곱미터 이상** 25,000**제곱미터 미만**인 경우 : 매 분기당 291,000원
㉦ 특허보세구역의 연면적이 25,000**제곱미터 이상** 50,000**제곱미터 미만**인 경우 : 매 분기당 360,000원
㉧ 특허보세구역의 연면적이 50,000**제곱미터 이상** 10만**제곱미터 미만**인 경우 : 매 분기당 435,000원
㉨ 특허보세구역의 연면적이 **10만제곱미터 이상**인 경우 : 매 분기당 510,000원

㉯ **특허수수료**는 **분기단위**로 매분기말까지 다음 분기분을 **납부**하되, **특허보세구역**의 설치·운영에 관한 특허가 있은 날이 속하는 분기분의 **수수료**는 이를 **면제**한다. 이 경우 **운영인**이 원하는 때에는 **1년 단위**로 일괄하여 미리 납부할 수 있다.

㉰ **특허수수료**를 계산함에 있어서 특허보세구역의 연면적은 **특허보세구역**의 설치·운영에 관한 특허가 있은 날의 상태에 의하되, 특허보세구역의 연면적이 변경된 때에는 그 변경된 날이 속하는 분기의 다음 분기 **첫째 달** 1일의 상태에 의한다.

㉱ **특허보세구역**의 연면적이 **수수료납부 후**에 변경된 경우 납부하여야 하는 특허수수료의 금액이 증가한 때에는 변경된 날부터 **5일내**에 그 증가분을 납부하여야 하고, 납부하여야 하는 **특허수수료**의 금액이 감소한 때에는 그 **감소분**을 다음 분기 이후에 납부하는 수수료의 금액에서 **공제**한다.

㉲ **특허보세구역**의 **휴지·폐지**의 경우에는 해당 특허보세구역안에 **외국물품**이 없는 때에 한하여 그 다음 분기의 **특허수수료**를 면제한다. 다만, 휴지·폐지를 한 날이 속하는 분기분의 특허수수료는 이를 **환급**하지 아니한다.

㉳ 우리나라에 있는 외국공관이 직접 운영하는 **보세전시장**에 대하여는 **특허수수료**를 **면제**한다. **수수료**를 납부하여야 하는 자가 **관세청장**이 정하는 바에 의하여 이를 따로 납부한 때에는 그 사실을 증명하는 증표를 특허신청서 등에 첨부하여야 한다.

### ③ 특허신청

㉮ **특허보세구역**의 설치·운영에 관한 특허를 받고자 하는 자는 다음 사항을 기재한 신

청서에 기획재정부령이 정하는 서류를 첨부하여 **세관장**에게 **제출**하여야 한다.

> ㉠ **특허보세구역**의 종류 및 명칭, 소재지, 구조, 동수와 면적 및 수용능력, ㉡ **장치**할 물품의 종류, ㉢ **설치·운영**의 기간

㉯ **특허보세구역** 중 보세공장의 설치운영에 관한 특허를 받으려는 자는 다음 사항을 기재한 **신청서**에 사업계획서와 그 구역 및 부근의 도면을 첨부하여 **세관장**에게 제출하여야 한다. 이 경우 세관장은 행정정보의 공동이용을 통하여 법인 **등기사항증명서**를 확인하여야 한다.

> ㉠ **공장**의 명칭, 소재지, 구조, 동수 및 면적, ㉡ **공장**의 작업설비·작업능력, ㉢ **공장**에서 할 수 있는 작업의 종류, ㉣ **원재료** 및 **제품**의 종류, ㉤ **설치·운영**의 **기간**

㉰ **특허**를 **갱신**하려는 자는 ㉠ **갱신사유**, ㉡ **갱신기간**을 적은 **신청서**에 기획재정부령으로 정하는 서류를 첨부하여 그 기간만료 **1개월 전**까지 세관장에게 제출하여야 한다.

㉱ **세관장**은 특허를 받은 자에게 특허를 **갱신**받으려면 특허기간이 끝나는 날의 **1개월** 전까지 특허 갱신을 신청하여야 한다는 사실과 갱신절차를 특허기간이 끝나는 날의 **2개월** 전까지 **휴대폰**에 의한 문자전송, 전자메일, 팩스, 전화, 문서 등으로 미리 알려야 한다.

#### ④ 특허 및 기간갱신신청시의 첨부서류

㉮ 법 시행령 제188조(특허보세구역의 설치·운영에 관한 특허의 신청) 제1항 외의 부분에 따라 **신청서**에 첨부하여야 하는 서류는 다음과 같다.

> ㉠ **보세구역**의 도면, ㉡ **보세구역**의 위치도, ㉢ **운영인**의 자격을 증명하는 서류, ㉣ 필요한 시설 및 장비의 구비를 증명하는 **서류**

㉯ 법 시행령 제188조(특허보세구역의 설치·운영에 관한 특허의 신청) 제3항 각 호 외의 부분에 따라 **신청서**에 첨부하여야 하는 서류는 ㉠ **운영인**의 자격을 증명하는 **서류**, ㉡ 필요한 시설 및 **장비**의 구비를 증명하는 **서류**이다.

### ⑤ 특허보세구역 설치·운영에 대한 특허기준

**특허보세구역**의 설치·운영에 관한 **특허**를 받을 수 있는 요건은 다음과 같다.

> ㉮ **체납**된 관세 및 내국세가 없을 것, ㉯ 법 제175조(운영인의 결격사유)의 **결격사유**가 없을 것, ㉰ **위험물품**을 장치·제조·전시 또는 판매하는 경우에는 위험물품의 종류에 따라 관계행정기관의 장의 **허가·승인** 등을 받을 것, ㉱ **관세청장**이 정하는 바에 따라 **보세화물**의 보관·판매 및 관리에 필요한 자본금·수출입규모·구매수요·장치면적 등에 관한 요건을 갖출 것

### ⑥ 업무내용의 변경

㉮ **특허보세구역**의 **운영인**이 그 **장치물품**의 종류를 변경하거나 그 특허작업의 종류 또는 작업의 **원재료**를 변경하고자 하는 때에는 그 사유를 기재한 신청서를 **세관장**에게 제출하여 그 승인을 얻어야 한다.

㉯ **특허보세구역**의 **운영인**이 법인인 경우에 그 등기사항을 변경한 때에는 지체없이 그 요지를 **세관장**에게 **통보**하여야 한다.

### ⑦ 수용능력증감의 변경

㉮ **특허보세구역**의 **운영인**이 그 **장치물품**의 수용능력을 증감하거나 그 특허작업의 능력을 변경할 설치·운영시설의 증축, 수선 등의 **공사**를 하고자 하는 때에는 그 사유를 기재한 신청서에 **공사내역서** 및 **관계도면**을 첨부하여 세관장에게 제출하여 그 **승인**을 얻어야 한다. 다만, 특허받은 면적의 범위내에서 수용능력 또는 특허작업능력을 변경하는 경우에는 **신고**함으로써 **승인**을 얻은 것으로 본다.

㉯ 공사를 준공한 운영인은 그 사실을 지체없이 **세관장**에게 **통보**하여야 한다.

### 2) 운영인의 결격사유

다음에 해당하는 자는 **특허보세구역**을 설치·운영할 수 없다.

> ① **미성년자**, ② **피성년후견인**과 **피한정후견인**, ③ **파산선고**를 받고 복권되지 아니한 자, ④ 이 법을 위반하여 **징역형**의 실형을 선고받고 그 집행이 끝나거나(집행이 끝난 것으로 보는 경우를 포함한다) 면제된 후 **2년**이 지나지 아니한 자, ⑤ 이 법을 위반하여 **징역형**의 **집행유예**를 선고받고 그 유예기간 중에 있는 자, ⑥ **특허보세구역**의 설치·운영에 관한 특허가 취소(①부터 ③까지의 어느 하나에 해당하여 특허가 취소된 경우는 제외한다)된 후 **2년**이 지나지 아니한 자, ⑦ **벌금형·통고처분**을 받은 자로서 그 벌금형을 선고받거나 통고처분을 이행한 후 **2년**이 지나지 아니한 자. 다만, 법 제279조(양벌규정)에 따라 처벌된 개인 또는 법인은 제외한다. ⑧ 위에 해당하는 자를 **임원**(해당 **보세구역**의 운영업무를 직접 담당하거나 이를 감독하는 자로 한정한다)으로 하는 **법인**

### 3) 특허기간

① **특허보세구역**(**보세전시장**, **보세건설장** 및 **보세판매장**은 **제외**한다)의 **특허기간**은 10 **년의 범위내**에서 신청인이 신청한 기간으로 한다. 다만, **관세청장**은 보세구역의 합리적 운영을 위하여 필요한 경우에는 신청인이 신청한 기간과 달리 특허기간을 정할 수 있다.

② **보세전시장**과 **보세건설장**의 특허기간은 다음 구분에 따른다. 다만, **세관장**은 전시 목적을 달성하거나 공사를 진척하기 위하여 부득이하다고 인정할 만한 사유가 있을 때에는 그 기간을 **연장**할 수 있다.

> ㉮ **보세전시장**: 해당 **박람회** 등의 기간을 고려하여 세관장이 정하는 기간, ㉯ **보세건설장**: 해당 **건설공사**의 기간을 고려하여 세관장이 정하는 기간

### 4) 특허보세구역의 특례

#### ① 의의

㉮ **세관장**은 **보세판매장** 특허를 부여하는 경우에 **중견기업**으로서 매출액, 자산총액 및 지분 소유나 출자 관계 등이 기준에 맞는 기업 중 특허를 받을 수 있는 요건을 갖춘 자에게 일정 비율 이상의 특허를 부여하여야 하고, **상호출자제한 기업집단**에 속한 기업에 대해 일정 비율 이상의 **특허**를 부여할 수 없다.

㉯ 기존 특허가 **만료**되었으나 신규 특허의 신청이 없는 등 대통령령으로 정하는 경우에는 ㉮를 적용하지 아니한다.

㉰ **보세판매장**의 특허는 일정한 자격을 갖춘 자의 신청을 받아 **평가기준**에 따라 심사하여 부여한다. 기존 특허가 만료되는 경우(㉱에 따라 갱신되는 경우는 제외한다)에도 또한 같다.

㉱ **보세판매장**의 **특허수수료**는 기획재정부령으로 정하는 바에 따라 다른 종류의 보세구역 특허수수료와 달리 정할 수 있다. **보세판매장**의 **특허기간**은 5년 이내로 한다. 특허를 받은 **중소기업** 및 **중견기업**에 대해서는 대통령령으로 정하는 바에 따라 **특허**를 **갱신**할 수 있다.

㉲ **기획재정부장관**은 매 회계연도 종료 후 **3개월 이내**에 **보세판매장** 별 매출액을 국회 소관 상임위원회에 보고하여야 한다. 기타 **보세판매장 특허절차**에 관한 사항은 대통령령으로 정한다.

② **보세판매장 특허수수료**

㉮ **보세판매장**의 설치·운영에 관한 수수료(보세판매장 특허수수료)는 해당 연도 매출액을 기준으로 그 매출액의 5/10,000에 해당하는 금액으로 한다. 다만, 중소기업과 중견기업으로서 법 시행령 제192조의2(보세판매장의 특허 비율 등) 제1항 각 호의 요건을 모두 충족하는 기업이 운영인인 경우에는 해당 연도 **매출액**의 1/10,000에 해당하는 금액으로 한다.

㉯ **보세판매장 특허수수료**는 연단위로 해당 연도분을 다음 연도 **3월 31일**까지 납부하여야 한다. 다만, 해당 연도 중간에 특허의 기간 만료, 취소 및 반납 등으로 인하여 특허의 효력이 상실된 경우에는 그 효력이 상실된 날부터 **3개월 이내**에 납부하여야 한다.

5) **특허보세구역의 휴지·폐지 통보**

① **특허보세구역**의 운영인은 해당 **특허보세구역**을 운영하지 아니하게 된 때에는 다음 사항을 **세관장**에게 **통보**하여야 한다.

> ㉮ 해당 **특허보세구역**의 **종류·명칭** 및 **소재지**, ㉯ **운영**을 **폐지**하게 된 **사유** 및 **그 일시**, ㉰ **장치물품**의 **명세**, ㉱ **장치물품**의 **반출완료예정연월일**

② **특허보세구역**의 **운영인**은 30일 **이상** 계속하여 **특허보세구역**의 운영을 **휴지**하고자 하는 때에는, ㉮ 해당 **특허보세구역**의 **종류·명칭** 및 **소재지**, ㉯ **휴지사유** 및 **휴지기간**을 세관장에게 통보하여야 하며, **특허보세구역**의 운영을 다시 개시하고자 하는 때에는 그 사실을 **세관장**에게 **통보**하여야 한다.

6) **장치기간**

① **특허보세구역**에 물품을 장치하는 **기간**은 다음 구분에 따른다.

> ㉮ **보세창고**: 다음의 어느 하나에서 정하는 **기간**
> - ㉠ **외국물품**(㉢에 해당하는 물품은 제외한다): 1년의 **범위**에서 관세청장이 정하는 **기간**. 다만, 세관장이 필요하다고 인정하는 경우에는 1년의 **범위**에서 **그 기간**을 **연장**할 수 있다.
> - ㉡ **내국물품**(㉢에 해당하는 물품은 제외한다): 1년의 **범위**에서 **관세청장**이 정하는 기간
> - ㉢ **정부비축용물품**, 정부와의 계약이행을 위하여 비축하는 **방위산업용물품**, 장기간 비축이 필요한 **수출용원재료**와 **수출품보수용 물품**으로서 **세관장**이 인정하는 물품, 국제물류의 촉진을 위하여 관세청장이 정하는 물품: **비축**에 필요한 **기간**
>
> ㉯ 그 밖의 **특허보세구역**: 해당 **특허보세구역**의 **특허기간**

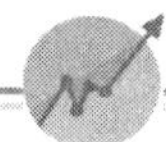

② **세관장**은 물품관리에 필요하다고 인정될 때에는 **운영인**에게 그 물품의 반출을 명할 수 있다.

### 7) 특허보세구역 운영인의 명의대여 금지

**특허보세구역**의 **운영인**은 다른 사람에게 자신의 성명·상호를 사용하여 **특허보세구역**을 **운영**하게 해서는 아니 된다.

### 8) 반입정지와 특허취소

#### ① 의의

㉮ **세관장**은 **특허보세구역**의 **운영인**이 다음에 해당하는 경우에는 **관세청장**이 정하는 바에 따라 **6개월 범위**에서 해당 특허보세구역에의 물품반입 또는 보세건설·보세판매·보세전시 등(물품반입 등)을 **정지**시킬 수 있다.

> ㉠ **장치물품**에 대한 관세를 납부할 **자금능력**이 없다고 인정되는 경우, ㉡ **본인**이나 그 **사용인**이 이 법 또는 이 법에 따른 명령을 **위반**한 경우, ㉢ 해당 **시설**의 미비 등으로 **특허보세구역**의 설치 목적을 달성하기 곤란하다고 인정되는 경우

㉯ **세관장**은 **특허보세구역 운영인**이 다음에 해당하는 경우에는 그 특허를 **취소**할 수 있다. 다만, 아래의 ㉠, ㉡ 및 ㉤에 해당하는 경우에는 특허를 **취소**하여야 한다.

> ㉠ **거짓**이나 그 밖의 **부정**한 **방법**으로 **특허**를 받은 경우, ㉡ 법 제175조(운영인의 결격사유)에 해당하게 된 경우, ㉢ **1년 이내**에 **3회 이상** 물품반입 등의 정지처분(**과징금 부과처분**을 포함한다)을 받은 경우, ㉣ **1년 이상** 물품의 반입실적이 없어서 **세관장**이 **특허보세구역**의 설치 목적을 달성하기 곤란하다고 인정하는 경우, ㉤ 법 제177조의2(특허보세구역 운영인의 명의대여 금지)를 **위반**하여 **명의 대여**한 경우

㉰ **세관장**은 물품반입 등의 **정지처분**이 그 이용자에게 심한 불편을 주거나 공익을 해칠 우려가 있는 경우에는 특허보세구역의 **운영인**에게 물품반입 등의 정지처분을 갈음하여 해당 **특허보세구역 운영**에 따른 매출액의 3/100 이하의 **과징금**을 부과할 수 있다. 이 경우 매출액 산정, 과징금의 금액, 과징금의 납부기한 등에 관하여 필요한 사항은 대통령령으로 정한다.

② **특허보세구역 운영인에 대한 과징금의 부과기준**

㉮ **과징금**의 금액은 ㉠의 기간에 ㉡의 금액을 곱하여 산정한다.

> ㉠ **기간**: 산정한 **물품반입** 등의 정지 일수(**1개월**은 30일을 기준으로 한다), ㉡ **1일당 과징금** 금액: 해당 **특허보세구역 운영**에 따른 연간 매출액의 1/6,000

㉯ **연간매출액**은 다음 구분에 따라 산정한다.

> ㉠ **특허보세구역 운영인**이 해당 사업연도 개시일 이전에 특허보세구역 운영을 시작한 경우: 직전 **3개 사업연도**의 평균 매출액(**특허보세구역** 운영을 시작한 날부터 직전 **사업연도 종료일**까지의 기간이 **3년 미만**인 경우에는 그 시작일부터 그 종료일까지의 매출액을 **연평균 매출액**으로 환산한 금액)
> ㉡ **특허보세구역 운영인**이 해당 사업연도에 **특허보세구역 운영**을 시작한 경우: 특허보세구역의 운영을 시작한 날부터 반입정지 등의 처분사유가 발생한 날까지의 매출액을 **연매출액**으로 환산한 금액

㉰ **세관장**은 산정된 **과징금 금액**의 **1/4 범위**에서 **사업규모**, **위반행위**의 정도 및 위반 횟수 등을 고려하여 그 금액을 **가중 · 감경**할 수 있다. 다만, **과징금**을 가중하는 경우에는 **과징금 총액**이 산정된 **연간매출액**의 3/100을 **초과**할 수 없다.

㉱ **과징금**의 부과 및 납부에 관하여는 법 시행령 제285조의7(과징금의 납부)을 준용한다. 이 경우 **"관세청장"**은 **"세관장"**으로 본다.

### 9) 특허의 효력상실 및 승계

#### ① 의의

㉮ **특허보세구역**의 설치·운영에 관한 특허는 다음에 해당하면 그 **효력**을 **상실**한다.

> ㉠ **운영인**이 특허보세구역을 운영하지 아니하게 된 경우, ㉡ **운영인**이 해산하거나 사망한 경우, ㉢ **특허기간**이 만료한 경우, ㉣ **특허**가 **취소**된 경우

㉯ 운영인, 그 상속인, 청산법인 또는 합병·분할·분할합병 후 존속하거나 합병·분할·분할합병으로 설립된 법인(**승계법인**)은 지체 없이 **세관장**에게 그 사실을 보고하여야 한다.

㉰ **특허보세구역**의 **설치·운영**에 관한 특허를 받은 자가 **사망·해산**한 경우 **상속인·승**

**계법인**이 계속하여 그 **특허보세구역**을 운영하려면 **피상속인·피승계법인**이 **사망·해산**한 날부터 30**일 이내**에 요건을 갖추어 대통령령으로 정하는 바에 따라 **세관장**에게 **신고**하여야 한다.

㉱ **과징금**을 납부하여야 할 자가 납부기한까지 납부하지 아니한 경우 과징금의 징수에 관하여는 법 제26조(담보 등이 없는 경우의 관세징수)를 준용한다.

㉲ **상속인**·**승계법인**이 신고를 하였을 때에는 **피상속인·피승계법인**이 사망하거나 해산한 날부터 신고를 한 날까지의 기간에 있어서 **피상속인**·**피승계법인**의 특허보세구역의 설치·운영에 관한 특허는 **상속인·승계법인**에 대한 **특허**로 본다.

㉳ 법 제175조(운영인의 결격사유)의 어느 하나에 해당하는 자는 위의 ㉰에 따른 **신고**를 할 수 없다.

### ② 특허의 승계신고

㉮ **특허보세구역**의 운영을 계속하고자 하는 **상속인·승계법인**은 해당 특허보세구역의 종류·명칭 및 소재지를 기재한 **특허보세구역승계신고서**에, ㉠ **상속인·승계법인**을 확인할 수 있는 서류, ㉡ **특허요건**의 구비를 확인할 수 있는 서류로서 **관세청장**이 정하는 서류를 첨부하여 **세관장**에게 제출하여야 한다.

㉯ **신고**를 받은 세관장은 이를 심사하여 신고일부터 **5일 이내**에 그 결과를 **신고인**에게 통보하여야 한다.

### ③ 특허보세구역의 관리

㉮ **세관장**은 특허보세구역의 관리상 필요하다고 인정되는 때에는 특허보세구역의 운영인에게 그 업무에 종사하는 자의 성명 기타 인적사항을 보고하도록 명할 수 있다.

㉯ **특허보세구역**의 출입구를 개폐하거나 특허보세구역에서 물품을 취급하는 때에는 세관공무원의 참여가 있어야 한다. 다만, **세관장**이 불필요하다고 인정하는 때에는 그러하지 아니하다.

㉰ **특허보세구역**의 출입구에는 **자물쇠**를 채워야 한다. 이 경우 세관장은 필요하다고 인정되는 장소에는 **2중**으로 자물쇠를 채우게 하고, 그 중 **1개소**의 열쇠를 세관공무원에게 예치하도록 할 수 있다.

㉱ **지정보세구역 관리인·특허보세구역 운영인**은 그 업무에 종사하는 자 기타 보세구역에 출입하는 자에 대하여 상당한 단속을 하여야 한다.

## 10) 특허보세구역의 설치·운영에 관한 감독

① **세관장**은 특허보세구역의 **운영인**을 감독한다. **세관장**은 특허보세구역의 **운영인**에게

그 설치·운영에 관한 보고를 명하거나 세관공무원에게 특허보세구역의 운영상황을 **검사**하게 할 수 있다.

② **세관장**은 특허보세구역의 **운영**에 필요한 시설·기계 및 기구의 설치를 **명**할 수 있다. **특허보세구역**에 반입된 물품이 해당 특허보세구역의 설치 목적에 합당하지 아니한 경우에는 **세관장**은 해당 물품을 다른 **보세구역**으로 반출할 것을 명할 수 있다.

#### 11) 특허의 효력상실시 조치

① **특허보세구역**의 설치·운영에 관한 특허의 효력이 상실되었을 때에는 **운영인**이나 그 **상속인**은 해당 특허보세구역에 있는 **외국물품**을 지체 없이 다른 **보세구역**으로 반출하여야 한다.

② **특허보세구역**의 설치·운영에 관한 특허의 효력이 상실되었을 때에는 해당 특허보세구역에 있는 외국물품의 종류와 수량 등을 고려하여 **6개월 범위**에서 세관장이 지정하는 기간 동안 그 구역은 **특허보세구역**으로 보며, **운영인**이나 그 **상속인**에 대하여는 해당 구역과 장치물품에 관하여 특허보세구역의 설치·운영에 관한 특허가 있는 것으로 본다.

### (2) 보세창고

#### 1) 의의

① **외국물품**을 장치하기 위한 구역으로서 장기간에 걸쳐 장치하면서 개장, 구분, 분할 등 **보수작업후 수출·중계무역**을 진흥하기 위한 구역이다. **장치물품**으로는 **중계무역, 보세창고도거래**(Bonded Warehouse Transaction : BWT)조건[1], 정부비축용 수출용원재료, 정부비축용물품, 방위산업물품, 분할 등 **보수작업후 수출·중계무역**의 진흥을 위한 물품이 이에 해당된다.

② **보세창고**에는 외국물품이나 통관을 하려는 물품을 장치한다. **운영인**은 미리 세관장에게 신고를 하고 물품의 장치에 방해되지 아니하는 범위에서 **보세창고**에 내국물품을 장치할 수 있다. 다만, 동일한 보세창고에 장치되어 있는 동안 수입신고가 수리된 물품은 신고 없이 계속하여 장치할 수 있다.

---

1) **매매계약**을 체결하지 않고 수출자가 **수입국 보세창고**에 물품을 수출하는 방식으로 이 경우에는 지정한 수입업자가 없다. 따라서 수입지에 물품도착 후 수입자를 물색하고, 물색하지 못하면 물품의 반송 또는 현지에서 **덤핑판매**해야 할 위험이 수반된다. 그러므로 정부에서는 신제품 선호가 높고 소득이 높은 지역을 대상으로 하고 있으며 **신제품**이나 특정지역에 대해 승인하고 있다. 예를 들어 유럽지역을 대상으로 승인하고 있는 것이 그 예이다. 즉, 소득이 낮은 국가는 필수품조차 부족함으로 **승인**하지 않고 있다. 이에 반해 CTS(Central Terminal Station)는 교역대상국의 인가를 받아 해외에 현지법인을 설립하여 법인의 명의로 물품을 수입하여 현지에서 직접 판매하는 것을 말하며 주요 목적은 **해외시장개척**에 있다.

③ **운영인**은 보세창고에 **1년**(다만 **수입신고**가 수리된 물품은 **6개월**) 이상 계속하여 **내국물품**만을 장치하려면 **세관장 승인**을 받아야 한다. 승인을 받은 **보세창고**에 내국물품만을 장치하는 기간에는 법 제161조(견본품 반출)와 제177조(장치기간)를 적용하지 아니한다.

### 2) 내국물품의 장치신고

① **신고**를 하고자 하는 자는 다음 사항을 기재한 **신고서**를 **세관장**에게 제출하여야 한다.

> ㉮ 법 시행령 제176조(물품의 반출입신고) 제1항 제2호의 사항[2], ㉯ **장치사유**, ㉰ **생산지·제조지**

② **승인**을 얻고자 하는 자는 다음 사항을 기재한 신청서를 **세관장**에게 제출하여야 한다.

> ㉮ 법 제175조(운영인의 결격사유) 제2호(피성년후견인과 피한정후견인)의 사항, ㉯ **장치장소 및 장치기간**, ㉰ **생산지·제조지**, ㉱ **신청사유**, ㉲ **현존 외국물품**의 처리완료연월일

③ **세관장**은 승인을 얻어 장치하는 물품에 대하여는 제176조(특허기간)의 규정에 의한 **반출입신고**를 **생략**하게 할 수 있다.

### 3) 보세창고운영인의 기장의무

**보세창고 운영인**은 장치물품에 관한 장부를 비치하고 다음 사항을 기재하여야 한다. 다만, 법 제177조(장치기간) 제1항 제1호 다목(정부비축용물품, 정부와의 계약이행을 위하여 비축하는 방위산업용물품, 장기간 비축이 필요한 수출용원재료와 수출품보수용 물품으로서 세관장이 인정하는 물품, 국제물류의 촉진을 위하여 관세청장이 정하는 물품: 비축에 필요한 기간)의 규정에 의한 물품의 경우에는 **관세청장**이 정하는 바에 따라 **장부비치** 및 기재사항의 일부를 **생략·간이**하게 할 수 있다.

---

2) 제176조(물품의 반출입신고) ① 법 제157조 제1항의 규정에 의한 **물품 반입신고**는 다음 각호의 사항을 기재한 **신고서**에 의하여야 한다. 2. **내국물품**(수출신고가 수리된 물품을 포함한다)의 경우. 가. 물품의 반입일시. 나. 물품의 품명, 포장의 종류, 반입개수, 장치위치와 장치기간.

① **반출입**한 물품의 **내외국물품별 구분, 품명·수량** 및 가격과 포장의 종류·기호·번호 및 개수, ② **반출입 연월일**과 신고번호, ③ **보수작업물품**과 **보수작업재료**의 내외국물품별 구분, 품명·수량 및 가격과 포장의 종류·기호·번호 및 개수, ④ **보수작업**의 종류와 승인연월일 및 승인번호, ⑤ **보수작업**의 검사완료연월일

#### 4) 장치기간경과 내국물품

**내국물품**으로서 **장치기간**이 지난 물품은 그 기간이 지난 후 **10일 내**에 그 운영인의 책임으로 반출하여야 한다. 승인받은 **내국물품**도 그 **승인기간**이 지난 경우에는 위와 같다.

### (3) 보세공장

#### 1) 의의

**보세공장**에서는 외국물품을 원료·재료로 하거나 **외국물품**과 **내국물품**을 원료 또는 재료로 하여 제조·가공하거나 그 밖에 이와 비슷한 작업을 할 수 있다. 보세공장에서는 **세관장 허가**를 받지 아니하고는 **내국물품**만을 원료로 하거나 재료로 하여 제조·가공하거나 그 밖에 이와 비슷한 작업을 할 수 없다. **보세공장** 중 수입하는 물품을 제조·가공하는 것을 목적으로 하는 **보세공장**의 업종은 다음에 규정된 업종을 제외한 업종으로 할 수 있다. **세관장**은 수입통관 후 보세공장에서 사용하게 될 물품에 대하여는 보세공장에 직접 반입하여 수입신고를 하게 할 수 있다.

① 국내외 **가격차**에 상당하는 **율**로 양허한 농·임·축산물을 원재료로 하는 물품을 제조·가공하는 **업종**, ② **국민보건·환경보전**에 지장을 초래하거나 풍속을 해하는 물품을 제조·가공하는 업종으로 세관장이 인정하는 **업종**

#### 2) 보세공장원재료의 범위

① **보세공장**에서 **보세작업**을 하기 위하여 반입되는 원료 또는 재료(**보세공장 원재료**)는 다음에 해당하는 것을 말한다.

㉮ 해당 **보세공장**에서 생산하는 제품에 물리적 또는 화학적으로 결합되는 **물품**, ㉯ 해당 **보세공장**에서 생산하는 제품을 제조·가공하거나 이와 비슷한 공정에 투입되어 소모되는 **물품**. 다만, 기계·기구 등의 작동 및 유지를 위한 **물품** 등 제품의 생산에 간접적으로 투입되어 소모되는 **물품**을 제외한다. ㉰ 해당 **보세공장**에서 생산하는 제품의 **포장용품**

② **보세공장 원재료**는 해당 보세공장에서 생산하는 제품에 소요되는 수량(**원자재소요량**)을 객관적으로 계산할 수 있는 물품이어야 한다.

③ **세관장**은 물품의 성질, 보세작업의 종류 등을 고려하여 감시상 필요하다고 인정되는 때에는 **보세공장 운영인**에게 보세작업으로 생산된 제품에 소요된 **원자재소요량**을 계산한 서류를 제출하게 할 수 있다. 제출하는 서류의 작성 및 그에 필요한 사항은 **관세청장**이 정한다.

### 3) 재고조사

**세관장**은 제출한 **원자재소요량**을 계산한 서류의 적정여부, 기장의무의 성실한 이행 여부 등을 확인하기 위하여 필요한 경우 **보세공장**에 대한 **재고조사**를 실시할 수 있다.

### 4) 내국물품만을 원재료로 하는 작업허가

① 허가를 받고자 하는 자는, ㉮ **작업 종류**, ㉯ **원재료**의 **품명** 및 **수량**과 생산지· 제조지, ㉰ **작업기간**을 기재한 신청서를 **세관장**에게 제출하여야 한다. 이 경우 해당 작업은 **외국물품**을 사용하는 작업과 구별하여 실시하여야 한다.

② 작업에 사용하는 **내국물품**을 반입하는 때에는 법 시행령 제176조(물품의 반출입신고)의 규정을 준용한다. 다만, **세관장**은 보세공장의 운영실태, 작업의 성질 및 기간 등을 고려하여 물품을 반입할 때마다 신고를 하지 아니하고 작업개시 전에 그 **작업기간**에 소요될 것으로 예상되는 물품의 품명과 수량을 일괄하여 신고하게 할 수 있으며, 작업의 성질, 물품의 종류 등에 비추어 필요하다고 인정하는 때에는 신고서의 기재사항 중 일부를 **생략**하도록 할 수 있다.

### 5) 외국물품의 반입제한

**관세청장**은 국내공급상황을 고려하여 필요하다고 인정되는 때에는 **보세공장**에 대하여는 외국물품의 **반입**을 **제한**할 수 있다.

### 6) 사용신고

① **운영인**은 **보세공장**에 반입된 물품을 그 사용 전에 **세관장**에게 사용신고를 하여야 한다. 이 경우 세관공무원은 그 물품을 검사할 수 있다. 사용신고를 하고자 하는 자는 해당 물품의 사용 전에 ㉮ 법 시행령 제246조(수출 ·수입 또는 반송의 신고) 제1항의 사항, ㉯ 품명·규격·수량 및 가격, ㉰ **장치장소**를 기재한 **신고서**를 **세관장**에게 제출하여야 한다.

② **사용신고**를 한 외국물품이 허가·승인·표시 또는 그 밖의 조건을 갖출 필요가 있는 것일 때에는 해당 조건을 갖춘 것임을 증명하여야 한다.

### 7) 보세공장외 작업허가

① **세관장**은 **가공무역**이나 **국내산업**의 진흥을 위하여 필요한 경우에는 대통령령으로 정하는 바에 따라 기간, 장소, **물품** 등을 정하여 해당 **보세공장** 외에서 작업을 **허가**할 수 있다.

② **보세공장외 작업허가신청**은 다음과 같이 이루어진다.

> ㉮ **보세공장외 작업허가**를 받고자 하는 자는 ㉠ **보세작업**의 종류·기간 및 장소, ㉡ **신청사유**, ㉢ 해당 **작업**에 의하여 생산되는 물품의 품명·규격 및 수량을 기재한 신청서를 **세관장**에게 제출하여야 한다. ㉯ **세관장**은 재해 기타 부득이한 사유로 인하여 필요하다고 인정되는 때에는 신청에 의하여 **보세공장외**에서의 **보세작업**의 기간 또는 장소를 변경할 수 있다.

③ **허가**를 한 경우 **세관공무원**은 해당 물품이 **보세공장**에서 반출될 때에 이를 **검사**할 수 있다. **허가**를 받아 지정된 장소(**공장외 작업장**)에 반입된 **외국물품**은 지정된 기간이 **만료**될 때까지는 **보세공장**에 있는 것으로 본다.

④ **세관장**은 **허가**를 받은 **보세작업**에 사용될 물품을 **관세청장**이 정하는 바에 따라 **공장외 작업장**에 직접 반입하게 할 수 있다. **지정기간**이 지난 경우 해당 **공장외 작업장**에 허가된 **외국물품**이나 그 제품이 있을 때에는 해당 물품의 허가를 받은 **보세공장**의 **운영인**으로부터 그 **관세**를 **즉시 징수**한다.

### 8) 제품과세

**외국물품**이나 **외국물품**과 **내국물품**을 원료로 하거나 재료로 하여 작업을 하는 경우 그로써 생긴 물품은 외국으로부터 우리나라에 도착한 물품으로 본다. 다만, 대통령령으로 정하는 바에 따라 **세관장 승인**을 받고 외국물품과 내국물품을 혼용하는 경우에는 그로써

생긴 제품 중 해당 외국물품의 수량·가격에 상응하는 것은 외국으로부터 우리나라에 도착한 물품으로 본다.

#### 9) 외국물품과 내국물품의 혼용에 관한 승인

① **승인**을 얻고자 하는 자는 다음 사항을 기재한 신청서를 세관장에게 제출하여야 한다.

> ㉮ **혼용**할 **외국물품** 및 **내국물품**의 기호·번호·품명·규격별 수량 및 **손모율**, ㉯ 승인을 얻고자 하는 **보세작업기간** 및 사유

② **승인**을 할 수 있는 경우는 작업의 성질·공정 등에 비추어 당해 작업에 사용되는 외국물품과 내국물품의 품명·규격별 수량과 그 **손모율**이 확인되고, **과세표준**이 결정될 수 있는 경우에 한한다.

③ **세관장**은 승인을 얻은 사항중 혼용하는 **외국물품** 및 **내국물품**의 품명 및 규격이 각각 동일하고, **손모율**에 변동이 없는 동종의 물품을 혼용하는 경우에는 새로운 승인신청을 **생략**하게 할 수 있다.

④ **외국물품**과 **내국물품**을 혼용한 때에는 그로써 생긴 제품 중에서 그 원료 또는 재료 중 외국물품의 가격(**종량세 물품**인 경우에는 수량을 말한다)이 차지하는 비율에 상응하는 분을 외국으로부터 우리나라에 도착된 물품으로 본다.

#### 10) 원료과세

##### ① 의의

**보세공장**에서 제조된 물품을 수입하는 경우 사용신고 전에 미리 **세관장**에게 해당 물품의 **원료**인 외국물품에 대한 과세의 적용을 신청한 경우에는 **사용신고**를 할 때의 그 원료의 성질 및 수량에 따라 관세를 부과한다. **세관장**은 다음 기준에 해당하는 보세공장에 대하여는 **1년 범위**에서 원료별, 제품별 또는 보세공장 전체에 대하여 신청을 하게 할 수 있다.

> ㉮ 최근 **2년간** 생산되어 판매된 물품 중 **수출물품**의 **가격비율**이 50/100 **이상**일 것, ㉯ **관세청장**이 정하여 고시하는 **성실도** 및 **원자재 관리방법** 등에 관한 기준을 충족할 것

② **원료과세의 적용신청방법**

㉮ **신청**을 하려는 자는 다음 사항을 적은 신청서를 **세관장**에게 제출하여야 한다.

> ㉠ 법 시행령 제175조(보세구역 외 장치의 허가신청)의 사항, ㉡ **원료**인 **외국물품**의 규격과 **생산지·제조지**, ㉢ **신청사유**, ㉣ **원료과세 적용**을 원하는 기간

㉯ **신청서**에는 다음 서류를 첨부하여야 한다. 다만, 세관장이 부득이한 사유가 있다고 인정하는 때에는 그러하지 아니하다.

> ㉠ 법 제186조(사용신고 등) 제2항(사용신고를 한 외국물품이 허가·승인·표시 또는 그 밖의 조건을 갖출 필요가 있는 것일 때에는 해당 조건을 갖춘 것임을 증명하여야 한다)의 **증명서류**, ㉡ 해당 **물품**의 **송품장** 또는 이에 갈음할 수 있는 서류

11) 보세공장운영인의 기장의무

① **보세공장 운영인**은 물품에 관한 장부를 비치하고 다음 사항을 기재하여야 한다.

> ㉮ **반출입**한 물품의 **내외국물품**의 구별·품명·규격 및 수량, 포장의 종류·기호·번호 및 개수, 반입 또는 반출연월일과 신고번호
> ㉯ **작업**에 사용한 물품의 내외국물품의 구분, 품명·규격 및 수량, 포장의 종류·기호·번호 및 개수와 사용연월일
> ㉰ **작업**에 의하여 생산된 물품의 기호·번호·품명·규격·수량 및 검사연월일
> ㉱ **외국물품** 및 **내국물품**의 혼용에 관한 승인을 얻은 경우에는 다음의 사항
> ㉠ **승인연월일**
> ㉡ **혼용**한 물품 및 생산된 물품의 기호·번호·품명·규격 및 수량, 내외국물품의 구별과 **생산연월일**
> ㉲ **보세공장외 작업허가**를 받아 물품을 **보세공장** 바깥으로 반출하는 경우에는 다음의 사항
> ㉠ **허가연월일** 및 **허가기간**
> ㉡ **반출장소**
> ㉢ 해당 **물품**의 **품명·규격·수량** 및 **가격**

② **세관장**은 물품의 성질, 보세작업의 종류 기타의 사정을 참작하여 필요가 없다고 인정되는 사항에 대하여는 이의 기재를 **생략**하게 할 수 있다.

### (4) 보세전시장

#### 1) 의의

**보세전시장**은 **박람회**, **전람회**, **견본품 전시회** 등의 운영을 위하여 **외국물품**을 장치·전시하거나 사용하는 구역을 말한다. **특허기간**과 **장치기간**은 박람회 등의 회기를 고려하여 세관장이 정한다.

#### 2) 보세전시장내에서의 사용

**박람회** 등의 운영을 위한 외국물품의 사용에는 다음 행위가 포함되는 것으로 한다.

> ① 해당 **외국물품**의 **성질·형상**에 변경을 가하는 **행위**, ② 해당 **박람회**의 주최자·출품자 및 관람자가 그 보세전시장안에서 소비하는 **행위**

#### 3) 보세전시장의 장치제한

① **세관장**은 필요하다고 인정되는 때에는 보세전시장안의 **장치물품**에 대하여 장치할 장소를 제한하거나 그 사용사항을 조사하거나 **운영인**에게 필요한 보고를 하게 할 수 있다.

② **보세전시장**에 장치된 판매용 **외국물품**은 수입신고가 수리되기 전에는 이를 사용하지 못한다. **보세전시장**에 장치된 전시용 **외국물품**을 현장에서 직매하는 경우 수입신고가 수리되기 전에는 이를 인도하여서는 아니된다.

### (5) 보세건설장

#### 1) 의의

**보세건설장**은 산업시설의 건설에 사용되는 외국물품인 기계류 설비품이나 공사용 장비를 장치·사용하여 해당 건설공사를 하는 구역을 말한다. **보세건설장**에 반입할 수 있는 물품은 외국물품 및 이와 유사한 물품으로서 해당 산업시설의 건설에 필요하다고 **세관장**이 인정하는 물품에 한한다. **보세건설장**의 장점으로는 통관신속화, 시설재에 대한 부가가치세 면제, 자금부담경감 등을 들 수 있다. **특허기간**은 해당 **건설공사**의 기간을 고려하여 **세관장**이 정한다.

#### 2) 사용전 수입신고

**운영인**은 **보세건설장**에 외국물품을 반입하였을 때에는 사용 전에 해당 물품에 대하여 수입신고를 하고 **세관공무원**의 검사를 받아야 한다. 다만, 세관공무원이 검사가 필요 없다고 인정하는 경우에는 검사를 하지 아니할 수 있다.

#### 3) 건설공사의 완료보고

**보세건설장 운영인**은 수입신고를 한 물품을 사용한 **건설공사**가 **완료**된 때에는 지체없이 이를 **세관장**에게 보고하여야 한다.

#### 4) 보세건설장외 보세작업의 허가신청

① **보세작업**의 허가를 받고자 하는 자는 다음 사항을 기재한 신청서를 세관장에게 제출하여야 한다.

> ㉮ 법 시행령 제175조(보세구역 외 장치의 허가신청)의 사항, ㉯ **보세작업**의 종료**기한** 및 **작업장소**, ㉰ **신청사유**, ㉱ 해당 **작업**에서 생산될 물품의 품명·규격 및 수량

② **세관장**은 재해 기타 부득이한 **사유**로 인하여 필요하다고 인정되는 때에는 보세건설장 운영인의 신청에 의하여 **보세건설장외**에서의 보세작업의 기간·장소를 변경할 수 있다.

#### 5) 보세건설장 반입물품의 범위

**보세건설장**에 반입할 수 있는 물품은 **외국물품** 및 이와 유사한 물품으로서 해당 산업시설의 건설에 필요하다고 **세관장**이 인정하는 물품에 한한다.

#### 6) 반입물품의 장치제한

**세관장**은 **보세건설장**에 반입된 **외국물품**에 대하여 필요하다고 인정될 때에는 **보세건설장 안**에서 그 물품을 장치할 장소를 제한하거나 그 사용상황에 관하여 **운영인**에게 보고하게 할 수 있다.

#### 7) 보세건설물품의 가동제한

**운영인**은 **보세건설장**에서 건설된 시설을 수입신고가 수리되기 전에 **가동**하여서는 아니 된다.

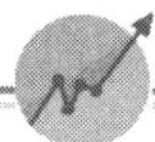

#### 8) 보세건설장외 작업허가

① **세관장**은 **보세작업상** 필요하다고 인정될 때에는 대통령령으로 정하는 바에 따라 기간, 장소, 물품 등을 정하여 해당 **보세건설장외**에서의 **보세작업**을 **허가**할 수 있다.

② **보세건설장외**에서의 **보세작업 허가**에 관하여는 법 제187조(보세공장외 작업 허가) 제3항부터 제6항까지의 규정을 준용한다.

### (6) 보세판매장

#### 1) 의의

① **보세판매장**은 외국물품을 외국으로 반출하거나 외교관 면세의 규정에 의하여 관세의 면제를 받을 수 있는 자가 사용하는 것을 조건으로 외국물품을 판매하는 구역을 말한다.

② 한편 **지정면세점**이란 국제자유도시 개발에 필요한 자금조성을 위해 제주국제자유도시 개발센터와 지방공사가 운영하는 **면세품판매장**으로서 제주자치도를 관할하는 세관장이 지정·고시하는 **면세품판매장**을 말한다. **세관장**은 **보세판매장**에서 판매할 수 있는 물품의 종류, 수량, 장치 장소 등을 제한할 수 있다. **보세판매장**에서 판매하는 물품의 반입, 반출, 인도, 관리에 필요한 사항은 대통령령으로 정한다.

③ 주요 목적으로는 **외국관광객**과 우리나라에 있는 **외교관**에게 관세의 부담을 하지 아니한 염가의 물품을 구매할 수 있게 하는 편의를 제공함으로써 관광사업의 진흥, 외화획득, 원활한 외교를 하고자 하는데 있다.

#### 2) 보세판매장의 관리

① **보세판매장** 운영인은 보세판매장에서 물품을 판매하는 때에는 판매사항·구매자인적사항 기타 필요한 사항을 **관세청장**이 정하는 바에 따라 기록·유지하여야 한다.

② **관세청장**은 보세판매장에서의 판매방법, 구매자에 대한 인도방법 등을 정할 수 있다. **보세판매장 운영인**이 외국으로 출국하는 내국인에게 보세판매장의 물품을 판매하는 때에는 **3,000달러 한도안**에서 판매하여야 한다.

③ **세관장**은 **연 2회 이상** 보세화물의 반출입량·판매량·외국반출현황·재고량 등을 파악하기 위하여 **보세판매장**에 대한 조사를 실시할 수 있다. **관세청장**은 보세화물이 보세판매장에서 불법적으로 반출되지 아니하도록 하기 위하여 반출입의 절차 기타 필요한 사항을 정할 수 있다.

### 3) 보세판매장의 특허비율과 특허절차

#### ① 보세판매장의 특허비율

㉮ **중소기업** · **중견기업**으로서 다음 요건을 모두 충족하는 기업(**중견기업**) 중 특허를 받을 수 있는 요건을 갖춘 자에게 **보세판매장 총특허 수**의 30/100 **이상**(2017년 12**월** 31**일**까지는 **보세판매장 총특허 수**의 20/100 **이상**)의 특허를 부여하여야 한다.

> ㉠ **공고일 직전 3개 사업연도**의 매출액(**기업회계기준**에 따라 작성한 **손익계산서**상의 매출액으로서, 창업·분할·합병의 경우 그 등기일의 다음 날 또는 창업일이 속하는 사업연도의 **매출액**을 연간 매출액으로 환산한 금액을 말하며, 사업연도가 **1년 미만**인 사업연도의 매출액은 **1년**으로 **환산**한 매출액을 말한다)의 평균금액이 **5,000억원 미만**인 기업일 것, ㉡ **자산총액**(공고일 직전 사업연도 말일 현재 재무상태표상의 자산총액을 말한다. 이하 이 항에서 같다)이 **1조원** 미만인 기업일 것, ㉢ 자산총액이 **1조원 이상**인 법인(**외국법인**을 포함한다)이 주식 또는 출자지분의 30/100 이상을 직간접적으로 소유하고 있는 **최다출자자**인 기업이 아닐 것. 이 경우 주식·출자지분의 간접소유 비율에 관하여는 **국제조세조정에 관한 법률 시행령** 제2조(특수관계의 세부기준) 제2항을 준용하고, **최다출자자**에 관하여는 중소기업기본법 시행령 제3조(중소기업의 범위) 제1항 제2호 나목 후단을 준용한다.

㉯ **세관장**은 **독점규제 및 공정거래에 관한 법률** 제14조(상호출자제한기업집단 등의 지정 등) 제1항에 따른 **상호출자제한 기업집단**에 속한 기업에 대하여 보세판매장 총 특허 수의 60/100 **이상**의 특허를 부여할 수 없다.

㉰ **특허비율**에 적합한지를 판단하는 시점은 **보세판매장**의 설치·운영에 관한 특허를 부여할 때를 기준으로 한다. **세관장**이 **특허비율**에 적합한지를 판단할 때에 **공고일** 이후 기존 특허의 반납 등 예상하지 못한 사유로 **특허비율**이 변경된 경우 그 변경된 **특허비율**은 적용하지 아니한다.

㉱ 기존 특허의 기간 만료, 취소 및 반납 등으로 인하여 **보세판매장**의 설치·운영에 관한 특허를 부여하는 경우로서 다음 모두에 해당하는 경우를 말한다.

> ㉠ **중소기업·중견기업** 외의 자에게 **특허**를 부여할 경우 그 특허 비율 요건을 **충족**하지 못하게 되는 경우, ㉡ **특허**의 신청자격 요건을 갖춘 **중소기업·중견기업**이 없는 경우

#### ② 보세판매장 특허의 신청자격과 심사시 평가기준

㉮ **특허보세구역**의 설치·운영에 관한 특허를 받을 수 있는 요건을 갖춘 자이어야 한다.

㉯ 다음 평가요소를 고려하여 **관세청장**이 평가기준을 정한다.

㉠ **특허보세구역**의 설치·운영에 관한 특허를 받을 수 있는 **요건**의 **충족** 여부, ㉡ **관세 관계 법령**에 따른 의무·명령 등의 **위반** 여부, ㉢ **재무건전성** 등 **보세판매장 운영인**의 **경영능력**, ㉣ **중소기업제품**의 **판매실적** 등 **경제·사회발전**을 위한 **공헌도**, ㉤ **관광인프라** 등 주변 **환경요소**, ㉥ **기업이익**의 사회 **환원 정도**, ㉦ **상호출자제한 기업집단**에 속한 기업과 **중소기업** 및 **중견기업** 간의 상생협력을 위한 **노력 정도**

### ③ 보세판매장의 특허절차

㉮ **관세청장**은 기존 특허의 기간 만료, 취소 및 반납 등으로 인하여 **보세판매장**의 설치·운영에 관한 특허를 부여할 필요가 있는 경우에는 다음 사항을 **관세청**의 인터넷 홈페이지 등에 공고하여야 한다.

㉠ **특허**의 신청 기간과 장소 등 **특허**의 신청절차에 관한 사항, ㉡ **특허**의 신청자격, ㉢ **특허장소**와 **특허기간**, ㉣ 그 밖에 **보세판매장**의 설치·운영에 관한 특허의 신청에 필요한 사항

㉯ **보세판매장**의 설치·운영에 관한 특허를 받으려는 자는 공고된 신청기간에 신청서를 **세관장**에게 제출하여야 한다. 신청서를 제출받은 세관장은 특허의 신청자격을 갖춘 자에 대하여 평가기준에 따라 **보세판매장**의 설치·운영에 관한 특허 여부를 결정한 후 신청인에게 통보하여야 한다.

㉰ 위의 규정한 사항 외에 **보세판매장**의 설치·운영에 관한 특허의 구체적인 절차는 **관세청장**이 정하여 고시한다.

### ④ 중소기업에 대한 보세판매장의 특허갱신

㉮ **세관장**은 **1회**에 한정하여 **5년 범위**에서 중소기업 및 중견기업에 대한 **보세판매장**의 특허를 **갱신**할 수 있다.

㉯ **중소기업** 및 **중견기업**에 대한 보세판매장의 특허를 갱신하려는 자는, **갱신사유**, 갱신기간을 적은 신청서에, ㉠ **운영인**의 자격을 증명하는 **서류**, ㉡ 필요한 시설 및 장비의 구비를 증명하는 서류를 첨부하여 그 기간만료 **6개월 전**까지 **세관장**에게 제출하여야 한다.

㉰ **세관장**은 법 중소기업 및 중견기업에 대한 **보세판매장**의 특허를 받은 자에게 특허를 갱신받으려면 **특허기간**이 끝나는 날의 **6개월 전**까지 특허갱신을 신청하여야 한다는 사실과 갱신절차를 특허기간이 끝나는 날의 **7개월 전**까지 휴대폰에 의한 문자전송, 전자메일, 팩스, 전화, 문서 등으로 미리 알려야 한다.

#### ⑤ 보세판매장의 매출액 보고

**관세청장**은 기획재정부장관의 국회 소관 상임위원회에 대한 보고를 위하여 매 **회계연도** 종료 후 **2월 말일**까지 전국 **보세판매장**의 매장별 매출액을 **기획재정부장관**에게 보고하여야 한다.

### 4) 보세판매장 특허심사위원회

① **관세청장**은 **보세판매장** 특허에 대한 공정한 심사 및 **보세판매장제도**의 원활한 운영을 위해 필요한 사항을 심의하기 위하여 관세청 또는 각 본부세관(직할세관 포함)에 **보세판매장 특허심사위원회**를 둔다.

② **보세판매장 특허심사위원회**의 **구성** 및 **운영사항**은 다음과 같다.

> ㉮ **보세판매장 특허심사위원회**(**특허심사위원회**)는 위원장 1명을 포함하여 15명 이내의 위원으로 성별을 고려하여 회의마다 구성하되, 그 위원이 전체 위원의 **과반수**이어야 한다.
> ㉯ **특허심사위원회**의 **위원장**은 관세청 차장이 되고, 위원은 다음 사람이 된다.
> ㉠ **관세청** 및 관계 중앙행정기관의 4급 이상 공무원 중에서 **관세청장**이 지명하는 사람
> ㉡ 다음에 해당하는 사람으로서 **관세청장**이 위촉하는 사람
> ⓐ **변호사·공인회계사·세무사** 또는 **관세사 자격**이 있는 사람
> ⓑ 고등교육법 제2조 제1호 또는 제3호에 따른 학교에서 **법률·회계** 등을 가르치는 부교수 이상으로 재직하고 있거나 재직하였던 사람
> ⓒ **법률·경영·경제** 및 **관광 전반**에 관한 학식과 경험이 풍부한 사람

③ 다음에 해당하는 사람은 해당 회의에 **참여**할 수 없다.

> ㉮ 해당 안건의 **당사자**(당사자가 법인·단체 등인 경우에는 그 **임원**을 포함한다. 이하 이 항에서 같다)이거나 해당 안건에 관하여 직접적인 이해관계가 있는 사람, ㉯ 배우자, 4촌 이내의 혈족, 2촌 이내의 인척의 관계에 있는 사람이 해당 안건의 **당사자**이거나 해당 안건에 관하여 직접적인 **이해관계**가 있는 사람, ㉰ 해당 안건 당사자의 **대리인**이거나 **대리인**이었던 사람, ㉱ 해당 안건 당사자의 **대리인**이거나 **대리인**이었던 **법인·단체** 등에 현재 속하고 있거나 최근 **3년 이내**에 속하였던 사람, ㉲ 해당 안건의 **당사자**에게 자문·연구·고문 등을 한 사람, ㉳ 해당 안건의 당사자에게 자문·연구·고문 등을 한 **법인·단체** 등에 현재 속하고 있거나 최근 **3년 이내**에 속하였던 사람

④ **관세청 특허심사위원회**의 경우에는 민간위원을 과반수 선임하여야 하며, 안건에 따라 특허심사위원회를 대면회의·서면회의로 개최할 수 있다. 관세청 **특허심사위원회**에서는 다음에 해당하는 사항을 심의한다.

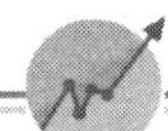

㉮ **시내면세점 신규특허 기본요건 충족**여부, ㉯ **시내면세점 및 외교관면세점 특허 신청**자의 평가 및 선정, ㉰ 그 밖에 **보세판매장 운영**에 관한 중요사항

⑤ **관세청 특허심사위원회**에서는 **출국장면세점 특허신청자**의 평가 및 선정에 관한 사항을 심의한다.

⑥ **본부세관 특허심사위원회**에서는 **출국장면세점 특허신청자**의 평가 및 선정에 회의개최 **3일 전**까지 전화·전자우편 등으로 통보하여야 하며, 회의개최 **2일 전**까지 의사일정 및 심의안건을 위원들에게 배포하여야 한다. 다만, 비밀유지 등의 사유로 필요한 경우에는 통보 및 배포일정을 조정할 수 있다.

⑦ **위원장**이 **특허심사위원회 회의**를 개최하고자 하는 때에는 선임된 위원들에게 출석위원 과반수의 찬성 또는 특허심사위원회에서 결정한 방식에 따라 각 심사위원의 평가결과를 종합하여 의결한다.

⑧ **특허심사위원회 회의**는 선임된 위원의 과반수 출석으로 개최하며, 출석위원 **과반수**의 **찬성** 또는 **특허심사위원회**에서 결정한 방식에 따라 각 심사위원의 평가결과를 종합하여 의결한다.

**〈표-14〉 보세구역종류별의 내용**

| 종류 | | 의의(설치목적) | 특허기간 | 장치기간 |
|---|---|---|---|---|
| 지정보세구역 | 지정장치장 | 통관하고자 하는 물품을 일시 장치하기 위한 장소로서 세관장이 지정한 구역 | | ·6월 |
| | 세관검사장 | 통관하고자 하는 물품의 검사를 위한 장소로서 세관장이 지정한 구역 | | |
| 특허보세구역 | 보세창고 | 통관하고자 하는 물품이나 외국물품을 장치하기 위한 구역으로 세관장의 특허를 받은 곳 | 10년 이내, 갱신가능 | · 내외국물품 : 1년<br>· 수입신고가 수리된 물품 : 6월<br>· 정부비축물품 등은 비축기간에 필요한 기간 |
| | 보세공장 | 외국물품 또는 내·외국물품을 원재료로 하여 제조·가공작업을 하기 위한 장소로서 세관장의 특허를 받은 곳 | 10년 이내 | · 특허기간과 동일 |
| | 보세전시장 | 박람회 등의 운영을 위하여 외국물품을 장치·전시 또는 사용하는 구역으로서 세관장의 허가를 받은 곳 | 박람회 기간 등을 고려하여 세관장이 정함 | · 특허기간과 동일 |
| | 보세 | 산업시설의 건설에 소요 될 외국물품 | 해당 건설 공사 | · 해당 건설 공사 기 |

| | 건설장 | 인 기계류·설비품·공사용장비를 장치·사용하여 건설공사를 하는 구역으로서 세관장의 특허를 받은 곳 | 기간을 고려하여 세관장이 정함 | 간을 고려하여 세관장이 정함 |
|---|---|---|---|---|
| | 보세 판매장 | 외국으로 반출하거나 외교관이 사용할 물품을 판매하는 구역으로서 세관장의 특허를 받은 곳 | 10년 이내, 갱신 가능 | ·10년 이내, 갱신 가능 |

## 4. 종합보세구역

### (1) 의의

1) **종합보세구역**은 동일 장소에서 기존 특허보세구역의 기능(장치, 보관, 제조. 가공, 전시, 건설, 판매)을 복합적으로 수행할 수 있는 제도로서 **외국인투자유치**를 촉진하기 위한 목적으로 도입되었다. **종합보세구역**은 **지정보세구역·특허보세구역**과는 달리 **관세청장**이 지정하며, 일반기업이 종합보세구역제도를 이용하기 위해서는 종합보세구역에 입주하여 **세관장**에게 종합사업장 설치·운영신고를 하여야 한다.

2) **종합보세구역**은 장치기간 및 설치·운영기간의 제한이 없고, 기능간 물품이동에 대한 **세관신고**가 생략되며, 지정 및 특허보세구역에서 승인·허가를 받아야 하는 **보수작업** 및 역외작업이 신고로 가능하다는 점이 다른 **보세구역**과의 또 다른 **차이점**이다.

3) **종합보세구역**은 외국인투자유치, 수출증대 및 물류촉진에 기여할 목적으로 지정되는 보세구역이므로 종합보세구역 지정이나 종합보세사업장 설치·운영신고에 있어 특허보세구역의 **특허신청수수료·특허수수료**를 징수하지 아니한다.

### (2) 종합보세구역의 지정

#### 1) 종합보세구역의 지정요건

① **관세청장**은 직권으로 또는 관계 중앙행정기관의 장이나 지방자치단체의 장, 그 밖에 종합보세구역을 운영하려는 자(**지정요청자**)의 요청에 따라 무역진흥에의 기여 정도, 외국물품의 반출입 물량 등을 고려하여 일정한 지역을 종합보세구역으로 **지정**할 수 있다.

② **종합보세구역**에서는 보세창고·보세공장·보세전시장·보세건설장 또는 보세판매장의 기능 중 **둘 이상**의 기능(**종합보세기능**)을 수행할 수 있다. **종합보세구역**의 지정요건, 지정절차 등에 관하여 필요한 사항은 대통령령으로 정한다.

### 2) 종합보세구역의 지정대상

① **종합보세구역**은 다음에 해당하는 지역으로서 **관세청장**이 종합보세구역으로 지정할 필요가 있다고 인정하는 지역을 그 지정대상으로 한다.

> ㉮ 외국인투자촉진법에 의한 **외국인투자지역**, ㉯ 산업입지 및 개발에 관한 법률에 의한 **산업단지**, ㉰ 유통산업발전법에 의한 **공동집배송센터**, ㉱ 물류시설의 개발 및 운영에 관한 법률에 따른 **물류단지**, ㉲ 기타 **종합보세구역**으로 지정됨으로써 외국인투자촉진·수출증대 또는 물류촉진 등의 효과가 있을 것으로 예상되는 지역

② **종합보세구역**의 지정을 요청하고자 하는 자(**지정요청자**)는 다음 사항을 기재한 지정요청서에 해당 지역의 도면을 첨부하여 **관세청장**에게 제출하여야 한다.

> ㉮ 해당 **지역의 소재지** 및 **면적**, ㉯ **구역안의 시설물현황·시설계획**, ㉰ **사업계획**

③ **관세청장**은 직권으로 종합보세구역을 지정하고자 하는 때에는 관계중앙행정기관의 장 또는 지방자치단체의 장과 협의하여야 한다.

### 3) 종합보세구역 예정지역의 지정

① **관세청장**은 **지정요청자**의 요청에 의하여 **종합보세기능**의 수행이 예정되는 지역을 **종합보세구역 예정지역**으로 지정할 수 있다.

② **예정지역**의 지정기간은 **3년 이내**로 한다. 다만, 관세청장은 해당 예정지역에 대한 개발계획 변경 등으로 인하여 지정기간 연장이 불가피하다고 인정되는 때에는 **3년 범위내**에서 연장할 수 있다.

③ 법 시행령 214조(종합보세구역의 지정 등)의 규정은 위의 ①에 의한 예정지역의 지정에 관하여 이를 준용한다. **관세청장**은 예정지역의 개발이 완료된 후 **지정요청자**의 요청에 의하여 **종합보세구역**으로 지정할 수 있다.

## (3) 종합보세사업장의 설치·운영에 관한 신고

① **종합보세구역**에서 종합보세기능을 수행하려는 자는 그 기능을 정하여 세관장에게 종합보세사업장의 설치·운영에 관한 신고를 하여야 한다.

② 법 제175조(운영인의 결격사유)에 해당하는 자는 위에 따른 **종합보세사업장**의 설

치·운영에 관한 신고를 할 수 없다.

③ **종합보세사업장 운영인**은 그가 수행하는 종합보세기능을 **변경**하려면 세관장에게 이를 신고하여야 한다.

④ 위의 ① 및 ③에 따른 **신고절차** 등에 관하여 필요한 사항은 대통령령으로 정한다.

⑤ **종합보세사업장**의 설치·운영에 관한 신고 절차에 관하여는 법 제188조(특허보세구역의 설치·운영에 관한 특허의 신청)의 규정을 준용한다. 다만, **관세청장**은 종합보세구역의 규모·기능 등을 고려하여 첨부서류의 일부를 생략하는 등 설치·운영의 신고절차를 간이하게 할 수 있다.

⑥ **종합보세기능**의 **변경신고**를 하고자 하는 자는 그 변경내용을 기재한 신고서를 **세관장**에게 제출하여야 한다.

### (4) 종합보세구역에의 물품반출입

#### 1) 의의

**종합보세구역**에 물품을 반출입하려는 자는 **세관장**에게 신고하여야 한다.

#### 2) 종합보세구역에의 물품반출입절차

**종합보세구역**에의 물품 반출입신고에 관하여는 법 시행령 제176조(물품의 반출입신고)의 규정을 준용한다.

#### 3) 신고의 생략과 간소화

**종합보세구역**에 반출입되는 물품이 내국물품인 경우에는 신고를 생략하거나 간소한 방법으로 반출입하게 할 수 있다. **세관장**은 다음에 해당하지 아니하는 경우에는 **반출입신고**를 생략하게 할 수 있다.

① **세관장**의 **허가**를 받고 **내국물품**만을 **원료**로 하여 제조·가공 등을 하는 경우 그 원료 또는 재료, ② **혼용작업**에 소요되는 **원재료**, ③ **보세판매장**에서 판매하고자 하는 **물품**, ④ 해당 **내국물품**이 외국에서 생산된 물품으로서 **종합보세구역**안의 외국물품과 구별되는 필요가 있는 **물품**(**보세전시장**의 기능을 수행하는 경우에 한한다)

### (5) 종합보세구역의 판매물품에 대한 관세환급

#### 1) 의의

**외국인관광객** 등이 **종합보세구역**에서 구입한 물품을 국외로 반출하는 경우에는 해당 물품을 구입할 때 납부한 관세 및 내국세 등을 **환급**받을 수 있다. 관세 및 내국세 등의 환급 절차 및 방법 등에 관하여 필요한 사항은 대통령령으로 정한다.

#### 2) 외국인관광객의 범위

**외국인관광객** 등 대통령령으로 정하는 자는 외국환거래법 제3조(정의) 제1항 제15호에 따른 **비거주자**(외국인관광객 등)(거주자 외의 개인 및 법인을 말한다. 다만, 비거주자의 대한민국에 있는 지점, 출장소, 그 밖의 사무소는 **법률상 대리권**의 유무에 상관없이 거주자로 본다)를 말한다. 다만, 다음의 자를 제외한다.

> ① **법인**, ② **국내**에 주재하는 **외교관**(이에 준하는 외국공관원을 포함한다), ③ **국내**에 주재하는 **국제연합군**과 **미국군**의 **장병** 및 **군무원**

#### 3) 종합보세구역에서의 물품판매

① **종합보세구역**에서 **외국인관광객** 등에게 물품을 판매하는 자(**판매인**)는 관세청장이 정하는 바에 따라 판매물품에 대한 수입신고 및 신고납부를 하여야 한다.

② **판매인**은 수입신고가 수리된 경우에는 구매자에게 당해 물품을 인도하되, 국외반출할 목적으로 구매한 **외국인관광객** 등에게 판매한 경우에는 물품판매확인서(**판매확인서**)를 교부하여야 한다. **관세청장**은 종합보세구역의 위치 및 규모 등을 고려하여 판매하는 물품의 종류 및 수량 등을 제한할 수 있다.

#### 4) 외국인관광객에 대한 관세환급

① **외국인관광객** 등이 **종합보세구역**에서 물품을 구매할 때에 부담한 관세 등을 환급 또는 송금받고자 하는 경우에는 출국하는 때에 **출국항**을 관할하는 세관장(**출국항 관할세관장**)에게 **판매확인서**와 **구매물품**을 함께 제시하여 확인을 받아야 한다.

② 출국항 관할세관장은 **외국인관광객** 등이 제시한 **판매확인서**의 기재사항과 물품의 일치여부를 확인한 후 판매확인서에 확인인을 날인하고, 외국인관광객 등에게 이를 교부하거나 **판매인**에게 송부하여야 한다.

③ **외국인관광객** 등이 **판매확인서**를 교부받은 때에는 **환급창구운영사업자**에게 이를 제시하고 환급 또는 송금받을 수 있다. 다만, **판매인**이 판매확인서를 송부받은 경우에는 그 송부받은 날부터 **20일 이내**에 외국인관광객 등이 종합보세구역에서 물품을 구매한 때 부담한 관세 등을 해당 외국인관광객 등에게 **송금**하여야 한다.

### 5) 판매인에 대한 관세환급

① **판매인**은 종합보세구역에서 관세 및 내국세 등(관세 등)이 포함된 가격으로 물품을 판매한 후 다음에 해당하는 경우에는 관세 등을 환급받을 수 있다.

> ㉮ **외국인관광객** 등이 구매한 날부터 **3월 이내**에 물품을 국외로 반출한 사실이 확인되는 경우, ㉯ **판매인이 환급창구운영사업자**를 통하여 해당 관세 등을 환급 또는 송금하거나 **외국인관광객** 등에게 **송금**한 것이 확인되는 경우

② **판매인**이 관세 등을 환급받고자 하는 경우에는 다음 사항을 기재한 신청서에 세관장이 확인한 **판매확인서** 및 **수입신고필증** 그 밖에 관세 등의 납부사실을 증빙하는 서류와 환급 또는 송금사실을 증명하는 서류를 첨부하여 해당 종합보세구역을 관할하는 **세관장**에게 제출하여야 한다. 이 경우 관세 등의 환급에 관하여는 법 시행령 제54조(환급의 절차) 및 제55조의(미지급자금의 정리) 규정을 준용한다.

> ㉮ 해당 물품의 **품명** 및 **규격**, ㉯ 해당 물품의 **판매연월일** 및 **판매확인번호**, ㉰ 해당 물품의 **수입신고연월일** 및 **수입신고번호**, ㉱ **환급**받고자 하는 금액

③ **환급금**을 지급받은 **판매인**은 외국인관광객 등에 대하여 환급 또는 송금한 사실과 관련된 증거서류를 **5년간** 보관하여야 한다.

### 6) 환급창구운영사업자

① **관세청장**은 **외국인관광객** 등이 **종합보세구역**에서 물품을 구입한 때에 납부한 관세 등을 판매인을 대리하여 환급 또는 송금하는 사업을 영위하는 자(**환급창구운영사업자**)를 지정하여 운영할 수 있다.

② **환급창구운영사업자**에 대하여는 외국인관광객 등에 대한 부가가치세 및 개별소비세 특례규정(특례규정) 제5조의2(환급창구운영사업자) 제2항 내지 제5항, 제10조의2(세액상당액의 환급 또는 송금), 제10조의3(환급·송금증명서의 송부) 및 제14조(명령사항) 제2항

의 규정을 준용한다. 이 경우 특례규정 제5조의2 제2항 내지 제5항중 "**관할지방국세청장**"은 "**관세청장**"으로 보고, 제5조의2 제5항 제1호의 규정에 의하여 준용되는 제5조(면세판매장의 지정 및 취소) 제4항 제3호중 "**국세 또는 지방세**"는 "**관세**"로 보며, 제10조의2중 "**외국인관광객**"을 "**외국인관광객 등**"으로, "**면세물품**"을 "**물품**"으로, "**세액상당액**"을 "**관세 등**"으로, "**면세판매자**"를 "**판매인**"으로, "**국세청장**"을 "**관세청장**"으로 보고, 제10조의3중 "**외국인관광객**"을 "**외국인관광객 등**"으로, "**세액상당액**"을 "**관세 등**"으로, "**면세판매자**"를 "**판매인**"으로 보며, 제14조 제2항중 "**국세청장·관할지방국세청장** 또는 **관할세무서장**"은 "**관세청장** 또는 **관할세관장**"으로, "**외국인관광객**"을 "**외국인관광객 등**"으로 본다.

### (6) 반출입물품의 범위

1) **종합보세구역**에서 소비(사용)되는 물품으로서 기획재정부령으로 정하는 물품은 **수입통관 후** 이를 소비(사용)하여야 한다. **수입통관** 후 소비(사용)하여야 하는 **물품**은 다음의 것으로 한다.

> ① **제조·가공**에 사용되는 **시설기계류** 및 그 수리용 **물품**, ② 연료·윤활유·사무용품 등 제조·가공에 직접적으로 사용되지 아니하는 **물품**

2) **종합보세구역**에 반입한 물품의 장치기간은 제한하지 아니한다. 다만, **보세창고**의 기능을 수행하는 장소 중에서 **관세청장**이 수출입물품의 원활한 유통을 촉진하기 위하여 필요하다고 인정하여 **지정장소**에 반입되는 물품의 **장치기간**은 1년의 **범위**에서 **관세청장**이 정하는 기간으로 한다.

3) **세관장**은 종합보세구역에 반출입되는 물품으로 인하여 국가안전, 공공질서, 국민보건·환경보전 등에 지장이 초래되거나 종합보세구역 지정목적에 부합되지 아니하는 물품이 반출입되고 있다고 인정될 때에는 해당 물품의 반출입을 제한할 수 있다. **기록의 방법**과 **절차** 등에 관하여 필요한 사항은 관세청장이 정한다.

### (7) 운영인의 물품관리

1) **운영인**은 **종합보세구역**에 반입된 물품을 종합보세기능별로 구분하여 관리하여야 한다. **세관장**은 종합보세구역에 장치된 물품 중 법 제208조(매각대상 및 매각절차)제1항 단서에 해당되는 물품은 같은 조에 따라 매각할 수 있다.

2) **운영인**은 **종합보세구역**에 반입된 물품을 종합보세구역 안에서 이동·사용 또는 처분

을 할 때에는 장부 또는 전산처리장치를 이용하여 그 기록을 유지하여야 한다. 이 경우 기획재정부령으로 정하는 물품은 미리 **세관장**에게 **신고**하여야 한다.

3) **세관장**에게 신고하여야 하는 물품은 **종합보세구역** 운영인 상호간에 이동하는 물품으로 한다.

### (8) 설비의 유지의무

#### 1) 의의

**운영인**은 대통령령으로 정하는 바에 따라 **종합보세기능**의 수행에 필요한 시설 및 장비 등을 유지하여야 한다. **종합보세구역**에 장치된 물품에 대하여 **보수작업**을 하거나 종합보세구역 밖에서 보세작업을 하려는 자는 **세관장**에게 **신고**하여야 한다. 작업을 하는 경우의 반출검사 등에 관하여는 법 제187조(보세공장 외 작업 허가)를 준용한다.

#### 2) 설비유지 기준

① **종합보세구역 운영인**이 유지하여야 하는 시설 및 장비 등의 설비는 다음 설비로 한다.

> ㉮ **제조·가공·전시·판매·건설** 및 **장치** 기타 **보세작업**에 필요한 기계시설 및 기구, ㉯ 반입·반출물품의 **관리** 및 세관의 업무검사에 필요한 **전산설비**, ㉰ **소방·전기** 및 **위험물 관리** 등에 관한 법령에서 정하는 시설 및 장비, ㉱ **보세화물**의 **분실**과 **도난방지**를 위한 시설

② 설비가 천재·지변 기타 불가피한 사유로 인하여 일시적으로 기준에 미달하게 된 때에는 **종합보세구역 운영인**은 관세청장이 정하는 **기간내**에 이를 갖추어야 한다. **보수작업·보세작업**에 관한 신고에 관하여는 법 시행령 제177조(보수작업의 승인신청) 및 제203조(보세공장외 작업허가신청)의 규정을 준용한다.

### (9) 종합보세구역에 대한 세관관리

1) **세관장**은 관세채권의 확보, 감시·단속 등 종합보세구역을 효율적으로 운영하기 위하여 종합보세구역에 출입하는 인원과 차량 등의 출입을 통제하거나 휴대 또는 운송하는 물품을 검사할 수 있다.

2) **세관장**은 종합보세구역에 반출입되는 물품의 반출입 상황, 그 사용·처분 내용 등을 확인하기 위하여 **장부**나 **전산처리장치**를 이용한 기록을 검사·조사할 수 있으며, **운영인**

에게 업무실적 등 필요한 사항을 보고하게 할 수 있다.

3) **관세청장**은 종합보세구역 안에 있는 외국물품의 감시·단속에 필요하다고 인정될 때에는 종합보세구역의 **지정요청자**에게 보세화물의 불법유출, 분실, 도난방지 등을 위한 시설을 설치할 것을 요구할 수 있다. 이 경우 지정요청자는 특별한 사유가 없으면 이에 따라야 한다.

### (10) 종합보세구역의 지정취소

1) **관세청장**은 **종합보세구역**에 반출입되는 물량이 감소하거나 그 밖에 ① **종합보세구역 지정요청자**가 **지정취소**를 요청한 경우, ② **종합보세구역**의 지정요건이 **소멸**한 경우로 종합보세구역을 존속시킬 필요가 없다고 인정될 때에는 종합보세구역 지정을 **취소**할 수 있다.

2) **세관장**은 **종합보세사업장 운영인**이 다음에 해당하는 경우에는 **6개월 범위**에서 운영인의 종합보세기능의 수행을 중지시킬 수 있다.

① 법 제175조(운영인의 결격사유)에 해당하게 된 경우
② **운영인**이 수행하는 종합보세기능과 관련하여 반출입되는 **물량**이 **감소**하거나 그 밖에 다음 사유가 발생한 경우
㉮ **1년** 동안 계속하여 **외국물품**의 **반출입 실적**이 없는 경우
㉯ **운영인**이 **설비유지의무**를 **위반**한 경우

### (11) 준용규정

**종합보세구역**에 대하여는 법 제175조(운영인의 결격사유), 제177조(장치기간) 제2항, 제178조(반입정지 등과 특허의 취소) 제1항·제3항, 제180조(특허보세구역의 설치·운영에 관한 감독 등) 제1항·제3항·제4항, 제182조(특허의 효력상실 시 조치 등), 제184조(장치기간이 지난 내국물품), 제185조(보세공장) 제2항부터 제4항까지, 제186조,(사용신고 등) 제188조(제품과세), 제189조(원료과세), 제192조(사용 전 수입신고), 제193조(반입물품의 장치 제한), 제194조(보세건설물품의 가동 제한) 및 제241조(수출·수입 또는 반송의 신고) 제2항을 준용한다.

## 5. 유치 및 처분

### (1) 유치 및 예치

#### 1) 의의

① **유치**란 **휴대품**의 수출입통관을 일시 보류하고 세관에서 관리하는 장소에 그 물품을 보관하는 것을 말한다. **유치물품**은 해당 사유가 해소되었거나 반송하는 경우에만 유치를 해제한다. 위의 어느 하나에 해당하는 물품으로서 수입할 의사가 없는 물품은 **세관장**에게 **신고**하여 일시 **예치**시킬 수 있다.

② **예치**란 우리나라를 일시 여행하는 자가 그의 휴대품을 입국지세관에서 일시 보관해 두는 것을 말하며, 장치기간은 출국예정시기에 **1월**을 가산한 것이다.

#### 2) 유치 및 예치의 요건

① **여행자휴대품**, **우리나라**와 **외국** 간을 왕래하는 **운송수단**에 종사하는 **승무원휴대품**에 해당하는 물품으로서 필요한 **허가·승인·표시** 또는 그 밖의 조건이 갖추어지지 아니한 것은 **세관장**이 이를 **유치**할 수 있다. **유치물품**은 해당 사유가 해소되었거나 반송하는 경우에만 유치를 **해제**한다.

② 위에 해당하는 물품으로서 수입할 의사가 없는 물품은 **세관장**에게 신고하여 일시 **예치**시킬 수 있다.

#### 3) 물품의 유치 및 예치와 해제

① **세관장**이 물품을 유치·예치한 때에는 다음 사항을 기재한 **유치증·예치증**을 교부하여야 한다.

> ㉮ 해당 물품의 포장의 **종류·개수·품명·규격** 및 **수량**, ㉯ **유치사유·예치사유**, ㉰ **보관장소**

② **유치**를 **해제**하거나 **예치물품**을 **반환**받고자 하는 자는 교부받은 유치증·예치증을 **세관장**에게 제출하여야 한다.

#### 4) 유치 및 예치물품의 보관

① **유치·예치**한 물품은 세관장이 관리하는 장소에 보관한다. 다만, 세관장이 필요하다

고 인정할 때에는 그러하지 아니하다.

② **유치·예치**한 물품에 관하여는 법 제160조(장치물품의 폐기) 제4항부터 제6항까지, 제170조(장치기간) 및 제208조(매각대상 및 매각절차), 제209조(통고), 제210조(매각방법), 제211조(잔금처리), 제212조(국고귀속)의 규정을 준용한다.

③ **세관장**은 **유치·예치**된 물품의 원활한 통관을 위하여 필요하다고 인정될 때에는 **관세청장**이 정하는 바에 따라 해당 물품을 유치하거나 예치할 때에 **유치기간·예치기간** 내에 수출입·반송하지 아니하면 매각한다는 뜻을 통고할 수 있다.

### (2) 장치기간 경과물품(체화물품)의 매각

#### 1) 의의

**체화물품**이란 법 및 법 시행령에 정한 **보세구역**별 물품의 장치기간이 경과한 물품을 말한다.

#### 2) 체화물품의 범위

**외국물품**과 **내국운송**의 신고를 하고자 하는 **내국물품**은 반드시 **보세구역**에 장치하여야 한다. 각 보세구역별 장치기간이 경과된 물품이 **체화물품**이 된다.

##### ① 지정장치장의 장치기간

**지정장치장**의 **장치기간**은 **6월 범위** 내에서 **관세청장**이 한다. 다만, **관세청장**이 정하는 기준에 의하여 **세관장**은 **3월 범위** 이내에서 그 기간을 **연장**할 수 있다[3].

##### ② 보세창고의 장치기간

정부비축용물품, 정부와의 계약이행을 위하여 비축하는 방위산업용물품, 장기간 비축이 필요한 **수출용원재료**와 수출품 · 보수용물품으로서 **세관장**이 인정하는 물품 및 국제물류의 촉진을 위하여 관세청장이 정하는 물품의 **장치기간**은 비축에 필요한 기간으로 한다. 그 이외의 물품의 경우 **1년 범위 내**에서 관세청장이 정하는 기간으로 한다. 다만, 세관장이 필요하다고 인정하는 경우에는 **1년 범위 내**에서 그 기간을 연장할 수 있다. 그 이외의 **내국물품**의 경우 **1년 범위 내**에서 관세청장이 정하는 기간을 그 **장치기간**으로 한다.

---

3) **부산항·인천항·인천공항·김해공항 항역**내의 **지정장치장**으로 반입된 물품의 **장치기간**은 **2월**로 하며, **세관장**이 필요하다고 인정할 때에는 **2개월 범위 내**에서 그 기간을 **연장**할 수 있다.

③ **보세창고외의 장치기간**

**보세공장**, **보세전시장**, **보세건설장** 및 **보세판매장**의 **장치기간**은 해당 특허보세구역의 특허기간으로 한다.

④ **종합보세구역의 장치기간**

**종합보세구역**에 반입한 물품의 장치기간은 이를 제한하시 아니한다. 다만, 보세창고의 기능을 수행하는 장소 중에서 관세청장이 **수출입물품**의 원활한 유통을 촉진하기 위하여 필요하다고 인정하여 지정장소에 반입되는 물품에 대하여는 **1년 범위 내**에서 **관세청장**이 정하는 기간을 그 장치기간으로 한다.

⑤ **여행자·승무원의 휴대품**

**여행자·승무원**의 휴대품으로 **유치·예치**된 물품으로 **장치기간**이 경과한 물품이 해당된다.

3) 매각절차

① **수출입·반송통고**

**세관장**은 장치기간이 경과한 물품을 매각하고자 하는 때에는 그 화주 등에 대하여 통고일로부터 **1월 내**에 해당 물품을 **수출입·반송**할 것을 통고하여야 하며, 통고할 수 없는 경우에는 공고로서 갈음한다.

② **매각공고**

**세관장**은 매각을 하는 경우 매각물건·매각수량·매각예정가격 등을 매각 시작 **10일 전**에 공고하여야 한다.

③ **매각대상 및 매각절차**

㉮ 의의

**세관장**은 매각을 함에 있어 다음에 해당하는 경우에는 **매각대행기관**에 이를 대행하게 할 수 있다. 즉, 신속한 매각을 위하여 사이버몰 등에서 **전자문서**를 통하여 매각하고자 하는 경우, 매각에 전문지식이 필요한 경우, 그 밖에 특수한 사정이 있어 직접 매각하기에 적당하지 아니하다고 인정되는 경우이다.

㉯ 매각공고

㉠ **세관장**은 **보세구역**에 반입한 외국물품의 **장치기간**이 지나면 그 사실을 공고한 후 해당 물품을 매각할 수 있다. 다만, 다음에 해당하는 물품은 기간이 지나기 전이라도 **공**

고한 후 **매각**할 수 있다.

ⓐ 살아 있는 **동식물**, ⓑ **부패**하거나 부패할 우려가 있는 것, ⓒ **창고**나 다른 외국**물품**에 해를 끼칠 우려가 있는 것, ⓓ **기간**이 지나면 사용할 수 없게 되거나 상품가치가 현저히 떨어질 우려가 있는 것, ⓔ **관세청장**이 정하는 물품 중 화주가 요청하는 것

㉡ **장치기간**이 지난 물품이 위의 하나에 해당하는 물품으로서 급박하여 공고할 여유가 없을 때에는 매각한 후 공고할 수 있다.

㉢ 매각된 물품의 **질권자·유치권자**는 다른 법령에도 불구하고 그 물품을 **매수인**에게 인도하여야 한다.

㉣ **세관장**은 매각을 할 때 다음에 해당하는 경우에는 대통령령으로 정하는 기관(**매각대행기관**)에 이를 대행하게 할 수 있다.

ⓐ 신속한 **매각**을 위하여 **사이버몰**(컴퓨터 등과 정보통신설비를 이용하여 재화 등을 거래할 수 있도록 설정된 가상의 영업장을 말한다) 등에서 **전자문서**를 통하여 **매각**하려는 경우, ⓑ **매각**에 **전문지식**이 필요한 경우, ⓒ 그 밖에 특수한 사정이 있어 **직접 매각**하기에 적당하지 아니하다고 인정되는 경우

㉤ **매각대행기관**이 매각을 대행하는 경우(**매각대금**의 **잔금처리**를 대행하는 경우를 포함한다)에는 **매각대행기관**의 장을 **세관장**으로 본다.

㉥ **세관장**은 매각대행기관이 매각을 대행하는 경우에는 매각대행에 따른 실비 등을 고려하여 **수수료**를 지급할 수 있다. **매각대행기관**이 매각을 대행하는 경우 형법이나 그 밖의 법률에 따른 벌칙을 적용할 때에는 매각대행기관의 **임직원**을 **세관공무원**으로 본다. 매각대행기관이 대행하는 매각에 필요한 사항은 대통령령으로 정한다.

㈐ 매각대행기관

**세관장**이 **장치기간 경과물품**의 매각을 대행하게 할 수 있는 기관은 다음 기관·법인 또는 단체 중에서 **관세청장**이 지정하는 기관·법인 또는 단체(**매각대행기관**)로 한다.

㉠ **금융회사부실자산** 등의 효율적 처리 및 **한국자산관리공사**의 설립에 관한 법률에 의하여 설립된 **한국자산관리공사**, ㉡ 한국보훈복지의료공단법에 의하여 설립된 **한국보훈복지의료공단**, ㉢ **관세청장**이 정하는 기준에 따라 **전자문서**를 통한 **매각**을 수행할 수 있는 시설 및 시스템 등을 갖춘 것으로 인정되는 **법인·단체**

㉣ 매각대행의 통지

㉠ **세관장**은 **장치기간 경과물품**의 매각을 대행하게 하는 때에는 매각대행의뢰서를 매각대행기관에 송부하여야 한다.

㉡ **세관장**은 매각대행의 사실을 화주 및 물품보관인에게 **통지**하여야 한다.

㉤ 매각대행수수료

㉠ **매각대행수수료**는 다음 금액으로 한다.

> ⓐ **매각대행**을 **의뢰**한 물품이 **매각**된 경우 : 건별 **매각금액**에 20/1,000을 **곱하여** 계산한 금액, ⓑ **매각대행**을 의뢰한 물품이 **수입** 또는 **반송**되어 **매각대행**이 **중지**된 경우 : 건별 최초공매예정가격에 1/1,000을 곱하여 계산한 금액, ⓒ **매각대행**을 의뢰한 물품의 **국고귀속·폐기·매각의뢰철회** 등의 사유로 **매각대행**이 **종료**된 경우 : 건별 최초공매예정가격에 2/1,000를 곱하여 계산한 금액

㉡ **매각대행수수료**를 계산함에 있어서 건별 매각금액이나 건별 최초공매예정가격이 10**억원**을 초과하는 때에는 해당 매각금액 또는 최초공매예정가격은 10**억원**으로 한다.

㉢ 계산한 **매각대행수수료**의 금액이 5,000**원 미만**인 때에는 해당 **매각대행수수료**는 5,000**원**으로 한다.

④ **통고**

㉮ **세관장**은 **장치기간 경과물품**을 매각하려면 그 화주 등에게 **통고일**부터 **1개월** 내에 해당 물품을 수출입·반송할 것을 통고하여야 한다.

㉯ **화주** 등이 분명하지 아니하거나 그 소재가 분명하지 아니하여 **통고**를 할 수 없을 때에는 **공고**로 이를 갈음할 수 있다.

⑤ **매각방법**

㉮ 의의

㉠ 매각은 **일반경쟁입찰·지명경쟁입찰·수의계약·경매** 및 **위탁판매**의 방법으로 하여야 한다.

㉡ **경쟁입찰**의 방법으로 매각하려는 경우 매각되지 아니하였을 때에는 **5일 이상**의 간격을 두어 다시 **입찰**에 붙일 수 있으며 그 **예정가격**은 최초 예정가격의 10/100 **이내**의 금액을 입찰에 붙일 때마다 줄일 수 있다. 이 경우에 줄어들 예정가격 이상의 금액을 제시하는 **응찰자**가 있을 때에는 그 응찰자가 제시하는 금액으로 **수의계약**을 할 수 있다.

㉢ 다음에 해당하는 경우에는 **경매·수의계약**으로 매각할 수 있다.

> ⓐ **2회 이상 경쟁입찰**에 붙여도 **매각**되지 아니한 경우, ⓑ **매각물품**의 성질·형태·용도 등을 고려할 때 **경쟁입찰**의 방법으로 **매각**할 수 없는 경우

㉣ 매각되지 아니한 물품과 다음에 해당하는 물품 중에서 **관세청장**이 신속한 매각이 필요하다고 인정하여 **위탁판매대상**으로 지정한 물품은 **위탁판매**의 방법으로 매각할 수 있다.

> ⓐ **부패**하거나 부패의 우려가 있는 **물품**, ⓑ **기간경과**로 사용할 수 없게 되거나 상품가치가 현저히 감소할 우려가 있는 **물품**, ⓒ **공매**하는 경우 **매각**의 효율성이 저하되거나 공매에 전문지식이 필요하여 **직접 공매**하기에 부적합한 **물품**

㉤ **매각물품**에 대한 **과세가격**은 **최초예정가격**을 기초로 하여 **과세가격**을 산출한다. **매각**할 물품의 **예정가격**의 **산출방법**과 **위탁판매**에 관한 사항은 대통령령으로 정하고, **경매절차**에 관하여는 **국세징수법**을 준용한다. **세관장**은 매각할 때에는 매각 물건, 매각 수량, 매각 예정가격 등을 매각 시작 **10일 전**에 공고하여야 한다.

㉯ 예정가격의 체감

㉠ **예정가격**의 **체감**은 **제2회 경쟁입찰** 때부터 하되, 그 체감한도액은 **최초예정가격**의 50/100으로 한다. 다만, 관세청장이 정하는 물품을 제외하고는 최초예정가격을 기초로 하여 산출한 세액이하의 금액으로 체감할 수 없다.

㉡ **응찰가격**중 다음 회의 입찰에 체감될 **예정가격**보다 높은 것이 있는 때에는 응찰가격의 순위에 따라 **수의계약**을 체결한다. **단독응찰자**의 응찰가격이 다음 회의 입찰시에 체감될 **예정가격**보다 높은 경우 또는 **공매절차**가 종료한 물품을 **최종예정가격이상**의 가격으로 **매수**하려는 자가 있는 때에도 또한 같다.

㉢ **수의계약**을 체결하지 못하고 재입찰에 붙인 때에는 직전입찰에서의 **최고응찰가격**을 다음 회의 예정가격으로 한다. **수의계약**을 할 수 있는 자로서 그 체결에 응하지 아니하는 자는 해당 물품에 대한 다음 회 이후의 **경쟁입찰**에 참가할 수 없다.

㉣ **위탁판매**하는 경우 판매가격은 당해 물품의 **최종예정가격**으로 하고, 위탁판매의 장소·방법·수수료 기타 필요한 사항은 **관세청장**이 정한다. **매각**한 물품의 예정가격과 매각된 물품의 **과세가격**은 **관세청장**이 정하는 바에 의하여 산출한다.

㉤ **매각**한 물품으로 ⓐ 법률에 의하여 **수입**이 **금지**된 **물품**, ⓑ 기타 **관세청장**이 지정하는 **물품**은 수출하거나 외화를 받고 판매하는 것을 조건으로 매각한다. 다만, **관세청장**이

필요하다고 인정하는 물품은 주무부장관 또는 주무부장관이 지정하는 기관의 장과 협의하여 **수입**하는 것을 조건으로 판매할 수 있다.

㉥ **매각물품**의 성질·형태·용도 등을 고려할 때 **경쟁입찰**의 방법으로 매각할 수 없는 경우는 다음에 해당하는 경우를 말한다.

> ⓐ **부패·손상·변질** 등의 우려가 현저한 물품으로서 즉시 매각하지 아니하면 **상품가치**가 저하할 우려가 있는 경우, ⓑ **물품**의 **매각예정가격**이 **50만원 미만**인 경우, ⓒ **경쟁입찰**의 방법으로 매각하는 것이 **공익**에 반하는 경우

㉰ 매각대상물품의 인도

**세관장**이 점유하고 있거나 제3자가 보관하고 있는 **매각대상물품**은 이를 **매각대행기관**에 인도할 수 있다. 이 경우 제3자가 보관하고 있는 물품에 대하여는 그 제3자가 발행하는 해당 물품의 보관증을 인도함으로써 이에 갈음할 수 있다. **매각대행기관**은 물품을 인수한 때에는 인계·인수서를 작성하여야 한다.

㉱ 매각대행의뢰의 철회요구

**매각대행기관**은 **매각대행의뢰서**를 받은 날부터 **2년 이내**에 매각되지 아니한 물품이 있는 때에는 **세관장**에게 해당 물품에 대한 매각대행의뢰의 **철회**를 요구할 수 있다. **세관장**은 철회요구를 받은 때에는 특별한 사유가 없는 한 이에 응하여야 한다.

㉲ 매각대행의 세부사항

**매각대행기관**이 대행하는 매각에 관하여 필요한 사항으로서 법 시행령에 정하지 아니한 것은 **관세청장**이 **매각대행기관**과 협의하여 정한다.

**⑥ 잔금처리**

㉮ **세관장**은 매각대금을 그 매각비용, 관세, 각종 세금의 순으로 충당하고, 잔금이 있을 때에는 이를 화주에게 교부한다.

㉯ 매각하는 물품의 **질권자·유치권자**는 해당 물품을 매각한 날부터 **1개월** 이내에 그 권리를 증명하는 서류를 **세관장**에게 제출하여야 한다. **세관장**은 매각된 물품의 **질권자·유치권자**가 있을 때에는 그 **잔금**을 화주에게 **교부**하기 **전**에 그 질권·유치권에 의하여 담보된 채권의 금액을 질권자·유치권자에게 교부한다.

㉰ 질권자·유치권자에게 공매대금의 잔금을 교부하는 경우 그 **잔금액**이 질권·유치권에 의하여 담보된 채권액보다 적고 교부받을 권리자가 **2인 이상**인 경우에는 세관장은 **민법**이나 그 밖의 법령에 따라 배분할 **순위**와 **금액**을 정하여 배분하여야 한다.

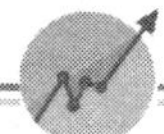

㉣ 잔금교부는 **관세청장**이 정하는 바에 따라 일시 보류할 수 있다. **매각대행기관**이 매각을 대행하는 경우에는 매각대행기관이 **매각대금 잔금처리**를 대행할 수 있다.

⑦ **국고귀속**

**세관장**은 매각되지 아니한 물품에 대하여는 그 물품의 화주 등에게 장치장소로부터 지체 없이 반출할 것을 통고하여야 한다. **통고일**부터 **1개월** 내에 해당 물품이 반출되지 아니하는 경우에는 소유권을 포기한 것으로 보고 이를 **국고**에 **귀속**시킬 수 있다.

## 제 2 절 보세운송

### 1. 보세운송

#### (1) 의의

1) **보세운송**이란 **외국물품**을 보세운송 구간(보세구역, 통관장 등)에 **보세상태**로 국내에서 운송하는 것을 말한다. **수입통관**이 끝나지 않은 외국물품을 국내에서 운송하는 제도로서 **보세운송** 구간 간에 보세운송할 수 있다. 즉, **개항**, **보세구역**, **타소장치허가**를 받은 장소, 세관관서, 통관장이 그것이다. **보세운송제도**는 수출입물품의 화주에게 경비 절감, 절차 간소화, 자금부담 완화 등 편의를 주는데 그 목적이 있다.

2) **보세운송은** 외국으로부터 수입하는 화물을 입항지에서 통관하지 아니하고 세관장에게 신고하거나 승인을 얻어 외국물품상태 그대로 다른 **보세구역**으로 운송하는 것이다. 이러한 **보세운송**은 수입화물에 대한 관세가 유보된 상태에서 운송되는 것이므로 운송에 제약이 따른다.

3) **외국물품**을 국내에서 운송함에 있어서는 수입관세의 확보, 수리전 반출의 방지 등을 위하여 보세운송의 출발지와 도착지를 한정하여 보세운송할 수 있게 하고, **관세채권확보**를 위하여 **담보**를 제공하게 할 수 있다.

4) **보세운송**은 외국물품을 국내에서 운송하는 것이므로 관세채권 확보를 위하여 여러가지 제한을 가지고 있다. **보세운송**의 도착지와 발착지를 제한하며 감시단속상 필요한 경우에는 **운송통로**를 지정하고, 수입물품의 경우에는 관세 등 제세액에 상당하는 **담보**도 제공하게하고 있다.

5) 예를 들어 서울에 공장을 가진 화주가 인천항에 도착된 화물을 통관하는 데에는 두

가지 방법이 있다. 인천에서 통관을 한 후 **내국화물상태**로 서울로 운송하는 경우와 **보세운송신고·승인신청**을 하여 인천에서 서울로 **보세운송**을 한 후 통관을 하는 것이다.

〈그림-15〉 보세운송의 방법

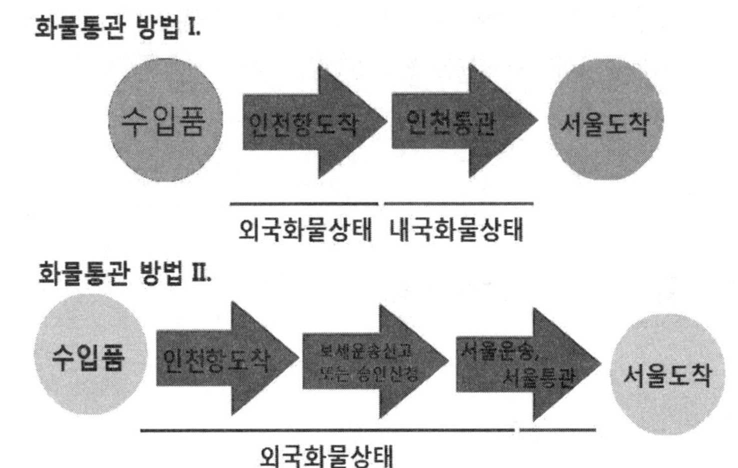


자료 : 인천항만공사(2016), "보세운송이란?", http://incheonport.tistory.com/2467

### (2) 보세운송의 신고

#### 1) 의의

① **외국물품**은 다음 장소 간에 한정하여 **외국물품** 그대로 운송할 수 있다. 다만, **수출신고**가 수리된 물품은 해당 물품이 **장치장소**에서 다음 장소로 운송할 수 있다.

> ㉮ **개항**, ㉯ **보세구역**, ㉰ 법 제156조(보세구역 외 장치의 허가)에 따라 허가된 장소, ㉱ **세관관서**, ㉲ **통관역**, ㉳ **통관장**, ㉴ **통관우체국**

② **보세운송**을 하려는 자는 **관세청장**이 정하는 바에 따라 **세관장**에게 보세운송 신고를 하여야 한다. 다만, 물품의 감시 등을 위하여 필요하다고 인정하여 대통령령으로 정하는 경우에는 **세관장 승인**을 받아야 한다.

③ **세관공무원**은 감시·단속을 위하여 필요하다고 인정될 때에는 **관세청장**이 정하는 바에 따라 보세운송을 하려는 물품을 검사할 수 있다. **수출신고**가 수리된 물품은 **관세청장**이 따로 정하는 것을 **제외**하고는 보세운송절차를 생략한다. **보세운송**의 신고·승인 및 검

사에 대하여는 법 제247조(검사 장소)와 제250조(신고의 취하 및 각하)를 준용한다.

#### 2) 신청서 제출

① **보세운송신고**를 하거나 승인을 얻고자 하는 자는 다음 사항을 기재한 **신고서 ·신청서**를 **세관장**에게 제출하여야 한다. 다만, **외국무역선(기)**에의 효율적인 하역을 위하여 필요하거나 세관의 **감시단속상** 애로가 없다고 인정하여 **관세청장**이 따로 정하는 경우에는 그 정하는 바에 의한다.

> ㉮ **운송수단**의 **종류·명칭** 및 **번호**, ㉯ **운송통로**와 **목적지**, ㉰ **화물상환증**, **선하증권(B/L)번호·항공화물운송장(AWB)번호**와 물품의 적재지·생산지 또는 제조지, ㉱ **포장**의 종류·번호 및 개수, ㉲ **품명·규격·수량** 및 **가격**, ㉳ **운송기간**, ㉴ **화주**의 **명칭**(**성명**)·**주소·사업자등록번호** 및 **대표자성명**

② **세관장**은 **운송거리** 기타의 사정을 참작하여 필요가 없다고 인정되는 때에는 일부의 기재를 **생략**하게 할 수 있다. **보세운송 승인**을 얻어야 하는 경우는 다음에 해당하는 물품을 운송하고자 하는 경우를 말한다.

> ㉮ **보세운송**된 물품중 다른 보세구역 등으로 **재보세운송**하고자 하는 **물품**, ㉯ 검역법·식물방역법·가축전염병예방법 등에 따라 **검역**을 요하는 **물품**, ㉰ 위험물안전관리법에 따른 **위험물**, ㉱ 화학물질관리법에 따른 **유해화학물질**, ㉲ **비금속설**, ㉳ 화물이 국내에 도착된 후 최초로 **보세구역**에 반입된 날부터 **30일**이 경과한 물품, ㉴ **통관**이 보류되거나 수입신고수리가 불가능한 **물품**, ㉵ **보세구역외 장치허가**를 받은 장소로 운송하는 **물품**, ㉶ 귀석·반귀석·귀금속·한약재·의약품·향료 등과 같이 부피가 작고 **고가**인 **물품**, ㉷ 화주 또는 화물에 대한 권리를 가진 자가 직접 **보세운송**하는 물품, ㉸ **통관지**가 제한되는 **물품**, ㉹ **적하목록**상 동일한 화주의 선하증권 단위의 물품을 분할하여 **보세운송**하는 경우 그 **물품**, ㉺ **불법 수출입**의 방지 등을 위하여 세관장이 지정한 **물품**, ㉻ 법 및 법에 의한 세관장의 명령을 위반하여 **관세법**으로 조사를 받고 있거나 기소되어 확정판결을 기다리고 있는 **보세운송업자** 등이 운송하는 **물품**

③ 물품 중 **관세청장**이 **보세운송승인대상**으로 하지 아니하여도 화물관리 및 불법 수출입의 방지에 지장이 없다고 판단하여 정하는 물품에 대하여는 **신고**만으로 **보세운송**할 수 있다.

### (3) 보세운송의 신고인

**보세운송**의 신고 또는 **승인신청**은 1) **화주**, 2) **관세사** 등, 3) **보세운송**을 업으로 하는 자(**보세운송업자**)의 **명의**로 하여야 한다.

### (4) 보세운송 보고

**보세운송 신고**를 하거나 **승인**을 받은 자는 해당 물품이 운송 목적지에 도착하였을 때에는 **관세청장**이 정하는 바에 따라 도착지의 **세관장**에게 **보고**하여야 한다.

### (5) 보세운송통로

#### 1) 의의

① **세관장**은 **보세운송물품**의 감시·단속을 위하여 필요하다고 인정될 때에는 **관세청장**이 정하는 바에 따라 **운송통로**를 **제한**할 수 있다.
② **보세운송**은 **관세청장**이 정하는 기간 내에 끝내야 한다. 다만, **세관장**은 재해나 그 밖의 부득이한 사유로 필요하다고 인정될 때에는 그 기간을 **연장**할 수 있다.

#### 2) 보세운송기간의 연장신청

**보세운송기간 연장**을 받고자 하는 자는 다음 사항을 기재한 신청서를 해당 보세운송을 신고하거나 승인한 **세관장·도착지세관장**에게 제출하여야 한다.

> ① **보세운송**의 **신고** 또는 **승인연월일**과 **신고번호** 또는 **승인번호**, ② 해당 **물품**의 품명·규격 및 수량, ③ 연장신청기간 및 신청사유

### (6) 보세운송기간 경과시의 징수

**신고**를 하거나 **승인**을 받아 **보세운송**하는 외국물품이 지정된 **기간 내**에 목적지에 도착하지 아니한 경우에는 즉시 그 **관세**를 징수한다. 다만, 해당 물품이 재해나 그 밖의 부득이한 사유로 망실되었거나 미리 **세관장 승인**을 받아 그 물품을 폐기하였을 때에는 그러하지 아니하다. **운송물품**의 **폐기승인신청**은 법 시행령 제179조(장치물품의 폐기승인신청) 및 제180조(장치물품의 멸실신고)의 규정은 법 제217조(보세운송기간 경과 시의 징수) 단서의 경우에 이를 준용한다.

### (7) 보세운송의 담보

**세관장**은 **보세운송 신고**를 하거나 **승인**을 받으려는 물품에 대하여 **관세담보**를 제공하게 할 수 있다.

### (8) 조난물품의 운송

#### 1) 의의

① **재해**나 그 밖의 부득이한 사유로 **선박(항공기)**로부터 내려진 **외국물품**은 그 물품이 있는 장소로부터 법 제213조(보세운송의 신고) 제1항[4]의 장소로 운송될 수 있다.

② **외국물품**을 운송하려는 자는 법 제213조 제2항[5]에 따른 **승인**을 받아야 한다. 다만, 긴급한 경우에는 세관공무원이나 **국가경찰공무원**(세관공무원이 없는 경우로 한정한다)에게 신고하여야 한다.

③ 신고를 받은 **국가경찰공무원**은 지체 없이 그 내용을 **세관공무원**에게 통보하여야 한다. 위의 ①에 따른 운송에 관하여는 법 제215조(보세운송 보고), 제216조(보세운송통로), 제217조(보세운송기간 경과 시의 징수), 제218조(보세운송의 담보)의 규정을 준용한다.

#### 2) 신청서 제출

**승인**을 얻고자 하는 자는 법 시행령 제226조(보세운송의 신고 등) 제1항의 사항을 기재한 신청서를 **세관장**에게 제출하여야 한다. 법 시행령 제226조(보세운송의 신고 등) 제3항의 규정은 제1항의 경우에 이를 준용한다.

### (9) 간이보세운송

**세관장**은 **보세운송**을 하려는 물품의 성질과 형태, **보세운송업자**의 **신용도** 등을 고려하여 **관세청장**이 정하는 바에 따라 보세운송업자나 물품을 지정하여, 1) **신고절차 간소화**, 2) **검사생략**, 3) **담보제공**의 **면제**와 같은 조치를 할 수 있다.

---

4) 제213조(보세운송의 신고) ① **외국물품**은 다음 각 호의 장소 간에 한정하여 **외국물품** 그대로 운송할 수 있다. 다만, 제248조에 따라 **수출신고**가 수리된 물품은 해당 물품이 장치된 장소에서 다음 각 호의 장소로 운송할 수 있다. 1. **개항**, 2. **보세구역**, 3. 제156조에 따라 **허가**된 장소, 4. **세관관서**, 5. **통관역**, 6. **통관장**, 7. **통관우체국**.

5) 제213조(보세운송의 신고) ② 제1항에 따라 **보세운송**을 하려는 자는 **관세청장**이 정하는 바에 따라 **세관장**에게 **보세운송 신고**를 하여야 한다. 다만, 물품의 감시 등을 위하여 필요하다고 인정하여 대통령령으로 정하는 경우에는 **세관장 승인**을 받아야 한다.

## 2. 내국운송

### (1) 의의

1) **내국운송**이란 세관장에게 내국운송의 신고를 하여 **외국무역선(기)**에 의하여 국내운송하는 것을 말하며, 운송통로가 제한되고 기간 내에 운송이 완료되어야 한다. 원래에 **내국물품**은 법의 적용대상이 아니지만 이를 **외국무역선**에 의하여 운송하는 경우에는 **세관장**에게 **내국운송**의 **신고**를 하여야 한다.

2) 이 **내국운송신고시**에도 **보세운송신고사항**과 동일한 사항을 신고하여야 하는데, 실무상으로는 보세운송신고서를 제목을 바꾸어 사용하고 있다. **내국물품**에는 당초부터 내국물품인 국산품과 원래는 **외국물품**을 내국운송하는 경우, 예를 들어 광양항에 유연탄을 적재한 **외국무역선**이 입항하여 전량 입항 전 수입신고하여 **선상통관**을 한 후에 광양항에서 일부를 양륙시키고, 나머지는 북평항으로 운송하고자 할 때에 **내국운송**의 신고를 해야 한다.

3) 또한 캐나다에서 철광석을 적재한 선박이 광양항에 입항하여 **수입신고수리**를 받은 후에 전량을 광양 **대량화물 유통기지**(Central Terminal System : CTS)에 양륙한 후 공선을 이용하여 수입통관된 내국물품인 유연탄을 인천항으로 운송하고자 할 때에도 **내국운송**의 신고를 받아야 한다.

### (2) 내국운송의 신고

1) **내국물품**을 **외국무역선(기)**로 운송하려는 자는 대통령령으로 정하는 바에 따라 **세관장**에게 **내국운송 신고**를 하여야 한다.

2) **내국운송**에 관하여는 법 제215조(보세운송 보고), 제216조(보세운송통로), 제246조(물품의 검사), 제247조(검사 장소) 및 제250조(신고의 취하 및 각하)를 준용한다. 법 시행령 제226조(보세운송의 신고 등)의 규정은 법 제221조(내국운송의 신고)의 규정에 의한 **신고**에 관하여 이를 준용한다.

## 3. 보세운송업자

### (1) 보세운송업자의 등록 및 보고

#### 1) 의의

다음에 해당하는 자(**보세운송업자** 등)는 대통령령으로 정하는 바에 따라 **관세청장·세**

**관장**에게 **등록**하여야 한다.

> ① **보세운송업자**
> ② **보세화물**을 취급하려는 자로서 다른 법령에 따라 **화물운송주선**을 업으로 하는 자(**국제물류주선업자**)
> ③ **외국무역선(기)·국경출입차량**에 물품을 하역하는 것을 **업**으로 하는 자
> ④ **외국무역선(기)·국경출입차량**에 다음에 해당하는 물품 등을 **공급**하는 것을 업으로 하는 자. ㉮ **선(기)용품**, ㉯ **차량용품**, ㉰ **선박(항공기)·철도차량** 안에서 판매할 물품, ㉱ **용역**
> ⑤ **개항** 안에 있는 **보세구역**에서 **물품·용역**을 제공하는 것을 업으로 하는 자
> ⑥ **외국무역선(기)·국경출입차량**을 이용하여 **상업서류**나 그 밖의 **견본품** 등을 송달하는 것을 업으로 하는 자

2) **신청서 제출**

① **등록**을 하고자 하는 자는 ㉮ **신청인**의 **주소·성명** 및 **상호**, ㉯ **영업 종류** 및 **영업장소**를 기재한 신청서를 **세관장**에게 제출하여야 한다.

② **세관장**은 **등록신청**을 한 자가 등록요건을 갖추고 다음에 해당하는 경우에는 해당 등록부에 필요한 사항을 기재하고 **등록증**을 교부한다.

> ㉮ **보세운송, 하역물품**의 제공, **국제운송** 등에 필요하다고 **관세청장**이 정하는 **운송수단·설비**를 갖추고 있는 경우, ㉯ **관세청장**이 정하는 **일정금액** 이상의 **자본금·예금**을 보유한 경우, ㉰ 법 및 법에 의한 **세관장**의 명령에 위반하여 **관세범**으로 조사받고 있거나 기소 중에 있지 아니한 경우

③ **등록**의 **유효기간**은 3년으로 하되, **갱신**할 수 있다. 다만, **관세청장**이나 **세관장**은 법 제255조의2(수출입 안전관리우수 공인업체 등) 제7항에 따른 **안전관리기준**의 **준수** 정도 측정·평가 결과가 우수한 자가 등록을 **갱신**하는 경우에는 유효기간을 2년의 범위에서 연장하여 정할 수 있다. 등록의 **유효기간**을 **갱신**하려는 자는 **등록갱신신청서**를 기간 만료 **1개월 전**까지 **관할지세관장**에게 제출하여야 한다.

④ **세관장**은 등록을 한 자에게 **등록**의 **유효기간**을 갱신하려면 등록의 유효기간이 끝나는 날의 **1개월 전**까지 등록 갱신을 신청하여야 한다는 사실과 갱신절차를 등록의 유효기간이 끝나는 날의 **2개월 전**까지 휴대폰에 의한 문자전송, 전자메일, 팩스, 전화, 문서 등으로 미리 알려야 한다.

⑤ **등록**을 한 자는 **등록사항**에 변동이 생긴 때에는 지체없이 **등록지**를 관할하는 **세관장**에게 **신고**하여야 한다. **등록**의 기준·절차 등에 관하여 필요한 사항은 대통령령으로 정

한다. **관세청장·세관장**은 필요하다고 인정할 때는 **보세운송업자** 등에게 그 영업에 관하여 보고를 하게 하거나 장부 또는 그 밖의 서류를 제출하도록 명할 수 있다. **관세청장·세관장**은 **국제물류주선업자**에게 법 제225조(보세화물 취급 선박회사 등의 신고 및 보고) 제2항에 따라 해당 업무에 관하여 **보고**하게 할 수 있다.

### (2) 보세운송업자의 등록요건

**보세운송업자** 등은 다음 요건을 갖춘 자이어야 한다.

1) 법 제175조(운영인의 결격사유)에 해당하지 아니할 것, 2) 항만운송사업법 등 관련 법령에 따른 면허·허가·지정 등을 받거나 **등록**을 하였을 것, 3) **관세** 및 **국세**의 체납이 없을 것, 4) **보세운송업자** 등의 등록이 **취소**(제175조 제1호부터 제3호까지의 어느 하나에 해당하여 등록이 취소된 경우는 제외한다)된 후 **2년**이 지났을 것

### (3) 보세운송업자의 명의대여 금지

**보세운송업자** 등은 다른 사람에게 자신의 성명·상호를 사용하여 **보세운송업자** 등의 업무를 하게 하거나 그 **등록증**을 빌려주어서는 아니 된다.

### (4) 보세운송업자의 행정제재

#### 1) 의의

① **세관장**은 **보세운송업자** 등이 다음에 해당하는 경우에는 등록의 **취소**, **6개월 범위**에서의 **업무정지** 또는 그 밖에 필요한 조치를 할 수 있다. 다만, 아래의 ㉮ 및 ㉯에 해당하는 경우에는 등록을 **취소**하여야 한다.

㉮ **거짓**이나 그 밖의 **부정**한 방법으로 등록을 한 경우, ㉯ 법 제175조(운영인의 결격사유)에 해당하는 경우, ㉰ 항만운송사업법 등 관련 법령에 따라 면허·허가·지정·등록 등이 **취소**되거나 **사업정지처분**을 받은 경우, ㉱ **보세운송업자** 등(그 **임직원** 및 **사용인**을 포함한다)이 **보세운송업자** 등의 업무와 관련하여 이 법이나 이 법에 따른 **명령**을 **위반**한 경우, ㉲ 법 제223조의2(보세운송업자 등의 명의대여 등의 금지)를 **위반**한 경우, ㉳ **보세운송업자** 등(그 임직원 및 사용인을 포함한다)이 **보세운송업자** 등의 업무와 관련하여 조세범 처벌법 제4조(면세유의 부정 유통) 제4항[6]에 따른 **과태료**를 부과받은 경우

6) 제4조(면세유의 부정 유통) ③ 개별소비세법 제18조 제1항 제11호 및 교통·에너지·환경세법 제15조

② **세관장**은 **업무정지**가 그 이용자에게 심한 불편을 주거나 공익을 해칠 우려가 있을 경우에는 **보세운송업자** 등에게 업무정지처분을 갈음하여 해당 업무 유지에 따른 **매출액**의 3/100 **이하**의 **과징금**을 부과할 수 있다. 이 경우 매출액 산정, 과징금의 **금액** 및 **과징금**의 납부기한 등에 관하여 필요한 사항은 대통령령으로 정한다.

③ **과징금**을 납부하여야 할 자가 납부기한까지 납부하지 아니한 경우 **과징금**의 징수에 관하여는 법 제26조(담보 등이 없는 경우의 관세징수)를 준용한다.

### 2) 보세운송업자에 대한 과징금의 부과기준

① **부과**하는 **과징금**의 금액은 아래의 ㉮의 기간에 ㉯의 **금액**을 **곱하여** 산정한다.

㉮ **기간** : 법 제224조(보세운송업자 등의 행정제재) 제1항에 따라 산정된 업무정지 **일수**(1개월은 30일을 기준으로 한다), ㉯ **1일당 과징금 금액** : 해당 사업의 수행에 따른 **연간매출액**의 1/6,000

② **연간매출액**은 다음 구분에 따라 산정한다.

㉮ **보세운송업자** 등이 해당 사업연도 개시일 전에 사업을 시작한 경우 : 직전 **3개** 사업연도의 평균 매출액. 이 경우 사업을 시작한 날부터 직전 사업연도 종료일까지의 기간이 **3년 미만**인 경우에는 그 **시작일**부터 그 **종료일**까지의 **매출액**을 **연간 평균매출액**으로 환산한 금액으로 한다.

㉯ **보세운송업자** 등이 해당 사업연도에 사업을 시작한 경우 : 사업을 시작한 날부터 **업무정지**의 처분 사유가 발생한 날까지의 매출액을 **연간매출액**으로 환산한 금액

㉰ **세관장**은 산정된 **과징금 금액**의 **1/4 범위**에서 사업규모, **위반행위**의 정도 및 위반횟수 등을 고려하여 그 금액을 가중하거나 감경할 수 있다. 이 경우 **과징금**을 가중하는 때에는 **과징금 총액**이 산정된 **연간매출액**의 3/100을 **초과**할 수 없다.

㉱ **과징금**의 부과 및 납부에 관하여는 법 시행령 제285조의7(과징금의 납부)을 준용한다. 이 경우 제285조의7 제1항, 제2항 및 제4항 중 "**관세청장**"은 "**세관장**"으로 본다.

---

제1항 제3호에 따른 **외국항행선박·원양어업선박**에 사용할 목적으로 개별소비세 및 교통·에너지·환경세를 면제받는 **석유류**를 **외국항행선박·원양어업선박외 용도**로 반출하여 조세를 포탈하거나, **외국항행선박·원양어업선박외 용도**로 사용된 석유류에 대하여 **외국항행선박·원양어업선박**에 사용한 것으로 환급·공제받은 자는 **3년 이하**의 **징역** 또는 **포탈세액** 등의 **5배 이하**의 **벌금**에 처한다. ④ 제3항에 따른 **외국항행선박·원양어업선박외** 용도로 반출한 **석유류**를 판매하거나 그 사실을 알면서 취득한 자에게는 **판매가액·취득가액**의 **3배 이하**의 **과태료**를 부과한다.

### (5) 보세화물취급 선박회사의 신고 및 보고

#### 1) 의의

① **보세화물**을 취급하는 **선박회사(항공사)**(그 업무를 대행하는 자를 포함한다)는 대통령령으로 정하는 바에 따라 **세관장**에게 **신고**하여야 한다. **신고인**의 주소 등 다음의 사항을 **변경**한 때에도 또한 같다.

> ㉮ **신고인의 주소 및 성명**, ㉯ **신고인의 상호·영업장소**, ㉰ **신고한 등록사항**

② **세관장**은 **통관**의 신속을 기하고 **보세화물**의 관리절차를 간소화하기 위하여 필요하다고 인정할 때에는 대통령령으로 정하는 바에 따라 **선박회사(항공사)**에게 해당 업무에 관하여 보고하게 할 수 있다.

#### 2) 신청서 제출

① **보세화물**을 취급하는 **선박회사(항공사)**는 다음 요건을 모두 갖추어 주소·성명·상호 및 영업장소 등을 적은 **신고서**를 **세관장**에게 제출하여야 한다.

> ㉮ 법 제175조(운영인의 결격사유)에 해당하지 아니할 것, ㉯ **해운법**, **항공법** 등 관련 법령에 따른 **등록**을 할 것

② **세관장**은 다음 사항을 **선박회사(항공사)**에게 **보고**하게 할 수 있다.

> ㉮ **선박회사(항공사)**가 **화주·국제물류주선업자**에게 발행한 **선하증권(B/L)·항공화물운송장(AWB)**의 내역, ㉯ 화물 취급과정에서 발견된 **보세화물**의 이상 유무 등 통관의 **신속** 또는 **관세법**의 **조사**상 필요한 사항

# 통관

## 통칙

### 1. 통관의 의의와 절차

#### (1) 의의

1) **통관**(Customs Clearance)이란 **수출입**하려는 화물을 일정한 장소에 반입한 다음, **세관** 등의 검사를 거쳐 수출이 허가된 화물을 **외국무역선**(기)에 적재하거나 또는 수입이 허가된 화물을 국내에서 인수할 때까지의 **일련**의 **절차**를 말한다. 즉, 물품을 외국으로 수출하거나 외국에서 수입함에 있어 거쳐야 할 **세관절차**를 의미한다.

2) **수출입**의 거래과정은 국내의 상거래와 근본적으로 다를 바가 없으나, 국제간 거래인 관계로 별도의 관리나 목적에 적합하여야 한다. 따라서 국가가 최종적으로 확인하기 위하여는 **세관**의 **통관절차**를 거치도록 규정하고 있고, 이는 각국이 공통적으로 시행하고 있는 절차이다.

3) **각 국가**에서 이러한 **통관제도**를 두는 것은 재정수입의 확보 외에도 법규정에 적합한 물품이 반출입되는지, 즉, 국가 정책상 필요한 각종의 규제사항에 실효성을 확보함으로서 자국민을 보호하기 위함이다.

4) **우리나라**의 **통관제도**로서 국제수지의 균형과 국민경제의 발전을 위하여 **법·대외무역법·외국환거래법** 및 각종 **수출입관련특별법** 등을 통하여 수출입을 규제하고 있는데 이러한 각종 법령상의 규제사항을 세관에서 확인·집행하고 있다.

5) **통관 형태**는 대상물품의 성질과 이동경로에 따라 **수출입통관·반송통관**으로 구분된다. **수출통관**이란 물품이 국내에서 외국으로 이동하는 경우의 통관을 말하고, **수입통관**은 물품이 외국에서 국내로 이동하는 경우의 통관이며, **반송통관**은 **외국물품**이 국내로 이동했다가 **수입통관**을 하지 않고 외국물품 상태 그대로 다시 외국으로 이동하는 경우의 **통관**을 말한다.

### (2) 통관절차

1) **국제간** 물품수출입은 반드시 세관을 통과해야 하는데 이 때 **관세선**을 통과하는 물품의 수출입은 해당국 세관의 **수출입면허**를 얻어야 한다. 세관의 수출입면허에 있어서는 법에 의한 절차를 거쳐야 함으로 이러한 모든 **수출입절차**를 끝낸 물품에 대한 것을 **통관**이라 하며 법 상 **통관**은 **수출입 면허** 및 **반송 면허**를 의미하는 것이다.

2) 우리나라에서는 대개의 **통관업무**를 전자화했다. WCO에서도 우리나라의 이런 전자화 관세 행정의 전자화는 우수 모법사례로 제시되고 있다. **수출통관**의 흐름, 기본적으로 서류의 흐름만 보면 수출자의 **수출신고**를 대부분 인터넷으로 접수하고 있다.

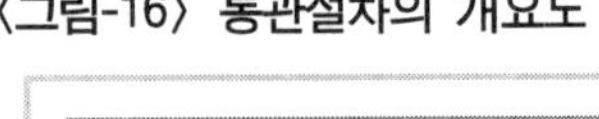
〈그림-16〉 통관절차의 개요도

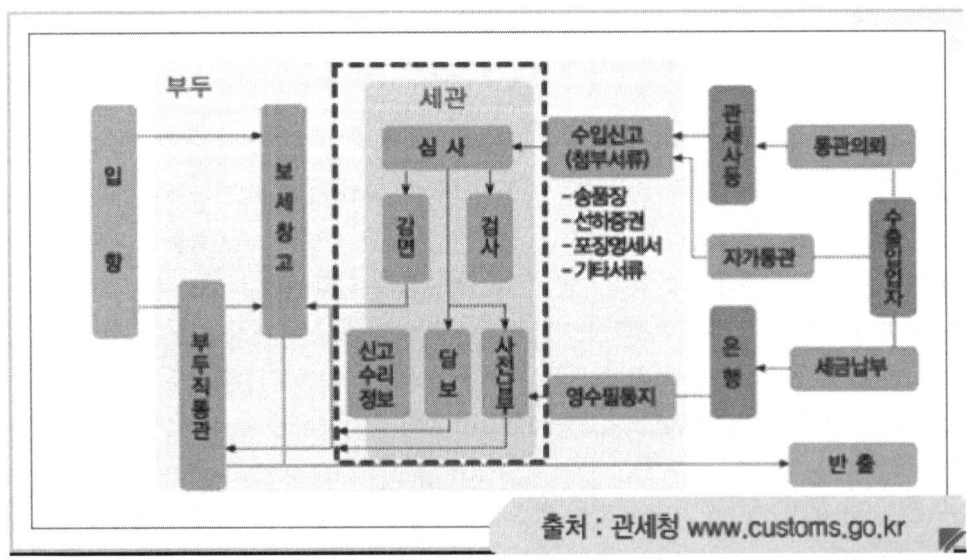

출처 : 관세청 www.customs.go.kr

3) 또한 **전자자료교환**(Electronic Data Interchange : EDI) 서비스도 가능하다. 인터넷으로 접수를 해서 그것이 관세청 내에서 여러 가지 절차를 거쳐서 최종적으로 통과가 되어 당사자에게 돌아올 때까지 흐름이 있고 실제 물품이 우리나라의 **항구**(**공항**)에 어떤 **보세구역**을 통과해서 선정될 때까지 검사나 이런 과정을 거치게 되는 것을 **전자통관절차**

라고 한다.

4) **통관절차**는 물품의 **수출입**에 관한 국가의 규제사항을 **서류**와 **현품**을 통해 대조하여 확인하는 행정적인 절차로, 여기에는 **수출입 통관절차**와 **반송절차**가 포함된다. **좁은 의미**의 **통관절차**는 물품의 수출입 신고에서 신고의 수리에 이르기까지 일련의 절차를 말한다. **넓은 의미**의 **통관절차**는 수출입하고자 하는 물품을 **보세구역**에 반입하여 좁은 의미의 통관절차를 거친 후 **보세구역**으로부터 반출하기까지 일련의 절차를 말한다.

## 2. 통관요건

### (1) 허가·승인의 증명 및 확인

1) **수출입**을 할 때 법령에서 정하는 바에 따라 **허가·승인·표시** 또는 그 밖의 조건을 갖출 필요가 있는 물품은 **세관장**에게 그 허가·승인·표시 또는 그 밖의 조건을 갖춘 것임을 증명하여야 한다. **통관**을 할 때 **허가·승인·표시** 기타 조건(구비조건)에 대한 **세관장**의 확인이 필요한 수출입물품에 대하여는 다른 법령에도 불구하고 그 물품과 확인방법, 확인절차, 그 밖에 필요한 사항을 미리 공고하여야 한다.

3) **허가·승인·표시** 기타 조건의 구비를 요하는 물품에 대하여 **관세청장**은 주무부장관의 요청을 받아 **세관공무원**에 의하여 확인이 가능한 사항인지 여부, 물품의 특성 기타 수출입물품의 통관여건 등을 고려하여 **세관장**의 확인대상물품, 확인방법, 확인절차(관세청장이 지정·고시하는 **정보통신망**을 이용한 확인신청 등의 절차를 포함한다), 그 밖에 확인에 필요한 사항을 공고하여야 한다. 위에 따른 증명에 관하여는 법 제245조(신고 시의 제출서류) 제2항을 준용한다.

### (2) 의무이행의 요구

1) **세관장**은 다른 법령에 따라 수입 후 **특정용도**로 사용하여야 하는 등의 의무가 부가되어 있는 물품에 대하여는 **문서**로서 해당 의무를 이행할 것을 요구할 수 있다.

2) **수입신고 수리시**에 부과된 의무를 면제받고자 하는 자는 다음에 해당하는 경우에 한하여 해당 의무이행을 요구한 **세관장 승인**을 얻어야 한다.

> ① 법령이 정하는 **허가·승인·추천** 기타 **조건**을 구비하여 의무이행이 필요하지 아니하게 된 경우, ② 법령의 개정 등으로 인하여 **의무이행**이 **해제**된 경우, ③ 관계행정기관의 장의 요청 등으로 **부과**된 의무를 이행할 수 없는 사유가 있다고 인정된 경우

3) **의무이행**을 요구받은 자는 대통령령으로 정하는 **특별**한 **사유**가 없으면 해당 물품에 대하여 부가된 의무를 이행하여야 한다.

### (3) 통관표지

1) **병행수입물품 통관표지**란 해당물품의 수입자, 품명, 상표명, 수입일자, 통관세관 등 통관정보를 담고 있는 **QR코드**(격자무늬 모양으로 정보를 나타내는 매트릭스형식의 2차원 바코드)로 소비자는 스마트폰으로 **통관정보**를 확인할 수 있다. QR코드 형태의 **통관표지**를 **병행수입물품**에 부착하여 소비자로 하여금 통관정보를 확인할 수 있도록 하는 제도이다.

2) **세관장**은 관세 보전을 위하여 필요하다고 인정할 때에는 대통령령으로 정하는 바에 따라 수입하는 물품에 **통관표지**를 첨부할 것을 명할 수 있다.

3) **세관장**은 다음에 해당하는 물품에 대하여는 **관세보전**을 위하여 **통관표지**의 첨부를 명할 수 있다.

> ① 법에 의하여 **관세**의 **감면·용도세율**의 적용을 받은 **물품**, ② **관세**의 **분할납부승인**을 얻은 물품, ③ **부정수입물품**과 구별하기 위하여 **관세청장**이 지정하는 물품

4) **통관표지첨부대상**, **통관표지**의 종류, **첨부방법** 등에 관하여 필요한 사항은 **관세청장**이 정한다. 다음에 해당하는 물품은 **통관표지**의 첨부를 생략한다(**수입통관 사무처리에 관한 고시** 제116조(통관표지 첨부대상)).

> ① **수입신고수리후 자가사용**으로 인정되는 **휴대품**, **우편물**, **탁송품·별송품**, ② **수출조건부 면세대상 물품** 등 **일시수입물품**, ③ 우리나라에서 수출된 후 **재수입**되는 **물품**, ④ **외교관 면세대상물품**, ⑤ **수출조건**으로 **공매낙찰**된 **물품**

## 3. 원산지의 확인

### (1) 원산지제도의 배경과 원산지규정의 기능

#### 1) 원산지제도의 배경

**원산지규정**(Rule of Origin : RoO)은 국제무역에서 특정상품이 어느 국가에서 생산되고 제조 되었는지를 판단하는 기준으로 우리나라는 1990년 교토협약 가입 후 1991년부터

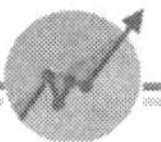

**원산지제도**를 시행하고 있다. WTO **원산지규정**에 관한 협정에 따라 WCO 및 WTO에서는 통일 원산지규정을 제정 중에 있다

### 2) 원산지규정의 기능

**원산지규정**은 다음과 같은 기능을 하며, 우리나라는 물품에 **원산지**를 **표시**하는 **제도**와 **원산지증명**에 의한 **원산지확인제도**를 운영하고 있다.

> ① **소비자** 및 **생산자** 보호 기능, ② **저가 물품**에 대한 **덤핑방지** 및 **상계관세** 부과 등 산업보호 및 무역정책 기능, ③ **국제조약·국가간 협정**에 의하여 특정국가에 **특혜제공 대상물품**의 결정, ④ **원산지제도**를 국제규범과 일치시킴으로써 외국과의 **통상마찰 사전 예방** 등

### 3) 원산지제도의 분류체계

#### ① 특혜원산지규정

**특혜원산지규정**은 **관세동맹·FTA** 체결에 따라 역내국가가 **원산지**인 **물품** 등에 대해 쌍방적 또는 일방적으로 **관세상 특혜**를 부여하는 경우에 적용되며, FTA의 **원산지규정**이 이에 해당한다.

#### ② 비특혜원산지규정

**비특혜원산지규정**은 **특혜원산지규정** 이외의 **원산지규정**을 말하는 것으로 관세상의 특혜목적이 아닌 **관세행정·무역정책**상 물품의 원산지를 확인할 필요가 있는 경우에 적용된다. **불공정무역 방지조치**인 **덤핑방지관세·상계관세** 등의 부과를 위한 **원산지확인**, **긴급수입제한조치**를 위한 규제, 소비자보호를 위한 원산지표시규정, 환경보전 및 국민보건을 위한 검역목적의 **원산지규정** 등이 **비특혜원산지규정**이며, 대표적으로 WTO **원산지규정**을 들 수 있다.

## (2) 원산지의 확인기준

### 1) 의의

① 법, 조약, 협정 등에 따른 관세의 부과·징수, 수출입물품의 통관, 확인요청에 따른 조사 등을 위하여 **원산지**를 확인할 때에는 다음에 해당하는 나라를 원산지로 한다.

> ㉮ 해당 **물품**의 전부를 **생산·가공·제조**한 **나라**, ㉯ 해당 **물품**이 **2개국 이상**에 걸쳐 **생산·가공** 또는 **제조**된 경우에는 그 물품의 본질적 특성을 부여하기에 충분한 정도의 실질적인 **생산·가공·제조 과정**이 **최종적으로** 수행된 **나라**

② 위의 내용을 적용할 **물품 범위**, **구체적 확인기준** 등에 관하여 필요 사항은 기획재정부령으로 정한다. 조약·협정 등의 시행을 위하여 **원산지확인기준** 등을 따로 정할 필요가 있을 때에는 기획재정부령으로 **원산지확인기준** 등을 따로 정한다.

### 2) 일반물품의 원산지결정기준

① 법 제229조(원산지 확인 기준) 제1항 제1호의 규정에 의하여 **원산지**를 인정하는 물품은 다음과 같다.

> ㉮ 해당 **국가영역**에서 생산된 **광산물**과 **식물성 생산물**, ㉯ 해당 **국가영역**에서 번식·사육된 산 동물과 이들로부터 채취한 **물품**, ㉰ 해당 **국가영역**에서의 수렵 또는 어로로 채집·포획한 **물품**, ㉱ 해당 **국가**의 선박에 의하여 채집·포획한 **어획물** 기타의 **물품**, ㉲ 해당 **국가**에서의 제조·가공의 공정 중에 발생한 **부스러기**, ㉳ 해당 **국가** 또는 그 **선박**에서 물품을 원재료로 하여 제조·가공한 **물품**

② **2개국 이상**에 걸쳐 생산·가공 또는 제조(생산)된 물품의 원산지는 해당 물품의 생산과정에 사용되는 물품의 품목분류표상 **6단위 품목번호**와 다른 **6단위 품목번호**의 물품을 최종적으로 생산한 국가로 한다.

③ **관세청장**은 **6단위 품목번호**의 변경만으로 본질적 특성을 부여하기에 충분한 정도의 실질적인 생산과정을 거친 것으로 인정하기 곤란한 품목에 대하여는 주요공정·부가가치 등을 고려하여 품목별로 원산지기준을 따로 정할 수 있다.

④ 다음에 해당하는 작업이 수행된 국가는 **원산지**로 **인정**하지 아니한다.

> ㉮ **운송** 또는 **보세구역장치중**에 있는 물품의 보존을 위하여 필요한 **작업**, ㉯ **판매**를 위한 물품의 **포장개선·상표표시** 등 상품성 향상을 위한 **개수작업**, ㉰ 단순한 **선별·구분·절단** 또는 **세척작업**, ㉱ **재포장** 또는 단순한 **조립작업**, ㉲ 물품의 특성이 변하지 아니하는 **범위내**에서의 **원산지**가 다른 물품과의 **혼합작업**, ㉳ **가축**의 **도축작업**

⑤ **관세청장**은 **품목별 원산지기준**을 정하는 때에는 기획재정부장관 및 해당 물품의 관

계부처의 장과 협의하여야 한다.

### 3) 특수물품의 원산지결정기준

법 시행규칙 제74조(일반물품의 원산지결정기준)에도 불구하고 촬영된 영화용 필름, 부속품·예비부분품 및 공구와 포장용품은 다음 구분에 따라 **원산지**를 **인정**한다.

① **촬영**된 **영화용 필름**은 그 제작자가 속하는 **국가**, ② 기계·기구·장치 또는 차량에 사용되는 부속품·예비부분품 및 공구로서 기계·기구·장치 또는 차량과 함께 수입되어 동시에 판매되고 그 종류 및 수량으로 보아 통상 부속품·예비부분품 및 공구라고 인정되는 물품은 해당 **기계·기구** 또는 **차량**의 **원산지**, ③ **포장용품**은 그 내용물품의 **원산지**. 다만, **품목분류표**상 **포장용품**과 **내용품**을 각각 별개의 **품목번호**로 하고 있는 경우에는 그러하지 아니한다.

### 4) 직접운송원칙

**원산지**를 결정할 때 해당 물품이 **원산지**가 아닌 국가를 경유하지 아니하고 직접 우리나라에 운송·반입된 물품인 경우에만 그 **원산지**로 인정한다. 다만, 다음에 해당하는 물품인 경우에는 우리나라에 직접 **반입**한 것으로 본다.

㉮ 다음 요건을 모두 충족하는 물품일 것
  ㉠ **지리적·운송상**의 이유로 단순 경유한 것
  ㉡ **원산지**가 아닌 **국가**에서 관세당국의 통제하에 **보세구역**에 장치된 것
  ㉢ **원산지**가 아닌 **국가**에서 **하역**, **재선적** 또는 그 밖에 정상 상태를 유지하기 위하여 요구되는 **작업** 외의 **추가적**인 **작업**을 하지 아니한 것
㉯ **박람회·전시회** 및 그 밖에 이에 준하는 행사에 전시하기 위하여 **원산지**가 아닌 국가로 수출되어 해당 국가 관세당국의 통제하에 **전시목적**에 사용된 후 우리나라로 수출된 물품일 것

## (3) 원산지허위표시물품의 통관제한

### 1) 통관제한조치

**세관장**은 법령에 따라 **원산지**를 표시하여야 하는 물품이 다음에 해당하는 경우에는 해당 물품의 통관을 허용하여서는 아니 된다. 다만, 그 **위반사항**이 **경미**한 경우에는 이를 보완·정정하도록 한 후 **통관**을 **허용**할 수 있다.

① **원산지표시**가 법령에서 정하는 기준과 방법에 **부합**되지 아니하게 **표시**된 경우, ② **원산지표시**가 **부정**한 **방법**으로 사실과 다르게 **표시**된 경우, ③ **원산지표시**가 되어 있지 아니한 경우

### 2) 품질 등 허위·오인 표시물품의 통관제한

**세관장**은 물품의 품질, 내용, 제조 방법, 용도, 수량(품질 등)을 사실과 다르게 표시한 물품·품질 등을 **오인**할 수 있도록 표시하거나 **오인**할 수 있는 표지를 부착한 물품으로서 **부정경쟁방지 및 영업비밀보호에 관한 법률, 식품위생법, 산업표준화법** 등 품질 등의 표시에 관한 법령을 **위반**한 물품에 대하여는 **통관**을 허용하여서는 아니 된다.

### 3) 환적물품의 유치

① **세관장**은 일시적으로 육지에 내려지거나 다른 **운송수단**으로 **환적·복합환적**되는 **외국물품** 중 원산지를 우리나라로 허위표시한 물품은 **유치**할 수 있다.

② 유치하는 **외국물품**은 **세관장**이 관리하는 장소에 보관하여야 한다. 다만, 세관장이 필요하다고 인정할 때에는 그러하지 아니하다.

③ **세관장**은 **외국물품**을 유치할 때에는 그 사실을 그 물품의 **화주**나 그 위임을 받은 자에게 **통지**하여야 한다. **세관장**은 통지를 할 때에는 **이행기간**을 정하여 **원산지표시**의 수정 등 필요한 조치를 명할 수 있다. 이 경우 지정한 **이행기간** 내에 명령을 이행하지 아니하면 매각한다는 뜻을 함께 통지하여야 한다.

④ **세관장**은 명령이 이행된 경우에는 **물품**의 **유치**를 즉시 **해제**하여야 한다. 그런데 **세관장**은 명령이 이행되지 아니한 경우에는 이를 **매각**할 수 있다. 이 경우 매각 방법 및 절차에 관하여는 법 제160조(장치물품의 폐기) 제4항부터 제6항까지 및 제210조(매각방법)를 준용한다.

## (4) 원산지증명서

### 1) 원산지증명서의 제출

① 법, 조약 및 협정 등에 의하여 **원산지확인**이 필요한 물품을 수입하는 자는 수입신고시(부득이한 경우 신고수리 전) **원산지증명서**(Certificate of Origin : C/O)를 제출하여야 한다. 다만, 대통령령으로 정하는 물품의 경우에는 그러하지 아니하다. **원산지증명서 미제출**시 **일반특혜관세·국제협력관세** 또는 **편익관세** 등의 적용이 배제된다. **원산지 제출 대상물품**과 **제출생략 대상물품**은 각각 다음과 같다.

※ **제출대상 물품**
㉮ 법상 **특혜공여대상 물품**(일반특혜관세 대상 등), ㉯ **덤핑방지관세·보복관세** 및 **상계관세 부과물품**, ㉰ **원산지 허위표시 협의물품** 등

※ **제출생략 대상물품**
㉮ **물품**의 종류·성질·형상 또는 그 상표·생산국명·제조자 등에 의하여 **원산지**가 인정되는 **물품**, ㉯ **우편물**(관세법 제258조(우편물통관에 대한 결정) 제2항에 해당하는 것은 제외), ㉰ **과세가격 15만원 이하**인 **물품**, ㉱ 개인에게 **무상**으로 송부된 **탁송품, 별송품·여행자휴대품**, ㉲ 기타 **관세청장**이 행정기관의 장과 협의하여 인정하는 **물품** 등

② **세관장**은 원산지확인이 필요한 물품을 수입한 자에게 제출받은 **원산지증명서**의 내용을 확인하기 위하여 필요자료(**원산지증명서 확인자료**)를 제출하게 할 수 있다. 이 경우 원산지확인이 필요한 물품을 수입한 자가 정당한 사유 없이 **원산지증명서 확인자료**를 제출하지 아니할 때에는 **세관장**은 수입신고 시 제출받은 **원산지증명서**의 내용을 인정하지 아니할 수 있다.

③ **세관장**은 **원산지증명서 확인자료**를 제출한 자가 정당한 사유를 제시하여 그 자료를 **공개**하지 아니할 것을 요청한 경우에는 그 제출인의 명시적 동의 없이는 해당 자료를 공개하여서는 아니된다. 조약·협정 등의 시행을 위하여 **원산지증명서 제출** 등에 관한 사항을 따로 정할 필요가 있을 때에는 기획재정부령으로 정한다.

#### 2) 자료제출 요구 등

① **세관장**은 원산지증명서의 내용을 확인하기 위하여 필요 자료를 제출하게 할 수 있다. 세관장은 **원산지증명서 확인자료**를 제출한 자가 정당한 사유를 제시하여 자료 비공개를 요청한 경우에는 제출자의 명시적인 동의없이 공개하여서는 안 된다.

② **원산지증명서**는 해당 물품의 기호·번호·품명·수량·가격·생산자·수출자 및 수입자가 기재되어 있고 해당 원산지국가의 세관, 기타 발급권한이 있는 **관공서·상공회의소**가 발행한 것이어야 한다.

#### 3) 원산지표시방법

##### ① 법적 근거(대외무역법 제33조(수출입 물품 등의 원산지의 표시))

**공정**한 거래 질서의 **확립**과 **생산자** 및 **소비자 보호**를 위하여 **원산지**를 표시하여야 하는 대상으로 공고한 물품 등을 수출입하려는 자는 그 물품 등에 대하여 **원산지**를 표시하여야 한다.

② **원산지표시 요건**

㉮ **한글·한문** 또는 **영문**으로 표시할 것, ㉯ **최종구매자**가 쉽게 판독할 수 있는 활자체로 표시할 것, ㉰ **식별**하기 쉬운 위치에 표시할 것, ㉱ **표시**된 원산지가 쉽게 지워지거나 떨어지지 아니하는 방법으로 표시할 것 등

③ **원산지표시 원칙**

㉮ 의의

**원산지표시**의 **원칙**은 다음과 같다.

**현품 원칙** : 원산지표시 대상물품은 해당 물품에 **원산지**를 표시하여야 한다.
**예외** : **현품**에 표시가 어려운 경우 물품의 **최소포장**, **용기** 등에 물품의 **원산지**를 표시할 수 있다.

㉯ 대외무역관리규정 제76조(수입물품 원산지 표시의 일반원칙)

㉠ **수입물품**의 원산지는 다음에 해당되는 방식으로 **한글**, **한자** 또는 **영문**으로 표시할 수 있다.

ⓐ **원산지**: 국명·국명 산(産), ⓑ "Made in 국명"·"Product of 국명", ⓒ "Made by **물품 제조자**의 회사명, 주소, 국명", ⓓ "Country of Origin : 국명", ⓔ **원산지**와 동일한 경우로서 **국제상거래관행**상 타당한 것으로 **관세청장**이 인정하는 방식

㉡ **수입물품**의 원산지는 **최종구매자**가 해당 물품의 **원산지**를 용이하게 판독할 수 있는 크기의 활자체로 표시하여야 한다. **수입물품**의 원산지는 **최종구매자**가 정상적인 물품구매 과정에서 **원산지표시**를 발견할 수 있도록 식별하기 용이한 곳에 표시하여야 한다. **표시**된 원산지는 쉽게 지워지지 않으며 물품(또는 포장·용기)에서 쉽게 떨어지지 않아야 한다.

㉢ **수입물품**의 **원산지**는 제조단계에서 인쇄(printing), 등사(stenciling), 낙인(branding), 주조(molding), 식각(etching), 박음질(stitching) 또는 이와 유사한 방식으로 **원산지**를 표시하는 것을 원칙으로 한다. 다만, 물품의 특성상 위와 같은 방식으로 표시하는 것이 부적합 또는 곤란하거나 물품을 훼손할 우려가 있는 경우에는 날인(stamping), 라벨(label), 스티커(sticker), 꼬리표(tag)를 사용하여 표시할 수 있다.

㉣ **최종구매자**가 수입물품의 **원산지**를 오인할 우려가 없는 경우에는 다음과 같이 통상적으로 널리 사용되고 있는 국가명·지역명 등을 사용하여 **원산지**를 표시할 수 있다.

> ⓐ United States of America를 **USA**로, ⓑ Switzerland를 **Swiss**로, ⓒ Netherlands를 **Holland**로, ⓓ United Kingdom of Great Britain and Northern Ireland를 **UK** 또는 GB로, ⓔ UK의 England, Scotland, Wales, Northern Ireland, ⓕ 기타 **관세청장**이 **산업통상자원부장관**과 협의하여 타당하다고 인정하는 **국가**나 **지역명**

㉤ **품질경영** 및 공산품안전관리법, 식품위생법 등 다른 법령에서 **원산지표시방법** 등을 정하고 있는 경우에는 이를 적용할 수 있다.

㉰ 대외무역관리규정 제76조의2(수입물품 원산지표시의 예외 등)

㉠ **수입물품**의 크기가 작아 대외무역법 관리규정 제76조(수입물품 원산지표시의 일반원칙)제1항 제1호부터 제4호까지의 방식으로 해당 물품의 **원산지**를 표시할 수 없을 경우에는 국명만을 표시할 수 있다.

㉡ **최종구매자**가 **수입물품**의 원산지를 **오인**할 우려가 없도록 표시하는 전제하에 원산지표시와 병기하여 물품별 **제조공정상**의 다양한 특성을 반영할 수 있도록 다음 예시에 따라 보조표시를 할 수 있다.

> ⓐ "Designed in **국명**", "Fashioned in **국명**", "Moded in **국명**", "stlyed in **국명**" , "Licensed by **국명**", "Finished in **국명**"....., ⓑ 기타 **관세청장**이 위에 준하여 타당하다고 인정한 **보조표시 방법**

㉢ **수출국**에서의 주요 부분품의 **단순 결합물품**, 원재료의 **단순혼합물품**, **중고물품**으로 원산지를 특정하기 어려운 물품은 다음과 같이 **원산지**를 표시할 수 있다.

> ⓐ **단순조립물품** : "Organized in 국명(부분품별 원산지 나열)", ⓑ **단순혼합물품** : "Mixed in 국명(원재료별 원산지 나열)", ⓒ **중고물품** : "Imported from 국명“

㉱ 원산지제도운영에 관한 고시 제8조(원산지 국가명 표기)

이 고시 제8조에는 **원산지국명 표기방법**과 관련하여 다음과 같이 규정하고 있다.

㉠ 영문으로 **국가명**을 표시하는 경우에는 약어(예: Great Britain을 "Gt Britain"으로 표기) 또는 **변형**된 표기(예: Italy를 "Italie"로 표기)를 표시할 수 있으나, 국가명 또는 국가명의 형용사적 표현이 다른 단어와 결합되어 특정상품의 상표로 **최종구매자**에게 오인될 우려가 있는 경우(예: Brazil Nuts)에는 **원산지표시**로 인정하지 아니한다.

㉡ 식민지 및 국가로부터 자치권을 행사하는 **특별구역**은 별도의 **원산지국가**로 표시하여야 한다(예: Hong Kong, Macao, Guam, Samoa Islands, Virgin Islands).

㉢ 각각의 개별 국가가 아닌 **지역·경제적연합체**는 이를 **원산지**로 표시할 수 없다.(예: EU, NAFTA, ASEAN, MERCOSUR, COMESA)

㉣ **최종구매자**가 **수입물품**의 원산지를 **오인**할 우려가 없는 경우에는 통상적으로 널리 사용되고 있는 국가명이나 지역명 등을 사용하여 **원산지**를 표시할 수 있다(예: United States of America를 **USA·US**, **America**로, Switzerland를 **Swiss**로, Netherlands를 **Holland**로, United Kingdom of Great Britain and Northern Ireland를 **UK** 또는 **GB**로, UK의 England, Scotland, Wales, Northern Ireland).

㉤ **국제상거래관행상** 국가명만 표시하는 것으로 인정되는 물품의 경우에는 국가명만 표시할 수 있다(예: 시계, 볼펜, 사인펜, 연필, 색연필 등).

㉥ **국제상거래관행상** 정착된 표시방법은 적정한 **원산지표시**로 인정할 수 있다(예: "Manufactured by 물품 제조자 회사명, 주소, 국가명", "Manufactured in 국가명", "Produced in 국가명", "국가명 Made", "Country of Origin : 국가명").

#### 4) 원산지 등의 사전확인

##### ① 의의

**원산지확인**이 필요한 물품을 수입하는 자는 **관세청장에**게 다음에 해당하는 사항에 대하여 해당 물품의 **수입신고**를 하기 전에 미리 확인 또는 심사(**사전확인**)하여 줄 것을 신청할 수 있다.

> ㉮ **원산지 확인기준**의 충족여부, ㉯ 조약·협정 등의 체결로 인하여 관련법령에서 **특정물품**에 대한 **원산지확인기준**을 달리 정하고 있는 경우에 해당 법령에 따른 **원산지확인기준**의 충족여부, ㉰ **원산지확인기준**의 충족여부를 결정하기 위한 기초가 되는 사항으로서 **관세청장**이 정하는 사항, ㉱ 그 밖에 **관세청장**이 **원산지**에 따른 관세의 적용과 관련하여 필요하다고 정하는 사항

##### ② 사전확인신청서 교부

㉮ **사전확인**의 신청을 받은 경우 관세청장은 **60일 이내**에 이를 확인하여 그 결과를 기재한 서류(**사전확인서**)를 신청인에게 교부하여야 한다. 다만, 제출자료의 미비 등으로 인하여 사전확인이 곤란한 경우에는 그 사유를 신청인에게 통지하여야 한다.

㉯ **세관장**은 수입신고된 물품 및 **원산지증명서**의 내용이 **사전확인서**상의 내용과 동일하다고 인정되는 때에는 특별한 사유가 없는 한 사전확인서의 내용에 따라 관세의 경감 등을 적용하여야 한다.

㉰ **사전확인**의 결과를 통지받은 자(**사전확인서**의 내용변경 통지를 받은 자를 포함한다)는 그 통지내용에 이의를 제기하려는 경우 그 결과를 통지받은 날부터 **30일 이내**에 다음 사항이 기재된 신청서에 이의제기 내용을 확인할 수 있는 자료를 첨부하여 **관세청장**에게 제출하여야 한다.

> ㉠ **이의**를 제기하는 **자**의 **성명**과 **주소** 또는 **거소**, ㉡ 해당 **물품**의 **품명·규격·용도·수출자·생산자** 및 **수입자**, ㉢ **이의제기**의 요지와 내용, ㉣ **관세청장**은 **이의제기**를 받은 때에는 이를 **심사**하여 **30일 이내**에 그 결정 내용을 **신청인**에게 알려야 한다.

㉱ **관세청장**은 **이의제기**의 내용이나 절차가 적합하지 아니하거나 **보정**할 수 있다고 인정되는 때에는 20일 **이내**의 기간을 정하여 ⓐ **보정사항**, ⓑ **보정**을 요구하는 **이유**, ⓒ **보정기간**, ⓓ 그 밖의 필요한 **사항**을 적은 문서로서 **보정**하여 줄 것을 요구할 수 있다. 이 경우 **보정기간**은 **심사결정기간**에 산입하지 아니한다.

### ③ 사전확인서 내용의 변경

㉮ **관세청장**은 사전확인서 근거가 되는 사실관계 또는 상황이 변경된 경우에는 사전확인서 내용을 변경할 수 있다. 이 경우 **관세청장**은 신청인에게 그 변경내용을 통지하여야 한다.

㉯ **사전확인서** 내용을 변경한 경우에는 그 **변경일후**에 수입신고되는 물품에 대하여 변경된 내용을 적용한다. 다만, **사전확인서** 내용변경이 **자료제출누락·허위자료제출** 등 신청인의 **귀책사유**로 인한 때에는 해당 **사전확인**과 관련하여 그 **변경일전**에 수입신고된 물품에 대하여도 소급하여 변경내용을 적용한다.

### ④ 원산지확인위원회

㉮ **사전확인**, **사전확인 이의제기** 및 **변경** 등에 관한 사항중 **관세청장**이 부의하는 사안을 심의하기 위하여 관세청에 **원산지확인위원회**를 둔다.

㉯ **위원회**는 위원장 1명을 포함하여 20명 이상 30명 이하의 위원으로 구성한다.

㉰ **위원장**은 관세청에서 원산지업무를 관장하는 고위공무원단에 속하는 공무원이 되고, 위원은 다음에 해당하는 자중에서 관세청장이 임명 또는 위촉한다.

> ㉠ **관계중앙행정기관**에서 원산지 관련업무를 담당하는 공무원, ㉡ **관세청·관세평가분류원·중앙관세분석소** 또는 **세관**에서 원산지 관련업무를 담당하고 있는 공무원, ㉢ 그 밖에 **원산지업무**에 관하여 학식과 경험이 풍부한 자

㉱ **관세청장**은 위원이 다음에 해당하는 경우에는 해당 위원을 **해임·해촉**할 수 있다.

> ㉠ **심신장애**로 인하여 직무를 수행할 수 없게 된 경우, ㉡ **직무**와 관련된 **비위사실**이 있는 경우, ㉢ **직무태만**, **품위손상**이나 그 밖의 사유로 인하여 **위원**으로 적합하지 아니하다고 인정되는 경우, ㉣ **위원** 스스로 **직무**를 수행하는 것이 곤란하다고 의사를 밝히는 경우

㉲ **위원장**이 부득이한 사유로 그 직무를 수행하지 못하는 경우에는 위원장이 지명하는 자가 그 직무를 대행한다.

㉳ **위원**중 공무원인 위원이 회의에 출석하지 못할 부득이한 사정이 있는 때에는 그가 지명하는 공무원(해당 직위가 공석인 때에는 위원장이 지명하는 공무원을 말한다)에게 회의에 출석하여 그 직무를 대행하게 할 수 있다.

㉴ **위원회**의 회의는 위원장을 포함한 재적위원 과반수의 출석과 출석위원 과반수의 찬성으로 의결한다.

㉵ **위원회**의 서무를 처리하기 위하여 위원회에 간사 1인을 두며, 위원회의 간사는 관세청의 5급 이상 공무원 또는 고위공무원단에 속하는 일반직공무원중에서 위원장이 지명한다.

㉶ **관세청장**은 회의의 원활한 운영을 위하여 위원회에 상정된 물품의 원산지 확인업무와 관련된 의견을 듣기 위하여 관련 학계·연구기관 또는 협회 등에서 활동하는 자를 자문위원으로 위촉할 수 있다.

㉷ **위원회**에 출석한 공무원이 아닌 위원 및 자문위원에 대하여는 예산이 정하는 범위내에서 여비 및 수당을 지급할 수 있다. **위원회**의 운영에 관하여 법 시행령이 규정하지 아니한 사항은 **관세청장**이 정한다.

### (5) 원산지증명서의 발급

#### 1) 의의

① 법, 조약, 협정 등에 따라 **관세**를 **양허**받을 수 있는 물품의 **수출자**가 **원산지증명서**

의 발급을 요청하는 경우에는 **세관장**이나 그 밖에 **원산지증명서**를 발급할 권한이 있는 기관은 그 **수출자**에게 **원산지증명서**를 발급하여야 한다.

② **세관장**은 발급된 **원산지증명서** 내용을 확인하기 위하여 필요하다고 인정되는 경우에는 다음 자에게 **원산지증명서 확인자료**(대통령령으로 정하는 자료로 한정한다)를 제출하게 할 수 있다. 이 경우 자료의 **제출기간**은 20일 **이상**이며, 또한 **세관장**으로부터 **원산지증명서 확인자료**의 제출을 요구받은 날부터 30**일**이다. 다만, 제출을 요구받은 자가 부득이한 사유로 그 기간에 **원산지증명서 확인자료**를 제출하기 곤란할 때에는 그 기간을 30**일 범위**에서 한 차례만 **연장**할 수 있다.

> ㉮ **원산지증명서**를 발급받은 자, ㉯ **원산지증명서**를 발급한 자, ㉰ 해당 **수출물품**의 **생산자·수출자**

### 2) 원산지증명서확인자료

위의 1)-②에서 대통령령으로 정하는 자료는 다음 구분에 따른 자료로서 **수출신고 수리일**부터 **3년 이내**의 자료를 말한다.

① **수출물품**의 **생산자**가 제출하는 자료는 다음과 같다.

> ㉮ **수출자**에게 해당 물품의 **원산지**를 증명하기 위하여 제공한 **서류**, ㉯ 수출자와의 **물품공급계약서**, ㉰ 해당 물품의 생산에 사용된 원재료의 **수입신고필증**(생산자 명의로 수입신고한 경우만 해당한다), ㉱ 해당 물품 및 원재료의 **생산·구입** 관련 **증명** 서류, ㉲ **원가계산서·원재료내역서** 및 **공정명세서**, ㉳ 해당 **물품** 및 **원재료**의 **출납·재고관리대장**, ㉴ 해당 **물품**의 생산에 사용된 재료를 공급하거나 생산한 자가 그 재료의 원산지를 증명하기 위하여 작성하여 **생산자**에게 제공한 **서류**, ㉵ **원산지증명서 발급 신청서류**(전자문서를 포함하며, 생산자가 **원산지증명서**를 발급받은 경우만 해당한다)

② **수출자**가 제출하는 자료는 다음과 같다.

> ㉮ **원산지증명서**가 발급된 물품을 수입하는 국가의 **수입자**에게 제공한 **원산지증명서**(전자문서를 포함한다), ㉯ **수출신고필증**, ㉰ **수출거래 관련 계약서**, ㉱ **원산지증명서발급 신청서류**(전자문서를 포함하며, 수출자가 원산지증명서를 발급받은 경우만 해당한다), ㉲ 위의 ①-㉱부터 ㉳까지의 서류(수출자가 원산지증명서를 발급받은 경우만 해당한다)

③ **원산지증명서**를 **발급**한 **자**가 제출하는 자료는 다음과 같다.

㉮ **발급**한 **원산지증명서**(전자문서를 포함한다), ㉯ **원산지증명서발급 신청서류**(전자문서를 포함한다), ㉰ 그 밖에 **발급기관**이 **보관** 중인 자료로서 **원산지확인**에 필요하다고 판단하는 **자료**

### 3) 원산지정보 수집·분석 업무의 위탁

① **관세청장**이 법인 또는 단체의 장에게 **위탁**할 수 있는 업무는 다음과 같다.

㉮ **수출입물품**의 **원산지정보관리**를 위한 시스템의 구축 및 운영에 관한 **사항**, ㉯ 자유무역협정의 이행을 위한 관세법의 특례에 관한 법률(자유무역협정(FTA) 관세법 제17조(원산지에 관한 조사) 제1항[1] 및 제18조(체약상대국의 요청에 따른 원산지 조사) 제1항[2]에 따른 서면조사 또는 현지조사 업무 중 물품의 생산 공정 분석, 거래형태 분석, 품목분류 및 부가가치 계산 등 전문성을 요하는 **사항**, ㉰ 자유무역협정(FTA) 관세법 제31조(원산지 등에 대한 사전심사) 및 조약·협정에 따른 **사전심사**를 위한 **예비조사**에 관한 **사항**, ㉱ **사전확인** 업무의 **예비조사**에 관한 **사항**, ㉲ **원산지 확인·결정** 또는 **검증**이 필요한 **수출입물품** 또는 그 **수출입자** 등의 자료분석에 관한 **사항**, ㉳ 그 밖에 **관세청장**이 정하여 고시하는 사항

② **업무**를 위탁받을 수 있는 법인 또는 단체의 장은 **관세청장**이 정하는 품목분류·원산지 기준 등 **원산지정보 수집·분석**에 필요한 전문인력 및 전산설비를 갖춘 법인 또는 단체의 장 중에서 **관세청장**이 지정하여 고시한다.

③ **업무**의 위탁을 받은 **법인** 또는 단체의 장에 대한 지휘·감독의 관한 사항은 **관세청장**이 정한다.

### 4) 원산지증명서의 제출

① 다음에 해당하는 자는 해당 물품의 **수입신고** 시에 그 물품의 **원산지증명서**를 **세관장**에게 제출하여야 한다. 다만, **수입신고 전**에 **원산지증명서**를 발급받았으나 분실 등의 사유로 수입신고 시에 **원산지증명서**를 제출하지 못한 경우에는 **원산지증명서 유효기간** 내에 해당 **원산지증명서** 또는 그 **부본**을 제출할 수 있다.

---

1) 제17조(원산지에 관한 조사) ① **관세청장·세관장**은 **수출입물품**의 **원산지·협정관세** 적용의 적정 여부 등에 대한 확인이 필요하다고 인정하는 경우에는 **협정**에서 정하는 범위에서 대통령령으로 정하는 바에 따라 다음 각 호의 어느 하나에 해당하는 자를 대상으로 필요한 **서면조사·현지조사**를 할 수 있다. 1. **수입자**, 2. **수출자·생산자**(체약상대국에 거주하는 수출자 및 생산자를 포함한다), 3. **원산지증빙서류 발급기관**, 4. 제16조 제1항 제3호의 자.

2) 제18조(체약상대국의 요청에 따른 원산지 조사) ① **관세청장·세관장**은 **체약상대국**의 관세당국으로부터 우리나라의 **수출물품**에 대한 **원산지증빙서류**의 **진위 여부**와 그 정확성 등에 관한 확인을 요청받은 경우에는 협정에서 정하는 범위에서 대통령령으로 정하는 바에 따라 다음 각 호의 어느 하나에 해당하는 자를 대상으로 **원산지확인**에 필요한 **서면조사·현지조사**를 할 수 있다. 1. **수출자 ·생산자**, 2. **원산지증빙서류 발급기관**, 3. 제16조 제1항 제3호의 자.

㉮ 법·조약·협정 등에 의하여 다른 국가의 **생산**(가공을 포함한다)**물품**에 적용되는 세율보다 **낮은 세율**을 적용받고자 하는 자로서 **원산지확인**이 필요하다고 관세청장이 정하는 자, ㉯ **관세율**의 적용 기타의 사유로 인하여 **원산지확인**이 필요하다고 **관세청장**이 지정한 물품을 **수입**하는 자

② 다음 **물품**에 대하여는 위의 규정을 적용하지 아니한다.

㉮ **세관장**이 물품의 종류·성질·형상 또는 그 상표·생산국명·제조자 등에 의하여 원산지를 확인할 수 있는 **물품**, ㉯ **우편물**(법 제258조(우편물통관에 대한 결정) 제2항[3]의 규정에 해당하는 것을 제외한다), ㉰ **과세가격**(**종량세**의 경우에는 이를 법 제15조(과세표준)[4]의 규정에 준하여 산출한 가격을 말한다)이 **15만원 이하**인 **물품**, ㉱ 개인에게 **무상**으로 송부된 **탁송품·별송품** 또는 **여행자휴대품**, ㉲ 기타 **관세청장**이 관계행정기관의 장과 협의하여 정하는 **물품**

③ **세관장**에게 제출하는 **원산지증명서**는 다음에 해당하는 것이어야 한다.

㉮ **원산지국가**의 세관 기타 발급권한이 있는 **기관·상공회의소**가 해당 물품에 대하여 **원산지국가**(지역을 포함한다)를 확인 또는 발행한 것, ㉯ **원산지국가**에서 바로 수입되지 아니하고 제3국을 경유하여 수입된 물품에 대하여 그 제3국의 세관 기타 발급권한이 있는 기관·상공회의소가 확인·발행한 경우에는 **원산지국가**에서 해당 물품에 대하여 발행된 **원산지증명서**를 기초로 하여 **원산지국가**(지역을 포함한다)를 확인·발행한 것, ㉰ **관세청장**이 정한 물품의 경우에는 해당 물품의 **상업송장·관련서류**에 **생산자·공급자·수출자** 또는 권한있는 자가 **원산지국가**를 기재한 것

④ **원산지증명서**에는 해당 **수입물품**의 **품명, 수량, 생산지, 수출자** 등 **관세청장**이 정하는 사항이 적혀 있어야 하며, 제출일부터 소급하여 **1년**(다음 구분에 따른 기간은 **제외**한다) 이내에 발행된 것이어야 한다.

---

3) 제258조(우편물통관에 대한 결정) ② **우편물**이 대외무역법 제11조에 따른 수출입의 **승인**을 받은 것이거나 그 밖에 대통령령으로 정하는 기준에 해당하는 것일 때에는 해당 **우편물**의 **수취인·발송인**은 제241조에 따른 **신고**를 하여야 한다.

4) 제15조(과세표준) 관세의 **과세표준**은 **수입물품**의 **가격·수량**으로 한다.

> ㉮ **원산지증명서** 발행 후 **1년 이내**에 해당 물품이 **수입항**에 도착하였으나 수입신고는 1년을 경과하는 경우: 물품이 수입항에 도착한 날의 **다음 날**부터 해당 물품의 수입신고를 한 날까지의 **기간**, ㉯ **천재지변**, 그 밖에 이에 준하는 사유로 **원산지증명서 발행** 후 1년이 경과한 이후에 **수입항**에 도착한 경우: 해당 사유가 발생한 날의 다음 날부터 **소멸**된 날까지의 **기간**

⑤ **원산지증명서** 또는 그 **부본**을 제출하는 경우에는 **경정청구서**를 함께 제출하여야 한다.

### 5) 원산지증명서 등의 확인요청 및 조사

① **세관장**은 **원산지증명서**를 발급한 국가의 세관이나 그 밖에 발급권한이 있는 기관(외국세관 등)에 제출된 **원산지증명서** 및 **원산지증명서 확인자료**의 진위 여부, 정확성 등의 확인을 요청할 수 있다. 이 경우 **세관장**의 확인요청은 해당 물품의 수입신고가 수리된 이후에 하여야 하며, **세관장**은 확인을 요청한 사실 및 회신 내용과 그에 따른 결정 내용을 **수입자**에게 통보하여야 한다.

② **세관장**은 **원산지증명서** 및 **원산지증명서 확인자료**에 대한 진위 여부 등의 확인을 요청할 때에는 다음 사항이 적힌 요청서와 수입자 또는 그 밖의 조사대상자 등으로부터 수집한 **원산지증명서 사본** 및 **송품장** 등 **원산지확인**에 필요한 서류를 함께 송부하여야 한다.

> ㉮ **원산지증명서** 및 **원산지증명서 확인자료**의 진위 여부 등에 대하여 의심을 갖게 된 사유 및 확인 요청사항, ㉯ 해당 물품에 적용된 **원산지결정기준**

③ **세관장**이 확인을 요청한 사항에 대하여 조약·협정에서 다르게 규정한 경우를 제외하고 다음에 해당하는 경우에는 **일반특혜관세·국제협력관세** 또는 **편익관세**를 적용하지 아니할 수 있다. 이 경우 **세관장**은 납부하여야 할 **세액** 또는 납부하여야 할 **세액**과 납부한 **세액**의 차액을 **부과·징수**하여야 한다.

㉮ **외국세관** 등이 다음에 정한 기간 이내에 그 결과를 **회신**하지 아니한 경우
㉠ **국제협력관세**로서 **아시아·태평양 무역협정**에 따른 **국제협정관세**를 적용하기 위하여 **원산지증명서**를 발급한 국가의 세관이나 그 밖에 발급권한이 있는 외국세관 등에 **원산지증명서** 등의 확인을 요청한 경우 : **확인**을 요청한 날부터 **4개월**
㉡ **최빈개발도상국**에 대한 GSP를 적용하기 위하여 **외국세관** 등에 원산지증명서 등의 확인을 요청한 경우 : **확인**을 요청한 날부터 **6개월**
㉯ **세관장**에게 신고한 원산지가 실제 **원산지**와 다른 것으로 확인된 경우
㉰ **외국세관 등**의 회신내용에 **원산지증명서** 및 **원산지증명서 확인자료**를 확인하는 데 필요한 정보가 포함되지 아니한 경우

④ **세관장**은 **원산지증명서**가 발급된 물품을 수입하는 국가의 권한 있는 기관으로부터 **원산지증명서** 및 **원산지증명서 확인자료**의 진위 여부, 정확성 등의 확인을 요청받은 경우 등 필요하다고 인정되는 경우에는 해당하는 자를 대상으로 **서면조사·현지(실지)조사**를 할 수 있다. **수출용원재료에 대한 관세 등 환급사무처리에 관한 고시** 제2조(정의) 제11호에서 **서면조사**란 일정기간 동안 업체의 환급신청 등에 대하여 환급금 등이 정확한지 여부를 해당 업체가 제출한 서류에 의하여 조사하는 것을 말하며, 제12호에서 **현지(실지)조사**란 일정기간 동안 업체의 환급신청 등에 대하여 환급금 등이 정확한지 여부를 해당 업체의 제조장 등을 방문하여 조사하는 것을 말한다고 규정하고 있다.

⑤ **확인요청** 및 **조사**에 필요한 사항은 대통령령으로 정한다. 조약·협정 등의 시행을 위하여 **원산지증명서 확인요청** 및 조사 등에 관한 사항을 따로 정할 필요가 있을 때에는 기획재정부령으로 정한다.

#### 6) 수출물품의 원산지증명서 등에 관한 조사절차

① **현지조사**는 **서면조사**만으로 **원산지증명서** 및 **원산지증명서 확인자료**의 진위 여부, 정확성 등을 확인하기 곤란하거나 추가로 확인할 필요가 있는 경우에 할 수 있다.

② **세관장**은 **서면조사·현지조사**를 하는 경우에는 다음 사항을 **조사대상자**에게 조사 시작 **7일 전**까지 **서면**으로 통지하여야 한다.

㉮ 서면조사의 경우

㉠ **조사대상자** 및 **조사기간**, ㉡ **조사대상 수출입물품**, ㉢ **조사이유**, ㉣ **조사**할 내용, ㉤ 조사의 **법적 근거**, ㉥ **제출서류** 및 **제출기간**, ㉦ **조사기관**, **조사자**의 직위 및 성명, ㉧ 그 밖에 **세관장이** 필요하다고 인정하는 사항

㈏ 현지조사의 경우

> ㉠ **조사대상자** 및 **조사예정기간**, ㉡ **조사대상 수출입물품**, ㉢ **조사방법** 및 **조사이유**, ㉣ **조사**할 내용, ㉤ **조사**의 법적 근거, ㉥ **조사**에 대한 동의 여부 및 조사동의서 제출기간(조사에 동의하지 아니하거나 **조사동의서 제출기간**에 그 동의 여부를 통보하지 아니하는 경우의 조치사항을 포함한다), ㉦ **조사기관**, 조사자의 직위 및 성명, ㉧ 그 밖에 **세관장**이 필요하다고 인정하는 사항

③ **조사**의 **연기신청**, **조사결과**의 **통지**에 관하여는 법 제114조(관세조사의 사전통지와 연기신청) 제2항[5] 및 제115조(관세조사의 결과 통지)[6]를 준용한다.

④ **조사결과**에 대하여 **이의**가 있는 조사대상자는 조사결과를 통지받은 날부터 **30일 이내**에 다음 사항이 적힌 신청서에 이의제기 내용을 확인할 수 있는 자료를 첨부하여 **세관장**에게 제출할 수 있다.

> ㉮ **이의**를 **제기**하는 자의 성명과 주소·거소, ㉯ **조사결과통지서**를 받은 날짜 및 조사결정의 내용, ㉰ 해당 **물품**의 **품명·규격·용도·수출자·생산자** 및 **수입자**, ㉱ **이의제기**의 요지와 내용

⑤ **세관장**은 **이의제기**를 받은 날부터 **30일 이내**에 심사를 **완료**하고 그 결정내용을 통지하여야 한다. **세관장**은 **이의제기**의 내용이나 절차에 결함이 있는 경우에는 **20일 이내**의 기간을 정하여 다음 사항을 적은 문서로서 **보정**할 것을 요구할 수 있다. 다만, **보정**할 사항이 경미한 경우에는 **직권**으로 **보정**할 수 있다.

> ㉮ **보정사항**, ㉯ **보정**을 요구하는 이유, ㉰ **보정기간**, ㉱ 그 밖의 필요한 사항, ⑦ **보정**기간은 **결정기간**에 산입하지 아니한다.

### (6) 수출입물품의 원산지정보 수집·분석

1) **관세청장**은 이 법과 **자유무역협정(FTA) 관세법** 및 조약·협정 등에 따라 수출입물품

---

5) 114조(관세조사의 사전통지와 연기신청) ② 제1항에 따른 **통지**를 받은 **납세의무자**가 **천재지변**이나 그 밖에 대통령령으로 정하는 사유로 **조사**를 받기가 곤란한 경우에는 대통령령으로 정하는 바에 따라 해당 **세관장**에게 조사를 연기하여 줄 것을 **신청**할 수 있다.

6) 제115조(관세조사의 결과 통지) 세관공무원은 제110조 제2항 각 호의 어느 하나에 해당하는 **조사**를 **종료**하였을 때에는 그 조사 결과를 **서면**으로 **납세의무자**에게 **통지**하여야 한다. 다만, **납세의무자**가 **폐업**한 경우 등 대통령령으로 정하는 경우에는 그러하지 아니하다.

의 **원산지 확인·결정** 또는 **검증** 등의 업무에 필요한 정보를 수집·분석할 수 있다.

2) **관세청장**은 정보를 효율적으로 수집·분석하기 위하여 필요한 경우 업무의 일부를 법인·단체에 위탁할 수 있다. 이 경우 **관세청장**은 예산의 범위에서 **위탁업무**의 수행에 필요한 경비를 지원할 수 있다. **수출입물품**의 **원산지정보 수집·분석**을 위하여 필요한 사항은 대통령령으로 정한다.

### (7) 원산지표시위반 단속기관협의회

1) 이 법, **농수산물의 원산지표시에 관한 법률** 및 **대외무역법**에 따른 **원산지표시위반 단속업무**에 필요한 **정보교류** 등 사항을 협의하기 위하여 **관세청**에 **원산지표시위반 단속기관협의회**를 둔다.

2) **원산지표시위반 단속업무**에 필요한 정보교류 등에 대한 사항은 다음 사항을 말한다.

① **원산지표시위반 단속업무**에 필요한 **정보교류**에 관한 **사항**, ② **원산지표시위반 단속업무**와 관련된 인력교류에 관한 **사항**, ③ 그 밖에 **원산지표시위반 단속업무**와 관련되어 **위원장**이 회의에 부치는 **사항**

3) **원산지표시위반 단속기관협의회**는 위원장 1명을 포함하여 25명 이내의 위원으로 구성한다. **원산지표시위반 단속기관협의회**의 위원장은 원산지표시위반 단속업무를 관장하는 관세청의 고위공무원단에 속하는 공무원 중에서 관세청장이 지정하는 사람이 되고, 위원은 다음 사람이 된다.

① **관세청장**이 지정하는 과장급 공무원 1명, ② **농림축산식품부장관**이 지정하는 국립농산물품질관리원 소속 과장급 공무원 1명, ③ **해양수산부장관**이 지정하는 국립수산물품질관리원 소속 과장급 공무원 1명, ④ **특별시**, **광역시**, **특별자치시**, **도**, **특별자치도**의 장이 지정하는 과장급 공무원 각 1명

4) **위원장**은 **원산지표시위반 단속기관협의회**를 대표하고 직무를 통할한다. 다만, 부득이한 사유로 위원장이 그 직무를 수행하지 못하는 경우에는 위원장이 미리 지명한 사람이 그 직무를 대행한다. **원산지표시위반 단속기관협의회**의 회의는 정기회의와 임시회의로 구분하되, 정기회의는 반기마다 소집하며, 임시회의는 위원장이 필요하다고 인정하는 경우에 소집한다.

6) **원산지표시위반 단속기관협의회**의 회의는 위원장이 소집하며 그 의장은 위원장이 된다. **원산지표시위반 단속기관협의회**의 회의는 재적위원 과반수의 출석으로 개의하고,

출석위원 2/3 이상의 찬성으로 의결한다. **원산지표시위반 단속기관협의회**의 사무를 처리하게 하기 위하여 관세청 소속 5급 공무원 1명을 간사로 둔다.

7) 위의 규정한 사항 외에 **원산지표시위반 단속기관협의회**의 운영에 필요한 사항은 협의회의 의결을 거쳐 위원장이 정한다. **원산지표시위반 단속기관협의회**의 구성·운영과 그 밖에 필요한 사항은 대통령령으로 정한다.

## 4. 통관제한

### (1) 수출입금지

#### 1) 의의

**물품**의 **수출입**에 관하여는 법은 물론 대외무역법·외국환거래법, 그 밖의 특별법에서 여러 가지 규제를 하고 있다. 이 중 법에서 규정한 사항은 여하한 경우에도 **수출입**을 **금지**하는 **절대적 수출입 금지사항**이며, **대외무역법** 등 다른 법령에서 규제하는 사항은 **일반적 금지**로서 특정한 경우에는 그 **금지**를 **해제**할 수 있는 **상대적 금지**이다. 허가·승인 등의 증명 및 확인사항이 **상대적 금지**의 전형적인 예인데, 이러한 법상의 **수출입 금지사항**은 국가의 안보와 선량한 풍속을 해하는 물품과 경제유통질서를 어지럽힐 위조유가증권 등의 수출입을 금지함으로써 국가와 사회의 안전을 도모하자는데 그 목적이 있다.

#### 2) 수출입금지물품

다음에 해당하는 물품은 수출입할 수 없다.

> ① **헌법질서**를 문란하게 하거나 **공공**의 **안녕질서** 또는 **풍속**을 해치는 서적·간행물·도화, 영화·음반·비디오물·조각물 또는 그 밖에 이에 준하는 **물품**, ② **정부**의 기밀을 누설하거나 첩보활동에 사용되는 **물품**, ③ **화폐·채권**이나 그 밖의 **유가증권**의 **위조품·변조품** 또는 **모조품**

### (2) 지식재산권 보호

#### 1) 지식재산권의 관리

##### ① 의의

**지적재산권관리**란 문화, 예술, 과학작품, 산업활동 등 인간의 지적창작활동의 결과로 생기는 모든 **무형**의 **소산물**에 대해 관리하는 것을 말한다. 다음에 해당하는 **지식재산권**

을 **침해**하는 물품은 수출하거나 수입할 수 없다.

㉮ **상표법**에 따라 설정등록된 **상표권**, ㉯ **저작권법**에 따른 **저작권**과 **저작인접권**(저작권 등), ㉰ **식물신품종 보호법**에 따라 설정등록된 **품종보호권**, ㉱ **농산물품질관리법·수산물품질관리법**에 따라 등록되거나 조약·협정 등에 따라 보호대상으로 지정된 **지리적 표시권·지리적 표시**(지리적표시권등), ㉲ **특허법**에 따라 설정등록된 **특허권**, ㉳ **디자인보호법**에 따라 설정등록된 **디자인권**

### ② 담보제공

㉮ **세관장**은 다음에 해당하는 물품이 신고된 **지식재산권**을 **침해**하였다고 인정될 때에는 그 지식재산권을 신고한 자에게 해당 물품의 **수출입**, **환적·복합환적**, **보세구역반입**, **보세운송·일시양륙 신고**(**수출입신고** 등) 사실을 통보하여야 한다. 이 경우 **통보**를 받은 자가 **지식재산권**을 보호받기 위해서는 **세관장**에게 **담보**를 제공하고 해당 물품의 **통관 보류·유치**를 요청할 수 있다.

㉠ **수출입신고**된 물품, ㉡ **환적·복합환적** 신고된 물품, ㉢ **보세구역**에 **반입신고**된 물품, ㉣ **보세운송신고**된 물품, ㉤ **일시양륙**이 신고된 물품

㉯ **요청**을 받은 **세관장**은 특별한 사유가 없으면 해당 물품의 통관을 **보류**하거나 **유치**하여야 한다. 다만, **수출입신고** 등을 한 자가 **담보**를 제공하고 **통관·유치 해제**를 요청하는 경우에는 다음 물품을 제외하고는 해당 물품의 통관을 허용하거나 유치를 해제할 수 있다.

㉠ **위조**하거나 유사한 **상표**를 부착하여 **상표권**을 침해하는 물품, ㉡ **불법복제**된 물품으로서 **저작권** 등을 침해하는 물품, ㉢ 같거나 **유사**한 **품종명칭**을 사용하여 **품종보호권**을 침해하는 **물품**, ㉣ **위조**하거나 **유사**한 **지리적표시**를 사용하여 **지리적표시권** 등을 침해하는 **물품**, ㉤ **특허**로 **설정등록**된 발명을 사용하여 **특허권**을 침해하는 **물품**, ㉥ 같거나 유사한 **디자인**을 사용하여 **디자인권**을 침해하는 **물품**

### 2) 적용의 배제

**상업적 목적**이 아닌 **개인용도**에 사용하기 위한 **여행자휴대품**으로서 **소량**으로 **수출입**되는 물품에 대하여는 법 제235조(지식재산권 보호) 제1항을 적용하지 아니한다.

### 3) 지식재산권의 신고

① **관세청장**은 지식재산권을 침해하는 물품을 효율적으로 단속하기 위하여 필요한 경우에는 해당 **지식재산권**을 관계 법령에 따라 등록 또는 설정등록한 자 등으로 하여금 해당 지식재산권에 관한 사항을 **신고**하게 할 수 있다.

② **지식재산권**을 신고하려는 자는 다음 사항을 적은 신고서 및 해당 지식재산권을 관련 법령에 따라 등록 또는 설정등록한 **증명서류**를 **세관장**에게 제출하여야 한다.

> ㉮ **지식재산권**을 사용할 수 있는 **권리자**, ㉯ **지식재산권**의 **내용** 및 **범위**, ㉰ **침해**가능성이 있는 **수출입자·수출입국**, ㉱ **침해사실**을 확인하기 위하여 필요한 사항

### 4) 병행수입제도

#### ① 의의

**병행수입**(Parallel Import ; Gray Import)은 상표를 등록한 **상표권자**나 상표권자로부터 상표 사용권을 얻은 전용 **사용권자**가 있더라도 외국에서 적법하게 부착되어 유통되는 **진정상품**이며 일정요건이 되는 경우에는 제3자가 국내로 수입할 수 있도록 허용하는 제도이다.

#### ② 허용기준 및 금지기준

㉮ 허용기준

> ㉠ **국내외상표권자**가 **동일인**이거나 **계열회사 관계**(**주식**의 **30%이상** 소유하면서 최다 출자자인 경우), 수입대리점 관계 등 동일인으로 볼 수 있는 관계가 있는 경우, ㉡ **외국상표권자**와 동일인 관계에 있는 **국내상표권자**로부터 **전용사용권**을 설정받은 자가 **국내외상표권자**와 동일인 관계가 있는 경우, ㉢ **외국상표권자**와 동일인 관계에 있는 **국내상표권자**로부터 **전용사용권**을 설정받은 **국내전용 사용권자**가 **국내외상표권자**와 동일인 관계에 있지 아니하지만 해당 상표가 부착된 물품을 국내에서 제조·판매함은 물론 해외에서 **수입**도 하는 경우

㉯ 금지기준

㉠ **국내외상표권자**가 **동일인 관계**가 아닌 경우, ㉡ **동일인관계**에 있는 **국내외상표권자**로부터 **전용사용권**을 설정받은 **전용사용권자**가 **국내외상표권자**와 **동일인관계**에 있지 아니하고 해당 **상표부착물품**을 국내에서 전량 제조·판매만 하는 경우(**수입**도 하는 경우 제외)

**③ 병행수입의 유형**

㉮ 병행수입의 허용

**〈그림-17〉 병행수입이 허용되는 경우**

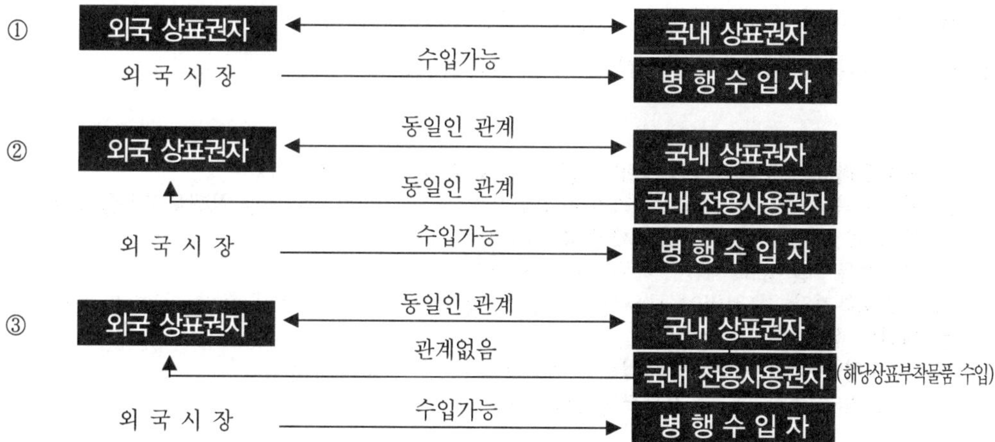


㉯ 병행수입의 금지

**〈그림-18〉 병행수입이 금지되는 경우**

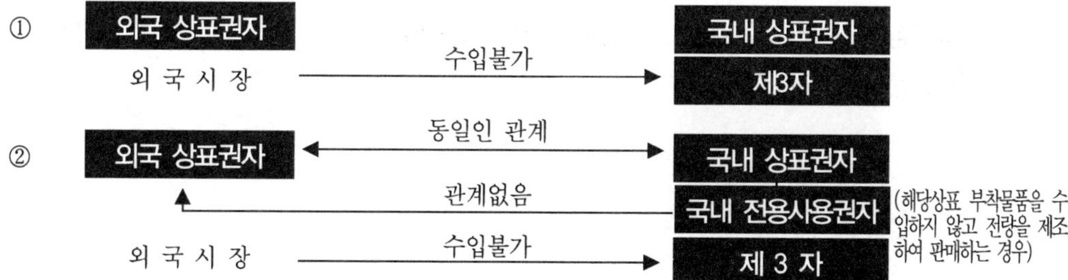

㉰ 병행수입에 대한 유의사항

㉠ **병행수입**은 모든 상표에 허용되는 것이 아니라 일정한 기준에 따라 제한적으로 허용되고 있어 사전에 세관에 수입하고자 하는 물품의 상표가 **병행수입**이 허용되는지 여부를 확인해야 한다.

㉡ **병행수입**이 허용되는 상표라 하더라도 해외에서 적법한 권리자가 상표를 부착한 물품(진정상품)의 경우에만 허용되기 때문에 해외에서 **물품계약**시 **위조상품여부**를 분명히 확인하여 **위조상품**으로 몰수 또는 **상표법 위반**에 해당되는지 유의하여야 한다.

④ **지적재산권 관련물품의 통관**

㉮ 상표권 침해물품의 통관보류절차

**상표권 침해물품**은 타인의 **등록상표**와 **동일**하거나 **유사**한 상표를 그 지정상품과 유사한 상표에 한하여 수출입되는 물품(**위조상품**)과 병행수입이 금지되는 물품이다. 상표권 침해가 우려되는 물품의 통관보류 절차는 다음과 같다.

㉠ **침해우려물품 수출입사실 통보(세관 → 상표권신고인, 수출입자)**
㉡ 권리자의 **통관보류 요청 : 권리자**는 **7일**(휴일, 공휴일 제외)이내에 **침해우려물품 과세가격 120%**에 해당하는 **담보제공** 후 통관보류 요청
㉢ **통관보류사실 통보**(세관 → 통관보류 요청인, 수출입업자)
㉣ **통관보류기간** : 요청인이 **보류사실**을 **통보**받은 날로부터 **7일 이내**(휴일, 공휴일 제외)
㉤ **세관**의 **통관보류 계속사유**
ⓐ **요청인**이 보류기간내에 법원에 제소한 사실을 입증할 경우
ⓑ 법원의 통관보류 가처분결정사실 통보

㉯ 수출입업자의 통관허용 요청

㉠ **통관허용 요청서**, ㉡ **상표권**을 침해하지 않았음을 증명하는 **소명자료**, ㉢ **담보제공** (통관보류요청인이 제공한 **담보금액**의 **25%**를 가산한 금액)

㉰ **세관장**의 **통관허용여부 결정**은 **15일 이내**에 이루어져야 하며, 그 절차의 부류는 다음과 같다.

㉠ **관세청장, 특허청장** 등 관계기관과 협의 또는 관계전문가의 **의견청취**
㉡ **권리자**의 요청에 의한 통관보류 절차
ⓐ **권리자** : 특허청에 등록된 상표의 상표권자 및 전용사용권자
ⓑ **통관보류절차** : 위의 권리자의 요청에 의한 절차와 동일
㉢ **위조상품**이 명백한 물품의 통관보류 절차
ⓐ **세관장**이 **직권**으로 반입물품을 **통관보류**하고 **상표권위반 조사**를 착수한다.
ⓑ **담보**의 **제공**이 필요없음
㉣ **저작권 침해물품**의 통관보류 절차
ⓐ **저작권 침해물품** : 저작권법에 의하여 보호되는 저작권을 침해하는 물품을 배포할 목적으로 수출입되는 상품
ⓑ **통관보류 절차 : ㉠ 통관보류 요청**은 **저작권자**가 **담보**를 제공한 후 세관장에게 요청한다. ㉡ 필요한 담보 및 보류기간 등은 **상표권 침해물품**의 통관보류 절차와 동일하다.

#### ⑤ 처벌

처벌 유형은 다음과 같다.

㉮ **상표권 침해물품**을 **수출입**한 **자** : 7년 **이하**의 징역 또는 **1억원 이하**의 벌금(상표법 제93조(침해죄))
㉯ **저작권 침해물품**을 **수출입**한 **자** : **3**년 **이하**의 징역 또는 **3,000만원 이하**의 벌금(저작권법 제104조의4(암호화된 방송 신호의 무력화 등의 금지), 136조(벌칙))
㉰ 기타 **지적재산권 침해물품**을 **수출입**한 **자** : **세관**에 의하여 **조사·처벌**됨

#### ⑥ 지적재산권 권리자의 의무

**특허청**에 등록된 상표를 세관에 신고해야 한다. **세관**에 신고되지 않은 상표라도 **권리자**는 통관보류 요청이 가능하나 보류요청이 있을시 **세관**은 진정상품에 한하여 통관을 허용한다. 그 구비서류 등은 다음과 같다.

㉮ **구비서류 : ㉠ 상표권 신고서 3부, ㉡ 특허청 상표권 등록원부 3부,** ㉢ 카탈로그 등 **상표권 침해 확인**을 위하여 필요한 서류
㉯ **절차** : 상표권 신고 → **세관장 신고수리**(7일 이내) → **신고인**에게 **통보**
㉰ **세관 상표신고** : 해당 **신고세관**에 한하여 **유효**함(기타 세관 별도신고)

## (3) 통관절차의 제한과 통관보류

### 1) 통관물품 및 통관절차의 제한

**관세청장·세관장**은 감시에 필요하다고 인정될 때에는 **통관역·통관장** 또는 특정한 세

관에서 통관할 수 있는 물품을 제한할 수 있다.

2) **통관보류**

① **세관장**은 다음에 해당하는 경우에는 해당 물품의 **통관**을 보류할 수 있다.

> ㉮ **수출입** 또는 **반송**에 관한 신고서의 **기재사항**에 **보완**이 필요한 경우, ㉯ **제출서류** 등이 갖추어지지 아니하여 보완이 필요한 경우, ㉰ 이 법에 따른 의무사항을 위반하거나 **국민보건** 등을 해칠 우려가 있는 경우, ㉱ **안전성 검사**가 필요한 경우, ㉲ 그 밖에 이 법에 따라 필요한 사항을 확인할 필요가 있다고 인정하여 관세 관계 법령을 **위반한 혐의**로 **고발**되거나 **조사**를 받는 경우를 말한다.

② **통관**의 **보류**나 **유치**(**통관보류 등**)를 요청하려는 자는 다음 항을 적은 신청서와 해당 법령에 따른 정당한 권리자임을 증명하는 서류를 **세관장**에게 제출하여야 한다.

> ㉮ **품명·수출입자** 및 **수출입국**, ㉯ **지식재산권**의 **내용** 및 **범위**, ㉰ **요청사유**, ㉱ **침해사실**을 입증하기 위하여 필요한 사항

③ **세관장**은 **통관보류** 등이 요청된 물품이 **지식재산권**을 **침해**한 물품이라고 인정되면 해당 물품의 **통관보류** 등을 하여야 한다. 다만, **지식재산권**의 권리자가 해당 물품의 **통관·유치 해제**에 동의하는 때에는 **관세청장**이 정하는 바에 따라 통관을 허용하거나 유치를 해제할 수 있다.

④ **세관장**은 통관보류 등을 한 경우 그 사실을 해당 물품의 **수출입**, **환적·복합환적**, **보세구역 반입**, **보세운송·일시양륙**의 신고(수출입신고 등)를 한 자에게 통보하여야 하며, **지식재산권**의 **권리자**에게는 **통관보류** 등의 사실 및 다음 사항을 **통보**하여야 한다.

> ㉮ **수출입신고** 등을 한 자, **송하인** 및 **수하인**의 성명과 주소, ㉯ **통관보류** 등을 한 물품의 성질·상태 및 수량, ㉰ **원산지** 등 그 밖의 필요한 사항

⑤ **세관장**은 **통관보류** 등을 요청한 자가 해당 물품에 대한 **통관보류 등**의 사실을 통보받은 후 10**일**(휴일 및 공휴일을 제외한다) 이내에 법원에의 제소사실을 입증하였을 때에는 해당 통관보류 등을 계속할 수 있다. 이 경우 **통관보류** 등을 요청한 자가 부득이한 사유로 인하여 10**일 이내**에 **법원**에 제소하지 못하는 때에는 상기 입증기간은 **10일간** 연장

될 수 있다.

⑥ **통관보류** 등이 법원의 **가보호조치**에 의하여 시행되는 상태이거나 계속되는 경우 통관보류 등의 기간은 다음 구분에 따른다.

> ㉮ 법원에서 **가보호조치 기간을 명시**한 경우 : **그 마지막 날**, ㉯ 법원에서 **가보호조치 기간**을 명시하지 아니한 경우 : **가보호조치 개시일부터 31일**

⑦ **통관보류** 등은 위반사실 및 통관보류 등을 한 해당 물품의 신고번호·품명·수량 등을 명시한 **문서**로서 하여야 한다.

⑧ **통관보류** 등이 된 물품은 통관이 허용되거나 유치가 해제될 때까지 **세관장**이 지정한 장소에 보관하여야 한다.

### 3) 담보제공

① **통관보류·유치**를 요청하려는 자와 **통관** 또는 **유치해제**를 요청하려는 자는 **세관장**에게 해당 물품의 **과세가격**의 120/100에 상당하는 금액의 **담보**를 **금전** 등으로 제공하여야 한다.

② **담보금액**은 담보를 제공하여야 하는 자가 조세특례제한법 제5조(중소기업 등 투자세액공제) 제1항에 따른 **중소기업**인 경우에는 해당 물품의 **과세가격**의 40/100에 상당하는 금액으로 한다.

③ **담보**를 제공하는 자는 제공된 담보를 법원의 판결에 따라 수출입신고 등을 한 자 또는 통관보류 등을 요청한 자가 입은 손해의 배상에 사용하여도 좋다는 뜻을 **세관장**에게 문서로 제출하여야 한다.

④ **세관장**은 통관보류 등이 된 물품통관을 **허용**하거나 **유치**를 해제하였을 때 또는 통관·유치 해제 요청에도 불구하고 **통관보류** 등을 계속할 때에는 제공된 담보를 **담보제공자**에게 **반환**하여야 한다.

⑤ 제공된 담보의 **해제신청** 및 **포괄담보**에 관하여는 법 시행령 제11조(포괄담보) 및 제13조(담보의 해제신청)의 규정을 준용한다. **지식재산권**에 관한 신고, 담보 제공, 통관의 보류·허용 및 유치·유치해제 등에 필요한 사항은 대통령령으로 정한다.

⑥ **세관장**은 지식재산권을 침해하였음이 명백한 경우에는 **직권**으로 해당 물품의 통관을 **보류**하거나 해당 물품을 **유치**할 수 있다. 이 경우 **세관장**은 해당 물품의 수출입신고 등을 한 자에게 그 사실을 즉시 통보하여야 한다.

#### 4) 통관보류 등이 된 물품통관 또는 유치해제 요청

① 수출입신고 등을 한 자가 **통관·유치 해제**를 요청하려는 때에는 **관세청장**이 정하는 바에 따라 신청서와 해당 물품이 **지식재산권**을 침해하지 아니하였음을 소명하는 자료를 **세관장**에게 제출하여야 한다.

② 요청을 받은 **세관장**은 그 요청사실을 지체 없이 통관보류 등을 요청한 자에게 **통보**하여야 하며, 그 통보를 받은 자는 침해와 관련된 증거자료를 세관장에게 제출할 수 있다.

③ **세관장**은 요청이 있는 경우 해당 물품의 통관·유치 해제 허용 여부를 **요청일**부터 **15일 이내**에 결정한다. 이 경우 세관장은 관계기관과 협의하거나 전문가의 의견을 들어 결정할 수 있다.

④ **세관장**은 수출입신고 등이 된 물품의 지식재산권 침해 여부를 판단하기 위하여 필요하다고 인정되는 경우에는 해당 지식재산권의 권리자로 하여금 지식재산권에 대한 **전문인력·검사시설**을 제공하도록 할 수 있다.

⑤ **세관장**은 지식재산권의 **권리자·수출입신고** 등을 한 자가 지식재산권의 침해 여부를 판단하기 위하여 **수출입신고** 등의 사실이 통보된 물품·**통관보류** 등이 된 물품에 대한 **검사** 및 **견본품**의 채취를 요청하면 해당 물품에 관한 영업상의 비밀보호 등 특별한 사유가 없는 한 이를 허용하여야 한다.

⑥ **지식재산권 침해** 여부의 확인, **통관보류** 등의 절차 등에 관하여 필요한 사항은 관세청장이 정한다.

### (4) 보세구역 반입명령

#### 1) 의의

① **수입물품**의 **통관절차**가 간소화됨에 따라 불가피하게 발생할 수 있는 **불법물품**의 반입 가능성을 억제하기 위한 제도로서 **수입신고수리**를 받은 물품이라 하더라도 국내반입 후에 **불법 수입물품**으로 파악된 경우에는 그 물품을 **보세구역**에 반입시켜 위법사실을 치유한 후 반출허가를 하거나 통관이 허용될 수 없는 경우에는 **반송·폐기**하도록 한다.

② **관세청장·세관장**은 ㉮ **수출신고**가 **수리**되어 외국으로 **반출**되기 전에 있는 **물품**, ㉯ **수입신고**가 수리되어 **반출**된 **물품**으로서 이 법에 따른 의무사항을 위반하거나 국민보건 등을 해칠 우려가 있는 물품은 이를 **보세구역**으로 **반입**할 것을 명할 수 있다. **반입명령**을 받은 자는 해당 물품을 지정받은 **보세구역**으로 반입하여야 한다.

#### 2) 반입명령

**관세청장·세관장**은 수출입신고가 수리된 물품이 다음에 해당하는 경우에는 법 해당

물품을 **보세구역**으로 반입할 것을 명할 수 있다. 다만, 해당 물품이 수출입신고가 수리된 후 **3개월**이 지났거나 관련 법령에 따라 관계행정기관의 장의 시정조치가 있는 경우에는 그러하지 아니하다.

> ㉮ 법 제227조(의무 이행의 요구)에 따른 의무를 이행하지 아니한 경우, ㉯ **원산지 표시**가 적법하게 표시되지 아니하였거나 **수출입신고 수리** 당시와 다르게 표시되어 있는 경우

#### 3) 지식재산권의 침해

① **관세청장·세관장**이 반입명령을 하는 경우에는 **반입대상물품**, 반입할 보세구역, 반입사유와 반입기한을 기재한 명령서를 **화주·수출입신고자**에게 송달하여야 한다.

② **관세청장·세관장**은 명령서를 받을 자의 주소·거소가 불분명한 때에는 관세청·세관의 게시판 및 기타 적당한 장소에 **반입명령사항**을 공시할 수 있다. 이 경우 공시한 날부터 **2주일**이 경과한 때에는 명령서를 받을 자에게 반입명령서가 송달된 것으로 본다.

③ **반입명령서**를 받은 자는 **관세청장·세관장**이 정한 기한내에 명령서에 기재된 물품을 지정받은 **보세구역**에 반입하여야 한다. 다만, 반입기한 내에 반입하기 곤란한 사유가 있는 경우에는 **관세청장·세관장**의 **승인**을 얻어 **반입기한**을 **연장**할 수 있다.

④ **세관장**은 반입된 물품에 대하여 명령을 받은 자에게 그 물품을 **반송·폐기**할 것을 명하거나 **보완·정정**후 반출하게 할 수 있다. 이 경우 **반송·폐기**에 소요되는 비용은 명령을 받은 자가 이를 부담한다.

⑤ **반입**된 물품이 반송·폐기된 경우에는 당초의 **수출입신고수리**는 **취소**된 것으로 본다. **반송·폐기**된 물품에 대하여는 법 제46조(관세환급금의 환급) 및 법 제48조(관세환급가산금)의 규정을 준용한다.

⑥ **관세청장**은 **보세구역 반입명령**의 적정한 시행을 위하여 필요한 **반입보세구역, 반입기한, 반입절차, 수출입신고필증**의 관리방법 등에 관한 세부기준을 정할 수 있다.

## 5. 통관의 예외적용

### (1) 수입으로 보지 아니하는 소비(사용)

**외국물품**의 소비(사용)가 다음에 해당하는 경우에는 이를 **수입**으로 보지 아니한다.

1) **선(기)용품·차량용품**을 **운송수단** 안에서 그 용도에 따라 소비(사용)하는 경우, 2) **선(기)용품·차량용품**을 **관세청장**이 정하는 **지정보세구역**에서 출입국관리법에 따라 **출국심사**를 마치거나 우리나라에 입국하지 아니하고 우리나라를 경유하여 제3국으로 출발하려는 자에게 제공하여 그 용도에 따라 소비(사용)하는 경우, 3) **여행자**가 **휴대품**을 **운송수단·관세통로**에서 소비하거나 사용하는 경우, 4) 이 법에서 인정하는 바에 따라 **소비(사용)**하는 경우

### (2) 수출입의 의제

1) **수출입 물품**에 대하여는 소정의 **통관절차**를 거쳐야 수출입이 되는 것이나, 수출입되는 물품의 특수성과 **관세행정상**의 목적을 달성함에 지장이 없는 다음의 경우에는 **통관절차**를 거치지 아니하여도 **수출입신고**가 수리된 것으로 간주하는데 이를 '**수출입 의제**'라고 한다.

2) 다음에 해당하는 **외국물품**은 적법하게 수입된 것으로 보고 **관세** 등을 따로 징수하지 아니한다.

① **체신관서**가 수취인에게 내준 **우편물**, ② 이 법에 따라 **매각**된 **물품**, ③ 이 법에 따라 **몰수**된 **물품**, ④ 이 법에 따른 **통고처분**으로 납부된 **물품**, ⑤ 법령에 따라 국고에 **귀속된 물품**, ⑥ **몰수**를 갈음하여 **추징**된 **물품**

3) **체신관서**가 외국으로 발송한 **우편물**은 이 법에 따라 적법하게 수출되거나 반송된 것으로 본다.

## 6. 통관후 유통이력 관리

### (1) 개요 및 필요성

#### 1) 의의

**외국수출자**, **국내수입자**, **유통업자**, **최종판매자**까지 **특정수입물품**의 통관·유통 내역 및 이력을 **추적**(traceability)·**관리**하는 것을 말한다.

2) 필요성

① **수입 후 원산지둔갑 판매행위**로 인한 상거래질서 문란 및 선량한 생산자·소비자 피해 확산 방지, ② **시중유통단계**에서의 비식용물품의 식용둔갑, 불량수입먹거리 확산방지 등을 통한 **국민식생활 안전확보**, ③ **국민건강** 및 **사회안전**을 위한 범정부 정책의 차질 없는 집행

3) 업무처리 흐름

**수입자**가 **유통(도매)업체**에 양도한 내역(①) 신고를 하고, **유통(도매)업체**는 **소매업체(최종판매점** 등)에게 양도한 내역(②)을 순차적으로 신고하는 시스템이다.

〈그림-19〉 업무처리 개요도

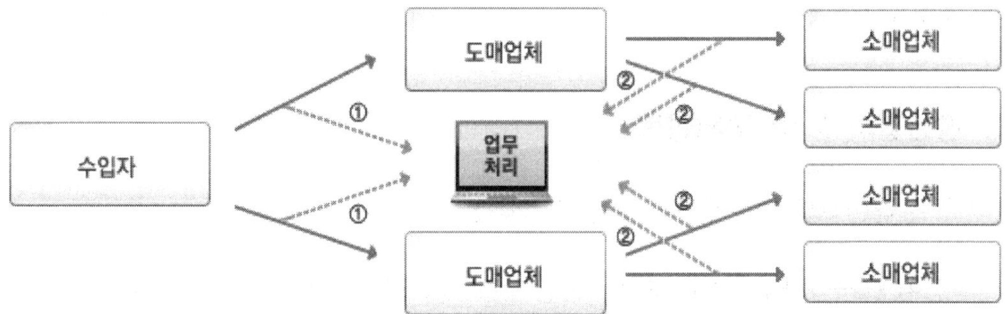


자료 : 관세청, "유통이력관리제도", http://www.customs.go.kr/kcshome/main/content/ContentView.do?contentId=CONTENT_000000000041&layoutMenuNo=32

### (2) 통관후 유통이력 신고

1) **외국물품**을 수입하는 자와 수입물품을 국내에서 거래하는 자(소비자에 대한 판매를 주된 영업으로 하는 사업자를 제외한다)는 사회안전 또는 국민보건을 해칠 우려가 현저한 물품 등으로서 관세청장이 지정하는 물품(**유통이력 신고물품**)에 대한 유통단계별 거래내역(**유통이력**)을 **관세청장**에게 **신고**하여야 한다. 국내에 반입된 위해 **수입물품**으로부터 우리 사회를 보호하고 국민보건 수준을 향상하기 위하여 수입업자 및 수입물품 유통업자로 하여금 **유통이력**을 신고하게 하는 것이다.

2) **유통이력 신고**의 의무가 있는 자(**유통이력 신고의무자**)는 유통이력을 장부에 기록(전자적 기록방식을 포함한다)하고, 그 자료를 거래일부터 **1년간 보관**하여야 한다. **관세**

**청장**은 **유통이력 신고물품**을 지정할 때 미리 관계 행정기관의 장과 협의하여야 한다.

3) **관세청장**은 유통이력 신고물품의 지정, 신고의무 존속기한 및 신고대상 범위 설정 등을 할 때 수입물품을 내국물품에 비하여 부당하게 차별하여서는 아니 되며, 이를 이행하는 **유통이력 신고의무자**의 부담이 최소화되도록 하여야 한다.

4) **유통이력 신고물품별** 신고의무 존속기한, 유통이력의 범위, 신고절차, 그 밖에 유통이력 신고에 필요한 사항은 **관세청장**이 정한다.

### (3) 유통이력 조사

1) **관세청장**은 필요하다고 인정할 때에는 세관공무원으로 하여금 **유통이력 신고의무자**의 사업장에 출입하여 영업 관계의 장부나 서류를 열람하여 조사하게 할 수 있다.

2) **유통이력 신고의무자**는 정당한 사유 없이 조사를 거부·방해 또는 기피하여서는 아니 된다. **조사**를 하는 **세관공무원**은 신분을 확인할 수 있는 증표를 지니고 이를 관계인에게 보여 주어야 한다.

## 7. 통관절차 등의 국제협력

### (1) 무역원활화 기본계획의 수립 및 시행

1) **기획재정부장관**은 WTO 설립을 위한 마라케쉬협정에 따라 이 법 및 관련법에서 정한 통관 등 수출입 절차의 원활화 및 이와 관련된 국제협력의 원활화(**무역원활화**)를 촉진하기 위하여 다음 사항이 포함된 **무역원활화 기본계획**을 수립·시행하여야 한다.

> ① **무역원활화 정책**의 **기본방향**에 관한 사항, ② **무역원활화 기반시설**의 구축과 운영에 관한 사항, ③ **무역원활화**의 환경조성에 관한 사항, ④ **무역원활화**와 관련된 국제협력에 관한 사항, ⑤ **무역원활화**와 관련된 통계자료의 수집·분석 및 활용방안에 관한 사항, ⑥ **무역원활화 촉진**을 위한 재원 확보 및 배분에 관한 사항, ⑦ 그 밖에 **무역원활화**를 촉진하기 위하여 필요한 사항

2) **기획재정부장관은** 기본계획을 시행하기 위하여 **무역원활화**에 관한 업무를 수행하는 기관 또는 단체에 필요한 지원을 할 수 있다.

### 3) 무역원활화위원회

#### ① 위원회의 구성

㉮ **통관** 등 수출입 절차의 원활화 및 이와 관련된 **무역원활화**의 촉진에 관한 다음 사항을 심의하기 위하여 **기획재정부장관** 소속으로 **무역원활화위원회**를 둔다.

㉠ **무역원활화 기본계획**에 관한 사항, ㉡ **무역원활화 추진관련 행정기관** 간의 **업무협조**에 관한 사항, ㉢ **무역원활화 관련 법령·제도**의 **정비·개선**에 관한 사항, ㉣ 그 밖에 **무역원활화 추진**에 관한 주요 사항

㉯ **위원회**는 위원장 1명을 포함하여 20명 이내의 위원으로 구성한다. **위원회**의 위원장은 **기획재정부차관**이 되고, 위원은 다음의 사람이 된다.

㉠ **기획재정부 관세정책관**, ㉡ **농림축산식품부**, **산업통상자원부**, **국토교통부**, **해양수산부**, **식품의약품안전처** 및 **관세청 소속 고위공무원단**에 속하는 **일반직공무원** 중에서 그 소속기관의 장이 **추천**하는 사람

㉰ **기획재정부장관**이 위촉하는 위원은 관세사법에 따른 **관세사회**, 대한무역투자진흥공사법에 따른 **대한무역투자진흥공사**, 민법 제32조(비영리법인의 설립과 허가)에 따라 산업통상자원부장관의 허가를 받아 설립된 **한국무역협회** 및 상공회의소법에 따른 **대한상공회의소**의 임원 중에서 그 소속기관의 장이 추천하는 사람으로 한다.

㉱ 위원 중 결원이 생긴 경우 새로 **위촉**된 위원의 임기는 **전임자 임기**의 남은 기간으로 한다.

#### ② 위원의 선정 및 임기

㉮ **위원**은 다음에 해당하는 사람 중에서 기획재정부장관이 위촉한다.

㉠ **무역원활화 관계기관** 및 **단체**의 **임직원**, ㉡ **무역원활화**에 관한 학식과 경험이 풍부한 사람으로서 해당 업무에 2년 이상 종사한 사람

㉯ **위원**의 임기는 2년으로 한다. **위원회**의 사무를 처리하기 위하여 간사 1명을 두며, 간사는 기획재정부의 고위공무원단에 속하는 공무원 중에서 **기획재정부장관**이 지명한다.

위의 규정 사항 외에 **위원회**의 구성에 필요한 사항은 기획재정부령으로 정한다.

#### ③ 위원회의 운영

㉮ **위원회**의 위원장은 회의를 소집하고 그 의장이 된다. **위원회**의 위원장이 부득이한 사유로 그 직무를 수행할 수 없을 때에는 위원장이 미리 지명한 위원이 그 직무를 대행한다. **위원회**의 회의를 소집하려면 회의 **개최 7일 전**까지 회의 일시·장소 및 안건을 각 위원에게 서면으로 알려야 한다. 다만, 긴급한 사정이나 그 밖의 부득이한 사유가 있는 경우에는 회의 개최 전날까지 구두로 알릴 수 있다.

㉯ **위원회**는 **재적위원 과반수의 출석**으로 개의하고, **출석위원 과반수**의 찬성으로 의결한다. **위원회**는 업무수행을 위하여 필요한 경우에는 전문적인 지식과 경험이 있는 관계 분야 전문가 및 공무원에게 위원회의 회의에 출석하여 **의견진술**을 하게 할 수 있다.

㉰ **위원회**에 출석한 위원과 관계 분야 전문가에게는 예산의 범위에서 수당과 여비를 지급할 수 있다. 다만, 공무원이 그 소관 업무와 직접적으로 관련되어 출석하는 경우에는 수당과 여비를 지급하지 아니한다. 위의 규정 사항 외에 **위원회**의 운영에 필요한 사항은 기획재정부령으로 정한다.

### (2) 상호주의에 따른 통관절차 간소화

#### 1) 의의

**국제무역** 및 교류를 증진하고 국가 간의 협력을 촉진하기 위하여 우리나라에 대하여 **통관절차**의 편익을 제공하는 국가에서 수입되는 물품에 대하여는 상호 조건에 따라 간이한 **통관절차**를 적용할 수 있다.

#### 2) 간이한 통관절차 적용대상 국가

① **간이**한 **통관절차**(통관절차의 특례)를 적용받을 수 있는 국가는 다음 국가로 한다.

> ㉮ 우리나라와 **통관절차**의 **편익**에 관한 협정을 체결한 **국가**, ㉯ 우리나라와 **무역협정** 등을 체결한 국가

② **통관절차**의 특례 부여의 절차 및 특례 부여 중지, 그 밖에 필요한 사항은 **관세청장**이 정하여 고시한다.

### (3) 국가간 세관정보의 상호교환

1) **관세청장**은 물품의 신속한 통관과 이 법을 위반한 물품의 반입을 방지하기 위하여 WCO에서 정하는 **수출입신고 항목** 및 **화물식별번호**를 발급하거나 사용하게 할 수 있다.

2) **관세청장**은 WCO에서 정하는 **수출입신고 항목** 및 **화물식별번호 정보**를 다른 국가와 상호 조건에 따라 교환할 수 있다.

3) **관세청장**은 관세의 부과와 징수, 과세 불복에 대한 심리 및 형사소추를 위하여 **수출입신고자료** 등 대통령령으로 정하는 사항을 대한민국 정부가 다른 국가와 관세행정에 관한 협력 및 상호지원에 관하여 체결한 협정과 **국제기구**와 체결한 **국제협약**에 따라 다른 법률에 저촉되지 아니하는 범위에서 다른 국가와 교환할 수 있다.

4) **관세청장**은 상호주의 원칙에 따라 상대국에 **수출입신고자료** 등을 제공하는 것을 제한할 수 있다. **관세청장**은 다른 국가와 **수출입신고자료** 등을 교환하는 경우 대통령령으로 정하는 바에 따라 이를 **신고인** 또는 그 **대리인**에게 통지하여야 한다.

## 8. 스파게티 볼 효과

### (1) 의의

1) FTA를 지나치게 여러 나라와 동시에 체결할 경우 국가마다 다른 **원산지 규정**, **통관절차**, 법체계 등을 확인하는 시간과 인력이 더 들어가 거래비용 절감이라는 본연의 기대효과가 반감될 수 있다는 이른바 '**스파게티 볼 효과**(Spaghetti Bowl Effect)'에 대한 우려가 작용하고 있다. 스파게티 볼 효과는 미국의 Bhagwati가 동시 다발적 FTA의 비효율성을 지적하며 처음 사용하였던 용어이다[7].

2) 한편 **스파게티 볼 효과**에 대하여는 여러 국가와 동시다발적으로 FTA가 체결되면서 스파게티 접시 속 국수처럼 국가별로 다른 **원산지규정**과 **통관절차**, **표준** 등을 확인함에 있어 시간과 비용이 **다량 투입**되어 **협상체결 효과**를 반감시킬 수 있다는 것을 의미하는 용어로 사용되고 있다.

---

7) Bhagwati, Jagdish(1995), "US Trade Policy: The Infatuation with FTAs," Discussion Paper Series No.726, pp.1-23 ; Baldwin, R. E.(2006), "Multilateralising Regionalism: Spaghetti Bowls as Building Blocs on the Path to Global Free Trade," The World Economy, Vol.1451, No.15, pp.36-37 ; Kawai, M. and Wignaraja, Ganeshan(2009), "The Asian "Noodle Bowl" : Is It Serious for Business?," Working Paper Series, No.136, ADBI ; 이영환(2011), "스파게티 볼 효과에 대한 연구", 「관세학회지」, 제12권 제1호, pp.237-256.

## (2) 원산지 중복상의 문제점

1) **스파게티 볼**이라고 지칭되는 협정의 모순은 지속적인 FTA 체결이 협정 내용의 깊이, 범위, 한계로 인하여 그 국가의 무역과 관련된 규정제정의 중복성을 발생시킨다는 것을 보여준다. 이러한 혼란의 결과는 차별적인 **관세율 조치**, 규정 및 요구사항, 유연성, 예외, 그 밖을 통하여 국가의 무역을 구분시키게 된다. 특히 FTA 사이에 차이가 많을수록 의도하지 않은 생산의 비효율성, 다양한 지역으로의 적용 및 통제에 따른 이려움 또는 혼란으로 인하여 결국 **무역원활화**의 목표가 손상되게 된다.

2) 이와 같은 원산지개념의 중복은 다음과 같은 어려움을 유발하게 된다.

① **행정상 문제**로서 수없이 중복되는 **원산지개념**의 적용으로부터 발생하게 된다. 또한 각 협정에 의하여 이행되는 무역의 절대적인 강제분할로 인하여 누적의 혜택적용이 제한되거나 부분적으로 적용되는 것이다. 또한 서로 다른 **관세율**과 **원산지 조치**로 인하여 삼각분할의 가능성도 있다.

② **원산지 문제**에 대한 협정에서의 중복은 정부당국과 기업에게 부정적인 영향을 미치게 되는데, 특히 정부 및 민간부문의 **운영비용**을 증가시키게 된다. 또한 각각의 FTA에 따라 서로 다른 **특혜무역**을 관리하기 위하여 상이한 기간 및 물품조합에 따른 수많은 관세철폐, 원산지 요구사항의 관리 및 적용, 증명 및 검증시스템으로 인한 업무의 복잡성 증대 등이 발생하게 된다.

③ 우리나라의 경우에도 FTA 체결이 증가함에 따라 근거법의 다양성, 법규의 복잡성 등으로 원산지규정을 충족하는 것이 커다란 어려움이 되고 있다.

④ **생산공정**을 FTA 별로 **차별화**시켜야 한다. 즉, 모든 생산공정이 상이한 원산지 규정 하에서 **승인**되지 않으면, 주요 투입 원자재 및 물건의 **원산지**가 FTA에 따라서 구분되어야 하기 때문이다. 또한 여러 국가에서 **원자재** 등을 수입할 경우 다양하고 신뢰할 수 있는 **자원**인지 여부를 확인하는 것이 필요하다. 그런데 그와 같은 다양성 충족은 기술적으로 **실행가능성**이 낮을 수도 있고, 때때로 불충분한 대체재를 이용하도록 하고, 더 높은 비용을 **지급**하게 하거나 또는 **품질표준화**의 방해가 될 수도 있다.

⑤ 가장 큰 어려움을 초래하고 영향을 주는 것은 **생산자**에게 오직 각 FTA에서의 **원산지 누적**을 적용할 수 있다는 점이다. 이는 하나의 FTA 하에서 **원산지물건**으로서 수입된 투입재가 다른 FTA에서는 **원산지물건**으로 고려될 수 없기 때문이다. 이러한 부분적인 **누적기준**의 적용은 일국의 FTA에 대한 전체적인 잠재영향을 제한하게 되며, **무역굴절**[8]을 유발하게 된다.

---

8) **무역굴절효과**(trade deflection effect)는 역외에 대한 **관세율**의 차이를 이용하여 **역외 제품**이 역내 **낮은 관세국**을 통하여 **높은 관세국**으로 **수입**되는 현상을 말한다, FTA의 원산지규정 차이는 특정한 **삼각무역**을 유발할 수도 있는데, 몇몇 업자들은 최종 목적국(B)과 그들의 국가(A)간에 체결된 협정을 통해서가 아니라 양 국가(A국 및 B국)와 협정을 체결하고 있는 제3국을 통하여 특정 시장에 접근하려 할 것이며, 이 경우 **원산지규정 충족**이 상대적으로 쉬운 국가를 이용하게 된다.

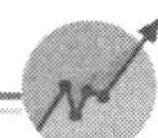

## 제 2 절 수출·수입 및 반송

### 1. 의의

#### (1) 수출의 의의

##### 1) 대외무역법상 수출의 정의

① **대외무역법**에서 수출은 국내에서 외국으로 물품이 이동하는 것을 의미한다. 이때 **대금결제**를 받는가의 여부는 중요하지 않다. 즉, **대가**를 받지 않고 이동하는 **무상수출**과 대가를 받고 이동하는 **유상수출** 모두를 포함하고 있다.

② 대외무역법 시행령 제2조(정의)에서는 수출을 다음과 같이 정의하고 있다.

㉮ **수출**이라 함은 **매매·교환·임대차·사용대차**9)**·증여** 등을 원인으로 국내에서 외국으로 **물품**을 이동하는 것(우리나라 선박에 의하여 외국에서 채취·포획한 광물·수산물을 외국에 매도하는 것을 포함한다). 이는 국내에서 외국으로 물품을 이동하는 것은 아니지만, 실질적으로는 그 의미가 동일하기 때문에 **수출**의 개념에 포함시키고 있다. 그리고 국내에서 외국으로 물품을 이동하는 원인은 대가를 받고 이동하는 것과 대가를 받지 않고 **무상**으로 이동하는 것을 포함한다. **매매·교환·임대차**는 **유상**으로 **수출**하는 것을 의미하고, **사용대차·증여** 등은 **무상**으로 **수출**하는 것을 의미한다.

㉯ **유상**으로 외국에서 외국으로 물품을 인도하는 것으로서 **산업통상자원부장관**이 정하여 고시하는 기준에 해당하는 것. 여기에 해당되는 수출은 **현지인도방식**의 **수출**과 **중계무역**에 의한 **수출**을 말한다. 즉, 산업통상자원부장관이 정하는 것은 **해외건설사업**에 사용하기 위하여 외국에서 구입한 시설 및 원료·기재를 현지에서 사용한 후 현지국·제3국에 판매하는 등의 **현지인도방식**의 **수출**이나 **중계무역**에 의한 **수출**을 말한다.

㉰ 외국환거래법 제3조(정의) 제1항 제14호(**거주자**란 대한민국에 주소·거소를 둔 개인과 대한민국에 주된 사무소를 둔 법인을 말한다)에 따른 **거주자**가 외국환거래법 제3조 제1항 제15호(**비거주자**란 거주자 외의 개인 및 법인을 말한다. 다만, 비거주자의 대한민국에 있는 지점, 출장소, 그 밖의 사무소는 법률상 대리권의 유무에 상관없이 거주자로 본다)에 따른 **비거주자**에게 **산업통상자원부장관**이 정하여 고시하는 방법으로 용역을 제공하는 것

㉱ **거주자**가 **비거주자**에게 **정보통신망**을 통한 전송과 그 밖에 **산업통상자원부장관**이 정하여 고시하는 방법으로 전자적 형태의 **무체물**을 인도하는 것

---

9) **사용대차**는 당사자 일방이 상대방에게 물품을 **무상**으로 사용하게 하기 위하여 이를 인도할 것을 약정하고, 상대방은 이를 사용한 후 **반환**할 것을 약정함으로써 성립되는 **계약**을 의미한다.

#### 2) 법상 수출의 정의

① 법에서는 물품이 **관세선**을 통과하였는가를 기준으로 수출과 수입을 판단하고 있다. **내국물품**이 **관세선**을 통과하면 **수출**이 된 것이고, **외국물품**이 **관세선**을 통과하면 **수입**이 된 것이다. **관세선**을 통과하였다는 것은 수출신고수리 또는 수입신고수리를 받았다는 의미이다. 즉, **내국물품**이 수출신고수리를 받았으면 수출이 된 것이고, 외국물품이 수입신고수리를 받았으면 수입이 된 것이다.

② 법에서는 수출을 **내국물품**을 외국으로 **반출**하는 것이라고 규정하고 있다.

### (2) 수입의 의의

#### 1) 대외무역법상 수입의 정의

① **대외무역법**에서는 물품을 외국에서 국내로 이동하여 **대금결제**를 할 때까지의 과정으로 **수입**의 개념을 파악하고 있다. 여기에서 대금결제를 하는 형식은 대가를 주지 않고 이동하는 **무상수입**과 대가를 주고 이동하는 **유상수입** 모두를 포함하고 있다.

② 대외무역법 시행령 제2조(정의)에서는 수입을 다음과 같이 정의하고 있다.

> ㉮ **수입**이라 함은 **매매·교환·임대차·사용대차·증여** 등을 원인으로 외국에서 국내로 물품을 이동하는 것. 수입은 외국에서 국내로 물품을 이동하는 것이다. 그리고 외국에서 국내로 물품을 이동하는 원인은 **대가**를 주고 이동하는 것과 대가를 주지 않고 **무상**으로 이동하는 것을 포함한다. **매매·교환·임대차**는 **유상**으로 **수입**하는 것을 의미하고, **사용대차·증여** 등은 무상으로 **수입**하는 것을 의미한다.
> ㉯ **유상**으로 외국에서 외국으로 물품을 인수하는 것으로서 **산업통상자원부장관**이 정하여 고시하는 기준에 해당하는 것. **외국물품**을 우리나라에 반입(**보세구역**을 경유하는 것은 **보세구역**으로부터 반입하는 것을 말한다)하거나 우리나라에서 소비(사용)하는 것(우리나라의 **운송수단내**에서의 소비(사용)를 포함하며, **수입**으로 보지 아니하는 **소비(사용)**를 제외한다)을 말한다. 여기에 해당되는 수입은 **현지인수방식**의 **수입**과 **중계무역**에 의한 **수입**을 말한다. 즉, **산업통상자원부장관**이 정하여 고시하는 기준에 해당하는 것은 **해외건설사업**에 사용하기 위하여 외국에서 구입한 시설 및 원료·기재를 현지에서 사용하는 현지인수방식의 **수입**이나 **중계무역**에 의한 **수입**을 말한다.
> ㉰ **비거주자**가 **거주자**에게 **산업통상자원부장관**이 정하여 고시하는 방법으로 용역을 제공하는 것
> ㉱ **비거주자**가 **거주자**에게 정보통신망을 통한 전송과 그 밖에 **산업통상자원부장관**이 정하여 고시하는 방법으로 전자적 형태의 **무체물**을 인도하는 것

2) 법상 수입의 정의

법에서는 물품이 **관세선**을 통과하였는가를 기준으로 수출과 수입을 판단하고 있다. 내국물품이 **관세선**을 통과하면 수출이 된 것이고, **외국물품**이 **관세선**을 통과하면 수입이 된 것이다. **관세선**을 통과하였다는 것은 수출신고수리 또는 수입신고수리를 받았다는 의미이다. 즉, **내국물품**이 **수출신고수리**를 받았으면 **수출**이 된 것이고, 외국물품이 **수입신고수리**를 받았으면 **수입**이 된 것이다.

### (3) 반송의 의의

1) **반송**이라 함은 우리나라에 도착된 **외국물품**을 어떠한 사정에 의하여 **수입통관**하지 않고 다시 **외국**으로 **반출**하는 것을 말한다.

2) 법상 **반송물품**이란 다음에 해당하는 물품을 말한다.

> ① **외국**으로부터 **보세구역**에 반입된 물품으로서 **계약상이**, **국내시장 여건변화** 등의 사유로 **수입신고**를 하지 아니한 상태에서 다시 **외국**으로 반출되는 **물품**, ② **외국**으로부터 **보세구역**에 **반입**된 **물품**으로서 수입하고자 **수입신고**를 하였으나 **수입신고수리 요건** 등의 미비로 **통관**이 **보류**되어 다시 외국으로 **반출**되는 **물품**, ③ **해외**에서 **위탁가공**후 **보세구역**에 **반입**된 물품으로서 **수출**할 목적으로 다시 **외국**으로 **반출**되는 **물품**, ④ **중계무역방식**에 의하여 **보세구역** 등에 **반입**되어 다시 **외국**으로 **반출**되는 **물품**, ⑤ **외국**으로부터 **보세창고**에 반입된 물품으로서 **국내 수입화주**의 **결정지연** 등으로 **수입**하지 아니한 상태에서 다시 **외국**으로 반출되는 물품

## 2. 신고 및 제출서류

### (1) 수출입 또는 반송의 신고

1) 의의

① **물품**을 수출입·반송하려면 해당 물품의 품명·규격·수량 및 가격과 그 밖에 다음에 정하는 사항을 **세관장**에게 **신고**하여야 한다. 수출입·반송의 신고를 하고자 하는 자는 기획재정부령으로 정하는 수출입·반송의 신고서를 **세관장**에게 **제출**하여야 한다.

㉮ **포장**의 **종류·번호** 및 **개수**, ㉯ **목적지·원산지** 및 **선적지**, ㉰ **원산지표시 대상물품**인 경우에는 **표시유무·방법** 및 **형태**, ㉱ **상표**, ㉲ **납세의무자** 또는 **화주**의 **상호**(개인의 경우 성명을 말한다)·**사업자등록번호·통관고유부호**와 **해외공급자부호** 또는 **해외구매자부호**, ㉳ **물품**의 장치장소, ㉴ 그 밖에 물품의 모델 및 중량, **품목분류표**의 품목 번호, 허가·승인·표시 또는 그 밖의 조건을 갖춘 것임을 증명하기 위하여 **발급**된 서류의 명칭

② **세관장**은 **신고인**이 **검사**에 참여할 것을 신청하거나 **신고인**의 참여가 필요하다고 인정하는 때에는 그 일시·장소·방법 등을 정하여 검사에 참여할 것을 통지할 수 있다.

### 2) 통관고유부호 등의 신청

① **통관고유부호**, **해외공급자부호·해외구매자부호**를 발급받거나 변경하려는 자는 주소, 성명, 사업종류 등을 적은 신청서에 다음 서류를 첨부하여 **세관장**에게 제출하여야 한다. 다만, **세관장**이 필요 없다고 인정하는 경우에는 첨부서류의 제출을 생략할 수 있다.

① **사업자등록증**, ② **해외공급자·해외구매자**의 국가·상호·주소가 표기된 **송품장**, ③ 그 밖에 **관세청장**이 정하여 고시하는 서류

② **통관고유부호**, **해외공급자부호·해외구매자부호**의 발급절차 및 관리 등에 관하여 필요한 사항은 **관세청장**이 정한다.

### 3) 물품신고

① **수입·반송**하려는 물품을 **지정장치장·보세창고**에 반입하거나 **보세구역**이 아닌 장소에 장치한 자는 그 반입일·장치일부터 **30일 이내**(법 제243조(신고의 요건) 해당하는 물품은 **관세청장**이 정하는 바에 따라 반송신고를 할 수 있는 날부터 **30일 이내**)에 **신고**를 하여야 한다.

② **수출신고가격**은 해당 물품을 본선에 인도하는 조건으로 실제로 지급하였거나 지급하여야 할 가격으로서 최종 선적항·선적지까지의 **운임·보험료**를 포함한 가격으로 한다. **수출신고**를 함에 있어 **수출신고가격**을 산정하기 위하여 **외국통화**로 표시된 가격을 **내국통화**로 환산하는 때에는 수출신고일이 속하는 주의 **전주**의 **외국환매입률**을 평균하여 관세청장이 정한 **율**로 하여야 한다.

#### 4) 소액물품의 자가사용 인정기준 및 합산과세 기준(수입통관 사무처리에 관한 고시 제67조-제69조)

##### ① 소액물품의 자가사용 인정기준

**소액물품의 자가사용 인정기준규칙** 제45조 제2항 제1호에 따른 **소액물품**의 **자가사용 인정기준**은 별표 11과 같다.

##### ② 합산과세 기준

㉮ **합산과세**란 수하인이 같은 경우, 같은 날 입항하는 화물의 총 신고금액이 면세범위를 초과하는 경우 다른 **항공화물운송장**(AWB)이더라도 총 **신고금액 합계**로 과세가 책정되는 것을 의미한다. 즉, 관세를 납부하지 않기 위해 여러 번 **분할배송**을 해도, 특정한 조건에 따라서 **분할배송**한 것을 합산해서 **관세**를 부과하는 것을 **합산과세**라고 한다. **합산과세**의 조건은 상당히 다양하므로, 주의할 필요가 있다. 면세범위내에서 구매 일자·입항일·구매한 쇼핑몰이 모두 다르더라도 전산상으로 **합산과세**가 의심되고 증빙서류가 미비하면 관세를 입항일을 기준으로 같은 사이트에서 구매한 물품이나 같은 품목의 상품이 있는 경우 **과세대상물품**으로 분류된다.

㉯ **소액물품의 자가사용 인정기준규칙** 제45조 제2항 제1호 단서에 따른 **관세면제 제외기준**은 다음에 해당하여 **합산**한 결과 그 기준을 **초과**하는 경우로 한다.

> ㉠ **하나**의 **선하증권**(B/L)이나 **항공화물운송장**(AWB)으로 반입된 **과세대상물품**을 면세범위 내로 분할하여 **수입신고**하는 경우, ㉡ **입항일**을 기준으로 하여 같은 날짜에 같은 **해외공급자**로부터 두건 이상의 물품을 반입하여 **수입신고**하는 경우, ㉢ **입항일**이 같은 날짜에 **둘 이상**의 해외공급자로부터 같은 품명이나 종류(예 : 화장품류, 서적류, 의류 등)의 물품을 반입하여 **수입신고**하는 경우, ㉣ 같은 **해외공급자**로부터 같은 날짜에 구매한 **과세대상물품**을 면세범위내로 **분할 반입**하여 **수입신고**하는 경우

##### ③ 합산과세시 수입신고서 등의 처리

㉮ **세관장**이 **합산과세**할 때에는 **합산금액**에 따라 다음과 같이 처리한다.

> ㉠ **특송물품**으로 반입된 경우 100달러 **초과**의 물품은 **목록통관**을 **배제**하고 **일반수입신고**
> ㉡ **우편물**로 반입된 경우
> ⓐ 1,000달러 **이하**의 물품은 **우편물 목록** 등에 따라 과세처리
> ⓑ 1,000달러 **초과**의 물품은 **일반수입신고**

㉯ **수입신고서 세관기재란**에 합산과세의 근거가 되는 **선하증권**(B/L)**번호**와 **합산과세**임을 표기하고, **합산과세** 대상이 된 **선하증권**(B/L)을 수입신고서에 첨부하여야 한다.

㉰ **통관안내서**에 **합산과세 대상**임을 기재하여 수취인에게 **통지**하고 우편물목록에 대상 우편물번호를 기재한 후 **합산과세**임을 표기하여야 하며, 위의 ㉡에 해당하는 물품은 위의 ㉯에 준하여 처리한다. **세관장**은 전산자료 등을 사후 분석하여 **상용물품**으로 인정되거나 **과세대상물품**을 분할하여 부당하게 **면세통관**한 것으로 확인된 경우에는 **관세** 등을 **추징**하거나 **조사의뢰**하여야 한다.

#### 5) 신고생략 또는 간소한 방법으로 신고

#### ① 법상의 신고생략 또는 간이신고 물품

㉮ 다음에 해당하는 **물품**은 **신고**를 **생략**하게 하거나 **관세청장**이 정하는 **간소**한 방법으로 신고하게 할 수 있다.

> ㉠ **휴대품·탁송품** 또는 **별송품**, ㉡ **우편물**, ㉢ 법 제91조(종교용품, 자선용품, 장애인용품 등의 면세), 법 92조(정부용품 등의 면세), 법 제93조(특정물품의 면세 등), 법 제94조(소액물품 등의 면세), 법 제96조(여행자 휴대품 및 이사물품 등의 감면세) 제1항 및 법 제97조(재수출면세) 제1항에 따라 **관세**가 **면제**되는 **물품**, ㉣ **국제운송**을 위한 **컨테이너**(별표 관세율표 중 기본세율이 무세인 것으로 한정한다)

㉯ 다음의 물품은 **신고**를 **생략**할 수 있다. 다만, 법 제226조(허가·승인 등의 증명 및 확인)의 규정에 해당하는 물품을 제외한다.

> ㉠ 법 제96조(여행자 휴대품 및 이사물품 등의 감면세)의 규정에 의한 **여행자휴대품**, **승무원휴대품**, ㉡ **우편물**(법 제258조(우편물통관에 대한 결정) 제2항에 해당하는 것을 제외한다), ㉢ **국제운송**을 위한 **컨테이너**(법 별표 관세율표중 기본세율이 무세인 것에 한한다), ㉣ 기타 서류·소액면세물품 등 신속한 통관을 위하여 필요하다고 인정하여 **관세청장**이 정하는 **탁송품·별송품**

㉰ **수입물품**중 관세가 **면제·무세**인 물품에 있어서는 그 검사를 마친 때에 해당 물품에 대한 수입신고가 수리된 것으로 본다. **세관장**은 신고를 하지 아니한 물품에 대하여는 **관세청장**이 정하는 바에 의하여 직권으로 이를 검사할 수 있다.

② **수입통관 사무처리에 관한 고시상의 신고생략 또는 간이신고 물품**

㉮ 신고생략물품(제70조(수입신고의 생략))

㉠ 다음에 해당하는 물품 중 관세가 **면제·무세**인 물품은 **수입신고**를 **생략**한다.

> ⓐ **외교행낭**으로 반입되는 **면세대상물품**, ⓑ 우리나라에 내방하는 **외국**의 **원수**와 그 가족 및 수행원에 속하는 **면세대상물품**, ⓒ **장례**를 위한 유해(유골)와 유체, ⓓ 신문, 뉴스를 취재한 필름·녹음테이프로서 문화체육관광부에 등록된 **언론기관**의 보도용품, ⓔ **재외공관** 등에서 외교부로 발송되는 자료, ⓕ **기록문서**와 **서류**, ⓖ 외국에 주둔하는 국군으로부터 반환되는 **공용품**(군함·군용기(전세기를 포함한다)에 적재되어 우리나라에 도착된 경우에 한함)

㉡ 위의 물품은 **선하증권**(B/L)(위의 ⓖ의 경우에는 **물품목록**)만 제시하면 **물품보관장소**에서 즉시 인도한다. 이때 **선하증권**(B/L) **원본**을 확인하고 물품인수에 관한 권한 있는 자의 신분을 확인하여 인수증을 제출받은 후 인계하여야 한다.

㉢ 위의 물품에 대한 검사는 **무작위선별방식**에 의하여 선별된 물품만을 검사한다. 유해(유골)와 유체의 인도시에는 유족의 신분 등을 파악하여 **안보위해물품**이 **위장반입**되지 아니하도록 주의하여야 한다.

㉯ 신고서에 의한 간이신고(제71조(신고서에 의한 간이신고))

㉠ 다음에 해당하는 물품은 **첨부서류**없이 **신고서**에 **수입신고사항**을 기재하여 신고(**간이신고**)한다.

> ⓐ **국내거주자**가 수취하는 해당물품의 총 **과세가격**이 15만원 **이하**의 물품으로서 **자가사용물품**으로 인정되는 **면세대상물품**, ⓑ 해당물품의 총 **과세가격**이 250달러 **이하**의 면세되는 **상용견품**, ⓒ 설계도중 **수입승인**이 **면제**되는 것, ⓓ 외국환거래법에 따라 금융기관이 외환업무를 영위하기 위하여 수입하는 **지급수단**

㉡ **품명**과 **규격**이 각기 다른 **소액물품**으로서 물품의 관세 등이 **면제**되거나 **합의세율**을 적용하는 경우에는 주요 물품명 ○○ 등이라고 표기할 수 있다.

### 6) 가산세와 가산율

**① 가산세**

㉮ **세관장**은 물품을 **수입·반송**하는 자가 기간 내에 **수입·반송 신고**를 하지 아니한 경

우에는 해당 물품 **과세가격**의 2/100에 상당하는 금액의 범위에서 그 금액을 **가산세**로 징수한다. **가산세**를 징수하여야 하는 물품은 물품의 신속한 유통이 긴요하다고 인정하여 **보세구역**의 종류와 물품의 특성을 감안하여 **관세청장**이 정하는 물품으로 한다.

㉯ **전기, 가스, 유류, 용수**는 그 물품의 특성으로 인하여 전선이나 배관 등에 해당하는 물품을 공급하기에 적합하도록 설계·제작된 일체의 시설·장치 등을 이용하여 수출입·반송하는 자는 **1개월**을 단위로 하여 해당 물품에 대해 다음 달 **10일**까지 신고하여야 한다. 이 경우 기간 내에 **수출입·반송**의 신고를 하지 아니하는 경우의 **가산세** 징수에 관하여는 위의 규정을 준용한다.

㉰ **세관장**은 다음에 해당하는 경우에는 해당 물품에 대하여 납부할 **세액**(관세 및 내국세를 포함한다)의 20/100(위의 ㉮의 경우에는 40/100으로 하되, **여행자·승무원**에 대하여 그 **여행자·승무원**의 입국일을 기준으로 **소급**하여 **2년** 이내에 **2회 이상**의 경우에 해당하는 사유로 **가산세**를 징수한 경우에는 60/100)에 상당하는 금액을 **가산세**로 징수한다.

> ㉠ **여행자**나 **승무원**이 **휴대품**(법 제96조(여행자 휴대품 및 이사물품 등의 감면세) 제1항 제1호 및 제3호에 해당하는 물품은 제외한다)을 **신고**하지 아니하여 과세하는 경우
> ㉡ 우리나라로 거주를 이전하기 위하여 **입국**하는 자가 **입국**할 때에 **수입**하는 **이사물품**(제96조(여행자 휴대품 및 이사물품 등의 감면세) 제1항 제2호에 해당하는 물품은 제외한다)을 신고하지 아니하여 **과세**하는 경우

### ② 가산율

**가산세액**은 다음 율에 의하여 산출한다. **가산세액**은 500**만원**을 초과할 수 없다. 신고기한이 경과한 후 **보세운송**된 물품에 대하여는 **보세운송신고**를 한 때를 기준으로 **가산세율**을 적용하며 그 세액은 수입·반송신고를 하는 때에 징수한다.

> ㉮ **신고기한**이 경과한 날부터 **20일내**에 **신고**를 한 때에는 해당 물품의 **과세가격**의 5/1,000
> ㉯ **신고기한**이 경과한 날부터 **50일내**에 **신고**를 한 때에는 해당 물품의 **과세가격**의 10/1,000
> ㉰ **신고기한**이 경과한 날부터 **80일내**에 **신고**를 한 때에는 해당 물품의 **과세가격**의 15/1,000
> ㉱ 위의 외의 경우에는 해당 물품의 **과세가격**의 20/1,000

### (2) 수출입·반송 등의 신고인과 신고요건

#### 1) 신고인

**수출입·반송** 등의 신고는 **화주·관세사** 등의 명의로 하여야 한다. 다만, 수출신고의 경우에는 화주에게 해당 수출물품을 제조하여 공급한 자의 명의로 할 수 있다.

#### 2) 신고요건

① **물품** 중 **관세청장**이 정하는 물품은 관세청장이 정하는 바에 따라 **반송방법**을 제한할 수 있다.

② **수입신고**는 해당 **물품**을 적재한 선박(항공기)이 **입항**된 후에만 할 수 있다.

③ **반송신고**는 해당 **물품**이 이 법에 따른 장치 장소에 있는 경우에만 할 수 있다.

④ **밀수출** 등 불법행위가 발생할 우려가 높거나 감시단속상 필요하다고 인정하여 대통령령으로 정하는 물품은 **관세청장**이 정하는 장소에 반입한 후 **수출신고**를 하게 할 수 있다.

#### 3) 수입신고방법

**수입신고**를 하려는 자는 다음의 방법에 따른다(수입통관 사무처리에 관한 고시 제10조(수입신고 방법)).

① **전자자료교환(EDI)방식**으로 신고를 하려는 자는 **EDI 방식**에 의한 **수출입신고 업무처리승인(신청)서**(별지 제21호 서식)를 사업장 **관할지세관장**에게 제출하여 **사용자 ID**를 부여받아야 한다.
② **인터넷방식**으로 신고를 하려는 자는 **국가관세종합정보망의 이용 및 운영 등에 관한 고시**에 따라 **인터넷통관포탈서비스 이용신청**을 하고 **세관장 승인**을 받아야 한다.

#### 4) 수입신고시기

① **수입신고**는 해당 물품을 선(기)적한 선박(항공기)이 입항한 후에 한하여 이를 할 수 있다. 다만 수입하고자 하는 물품의 신속한 통관이 필요한 경우에는 해당 물품을 선(기)적한 선박(항공기)이 **입항**하기 **전**에 **수입신고**(**입항전 신고, 출항전 신고**)를 할 수 있다.

② 수입하고자 하는 자는 **출항전 신고, 입항전 신고, 보세구역도착전 신고, 보세구역장치후 신고 중**에서 필요에 따라 신고방법을 선택하여 **수입신고**를 할 수 있다(수입통관 사무처리에 관한 고시 제3조(정의)).

㉮ **'출항전 신고'**라 함은 항공기로 수입되는 물품 또는 **일본, 중국, 대만, 홍콩**으로부터 선박으로 수입되는 물품을 선(기)적한 선박(항공기)이 해당 물품을 적재한 항구(공항)에서 출항하기 전에 수입신고하는 것을 말한다.
㉯ **'입항전 신고'**라 함은 **수입물품**을 선(기)적한 선박(항공기)이 물품을 적재한 항구(공항)에서 출항하여 우리나라에 **입항**하기 전에 수입신고하는 것을 말한다(**선박**의 경우 **5일 전, 항공기**의 경우 **1일 전**부터 각각 신고가능).
㉰ **'보세구역도착전 신고'**라 함은 수입물품을 선(기)적한 선박 등이 입항하여 해당 물품을 통관하기 위하여 반입하고자 하는 **보세구역**에 **도착**하기 전에 수입신고하는 것을 말한다.
㉱ **'보세구역장치후 신고'**라 함은 수입물품을 **보세구역**에 **장치**한 후 수입신고하는 것을 말한다.

③ **수입신고시기**는 **수입물품**의 운송형태와 수단 등에 따라 수입물품이 **수출국 선적항**에서 출항하기 전부터 우리나라에 도착하여 **보세구역**에 장치한 후까지 **수입화주**가 임의 선택적으로 가능하며, 다음과 같이 구분할 수 있다.

〈그림-20〉 통관절차의 구분

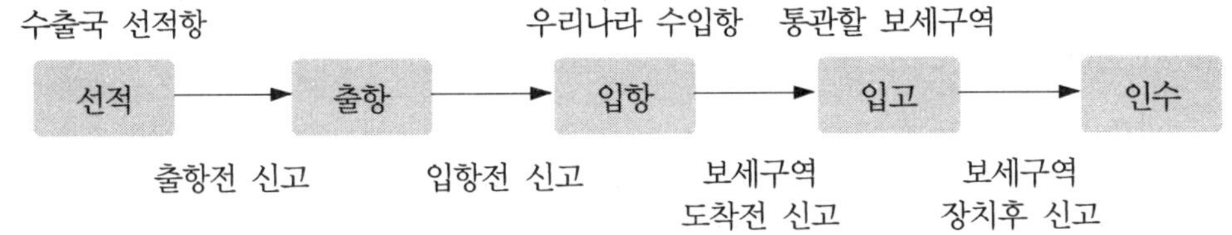


〈표-15〉 수입신고시기 구분에 따른 통관절차의 비교

| 구분 | 출항전신고 | 입항전 신고 | 보세구역 도착전 신고 | 보세구역 장치후 신고 |
|---|---|---|---|---|
| 신고시기 | 우리나라 입항 **일전**(**항공기**의 경우 **1일전**)으로 물품을 적재한 선박(항공기)이 적재항 출항 전 | 우리나라 입항 **5일 전**(**항공기**의 경우 **1일전**)으로 선박(항공기) 출항 후(하선(기)신고) 전 | 입항 후 해당 물품이 반입될 **보세구역** 도착 전 | 해당 물품의 **보세구역** 도착 후 |
| 신고대상물품 | **항공기**로 수입되는 물품, 일본·중국·대만·홍콩지역에서 선박으로 수입되는 물품 | 제한없음 | 제한없음 | 제한없음 |
| 신고세관 | 입항예정지 관할세관 | 입항예정지 관할 세관 | 도착예정 **보세구역** 관할 | **장치물품 보세구역** 관할 |

| | | | | 세관 | 세관 |
|---|---|---|---|---|---|
| 검사대상여부 통보시기 | | 선박(항공기)이 출항하였음을 입증하는 자료 제출(출항신고서 및 적하목록) 시점 | 수입신고일 | 수입신고일 | 수입신고일 |
| 신고수리시기 | 검사생략 | 적하목록 제출후 | 적하목록 제출후 | 보세구역도착 보고 후 | 수입신고 후 |
| | 검사대상 | 물품검사 종료 후 | 물품검사 종료후 | 물품검사 종료후 | 물품검사 종료후 |

### (3) 입항전 수입신고

1) **수입**하려는 물품의 신속 통관이 필요할 때에는 해당 물품을 적재한 선박(항공기)이 입항하기 전에 **수입신고**를 할 수 있다. 이 경우 **입항전 수입신고**가 된 물품은 우리나라에 도착한 것으로 본다.

2) **수입신고**는 해당 물품을 적재한 선박(항공기)이 그 물품을 적재한 항구(공항)에서 출항하여 우리나라에 입항하기 **5일 전**(**항공기**의 경우 **1일 전**)부터 할 수 있다.

3) **출항**부터 **입항**까지의 기간이 **단기간**인 경우 등 해당 선박 등이 출항한 후에 신고하는 것이 곤란하다고 인정되어 출항하기 전에 신고하게 할 필요가 있는 때에는 **관세청장**이 정하는 바에 따라 그 **신고시기**를 조정할 수 있다. 다음에 해당하는 **물품**은 해당 물품을 적재한 선박 등이 우리나라에 **도착**된 후에 수입신고하여야 한다.

> ① **세율**이 **인상**되거나 새로운 **수입요건**을 갖추도록 요구하는 법령이 적용되거나 적용될 예정인 **물품**, ② **수입신고**하는 때와 우리나라에 도착하는 때의 **물품**의 **성질**과 **수량**이 달라지는 물품으로서 **관세청장**이 정하는 **물품**

4) **세관장**은 **입항전 수입신고**를 한 물품에 대하여 물품검사의 실시를 결정하였을 때에는 수입신고를 한 자에게 이를 **통보**하여야 한다. **검사대상**으로 결정된 물품은 수입신고를 한 세관의 관할 **보세구역**(**보세구역**이 아닌 장소에 장치하는 경우 그 장소를 포함한다)에 반입되어야 한다. 다만, **세관장**이 적재상태에서 검사가 가능하다고 인정하는 물품은 해당 물품을 적재한 선박이나 항공기에서 검사할 수 있다.

5) **검사대상**으로 결정되지 아니한 물품은 입항 전에 그 수입신고를 수리할 수 있다. **입항전 수입신고**가 수리되고 **보세구역** 등으로부터 반출되지 아니한 물품에 대하여는 해

당 물품이 **지정보세구역**에 장치되었는지 여부에 관계없이 법 제106조(계약 내용과 다른 물품 등에 대한 관세 환급) 제4항[10]을 준용한다. **입항전 수입신고**된 물품의 통관절차 등에 관하여 필요한 사항은 관세청장이 정한다.

### (4) 신고시의 제출서류

1) **수출입·반송**의 신고를 하는 자는 **과세가격 결정자료** 외에 다음 서류를 제출하여야 한다. **수출입신고**를 하는 물품이 증명을 필요로 하는 것인 때에는 **관련증명서류**를 첨부하여 수출입신고를 하여야 한다. 다만, **세관장**은 필요없다고 인정되는 때에는 이를 **생략**하게 할 수 있다.

> ① **선하증권(B/L) 사본·항공화물운송장(AWB) 사본**, ② **원산지증명서**(법 시행령 제236조(원산지증명서의 제출 등) 제1항이 적용되는 경우로 한정한다), ③ 기타 **참고서류**

2) **서류**를 제출하여야 하는 자가 해당 서류를 **관세사** 등에게 제출하고, **관세사** 등이 해당 서류를 확인한 후 수출입·반송에 관한 신고를 할 때에는 해당 서류의 제출을 **생략**하게 하거나 해당 서류를 수입신고 수리 후에 제출하게 할 수 있다.

3) **서류제출**을 생략하게 하거나 **수입신고 수리 후**에 서류를 제출하게 하는 경우 **세관장**이 필요하다고 인정하여 **신고인**에게 **관세청장**이 정하는 장부나 그 밖의 관계 자료의 제시 또는 제출을 요청하면 신고인은 이에 따라야 한다.

4) **수입신고**된 물품에 대한 신고서 처리방법은 ① **물품검사**와 **심사**, ② **심사**, ③ **전자통관심사**의 구분에 따른다(수입통관 사무처리에 관한 고시 제21조(신고서처리방법). 수입신고처리 주무나 담당과장은 신고서에 대하여 **신고물품**에 대한 검사정보 등을 고려하여 신고서 처리방법을 변경할 수 있다. 세관장은 P/L **신고물품**의 신고사항을 검토한 결과 **신고서**에 의한 **심사**(신고된 **세번·세율**과 과세가격 등 신고사항의 적정여부와 법령에 따른 수입요건의 충족여부 등을 확인하기 위하여 관련 서류나 분석결과를 검토하는 것)나 **물품검사**가 필요하다고 판단되는 경우에는 서류의 제출을 요구할 수 있다. 이 경우 서류제출대상으로 변경된 사실을 **신고인**에게 **통보**한다.

---

10) 제106조(계약 내용과 다른 물품 등에 대한 관세 환급) ④ **수입신고**가 수리된 물품이 **수입신고 수리 후**에도 **지정보세구역**에 계속 장치되어 있는 중에 재해로 멸실되거나 변질·손상되어 그 가치가 떨어졌을 때에는 대통령령으로 정하는 바에 따라 그 **관세**의 전부 또는 일부를 **환급**할 수 있다.

## 3. 물품검사

### (1) 의의

1) **물품**에 대한 검사의 목적은 물품의 규격과 수량을 확인하고 그 **허가·승인사항**과 현품을 대조하여 **무역관리**를 현실적으로 실현하는 동시에 그 물품의 HS **코드**를 확인하여 세율을 결정하고 물품의 손상·변질 등의 사항을 확인하여 **관세가격**을 결정함과 아울러 **정상무역**을 가장하여 **밀수품**이 수입되는 것 등을 발견하려는 데 있다.

2) **수입신고**된 물품이외에 은닉된 물품이 있는지 여부를 확인하고, 수입신고된 서류의 제출현황과 현품과의 일치여부를 확인하는 업무이다. **수입신고**를 접수한 세관은 **수입신고서류**의 서면심사와 기재사항 및 관련법규 등을 검토하여 최종적으로 현품에 대한 확인절차를 행한다(수입통관 사무처리에 관한 고시 제3조(정의)).

3) **세관공무원**은 수출입·반송하려는 물품에 대하여 검사를 할 수 있다. **관세청장**은 검사의 효율을 거두기 위하여 **검사대상**, **검사범위**, **검사방법** 등에 관하여 필요한 기준을 정할 수 있다. **화주**는 수입신고를 하려는 물품에 대하여 수입신고 전에 확인을 할 수 있다.

### (2) 검사대상과 검사방법 등

#### 1) 검사대상

① **물품검사대상**은 물품 자체의 **우범성**, 수출입자나 **수출입지역** 등을 고려하여 **필수검사대상물품**과 **불규칙검사대상물품**을 구분하여 지정하고 있다.

② **수입신고물품** 중 검사대상은 수입신고서를 접수하는 때 통관시스템에 의해 선별하거나, 신고서처리방법 결정시 세관공무원에 의해 선별한다. 다만, **수입신고전 물품반출신고**하는 물품은 반출신고시 검사대상을 선별한다.

③ 다음에 해당하는 경우에는 **검사비율**을 낮게 운영할 수 있다.

> ㉮ **관세청장**이 따로 정하는 기준에 의하여 **법규준수도**가 높다고 인정된 업체가 수입하는 물품, ㉯ **수입업체 평가등급**이 A 또는 B **등급**인 업체 중 **검사적발실적**이 없는 업체가 수입하는 물품, ㉰ 최근 **2년간 법 위반사실** 및 **체납사실**이 없는 외국인투자촉진법의 규정에 의한 **외국인투자기업**이 수입하는 물품

④ 다음 **기준**에 따라 **검사비율**을 **차등 적용**할 수 있다.

㉮ **수입신고**되는 **물품**의 **공급망**에 속한 당사자의 성실도, ㉯ **수입물품**의 **종류**, **원산지**, **적출국** 등 수입신고물품과 관련된 특성

⑤ 다음의 물품은 **검사대상**에서 **제외**된다.

㉮ **성실업체**에서 **동종·동일물품**을 반복적으로 수입신고하는 **물품**, ㉯ **수출용원재료**로서 검사를 하지 않아도 **검사목적**의 달성이 가능하다고 판단되는 **물품**, ㉰ 기타 **소액물품**, **무세품** 및 **업체**의 **성실도**를 감안하여 검사의 필요가 없다고 **세관장**이 인정하는 **물품**

### 2) 검사시기

**검사시기**는 **수입신고 후**가 원칙이나 긴급을 요하는 경우에는 **사전검사신청서**(**수입신고서양식**)를 제출하여 검사를 받고 정식 **수입신고시**에는 **서면검사**로 대체할 수 있으며 수입예정신고서 **검사대상**으로 선정된 경우에는 장치장소 등 검사에 필요한 사항을 검사담당공무원 등에게 구두 등으로 **통보**하여야 한다.

### 3) 검사범위

**검사범위**는 **발췌검사**가 원칙이지만, **우범성 정보**가 있거나 **불성실업체**에서 수입신고한 물품, 변질·손상된 물품, 종량세 물품, 기타 **발췌검사**로는 물품의 수량, 성질 등을 확인하기 곤란하다고 **세관장**이 인정하는 물품 등은 **전량검사**를 실시한다.

### 4) 검사방법

① 일반적으로 **검사방법**에는 다음과 같이 **견본검사**, **세관검사장 검사** 및 **파출검사**로 나눌 수 있다.

㉮ **견본검사** : **수입물품**의 성질, 수량, 장치장소, 수입자의 신용 등을 감안하여 수량확인이 중요시되지 않는 물품으로서 견본검사만으로도 **검사목적**의 **달성**이 가능하다고 인정되는 경우이다. **견본**(채취한 견본에 한함)은 검사 및 심사완료 후 즉시 반려한다.

㉯ **세관검사장 검사** : **소량**의 **물품**으로 세관의 **검사장**에 전량 반입이 가능한 물품 또는 **일부 수량**의 검사만으로 **검사목적**의 **달성**이 가능하다고 판단되어 **세관장**이 인정하는 물품이나 **전량** 세관검사장에 반입하여 검사할 수 있는 물품에 적용된다. 다만, 타소장치에 장치한 물품은 제외한다. 이 경우 **세관검사장 반입**에 소요되는 **비용**은 **화주**가 부담하게 된다.

㉰ **파출검사** : **수량확인 필요**시에는 **파출검사**를 실시하고, **견본검사**와 **세관검사장 검사**가 곤란한 물품에 대하여는 **수입물품**이 장치된 **보세구역**(보세구역외 장치장 포함)에 세관직원이 출장하여 검사한다. **세관공무원**의 **출장검사**로 수입업체에서는 **세관검사장**에 반입함에 따른 **물류비**를 절감할 수 있으나, 정부의 입장에서는 인력의 낭비를 초래하게 되므로 수익자 부담의 원칙에서 **파출검사 수수료**를 납부하게 된다. 그러므로 수입물품의 장치장소가 **자가용보세창고**이거나 **보세공장·보세구역외 장치장**인 때에는 **파출검사 수수료**를 납부하여야 한다.

② **수입통관 사무처리에 관한 고시** 제32조(검사방법)에 **검사방법**은 다음과 같다.

㉮ **검사대상물품**은 **전량검사**, **발췌검사·분석검사**에 의한 방법으로 검사를 실시한다.

㉯ 다음에 해당하는 물품에 대하여는 **2인 이상**의 **검사자**를 지정하여 검사를 실시할 수 있다.

> ㉠ **우범성 정보**가 있는 **물품**, ㉡ **전량검사대상물품** 또는 기타 **수량과다** 등으로 과장이 **복수검사**를 지시한 경우

### 5) 검사장소

① 법 제186조(사용신고 등) 제1항 또는 제246조(물품의 검사)에 따른 **검사**는 제155조(물품의 장치) 제1항[11]에 따라 장치할 수 있는 **장소**에서 한다. 다만, 수출하려는 물품은 해당 물품이 장치되어 있는 **장소**에서 검사한다. **세관장**은 효율적인 검사를 위하여 부득이하다고 인정될 때에는 **관세청장**이 정하는 바에 따라 해당 물품을 **보세구역**에 반입하게 한 후 검사할 수 있다.

② **검사장소**는 **지정장치장·세관검사장**에서 하는 것이 **원칙**이나 **세관장 허가**를 받아 **지정보세구역외 장소**, 즉 **타소장치장**이나 **선상**에서도 할 수 있으나 이 경우에는 **파출검사 수수료**를 납부하여야 한다. 여기서 **선상검사**는 **출항전 신고·입항전 신고** 또는 **보세구역도착전 신고물품**으로서 정부에서 직접 수입하는 군수품 및 물자수급계획상 긴급도입물품과 선상에서의 검사가 가능하다고 **세관장**이 **인정**하는 물품은 **선상**에 적재한 상태로 검사할 수 있다.

---

11) 155조(물품의 장치) ① **외국물품**과 제221조 제1항에 따른 **내국운송**의 신고를 하려는 **내국물품**은 **보세구역**이 아닌 장소에 장치할 수 없다. 다만, 다음 각 호의 어느 하나에 해당하는 **물품**은 그러하지 아니하다. 1. 제241조 제1항에 따른 **수출신고**가 수리된 **물품**, 2. 크기 또는 무게의 과다나 그 밖의 사유로 **보세구역**에 장치하기 곤란하거나 부적당한 **물품**, 3. 재해나 그 밖의 부득이한 사유로 임시로 장치한 **물품**, 4. **검역물품**, 5. **압수물품**, 6. **우편물품**.

### 6) 검사대상여부의 통보

① 검사대상여부가 **통보**된 수입신고건에 대하여 **세관장**이 검사대상여부를 변경한 때에는 즉시 이를 **통관시스템**에 입력하는 방법으로 신고인에게 **통보**하여야 한다. 다만, **출항전 신고물품**은 출항하였음을 입증하는 서류를 제출하는 때에 이를 **통보**한다.

② **신고인**이 수입화주가 아닌 **관세사**인 경우 검사대상여부를 **통보**받은 때에는 이를 즉시 **수입화주**에게 **통보**하여야 한다.

### 7) 검사입회 및 검사절차

① **세관장**은 **물품검사** 시 검사를 효율적으로 하는 데 필요한 조력을 제공받기 위하여 **신고인**의 입회가 필요하다고 인정하는 때에는 **신고인**이 검사에 입회할 수 있도록 **검사일시**와 **장소** 등을 통보하여야 한다.

② **검사입회**를 신청하려는 신고인은 서류를 제출하는 때까지 **검사입회신청**(통보)서 2부를 작성하여 **통관지 세관장**에게 제출하여야 한다.

③ **세관장**은 검사입회신청서를 제출받은 경우 검사일시와 장소를 적은 검사입회신청(통보)서를 **신고인**에게 발급하여야 한다. **검사입회**는 신고인이나 그 소속 종사자가 하여야 한다.

④ **세관장**이 **검사입회통보서**를 발급하여도 검사일시에 **수입화주·신고인**(그 소속 종사자를 포함한다)이 입회하지 아니한 때에는 장치장소의 관리인이나 그를 대리하는 소속종사자의 입회하에 검사를 실시한다.

⑤ **검사자**는 물품검사 시 검사장소 관리인이나 **수입화주**에게 검사에 필요한 장소와 장비의 확보, 개포장을 위한 작업인부의 배치 등 **검사준비**를 요구할 수 있으며, 검사준비가 되지 않아 검사를 할 수 없는 경우에는 **검사순위**를 조정하여 검사준비가 된 때에 검사를 실시한다.

⑥ **세관검사장**에 반입하여 검사하는 경우 채취·운반 등에 관한 **비용**은 **수입화주**가 부담한다. **신고인**은 물품을 검사할 때 특별한 주의를 기울이도록 **세관장**에게 **요청**할 수 있다.

### 8) 검사수수료

① **검사장소**가 **지정장치장·세관검사장**이 아닌 경우 **신고인**은 **수수료**를 납부하여야 한다. 다만, **보세창고**의 경우 **신고인**이 운영인과 다른 경우에는 **수수료**를 납부하지 아니한다.

② **검사수수료**는 다음 계산식에 따른다. 다만, **수출물품**에 대한 검사의 경우에는 **기본수수료**를 면제한다.

〈그림-21〉 검사수수료 계산식

| **기본수수료**(시간당 기본수수료 2,000**원**×해당 **검사**에 걸리는 시간)+**실비상당액**(**세관**과 **검사 장소**와의 거리 등을 고려하여 관세청장이 정하는 금액) |
|---|

③ **수입화주**와 검사의 시기 및 장소가 동일한 물품에 대하여는 이를 **1건**으로 하여 **기본수수료**를 계산한다.

④ **검사수수료**를 납부하여야 하는 자가 **관세청장**이 정하는 바에 따라 이를 따로 납부한 때에는 그 사실을 증명하는 **증표**를 **수출입신고서**에 첨부하여야 한다. **세관장**은 **전산처리설비**를 이용하여 **검사수수료**를 고지하는 때에는 **검사수수료**를 **일괄고지**하여 납부하게 할 수 있다.

### (3) 물품검사에 따른 손실보상

1) **관세청장·세관장**은 **세관공무원**의 적법한 **물품검사**로 인하여 물품에 손실이 발생한 경우 그 손실을 입은 자에게 보상(**손실보상**)하여야 한다. **손실보상**의 **금액**은 다음 구분에 따른 금액으로 한다.

① 해당 **물품**을 **수리**할 수 없는 경우 : **과세가격 결정방법**인 **제1방법–제6방법**의 규정에 따른 해당 물품의 **과세가격**에 상당하는 금액
② 해당 **물품**을 **수리**할 수 있는 경우 : **수리비**에 상당하는 금액. 다만, 위에 따른 **금액**을 **한도**로 한다.

2) **손실보상**의 **기준**, **보상금액**에 관한 사항은 대통령령으로 정한다. **손실보상**의 **지급 절차** 및 **방법**, 그 밖에 필요한 사항은 **관세청장**이 정한다.

### (4) 물품에 대한 안전성 검사

#### 1) 의의

**세관장**은 중앙행정기관의 장과 협의하여 확인이 필요한 **수출입물품** 등 다른 법령에서 정한 물품의 성분·품질 등에 대한 **안전성 검사**를 할 수 있다. 안전성 검사의 방법·절차 등에 관하여 필요사항은 **관세청장**이 정한다.

2) 수출입물품안전관리기관협의회

① 다음 사항을 협의하기 위하여 **관세청**에 **수출입물품안전관리기관협의회**를 둔다. 협의회의 구성·운영과 그 밖에 필요한 사항은 대통령령으로 정한다.

> ㉮ **안전성 검사**에 필요한 정보교류, ㉯ **안전성 검사 대상 물품**의 선정에 관한 사항, ㉰ 그 밖에 **관세청장**이 **안전성 검사**와 관련하여 협의가 필요하다고 인정하는 사항

② **수출입물품안전관리기관협의회**는 위원장 1명을 포함하여 25명 이내의 위원으로 구성한다.

③ **협의회**의 위원장은 관세청 소속 고위공무원단에 속하는 공무원 중에서 **관세청장**이 지명하는 사람으로 하고, 위원은 다음 사람으로 한다.

> ㉮ **관세청**의 4급 이상 공무원 중에서 **관세청장**이 지명하는 사람 1명, ㉯ **관계 중앙행정기관**의 4급 이상 공무원 중에서 해당 기관의 장이 지명하는 사람 각 1명

④ **협의회**의 위원을 지명한 자는 해당 위원이 다음에 해당하는 경우에는 그 지명을 **철회**할 수 있다.

> ㉮ **심신장애로** 인하여 직무를 수행할 수 없게 된 경우, ㉯ **직무**와 관련된 비위사실이 있는 경우, ㉰ **직무태만, 품위손상**이나 그 밖의 사유로 인하여 위원으로 적합하지 아니하다고 인정되는 경우, ㉱ **위원** 스스로 직무를 수행하는 것이 곤란하다고 의사를 밝히는 경우

⑤ **협의회**의 회의는 위원의 과반수 출석으로 개의하고, 출석위원 **2/3 이상**의 찬성으로 의결한다. 위의 규정 사항 외에 **협의회**의 **운영**에 필요한 사항은 협의회의 의결을 거쳐 위원장이 정한다.

## 4. 신고처리

### (1) 반출신고

1) 의의

**수입통관 사무처리에 관한 고시** 제129조(반출신고의 요건)에 따른 **반출신고**를 하기 위

한 요건은 다음과 같다.

> ① **반출**을 하려는 자와 물품이 **즉시반출업체**와 **즉시반출물품**으로 지정받아야 한다. ② **관세** 등에 대한 **담보제공**과 정산제도 운영에 관한 고시에 따른 **담보면제한도액**이나 **담보사용한도액**의 **잔액**(**개별담보 제공금액**을 포함한다)이 납부하여야 할 관세 등 제세액에 상당하는 금액이상이어야 한다. ③ 해당 **물품**에 대한 **적하목록정보**가 **선박회사**(**항공사**)로부터 **화물시스템**에 제출되어 있어야 한다.

### 2) 반출신고 시기

**반출신고**는 해당 수입물품이 법 제135조(입항절차) 제2항[12]에 따라 **적하목록**이 **제출**된 **후**부터 법 제140조(물품의 하역)에 따라 **하역신고**하기 **전**이나 **보세구역**에 **장치**된 **후**에 할 수 있다.

### 3) 신청서 제출

① **반출신고**를 하려는 자는 **수입신고전 물품반출신고서**를 **전자문서**로 전송한 후 다음 서류를 첨부하여 **세관장**에게 제출하여야 한다.

> ㉮ **선하증권(B/L)사본·항공화물운송장(AWB) 사본**, ㉯ **송품장 사본**

② **반출신고**는 **선하증권**(B/L) 1건에 대하여 **반출신고서** 1건으로 한다. 다만, **즉시반출대상물품**으로 지정된 물품과 지정되지 아니한 물품이 1건의 **선하증권**(B/L)으로 되어 있거나 **수입통관 사무처리에 관한 고시** 제16조(선하증권(B/L) 분할신고 및 수리) 제1항에 해당되는 경우에는 **선하증권**(B/L)을 **분할**하여 **반출신고**할 수 있다.

### 4) 선하증권(B/L) 분할신고 및 수리(수입통관 사무처리에 관한 고시 제16조(B/L 분할신고 및 수리))

① **수입신고**는 **선하증권**(B/L) 1건에 대하여 **수입신고서** 1건으로 한다. 다만, 다음에

---

12) 제135조(입항절차) ② **세관장**은 신속한 **입항** 및 **통관절차**의 이행과 효율적인 감시·단속을 위하여 필요할 때에는 **관세청장이** 정하는 바에 따라 입항하는 해당 선박(항공기)이 소속된 선박회사(항공사)(그 업무를 대행하는 자를 포함한다. 이하 같다)로 하여금 제1항에 따른 여객명부·적하목록 등을 입항하기 전에 제출하게 할 수 있다. 다만, 제222조 제1항 제2호에 따른 **국제물류주선업자**(제254조의2 제1항에 따른 **탁송품운송업자**로 한정한다)로서 대통령령으로 정하는 요건을 갖춘 자가 작성한 **적하목록**은 **관세청장**이 정하는 바에 따라 해당 **국제물류주선업자**로 하여금 제출하게 할 수 있다.

해당하는 경우에는 **선하증권(B/L) 분할신고** 및 **수리**를 할 수 있으며, **보세창고**에 입고된 물품으로서 **세관장**이 **보세화물관리에 관한 고시**에 따른 **보세화물관리**에 **지장**이 없다고 인정하는 경우에는 여러 건의 **선하증권(B/L)**에 관련되는 물품을 1건으로 **수입신고**할 수 있다.

> ㉮ **선하증권(B/L)**을 **분할**하여도 **물품검사**와 **과세가격 산출**에 어려움이 없는 경우, ㉯ **신고물품**중 일부만 통관이 허용되고 일부는 통관이 **보류**되는 경우, ㉰ **검사·검역결과** 일부는 **합격**되고 일부는 **불합격**된 경우이거나 일부만 검사·검역 신청하여 **통관**하려는 경우, ㉱ **일괄사후납부 적용·비적용 물품**을 구분하여 **신고**하려는 경우

② **분할**된 물품의 납부세액이 **징수금액 최저한**인 10,000**원 미만**이 되는 경우에는 **선하증권(B/L)**을 **분할**하여 신고할 수 없다.

③ **수입물품**이 **물품검사 대상**인 경우 처음 **수입신고**할 때 **분할전 선하증권(B/L) 물품 전량**에 대하여 **물품검사**를 하여야 하며 이후 **분할신고**되는 물품에 대하여는 **물품검사**를 **생략**할 수 있다.

### 5) 반출신고의 정정 및 신고취하

① **반출신고 사항**의 **정정**이나 **신고취하**를 하려는 자는 다음에 따라 **반출지세관장**에게 신청하여야 한다.

> ㉮ **반출신고**의 **정정**을 하려는 자는 **수입신고전 물품반출신고 정정승인(신청)서**에 정정신청 내용을 기재하여 **세관장**에게 **전송**하여야 한다. ㉯ **반출신고사항**의 **신고취하**를 하려는 자는 **수입신고전 물품반출신고 정정(취하)승인(신청)서 2부**를 작성하여 반출신고서와 제출서류를 첨부하여 **세관장**에게 **제출**하여야 한다.

② **반출신고사항**에 대한 **정정신청**은 **수입신고수리** 전까지, **신고취하신청**은 **보세구역**으로부터 해당 물품을 반출하기 전까지 하여야 한다.

③ **세관장**은 반출신고의 **정정**이나 **신고취하사유**가 다음에 해당하는 경우에는 이를 **승인**한다.

> ㉮ **물품분석**, **서류보완** 등이 요구되는 경우로서 이의 처리에 상당한 시일이 소요되어 수입화주에게 관세 등 제세 **납부기한**의 불이익이 우려되는 경우, ㉯ **정당한 이유**가 있는 경우, ④ **세관장**은 **승인내용**을 **전산등록**하고, 신청서에 담당자의 **고무인**을 찍어서 1부를 **신청인**에게 **교부**한다.

6) 반출신고심사

심사자는 **반출신고서**에 대하여 다음 사항을 심사한다.

① **첨부서류 구비여부**와 **신고내용**이 첨부서류의 내용과 일치하는지 여부, ② **반출신고서**가 작성요령에 따라 정확히 작성되었는지 여부, ③ **반출신고업체**와 물품이 **즉시반출제도** 적용대상으로 지정된 업체와 물품에 해당되는지 여부, ④ **신고내용**과 **적하목록정보**와의 일치여부, ⑤ **검사대상**인 경우에는 물품이 신고내용과 일치하는지 여부, ⑥ **관리대상화물**의 경우에는 관리대상화물의 **검사결과** 이상이 없는지 여부

7) 반출신고수리

① **수입과장**은 반출신고 내용의 심사결과 이상이 없는 경우 **반출신고**를 수리한다.

② **반출신고**를 수리한 경우에는 **신고필증**에 **반출신고수리인**과 처리담당자의 인장을 찍어서 **신고인**에게 교부하고, 반출수리내용을 해당 **보세창고**에 전송한다.

8) 물품반출

① **보세구역 운영인**은 **즉시반출업체**가 **반출신고수리물품**을 반출하려는 때에는 **전산시스템**을 통하여 반출신고의 수리여부를 확인한 후 물품을 반출시켜야 한다.

② **즉시반출업체**는 **입항전 반출신고**하여 수리된 경우에는 해당 물품이 부두에서 반출이 가능하도록 **하선신고서**의 **하선물품구분부호**를 **수입신고전 물품반출**(FD)로 기재하도록 선사나 항공사에 통보하여야 한다.

## (2) 신고수리

1) **세관장**은 **신고**가 이 법에 따라 적합하게 이루어졌을 때에는 이를 지체 없이 수리하고 신고인에게 **신고필증**을 발급하여야 한다. 다만, **국가관세종합정보망**의 **전산처리설비**를 이용하여 신고를 수리하는 경우에는 **관세청장**이 정하는 바에 따라 신고인이 직접 전산처리설비를 이용하여 **신고필증**을 발급받을 수 있다.

2) **세관장**은 관세를 납부하여야 하는 물품에 대하여는 신고를 수리할 때에 다음에 해당하는 자에게 **관세**에 상당하는 **담보제공**을 요구할 수 있다.

① 이 법 또는 특례법을 위반하여 **징역형**의 **실형**을 선고받고 그 집행이 끝나거나(집행이 끝난 것으로 보는 경우를 포함한다) 면제된 후 **2년**이 지나지 아니한 자, ② 이 법 또는 특례법을 위반하여 **징역형**의 **집행유예**를 선고받고 그 **유예기간** 중에 있는 자, ③ 법 제269조(밀수출입죄), 제270조(관세포탈죄 등), 제271조(미수범 등), 제274조(징역과 벌금의 병과), 제275조의2(체납처분면탈죄 등), 제275조의3(타인에 대한 명의대여죄) 또는 특례법 제23조(벌칙)에 따라 **벌금형·통고처분**을 받은 자로서 그 벌금형을 선고받거나 통고처분을 이행한 후 **2년**이 지나지 아니한 자, ④ **수입신고일**을 기준으로 최근 **2년간 관세** 등 조세를 **체납**한 사실이 있는 자, ⑤ **수입실적**, **수입물품**의 **관세율** 등을 고려하여, 최근 **2년간** 계속해서 **수입실적**이 없는 자, 파산, 청산·개인회생절차가 진행 중인 자, 수입실적, 자산, 영업이익, 수입물품의 관세율 등을 고려할 때 **관세채권 확보**가 곤란한 경우로서 **관세청장**이 정하는 요건에 해당하는 자

3) **신고수리** 전에는 **운송수단**, **관세통로**, **하역통로** 또는 이 법에 따른 **장치장소**로부터 신고된 물품을 **반출**하여서는 아니 된다.

### (3) 신고사항의 보완

**세관장**은 다음에 해당하는 경우에는 **신고**가 **수리**되기 전까지 갖추어지지 아니한 사항을 **보완**하게 할 수 있다. 다만, 해당 사항이 **경미**하고 신고수리 후에 **보완**이 가능하다고 인정되는 경우에는 **관세청장**이 정하는 바에 따라 신고수리 후 이를 **보완**하게 할 수 있다.

1) **수출입·반송**에 관한 신고서의 **기재사항**이 갖추어지지 아니한 경우, 2). 법 제245조(신고 시의 제출서류)에 따른 **제출서류**가 갖추어지지 아니한 경우

### (4) 신고의 취하 및 각하

#### 1) 의의

**신고**는 정당한 이유가 있는 경우에만 **세관장 승인**을 받아 **취하**할 수 있다. 다만, **수입** 및 **반송**의 신고는 **운송수단**, **관세통로**, **하역통로** 또는 이 법에 규정된 **장치장소**에서 물품을 **반출**한 후에는 취하할 수 없다.

#### 2) 신고취하의 승인신청

① **승인**을 얻고자 하는 자는 다음 사항을 기재한 **신청서**를 **세관장**에게 제출하여야 한다.

㉮ 법 시행령 제175조(보세구역외 장치의 허가신청)의 사항, ㉯ **신고종류**, ㉰ **신고연월일** 및 **신고번호**, ㉱ **신청사유**

② **수출입·반송**의 신고를 수리한 후 **신고취하**를 **승인**한 때에는 신고수리의 효력이 상실된다. **세관장**은 신고가 그 요건을 갖추지 못하였거나 **부정**한 **방법**으로 **신고**되었을 때에는 해당 **수출입·반송**의 신고를 **각하**할 수 있다.

#### 3) 신고각하의 통지

**세관장**은 신고를 **각하**한 때에는 즉시 그 **신고인**에게 ① **신고종류**, ② **신고연월일** 및 **신고번호**, ③ **각하사유**를 기재한 **통지서**를 송부하여야 한다.

### (5) 수출신고수리물품의 적재

#### 1) 의의

① **수출신고**가 수리된 물품은 수출신고가 수리된 날부터 **30일 이내**에 **운송수단**에 적재하여야 한다. 다만, **1년 범위**에서 적재기간의 **연장승인**을 받은 것은 그러하지 아니하다. 적재기간의 **연장승인**을 얻고자 하는 자는 다음 사항을 기재한 신청서를 세관장에게 제출하여야 한다.

㉮ **수출신고번호·품명·규격** 및 **수량**, ㉯ **수출자·신고자** 및 **제조자**, ㉰ **연장승인신청**의 사유, ㉱ 기타 **참고사항**

② **세관장**은 기간 내에 적재되지 아니한 물품에 대하여는 대통령령으로 정하는 바에 따라 **수출신고**의 수리를 **취소**할 수 있다.

#### 2) 수출신고수리의 취소

① **세관장**은 우리나라와 외국간을 왕래하는 **운송수단**에 적재하는 기간을 초과하는 물품에 대하여 **수출신고**의 수리를 **취소**하여야 한다. 다만, 다음에 해당하는 경우에는 그러하지 아니하다.

㉮ **신고취하**의 **승인신청**이 정당한 사유가 있다고 **인정**되는 경우, ㉯ **적재기간연장승인**의 신청이 정당한 사유가 있다고 **인정**되는 경우, ㉰ **세관장**이 수출신고의 수리를 **취소**하기 **전**에 해당 물품의 적재를 **확인**한 경우, ㉱. 기타 **세관장**이 기간내에 적재하기 곤란하다고 **인정**하는 경우

② **세관장**은 수출신고의 **수리**를 **취소**하는 때에는 즉시 **신고인**에게 그 내용을 통지하여야 한다.

## 5. 통관절차의 특례

### (1) 수입신고수리전 반출

#### 1) 의의

**수입신고**를 한 물품을 **세관장**의 수리 전에 해당 물품이 장치된 장소로부터 반출하려는 자는 납부하여야 할 **관세**에 상당하는 **담보**를 제공하고 **세관장 승인**을 받아야 한다. 다만, **정부·지방자치단체**가 수입하거나 담보를 제공하지 아니하여도 관세의 납부에 지장이 없다고 인정하여 대통령령으로 정하는 물품에 대하여는 **담보제공**을 **생략**할 수 있다.

#### 2) 신고수리전 반출

① **신고수리전 승인**을 얻고자 하는 자는 다음 사항을 기재한 신청서를 **세관장**에게 **제출**하여야 한다.

㉮ 법 시행령 제175조(보세구역외 장치의 허가신청)의 사항, ㉯ **신고종류**, ㉰ **신고연월일** 및 **신고번호**, ㉱ **신청사유**

② **세관장**이 신청을 받아 **승인**을 하는 때에는 **관세청장**이 정하는 절차에 따라야 한다. 다음에 해당하는 **물품**에 대해서는 **담보제공**을 **생략**할 수 있다. 다만, 물품을 수입하는 자 중 관세 등의 **체납**, **불성실신고** 등의 사유로 **담보제공**을 **생략**하는 것이 타당하지 아니하다고 **관세청장**이 인정하는 자가 수입하는 물품에 대해서는 **담보**를 제공하게 할 수 있다.

㉮ **국가·지방자치단체, 공공기관의 운영에 관한 법률** 제4조(공공기관)에 따른 **공공기관, 지방공기업법** 제49조(설립)에 따라 설립된 **지방공사** 및 같은 법 제79조(권한의 위임)에 따라 설립된 **지방공단**이 수입하는 **물품**, ㉯ 법 제90조(학술연구용품의 감면세) 제1항 제1호 및 제2호에 따른 기관이 수입하는 **물품**, ㉰ **최근 2년간** 법 위반(관세청장이 법 제270조(관세포탈죄 등)·제276조(허위신고죄 등) 및 제277조(과태료)에 따른 처벌을 받은 자로서 **재범**의 우려가 없다고 인정하는 경우를 제외한다) 사실이 없는 **수출입자·신용평가기관**으로부터 **신용도**가 높은 것으로 평가를 받은 자로서 **관세청장**이 정하는 자가 수입하는 **물품**, ㉱ **수출용원재료** 등 수입물품의 성질, 반입사유 등을 고려할 때 **관세채권 확보**에 지장이 없다고 **관세청장**이 인정하는 **물품**, ㉲ **거주 이전**의 사유, **납부세액** 등을 고려할 때 **관세채권 확보**에 지장이 없다고 **관세청장**이 정하여 **고시**하는 기준에 해당하는 자의 **이사물품**

### (2) 수입신고전의 물품반출(즉시반출)

#### 1) 의의

**반복 수입**되는 원자재 등에 대하여 **기업생산활동**의 원활화를 지원할 필요가 있는 경우 수입통관 전에 물품을 사용할 수 있도록 간단한 **반출신고**(**수입신고전 물품반출**을 신고하는 것)만으로 물품을 **반출**하여 사용하고 나중에 **수입신고**를 하는 **제도**를 말한다. 수입하려는 물품을 **수입신고 전**에 **운송수단**, **관세통로**, **하역통로** 또는 이 법에 따른 장치 장소로부터 즉시 반출하려는 자는 **세관장**에게 즉시반출신고를 하여야 한다. 이때 **세관장**은 납부하여야 하는 **관세**에 상당하는 **담보**를 제공하게 할 수 있다.

#### 2) 신고서 제출

① **수입**하고자 하는 물품을 **수입신고전**에 **즉시반출**하고자 하는 자는 해당 물품의 품명·규격·수량 및 가격을 기재한 **신고서**를 제출하여야 한다. **즉시반출**을 할 수 있는 자 및 물품은 다음에 해당하는 것 중 **구비조건**의 확인에 지장이 없는 경우로서 **세관장**이 지정하는 것에 한한다.

㉮ **관세** 등의 **체납**이 없고 최근 **3년 동안 수출입실적**이 있는 제조업자·**외국인투자자**가 **수입**하는 **시설재·원부자재**, ㉯ 기타 **관세** 등의 **체납우려**가 없는 경우로서 **관세청장**이 정하는 **물품**

② **즉시반출**을 할 수 있는 자 또는 물품은 **세관장**이 **지정**한다. **즉시반출신고**를 하고 반출을 하는 자는 **즉시반출신고**를 한 날부터 **10일 이내**에 수입신고를 하여야 한다.

③ **세관장**은 반출을 한 자가 기간 내에 **수입신고**를 하지 아니하는 경우에는 **관세**를 부과·징수한다. 이 경우 해당 물품에 대한 관세의 20/100에 상당하는 **금액**을 **가산세**로 징수하고, 그에 따른 **지정**을 **취소**할 수 있다.

### (3) 특별통관

#### 1) 전자상거래물품의 특별통관

**① 의의**

**정보통신기술**을 이용한 상거래를 총칭하여 **전자상거래**(Electronic Commerce : EC)라 한다. 즉, 기업과 소비자(B2C), 소비자와 소비자(C2C), 소비자와 정부(C2G)간에 상품 및 서비스 거래에 필요한 모든 정보를 컴퓨터 및 사이버 공간을 이용하여 교환하고 결제하는 **상거래방식**을 의미한다. **관세청장**은 전자문서로 거래되는 **수출입물품**에 대하여 **수출입신고·물품검사** 등 기타 통관에 필요한 사항을 따로 정할 수 있다.

**② 전자상거래 유형**

㉮ 직접거래형태

**국내구매자**가 해외판매자의 **사이버몰** 등으로부터 직접 물품을 구매하여 수입하는 거래이다.

㉯ 배송·결제대행형 거래

**국내구매자**가 **해외판매자**의 사이버몰 등으로부터 직접 구매한 물품을 **국제배송** 또는 **결제** 등 제공하는 서비스가 특정된 **전자상거래업체**의 서비스를 이용하여 수입하는 거래이다.

㉰ 수입대행형 거래

**전자상거래업체**가 **사이버몰**에 공시한 **수입대행내용**에 근거하여 **국내구매자**와 **수입대행계약(약관계약)**을 체결하고 해외 판매자의 사이버몰 등으로부터 물품을 수입하면서 수입대행에 따른 **수수료**나 **책임** 외에 수입거래로 인한 다른 형태의 손익이나 거래책임은 부담하지 않은 거래로서 일정한 요건을 충족하는 거래이다.

㉱ 수입쇼핑몰형 거래

**전자상거래업체**가 자기의 책임과 계산에 의거 상품정보와 가격 등을 **사이버몰**에 공시하고 **국내구매자**의 구매요청을 받아 **해외판매자**로부터 물품을 수입하면서 수입거래로 인한 손익의 위험을 부담하는 등 해당 물품의 **수입화주**에 해당하는 거래이다.

③ **전자상거래의 수입화주**

> ㉮ 위의 ②-㉮ 내지 ㉰의 **거래유형**에 해당하는 **물품**인 경우 : **국내구매자**, ㉯ 위의 ②-㉱의 **거래유형**에 해당하는 **물품**인 경우 : **전자상거래업체**

④ **전자문서로 거래되는 수출입물품에 대해 따로 정할 수 있는 사항**

**관세청장**은 **전자문서**로 거래되는 **수출입물품**에 대하여는 다음 사항을 따로 정할 수 있다.

> ㉮ **특별통관 대상 거래물품·업체**, ㉯ **수출입신고 방법 및 절차**, ㉰ **관세** 등에 대한 **납부방법**, ㉱ **물품검사방법**, ㉲ 기타 **관세청장**이 필요하다고 인정하는 사항

2) **탁송품의 특별통관**

① **의의**

㉮ **탁송품**으로서 **자가사용물품** 또는 **면세**되는 **상용견품** 중 **물품가격**이 150**달러 이하**의 물품은 운송업자(관세청장·세관장에게 등록한 자를 말한다. **탁송품운송업자**)가 다음에 해당하는 사항이 적힌 목록(**통관목록**)을 **세관장**에게 제출함으로써 **수입신고**를 **생략**할 수 있다.

> ㉠ **물품**의 **송하인** 및 **수하인**의 성명, 주소, 국가, ㉡ **물품**의 **품명**, **수량**, **중량** 및 **가격**, ㉢ **탁송품**의 통관목록에 관한 것. ⓐ **운송업자명**, ⓑ **선박(항공)편명**, ⓒ **선하증권 번호**, ⓓ 그 밖에 **관세청장**이 정하는 사항

㉯ **탁송품운송업자**는 **통관목록**을 사실과 다르게 제출하여서는 아니된다. **탁송품운송업자**는 제출한 **통관목록**에 적힌 수하인의 주소지가 아닌 곳에 **탁송품**을 **배송**하거나 배송하게 한 경우(우편법 제31조(우편물의 배달) 단서에 해당하는 경우는 제외한다)에는 배송한 날이 속하는 달의 **다음 달 15일**까지 실제 배송한 주소지를 세관장에게 제출하여야 한다.

㉰ **세관장**은 **탁송품운송업자**가 위의 규정을 **위반**하거나 이 법에 따라 통관이 제한되는 물품을 국내에 **반입**하는 경우에는 **통관절차**의 적용을 배제할 수 있다. **관세청장·세관장**은 **탁송품**에 대하여 **세관공무원**으로 하여금 검사하게 하여야 하며, 탁송품의 통관목록의 제출시한, 실제 배송지의 제출, 물품의 검사 등에 필요한 사항은 **관세청장**이 정하여 고시한다.

㉱ **세관장**은 관세청장이 정하는 절차에 따라 별도로 정한 **지정장치장**에서 **탁송품**을 통관하여야 한다. 다만, 세관장은 탁송품에 대한 감시·단속에 지장이 없다고 인정하는 경우 **탁송품**을 해당 **탁송품운송업자**가 운영하는 **보세창고** 또는 **시설**(자유무역지역법에 따라 **입주계약**을 체결하여 입주한 업체가 해당 **자유무역지역**에서 운영하는 시설에 한정한다)에서 통관할 수 있다.

㉲ **탁송품운송업자**가 운영하는 **보세창고·시설**에서 통관하는 경우 그에 필요한 탁송품 검사설비 기준, 설비이용 절차, 설비이용 유효기간 등에 관하여 필요한 사항은 대통령령으로 정한다.

### ② 탁송품의 검사설비

**세관장**이 **탁송품운송업자**가 운영하는 **보세창고·시설**(**자체시설**)에서 **탁송품**을 통관하는 경우 **탁송품운송업자**가 갖추어야 할 **검사설비**는 다음과 같다.

㉮ X-Ray 검색기, ㉯ **자동분류기**, ㉰ **세관직원전용 검사장소**, ㉱ **검사설비**의 **세부기준**은 **관세청장**이 고시로 정한다.

### ③ 자체시설의 이용절차

㉮ **탁송품**을 **자체시설**에서 통관하려는 **탁송품운송업자**는 다음 자료를 **세관장**에게 제출하여야 한다.

㉠ **탁송품**을 장치할 보세창고 또는 시설의 도면(**검사설비**의 **배치도**를 **포함한다**) 및 위치도
㉡ 장치·통관하려는 **탁송품**이 해당 **탁송품운송업자**가 직접 운송하거나 운송을 주선하는 물품임을 증명하는 **서류**
㉢ 다음 사항이 기재된 사업계획서
　ⓐ **보세창고** 또는 시설, X-Ray 검색기 및 자동분류기의 **수용능력**
　ⓑ **탁송품 검사설비**의 운용인력 계획과 검사대상화물선별 및 관리를 위한 **전산설비**
　ⓒ **탁송품** 반출입 및 재고관리를 위한 **전산설비**
　ⓓ **탁송품**의 수집, 통관, 배송 전과정에 대한 **관리방안**
㉣ **자체시설 통관** 시 지켜야할 유의사항, 절차 등을 담은 **합의각서**
㉤ 그 밖에 **관세청장**이 고시로 정하는 **자료**

㉯ **세관장**은 **탁송품운송업자**가 제출한 자료를 검토한 결과 **자체시설**에서의 통관이 감시·단속에 지장이 없다고 인정되는 경우 제출한 날부터 **30일 이내**에 검토결과를 **탁송품운송업자**에게 **서면**으로 **통보**하고 자체시설에서의 **통관**을 개시할 수 있다.

④ **자체시설의 운영에 관한 관리**

㉮ **세관장**은 **탁송품운송업자**의 **시설** 및 **설비기준**, **자체시설 운영상황** 등을 확인한 결과 자체시설에서의 통관이 **감시·단속**에 지장이 있다고 인정될 경우 **탁송품운송업자**에게 해당 시설 및 설비의 보완 등을 요구할 수 있다.

㉯ **세관장**은 **탁송품운송업자**가 요구사항을 이행하지 않을 경우 그 사유를 **서면**으로 통보하고 자체시설에서의 통관을 **30일 이내**에서 일시 **정지**하거나 **종료**할 수 있다.

㉰ 그 밖에 **자체시설**에서의 통관 개시 및 종료, 자체시설의 운영에 관한 관리 등에 관하여 필요한 사항은 **관세청장**이 **고시**로 정한다.

## (4) 수출입 안전관리 우수공인업체

### 1) 의의

**관세청장**은 수출입물품의 제조·운송·보관 또는 통관 등 무역과 관련된 **자**가 **시설·서류관리·직원교육** 등에서 대통령령으로 정하는 안전관리 기준을 충족하는 경우 **수출입 안전관리 우수공인업체**로 공인할 수 있다.

### 2) 배경

① **9·11 테러사건** 이후 각국의 **세관당국**은 행정역량의 중심을 신속에서 안전으로 옮겨놓았다. 최근에 중점 단속대상이 되는 물품의 범위가 전통적인 총기·마약류에서 식품·의약품·부품 등으로 확대되고 있다.

② 이에 따라 **각국 세관**은 그 관리방법을 계속적으로 변경하고 있다. 물품 하나하나를 세부적으로 검사하던 방식에서, 그 물품을 수출하는 사람이나 기업의 **신용도**를 먼저 보는 방식으로 변경하는 것이다. 이와 관련해 새로운 제도들이 도입되고 있으며 대표적인 것이 **수출입 안전관리 우수공인업체**(**종합인증우수업체 공인 및 관리업무에 관한** 고시 제2조(정의)에서는 **종합인증우수업체**라고 부르고 있다)(Authorized Economic Operator : AEO)[13]이다. AEO란 세관이 기업의 안전성을 인증하고, 이들에 대해서는 자국뿐만 아니라 외국의 **세관절차**에서도 **검사생략** 같은 혜택을 부여하는 제도로 정의할 수 있다[14].

---

13) AEO의 번역은 **인증기업**, **인정사업자**, **허가사업자**, **인정경제사업자**, **무역관련사업자**, **종합인증우수업체** 등이 있지만 현재는 AEO로 그대로 사용하는 경우가 많다.

14) David, W.(2007), "The Changing Role of Customs: Evolution or Revolution?", *World Customs Journal*, Vo.1, No.1, p.32 ; Schmitz, M.(2007), "Speech on the WCO Framework of Standard and the Implementation of United Nations Security Council Resolution 1540," Feb. 23.

③ AEO **제도**는 전세계적으로 도입추세 가속화에 따른 대응 필요성을 인식하고 물류보안확보 및 원활화의 동시달성을 위해서 통관절차 시 **보안관리**와 **법규준수**의 **체제**가 정비된 **수출입자** 등에 대해서는 더 많은 편리성의 제공을 도모하기 위한 법령을 정비하고 있다.

④ AEO **제도**를 통해 우리나라 수출기업이 수입국의 세관에서 신속한 통관과 간소화된 절차상의 혜택을 받는 것이 업체들에게 주요한 요소가 될 수 있으나, AEO **인증**에 대한 신청과 준비에 있어 정보와 역량부족에 따른 문제점이 존재하고 있다. 이런 문제점들은 AEO **제도**의 근본적인 도입목적을 저해하고 향후 국제무역의 활성화에 **부정적**인 **요소**가 될 수 있을 것이다.

⑤ AEO **제도**가 **국제무역** 및 **물류분야**에 있어 새로운 기조로서 확대되면서 AEO의 인증은 경쟁력확보를 위한 선택의 관점이 아닌 필수조건의 개념으로 인식되고 있어, 향후 무역의 이행에 있어 AEO **인증여부**에 따라 **신속성**과 **안전성**을 보장받지 못할 것이므로 이는 새로운 **무역장벽**이 될 것으로 보인다.

### 3) AEO의 안전관리기준

① **법 시행령상** 안전관리기준[15]은 다음과 같다.

> ㉮ 법, **자유무역협정**(FTA) **관세법**, **대외무역법** 등 **수출입**에 관련된 **법령**을 **성실**하게 **준수**하였을 것, ㉯ **관세** 등 영업활동과 관련한 **세금**을 **체납**하지 않는 등 **재무건전성**을 갖출 것, ㉰ **수출입물품**의 **안전관리**를 확보할 수 있는 **운영시스템**, **거래업체**, **운송수단** 및 **직원교육체계** 등을 갖출 것, ㉱ 그 밖에 WCO에서 정한 **수출입 안전관리**에 관한 **표준** 등을 반영하여 **관세청장**이 정하는 **기준**을 갖출 것

---

15) **종합인증우수업체 공인 및 관리업무에 관한 고시** 제2조(정의). 이 고시에서 사용하는 용어의 뜻은 다음과 같다. 1. **법규준수도**란 제3조에 따른 적용대상 업체가 법, 대외무역법, 외국환거래법 등 수출입관련 법령에서 규정하고 있는 사항을 준수하는지 여부를 **통합법규준수도 평가**와 운영에 관한 시행세칙에 따라 측정한 **통합법규준수도 점수**와 제19조에 따른 **종합심사 결과** 측정한 **법규준수**도 점수를 말한다. 2. **내부통제시스템**이란 수출입신고의 적정성을 유지하기 위한 기업의 영업활동, 신고자료(서류)의 흐름 및 회계처리 등과 관련된 부서간 상호의사소통 및 통제체제를 말한다. 3. **종합인증우수업체**(AEO)란 법 제255조의2, 법 시행령 제259조의2 및 제259조의3에 따른 수출입안전관리우수업체를 말한다. 4. **종합인증우수업체관리책임자**란 종합인증우수업체 직원으로서 **법규준수도 제고**, **내부통제시스템 개선**이나 그 밖에 **공인기준**의 **유지**를 위하여 필요한 사항을 점검하고 관리하는 사람을 말한다. 5. **기업상담전문관**이란 종합인증우수업체의 내부통제시스템을 개선하고 **법규준수도**를 제고하기 위하여 **관리책임자**의 협력파트너로 지정된 관세청 소속 공무원을 말한다. 6. **종합심사**란 **종합인증우수업체**를 대상으로 제4조에 따른 공인기준의 충족 여부 등(**수출입자**에 대해서는 통관적법성 확인 대상분야의 **법규준수도**를 포함한다)을 심사하는 것을 말한다.

제4조(공인기준) ① 법 시행령 제259조의2 제1항에 따른 **종합인증우수업체 공인기준**은 별표1과 같다. ② **종합인증우수업체**는 별표1의 기준 중 **재무건전성** 및 **안전관리 기준**을 충족하고 **내부통제시스템**에 관한 **평가점수** 및 **법규준수도**가 80점 이상이어야 한다. 다만, 중소기업기본법 제2조에 해당하는 **수출기업**(중소수출기업)의 경우 분기별(3개월 실적) **법규준수도**가 공인신청일이 속하는 분기부터 연속 **2분기** 동안 **80점 이상**인 경우에도 **공인기준**을 충족한 것으로 본다. ③ 제2항 단서에 따라 공인받은 중소 **수출기업**이 공인이후 **분기별 법규준수도**가 **80점 이상**인 경우에도 공인기준을 충족하는 것으로 본다.

② **관세청장**은 심사를 할 때 국제항해선박 및 항만시설의 보안에 관한 법률(**국제선박항만보안법**) 제12조(국제선박보안증서의 교부 등)에 따른 **국제선박보안증서**를 교부받은 **국제항해선박소유자** 또는 동법 제27조(항만시설적합확인서의 교부 등)에 따른 **항만시설적합확인서**를 교부받은 **항만시설소유자**에 대하여는 안전관리 기준 중 일부에 대하여 **심사를 생략**할 수 있다.

③ **관세청장**이 **안전관리기준** 충족 여부에 대한 심사업무를 위탁할 수 있는 기관이나 단체는 다음 요건을 모두 갖춘 기관이나 단체 중에서 **관세청장**이 정하여 고시한다.

> ㉮ 민법 제32조(비영리법인의 설립과 허가)에 따라 설립된 **비영리법인**일 것, ㉯ **안전관리 기준**의 심사에 필요한 **전문인력** 및 **전산설비**를 갖추고 있을 것

④ **심사업무**의 **위탁절차** 및 **위탁**받은 기관에 대한 지휘·감독에 관한 사항은 **관세청장**이 정한다.

#### 4) AEO의 혜택

① AEO로 공인된 업체에 대하여는 **관세청장**이 정하는 바에 따라 통관절차상의 혜택을 제공할 수 있다.

② **관세청장**은 다른 국가의 AEO에 대하여 **상호 조건**에 따라 통관절차상의 혜택을 제공할 수 있다.

③ 통관절차상의 혜택은 **수출입물품**에 대한 검사의 완화 또는 수출입 신고 및 납부 절차의 **간소화**를 말하며 그 세부내용은 **관세청장**이 정한다.

#### 5) AEO의 공인절차

① AEO로 공인받으려는 자는 신청서에 다음 서류를 첨부하여 **관세청장**에게 제출하여야 한다.

> ㉮ **자체 안전관리 평가서**, ㉯ **안전관리 현황 설명서**, ㉰ 그 밖에 업체의 안전관리 현황과 관련하여 **관세청장**이 정하는 서류

② **관세청장**은 신청을 받은 경우 **안전관리기준**을 충족하는 업체에 대하여 **공인증서**를 교부하여야 한다.

③ AEO에 대한 공인의 **등급**, **안전관리 공인심사**에 관한 세부절차, 그 밖에 필요한 사

항은 **관세청장**이 정한다. 다만, **국제항해선박 및 항만시설의 보안에 관한 법률** 등 **안전관리**에 관한 다른 법령과 관련된 사항에 대하여는 관계기관의 장과 미리 협의하여야 한다.

### 6) 전자통관심사(수입통관 사무처리에 관한 고시 제63조-제66조)

#### ① 의의

㉮ **관세청장**은 AEO로 공인받으려고 심사를 요청한 자에 대하여 절차에 따라 심사하여야 한다. 이 경우 **관세청장**은 **기관**이나 **단체**에 안전관리기준 충족 여부를 심사하게 할 수 있다.

㉯ **전자통관심사**는 AEO 인증 및 관리업무에 관한 고시에 따라 AEO로 공인받은 **수입업체**가 수입하는 물품으로서 해당 수입물품과 관련된 다음의 자가 모두 AEO로 공인받은 경우에 적용하는 것을 원칙으로 한다. 다만, AEO 공인 인증현황 등을 고려하여 필요하다고 인정하는 경우에는 관세청장이 따로 전자통관심사 적용기준(별표 13)을 정하여 적용할 수 있다.

> ㉠ **신고인(관세사)**, ㉡ **물류업체(국제물류주선업자, 선박회사(항공사), 하역업자, 보세운송업자)**, ㉢ **보세구역운영인·화물관리인**, ㉣ **해외공급자(우리나라**와 **상호인정**한 **상대국**가의 AEO인 경우)

㉰ **전자통관심사 대상물품**에는 다음 물품은 제외한다. 다만, **전자통관심사 대상업체**의 AEO **등급별 제외대상**을 **차등운영**할 수 있다.

> ㉠ **수입통관 사무처리에 관한 고시** 제13조(서류제출대상 선별기준)에 따른 **서류제출대상물품**, ㉡ 법 제226조(허가·승인 등의 증명 및 확인)에 따른 **세관장확인대상물품**, ㉢ 그 밖에 **관세청장**이 **전자통관심사**가 적합하지 않다고 인정하는 물품

#### ② 전자통관심사 대상업체 관리

**세관장**은 **전자통관심사 대상업체**가 다음에 해당하는 사실이 발생한 때에는 전자통관심사 적용의 **중지**를 **관세청장**에게 요청하여야 한다.

㉮ 법, 특례법, 외국환거래법, 대외무역법, 상표법등 수입통관 관련규정을 위반하여 **처벌**받은 경우, ㉯ **관세** 등 수입물품과 관련된 제세를 **체납**한 경우. 다만, 납부기한 경과 후 **30일 이내**에 체납된 관세 등을 납부한 때에는 **제외**할 수 있다. ㉰ 거짓으로 **전자통관심사 대상물품**이 아닌 물품을 **전자통관심사대상**으로 **신고**한 경우

### ③ 신고 및 수리시기

㉮ 전자통관심사

**대상물품**은 **보세구역 도착전** 신고나 **보세구역장치후 신고** 중에서 **선택**하여 수입신고 할 수 있다.

㉯ **전자통관심사 대상물품**에 대한 **신고수리**는 수입통관 사무처리에 관한 고시 제35조(신고수리)에 따른다.

### ④ 물품검사

**전자통관심사 대상물품**에 대한 검사는 **무작위선별검사**를 원칙으로 하며, **검사비율**은 수입통관 사무처리에 관한 고시 제28조(검사대상) 제2항에 따른다.

### 7) 준수도 측정·평가의 절차 및 활용

① **관세청장**은 연 **4회**의 범위에서 다음에 해당하는 자(**대상자**)를 대상으로 **안전관리기준**의 준수 정도에 대한 측정·평가(**준수도 측정·평가**)를 할 수 있다.

㉮ **운영인**, ㉯ **납세의무자**, ㉰ **화물관리인**, ㉱ **선박회사(항공사)**, ㉲ **수출입·반송** 등의 **신고인**(화주를 포함한다), ㉳ **특별통관 대상 업체**, ㉴ **보세운송업자** 등, ㉵ **자유무역지역법** 제2조(정의)제2호(입주기업체란 입주 자격을 갖춘 자로서 입주계약을 체결한 자를 말한다)에 따른 **입주기업체**

② **관세청장**은 **준수도 측정·평가**의 결과를 다음 사항에 활용할 수 있다.

㉮ **간이한 신고방식**의 적용 등 **통관절차**의 **간소화**, ㉯ **검사대상 수출입물품**의 **선별**
㉰ 그 밖에 업체 및 화물관리의 효율화를 위한 사항. ㉠ **보세구역**의 지정·특허, ㉡ **보세구역**의 관리·감독, ㉢ **과태료·과징금**의 산정, ㉣ **행정제재 처분**의 감경과 관련된 사항

③ **준수도 측정·평가**에 대한 평가 항목, 배점 및 등급 등 세부 사항은 **관세청장**이 정하여 고시한다.

#### 8) 지원활동 및 유효기간

① **관세청장**은 중소기업기본법 제2조(중소기업자의 범위)에 따른 **중소기업** 중 수출입물품의 제조·운송·보관 또는 통관 등 무역과 관련된 기업을 대상으로 AEO로 공인을 받거나 유지하는 데에 필요한 상담·교육 등의 **지원사업**을 할 수 있다.

② **관세청장**은 AEO로 공인받기 위한 신청 여부에 관계없이 수출입물품의 제조·운송·보관 또는 통관 등 무역과 관련된 자를 대상으로 **안전관리기준**을 준수하는 정도를 대통령령으로 정하는 절차에 따라 측정·평가하고, 그 결과를 대통령령으로 정하는 바에 따라 해당 업체의 지원 및 관리 등에 활용할 수 있다.

③ **공인**을 갱신하려는 자는 공인의 유효기간이 끝나는 날의 **6개월 전**까지 신청서에 서류를 첨부하여 **관세청장**에게 제출하여야 한다.

④ **관세청장**은 공인을 받은 자에게 공인을 갱신하려면 공인의 **유효기간**이 끝나는 날의 **6개월 전**까지 갱신을 신청하여야 한다는 사실을 해당 공인의 유효기간이 끝나는 날의 **7개월 전**까지 **휴대폰**에 의한 문자전송, 전자메일, 팩스, 전화, 문서 등으로 미리 알려야 한다. 공인의 **유효기간**은 **5년**으로 하되, 대통령령으로 정하는 바에 따라 **갱신**할 수 있다.

#### 9) AEO의 공인 취소

**관세청장**은 AEO가 ① **안전관리기준**을 충족하지 못하게 되는 경우, ② **공인심사요청**을 거짓으로 한 경우에는 **공인**을 **취소**할 수 있다.

## 6. 특수형태의 수출(수출통관 사무처리에 관한 고시 제32조(선상수출신고)–제35조(잠정수량신고·잠정가격신고 대상물품의 수출신고))

### (1) 선상수출 신고

#### 1) 신고대상

**선상수출**의 신고대상**물품**은 다음과 같다.

> ① **선적**한 후 **공인검정기관**의 **검정보고서**(Survey Report)에 의하여 수량을 확인하는 물품(예 : 산물 및 광산물 등), ② **물품**의 **신선도 유지** 등의 사유로 **선상수출신고**가 불가피하다고 인정되는 **물품**(예 : 내항선에 적재된 수산물을 다른 선박으로 **이적**하지 아니한 상태로 **외국무역선**으로 자격 변경하여 출항하고자 하는 경우), ③ **자동차운반전용선박**에 적재하여 수출하는 **신품자동차**

2) 신고시기

① **출항전**까지 **출항지 세관**에 신고하면 된다. 다만, **검정보고서**에 의하여 수량을 확인하는 물품으로서 다음 모두 충족하는 경우에는 **출항 후 최초 세관근무지**까지 **수출신고**할 수 있다.

> ㉮ **외국무역선(기)**에 **내국물품**의 적재허가를 받은 **물품**, ㉯ **수출통관 사무처리에 관한 고시** 제7조(수출신고 및 제출서류) 제2항 제1호와 제2호[16]에 해당하지 않는 물품, ㉰ **세관근무시간외**에 **적재·출항**하는 경우

② **선상수출신고**를 하려는 자는 사전에 **수출신고수리전 적재허가(신청)**서를 **세관장**에게 제출하고 **허가**를 받아야 한다. 이 경우 **세관장**은 **수출물품**의 특성 등을 감안하여 1년 **범위내**에서 **일괄**하여 **허가**할 수 있다.

3) 신고절차

〈그림-22〉 선상수출의 신고절차

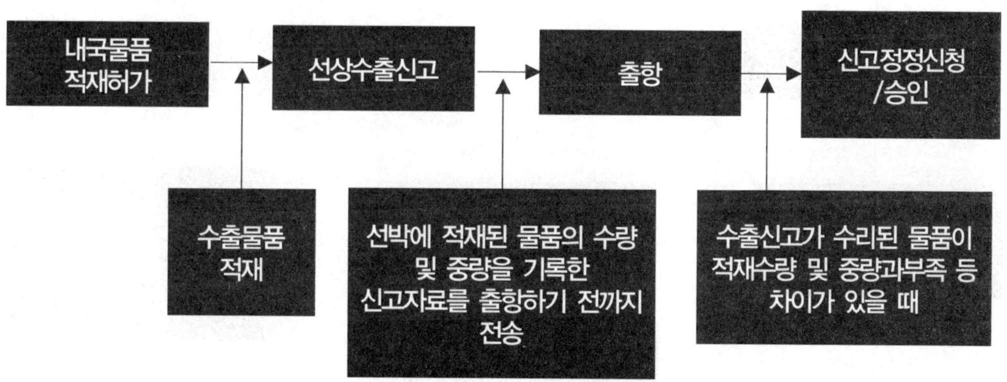


## (2) 현지수출 어패류신고

**어패류**를 출항허가를 받은 운반선에 의하여 현지에서 수출하는 것이 부득이한 경우에는 수출 후 **대금결제전**까지 출항허가를 받은 **세관장**에게 **신고자료**를 **전송**하고, 신고서류

16) 제7조(수출신고 및 제출서류) ② **신고인**은 다음 각 호의 어느 하나에 해당하는 **물품**에 대하여는 제1항에 따라 **신고자료** 등을 **통관시스템**에 전송한 후 **수출신고서** 및 해당 호에서 정하는 구비서류를 **세관장**에게 **제출**하여야 한다(수출신고서상 신고구분은 '서류제출'로 기재). 다만, 해당 구비서류를 **전자이미지**로 전송한 경우에는 그러하지 아니하다. 1. 법 제226조와 법 제226조의 규정에 의한 **세관장확인물품** 및 **확인방법** 지정고시 제3조에 따른 수출물품 : 각 개별법령별 요건확인 서류(다만, 수출요건내역을 전산망으로 확인할 수 없는 경우에 한함). 2. **계약내용**과 상이하여 재수출하는 **물품·재수출조건부**로 **수입통관**되어 수출하는 물품 : **계약상이** 및 **재수출조건부** 수출 심사에 필요한 서류.

에 수출실적을 증명하는 서류(예 : **화물수령증**(Cargo Receipt)을 첨부하여 제출하여야 한다.

### (3) 원양수산물 신고

1) 우리나라 선박이 **공해**에서 채포한 **수산물**을 현지 판매하는 경우에는 **수출자**가 **수출후 대금결제전**까지 수출사실을 증명하는 서류(예 : **화물수령증**, **선하증권**(B/L), Final(Fish) Settlement)가 첨부된 **수출실적보고서(수출신고서 양식사용)**를 **한국원양산업협회**를 경유하여 **서울세관장**에게 신고자료를 전송하여야 한다.

2) 원양수산물에 대한 신고절차는 다음과 같다.

〈그림-23〉 원양수산업의 신고절차

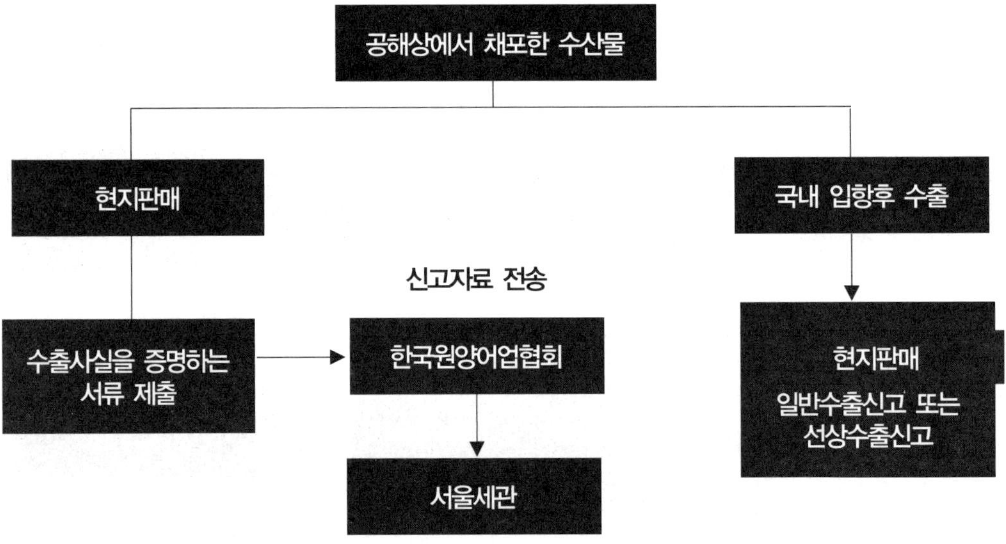


### (4) 잠정수량신고·잠정가격신고 대상물품의 수출신고

**배관** 등 **고정운반설비**를 이용하여 적재하는 경우 또는 제조공정상의 이유 및 **국제원자재 시세**에 따른 금액이 사후에 확정되어 **수출신고시**에 수량이나 가격 확정이 곤란한 물품 중 다음에 해당하는 물품을 수출하려는 자는 **수출신고시**에 **적재예정수량** 및 **금액**을 신고하고, **적재완료일**로부터 **수량**의 경우 5일, **금액**의 경우 60일이 경과하기 전까지 실제 공급한 **수량** 및 **금액**을 신고할 수 있다.

① **가스, 액체, 전기**, ② HS 제50류 내지 제60류 중 **직물 및 편물**, ③ HS 71류부터 83류까지의 **귀금속** 및 **비금속제 물품**, ④ 그 밖에 계약의 내용이나 거래의 특성상 **잠정수량** 또는 **잠정가격**으로 신고하는 것이 불가피하다고 **세관장**이 **인정**하는 물품

## 7. 특정물품의 통관절차(수입통관 사무처리에 관한 고시 제4장 특정물품의 통관 절차(제1절 고철 및 비금속설-제6절 통관지세관 제한))

### (1) 고철 및 비금속설

#### 1) 용어의 정의

① **고철**(비금속설을 포함한다)이라 함은 사용후의 노후화된 폐각품이거나 제품의 제조과정에서 발생한 설로서 국제적인 상관습상 고철로서 거래된 것으로 금속의 재생용이나 화학품의 제조용에만 적합한 금속의 웨이스트와 스크랩을 말한다.

② **고철화**란 국제적인 상관습상 고철로서 거래되었으나 고철이외의 타용도에 사용될 수 있는 물품을 압착, 절단, 가공 등의 작업을 함으로써 고철로만 사용하도록 하는 과정을 말한다.

③ **고철장**이라 함은 고철화 작업을 하기 위한 구역을 말한다. 고철장은 세관장이 고철의 부정유출 방지 및 고철화작업의 감시·감독상 쉬운 장소로서 지정한다. 다만, 주한 미군 잉여재산처리장은 **세관장**이 **지정**한다.

#### 2) 통관기준

① **세관장**은 신고물품이 고철이 명백한 것은 즉시 통관을 허용하고 신고물품이 국제적인 상관습상 고철로서 거래된 것이라도 고철이외의 다른 용도에 사용될 가능성이 있는 것에 대하여는 **고철화작업**을 완료한 후 통관을 허용한다.

② **고철화작업**을 완료한 후 수입화주는 고철화작업완료계를 **세관장**에게 제출하여야 한다.

③ **세관장**은 고철중에 포함되어 있는 물품 중 고철화작업이 부적합한 것에 대하여는 수입화주의 신청에 의하여 원형대로 **과세통관**을 허용할 수 있다. 다만, **세관장**이 확인하는 수입요건을 갖춘 경우에 한한다.

④ **고철화작업**을 한 결과 고철과 철강 이외의 설이 구분되는 경우로서 이 물품의 세율이 각각 상이한 경우에는 이를 각각 구분 과세한다. 이 경우 수량확인은 **공인감정기관**의 검정서 등으로 대신할 수 있다.

#### 3) 특례

① **세관장**은 200KW 이상의 전기로, 10M/T 이상의 용해로나 시간당 10M/T 이상의 가열로 시설(공장 전체의 시설규모를 말한다)을 갖추고 있는 실수요자가 수입하는 고철에 대하여는 고철화작업을 생략한다.

② **세관장**은 실수요자이외의 전기로, 용해로나 가열로 시설을 갖추고 있는 관내 수입업자중 세관장이 해당업계의 시설, 성실도 등을 고려하여 실수요자로 지정한 자가 수입하여 소비할 고철(세관장이 지정한 품목에 한함)에 대하여는 고철화작업을 생략할 수 있다.

③ **고철화작업**을 생략하는 경우 실수요자는 해당물품을 타인에게 양도할 수 없다.

#### 4) 신고수리조건

**세관장**은 고철로서 통관허용시에는 **신고필증**에 "이 수입신고필증에 표기된 고철을 고철이외의 다른 용도에 사용하는 때에는 법에 따라 처벌을 받게 됨"이라는 표시를 한다.

#### 5) 해체·절단 등의 작업대상물품

**보세구역**에 장치된 수입물품중 **원형**을 **변경**하거나 **해체·절단** 등의 작업을 할 수 있는 물품은 다음의 어느 하나로 한다.

> ① **해체용 선박**, ② 각종 설중 세관장이 **원형변경**, **해체**, **절단** 등의 작업이 필요하다고 인정하는 **물품**, ③ 세관장이 진정화 작업이 필요하다고 인정하는 **물품**

### (2) 해체용 선박

#### 1) 용어의 정의

① **해체용 선박**이하 함은 사용으로 인하여 노후되었거나 선박으로서 그 이상 사용할 수 없다고 판단되는 경우에 구성 재료대로 사용할 목적으로 **해체**하려는 선박을 말한다.

② **분리과세대상물품**이라 함은 선박 건조 당시부터 해체용 선박에 부착되거나 부수되는 물품으로서 수입자가 이를 **원형**대로 통관하고자 **해체용 선박**과 별도로 **세관장**이 **확인**하는 수입요건을 갖춘 물품을 말한다.

#### 2) 입항확인

**입항업무 담당과장**은 선용품 및 기타 적재물품과 선박건조 당시부터 부착되거나 부수

되는 물품이외의 물품을 확인한 후 물품목록을 **수입과장**에게 통보하여야 한다.

### 3) 신고

**해체용** 선박의 수입신고는 ① **해체용 선박**, ② **분리과세대상물품**으로 구분하여 신고함을 원칙으로 한다.

### 4) 신고수리전 해체 및 폐품화 작업

신고수리전에 **해체작업**이나 **폐품화 작업**을 하려는 자는 **세관장 허가**를 받아야 한다.

### 5) 통관허용 범위 및 과세물품

① **해체용 선박**은 **분리과세대상물품**에 대한 **과세처리**나 폐품화 작업이나 **보세구역**에의 반입을 완료한 경우 **관세율표**의 해당 세율을 적용하여 관세를 수납한 후 신고수리한다.
② **분리과세대상물품**에 대하여 수입신고인이 과세를 원하지 아니하는 경우에는 **폐품화 작업**을 실시하고 해체용 선박으로 **일괄과세 처리**한다.

### 6) 의무이행의 요구

① **세관장**은 **총톤수 2,000톤 이상**의 해체용 철강선박에 대하여는 **해체작업 전**에 신고수리할 수 있다.
② **신고수리**할 경우 **세관장**은 "분리과세 대상물품을 원형으로 사용하고자 할 때에는 최초 수입신고수리일로부터 **60일 이내**에 추가 신고하여 수리를 받아야 한다." 라는 사항을 신고서에 기재하여 **신고수리**한다.

### 7) 심사

**세관장**은 **분리과세대상물품**에 대하여 해체용 선박과 별도로 수입요건을 구비하여야 하는 물품인지 여부를 심사하여야 한다.

### 8) 추가신고

① **총톤수 2,000톤 이상**의 해체용 철강선박으로서 수입신고하지 아니한 **분리과세대상물품**을 신고수리후 원형대로 사용하고자 할 때에는 최초 신고수리후 **60일 이내**에 추가로 수입신고하여야 하며, 신고시에는 당초의 신고필증의 사본을 첨부하고, 신고서 비고란에는 "신고번호 ㅇㅇㅇㅇ호 해체용 선박의 분리과세 대상물품 추가신고분"이라고 기재하여야 한다.

② **세관장**은 부득이한 사유가 있다고 인정할 때에는 **1월 범위내**에서 그 기간을 **연장**할 수 있다.

#### 9) 작업신고 및 사후관리

**신고수리**를 받은 **해체용 철강선박**을 **해체작업**하려는 자는 **세관장**에게 **신고**하여야 한다. 그 작업을 종료된 때에도 또한 같다.

### (3) 공동어업사업에 의하여 반입되는 수산물

#### 1) 용어의 정의

① **공동어업사업**이라 함은 원양모선식 어업허가를 받은 사업을 말한다.
② **모선식어업**이라 함은 한국모선(처리가공 시설을 갖춘 공모선)과 외국자선(어로선)의 공동조업을 말한다.
③ **운반선**이라 함은 모선에서 처리 가공한 **수산물**을 운반하는 선박을 말한다.

#### 2) 물품의 적재허가

**모선**과 **운반선**에 외국물품을 적재하여 반입하고자 할 때에는 **세관장 허가**를 받아야 한다.

#### 3) 수입신고

① **외국물품**의 적재허가를 받은 선박이 입항하였을 때에는 **수입신고**를 하여야 한다.
② **수입신고**를 하여야 할 대상은 **공동어업사업**에 의하여 반입되는 원어를 냉동시킨 물품과 원어상태의 물품을 **처리가공**하여 얻어진 **물품**에 한한다.

#### 4) 신고시 제출서류

**공동어업사업**에 의하여 반입되는 **수산물**의 수입신고시에는 신고서에 ① **선하증권**(B/L)(자사선인 경우에는 제외한다), ② **반입물품 명세서**, ③ **수입승인**(**허가**)서를 첨부하여야 한다.

#### 5) 통관심사

① **수입신고**를 받은 **세관장**은 해당 물품이 **신고수리 전**에 **허가**, **승인** 기타조건의 구비가 필요한 경우에는 이 **수입요건**을 확인하여야 한다.
② **수입요건**을 확인받은 물품이 **처리가공**을 거치지 아니한 **원어상태**의 수산물이라 하

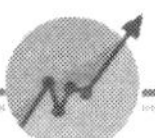

더라도 수입신고된 물품이 **원어상태**의 수산물을 처리가공하여 얻어진 물품인 경우에는 수입요건을 구비한 물품으로 본다.

#### 6) 과세물건의 확정

① **공동어업사업**에 의하여 반입되는 **수산물**에 대한 관세는 **수입신고**를 할 때의 **물품**의 **성질**과 그 **수량**에 의하여 부과한다(예 : **공동어업사업**에 의하여 구입한 **물품**은 **명태**라 하더라도 처리가공하여 실제 반입되는 물품이 명란, 필레트, 연육, 어유 등인 경우에는 각각 **명란, 필레트, 연육, 어유**가 **과세물건**임).

② **수량**은 **수입자**가 신고하는 **수량**을 인정처리할 수 있다.

#### 7) 사후관리

**세관장**은 **연(年) 1회 이상** 관계장부 등을 조사하거나 제출하게 하여 **수입신고**된 **물품**의 **수량**이나 **가격**의 **정확성** 여부를 확인할 수 있다.

### (4) 외국무역선에서 수거된 폐유

#### 1) 용어의 정의

① **폐유**라 함은 **외국무역선**에서 발생한 다음의 **물품**을 말한다.

> ㉮ **연료유·윤활유**가 새어나와 모인 것에 **바닷물** 등이 섞여서 생긴 **유성혼합물**(선저폐수 : Bilge), ㉯ **연료유·윤활유**를 **청정**할 때 생기거나 기관에서 기름의 누출 등에 의하여 생기는 **유성잔류물**으로서 연료유·윤활유로 재사용할 수 없는 것(슬러지 : Sludge), ㉰ 기관의 윤활유를 교환할 때 수거하는 **폐윤활유**(폐윤활유 ; Lubricating Waste Oil), ㉱ 탱크내의 찌꺼기를 제거하거나 수리를 할 때 본선 펌프로 이송이 불가능한 소량의 남은 기름(**유창청소폐유** ; Cleansing Waste Oil), ㉲ 위 ㉮부터 ㉱까지를 제외한 **외국무역선**에서 발생한 기타 **폐유**

② **유창청소업자**라 함은 선박의 유창청소와 폐유수거사업을 하고자 **해양경찰청장**에게 **등록**한 자를 말한다.

③ **폐기물처리업자**라 함은 폐기물의 수집·운반이나 처리를 업으로 하고자 시·도지사 또는 **환경부장관**으로부터 **허가**받은 자를 말한다.

#### 2) 적용대상

**외국무역선**에서 수거한 폐유 중 우리나라로 수입하려는 폐유에 대하여 적용한다.

#### 3) 신고인

**폐유**에 대한 수입신고는 다음에 해당하는 자의 명의로 하여야 한다.

> ① **관세사**, ② **유창청소업자**, ③ **폐기물처리업자**(육상에 위치한 해양시설과 조선소에서 건조중인 선박에서 발생하는 **폐유**에 한한다), ④ 기타 적법한 **폐유처리자격**이 있는 자로서 **폐유**를 수입하려는 자

#### 4) 신고

① **세관장**은 수입신고 하는 경우 **장치장소**를 본선이나 바지선으로 하여 통관을 허용할 수 있다.

② **폐유**를 수입하려는 자는 **수입신고서**(보관용, 수입신고필증)와 다음에 해당하는 서류를 제출하여야 하며 **선하증권**(B/L), **송품장**, **포장명세서** 등은 제출하지 않는다.

> ㉮ 해양환경관리법 시행규칙 제39조에 따른 **오염물질수거확인증**이나 폐기물관리법 시행규칙 제20조에 따른 **폐기물인계서**, ㉯ **견적서**(판매물품의 경우), **지불증빙서류**(실제지불가격의 경우)나 **공인감정기관**의 **감정서**

③ **신고품명**은 "폐유"로 기재하고, 규격은 "**선저폐유**, **슬러지**, **윤활유 폐유**, **유창청소 폐유**, 기타 **폐유**"로 용어를 구분하여 기재한다.

④ **신고수량**은 본선에서 수입신고하는 경우 하선전 **수거예정수량**으로 신고한 후 수거수량이 확정되면 **확정수량**을 재신고하며, 바지선에서 수입신고하는 경우에는 하선후 수거확정수량으로 수입신고한다. 최초 하선을 바지선이 아닌 육지로 한 경우에도 같다.

⑤ **신고가격**은 **국내판매가격**을 기초로 결정된 가격을 우선 적용하되, 이 가격을 산출할 수 없을 때에는 공인감정기관의 **감정액**으로 한다.

### (5) 그 밖의 특정물품

#### 1) 용어의 정리

① **국적취득조건부 임차선박(항공기)**이라 함은 **임차기간** 만료시 소유권을 이전받는 조

건으로 임차수입하는 선박(항공기)을 말한다.

② **편의치적 선박**이라 함은 소유권을 이전받아 **한국선박**이 된 **수입선박** 중 우리나라 국적이 아닌 외국국적을 취득한 선박을 말한다.

③ **경락선박(항공기)**이라 함은 국내법원의 **경매**를 통해 낙찰받아 수입하려는 외국선박이나 항공기를 말한다.

④ **선박(항공기)**을 외국으로부터 수입하려는 자는 해당 **선박(항공기)**이 우리나라에 최초 입항한 때 수입신고를 하고 **세관장**으로부터 **신고수리**를 받아야 한다. 다만, **국적취득조건부** 이외의 임차선박(항공기)이 **외국무역선(기)**에 해당되는 경우(원양어선을 포함한다)는 제외한다.

⑤ **경락선박(항공기)**(경락후 편의치적된 경우를 포함한다)를 경락받은 자는 해당 선박·항공기를 경락받은 때 수입신고를 하고 **세관장**으로부터 **신고수리**를 받아야 한다. 다만 외국으로 수출하려는 경우에는 수출신고를 하고 세관장으로부터 신고수리를 받아야 한다.

### 2) 컨테이너 및 항공기용 탑재용기의 수입

① **국제도로운송**을 위하여 수입되는 **컨테이너** 및 **항공기용 탑재용기**(Unit Load Device : ULD)의 수입신고는 다음에 해당하는 자가 할 수 있다.

> ㉮ **컨테이너** 및 ULD를 수송하는 **선박회사(항공사)** 또는 그 **대리점**, ㉯ **컨테이너** 및 ULD를 수입하는 자 또는 그 **대리점**, ㉰ **컨테이너** 및 ULD **임대회사**

② **컨테이너**와 ULD 중 항공용 컨테이너에 대한 수입신고는 **국제도로운송용 컨테이너 목록**을 수입지 세관장에게 제출함으로써 **수입신고**에 갈음한다. 다만, 다음에 해당하는 경우에는 컨테이너목록 제출을 생략한다.

> ㉮ **적하목록**(전자문서를 포함한다)에 컨테이너 번호를 기재하여 제출한 경우, ㉯ **적하목록**을 제출하지 아니한 **항공기용 컨테이너**에 **수출물품**을 적입하기 위하여 ULD **전용장치구역**으로부터 **반출**하는 경우

③ **컨테이너목록**을 제출받은 **세관장**은 기재사항을 심사한 후 이를 수리한다. 다만, 제출된 적하목록에 대한 접수통보를 한 때에 신고수리된 것으로 본다.

④ **컨테이너**에 내장된 소형 컨테이너는 **컨테이너보세창고**에서 컨테이너로부터 적출한 후 수입신고하여야 한다. 다만, 선박회사 소유가 아닌 수출입화주간에 운송용기로 사용되

는 것으로서 선적서류상 거래조건이 재수출조건인 경우에는 **일반수출입물품**의 수출입절차에 따른다.

### 3) 액체화물

① **액체화물**이라 함은 **보세구역**의 탱크시설에 장치할 액체화물(원유, 당밀, 동물류, 식물류, 광물류, 유무기액체제로 액체상의 물품)을 말한다.

② **액체화물**은 **선하증권(B/L)별 통관**을 원칙으로 한다. 다만, 다음의 경우에는 **선하증권(B/L) 분할통관**을 할 수 있다.

> ㉮ **수출화물 제조**에 사용될 **원료 수입**의 경우, ㉯ **협회, 조합** 등에서 **일괄 수입**한 물품으로서 실수요자별로 **수입신고**하려는 경우, ㉰ **저장탱크별**로 통관하여도 **과세수량 확정**과 **화물관리**에 지장이 없는 경우

③ 하나의 **탱크시설**에 원산지가 다른 **액체화물**이 혼합 보관된 경우 해당물품의 원산지는 **원산지증명서**에 의하며, 수량은 **선하증권(B/L)상**의 수량에 의하되 **검정보고서**(Survey Report)상의 검정수량과 일치하지 않는 경우에는 **검정수량**을 우선 적용한다.

### 4) 연속공급물품

① **연속공급물품**이라 함은 외국과 연결된 전선로, 배관 등의 고정시설을 통해 수입하는 물품으로서 전기, 가스, 유류·용수 등 **액체류**를 말한다.

② **연속공급물품**을 최초로 수입하려는 자는 사전에 해당물품의 **검량장소**를 관할하는 세관장에게 다음 사항을 기재한 서류를 작성하여 **신고**하여야 한다.

> ㉮ **업체상호·주소**와 **대표자 성명**, ㉯ **해외거래처 상호**와 **주소**, ㉰ **수입**하려는 **물품**의 **품명·규격**, ㉱ **월단위 수입 예정수량**, ㉲ **검량방법**과 **검량장소**, ㉳ **수입 개시일자**, ㉴ **업체 담당자 성명**과 **연락처**

③ **세관장**은 신고한 검량방법이 적정하지 않다고 판단되는 경우 **연속공급물품 수입업체**와 협의를 통해 적정한 **검량방법**을 정할 수 있다.

④ **연속공급물품**은 **1개월 단위**의 수입수량에 대하여 **다음 달** 10일까지 검량장소를 관할하는 세관장에게 **수입신고**를 하여야 하며, 기한을 초과하여 **수입신고**를 하는 경우 법 제241조(수출·수입 또는 반송의 신고) 제4항[17])을 준용하여 **가산세**를 징수한다.

⑤ **연속공급물품 수입화주**는 매월 말까지 **다음 달 수입예정수량**에 대해 관세에 상당하는 **담보**를 세관장에게 제공하여야 한다.

### (6) 통관지세관 제한

1) **특정물품**은 **특정세관**에서 수입통관을 하여야 한다. 다만, **통관지세관장**의 **사전승인**을 받은 경우와 보세공장에서 반출입하는 물품의 경우에는 그러하지 아니하다.

2) **특정물품**을 **특정세관** 이외의 세관에서 통관하려는 자는 다음 사항을 기재한 신청서를 **통관지세관장**에게 제출하여야 한다.

> ① 물품의 **품명**, **규격**, **수량**과 **가격**, ② **입항(예정)일자**, **선명**, **선하증권번호**, ③ **수입신고 예정일자**와 **세관명**, ④ **사유**, ⑤ 기타 **참고사항**

## 제 3 절 우편물

### 1. 의의

(1) **우편물**은 **간이통관절차**에 의하여 수출입되고 있고, **보세구역**에 장치할 필요도 없으며, 우편물중 수입승인 면제물품은 수입신고없이 **우편물목록**에 의해 수입신고 수리절차가 간단히 이루어지고 있다.

(2) 따라서 **체신관서**가 수취인에게 교부한 우편물은 신고수리절차를 거치지 않아도 정식으로 수입된 것으로 보고, **체신관서**가 외국으로 발송한 우편물은 적법하게 수출·반송의 신고수리가 된 것으로 **수출입 의제**하고 있다. 그러나 우편물중 **정상무역물품**인 수입승인대상 **우편물**은 **일반수입통관절차**의 규정을 적용한다.

### 2. 용어의 정리

(1) 우편법 제1조의2(정의)에서 **우편물**이란 **통상우편물**과 **소포우편물**을 말한다.

---

17) 제241조(수출·수입 또는 반송의 신고) ④ **세관장**은 대통령령으로 정하는 **물품**을 수입하거나 반송하는 자가 제3항에 따른 기간 내에 **수입·반송**의 신고를 하지 아니한 경우에는 해당 **물품 과세가격**의 2/100에 상당하는 금액의 범위에서 대통령령으로 정하는 **금액**을 **가산세**로 징수한다.

(2) **통상우편물**이란 서신 등 의사전달물, 통화(송금통지서를 포함한다) 및 소형포장우편물을 말한다.

(3) **소포우편물**이란 통상우편물 외의 물건을 포장한 **우편물**을 말한다.

(4) **기본통상우편요금**이란 고시한 **통상우편물요금** 중 중량이 5그램 초과 25그램 이하인 규격우편물의 **보통우편요금**을 말한다.

(5) **국내특급우편**에는 발송인이 그 표면의 보기 쉬운 곳에 "**국내특급**"의 표시를 하여야 한다. **국내특급우편물**의 배달은 다음 기준에 따른다.

> 1) 도착된 **특급우편물**은 가장 빠른 **배달편**에 배달한다. 2) **수취인**의 부재 등의 사유로 1회에 배달하지 못한 **특급우편물**을 다시 배달하는 경우 **2회 째**에는 위에 따른 **배달**의 예에 따르고, **3회 째**에는 통상적인 **배달**의 예에 따른다. 3) **수취인**의 거주이전 등으로 배달하지 못한 **특급우편물**을 전송하거나, 성명·주소 등의 불명으로 환부하는 경우에는 전송 또는 환부하는 날의 **다음 날**까지 송달한다.

(6) **국제우편**은 봉투와 조그마한 꾸러미로 봉합된 **기록문서**, 포장된 물건들을 전 세계의 어느 곳이든 배달하는 **제도·업무**를 말한다. **국제우편**은 UN의 **전문기관**으로서 **만국우편연합**(Union postale universelle : UPU)이 있다. UPU에서는 **만국우편협약**을 비롯한 여러 협약을 채택하고 있으며, 그 협약에 따라 업무가 진행된다. **국제우편취급 우편물**은 **보통국제우편물**로 불린다.

## 3. 통관우체국

**수출입·반송**하려는 **우편물**(서신은 제외한다)은 **통관우체국**을 경유하여야 한다. **통관우체국**은 체신관서 중에서 **관세청장**이 지정한다.

## 4. 우편물의 검사

(1) **통관우체국**의 장이 **우편물**을 접수하였을 때에는 **세관장**에게 **우편물목록**을 제출하고 해당 우편물에 대한 검사를 받아야 한다. 다만, **관세청장**이 정하는 **우편물**은 검사를 **생략**할 수 있다. **통관우체국장**은 검사를 받는 때에는 **소속공무원**을 참여시켜야 한다.

(2) **통관우체국**은 세관공무원이 해당 우편물의 포장을 풀고 검사할 필요가 있다고 인정되는 때에는 그 **우편물**의 포장을 풀었다가 다시 포장하여야 한다.

## 5. 우편물통관에 대한 결정

⑴ **통관우체국**의 장은 **세관장**이 **우편물**에 대하여 수출입·반송을 할 수 없다고 결정하였을 때에는 그 우편물을 발송하거나 **수취인**에게 내줄 수 없다.

⑵ **우편물**이 수출입의 **승인**을 받은 것이거나 그 밖에 다음에 해당하는 것일 때에는 해당 우편물의 수취인이나 발송인은 **신고**를 하여야 한다.

1) 법령에 따라 **수출입**이 **제한**되거나 **금지**되는 **물품**, 2) **세관장**의 확인이 필요한 물품, 3) **판매**를 목적으로 **반입**하는 **물품** 또는 **대가**를 지급하였거나 지급하여야 할 **물품**(통관허용여부 및 과세대상여부에 관하여 **관세청장**이 정한 기준에 해당하는 것으로 한정한다), 4) **가공무역**을 위하여 우리나라와 외국간에 **무상**으로 **수출입**하는 **물품** 및 그 물품의 **원·부자재**, 5) 그 밖에 **수출입신고**가 필요하다고 인정되는 **물품**으로서 관세청장이 정하는 금액을 초과하는 **물품**

## 6. 세관장의 통지

⑴ **세관장**은 **우편물 통관**에 관한 결정을 한 경우에는 그 **결정사항**을, **관세**를 징수하려는 경우에는 그 세액을 통관우체국의 장에게 통지하여야 한다. 세관장의 통지를 받은 **통관우체국**의 장은 **우편물**의 수취인이나 발송인에게 그 **결정사항**을 통지하여야 한다.

⑵ **우편물**에 있어서 **통지**는 신고의 **수리·승인**을 받은 서류를 해당 **신고인**이 **통관우체국**에 제출함으로써 이에 갈음한다. **통지**는 **세관**이 발행하는 **납세고지서**로서 이에 갈음한다.

## 7. 우편물의 납세절차

⑴ **세관장**의 **통지**를 받은 자는 해당 **관세**를 **수입인지 ·금전**으로 납부하여야 한다.

⑵ **관세**를 납부하고자 하는 자는 **세관장**에게, 기타의 경우에는 **체신관서**에 각각 **금전**으로 이를 납부하여야 한다. **체신관서**는 **관세**를 징수하여야 하는 **우편물**은 관세를 징수하기 전에 **수취인**에게 내줄 수 없다.

## 8. 우편물의 반송

**우편물**에 대한 **관세**의 **납세의무**는 해당 우편물이 **반송**되면 **소멸**한다.

## 제 4 절 기타 통관 제도

### 1. EDI 통관제도

#### (1) 의의

1) **통관절차**는 물품의 수출입에 관한 국가의 규제사항을 **서류** 및 **현품**과 대조확인하는 행정절차이며, 여기에는 수출입 통관절차 및 반송절차까지 포함된다. 통관절차도 **무역자동화시스템**인 **전자자료교환**(Electronic Data Interchange : EDI) 통관시스템이 도입되어 간단하고 신속하게 이루어지고 있다.

2) EDI **통관시스템**이란 거래 상대방의 업무처리에 있어 종래의 종이서류 대신에 전자문서와 통신방식을 표준화하여 컴퓨터로 서류없이 송·수신하는 전산기술을 **수출입통관업무**에 적용한 것이다. 즉 수출입업체, 관세사, 국고수납기관 등 수출입유관기관과 세관을 컴퓨터로 연결하여 EDI **방식**으로 서류없이 수출입신고를 하고 신고수리 결과를 확인한다. 또한 이 시스템에서는 관세의 징수, 보세운송, **우범화물선별제도**(Cargo Selectivity : C/S), 무역통계, 외부정보 제공 등을 하고 있다.

#### (2) 전자서류에 의한 신고(수입통관 사무처리에 관한 고시 제12조(수입신고)-제13조(서류제출대상 선별기준))

##### 1) 수입신고

① **수입신고**는 수입신고서 작성요령에 따라 기재한 **수입신고서**를 첨부서류 없이법 제327조(국가관세종합정보망의 구축 및 운영) 제2항에 따라 전송하는 것(P/L **신고**)을 원칙으로 한다.

② **신고인**이 전송한 **수입신고서**와 수입신고시 제출서류(**신고자료**)에 대하여 오류발생사실을 전산 통보받은 경우에는 **오류내용**을 **정정**하여 동일한 **신고번호**로 다시 전송하여야 하며, 기타 사유로 신고자료의 내용을 정정하려는 경우에는 접수결과를 통보받기 전까지 정정전과 동일한 신고번호를 다시 전송하여야 한다.

③ **세관장**은 이상없이 **전송**된 **신고자료**에 대하여는 신고일에 다음 사항을 **신고인**에게 통보한다. 다만, P/L 신고 건의 경우에는 아래의 ㉣의 사항을 **통보**하지 아니한다.

㉮ **접수여부**와 **서류제출대상** 여부, ㉯ **통관시스템**에 의한 **검사대상여부**(C/S 결과), ㉰ **신고납부대상물품**의 경우 **납부서번호**, ㉱ **자동배부**의 경우 **신고서처리담당직원**의 부호

### 2) 서류제출대상 선별기준

① 다음에 해당하는 물품은 **전산시스템**에 의하여 서류(전자서류, 종이서류를 포함한다) 제출대상으로 선별한다.

㉮ 법 제38조(신고납부) 제2항[18] 단서에 따른 **사전세액심사 대상물품**. 다만, 다음에 해당하는 물품은 제외한다.

㉠ 부가가치세법 제27조(재화의 수입에 대한 면세) 제1호·제2호와 제15호[19](부가가치세법 시행령 제56조(그 밖에 관세가 무세이거나 감면되는 재화의 범위) 제22호[20] 해당물품에 한한다) 해당 **물품**, ㉡ **특급탁송물품**으로서 **소액면세대상물품**, ㉢ 법 제89조(세율불균형물품의 면세)에 따른 **감면대상물품**중 **감면추천서**를 전자문서로 제출받은 **물품**, ㉣ **개성공업지구**로부터 반입되는 **임가공물품**, ㉤ 법 제101조(해외임가공물품 등의 감세)에 따른 **해외임가공감세물품**, ㉥ 기타 **세관장**이 통관심사시 서류제출이 필요하지 아니하다고 인정하는 **물품**

㉯ 법 제39조(부과고지)에 따른 **부과고지대상물품**

㉰ 법 제82조(합의에 따른 세율 적용)에 따른 **합의세율 적용신청물품**

㉱ **할당·양허관세 신청물품중 세율추천기관**으로부터 세율추천을 증명하는 서류를 통관시스템에서 **전자문서**로 전송받을 수 없는 물품

ⓔ 법 제226조(허가·승인 등의 증명 및 확인)에 따른 **세관장확인물품중** 요건확인기관으로부터 요건구비를 증명하는 서류를 **통관시스템**에서 **전자문서**로 전송받을 수 없는 물품

㉳ 법 제232조(원산지증명서 등)에 따른 **원산지증명서류 제출대상물품**. 다만, **개성공**

---

18) 제38조(신고납부) ② **세관장**은 **납세신고**를 받으면 **수입신고서**에 기재된 사항과 이 법에 따른 확인사항 등을 심사하되, 신고한 **세액**에 대하여는 수입신고를 수리한 후에 심사한다. 다만, 신고한 세액에 대하여 **관세채권**을 **확보**하기가 곤란하거나, **수입신고**를 수리한 후 **세액심사**를 하는 것이 적당하지 아니하다고 인정하여 기획재정부령으로 정하는 물품의 경우에는 **수입신고**를 수리하기 **전**에 이를 심사한다.

19) 제27조(재화의 수입에 대한 면세) 다음 각 호에 해당하는 재화의 수입에 대하여는 부가가치세를 면제한다. 1. **가공**되지 아니한 **식료품**(식용으로 제공되는 농산물, 축산물, 수산물 및 임산물을 포함한다)으로서 대통령령으로 정하는 것. 2. **도서**, **신문** 및 **잡지**로서 대통령령으로 정하는 것. 15. 제6호부터 제13호까지의 규정에 따른 재화 외에 관세가 **무세**이거나 **감면**되는 재화로서 대통령령으로 정하는 것. 다만, 관세가 경감되는 경우에는 경감되는 비율만큼만 면제한다.

20) 제56조(그 밖에 관세가 **무세**이거나 **감면**되는 재화의 범위). 부가가치세법 제27조 제15호에 따른 관세가 **무세**이거나 **감면**되는 재화는 다음 각 호의 어느 하나에 해당되는 **재화**로 한다. 22. 그 밖에 관세의 기본세율이 **무세**인 **물품**으로서 기획재정부령으로 정하는 것과 관세의 **협정세율**이 무세인 **철도용 내연기관**, **디젤기관차** 및 **이식용 각막**.

**업지구**로부터 반입되는 **임가공물품**은 제외한다.

㉳ **검사대상**으로 선별된 물품

㉴ 법 제250조(신고의 취하 및 각하)에 따라 **신고취하**되거나 **신고각하**된 후 다시 수입신고하는 물품

㉵ **보세건설장**에서의 **수입물품·신고수리전 반출승인물품·보세판매장 반입물품**과 **선(기)용품 수입물품**(**무역통계부호표상**의 **수입관리 종류별 부호**가 G,J,L,M,T,H,W,N,O,C,S에 해당하는 물품)

㉶ **일시수입통관증서**(A.T.A Carnet)21)에 의하여 수입하는 물품

㉷ 수입신고서 기재사항중 **품명·규격**의 **일부**만 기재한 물품

㉸ 지방세법 시행령 제71조(납세 담보)22)에 따른 **담배소비세**의 **납세담보확인서 제출대상물품**

㉹ **다이아몬드 원석**(HS 7102.10, 7102.21, 7102.31)

㉺ **관리대상화물 검사결과** 이상이 있는 물품

㉠ 같은 컨테이너에 화주가 다른 **선하증권**(B/L)이 혼재되어 있으나 **부두직통관**을 신청한 물품

---

21) A.T.A. 까르네에 의한 일시수출입 통관에 관한 고시 제1조(목적). 이 고시는 **물품의 일시수입을 위한 일시수입통관증서에 관한 관세협약**(Customs Convention on the A.T.A. Carnet for Temporary Admission of Goods)을 운영함에 있어서 법 제97조(재수출면세) 및 제99조(재수입면세) 등에 관하여 법 제 240조의5(상호주의에 따른 통관절차 간소화)에 따른 간이한 절차를 정하는데 그 목적이 있다. 제2조(정의) 이 고시에서 사용하는 용어의 뜻은 다음과 같다. 1. **일시수입**이란 법 등 국내법령과 물품의 **일시수입**을 위한 일시수입 **통관증서**에 관한 관세협약 제3조에 규정된 다음의 협약에 따라 **수입관세** 등이 면제되는 물품을 일시적으로 수입하는 것을 말한다. 가. 직업용구의 일시수입에 관한 관세협약(조약 제642호). 나. **전시회 박람회 회의** 기타 유사한 행사에서의 전시 또는 사용될 물품의 수입상의 편의에 관한 **관세협약**(조약 제560호). 다. **상품견본** 및 **광고용 물품**의 수입편의를 위한 국제협약(조약 제643호). 라. **포장용기**의 일시적 수입에 관한 관세협약(조약 제559호). 마. 선원의 후생용품에 관한 관세협약(조약 제561호). 바. **과학장비**의 일시수입에 관한 관세협약(조약 제790호). 사. **교육용구**의 일시수입에 관한 관세협약(조약 제791호). 2. **일시수출**이란 보증단체·발급단체에서 발급한 증서에 의하여 재수입할 예정으로 우리나라로부터 일시적으로 수출되는 물품을 말한다. 3. **보세운송**이란 법 등의 법령에 정한 조건에 따라 한 세관의 관할구역에서 다른 세관의 관할구역으로 물품을 이동하는 것을 말한다. 4. A.T.A. **까르네**란 **일시수입통관증서**를 말한다.

22) 제71조(납세 담보) ① 지방세법 제64조에 따라 **제조자** 또는 **수입판매업자**로부터 제공받을 수 있는 **납세담보액**은 다음 각 호에서 정하는 금액 이상으로 한다. 1. **제조자**·제조장에서 반출한 담배에 대한 산출세액과 제조장에서 반출하는 담배에 대한 **산출세액**의 합계액에서 이미 납부한 세액의 합계액을 뺀 세액에 해당하는 금액. 2. **수입판매업자**: 수입신고를 받은 **담배**에 대한 산출세액과 수입신고를 받는 담배에 대한 산출세액의 합계액에서 이미 납부한 세액의 합계액을 뺀 세액에 해당하는 금액. ② **수입판매업자**가 수입한 담배를 통관할 때에는 행정자치부령으로 정하는 바에 따라 주사무소 소재지 관할 시장·군수가 발행한 **납세담보확인서**를 통관지 세관장에게 제출하여야 하며, 세관장은 **납세담보확인서**에 적힌 **담보물량**의 범위에서 통관을 허용하여야 한다. 다만, 전자정부법 제36조 제1항에 따른 **행정정보**의 공동이용을 통하여 제출서류에 대한 정보를 확인할 수 있는 경우에는 그 확인으로 **서류제출**을 갈음할 수 있다. ③ **제조자** 또는 **수입판매업자**의 주사무소 소재지를 관할하는 지방자치단체의 장은 제1항에도 불구하고 담배를 **제조장·보세구역**에서 반출한 날부터 **3년간 담배소비세**를 체납하거나 고의로 회피한 사실이 없는 **제조자·담배수입업자**에 대하여 조례로 정하는 바에 따라 **납세담보금액**을 **감면**할 수 있다.

㉢ 그 밖에 **관세청장·세관장**이 서류제출이 필요하다고 인정하는 물품

② **관세청장**은 다음 기준에 따라 서류제출대상으로 **차등 선별**할 수 있다.

> ㉮ **수입업체**의 **성실도**, ㉯ **수입신고인**의 **성실도**, ㉰ **최초수입업체**와 **물품**, ㉱ **수입신고**되는 **물품**의 **공급망**23)에 속한 당사자의 성실도, ㉲ 그 밖에 **서류제출**이 필요하다고 인정되는 경우

③ **전자통관심사**는 일정한 기준에 해당하는 **성실업체**가 수입신고하는 **특정물품**에 대하여 **통관시스템**에서 **전자방식**으로 심사하는 것을 말한다. **수입업체**의 **성실도**는 다음 사항을 기초로 **매월 말**까지 **수입업체**를 평가하여 **수입업체 평가등급 구분기준**에 따른 수입업체 평가등급을 기준으로 한다.

> ㉮ 최근 **2년간**, 법, 특례법, 외국환거래법, 대외무역법, 상표법 등 **위반 실적**, ㉯ 최근 **2년간** 관세 등 수입물품과 관련된 제세의 **체납실적**, ㉰ 최근 **3년간 수입통관실적**, ㉱ 평가 직전 **3개월간**의 수입통관실적·검사적발율·오류점수

④ **수입신고인**의 **성실도는 수출입신고 오류방지에 관한 고시**에 따라 산정된 **평균오류점수**에 의거 매분기 **다음 달 말**까지 **관세사 평가등급 구분기준**에 따른 기준으로 한다.

⑤ **최초수입업체**는 통관고유부호 및 해외거래처부호 등록·관리에 관한 고시에 따른 고유부호 등록일로부터 수입회수 **10회 미만**을 기준으로 하고, **최초수입물품**(HS 6단위기준)은 해당업체가 처음 수입하는 물품으로 수입신고회수가 **10회 미만**인 경우를 대상으로 한다.

⑥ 다음의 **전자문서**가 **통관시스템**에 접수되지 아니하여 **신고인**이 서류로 제출하는 경우에는 이를 심사하여 통관시스템에 등록하여 처리하고, 제출받은 서류는 따로 보관·관리한다.

> ㉮ **할당·양허관세신청물품** 중 **세율추천기관**으로부터 **세율추천**을 증명하는 서류, ㉯ 법 제226조(허가·승인 등의 증명 및 확인)에 따른 **세관장확인대상물품** 중 **요건확인기관**으로부터 **요건구비**를 증명하는 **서류**

---

23) 수입통관 사무처리에 관한 고시 제3조(용어의 정의) 8. **공급망**이란 물품의 수입, 수입신고, 운송, 보관과 관련된 **수입자**, **관세사**, **보세구역운영인**, **보세운송업자**, **국제물류주선업자**, **선박회사**(**항공사**), **하역업자** 등을 말한다.

⑦ **공급망**에 속한 당사자의 **성실도**는 법 제255조의2(수출입 안전관리 우수공인업체 등)와 **종합인증우수업체 공인 및 관리업무에 관한 고시** 제4조(공인기준)에 따른 **종합인증우수업체**를 공인하는 기준으로 한다.

⑧ **서류제출대상**으로 선별되거나 변경된 경우에는 **신고자료**를 서류로 세관장에게 제출하여야 한다.

## 2. 유니패스(UNI-PASS)에 의한 통관시스템

### (1) 의의

1) **전자통관시스템**의 브랜드네임인 **국가관세종합정보망**(UNI-PASS)의 'UNI'는 수출입통관과 관세납부, 환급 및 요건확인까지도 통합처리 가능하다는 의미의 Unified, 국제적 표준을 반영하고 있어 세계 모든 국가가 사용할 수 있다는 의미의 Universal, 세계에서 유일하게 고객에게 **실시간 수출입화물처리 정보서비스**를 제공한다는 의미에서 대한민국 관세청의 고유함을 의미하는 Unique의 뜻을 담고 있다.

2) 아울러 pass는 신속한 통관을 의미하고 있다. 또한 고객접속은 Ubiquitous, 화물흐름은 Non-stop, 시스템은 interfaceable함을 상징하며 동시에 고객과 함께 만들고 발전시킨다는 YOU & I의 의미도 함축하고 있다.

3) **세관**에서 처리하는 업무를 관리하는 관세청의 **전자통관시스템**을 UNI-PASS라고 부른다. UNI-PASS는 관세청의 통관포탈서비스를 나타내는 일종의 상표(brand)로서 관세청의 수출통관시스템, 수입통관시스템, 관세환급시스템, 선박· 항공기 입출항 및 출입국 여행자 관리는 물론 **보세화물 추적관리**와 **수출입**에 필요한 요건확인까지도 세관신고로 통합하여 원스톱 처리하는 세계 최고수준의 **전자통관 포털시스템**으로 대한민국 관세청의 대표 브랜드이다. 관세청은 대한민국에서 탄생해서 세계가 이용하는 통관모델, 고객의 시간과 비용을 절감할 수 있는 브랜드 가치를 내세웠다.

### (2) UNI-PASS의 효과

**관세청**은 UNI-PASS를 해외에 수출하기 위해 많은 노력을 기울여왔다. 단순히 외화수입이나 사업 수주를 통한 일자리 창출만을 목표로 한 것은 아니다. 그밖에 예상되는 효과는 다음과 같은 것이 있다.

1) 우리 **관세행정**을 **국제표준**으로 삼을 수 있다. UNI-PASS의 해외 수출은 단순한 시스템 수출이 아니라 수십 년 동안 쌓아 온 우리 관세행정의 노하우와 경험을 함께 수출하는 것이다. 한국의 관세제도가 고스란히 담긴 UNI-PASS의 해외수출을 통해 싱글윈도

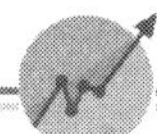

우, 위험관리, AEO 등 국제 관세행정의 **표준화**를 주도할 수 있다.

2) **국내 기업**의 **경쟁력**을 제고시키는 효과가 있다. **국내 기업** 및 **무역업체**가 해외에서도 우리나라와 동일한 품질의 **통관서비스**를 받는다면 **해외통관 분쟁발생**은 그만큼 줄어들게 될 것이다. 또한 뛰어난 **기술력**을 보유하고 있지만 인지도가 낮아 **해외진출**에 어려움을 겪고 있는 **국내중소정보기술(IT)기업**의 **해외진출**도 뒷받침할 수 있다.

3) **개발도상국**에 UNI-PASS를 수출함으로써 선진적인 통관환경을 제공, 재정 수입 증대 등 경제 발전에 보탬이 될 수 있다.

### (3) UNI-PASS의 전망

1) WTO **무역원활화협정**(Trade Facilitation Agreement : TFA)[24]에 따라 WTO **회원국**내 **무역절차 간소화**와 **투명성 강화**가 중요해질 것으로 보인다. 이에 따라 **전자통관시스템 시장규모**는 더욱 커질 것으로 보이므로 세계 각국은 선진 **전자통관시스템**을 선제적으로 도입하기 위해 서두르고 있는 실정이다. 무역원활화 이행과 함께 국제통상에서 우위를 선점하기 위해서 **전자통관시스템 시장**은 더욱 커질 전망이다.

2) **선진국**에는 30년 이상 **전자통관시스템**을 구축한 경험이 있는 다국적 기업들이 많다. 싱가포르의 크림슨 로직(Crimson Logic), 영국의 크라운 에이전트(Crown Agent), 일본의 낙스(NACCS), 룩셈부르크의 인트라소프트(Intrasoft) 등이 그렇다. 특히 일본의 경우 아시아 지역 국가를 대상으로 대규모 유·무상원조를 통한 물량 공세를 펼치며 전자통관시스템 NACCS의 해외수출을 확대해 나가고 있다.

3) 한편 **관세청**은 지속적인 홍보를 통해 UNI-PASS 브랜드 가치를 제고하고 개발도상국 세관공무원의 초청연수, 국제회의, 관세청장 회의 등 세관협력을 위한 활발한 관세외교를 전개해나갈 것이다. UNI-PASS 수출의 우호적인 환경을 조성하는 등 UNI-PASS 수출확대 기반의 조성을 통해 UNI-PASS 수출을 위해 총력의 노력을 기울일 것으로 보인다.

---

24) 2014년 11월 27일 WTO가 **통관절차 간소화** 등이 핵심인 TFA을 채택했다고 월스트리트저널이 보도했다. WTO는 스위스 제네바에서 열린 WTO 일반 이사회에서 **TFA 협정문**을 승인했다. WTO 역사상 처음으로 다자간 협상이 타결됐다. TFA는 2013년 12월 인도네시아 발리에서 열린 제9차 **WTO 각료회의**에서 논의된 내용 중 하나다. WTO는 이를 기반으로 국제 무역이 더 활성화될 것으로 기대하고 있다. 한편 정부가 **WTO 회원국** 중 아홉번째로 TFA를 수락했다. 산업통상자원부는 2015년 7월 30일 TFA의 WTO 협정 편입을 위한 개정의정서 수락서를 WTO에 기탁했다고 밝혔다. TFA는 통관절차 간소화와 통관정보의 투명성 강화를 주요 내용으로 하는 새로운 무역협정이다. TFA는 **WTO 회원국** 2/3에 해당하는 108개국이 수락하는 날 발효된다. 국제상업회의소(ICC)는 TFA가 발효되면 전 세계적으로 1조달러 이상의 수출이 증가하고, 2,000만개 이상의 고용창출 효과가 있을 것으로 전망하고 있다.

## 3. 위해물질의 통관에 대한 HACCP의 도입

### (1) 도입배경

1) 식품의 수출입시장의 개방과 함께 FTA **확대** 등 **식품수급 환경**이 변화에 따라 우리나라에서도 식품의 수입이 급증하고 매우 다양화되어가고 있기 때문에 식품의 **위생관리** 및 **품질관리**의 중요성이 대두되고 이러한 국제적인 환경변화에 따른 우리나라의 식품위생행정당국이나 식품산업체의 발 빠른 대응이 요구되고 있는 실정이다.

2) **통관단계**에서는 수입량이 급증한 맥아엿과 재제소금 등 품목과 김치 등 국민 다소비품목에 대해 **집중검사**를 실시하고 **부적합식품 수입이력**이 많은 수입자에 대해서는 검사명령을 실시하고 비용도 해당업자가 모두 부담하도록 하고 있다. 이와 함께 **수입식품 안전관리 특별법**을 제정하여 **수입농산품**에 대한 안전관리를 강화한다. 수출국 현지에서부터 안전관리 시스템을 적용하고 통관단계에서 **위해도**에 따른 **집중검사**를 실시하여 위해식품의 국내유입을 차단한다는 복안이다.

3) 대내적인 환경 변화로는 고소득 시대의 도래와 함께 식품 안전에 대한 소비자의 관심이 높아지고 있고 소비자의 기호도가 식품의 기능성, 편의성, 그리고 안전성에 집중되고 있다. **식생활 양식** 또한 **급격**한 **변화**가 이루어져 패스트푸드 음식점이나 외식산업의 성장이 눈에 띄게 나타나고 있다. 전반적으로 종래의 국민들의 먹거리에 대한 양적 욕구에서 이제는 맛, 영양, 건강 및 위생을 고려하는 질적 욕구를 충족시키기 위한 고급식품의 수요가 증대하고 있다.

4) **불량식품**이 발붙이지 못하도록 생산·수입·유통·소비 등 전 단계에 걸쳐 **식품안전관리**를 강화한다. 이를 위해 **식품업체 전반**에 **(식품)위해요소 중점관리기준**(Hazard Analysis Critical Control Points : HACCP)을 원칙적으로 적용하기로 했다. 음식재료 납품업소와 축산물 판매·보관·운반 업소, 고속도로 휴게소까지 HACCP **인증**을 확대하기로 했다. HACCP **의무적용**을 받지 않는 식품제조업체를 대상으로는 2017년까지 자율적으로 '**기본적인 가이드라인 수준**의 **위해예방관리계획**'을 세워 시행하게 할 방침이다.

5) 우리나라는 식품에 대한 여러 가지 법적 규정이 비교적 외국에 비해 강화되어 있는 반면에 **식품유형 분류**나 **위생관련조항**은 아직까지 불합리한 면이 있어 경우에 따라 식품제조·가공업체의 신제품을 개발에 걸림돌이 되고 있으며, 식품의 국제적인 통상에 불필요한 마찰을 유발할 우려가 많다.

6) WTO **체제**하에서 국내산 식품뿐만 아니라 수입 또는 수출식품의 경우에도 동등한 위생관리 체계로 적용받아야하기 때문에 **안전성 위주**의 관리체계로 국민에게 안전한 식품을 공급하고, 품질관련 기준규격은 과감히 완화하여 국내 식품산업체의 신제품개발 의욕을 북돋우며, 수입식품에 의한 불필요한 통상마찰 요인을 해소해 나가야 할 것이다[25].

7) 우리나라는 **수입자**가 HACCP과 **우수농산물관리제**(Good Agricultural Practice : GAP), **규격포장**, **농약사용관리**(**그린카드**)가 적용되는 식품위주로 **수입**하도록 권고하고 이를 수입하는 경우 통관시 **우대조치**를 주는 방안을 추진하고 있다. 아울러 **국내생산식품**에 대해서는 **안전기준**을 위반한 **농어민**에 정책자금지원을 대폭 줄이고 **수산물**에 대한 **이력추적제**(traceability) **도입**, 민물양식업의 신고의무제 전환 등을 추진하고 있다.

### (2) HACCP와 GAP

#### 1) HACCP

① HACCP은 식품의 원료, 제조가공 및 유통 등 전과정에서 안전 위해물질이 해당제품에 혼입되거나 오염되는 것을 사전에 예방·감시하기 위한 각 과정을 중점적으로 관리하는 기준을 말한다. HACCP는 **위해분석**(Hazard Analysis : HA)과 **중요 관리점**(Critical Control Points : CCP)으로 나누어지며, HA는 위해가능성 요소를 찾아 분석·평가하고, CCP는 해당 위해요소를 방지·제거하고 안전성을 확보하기 위해 중점적으로 다루어야 할 관리점을 말한다.

② 1962년 우주비행사에게 제공하는 **무결점 식품공급기준**으로 채택되면서 태동해 1980년대에 일반화되었다. 1993년에는 **유엔식량농업기구**(FAO)와 **세계보건기구**(WHO)가 식품위생관리지침으로 채택했다. **미국식품의약안전청**(FDA)은 1997년부터 이 제도를 미국 내에서 유통되는 모든 **수산식품**에 강제 적용하도록 결정했다.

③ 우리나라는 1992년부터 HACCP **제도**의 도입준비에 들어가 1995년 식품위생법에 규정을 신설했다. 2004년 현재 어육가공품중 어묵류, 냉동수산식품중 어류·연체류·조미가공품, 냉동식품중 피자류·만두류·면류, 빙과류, 비가열음료, 레토르트식품 등에 적용되고 있다. 또한 **축산식품**에 있어서는 1997년 12월 축산물가공처리법에 HACCP 제도의 도입을 위한 근거를 마련하였고, 1998년 8월 **축산물위해요소중점관리기준**(농림부 고시)을 제정하여 2000년 7월부터 2003년 7월까지 연차적으로 전국의 모든 도축장에 HACCP를 의무적용하도록 하였으며, 축산물 가공품의 경우 자율적으로 HACCP를 적용하도록 하고 있다.

④ HACCP는 원료생산에서부터 최종제품의 생산과 저장 및 유통의 각 단계에 최종제품의 위생안전확보에 반드시 필요한 관리점을 설정하고, 적정히 관리함으로써 식품의 위생안전성을 확보하는 예방적 차원의 **식품위생관리방식**이다. 미국, EU, 일본 등에서는 식품중에서도 위해의 발생 가능성이 높고, 사소한 관리의 일탈에 의해서도 위생안전 확

---

25) 정명섭(2014), "주요 식품수출 상대국 기준규격, 수출입 검사현황 분석 및 HACCP,GMP등 획득 지원 방안연구", 「연구보고서」, 식품의약품안전처, pp.5-6.

보에 중대한 문제가 발생할 수 있는 식품에 대하여 이러한 위생관리제도의 적용을 법에서 권고하고 있다.

⑤ 우리나라에서의 **식품위생관리**는 **식품위생법** 등에 의한 법률적인 강제적 관리와 **우량제조관행**(Good Manufacturing Practice : GMP)[26], **국가통합인증마크**(Korea Certification: KC)(AC 500 1000V의 전력을 사용하는 전기 및 전자제품과 부품이 대한민국의 제품안전 요구사항을 준수하고 있는지, 즉 전기용품 안전에 대한 인증제도), **한국산업규격**(Korean (Industrial) Standard : KS)(한국의 국가표준이며 국내 산업 전분야의 제품 및 시험, 제작방법 등에 대해 규정하고 있다), **국제표준화기구**(International Organization for Standardization : ISO) 9000, 그 밖에 **품질관리(QC)활동** 등에 의한 **비강제적 방법**에 준하여 이루어지고 있다. **식품위생법**은 일종의 강제규범으로 일반적인 최소 요구수준이며, GMP는 시설중심의 위생관리에 편중되어 있고, KS 및 ISO 9000은 품질인증제도로서 제품의 위생안전을 확보하기 위한 감시체계와는 근본적으로 목표가 다른 것이다.

2) GAP

GAP는 **농산물생산**부터 수확, 포장까지 농산물의 안전성을 관리하는 제도이다. 정부는 이를 위해 **우수농산물관리기준**을 고시하고 있으며 우수농산물 포장겉면에는 'GAP' 마크를 부착하도록 하고 있다. 또 농산물에 생산 및 유통과정의 단계별 정보를 빠짐없이 기록하는 **농산물이력추적관리제**를 지금과 같은 선택사항이 아니라 의무제도로서 시행하고 있다.

## 4. CITES 품목 통관업무 유의사항

### (1) 의의

1) 전세계적으로 도시화·산업화에 따른 환경오염·개발사업 등으로 자연생태계가 파괴되고 있으며, 또한 **야생동식물**의 **불법거래** 또는 과도한 국제거래로 종의 생존을 위협하는 일이 없도록, 거래의 규제를 도모하는 움직임이 확산되고 있다. **수출국**과 **수입국**이 협력하여 **멸종**이 의심되는 **야생동식물**의 **국제거래**를 **규제**함으로써 이러한 **동식물**의 보호를 도모한다(**국내이동**에 관한 제한은 두지 않는다)는 것이다. **멸종위기**에 처한 **동식물**의 **야생종**을 **희소성**에 따라 **3등급**으로 분류하여, 이들 동식물의 거래를 제한하고 있다.

2) **멸종위기**에 처한 **야생동식물**은 영어의 호칭으로 '**적색자료목록동물**(red data ani-

26) **식품**, **의약품** 등의 **가공**, **제조** 및 **품질관리 기준**으로 CGMP(Current Good Manufacturing Practice) 또는 **선진** GMP로 알려져 있다. **식품**, **의약품** 등의 **유효성**, **안전성**, **안정성 확보**를 위해 설비, 장비 등을 포함한 제조시설, 가공 및 생산 프로세스와 제어, 불량품 관리, 원료 수급까지 전체적인 **생산과정 기준**을 설립하고 품질관리, 보증, 포장 등의 **기본 규정**을 뜻한다.

mal)'이라고 부르고 있지만, **워싱턴협약**(Washington Convention) 부속서 목록에 등록되어 있는 생물종은 국제단체와 원산지에 따라, 이른바 '적색자료목록'에 등록되어 있는 종류와 반드시 일치하는 것은 아니다. 이것은 이 협약 자체는 적색목록을 작성·공표하고 있는 **국제자연보전연맹**(International Union for the Conservation of Nature : IUCN)과 직접적인 관계는 없으며, 어디까지나 경제활동상 국제거래에 의해 종의 생존을 위협하는 생물 종에 대한 보전을 목적으로 하는 것이기 때문이며, **경제생물**로서 **국제거래**되는 생물 중, 종의 멸종이 우려되는 생물이 선택되고 있기 때문이다.

3) 따라서 멸종이 우려되어도 **경제적 국제거래**의 대상이 될 수 없는 **생물**은 이 협약의 대상이 되지 않는다. 또한 협약에 의해 국제거래가 규제되는 것은 **동식물 종**의 생체뿐만 아니라 시체와 박제, 모피, 뼈, 송곳니, 뿔, 잎, 뿌리 등 생체의 일부 및 그 제품도 대상이 된다.

### (2) 경위

1) 1972년 **유엔인간환경회의**(UN Conference on the Human Environment : UNCHE)에서 **'특정 종의 야생동식물의 수출입 및 운송에 관한 협약안**(Draft Convention on the Export, Import and Transit of Certain Species of Wild Animals and Plants)'에 대해 정부간 회의를 조속히 갖도록 하는 권고안이 채택되었다.

2) 이에 따라 미국 정부 및 IUCN이 중심이 되어 **야생동식물**의 국제거래 규제를 위한 협약작성 작업을 진행했다.

3) **불법거래**나 과도한 **국제거래**를 규제하여 서식지로부터 **멸종위기**에 처한 야생동·식물을 보호하기 위하여 1973년 3월 3일 **멸종우려가 있는 야생동식물종의 국제거래에 관한 협약**(Convention on International Trade in Endangered Species of Wild Fauna and Flora : CITES)을 미국 워싱턴 DC에서 **채택**되어, 회원국이 10개국이 된 1975년 7월 1일에 발효되었다. 협약이 채택된 도시의 명칭을 따, **워싱턴협약** 또는 영문표기의 머리글자를 따 "CITES"라고도 불린다. 우리나라는 1993년 7월 9일에 협약에 가입하여 1993년 10월 7일에 협약이 발효되었다.

### (3) 국내 관련법령

**국제적 멸종위기종**과 관련하여 **국제거래규제**와 관련된 관련법령은 **생물보호 및 관리에 관한 법률(야생생물법)** 제14조(멸종위기 야생생물의 채취·포획 등의 금지), 제16조(국제적멸종위기종의 국제거래 등의 규제), 제21조(야생동물의 수출 ·수입 등) 등이 있다.

1) 용어의 정의

① **멸종위기 야생생물**이란 다음에 해당하는 생물의 종으로서 관계 중앙행정기관의 장과 협의하여 환경부령으로 정하는 종을 말한다(야생생물법 제2조(정의)).

> ㉮ **멸종위기 야생생물 Ⅰ급**: 자연적·인위적 위협요인으로 개체수가 크게 줄어들어 **멸종위기**에 처한 **야생생물**로서 대통령령으로 정하는 기준에 해당하는 종
> ㉯ **멸종위기 야생생물 Ⅱ급**: 자연적·인위적 위협요인으로 개체수가 크게 줄어들고 있어 현재의 **위협요인**이 제거되거나 완화되지 아니할 경우 가까운 장래에 **멸종위기**에 처할 우려가 있는 **야생생물**로서 대통령령으로 정하는 기준에 해당하는 종

② **국제적 멸종위기종**이란 CITES(**멸종위기종 국제거래협약**)에 따라 국제거래가 규제되는 다음에 해당하는 생물로서 환경부장관이 고시하는 종을 말한다(야생생물법 제2조(정의)).

> ㉮ **멸종위기**에 처한 **종** 중 **국제거래**로 영향을 받거나 받을 수 있는 종으로서 **멸종위기종** CITES의 **부속서** Ⅰ에서 정한 것
> ㉯ 현재 **멸종위기**에 처하여 있지는 아니하나 **국제거래**를 엄격하게 규제하지 아니할 경우 **멸종위기**에 처할 수 있는 종과 **멸종위기**에 처한 종의 거래를 효과적으로 통제하기 위하여 규제를 하여야 하는 그 밖의 종으로서 **멸종위기종** CITES의 **부속서** Ⅱ에서 정한 것
> ㉰ **멸종위기종 국제거래협약**의 당사국이 이용을 제한할 목적으로 자기 나라의 관할권에서 규제를 받아야 하는 것으로 확인하고 국제거래 규제를 위하여 다른 당사국의 협력이 필요하다고 판단한 종으로서 **멸종위기종** CITES의 **부속서** Ⅲ에서 정한 것

③ CITES **부속서** Ⅰ, Ⅱ, Ⅲ의 주요 **내용**은 다음과 같다.

㉮ **부속서** I은 멸종의 우려가 있는 종의 거래에 의해 영향을 받는 종을 열거하고 있다. 따라서 **부속서** I에 열거된 종류에 대하여 **상업목적**의 **국제거래**가 전면 **금지**된다. 그러나 **학술연구 목적**(주로 동물원과 대학 등에서 전시, 연구, 번식)을 위한 거래는 가능하다(**수출허가서**, **수입허가서**가 필요).

㉯ **부속서** II에는 반드시 멸종의 우려가 있는 종은 아니지만, 그 종의 생존을 위협하는 이용을 제한하는 것을 열거하고 있다. 따라서 **부속서** II에 열거된 종류의 상거래 시에는 수출국의 **수출허가서**(그 거래가 종의 생존을 위협하는 것은 아니며, 그 개체가 적법하게 포획되었다는 것을 인정)가 필요하다.

㉰ **부속서** III은 각 협약 회원국이 세계적으로 멸종의 우려가 작지만, 그 국내에서는 보호를 필요로 하는 경우, 다른 가입국 상업 목적의 국제거래 금지에 대한 협력을

요구하는 것이다. **부속서** III에 열거된 경우 수출국의 **수출허가서·원산지증명서**(부속서 III의 협력을 요구한 나라 이외의 증명) 등이 필요하다.

다음의 **동물**에 관하여 특히 **부속서** I에 속하고 번식과 연구목적으로 **수출입 허가**를 얻은 고릴라와 침팬지 등 유인원의 TV 프로그램(대부분은 동물 버라이어티프로그램)으로의 출연에 대해 사육자인 동물원이 상업목적의 의심을 야기해 문제가 되는 경우가 많다.

〈표-16〉 부속서의 내용

| 부속서 I | 부속서 II | 부속서 III |
|---|---|---|
| 멸종위기에 처한 종 중에서 국제거래로 인해 영향을 받거나 받을 수 있는 종 | 현재 멸종위기에 처해 있지는 아니하나 국제거래를 엄격하게 규제하지 아니하면 멸종위기에 처할 수 있는 종 | 협약당사국이 자국 관할권 안에서의 과도한 이용방지를 목적으로 국제거래를 규제하기 위하여, 다른 협약 당사국의 협력이 필요하다고 판단하여 지정한 종 |
| 전시・관람, 학술연구 목적 등의 국제거래 가능(상업적 목적으로는 거래금지)<br>※ 다만, 허가받은 농장에서 상업적 목적으로 인공번식된 표본은 상업용으로 거래 가능 | 상업, 전시・관람, 학술연구 목적 등의 국제거래 가능 | 상업, 전시・관람, 학술연구 목적 등의 국제거래 가능 |

〈그림-24〉 부속서 I의 처리절차 및 구비서류

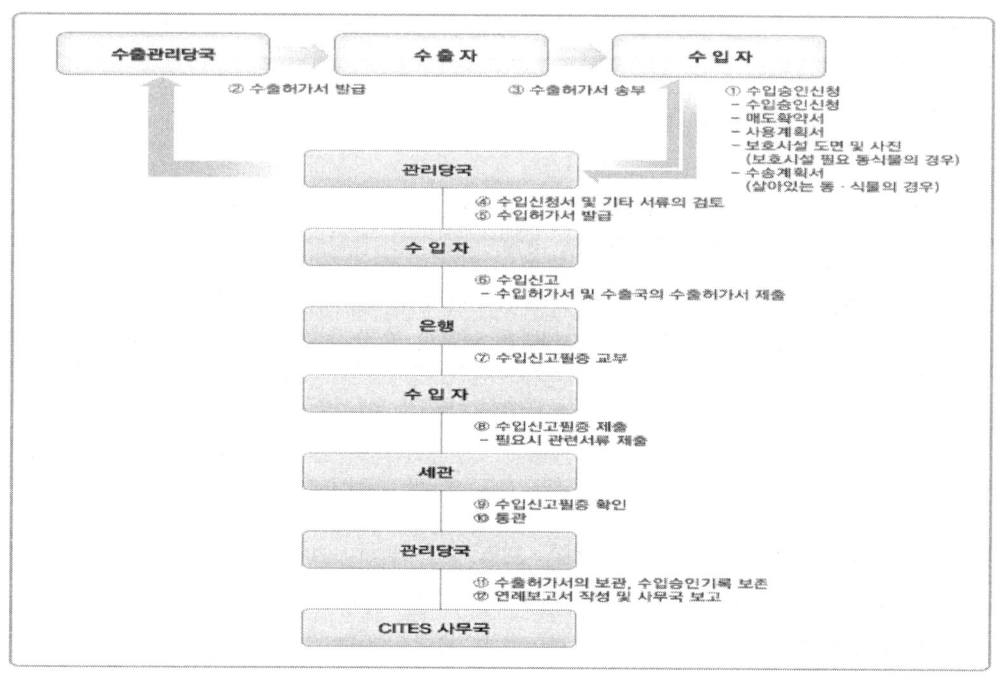

〈그림-25〉 부속서 II·III의 처리절차 및 구비서류

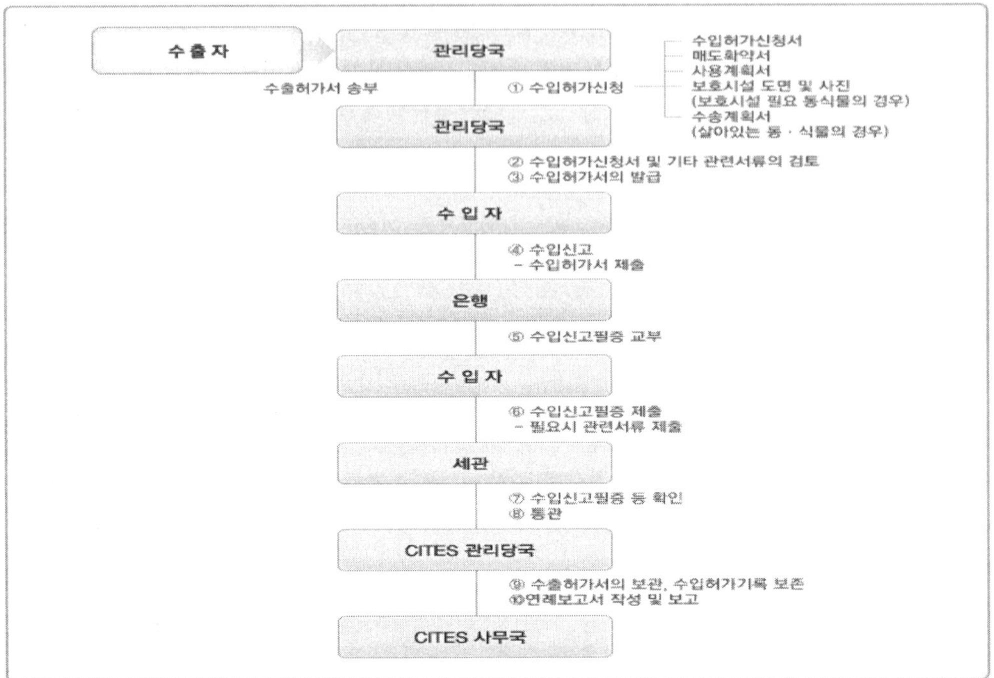


### 2) 멸종위기 야생생물의 포획·채취 등의 금지

① 누구든지 **멸종위기 야생생물**을 **채취·포획·방사·이식·가공·유통·보관·수출입·반출입**(가공·유통·보관·수출입·반출입하는 경우에는 죽은 것을 포함한다)·훼손하거나 고사(**채취·포획** 등)시켜서는 아니 된다. 다만, 다음에 해당하는 경우로서 **환경부장관 허가**를 받은 경우에는 그러하지 아니하다.

> ㉮ **학술연구** 또는 **멸종위기 야생생물**의 보호·증식 및 복원의 목적으로 사용하려는 경우, ㉯ 등록된 **생물자원 보전시설**이나 **생물자원관**에서 **관람용·전시용**으로 사용하려는 경우, ㉰ **공익사업**의 시행 또는 다른 법령에 따른 인가·허가 등을 받은 사업의 시행을 위하여 **멸종위기 야생생물**을 이동시키거나 이식하여 보호하는 것이 불가피한 경우, ㉱ 사람이나 동물의 **질병 진단·치료** 또는 **예방**을 위하여 관계 중앙행정기관의 장이 환경부장관에게 요청하는 경우, ㉲ 대통령령으로 정하는 바에 따라 **인공증식**한 것을 **수출입·반출입**하는 경우, ㉳ 그 밖에 멸종위기 야생생물의 보호에 지장을 주지 아니하는 범위에서 환경부령으로 정하는 경우

② 누구든지 **멸종위기 야생생물**의 **채취·포획** 등을 위하여 다음에 해당하는 행위를 하여서는 아니 된다. 다만, 위의 ①에 해당하는 경우로서 **채취·포획** 등의 방법을 정하여 **환경부장관 허가**를 받은 경우 등 환경부령으로 정하는 경우에는 그러하지 아니하다.

㉮ **폭발물**, **덫**, **창애**, **올무**, **함정**, **전류** 및 그물의 **설치·사용**, ㉯ **유독물**, **농약** 및 이와 유사한 물질의 **살포·주입**

③ 다음에 해당하는 경우에는 위의 ①를 적용하지 아니한다.

㉮ **인체**에 급박한 위해를 끼칠 우려가 있어 **포획**하는 경우, ㉯ **질병**에 감염된 것으로 예상되거나 조난 또는 부상당한 **야생동물**의 구조·치료 등이 시급하여 **포획**하는 경우, ㉰ 문화재보호법 제25조(사적, 명승, 천연기념물의 지정)에 따른 **천연기념물**에 대하여 같은 문화재보호법 제35조(허가사항)에 따라 허가를 받은 경우, ㉱ **서식지외보전기관**이 관계 법령에 따라 포획(채취) 등의 인가·허가 등을 받은 경우, ㉲ **보관 신고**를 하고 보관하는 경우, ㉳ 대통령령으로 정하는 바에 따라 **인공증식**한 것을 가공·유통 또는 보관하는 경우

④ **허가**를 받고 **멸종위기 야생생물**의 **채취·포획** 등을 하려는 자는 **허가증**을 지녀야 하고, 포획(채취) 등을 하였을 때에는 그 결과를 **환경부장관**에게 **신고**하여야 한다.

⑤ **야생생물**이 멸종위기 **야생생물**로 정하여질 당시에 그 **야생생물·박제품**을 보관하고 있는 자는 그 정하여진 날부터 **1년 이내**에 **환경부장관**에게 그 사실을 **신고**하여야 한다. 다만, 문화재보호법 제40조(신고 사항)에 따라 신고한 경우에는 그러하지 아니하다.

⑥ **국제적 멸종위기종** 및 그 가공품에 대한 수출입·반출입 허가를 받은 것과 수출입·반출입 허가를 **면제**받은 것에 대하여는 위의 내용(수출입·반출입의 허가만 해당한다)을 적용하지 아니한다.

⑦ **허가**의 기준·절차 및 허가증의 발급 등에 필요한 사항은 환경부령으로 정한다.

### 3) 국제적 멸종위기종의 국제거래 등의 규제

① **국제적 멸종위기종** 및 그 **가공품**을 **수출입·반출입**하려는 자는 다음 **허가기준**에 따라 **환경부장관 허가**를 받아야 한다. 다만, **국제적 멸종위기종**을 이용한 **가공품**으로서 약사법에 따른 **수출입·반입허가**를 받은 의약품과 대통령령으로 정하는 **국제적 멸종위기종** 및 그 **가공품**의 경우에는 그러하지 아니하다.

㉮ **멸종위기종국제거래협약**의 **부속서**(Ⅰ·Ⅱ·Ⅲ)에 포함되어 있는 종에 따른 거래의 규제에 적합할 것, ㉯ 생물의 **수출입·반출입**이 그 종의 생존에 위협을 주지 아니할 것, ㉰ 그 밖에 대통령령으로 정하는 **멸종위기종국제거래협약 부속서별** 세부 허가조건을 충족할 것

② **허가**를 받아 수입되거나 반입된 **국제적 멸종위기종** 및 그 **가공품**은 그 수입 또는 반입 목적 외의 용도로 사용할 수 없다. 다만, **용도변경**이 불가피한 경우로서 환경부령으로 정하는 바에 따라 **환경부장관**의 승인을 받은 경우에는 그러하지 아니하다.

③ 누구든지 **허가**를 받지 아니한 **국제적 멸종위기종** 및 그 **가공품**을 **포획·채취·구입**하거나 **양도·양수**, **양도·양수**의 **알선·중개**, 소유, 점유·진열하여서는 아니 된다.

④ **허가**를 받아 수입되거나 반입된 **국제적 멸종위기종**으로부터 증식된 종은 **수입허가·반입허가**를 받은 것으로 보며, 처음에 수입되거나 반입된 **국제적 멸종위기종**의 용도와 같은 것으로 본다. 이 경우 **용도**가 변경된 국제적 멸종위기종으로부터 증식된 종의 용도는 변경된 용도와 같은 것으로 본다.

⑤ **허가**를 받고 수입하거나 반입한 **국제적 멸종위기종**을 **양도·양수**(사육·재배 장소의 이동을 포함한다)하려는 때에는 **최소 1개월 전**까지, 해당 종이 죽거나 질병에 걸려 사육할 수 없게 되었을 때에는 지체 없이 **환경부장관**에게 **신고**하여야 한다.

⑥ 허가를 받아 수입되거나 반입된 **국제적 멸종위기종**을 증식한 때에는 환경부령으로 정하는 바에 따라 **국제적 멸종위기종 인공증식증명서**를 발급받아야 한다. 다만, 국제적 멸종위기종을 증식하려는 때에는 미리 **인공증식 허가**를 받아야 한다.

⑦ **국제적 멸종위기종** 및 그 **가공품**을 포획·채취·구입하거나 양도·양수, 양도·양수의 알선·중개, 소유, 점유 또는 진열하려는 자는 적법한 **입수경위** 등을 증명하는 서류를 보관하여야 한다.

#### 4) 야생생물의 수출입의 허가 및 허가 취소

##### ① 야생생물의 수출·수입의 허가

㉮ **멸종위기 야생생물**에 해당하지 아니하는 야생생물 중 환경부령으로 정하는 종(가공품을 포함한다)을 **수출입·반출** 또는 **반입**하려는 자는 다음 구분에 따른 **허가기준**에 따라 시장·군수·구청장의 **허가**를 받아야 한다.

㉠ 수출이나 반출의 경우

> ⓐ **야생생물**의 수출이나 반출이 그 종의 생존을 어렵게 하지 아니할 것, ⓑ 수출되거나 반출되는 **야생생물**이 야생생물 보호와 관련된 법령에 따라 적법하게 획득되었을 것, ⓒ 살아 있는 **야생생물**을 이동시킬 때에는 **상해**를 입히거나 건강을 해칠 가능성 또는 학대받거나 훼손될 위험을 최소화할 것

〈그림-26〉 수출허가 절차도 및 구비서류

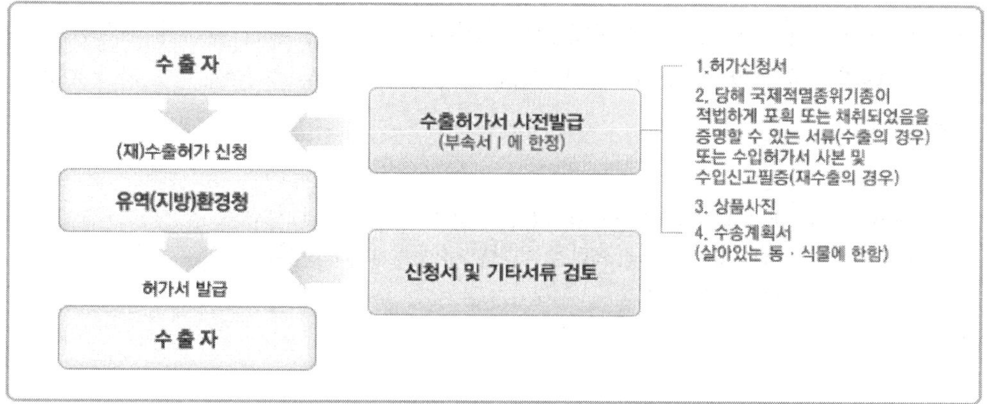


㉡ 수입이나 반입의 경우

ⓐ **야생생물**의 수입이나 반입이 그 종의 생존을 어렵게 하지 아니할 것, ⓑ 살아 있는 야생생물을 수령하기로 예정된 자가 그 **야생생물**을 수용하고 보호할 적절한 시설을 갖추고 있을 것, ⓒ 그 밖에 대통령령으로 정하는 **용도별 수입** 또는 **반입 허용 세부기준**을 충족할 것

〈그림-27〉 수입허가 절차도 및 구비서류

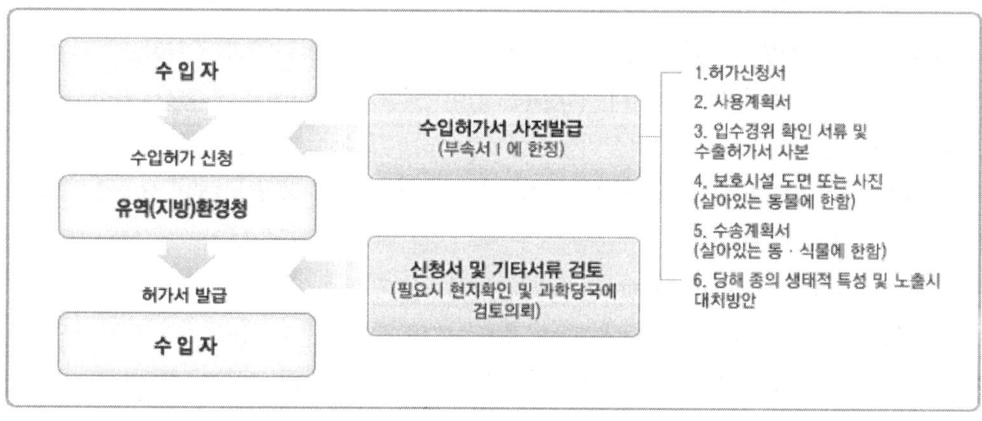


㉯ 다음에 해당하는 경우에는 위의 ㉮의 내용을 적용하지 아니한다.

㉠ 문화재보호법 제25조(사적, 명승, 천연기념물의 지정)에 따른 **천연기념물**에 대하여 문화재보호법 제39조(수출 등의 금지)에 따라 **허가**를 받은 경우, ㉡ **야생생물**을 이용한 **가공품**으로서 약사법 제42조(의약품등의 수입허가 등)에 따른 수입허가를 받은 **의약품**, ㉢ 생물다양성 보전 및 이용에 관한 법률(생물다양성법) 제11조(생물자원의 국외반출)에 따라 환경부장관이 지정·고시하는 **생물자원**을 **수출**하거나 **반출**하려는 경우

② **야생생물의 수출·수입 등 허가의 취소**

**시장·군수·구청장**은 **야생생물**의 **수출입·반출입 허가**를 받은 자가 다음에 해당하는 경우에는 그 **허가**를 **취소**할 수 있다. 다만, 아래의 ㉮에 해당하는 경우에는 그 허가를 **취소**하여야 한다.

> ㉮ **거짓**이나 그 밖의 **부정**한 방법으로 허가를 받은 경우, ㉯ **야생생물** 및 그 가공품을 수출입·반출 또는 반입할 때 **허가조건**을 위반한 경우, ㉰ **야생생물**과 그 가공품을 수입 또는 반입 목적 외의 용도로 사용한 경우

## 5. ICD 통관제도

### (1) 의의

1) ICD는 '**내륙컨테이너기지**(Inland Container(Clearance) Depot, Inland Dry Port)'의 약자로서 **항만(공항)**이 아닌 **내륙시설**로 고정설비를 갖추고, 이송된 여러 종류의 화물(컨테이너 포함)의 **일시적 저장**과 **취급**에 대한 서비스를 제공하며, 세관의 통제하에서 **수출입** 내지 **연계운송**을 위한 일시적 장치·보관·운송 등을 담당하는 제반기업이 상주하는 지역을 말한다.

2) ICD는 주로 **항만**과 **내륙운송수단**과의 연계가 편리한 산업지역에 위치한 컨테이너의 집화 혼재를 위한 하치장을 말한다. **항만(공항)**이 아닌 내륙시설로서 **공적 권한**(public authority)을 지니고 있으며, **고정설비**를 갖추고 여러 내륙운송수단에 의해 미통관된 상태에서 이송된 여러 종류의 화물(컨테이너 포함)의 일시적 저장과 취급에 대한 서비스를 제공하고, 세관의 통제와 수출 및 연계운송을 위하여 **일시적 장치 창고보관**, **재수출**(re-export), **일시상륙**(temporary admission)등을 담당하는 단체들이 있는 장소를 말한다.

3) ICD는 본래 **내륙통관기지**를 뜻하는 것이었으나 **화물유통**에 있어 컨테이너화의 급속한 확산과 **복합운송**의 발달과 더불어 **내륙컨테이너터미널·내륙컨테이너기지**로서 성장 발전하였으며, 통관기능을 그 주요기능의 하나로 하고 있다. **컨테이너내륙기지**는 두 가지 의미로 사용되고 있다. 하나는 주로 항만 터미널과 내륙운송 수단과 연계가 편리한 산업지역에 위치한 **컨테이너장치장**을 말하며, 다른 하나는 이들 **컨테이너화물**에 통관기능까지 부여된 **컨테이너통관기지**를 말한다.

4) 우리나라에는 **양산** ICD를 비롯해 **의왕** ICD, **경인** ICD 등 전국 각지에 ICD가 운영되고 있다. ICD에서 제공하는 다양한 **물류서비스**를 위해 우리나라의 ICD 내에도 **물류대리점**과 **국제물류주선업자(포워더)**, **관세사**, **화물운송회사**, **포장회사** 등 수많은 다양한

업체들이 입주하여 **물류기능**을 수행하고 있다.

### (2) 하선요청

#### 1) 보세운송요청

**수입컨테이너화물**을 컨테이너에 적입한 상태로 철도에 의하여 보세운송한 후 ICD내에서 통관하거나 **보세운송**하고자 하는 자는 해당 화물을 적재한 선박이 **입항**하기 **전**에 선사(선사대리점을 포함한다)에 해당 화물이 하선된 후 ICD로 **보세운송**되도록 요청하여야 한다. 보세운송요청을 받은 **선박회사**는 해당 화물이 하선 전에 하선장소를 부두내로 지정하고 해당 화물을 ICD로 운송할 준비를 하여야 한다.

#### 2) 하선신고 및 통보

ICD에 **보세운송요청**을 받은 **선사**는 **하선신고서**의 **하선장소 기재란**에 **하선계획코드**와 ICD명을 기재한 후 **하선신고**를 하여야 하며, ICD에 **보세운송요청**을 받은 선사는 하선 전에 해당 화물의 **하선작업**을 하는 하역회사에 **보세운송요청 사항**을 통보하여 ICD에서 **통관** 또는 **보세운송**될 화물이 선박에서 하선된 후 신속히 ICD로 **보세운송**되도록 조치하여야 한다.

#### 3) ICD 운송 컨테이너화물 처리

ICD에 **보세운송요청**된 컨테이너화물이 부두에 하선된 경우 **부두운영공사** 등은 해당 컨테이너화물의 부두에서 하선 즉시 분류하여 별도의 **장치장소**에 장치한 후 부두에서 ICD로 직송되도록 하여야 하고, ICD에 **보세운송요청 컨테이너화물**이 일반부두에 하선된 경우 하역회사는 해당 컨테이너화물을 하선 즉시 **철도보세운송**이 가능한 장소로 운송하여 ICD로 직송되도록 하여야 한다.

### (3) 입항지내의 보세운송

#### 1) 보세운송신고

외국에서 도착된 **수입컨테이너화물**을 컨테이너에 적입된 상태로 철도에 의하여 ICD로 보세운송을 하고자 하는 자는 전자문서로 세관장에게 신고하여야 한다.

**보세운송신고**는 동일 **보세운송업자**가 보세운송하는 경우에는 입항선박별로 1건으로 일괄하여 신고할 수 있으며, **보세운송물품**의 **검사** 및 **담보제공**을 **생략**할 수 있다. 보세

운송신고는 **간이보세운송업자**가 하여야 한다.

〈그림-28〉 ICD 보세운송 절차

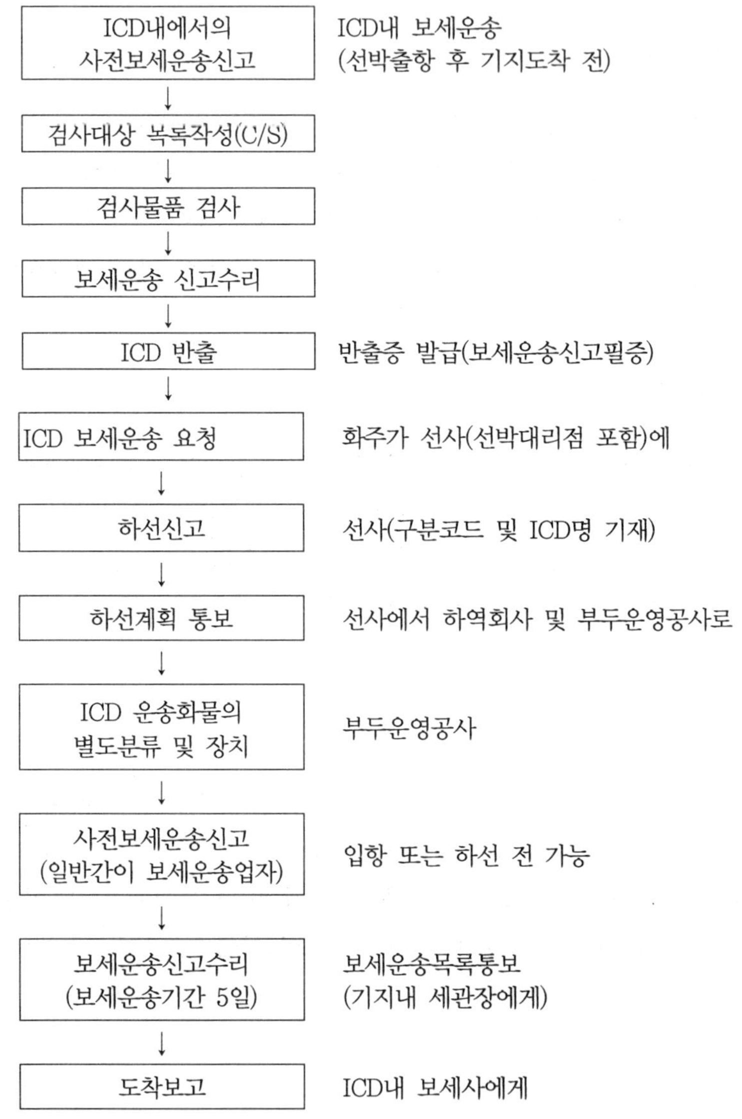


## 2) 보세운송시기

**보세운송신고**는 해당 화물을 적재한 선박이 **입항** 또는 **하선·하기 전**이라도 할 수 있다.

### 3) 보세운송신고수리

**보세운송신고**를 받은 **세관장**은 보세운송신고사항과 적하목록을 대조확인하고, 보세운송신고사항을 심사하여 이상이 없는 경우 **보세운송신고**를 수리한다. **세관장**은 보세운송신고를 수리한 물품이 운송중 부정유출될 우려가 있거나 적입컨테이너의 선사 봉인이 파손된 경우 세관봉인이 시봉되도록 하여야 한다. **보세운송신고**를 수리한 세관장은 매일 보세운송목록을 작성하여 **보세운송신고수리 다음 날**에 기지내 세관장에게 통보하여야 한다.

### 4) 보세운송기간

**보세운송신고**가 수리된 수입컨테이너화물의 **보세운송기간**은 **5일**로 한다. 다만, 재해·차량사고 기타 부득이한 사유로 인하여 **보세운송기간**을 연장할 필요가 있을 때에는 보세운송신고인은 보세운송신고를 한 **세관장**에게 보세운송기간 연장승인신청서를 제출하여 연장승인을 받아야 한다.

### 5) 도착보고

① **보세운송신고**를 필한 자는 **컨테이너화물**을 보세운송기간내에 ICD에 도착시켜야 하며, 도착 즉시 **보세운송신고필증**(신청인용·반입신고용)과 **적하목록** 사본을 제출하여 ICD 운영회사의 **보세사**에게 도착보고를 하고 확인을 받아야 한다.

② **도착보고**를 받은 **보세사**는 보세운송된 컨테이너의 정확한 도착여부와 세관 봉인 등의 파손여부를 확인하고 **보세운송신고서 사본**에 도착일시 등을 기재하고, 적하목록 사본을 첨부하여 ICD내 **세관장**에게 제출하여야 하며, 이상이 있는 경우에는 즉시 **세관공무원**에게 보고하여야 한다.

③ **컨테이너화물**이 보세운송기간내에 도착되지 않거나, **도착물품**에 이상이 있는 경우 기지내 세관장은 그 내용을 보세운송신고수리지 세관장에게 통보하여야 한다. 운영회사는 ICD를 경유지로 하는 **보세운송물품**이 반입된 경우에는 이를 **컨테이너 수출입물품**과는 별도로 구분·장치하여야 한다.

### 6) 그 밖의 보세운송

외국에서 도착된 수입컨테이너화물을 **보세운송** 이외의 운송방법으로 ICD로 보세운송을 하는 경우의 보세운송절차는 보세운송에 관한 고시를 적용한다.

## (4) ICD내의 보세운송

### 1) 보세운송신고

FCL(Full Container Load) **수입컨테이너화물**을 컨테이너에 적입한 상태로 ICD에서 다른 **보세구역** 등으로 보세운송을 하고자 하는 자는 **보세운송신고서**에 전자문서로 **기지내 세관장**에게 보세운송신고를 하여야 한다. 보세운송신고는 당해 컨테이너화물을 적재한 선박이 출항한 후에는 해당 컨테이너화물이 ICD에 도착되기 전에도 할 수 있다. **보세운송신고**를 받은 기지내 세관장은 보세운송신고의 기재내용, 첨부서류와 구비여부 및 담보제공 여부를 확인 후 **보세운송신고번호**를 부여하고 **보세운송신고대장**에 이를 기재한다.

### 2) 검사대상물품의 선별

**보세운송신고**를 받은 기지내 세관장은 **관리대상화물**을 검사대상으로 선별한다. 검사대상을 선별된 화물의 컨테이너수가 **2개 이상**인 경우에는 **기지내 세관장**은 해해 화물이 적입된 컨테이너 중 일부 컨테이너를 **검사대상**으로 **지정**할 수 있다. **기지내 세관장**은 검사대상을 선별한 경우 보세운송신고대장에 검사여부와 검사대상 컨테이너번호를 기재하고, **보세운송신고서**의 세관기재란에 **검사대상 컨테이너번호**를 기재하여야 한다.

### 3) 검사대상 목록

**검사대상화물**을 선별한 기지내 세관장은 검사대상화물, 검사대상 컨테이너번호 등을 기재한 검사대상목록을 작성하여야 하며, 운영회사는 **기지내 세관장**으로부터 검사대상목록을 인수하여 검사대상 컨테이너를 신속히 **세관검사장** 또는 **검사대기장소**로 운송하여야 한다.

### 4) 물품검사

① **세관검사공무원**은 **세관검사장**에 상주하여 검사대상컨테이너가 세관검사장에 도착한 경우 즉시 검사를 실시하여야 하며, 검사를 완료한 때에는 보세운송신고서의 세관기재란에 검사결과를 기재하여야 한다.

② **운영회사**는 **세관검사장**에 물품검사에 필요한 작업자와 지게차 등의 장비를 상시 대기시켜 세관검사공무원의 지시에 따라 신속히 컨테이너를 개장하고, 검사대상화물이 컨테이너에서 적출될 수 있도록 하여야 한다.

③ **운영회사**는 세관검사공무원의 물품검사가 완료된 경우 **세관검사공무원**의 지시에 따라 화물을 컨테이너에 신속히 재적입후 세관봉인을 시봉하고, ICD에서 반출 또는 ICD내 보관장소로 이송되도록 하여야 한다.

#### 5) 보세운송신고수리

**보세운송신고**된 화물은 **보세운송**에 관한 고시에 따라 심사하고 검사대상인 경우 검사결과를 확인한 후 이상이 없는 경우 **보세운송신고**를 수리(승인)하여야 하고, **보세운송신고**는 **검사대상화물**인 경우에는 검사 후에 수리(승인)하고 **검사생략대상화물**인 경우에는 ICD내 도착여부를 불구하고 수리(승인)한다.

#### 6) 보세운송기간

**보세운송신고**를 수리(승인)하는 경우 **보세운송**을 하는 화물의 **보세운송기간**은 보세운송에 관한 고시에서 정한 보세운송기간 일수를 기준으로 하되, 해당 화물의 ICD **도착예정일**을 감안하여 기지내 **세관장**이 적정하게 할 수 있다.

## 6. 부두직통관제

### (1) 의의

1) **화물**이 하역된 후 **부두밖 장치장**(off-dock container yard : ODCY) 등으로 재운송하지 않고 부두에서 직접 통관되거나 화주가 희망하는 목적지로 직접 **보세운송**함으로써 화물을 신속하게 유통하는 제도이다. 즉, **부두직통관제**는 **수출입화물**의 유통체계 합리화 방안의 일환으로 부두내에서 컨테이너 **수출입화물**을 직접 통관반출하거나 화주가 희망하는 목적지로 운송할 수 있는 제도이다. 우리나라에서는 1992년부터 시행되고 있다.

2) **수출입화물**은 항만(공항)에서 하역과 동시에 생산공장까지 **부두직반출**방식으로 **적기수송**(Just- in-time : JIT)하는 것이 가장 효율적이다. 이는 수출입화물의 이동경로가 복잡하고 하역후 여러 곳을 이동하게 되면 **운송료**, **하역료** 등 기업들의 직접경비 부담이 늘어날 뿐만 아니라 도로파손, 소음공해 등으로 사회적 비용이 증가되기 때문이다.

3) 미국, 유럽, 일본, 싱가포르 등 대부분의 국가들은 이러한 측면에서 입항된 화물이 하역과 동시에 부두내에서 **직통관처리**되도록 물류시스템을 선진화하여 운영하고 있다.

4) 우리나라는 부산항 등 주요항만이 **하역기능 위주**로 운영되고 통관을 부두밖에서 처리하는 관행이 유지되고 있어 현재 대부분의 화물이 ODCY로 이송되고, 일부는 다시 **일반보세창고**로 옮겨져서 통관됨에 따라 시간과 비용이 낭비될 뿐만 아니라, 이는 전반적 통관지체 및 물류비용 증가의 한 원인이 되기도 하였다.

5) 이에 따라 관세청에서는 이러한 문제점을 해결하고 수출입 물류체계를 근원적으로 혁신하기 위하여 부산항 등 우리나라의 주요항만에서 화주가 **부두직반출**(**직통관** 및 **보세운송**)을 희망하는 물품의 **하선장소**를 부두내로 제한하여 즉시 처리하는 **부두직통관제**를

도입 · 시행하고 있다.

6) 이를 위해 **부두직통관제** 시행을 위한 검사시설을 마련하여 세관직원을 배치하고, 하역, 운송 등 **조업절차**와 **통관절차**를 제도화하는 등 **항만운영체제**를 정비하였으며 현재 부산항, 인천항, 광양항, 평택항으로 반입되는 컨테이너화물에 대하여 이 제도를 시행하고 있으며, 기타 항만에 대하여는 항만별 여건에 따라 점차 확대 · 시행할 계획이다. **부두직통관제**를 시행하기 위해서는 수출입통관 · 동식물 검역 · 세금납부 등을 위하여 부두내에 세관 · 검역소 · 은행 등의 입주가 선행되어야 하는 것이 특징이다.

### (2) 부두직통관의 대상화물과 대상제외화물

#### 1) 대상화물

**부두직통관제**는 선박에 적재되어 부산항 및 인천항의 부두에 반입되는 **컨테이너화물** 중 FCL 수입화물과 인천항 및 부산항의 컨테이너 전용부두에서 선박에 적재되어 반출되는 **컨테이너 수출화물**의 통관에 이용된다.

#### 2) 제외화물

그러나 다음의 물품은 **부두직통관절차**의 대상화물에서 제외한다.

① **수입예정신고** 가능물품이 아닌 **물품**, ② **컨테이너**에 적립된 상태로 부두에서 검사가 불가능하다고 **세관장**이 판단한 **물품**, ③ **소방법** 등 관련법규에 의해 **컨테이너**에 적입된 상태로 검사가 불가능하다고 인정되는 **물품**, ④ **입항단계**에서 보세화물관리세칙에 의하여 **우범성화물**로 선별된 **특별감시 대상물품**

### (3) 부두배정

**화주**가 선박입항 전에 **선박회사**에 부두배정을 요청하면 **선박회사**는 화주가 배정요청한 화물을 부두에 배정한다. **화주**는 부두를 배정받은 후 하역 전에 세관에 **배정보고**를 하고, 하역회사 및 부두공사에 **배정사실**을 통보하고, **부두통관 · 부두보세운송** 배정된 화물의 **적하목록 사본**을 세관에 제출한다.

### (4) 수입예정신고 또는 보세운송신고

**화주**는 해당 화물을 적재한 선박의 출항 후 하역 전까지 **부두내 세관**에 **수입예정신고 · 보세운송신고**를 해야 하며, 세관에서는 하역 전에 미리 검사여부를 결정하고 **검사대**

상 컨테이너를 선별하게 된다.

### (5) 수입물품 하역

**하역회사**, **부두공사**에서 하역개시 전에 **부두내 세관**으로부터 **부두통관** 및 **부두보세운송목록**을 인수받는다. 목록 상에 게재된 화물은 하역과 동시에 지정된 장소로 운송할 수 있는데, **검사대상 컨테이너**는 **세관검사장**으로 운송하며, **검사생략 컨테이너**는 해당 부두내 **통관장**으로 운송하여 화주가 원하는 경우 하역 즉시 부두에서 반출이 가능하다.

### (6) 세관직원 상주검사

**부두공사**는 **세관검사**에 필요한 노무자, 지게차 등을 상시대기시켜 **세관검사직원**의 지시에 따라 컨테이너 **적출입작업** 등을 실시하며, **세관검사**가 완료된 화물은 컨테이너에 재적입후 **부두내 통관장**으로 이송한다. 면허전 반출승인된 화물은 검사완료후 이상이 없으면 즉시 부두에서 반출이 가능하다.

### (7) 수입신고 및 납부서 교부

**사전수입신고**된 화물은 해당 화물이 부두에 반입된 후 **5일 이내**에 수입신고를 해야만 한다. 이때 세액을 기재한 수입신고서를 제출해야 하며, **신고수리전 반출승인물품**은 납부서 교부 후 **15일 이내**에 세금을 납부해야 한다. **세금납부**는 납부서 교부 당일에 납부해야 하며, 미납한 화주에 대하여는 향후 **부두통관** 및 **부두보세운송 제한**이 따르게 된다.

### (8) 수입신고 수리 및 수입신고필증 교부

**수입신고 수리** 또는 **수입신고 수리전 반출승인화물**, **보세운송** 신고수리된 화물은 부두에서 반출하기 전에 화주가 **부두공사**에 **수입신고필증**, **면허전 반출승인서** 또는 **보세운송 신고필증**을 제시해야 한다. **화주**는 **부두공사**에서 **수입신고필증** 등을 확인하고 관련요금 등을 징수한 후 반출증을 발급받아 부두출입구 근무 부두공사 직원에게 제시후 화물을 **반출**할 수 있다.

〈표-17〉 기존 통관절차와 부두직통관절차의 차이점

| 구분 | 기존 통관절차 | 부두직통관 |
|---|---|---|
| 신고시기 | · **수입컨테이너화물**이 하역후 시내 CY·**보세장치장**으로 운송되어 장치된 후 수입신고<br>· **통관절차**가 화물유통과정내에 위치함으로써 **통관절차**로 인해 화물의 흐름이 정지됨<br>· **긴급물품, 지정세관 등록업체**의 수입물품 등에 대하여서만 제한적으로 사전신고 허용 | · **수입컨테이너화물**이 하역되기 전에 수입신고<br>· **하역 전**에 이행이 가능한 **통관절차**는 사전에 이행하게 함으로써, **통관절차**로 인한 화물의 흐름을 정지시키지 않음<br>· **부두통관** 및 **부두보세운송**을 하고자 하는 물품에 대하여는 사전신고 전면허용 |
| 세관검사 | · **검사여부**는 화물이 장치된 후에 결정<br>· 시내 CY·**보세장치장**에 세관직원이 **출장검사**<br>· 시내 CY·**보세장치장**에 세관직원이 **출장검사**<br>· **파출검사수수료** 납부 | · **검사여부**는 화물이 하역되기 전에 미리 결정하여 하역후 **검사대상화물**은 구분 관리<br>· **부두내 세관검사장**에 세관직원이 상주하여 도착 즉시 검사실시<br>· **파출검사수수료** 면제 |
| 첨부서류 | · **보세포장명세서 운송신고**시 **선하증권**(B/L) 사본, **송품장, 포장명세서** 등 첨부서류 제출 | · **보세운송신고**시 **선하증권**(B/L) 사본만을 제출, **세관검사**를 위해 필요한 경우 **추가제출** 요구 |
| 장치확인 | · 시내 CY·**보세장치장**으로부터 **반출입신고서**를 수령하여 세관에 제출 | · **세관**에서 **부두공사**와 연결된 컴퓨터로 직접 **장치사실**을 확인 |

자료 : 부산광역시 베트남대표사무소, "부두직통관제도",
http://busan-hcmc.org/cyber_trade/Lectures/Lesson33/Lesson33_03.html

# 제 4 편

# 보칙

# 세관의 업무시간 및 몰수품의 처분

## 세관의 업무시간·세관설비의 사용

### 1. 세관의 업무시간·물품취급시간

#### (1) 개요

1) **세관**의 **업무시간**, **보세구역**과 **운송수단**에 있어서의 **물품**의 **취급시간**은 대통령령으로 정하는 바에 따른다.

2) 다음에 해당하는 자는 **세관장**에게 미리 **통보**하여야 한다.

> ① **세관**의 업무시간이 아닌 때에 **통관절차·보세운송절차** 또는 **입출항절차**를 밟으려는 자, ② 운송수단의 **물품취급시간**이 아닌 때에 물품을 취급하려는 자

#### (2) 임시개청 및 시간외 물품취급

1) **공휴일** 또는 **개청시간외**에 **통관절차·보세운송절차** 또는 **입출항절차**를 밟고자 하는 자는 **사무**의 **종류** 및 **시간**과 **사유**를 기재한 **통보서**를 **세관장**에게 제출하여야 한다. 다만, 신고를 하여야 하는 **우편물외**의 **우편물**에 대하여는 그러하지 아니하다.

2) **물품취급시간외**에 **물품취급**을 하려는 자는 다음에 해당하는 경우를 제외하고는 **통보서**를 **세관장**에게 제출하여야 한다.

① **우편물**(신고를 하여야 하는 것은 제외한다)을 취급하는 경우
② **통보**한 **시간내**에 해당 **물품취급**을 하는 경우
③ **보세공장**에서 **보세작업**을 하는 경우. 다만, 감시·단속에 지장이 있다고 **세관장**이 인정할 때에는 예외로 한다.
④ **보세전시장·보세건설장**에서 **전시·사용** 또는 **건설공사**를 하는 경우
⑤ **수출신고수리시 세관검사**가 생략되는 **수출물품**을 취급하는 경우
⑥ **항구(공항)**에서 **하역작업**을 하는 경우
⑦ 재해 기타 **불가피**한 **사유**로 인하여 해당 물품을 취급하는 경우. 이 경우에는 **사후**에 **경위서**를 **세관장**에게 제출하여 그 확인을 받아야 한다.

3) **통보서**에는 다음 사항을 기재하여야 한다.

① 해당 물품의 **내외국물품**의 구분과 품명 및 수량, ② **포장**의 종류·번호 및 개수, ③ **취급물품**의 종류, ④ **물품취급**의 시간 및 장소

4) **사전통보**는 부득이한 경우를 제외하고는 **국가공무원 복무규정**에 의한 **공무원**의 근무시간내에 하여야 한다. **사전통보**를 한 자는 아래의 **수수료**를 납부하여야 한다.

5) 개청시간과 물품취급시 **세관**의 **개청시간**과 **보세구역** 및 **운송수단**의 **물품취급시간**은 다음 구분에 의한다.

① **세관**의 **개청시간** 및 **운송수단**의 **물품취급시간** : 국가공무원 복무규정에 의한 **공무원**의 근무시간. 다만, **선박(항공기)** 등이 상시 입·출항하는 등 세관의 **업무특성상** 필요한 경우에 **세관장**은 **관세청장**의 **승인**을 얻어 부서별로 **근무시간**을 달리 정할 수 있다. ② **보세구역**의 **물품취급시간** : **24시간**. 다만, 감시·단속을 위하여 필요한 경우 **세관장**은 그 시간을 제한할 수 있다.

### (3) 개청시간 및 물품취급시간외 통관절차에 관한 수수료

1) 납부하여야 하는 **개청시간외** 통관절차·보세운송절차 또는 **입출항절차**에 관한 **수수료**(**구호용 물품**의 경우 해당 **수수료**를 면제한다)는 **기본수수료** 4,000원(**휴일은** 12,000**원**)에 다음 구분에 의한 **금액**을 합한 금액으로 한다. 다만, **수출물품**의 **통관절차·출항절차**에 관한 **수수료**는 **수입물품**의 **통관절차·출항절차**에 관한 **수수료**의 1/4에 상당하는 금액으로 한다.

> ① **오전 6시부터 오후 6시까지 : 1시간당 3,000원, ② 오후 6시부터 오후 10시까지 : 1시간당 4,800원, ③ 오후 10시부터 그 다음 날 오전 6시까지 : 1시간당 7,000원**

2) **수수료**를 계산함에 있어서 **관세청장**이 정하는 물품의 경우 여러 건의 수출입물품을 1건으로 하여 **통관절차·보세운송절차** 또는 **입출항절차**를 신청하는 때에는 이를 1건으로 한다.

3) 납부하여야 하는 **물품취급시간외**의 **물품취급**에 관한 **수수료**는 해당 물품을 취급하는 때에 **세관공무원**이 참여하는 경우에는 **기본수수료 2,000원**(**휴일**은 **6,000원**)에 다음에 해당하는 **금액**을 합한 금액으로 하며, **세관공무원**이 참여하지 아니하는 경우에는 **기본수수료 2,000원**(**휴일**은 **6,000원**)으로 한다. 다만, **수출물품**을 취급하는 때에는 그 금액의 1/4에 상당하는 **금액**(**보세구역**에 야적하는 **벌크화물**인 **광석류**의 경우에는 그 금액의 1/5에 상당하는 금액)으로 한다.

> ① **오전 6시부터 오후 6시까지 : 1시간당 1,500원, ② 오후 6시부터 오후 10시까지 : 1시간당 2,400원, ③ 오후 10시부터 그 다음 날 오전 6시까지 : 1시간당 3,600원**

4) **수수료금액**을 계산함에 있어서 **소요시간** 중 **1시간**이 상호간 또는 상호간에 걸쳐 있는 경우의 **수수료**는 **금액**이 **많은** 것으로 한다.

5) **세관장**은 **수수료**를 **일정기간**별로 **일괄**하여 납부하게 할 수 있다. **수수료**를 납부하여야 하는 자가 **관세청장**이 정하는 바에 따라 이를 따로 납부한 때에는 그 사실을 **증명**하는 **증표**를 **세관장**에게 제출하여야 한다.

## 2. 통계 및 증명서의 작성·교부

### (1) 의의

1) **관세청장**은 다음 사항에 관한 **통계**를 작성하고 그 **열람**이나 **교부**를 신청하는 자가 있으면 이를 열람하게 하거나 교부하여야 한다.

> ① **수출입**한 화물에 관한 사항, ② **입출항**한 **외국무역선**(기)에 관한 사항, ③ 그 밖에 **외국무역**과 관련하여 **관세청장**이 필요하다고 인정하는 사항

2) **관세청장**은 **통계**를 **집계**하고 **정기적**으로 그 내용을 **공표**할 수 있다. **통계외 통관관련 세부통계자료**를 **열람** · **교부**받으려는 자는 **사용용도** 및 내용을 구체적으로 밝혀 **관세청장**에게 **신청**할 수 있다. 이 경우 **관세청장**은 **열람** · **교부**의 대상이 되는 자료가 **공공기관의 정보공개에 관한 법률 제9조**(비공개대상 정보) 제1항에 해당하는 경우를 제외하고는 이를 **열람**하게 하거나 **교부**하여야 한다.

3) **관세청장**은 **통계** 및 **통계자료**를 전산처리가 가능한 **전달매체**에 **기록** · **교부**하거나 **전산처리설비**를 이용하여 교부할 수 있다. 이 경우 교부할 수 있는 **통계범위**와 그 절차는 **관세청장**이 정한다.

4) **관세청장**은 **통계**, **통계자료**, **통계작성** 및 **교부업무**를 대행할 자(**대행기관**)를 지정하여 그 업무를 대행하게 할 수 있다. 이 경우 **관세청장**은 **통계작성**을 위한 **기초자료**를 **대행기관**에 제공하여야 한다.

5) **세관사무**에 관한 **증명서**와 통계, 통계자료 및 통계를 교부받으려는 자는 **관세청장**에게 **수수료**를 납부하여야 한다. 다만, **대행기관**이 업무를 대행하는 경우에는 대행기관이 정하는 **수수료**를 해당 대행기관에 납부하여야 한다. **대행기관**은 **수수료**를 정할 때에는 **관세청장 승인**을 받아야 한다. **승인**을 받은 사항을 **변경**하려는 경우에도 또한 같다. **대행기관**이 **수수료**를 징수한 경우 그 수입은 해당 대행기관의 **수입**으로 한다.

6) **증명서** 중 **수출입·반송**에 관한 **증명서**는 해당 물품의 수출입·반송 신고의 수리일부터 **5년** 내의 것에 관하여 발급한다.

### (2) 신청

1) **통계**의 **열람·교부**를 신청하고자 하는 자는 ① **통계**의 **종류** 및 **내용**, ② **열람** 또는 **교부**의 **사유**를 기재한 **신청서**를 **관세청장**에게 제출하여야 한다.

2) **통계**의 **공표**는 연 **1회 이상**으로 한다. **증명서**, **통계·통계자료**를 교부받으려는 자는 다음 사항을 적은 **신청서**를 **관세청장·세관장** 또는 업무를 대행하는 자에게 제출하여야 한다.

> ① **증명서**, **통계** 또는 **통계자료**의 내용이 기록되는 매체의 **종류** 및 **내용**, ② 교부받으려는 **사유**

## 3. 세관설비의 사용

### (1) 의의

**물품장치**나 **통관**을 위한 **세관설비**를 사용하려는 자는 **사용료**를 납부하여야 한다.

### (2) 증명서 및 통계의 교부수수료

1) **세관사무**에 관한 증명서, 통계 및 통관관련 세부통계자료의 **교부수수료**는 별표 7과 같다.

2) **대행기관**은 **교부수수료**를 정하거나 **변경**하려는 경우에는 이해관계인의 의견을 수렴할 수 있도록 **대행기관**의 인터넷 홈페이지에 30일간 정하거나 변경하려는 **교부수수료**의 내용을 **게시**하여야 한다. 다만, 긴급하다고 인정되는 경우에는 대행기관의 인터넷 홈페이지에 그 사유를 소명하고 10일간 게시할 수 있다.

3) **대행기관**은 수렴된 의견을 고려하여 **교부수수료 범위**에서 정한 **교부수수료**에 대하여 **관세청장 승인**을 받아야 한다. 이 경우 **대행기관**은 **원가명세서** 등 **교부수수료 승인**에 필요한 자료를 **관세청장**에게 제출하여야 한다. **대행기관**은 승인받은 **교부수수료 금액**을 대행기관의 인터넷 홈페이지를 통하여 **공개**하여야 한다.

4) **관세청장**은 3년마다 **원가명세서**, **대행기관**의 **교부수수료** 수입·지출 내역 등을 검토하여 **교부수수료 수준**을 평가하여야 하며, 필요한 경우 적정한 **교부수수료 수준**을 **통보**할 수 있다.

5) **일일자료교부** 등 새로운 **컴퓨터프로그램·전산처리설비**를 필요로 하는 방식으로 교부신청을 하는 경우에는 추가되는 **비용 범위**에서 **교부수수료**를 **인상**하여 적용할 수 있다. **정부** 및 **지방자치단체**에 대하여는 **교부수수료**를 면제한다.

6) **공공기관의 운영에 관한 법률** 제4조[1])에 따른 **공공기관** 및 **관세청**과 **정보통신망**을

---

1) 4조(공공기관) ① **기획재정부장관**은 **국가·지방자치단체**가 아닌 **법인·단체** 또는 **기관**(이하 "기관"이라 한다)으로서 다음 각 호의 어느 하나에 해당하는 기관을 **공공기관**으로 지정할 수 있다. 1. 다른 법률에 따라 직접 설립되고 **정부**가 출연한 기관. 2. **정부지원액**(법령에 따라 직접 정부의 업무를 위탁받거나 독점적 사업권을 부여받은 기관의 경우에는 그 위탁업무나 독점적 사업으로 인한 수입액을 포함한다) 이 총수입액의 1/2을 초과하는 기관. 3. 정부가 50/100 **이상**의 지분을 가지고 있거나 30/100 **이상**의 지분을 가지고 임원 임명권한 행사 등을 통하여 해당 기관의 정책 결정에 사실상 지배력을 확보하고 있는 기관. 4. 정부와 제1호 내지 제3호의 어느 하나에 해당하는 기관이 합하여 50/100 **이상**의 지분을 가지고 있거나 30/100 **이상**의 지분을 가지고 임원 임명권한 행사 등을 통하여 해당 기관의 정책 결정에 사실상 지배력을 확보하고 있는 기관. 5. 제1호 내지 제4호의 어느 하나에 해당하는 기관이 단독으로 또는 두개 이상의 기관이 합하여 50/100 **이상**의 지분을 가지고 있거나 30/100 **이상**의 지분을 가지고 임원 임명권한 행사 등을 통하여 해당 기관의 정책 결정에 사실상 지배력을 확보하고 있는 기관. 6. 제1호 내지 제4호의 어느 하나에 해당하는 기관이 설립하고, 정부 또는 설립 기관이 출연한 기관. ② 제1항의 규정에 불구하고 **기획재정부장관**은 다음 각 호의 어느 하나에 해당하는 기관을 **공공기관**으로 지정할 수 없다. 1. 구성원 상호 간의 **상호부조·복리증진·권익향상** 또는 **영**

연결하여 구비조건을 확인하고 있는 기관에 대하여는 **관세청장**이 정하는 바에 따라 **교부수수료**를 **인하**하거나 **면제**할 수 있다.

### (3) 세관설비사용료

1) **납부**하여야 하는 **세관설비사용료**는 **기본사용료** 12,000**원**에 다음 구분에 의한 금액을 합한 금액으로 한다.

> ① **토지** : 분기마다 **1제곱미터당 780원**, ② **건물** : 분기마다 **1제곱미터당 1,560원**

2) **세관장**은 **토지상황** 기타 사정에 의하여 필요하다고 인정하는 때에는 **관세청장 승인**을 얻어 **세관설비사용료**를 **경감**할 수 있다.
3) 법 시행규칙 제68조(특허수수료) 제3항 내지 제5항의 규정은 제1항의 규정에 의한 **세관설비사용료**에 관하여 이를 준용한다.

## 제 2 절 포상 및 몰수품의 취급

## 1. 포상

### (1) 개요

1) **관세청장**은 다음에 해당하는 사람에게는 **포상**할 수 있다.

> ① **관세범**을 **세관**이나 그 밖의 **수사기관**에 **통보**하거나 **체포**한 자로서 **공로**가 있는 사람, ② **범죄물품**을 압수한 사람으로서 공로가 있는 사람, ③ 이 법이나 다른 법률에 따라 **세관장**이 **관세** 및 **내국세** 등을 **추가 징수**하는 데에 공로가 있는 사람, ④ **관세행정**의 개선이나 발전에 특별히 공로가 있는 사람

2) **관세청장**은 체납자의 **은닉재산**을 **신고**한 사람에게 **10억원**의 범위에서 **포상금**을 지

---

**업질서 유지** 등을 목적으로 설립된 기관, 2. 지방자치단체가 설립하고, 그 운영에 관여하는 기관, 3. 방송법에 따른 한국방송공사와 한국교육방송공사법에 따른 **한국교육방송공사**. ③ 제1항 제2호의 규정에 따른 정부지원액과 총수입액의 산정 기준·방법 및 동항 제3호 내지 제5호의 규정에 따른 사실상 지배력 확보의 기준에 관하여 필요한 사항은 대통령령으로 정한다.

급할 수 있다. 다만, 은닉재산의 신고를 통하여 징수된 금액이 2,000**만원 미만**인 경우 또는 공무원이 그 직무와 관련하여 **은닉재산**을 신고한 경우에는 **포상금**을 지급하지 아니한다.

3) **은닉재산**은 체납자가 은닉한 **현금·예금·주식**이나 그 밖에 **재산적 가치**가 있는 **유형·무형**의 재산을 말한다. 다만, 다음에 해당하는 재산은 **제외**한다.

> ① **사해행위 취소소송**의 대상이 되어 있는 재산, ② **세관공무원**이 은닉 사실을 알고 조사를 시작하거나 체납처분 절차를 진행하기 시작한 재산, ③ 그 밖에 **체납자**의 **은닉재산**을 신고받을 필요가 없다고 인정되는 재산으로서 **체납자** 본인의 명의로 등기된 국내 소재 **부동산**

4) **은닉재산**의 신고는 **신고자**의 성명과 주소를 적고 서명하거나 날인한 문서로 하여야 한다.

### (2) 포상방법

1) **포상**은 **관세청장**이 정하는 바에 의하여 **포상장·포상금**을 수여하거나 **포상장·포상금**을 함께 수여할 수 있다.

2) **관세청장**이 **포상금**의 수여기준을 정하는 경우 포상금의 **수여대상자**가 **공무원**인 때에는 공무원에게 수여하는 **포상금총액**을 그 공로에 의한 실제 국고수입액의 25/100 **이내**로 하여야 한다. 다만, 1**인**당 수여액을 100**만원 이하**로 하는 때에는 그러하지 아니하다.

3) 공로자중 **관세법**을 **세관**, 그 밖의 수사기관에 **통보**한 자와 체납자의 **은닉재산**을 신고한 자에 대하여는 **관세청장**이 정하는 바에 의하여 **익명**으로 포상할 수 있다.

4) **체납자**의 은닉재산을 신고한 자에 대하여는 은닉재산의 신고를 통하여 징수된 금액(**징수금액**)에 다음의 지급률을 곱하여 계산한 금액을 포상금으로 지급할 수 있다. 다만, 10**억원**을 초과하는 부분은 지급하지 아니한다.

**〈표-17〉 징수금액과 지급률**

| 징수금액 | 지급률 |
|---|---|
| 2,000만원 이상 2억원 이하 | 15/100 |
| 2억원 초과 5억원 이하 | 3,000만원+2억원을 초과하는 금액의 10/100 |
| 5억원 초과 | 6,000만원+5억원을 초과하는 금액의 5/100 |

5) **은닉재산**을 신고한 자에 대한 **포상금**은 재산은닉 체납자의 체납액에 해당하는 금액을 징수한 후 지급한다.

### (3) 공로심사

1) **관세청장·세관장**은 공로자의 공로사실을 조사하여 포상할 필요가 있다고 인정되는 자에 대하여 **포상**할 수 있다. **관세청장·세관장**은 포상을 받을 만한 공로가 있는 자에게 공정하게 포상의 기회를 부여하여야 한다. **포상**에 필요한 **공로**의 **기준·조사방법**과 그 밖에 필요한 사항은 **관세청장**이 정한다. 다만, 동일한 공로에 대하여 **이중**으로 포상할 수 없다.

2) **관세청장**은 포상에 관한 권한을 **세관장**에게 위임할 수 있다.

## 2. 편의제공

법에 따라 **물품**의 **운송·장치** 또는 그 밖의 **취급**을 하는 자는 **세관공무원**의 직무집행에 대하여 편의를 제공하여야 한다.

## 3. 몰수품의 처분

### (1) 개요

1) **세관장**은 이 법에 따라 **몰수**되거나 **국고**에 귀속된 물품(**몰수품** 등)을 **공매** 또는 그 밖의 방법으로 처분할 수 있다. **몰수품** 등의 **공매**에 관하여는 법 제210조(**매각방법**)를 준용한다. 다만, **관세청장**이 정하는 물품은 **경쟁입찰**에 의하지 아니하고 **수의계약**이나 **위탁판매**의 방법으로 **매각**할 수 있다.

2) **세관장**은 **관세청장**이 정하는 기준에 해당하는 **몰수품** 등을 처분하려면 **관세청장**의 지시를 받아야 한다. **세관장**은 **몰수품** 등에 대하여 **통상적**인 **물품**의 **보관료** 및 **관리비**를 감안하여 **관세청장**이 정하여 고시하는 금액의 범위에서 **몰수·국고귀속** 전에 발생한 **보관료** 및 **관리비**를 지급할 수 있다. 이 경우 해당 물품의 **매각대금**에서 **보관료** 및 **관리비**를 지급하는 경우에는 **매각대금**에서 **매각비용**을 **공제**한 금액을 **초과**하여 지급할 수 없다.

3) **세관장**은 **몰수품** 등의 **매각대금**에서 매각에 든 **비용**과 **보관료** 및 **관리비**를 직접 지급할 수 있다. **세관장**은 몰수품 등이 **농산물**인 경우로서 **국내시장**의 수급조절과 가격안정을 도모하기 위하여 **농림축산식품부장관**이 요청할 때에는 몰수품 등을 **농림축산식품부장관**에게 이관할 수 있다.

### (2) 몰수농산물의 이관

1) **세관장**은 **공매** 그 밖의 방법으로 처분할 수 있는 **몰수농산물**인 경우에는 **관세청장**이 정하는 바에 따라 **농림축산식품부장관**에게 이를 **통보**하여야 한다. 통보를 받은 **농림축산식품부장관**이 **몰수농산물**을 이관받고자 하는 경우에는 **통보**받은 날부터 **20일 이내**에 **관세청장**이 정하는 바에 따라 **이관요청서**를 세관장에게 제출하여야 한다.

2) **세관장**은 **농림축산식품부장관**이 기한 내에 **이관요청서**를 제출하지 아니하는 경우에는 법 제326조(몰수품 등의 처분) 제1항의 규정에 의하여 처분할 수 있다.

3) **농림축산식품부장관**의 요청에 따라 이관하는 **몰수농산물**에 대한 **보관료** 및 **관리비**는 **관세청장**이 정하는 바에 따라 **농림축산식품부장관**이 지급하여야 한다.

### (3) 매각 및 폐기의 공고

1) **물품**을 **일반경쟁입찰**에 의하여 **매각**하고자 하는 때에는 다음 사항을 **공고**하여야 한다.

> ① 해당 **물품**의 **품명·규격** 및 **수량**, ② **포장**의 종류 및 개수, ③ **매각**의 **일시** 및 **장소**, ④ **매각사유**, ⑤ 기타 필요한 사항

2) **물품**을 **폐기**하고자 하는 때에는 다음 사항을 **공고**하여야 한다.

> ① 해당 **물품**의 품명 및 수량, ② **포장**의 종류·기호·번호 및 개수, ③ **폐기**의 **일시** 및 **장소**, ④ **폐기사유**, ⑤ 화주의 주소 및 성명, ⑥ 기타 필요한 사항

3) **공고**하는 때에는 **소관세관관서**의 게시판에 게시하여야 한다. 다만, **세관장**은 필요하다고 인정되는 때에는 다른 장소에 **게시**하거나 **관보·신문**에 게재할 수 있다.

### (4) 교부잔금의 공탁

**세관장**은 **물품·증권**을 매각하거나 기타 방법으로 처분한 경우에 **교부**할 **잔금**을 교부할 수 없는 때에는 **공탁**할 수 있다.

## 4. 청문

**세관장**은 다음에 해당하는 처분을 하려면 **청문**을 하여야 한다.

(1) **자율관리보세구역** 지정의 취소, (2) **보세사** 등록의 취소 및 업무정지, (3) **지정보세구역** 지정의 취소, (4) **화물관리인** 지정의 취소, (5) **물품반입** 등의 정지 및 운영인 특허의 취소, (6) **종합보세구역** 지정의 취소, (7) **종합보세기능**의 수행 중지, (8) **보세운송업자** 등의 **등록취소** 및 **업무정지**, (9) **수출입 안전관리 우수공인업체 공인**의 취소, (10) **국가관세종합정보망 운영사업자** 및 **전자문서중계사업자 지정**의 취소 및 사업·업무의 전부 또는 일부의 정지

# 국가관세종합정보망 운영업자

## 전자문서의 개요

### 1. 전자문서관련 정보에 관한 보안

(1) 누구든지 **국가관세종합정보망·전자문서중계사업자**의 **전산처리설비**에 기록된 **전자문서** 등 관련 정보를 **위조·변조**하거나 **위조·변조**된 정보를 행사하여서는 아니 된다.

(2) 누구든지 **국가관세종합정보망·전자문서중계사업자**의 **전산처리설비**에 기록된 **전자문서** 등 관련 정보를 **훼손**하거나 그 **비밀**을 **침해**하여서는 아니 된다.

(3) **국가관세종합정보망 운영사업자·전자문서중계사업자**의 **임직원**이거나, 임직원이었던 자는 업무상 알게 된 **전자문서상**의 **비밀**과 **관련 정보**에 관한 비밀을 **누설**하거나 **도용**하여서는 아니 된다.

(4) **국가관세종합정보망 운영사업자·전자문서중계사업자**의 **임직원**은 **형법**이나 그 밖의 법률에 따른 **벌칙**을 적용할 때에는 **공무원**으로 본다.

### 2. 전자문서의 표준

**관세청장**은 **국가** 간 **세관정보**의 원활한 **상호교환**을 위하여 WCO 등 **국제기구**에서 정하는 사항을 고려하여 **전자신고** 및 **전자송달**에 관한 **전자문서**의 표준을 정할 수 있다.

## 제 2 절 국가관세종합정보망의 운영 및 전자송달

### 1. 국가관세종합정보망의 구축 및 운영

(1) **관세청장**은 전자통관의 편의를 증진하고, **외국세관**과의 **세관정보 교환**을 통하여 수출입의 원활화와 교역안전을 도모하기 위하여 **전산처리설비**와 **데이터베이스**에 관한 **국가관세종합정보망**을 구축·운영할 수 있다.

(2) **세관장**은 **관세청장**이 정하는 바에 따라 **국가관세종합정보망**의 **전산처리설비**를 이용하여 이 법에 따른 **신고·신청·보고·납부** 등과 법령에 따른 **허가·승인** 또는 그 밖의 조건을 갖출 필요가 있는 **물품증명** 및 **확인신청** 등(**전자신고**)을 하게 할 수 있다. **전자신고**의 **작성**에 필요한 구체적인 사항은 **관세청장**이 정하여 고시한다.

(3) **세관장**은 **관세청장**이 정하는 바에 따라 **국가관세종합정보망**의 전산처리설비를 이용하여 전자신고의 **승인·허가·수리** 등에 대한 **교부·통지·통고** 등(**전자송달**)을 할 수 있다.

(4) **전자신고**를 할 때에는 **관세청장**이 정하는 바에 따라 관계 서류를 **국가관세종합정보망**의 **전산처리설비**를 이용하여 제출하게 하거나, 그 제출을 생략하게 하거나 간소한 방법으로 하게 할 수 있다.

(5) **전자신고**는 **관세청장**이 정하는 **국가관세종합정보망**의 **전산처리설비**에 저장된 때에 **세관**에 접수된 것으로 보고, **전자송달**은 송달받을 자가 지정한 컴퓨터에 입력된 때(**관세청장**이 정하는 **국가관세종합정보망**의 **전산처리설비**에 저장하는 경우에는 저장된 때)에 그 **송달**을 받아야 할 자에게 도달된 것으로 본다.

(6) **전자송달**은 송달을 받아야 할 자가 **신청**하는 경우에만 한다. **국가관세종합정보망**의 **전산처리설비**의 장애로 **전자송달**이 불가능한 경우, 그 밖에 다음 사유가 있는 경우에는 교부·인편 또는 우편의 방법으로 송달할 수 있다.

1) **정전**, **프로그램**의 **오류**, 그 밖의 부득이한 사유로 인하여 **금융기관·체신관서**의 전산처리장치의 가동이 **정지**된 경우
2) **전자송달**을 받으려는 자의 **전산처리설비** 이용권한이 **정지**된 경우
3) 그 밖의 **전자송달**이 불가능한 경우로서 **관세청장**이 정하는 경우

(7) **전자송달**할 수 있는 대상의 구체적 범위·송달방법 등에 관하여 필요한 사항은 대통령령으로 정한다.

## 2. 전자송달

(1) **전자송달**을 받고자 하는 자는 **관세청장**이 정하는 바에 따라 **전자송달**에 필요한 설비를 갖추고 다음 사항을 기재한 **신청서**를 **관할세관장**에게 제출하여야 한다.

> 1) 성명·주민등록번호 등 인적사항, 2) 주소·거소 또는 영업소의 소재지, 3) **관세청장**이 정하는 **국가관세종합정보망**의 **전산처리설비**의 경우에는 **사용자확인기호**를 이용하여 접근할 수 있는 곳을 말한다. 4) 서류중 **전자송달**을 받고자 하는 서류의 종류. 5) 그 밖의 필요한 사항으로서 **관세청장**이 정하는 것

(2) **전자송달**할 수 있는 서류는 **납부서·납세고지서·환급통지서** 및 그 밖에 **관세청장**이 정하는 서류로 한다. **관세청장**은 서류중 **납부서·납세고지서·환급통지서** 및 **관세청장**이 따로 정하는 서류를 **전자송달**하는 경우에는 **전산처리설비**에 저장하는 방식으로 이를 송달하여야 한다.

(3) **관세청장**이 서류외의 서류를 **전자송달**하는 경우에는 **전자송달**을 받고자 하는 자가 지정한 **전자우편주소**로 이를 송달하여야 한다.

# 제 3 절 국가관세종합정보망 운영사업자의 지정

## 1. 의의

(1) **관세청장**은 **국가관세종합정보망**을 효율적으로 운영하기 위하여 그 기준과 절차에 따라 **국가관세종합정보망**의 전부 또는 일부를 운영하는 자(**국가관세종합정보망 운영사업자**)를 지정할 수 있다.

(2) 다음에 해당하는 자는 위에 따른 **지정**을 받을 수 없다.

> 1) 법 제175조(운영인의 결격사유) 제2호부터 제5호까지의 어느 하나에 해당하는 자, 2) (4)에 따라 **지정**이 **취소**된 날부터 **2년**이 지나지 아니한 자, 3) 1) 또는 2)에 해당하는 사람이 **임원**으로 재직하는 **법인**

(3) **관세청장**은 **국가관세종합정보망**을 효율적으로 운영하기 위하여 필요한 경우 **국가관세종합정보망 운영사업자**에게 그 운영에 **필요**한 **재원**을 지원할 수 있다.

(4) **관세청장**은 지정을 받은 **국가관세종합정보망 운영사업자**가 다음에 해당하는 경우에는 그 지정을 **취소**하거나 **1년 이내**의 **기간**을 정하여 **국가관세종합정보망 운영사업**의 **전부** 또는 **일부**의 **정지**를 명할 수 있다. 다만, 다음에 해당하는 경우에는 그 **지정**을 **취소**하여야 한다.

> 1) 위의 (2)에 해당한 경우, 2) **거짓**이나 그 밖의 **부정**한 **방법**으로 지정을 받은 경우, 3) 위의 (1)에 따른 기준에 미달하게 된 경우, 4) 아래의 (7)에 따른 **관세청장**의 지도·감독을 위반한 경우, 5) 제327조의4(전자문서 등 관련 정보에 관한 보안) 제3항을 **위반**하여 업무상 알게 된 **전자문서상**의 **비밀**과 관련 정보에 관한 **비밀**을 **누설**하거나 **도용**한 경우

(5) **관세청장**은 **업무정지**가 그 이용자에게 심한 **불편**을 주거나 **공익**을 해칠 우려가 있는 경우에는 **업무정지처분**을 갈음하여 **1억원 이하**의 **과징금**을 부과할 수 있다. 이 경우 **과징금**을 부과하는 **위반행위**의 **종류**와 **위반정도** 등에 따른 **과징금 금액** 등에 관하여 필요한 사항은 대통령령으로 정한다.

(6) **과징금**을 납부하여야 할 자가 납부기한까지 이를 납부하지 아니한 경우에는 법 제26조(담보 등이 없는 경우의 관세징수)를 준용한다.

(7) **관세청장**은 **국가관세종합정보망 운영사업**에 관하여 **국가관세종합정보망 운영사업자**를 지도·감독하여야 한다.

## 2. 지정기준 및 지정절차

(1) **국가관세종합정보망 운영사업자**의 **지정기준**은 다음과 같다. 다만, **국가관세종합정보망**의 **유지·보수 업무**만을 담당하는 **국가관세종합정보망 운영사업자**의 경우에는 그 **기준**을 적용하지 아니한다.

> 1) **비영리법인·정부출연연구기관**일 것, 2) **전산정보처리시스템**의 구축 및 운영에 관한 경험을 보유할 것, 3) 그 밖에 **관세청장**이 정하는 설비 및 기술인력 등의 기준을 보유할 것

⑵ **국가관세종합정보망 운영사업자**의 지정을 받으려는 자는 **관세청장**이 정하는 서류를 갖추어 **관세청장에게** 신청하여야 한다. 지정을 받은 **운영사업자**가 지정받은 사항을 **변경**할 때에도 또한 같다.

⑶ **관세청장**이 **국가관세종합정보망 운영사업자**를 지정한 때에는 해당 **신청인**에게 **지정증**을 교부하고, 그 사실을 관계 행정기관의 장 및 관세업무 관련 기관의 장에게 **통지**하여야 한다.

## 3. 과징금의 부과기준

⑴ **과징금 금액**은 1)의 **기간**에 2)의 **금액**을 **곱하여** 산정한다. 이 경우 산정한 금액이 **1억원**을 넘을 때에는 **1억원**으로 한다.

> 1) **기간**: 법 제327조의2(담보 등이 없는 경우의 관세징수) 제4항 또는 제327조(전자문서중계사업자의 지정 등) 제3항에 따라 산정된 **업무정지 일수**(**1개월**은 **30일**을 기준으로 한다), 2) **1일당 과징금 금액**: **30만원**

⑵ **관세청장**은 **국가관세종합정보망 운영사업자** 및 **전자문서중계사업자**의 **사업규모·위반행위**의 정도 및 횟수 등을 참작하여 **과징금 금액**의 **1/4 범위 내**에서 이를 **가중·경감**할 수 있다. 이 경우 **가중**하는 때에도 **과징금 총액**이 **1억원**을 **초과**할 수 없다.

## 4. 과징금의 납부

⑴ **관세청장**은 **위반행위**를 한 자에게 **과징금**(**국가**가 **징수**하는 **금전** 중에서 **조세**를 제외한 것(**수수료·벌금** 등))을 부과하고자 할 때에는 그 **위반행위**의 **종별**과 해당 **과징금 금액**을 명시하여 이를 납부할 것을 **서면·전자문서**로 **통지**하여야 한다.

⑵ 통지를 받은 자는 **납부통지일**부터 **20일 이내**에 **과징금**을 **관세청장**이 지정하는 **수납기관**에 납부하여야 한다. 다만, **천재지변** 그 밖의 부득이한 사유로 인하여 그 **기간내**

에 **과징금**을 납부할 수 없는 때에는 그 사유가 소멸한 날부터 **7일 이내**에 이를 **납부**하여야 한다.

(3) **과징금**의 납부를 받은 **수납기관**은 **영수증**을 납부자에게 **서면**으로 **교부**하거나 **전자문서**로 **송부**하여야 한다. **과징금**의 **수납기관**은 **과징금**을 수납한 때에는 그 사실을 **관세청장**에게 **서면** 또는 **전자문서**로 지체없이 **통지**하여야 한다. **과징금**은 이를 **분할**하여 납부할 수 없다.

## 5. 국가를 당사자로 하는 계약에 관한 법률적용

법의 규정에 의한 **물품·증권**의 **매각**에 관하여 법 시행령에 규정되지 아니한 사항은 **국가**를 당사자로 하는 계약에 관한 **법률 규정**에 의한다.

## 6. 서식의 제정

법 또는 법 시행령에 따른 **신청서** 및 그 밖의 **서식**으로서 기획재정부령으로 정하는 것을 제외하고는 **관세청장**이 정하여 고시한다.

# 전자문서중계사업자와 권한의 위임 및 위탁

## 전자문서중계사업자

### 1. 전자문서중계사업자의 지정기준

#### (1) 일반적인 지정기준

1) **전기통신사업자**로서 **전자신고** 및 **전자송달**을 **중계**하는 업무(**전자문서중계업무**)를 수행하려는 자는 그 기준과 절차에 따라 **관세청장**의 지정을 받아야 한다. **관세청장**은 **전자문서중계사업**에 관하여 **전자문서중계사업자**를 **지도·감독**하여야 한다.

2) **전자문서중계사업자**의 **지정기준**은 다음과 같다.

> ① 상법상 **주식회사**로서 **납입자본금**이 **10억원** 이상일 것, ② **정부**, **공공기관** 및 **비영리법인**을 제외한 동일인이 의결권 있는 **주식총수**의 15/100를 초과하여 소유하거나 사실상 지배하지 아니할 것, ③ **전자문서중계사업**을 영위하기 위한 설비와 기술인력을 보유할 것

3) **주주 1명** 또는 그와 다음에 해당하는 자가 **자기·타인**의 명의로 소유하는 **주식 범위**는 기획재정부령으로 정한다. 이 규정은 **외국인**에게도 이를 준용한다.

① **주주 1인**의 **배우자**, 8촌 이내의 혈족 또는 4촌 이내의 인척(**친족**), ② **주주 1인**이 법인인 경우에 해당 법인이 **30/100 이상**을 **출자·출연**하고 있는 법인과 해당 법인에 **30/100 이상**을 출자·출연하고 있는 **법인·개인**, ③ **주주 1인**이 개인인 경우에 해당 개인 또는 그와 그 친족이 **30/100 이상**을 **출자·출연**하고 있는 법인, ④ **주주 1인** 또는 그 친족이 **최다수 주식소유자·최다액 출자자**로서 경영에 참여하고 있는 **법인**, ⑤ **주주** 1인과 그 친족이 이사·업무집행사원의 **과반수**인 **법인**

### (2) 지정기준의 세부적인 사항

**지정기준**의 세부적인 **사항**은 기획재정부령으로 정하며, 법 시행령 제285조의4(전자문서중계사업자의 지정기준) 제3항에 따른 **지정기준**은 다음과 같다.

1) **전자문서중계사업**에 필요한 다음 **설비**를 자기 사업장에 설치하고 해당 설비에 대한 정당한 사용권을 가질 것
   ① **전자문서중계사업**을 안정적으로 수행할 수 있는 충분한 속도 및 용량의 **전산설비**
   ② 전자문서를 **변환·처리·전송** 및 **보관**할 수 있는 **소프트웨어**
   ③ **전자문서**를 전달하고자 하는 자의 **전산처리설비**로부터 **관세청**의 **전산처리설비**까지 **전자문서**를 안전하게 전송할 수 있는 **통신설비** 및 **통신망**
   ㉣ **전자문서**의 변환·처리·전송·보관, 데이터베이스의 안전한 운영과 보안을 위한 전산설비 및 소프트웨어
2) **전자문서중계사업**에 필요한 다음 **기술인력**을 보유할 것
   ① **국가기술자격법**에 의한 **정보처리·통신분야**의 기술사 이상의 자격이 있는 자 1인 이상
   ② **전자문서중계사업**을 위한 **표준전자문서**의 개발·전자문서중계방식과 관련한 기술분야의 근무경력이 **2년 이상**인 자 **2인 이상**
   ③ **전자문서**와 **데이터베이스**의 보안관리를 위한 전문요원 **1인 이상**
   ④ 관세사법에 의한 **관세사** 자격이 있는 자 **1인 이상**
3) 위의 세부적인 사항은 **관세청장**이 정하여 **고시**한다.

### (3) 지정의 예외

다음에 해당하는 자는 그 **지정**을 받을 수 없다.

1) 법 제175조(운영인의 결격사유) 제2호부터 제5호까지의 어느 하나에 해당하는 자, 2) **지정**이 **취소**된 날부터 **2년**이 지나지 아니한 자, 3) 1) 또는 2)에 해당하는 자를 **임원**으로 하는 **법인**

## 2. 지정절차

(1) **전자문서중계사업자**의 지정을 받고자 하는 자는 **관세청장**이 정하는 서류를 갖추어 **관세청장**에게 신청하여야 한다. 지정을 받은 **전자문서중계사업자**가 지정받은 사항을 **변경**하고자 할 때에도 또한 같다.

(2) **관세청장**은 그 지정을 한 때에는 해당 **신청인**에게 **지정증**을 교부하고, 그 사실을 **관계행정기관**의 장 및 관세업무 관련기관의 장에게 **통지**하여야 한다.

## 3. 지정취소

**관세청장**은 **전자문서중계사업자**가 다음에 해당하는 경우에는 그 **지정**을 **취소**하거나 1년 이내의 기간을 정하여 **전자문서중계업무**의 **전부** 또는 **일부**의 **정지**를 명할 수 있다. 다만, 아래의 (1) 및 (2)에 해당하는 경우에는 그 **지정**을 **취소**하여야 한다.

(1) 위의 1-(3)에 해당한 경우, (2) **거짓**이나 그 밖의 **부정**한 **방법**으로 지정을 받은 경우, (3) 위의 1-(1)에 따른 기준을 충족하지 못하게 된 경우, (4) **관세청장**의 **지도·감독**을 **위반**한 경우, (5) 제327조의4(전자문서 등 관련 정보에 관한 보안) 제3항(**국가관세종합정보망 운영사업자** 또는 **전자문서중계사업자**의 **임직원**이거나, 임직원이었던 자는 업무상 알게 된 **전자문서상**의 **비밀**과 관련 정보에 관한 **비밀**을 **누설·도용**하여서는 아니된다)을 위반하여 업무상 알게 된 **전자문서상**의 비밀과 관련 정보에 관한 **비밀**을 **누설**하거나 **도용**한 경우

## 4. 과징금의 부과

(1) **관세청장**은 **업무정지**가 그 **이용자**에게 심한 불편을 주거나 그 밖에 공익을 해칠 우려가 있는 경우에는 **업무정지처분**을 갈음하여 **1억원 이하**의 **과징금**을 부과할 수 있다. 이 경우 **과징금**을 부과하는 **위반행위**의 **종류**와 **위반정도** 등에 따른 **과징금 금액** 등에 관하여 필요한 사항은 대통령령으로 정한다.

(2) **과징금**을 납부하여야 할 자가 납부기한까지 이를 납부하지 아니한 경우에는 법 제26조(담보 등이 없는 경우의 관세징수)를 준용한다.

## 5. 전자문서중계업무의 수수료

(1) **전자문서중계사업자**는 **전자문서중계업무**를 제공받는 자에게 **수수료** 등 필요한 요

금을 부과할 수 있다.

(2) **전자문서중계사업자**는 **수수료** 등 필요한 요금을 부과하기 위하여 **요금**을 **정**하거나 **변경**하고자 하는 경우에는 그 **금액**과 **산출기초**를 기재한 서류를 첨부하여 **관세청장**에게 **신고**하여야 한다. 이 경우 **관세청장**은 **수수료** 등의 금액이 관세청장이 정하는 산출기준에 맞지 아니하거나 그 밖에 적정하지 아니하여 보완이 필요하다고 인정되는 경우에는 그 **수리** **전**에 **보완**을 요구할 수 있다.

## 제 2 절 권한의 위임 및 위탁, 규제의 재검토

### 1. 권한의 위임 및 위탁

#### (1) 세관장 권한의 위임 및 위탁

1) 이 법에 따른 **관세청장**이나 **세관장**의 **권한**은 그 **권한**의 **일부**를 **세관장**이나 그 밖의 소속 기관의 장에게 **위임**할 수 있다.

2) **세관장**은 법 제257조(우편물의 검사), 제258조(우편물통관에 대한 결정),제259조(세관장의 통지)의 규정에 따른 권한을 **체신관서**의 장에게 **위탁**할 수 있다.

3) **세관장**은 법 제157조(물품의 반입·반출), 제158조(보수작업) 제2항, 제159조(해체·절단 등의 작업) 제2항, 제165조(보세사의 자격 등) 제2항, 제209조(통고), 제213조(보세운송의 신고) 제2항(보세운송신고의 접수만 해당한다)·제3항, 제215조(보세운송 보고), 제222조(보세운송업자등의 등록 및 보고) 제1항 제1호, 및 제246조(물품의 검사)제1항에 따른 권한을 다음의 자에게 **위탁**할 수 있다.

> ① **통관질서**의 유지와 수출입화물의 효율적인 관리를 위하여 설립된 **비영리법인**, ② **화물관리인**, ③ **운영인**, ④ **보세운송업자**, ⑤ ②와 ③의 규정에 따라 권한 또는 업무를 위탁받아 행사하는 자(임직원과 사용인을 포함한다)는 형법 제129조(수뢰, 사전수뢰), 제130조(제3자 뇌물제공), 제131조(수뢰후 부정처사, 사후수뢰), 제132조(알선수뢰)의 규정을 적용할 때에는 **공무원**으로 본다.

4) **세관장**은 **통고**(**자가용보세구역**에서의 **통고**를 제외한다)의 **권한**을 **보세구역** **운영인**·**화물관리인**에게 **위탁**한다.

5) **세관장**은 **보세운송**의 **도착보고 수리**에 관한 **권한**을 **보세구역**의 **운영인·화물관리인**에게 **위탁**한다.

6) 세관장은 **보세사**의 **등록**과 **보세운송업자**의 **등록**에 관한 권한을 민법 제32조(비영리법인의 설립과 허가)에 따라 설립된 사단법인 중 **관세청장**이 지정하여 고시하는 법인의 장에게 위탁한다.

7) 위의 4)부터 6)까지의 규정에 따라 **업무위탁**을 받은 자에 대한 **지휘·감독**에 관한 사항은 **관세청장**이 정한다.

### (2) 관세청장 권한의 위임 및 위탁

1) **관세청장**은 **지식재산권 신고**에 관한 업무의 일부(**신고서**의 접수 및 보완 요구만 해당한다)를 **지식재산권 보호업무**와 관련된 단체에 **위탁**할 수 있다. 이 경우 **관세청장**은 예산의 범위에서 **위탁업무** 수행에 필요한 **경비**를 지원할 수 있다.

2) **관세청장**은 다음 권한을 **관세평가분류원장**에게 **위임**한다.

> ① **과세환율 결정**, ② **가산·공제**하는 **금액결정**, ③ 법 제33조(국내판매가격을 기초로 한 과세가격의 결정) 제1항 제1호 및 제2호에 따른 **금액결정**, ④ **과세가격 결정방법**의 **사전심사**, ⑤ **품목분류사전심사**, ⑥ 제246조(물품의 검사) 제6항에 따른 **환율결정**

3) **관세청장**은 AEO 심사에 관한 권한을 **세관장·관세평가분류원장**에게 **위임**할 수 있다.

4) **관세청장**은 **지식재산권**의 신고에 관한 업무(신고서의 접수 및 보완요구만 해당한다)를 사단법인 중 **지식재산권 보호업무**에 전문성이 있다고 인정되어 **관세청장**이 지정·고시하는 **법인**에 **위탁**한다. 여기에서 **업무위탁**을 받은 자에 대한 **지휘·감독**에 관한 사항은 **관세청장**이 정한다.

## 2. 민감정보 및 고유식별정보의 처리

**관세청장, 세관장·세관공무원**은 법 및 법 시행령에 따른 **관세**의 **부과·징수** 및 **수출입물품**의 **통관**에 관한 사무를 처리하거나 **과세자료**를 제출하기 위하여 불가피한 경우 **개인정보보호법 시행령** 제18조(민감정보의 범위) 제2호에 따른 **범죄경력자료**에 해당하는 정보나 개인정보보호법 시행령 제19조(고유식별정보의 범위) 제1호, 제2호 또는 제4호에 따른 **주민등록번호, 여권번호·외국인등록번호**가 포함된 자료를 처리할 수 있다.

### 3. 규제의 재검토

**기획재정부장관**은 **보세판매장**의 설치·운영에 관한 특허와 관련하여 **상호출자제한 기업집단**에 속한 기업과 **중소기업** 및 **중견기업**에 적용할 특허 **비율**과 관련하여 2013년 10월 31일을 기준으로 하여 3년마다 그 **타당성**을 검토하여 강화·완화 또는 유지 등의 조치를 하여야 한다.

# 참고문헌


고우복(2005),「관세이론과 통관실무 (개정 8판)」, 도서출판 두남.
김대식 외(2007),「현대경제학원론」, 박영사.
김보현·이동근(2011), "경제자유구역 정책이 외국인 투자 결정에 미치는 영향에 관한 연구",「지방행정연구」, 제25권 제1호.
김학소(1998), "21세기 동북아 물류중심기지화를 위한 자유무역지역 도입 방안에 관한 연구," 제1회 광양항 국제 Forum 및 제13차 한국항만경제학회 국제학술발표대회.
김홍섭(1997), "유항의 역할과 선결조건,"「항만연구」, 제144호, 한국항만연구회.
이상고 외(2012), "ITQ 어업자원관리제도 도입연구용역", 최종보고서, 농림수산식품부.
이영환(2011), "스파게티 볼 효과에 대한 연구",「관세학회지」, 제12권 제1호.
정명섭(2014), "주요 식품수출 상대국 기준규격, 수출입 검사현황 분석 및 HACCP,GMP등 획득지원 방안연구",「연구보고서」, 식품의약품안전처.
최보영·방호경·이보람·유새별(2015), "한·중·일의 비관세장벽 완화를 위한 3국 협력방안: 규제적 조치를 중심으로",「연구보고서 15-12」, 대외경제정책연구원.
Baldwin, R. E.(2006), "Multilateralising Regionalism: Spaghetti Bowls as Building Blocs on the Path to Global Free Trade," The World Economy, Vol.1451, No.15.
Balassa, B.(1961), The Theory of Economic Integration, London.
Bhagwati, Jagdish(1995), "US Trade Policy: The Infatuation with FTAs," Discussion Paper Series No.726.
David, W.(2007), "The Changing Role of Customs: Evolution or Revolution?", World Customs Journal, Vo.1, No.1.
Frankel, E. G.(1985), "The Concept of Free Ports and Their Contribution", IAPH.
Kawai, M. and Wignaraja, Ganeshan(2009), "The Asian "Noodle Bowl" : Is It Serious for Business?," Working Paper Series, No.136, ADBI.
Schmitz, M.(2007), "Speech on the WCO Framework of Standard and the Implementation of United Nations Security Council Resolution 1540," Feb. 23.
관세청, "관세범죄", http://www.customs.go.kr/kcshome/main/content/ContentView.do?contentId=CONTENT_000000000187&layoutMenuNo=121
관세청, "보세구역", http://www.customs.go.kr/kcshome/main/content/ContentView.do?contentId=CONTENT_000000000500&layoutMenuNo=12
관세청, "유통이력관리제도", http://www.customs.go.kr/kcshome/main/content/ContentView.do?contentId=CONTENT_000000000041&layoutMenuNo=32
광양만권경제자유구역(2016),"경제자유구역이란?", http://www.gfez.go.kr/menu.es?mid=a10101010000
김병준, "Topic : 상품무역자유화와 무역장벽",

http://elearning.kocw.net/contents4/document/lec/2012/KonKuk/ShinByeongJu1/6.pdf
부산광역시, “무역실무가이드”,
http://busan-hcmc.org/cyber_trade/Lectures/Lesson38/Lesson38_02.html
법제처, “무역구제”,
http://oneclick.law.go.kr/CSP/CnpClsMain.laf?csmSeq=591&ccfNo=2&cciNo=3&cnpClsNo=6
법제처, “외국인투자지역”,
http://oneclick.law.go.kr/CSP/CnpClsMain.laf?csmSeq=197&ccfNo=2&cciNo=3&cnpClsNo=1
이원정(2011), “1-3 무역관리제도”,
http://elearning.kocw.net/document/lec/2011_2/dunksung/LeeWonJeong1/03.pdf
인천공항, “자유무역지역”, http://www.airport.kr/co/ko/6/1/2/3/index.jsp
인천광역시, “IFEZ의 개발전략과 경제적 효과-인천광역시”,
www.incheon.go.kr/program/fileDownload.do?fileNo=318905
인천항만공사(2016), “보세운송이란?”, http://incheonport.tistory.com/2467
한국관광투자, “외국인투자지역”,http://korean.visitkorea.or.kr/kor/invest/support/support_frg.jsp
한국무역협회, “HS 및 관세개요”,
http://www.kita.net/trade/marketing/rate02.jsp?cmd_id=rate1002
한국방송통신대학교, “3. 관세의 실효보호율-무역학연습”,
http://faculty.knou.ac.kr/~kim_cs/courseware/d25417/08/08_03_01.htm
한국표준협회, “무역기술장벽(TBT : Technical Barriers to Trade)”,
https://www.ksa.or.kr/download. ddo?type=b&att_seq_n=2950
한성대학교, “관세정책”, www.hansung.kr/web/.../4?p_p_id...
해양수산부, “자유무역지역, 경제자유구역, 외국인투자지역 비교”,
http://www.mof.go.kr/article/view.do?articleKey=4946&boardKey=27&menuKey=322¤tPageNo=1
hscode.co.kr(2016), “HS코드 품목분류”,
http://hscode.co.kr/bbs/board.php?bo_table=22&wr_id=5&page=2
Kakao Corp.(2015), “관세란”,
http://blog.daum.net/_blog/BlogTypeView.do?blogid=08urr&articleno=12106378&categoryId=0®dt=20150315220145

# 찾아보기

● 고딕체로 표시된 페이지는 그 용어의 주요 내용을 설명하고 있음.

관세·통관

▮ㄴ▮

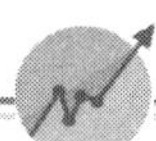

▮ㅂ▮

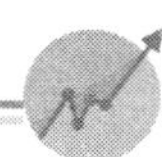



▮ㅅ▮

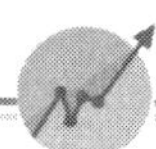

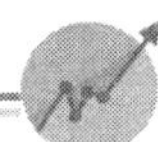

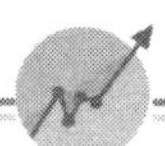

# 저자약력

## ▪ 한 낙 현

• 경력

· 일본 와세다대학 대학원 박사과정 졸업(상학박사)

· 현재 경남대학교 무역학과 교수

· 한국해양비즈니스학회 회장(2012-2014)

· 현재 한국무역학회 부회장

· 현재 대한상사중재원 중재인

· 관세사시험 출제위원

· 물류관리사시험 출제위원

• **저역서·논문**

· 관세와 통관의 이해(형설출판사), 물류관리의 이해(형설출판사), 해상보험(공저)(아카데미출판사), 해상운송과 화물보험(도서출판 두남) 등 다수

· 한낙현 외, FTA 확대에 따른 글로벌 가치사슬의 활성화 방안에 관한 연구, 무역학회지(2016.4.)

· 한낙현 외, 국제표준은행관행의 규정에 있어서 원산지증명서의 수리에 관한 고찰, 관세학회지(2006. 6.)

· 한낙현, 국제거래상 기한부어음의 금리와 관세에 관한 연구, 관세학회지(2008.2.) 등 다수

**● 관세 · 통관**

초 판 1쇄 인쇄 —— 2016년 10월 15일
초 판 1쇄 발행 —— 2016년 10월 20일
지은이 —— 한 낙 현
펴낸이 —— 전 두 표
펴낸곳 —— 도서출판 두남
서울시 강동구 성내로6길 34-16 두남빌딩
신 고 : 제25100-1988-9호
TEL : 02) 478-2065~7, 2311
FAX : 02) 478-2068
E-mail : dunam1@unitel.co.kr
http://www.dunam.co.kr

**● 정가 36,000원**

ISBN 978-89-6414-706-1 93320